James F Mc

L'ÉPISCOPAT FRANÇAIS
À L'ÉPOQUE CONCORDATAIRE

HISTOIRE RELIGIEUSE DE LA FRANCE

9

JACQUES-OLIVIER BOUDON

L'ÉPISCOPAT FRANÇAIS
À L'ÉPOQUE CONCORDATAIRE
(1802-1905)

JACQUES-OLIVIER BOUDON

L'ÉPISCOPAT FRANÇAIS À L'ÉPOQUE CONCORDATAIRE

(1802-1905)

Origines, formation, nomination

Préface par
JEAN-MARIE MAYEUR

Ouvrage publié avec le concours
du ministère de la Culture
(direction des Archives de France)
et de l'Équipe d'histoire religieuse
de l'université de Paris-Sorbonne (Paris-IV)

Histoire religieuse de la France

LES ÉDITIONS DU CERF
PARIS
1996

© *Les Éditions du Cerf,* 1996,
(29, boulevard Latour-Maubourg – 75340 Paris Cedex 07)

ISBN 2-204-05301-5
ISSN 1248-6396

À Véronique.

PRÉFACE

Voici enfin publiée, grâces soient rendues aux Éditions du Cerf et à la Société d'histoire religieuse de la France, l'importante thèse de Jacques-Olivier Boudon, soutenue à la fin de 1991. Depuis plusieurs années, maints articles et contributions avaient témoigné des qualités de l'auteur et laissé pressentir la portée de son œuvre. Mais celle-ci restait inédite, près de cinq ans après la soutenance, un laps de temps presque égal à celui qui avait été nécessaire pour l'élaboration de ce travail. Le lecteur peut désormais découvrir l'épiscopat français à l'époque concordataire, ses origines, sa formation, son mode de désignation, dans un livre exemplaire par sa rigueur et sa fermeté, dont, sans en esquisser même le résumé, il importe de dire la portée.

Jacques-Olivier Boudon a entrepris une étude à dimension nationale du «corps épiscopal», démarche qui prend la suite du livre classique de Jacques Gadille publié voici bientôt trente ans, mais qui s'en distingue. Jacques Gadille étudiait la pensée et l'action politiques des évêques au début de la Troisième République. Il ne négligeait pas, bien au contraire, les hommes et leur itinéraire, mais son propos était d'éclairer les théologies politiques et les écoles de pensée au sein de l'épiscopat, pendant une période décisive. Jacques-Olivier Boudon choisit le temps long du siècle concordataire, mais abandonne ses héros lorsque ceux-ci accèdent à l'épiscopat, s'attachant à répondre à une double question : qui devient évêque et comment le devient-on ?

C'est ici que la méthode prosopographique, qui commença à s'imposer en histoire contemporaine à la fin des années 70, malgré des réserves et des réticences aujourd'hui oubliées, est indispensable. Elle est particulièrement adaptée à l'étude d'un groupe de 515 personnalités, d'une élite sociale et religieuse. Au vu du résultat, comme souvent, la tâche paraît aisée. Un tel jugement méconnaît bien sûr la difficulté de la quête documentaire et de la mise en œuvre. L'auteur a eu recours à des sources très diverses qui lui ont permis de disposer d'informations, certes d'ampleur variable, sur chacune des personnalités du corpus. Il a su tirer de celles-ci une ample synthèse, réservant pour un autre travail le dictionnaire de notices qu'il avait élaborées, et qui pourront utilement esquisser la carrière des évêques.

Une première partie décrit les origines géographiques, sociales, familiales, puis la formation, en distinguant l'Ancien Régime et le xixe siècle. On retiendra une incontestable démocratisation au long du siècle, ainsi que, de part et d'autre de la Révolution, la primauté de Saint-Sulpice. Vient ensuite l'étude de la vie sacerdotale avant l'accession à l'épiscopat : elle suit les chemins de la vocation, précise les carrières concordataires privilégiées des futurs évêques : l'administration paroissiale, l'enseignement, l'administration diocésaine, celle-ci perdant sa prééminence au long du siècle. Il fallait aussi marquer les options religieuses des futurs évêques, entre gallicanisme et ultramontanisme, évoquer leurs activités intellectuelles : une certaine faiblesse de la production théologique va de pair avec l'avènement des prêtres érudits.

La dernière partie, la plus longue, suit les modalités d'accès à l'épiscopat. Place est faite ici aux régimes successifs, de l'Empire à la Troisième République. Par-delà les changements politiques, l'administration des cultes assure une continuité, s'attachant à la désignation d'hommes jugés modérés, dotés de qualités d'administrateurs. Le poids de la cooptation épiscopale, des parrainages politiques et familiaux est sensible, comme le rôle du Saint-Siège. L'opinion publique, elle aussi, se préoccupe des nominations. Rarement, semble-t-il, le fonctionnement du système concordataire a été aussi fortement montré.

Telle est la démarche d'ensemble, dont on ne peut souligner que quelques apports, ainsi l'origine urbaine des évêques, qui dément l'idée reçue, ou la longue persistance d'un semi-gallicanisme, qui s'accompagne du refus de l'intransigeance. Observons aussi l'effet d'âge qui explique le décalage entre le «corps épiscopal» et les clercs. L'analyse quantitative est toujours nourrie et vivifiée d'une connaissance de l'intérieur des hommes et des choses. Faut-il redire que le prix de la démarche prosopographique est justement de dépasser les conclusions sèches d'une sociologie globale, en permettant de suivre la singularité des individus et de dégager des typologies fines ?

*Jacques-Olivier Boudon n'est ni un juge ni un apologiste, il s'efforce de comprendre, non sans un discret humour lorsqu'il fait revivre des épisodes dignes de l'*Anneau d'améthyste*... Cet ouvrage est à la rencontre de plusieurs histoires : l'histoire sociale, l'histoire administrative, l'histoire intellectuelle et celle des courants de pensée, l'histoire des relations entre l'Église catholique et l'État. Il donne une nouvelle lecture de l'histoire de l'Église de France, de la fin du XVIII*e* siècle au début de ce siècle, et constitue désormais une référence indispensable.*

JEAN-MARIE MAYEUR

INTRODUCTION

L'épiscopat français du XIXᵉ siècle fait partie de ces objets
d'étude déjà bien connus et sur lesquels planent pourtant encore de
larges zones d'ombre. Si les images d'évêques célèbres, telle celle
du couple antagoniste Dupanloup-Pie, affleurent dès que l'on évoque
l'épiscopat concordataire, en même temps bien des interrogations
subsistent quant à la composition, aux origines ou au recrutement
de cet épiscopat. Aussi a-t-il paru utile de plonger dans l'univers
épiscopal de l'époque concordataire pour comprendre comment
s'était constitué ce corps social composé de 515 individus.

Cette étude s'inscrit donc dans la lignée des travaux d'histoire
religieuse consacrés non seulement à l'épiscopat, mais aussi à l'ensemble du clergé dont il est une des composantes. Les recherches
sur l'épiscopat ont été profondément marquées par la thèse de
Jacques Gadille, sur les évêques des débuts de la IIIᵉ République [1].
Période charnière du XIXᵉ siècle, cette grande décennie avait permis
à M. Gadille d'analyser non seulement la sociologie de ce groupe
dont les racines remontaient à la monarchie de Juillet, mais encore
ses réactions face à la mise en place de la République. Mais alors
que l'on s'est ensuite intéressé aux épiscopats de l'Ancien Régime
et du XXᵉ siècle, les autres composantes de l'épiscopat concordataire demeuraient dans l'ombre, malgré cet appel lancé voici vingt
ans par Jean-Marie Mayeur et Claude Langlois: « Le personnel
épiscopal devrait faire l'objet d'une investigation d'ensemble, qui,
comme l'a entrepris Jacques Gadille pour le début de la IIIᵉ République, décrive les origines sociales, la formation intellectuelle et

---

1. Jacques GADILLE, *La Pensée et l'Action politiques des évêques français au début
de la IIIᵉ République 1870-1883,* Paris, Hachette, 1967, 2 tomes, 351 et 334 p.

spirituelle, la carrière cléricale des évêques. Les procédures de nomination à l'épiscopat, souvent évoquées, ont été étudiées avec plus de précision pour certaines périodes. On manque toutefois d'une synthèse qui couvre l'ensemble de la période concordataire et précise le rôle de la Direction des cultes [1]. »

C'est à cette attente que notre travail s'efforce de répondre. Il a pu bénéficier de l'apport de recherches comparables menées sur d'autres épiscopats, celles de Michel Péronnet, consacrées aux évêques de l'ancienne France [2], celles plus nombreuses sur l'épiscopat du XXe siècle d'Émile Poulat [3], Marc Minier [4], Pierre Bourdieu et Monique de Saint-Martin [5], Catherine Grémion et Philippe Levillain [6], ou encore Brigitte Vassort-Rousset [7]. À l'étranger, les études sur ce thème se sont également multipliées ; on peut par exemple citer les travaux de José Manuel Cuenca en Espagne [8], de Erwin Gatz en Allemagne [9], ou encore de Giuseppe Batelli en Italie [10]. Mais ce travail doit aussi beaucoup aux monographies diocésaines qui ont renouvelé la recherche en histoire religieuse depuis une trentaine d'années [11]. L'étude de la sociologie religieuse du peuple chrétien ne s'est en effet pas effectuée au détriment de celle

1. Jean-Marie MAYEUR (sous la direction de), *Histoire religieuse de la France 19e-20e siècles. Problèmes et méthodes*, Paris, Beauchesne, 1975, 295 p., p. 15.

2. Michel PÉRONNET, « Les Évêques de l'ancienne France », Lille, Atelier de reproduction des thèses de l'université Lille-III, 1977, 2 tomes, 1486 fos.

3. Émile POULAT, « Le catholicisme français et son personnel dirigeant », *Archives de sociologie des religions*, t. XIX, janvier-juin 1965, p. 117-123 ; repris dans *Une Église ébranlée*, Paris, Casterman, 1980.

4. Marc MINIER, *L'Épiscopat français du Ralliement à Vatican II*, Padoue, C.E.D.A.M., 1982, XII-232 p.

5. Pierre BOURDIEU et Monique DE SAINT-MARTIN, « La Sainte Famille. L'épiscopat français dans le champ du pouvoir », *Actes de la recherche en sciences sociales*, Paris, novembre 1982, n° 44-45, p. 1-53.

6. Catherine GRÉMION et Philippe LEVILLAIN, *Les Lieutenants de Dieu, Les évêques de France et la politique*, Paris, Fayard, coll. « L'espace du politique », 1986, 414 p.

7. Brigitte VASSORT-ROUSSET, *Les Évêques de France en politique*, Paris, Éd. du Cerf-Presses de la F.N.S.P., 1986, 311 p.

8. José Manuel CUENCA, *Sociologia del episcopado espanol e hispanoamericano (1789-1985)*, Madrid, Ediciones Pegaso, 1986, 616 p.

9. Erwin GATZ (sous la direction de), *Die Bischöfe der deutschsprachigen Länder 1785-1803 bis 1945. Ein biographisches Lexicon*, Berlin, Duncker et Humblot, 1983, 910 p.

10. Giuseppe BATELLI, « I vescovi italiani tra Leone XIII e Pio X. Contributi recenti », *Cristianesimo nella storia*, 1985, vol. 6, p. 93-143. Il s'agit essentiellement d'un bilan historiographique sur les travaux italiens consacrés à l'épiscopat, mais l'auteur sort également du cadre italien.

11. Il serait trop long de les citer toutes. On trouvera dans la Bibliographie (voir p. 541) le détail des travaux utilisés.

plus traditionnelle des cadres de l'Église. Au contraire elle s'accompagne en général d'une recherche minutieuse sur le personnel dirigeant des diocèses concernés. Ainsi, à côté d'analyses indispensables pour comprendre le milieu dans lequel ont évolué les futurs évêques, ces monographies diocésaines apportent des données fondamentales sur la vie même d'un certain nombre de membres de l'épiscopat concordataire.

Une élite au sein de la société française.

Par son objet même, cette étude s'inscrit également dans la lignée des travaux consacrés aux élites françaises contemporaines. L'épiscopat constitue en effet une des principales élites de la société du XIXe siècle. Son passé est prestigieux puisque l'évêque de l'ancienne France figure comme une des hautes personnalités du royaume. Au lendemain du 18 Brumaire, Bonaparte entend rendre son lustre à ce corps social en lui octroyant des privilèges comparables à ceux des hauts fonctionnaires. Lors de la constitution de la noblesse d'Empire, les évêques reçoivent le titre de chevalier et les archevêques celui de baron. Sous la Restauration, les principaux dignitaires de l'Église sont nommés pairs de France. De même, sous le IIe Empire, les cardinaux entrent de droit au Sénat où les rejoint tel ou tel évêque, nommé par le pouvoir. Trois régimes ont donc considéré au XIXe siècle que l'évêque avait des droits à être associé aux affaires publiques. Un autre trait illustre bien l'appartenance de l'épiscopat aux élites du pays. Tout au long du siècle, il est toujours représenté par au moins un de ses membres à l'Académie française. Au niveau national, l'épiscopat, pris dans son ensemble, est donc bien une des élites de la société française, sur le plan social, mais aussi, dans une moindre mesure, sur le plan politique et intellectuel.

Au sein de ce corps particulier que forme l'Église, l'épiscopat joue encore le rôle d'une élite. De cette institution fortement hiérarchisée, l'évêque occupe la tête. Héritier direct des apôtres, il se considère, du moins jusqu'en 1870, comme codétenteur du pouvoir souverain et donc seul habilité à transformer les lois de l'Église. Ce pouvoir de l'évêque dans l'Église est symbolisé par un certain nombre de signes et d'attributs : soutane violette, mitre, crosse. Toutes ces marques de la puissance épiscopale, revêtues pour la première fois lors de la cérémonie du sacre, sont les plus perceptibles aux yeux des fidèles, de même que les gestes propres aux

divers rites auxquels l'évêque est associé. Cette puissance épiscopale se manifeste aussi par le titre de « monseigneur » qui leur est
attribué progressivement à partir de l'Empire et qui résiste à la
révolution de Juillet comme à l'avènement de la République. Par
cet ensemble de traits, l'évêque s'élève donc au-dessus du monde
traditionnel des notables dont par bien d'autres côtés il fait néanmoins partie.

Mais surtout, depuis le Concordat, l'évêque est seul maître dans
son diocèse ; non seulement il garde le privilège des ordinations et
confirmations, mais il est en outre le chef du clergé, ses pouvoirs
s'étant renforcés par rapport à l'Ancien Régime. Il orchestre la vie
religieuse dans le diocèse ; il y organise le recrutement des clercs,
nomme à tous les postes, et surtout garde la haute main sur la
grande majorité des prêtres qu'il peut déplacer à l'envi. Pourtant c'est
de ce même clergé que sont issus les évêques qui par définition
sont sortis du rang. L'épiscopat est donc incontestablement une des
élites françaises du XIXᵉ siècle et, ses effectifs restant relativement
faibles, il se prête tout particulièrement à une étude systématique.

Cette recherche sur l'épiscopat français doit ainsi beaucoup aux
travaux entrepris depuis une trentaine d'années sur les élites françaises du XIXᵉ siècle [1]. Après le temps des études sur des groupes
relativement développés, comme la bourgeoisie parisienne [2], les
notables de la monarchie de Juillet ou du Iᵉʳ Empire [3], voire plus
récemment les bourgeois de Rouen [4], est venu le temps des travaux
plus circonscrits à un groupe social donné, par exemple les préfets
du IIᵉ Empire [5], les régents de la Banque de France [6], ou les ministres des débuts de la IIIᵉ République [7]. Tous ces groupes offraient

---

1. Un premier bilan bibliographique en a été dressé dans Christophe CHARLE,
Jean NAGLE, Marc PERRICHET, Michel RICHARD et Denis WORONOFF, *Prosopographie
des élites françaises. Guide de recherche XVIᵉ-XXᵉ siècles,* Paris, Éd. du C.N.R.S.,
1980, 177 p.

2. Adeline DAUMARD, *La Bourgeoisie parisienne de 1815 à 1848,* Paris,
S.E.V.P.E.N., 1963.

3. André-Jean TUDESQ, *Les Grands Notables en France 1840-1849. Étude historique d'une psychologie sociale,* Paris, P.U.F., 1964, 2 tomes, 1277 p. ; Louis BER-
GERON et Guy CHAUSSINAND-NOGARET, *Les « Masses de granit », cent mille notables
du Premier Empire,* Paris, Éd. de l'E.H.E.S.S., 1979, 123 p.

4. Jean-Pierre CHALINE, *Les Bourgeois de Rouen : une élite urbaine au XIXᵉ siècle,*
Paris, Presses de la F.N.S.P., 1982.

5. Bernard LE CLÈRE et Vincent WRIGHT, *Les Préfets du Second Empire,* Paris,
Armand Colin, Cahiers de la F.N.S.P., 1973, 411 p.

6. Alain PLESSIS, *Régents et gouverneurs de la Banque de France sous le Second
Empire,* Genève, Droz, 1985.

7. Jean ESTÈBE, *Les Ministres de la République, 1871-1914,* Paris, Presses de la
F.N.S.P., 1982, 255 p.

la particularité de permettre une étude globale de leurs membres et donc de leur appliquer les méthodes de la prosopographie, méthode utilisée également par Christophe Charle pour étudier certes un ensemble plus large, les élites de la fin du XIXᵉ siècle, mais à partir d'un corpus bien délimité d'individus [1].

L'emprunt de la prosopographie aux historiens du monde antique se révèle particulièrement efficace pour aborder un petit groupe d'individus sur lesquels les éléments d'information sont assez homogènes. La prosopographie est en effet avant tout une biographie collective. « Son objet, écrit Claude Nicolet, ne saurait être en aucun cas la juxtaposition de notices individuelles ou même familiales : la biographie ou la généalogie ne ressortissent pas de la prosopographie, ou du moins n'en sont qu'une étape. Méthode propre à l'histoire politique (avec les *Fasti*), étendue maintenant à l'histoire sociale, la prosopographie suppose la mise en série, elle ne met en évidence l'individuel et l'exceptionnel que pour dégager, par contraste, le collectif et le normal [2]. » Cette définition éclaire bien le but de la méthode utilisée, qui consiste à faire apparaître la figure de l'évêque moyen. Cela suppose au préalable de laisser de côté quelques idées reçues sur l'épiscopat, fondées en général sur la lecture de quelques biographies d'évêques parmi les plus notables, mais pas nécessairement parmi les plus représentatifs de l'épiscopat.

La prosopographie est en outre une méthode d'autant plus commode à utiliser en histoire contemporaine que les sources permettent une mise en série relativement aisée. Les évêques étant assimilés à des fonctionnaires disposent d'un dossier à l'administration des cultes [3]. Parallèlement le Saint-Siège a procédé à des enquêtes systématiques sur les candidats à l'épiscopat, avant que le pape leur confère l'institution canonique. L'existence des évêques peut être également retracée grâce aux nombreuses nécrologies ou biographies qui leur ont été consacrées. L'ensemble de ces sources a servi de base à la constitution de notices, à partir desquelles ont

---

1. Christophe CHARLE, *Les Élites de la République. 1880-1900*, Paris, Fayard, 1987, 556 p.
2. Claude NICOLET, « Prosopographie et histoire sociale : Rome et l'Italie à l'époque républicaine », *A.E.S.C.*, septembre-octobre 1970, p. 1209-1228 (p. 1226).
3. L'instruction d'une candidature en vue de l'épiscopat donne lieu à l'ouverture d'un dossier, du moins à partir de 1830. On y retrouve parfois, surtout à la fin du siècle, les autres dossiers ouverts à propos d'un ecclésiastique, lors de sa nomination comme curé, chanoine ou vicaire général. Mais le plus souvent il faut recourir à ces séries propres pour reconstituer la carrière des évêques.

pu être envisagés, grâce notamment à l'apport de l'outil informatique, les croisements nécessaires à la réalisation de cette étude de l'épiscopat concordataire.

Le corps épiscopal.

Dans ce travail, ont été retenus tous les évêques résidentiels, nommés en France entre 1802 et 1905 [1], c'est-à-dire conformément aux dispositions incluses dans le Concordat. Celles-ci ont été appliquées aux premiers évêques, élus à partir de 1802 sur les sièges épiscopaux alors érigés, puis ont été étendues aux évêques envoyés sur les nouveaux évêchés créés au cours du siècle, une trentaine en 1822, auxquels il faut ajouter le siège de Laval en 1856 et les évêchés d'Algérie (Alger en 1838, Oran et Constantine en 1867) et des colonies (Guadeloupe, Martinique et La Réunion en 1850). En outre, on a pris en compte les évêques des diocèses de Nice et de la Savoie, nommés en 1802, puis à partir de 1860, ainsi que les quatre évêques en place à cette date [2]. Le total des évêques concordataires s'établit donc à 515 individus. Leur répartition en fonction de la période de nomination est la suivante : Ier Empire, 68 ; Restauration, 99 ; monarchie de Juillet, 78 ; IIe République, 19 ; IIe Empire, 75 (dont 4 en place en 1860) ; IIIe République, 176.

Ce groupe se compose donc nécessairement de générations successives, puisque le plus ancien membre de l'épiscopat du XIXe siècle est né en 1709 et les plus jeunes en 1855. Un siècle et demi les sépare mais, à l'exception de quelques cas marginaux, l'ensemble de l'épiscopat est né entre le milieu du XVIIIe et le milieu du XIXe siècle, la date de 1805 correspondant à l'année de naissance médiane de cet épiscopat.

1. Les évêques concordataires nommés dans les diocèses belges et rhénans n'ont donc pas été retenus.
2. Billiet à Chambéry, Turinaz en Tarentaise, Vibert en Maurienne et Sola à Nice.

Tableau des périodes de naissance des évêques
en fonction de l'époque de leur nomination

	Ier Emp.	*Rest.*	*MdJ*	*IIe Rép.*	*IIe Emp.*	*IIIe Rép.*	*Total*
Avant 1730	4						4
1730-1739	15	2					17
1740-1749	23	9					32
1750-1759	18	32	3				53
1760-1769	8	33	4				45
1770-1779		11	4				15
1780-1789		9	11		2		22
1790-1799		3	45	4	11		63
1800-1809			11	13	27	1	52
1810-1819				2	25	17	44
1820-1829					10	55	65
1830-1839						56	56
1840-1849						38	38
1850-1859						9	9

Ce tableau montre un recrutement assez régulier, à une exception. On constate un creux notable chez les évêques nés entre 1770 et 1790 qui correspond exactement à la chute des vocations pendant la Révolution et les premières années de l'Empire. En ce sens l'épiscopat est à l'image de l'ensemble du clergé. Pour le reste, les pointes s'expliquent très aisément. Les prêtres de la génération 1790-1799 sont davantage sollicités pour combler le déficit constaté précédemment. Quant aux générations 1820-1839, elles occupent une position centrale pour pouvoir fournir des évêques jusqu'à la fin du siècle. S'il existe en effet un âge minimal pour parvenir à l'épiscopat, trente ans, il n'existe pas de borne maximale. L'écart est donc très grand entre le doyen, Mgr de Belloy, promu archevêque de Paris à quatre-vingt-treize ans et le plus jeune, Mgr Du Trousset d'Héricourt, nommé à trente-deux ans. Cet épiscopat nécessairement composé de plusieurs générations successives compte en son sein environ 150 évêques qui ont été ordonnés avant 1789 ou au début de la Révolution, parmi lesquels 25 évêques d'Ancien Régime et 11 anciens évêques constitutionnels. Aussi cette étude s'ancre-t-elle délibérément dans la fin du XVIIIe siècle.

Si, au sein de l'épiscopat français, la mobilité est relativement faible, la hiérarchie en même temps est cependant bien établie entre les simples diocèses et les archidiocèses. La première fonction occupée dans l'épiscopat est donc en général un évêché. Sur 515 évêques, 26 seulement ont été directement promus à un archevêché, nombre qui s'explique par la nécessité de remplir les archidiocèses en 1802, voire au début de la Restauration. Du reste, sur 26 archevêques nommés, 16 étaient des évêques d'Ancien Régime et 2 des évêques constitutionnels, qui bénéficient ainsi d'une sorte de promotion par rapport à leur statut antérieur. Parmi les huit autres, deux, Fesch et Cambacérès, sont nommés en 1802, un troisième, d'Isoard, auditeur de rote, était déjà cardinal, deux autres, Morlhon et Rohan-Chabot, sont nommés sous la Restauration, l'abbé d'Humières au début de la monarchie de Juillet. Enfin, en 1884, l'abbé Gouthe-Soulard est directement envoyé sur le siège d'Aix-en-Provence, mais au total ce type de nomination directe à un archevêché reste extrêmement rare, une fois réorganisé l'épiscopat. Six autres évêques deviennent archevêques sans avoir occupé un autre siège, mais après avoir commencé leur carrière comme coadjuteur [1] ; l'abbé Affre est aux frontières entre les deux catégories, puisqu'il est nommé archevêque de Paris, après avoir été désigné comme coadjuteur de Strasbourg, de même que l'abbé Donnet, d'abord coadjuteur de Nancy, avant d'être promu à Bordeaux. Quoi qu'il en soit, ces 33 archevêques offrent la particularité de n'avoir connu, à l'exception de Donnet, qu'un siège épiscopal. Il faudrait leur ajouter Mgr Brossais, promu archevêque sur le siège de Rennes qu'il occupait déjà.

Au total, la mobilité épiscopale a concerné 120 évêques, soit 23,3 % de l'ensemble. Outre Donnet, ce groupe comprend 94 évêques promus à un archevêché – 9 l'ont été après 1905 – et 25 évêques transférés dans un autre diocèse. À ce dernier chiffre, il faut ajouter neuf évêques qui avaient administré deux diocèses avant d'être promus à un archevêché [2]. Parmi eux, cinq avaient commencé leur carrière dans un diocèse d'Algérie ou des colonies. Enfin cinq autres évêques ont dirigé successivement un diocèse et deux archidiocèses [3]. Ainsi quatorze évêques ont connu trois diocèses différents sous le Concordat. Ces chiffres font apparaître que

1. Affre, Cliquet de Fontenay, Frère de Villefrancon, La Tour d'Auvergne, Montblanc et Quelen.
2. Ardin, Bonnechose, Desprez, Forcade, Fuzet, Guilbert, Meignan, Oury, Vigne.
3. Du Pont, Foulon, Guibert, Hasley, Morlot.

l'objet principal de la mobilité épiscopale est de fournir des titulaires aux archevêchés. Les transferts d'un évêché à l'autre sont en effet assez rares, surtout dans les trois premiers quarts du siècle où l'on n'en compte que 12 sur 34. Sous la IIIe République, ils sont plus nombreux (22), ce qui correspond à une politique visant à considérer certains gros évêchés comme équivalents en puissance aux archevêchés. Parmi ceux-ci figure Amiens qui, tout au long du siècle, de Mandolx sous l'Empire à Lamazou sous la IIIe République, en passant par Guilbert et Jacquenet, a accueilli des évêques déjà expérimentés.

Enfin l'épiscopat français du XIXe siècle a compté dans ses rangs 55 évêques ou archevêques devenus cardinaux. Parmi eux, 8 accèdent à cette dignité après la Séparation. Sur ces 55 cardinaux, 49 étaient en même temps archevêques, 4 furent nommés cardinaux alors qu'ils étaient de simples évêques (Pie, Bourret, Perraud et Touchet), 2 enfin ont été promus cardinaux de curie et ont donc quitté le siège qu'ils occupaient (Villecourt et Mathieu). En somme, si l'on ajoute les archevêques et les cardinaux, on obtient un groupe de 134 individus qui ont accédé aux plus hautes charges de l'Église. Au sein de ce groupe, 125 y sont parvenus avant la Séparation ; ils composent donc l'élite de l'épiscopat français concordataire.

Mais cette élite ne doit pas faire oublier que la grande majorité de l'épiscopat français est surtout composée d'évêques dont le renom n'a guère dépassé les frontières de leur diocèse. C'est donc à l'ensemble du groupe épiscopal que cette étude sera consacrée, même si les personnalités les plus brillantes seront amenées à se détacher d'elles-mêmes. En effet, l'objectif premier demeure de comprendre comment s'est formé le corps épiscopal au XIXe siècle. De ce fait, l'étude s'arrêtera au moment où l'évêque élu prend possession de son évêché, une recherche globale consacrée à l'activité épiscopale pendant tout un siècle semblant prématurée. En revanche, il nous a paru important de chercher à comprendre comment on devenait évêque à l'époque concordataire, ce qui revenait à s'interroger sur la personnalité des candidats à l'épiscopat aussi bien que sur les modalités de leur élection. Trois grands ensembles de questions ont donc été retenus, qui correspondent aux trois grandes étapes de la vie de ces individus : la phase présacerdotale, la vie de prêtre et le moment de la candidature à l'épiscopat.

Dans un premier temps, on s'intéressera aux origines et à la formation des évêques français concordataires. Comment se répartissent leurs lieux de naissance à travers le territoire français ? Proviennent-ils de régions de chrétienté ? Sont-ils nés en milieu urbain ou plutôt, à l'image de la grande majorité du clergé, en milieu rural ? Cette analyse conduira à se demander de quels milieux sociaux sont originaires les évêques français. Quelle est la place des fils de la noblesse au sein de l'épiscopat ? Qu'en est-il de la démocratisation traditionnellement évoquée lorsque l'on parle des évêques du XIXe siècle ? Sont-ils, par leurs origines sociales, proches de l'ensemble du clergé, ou plutôt des autres élites de la société française ? Enfin, quel rôle joue la famille du futur évêque dans sa formation ? Le temps des études apparaît en effet comme un point capital pour comprendre le devenir de ces prélats. Il est à ce titre indispensable de savoir, selon les époques – la coupure révolutionnaire se révélant là essentielle à considérer – quel a été le contenu de l'enseignement reçu et les modalités de la formation suivie, depuis le niveau primaire jusqu'au sacerdoce. Quelle est la place des structures d'enseignement religieux par rapport aux cadres publics ? Le lieu d'apprentissage du métier sacerdotal mérite également une attention particulière, tant au XVIIIe qu'au XIXe siècle. Comment s'organisent alors les études ecclésiastiques ? Quelle place occupent le séminaire Saint-Sulpice, dont le rôle est si important dans la formation de l'épiscopat d'Ancien Régime, et plus généralement l'enseignement sulpicien ? Enfin, on s'interrogera sur le niveau intellectuel de cet épiscopat français. A-t-il reçu une formation différente de celle de l'ensemble du clergé ? A-t-il poursuivi les études entamées dans le cadre du séminaire ? Quelles sont en somme les forces et les faiblesses de cette formation intellectuelle ?

Dans un deuxième temps, il conviendra de s'interroger sur la vie sacerdotale des évêques français. Peut-on tout d'abord déceler les chemins qui les ont conduits au sacerdoce ? À quel moment deviennent-ils prêtres ? Combien sont sortis du monde pour entrer dans les ordres ? Ce choix a-t-il favorisé leur accès à l'épiscopat ? On se demandera aussi bien évidemment quels ont été les divers types de carrières poursuivies par ces futurs évêques. Autrement dit, existe-t-il des filières privilégiées d'accès à l'épiscopat, qu'elles passent par l'administration diocésaine, l'administration paroissiale ou le professorat ? Est-il nécessaire d'avoir été vicaire général pour devenir évêque ? Mais si la carrière préépiscopale se révèle essentielle dans le processus de sélection des élites épiscopales, elle n'est cependant pas le seul élément à devoir être pris en compte. C'est pourquoi il est tout à fait important de s'interroger sur les activités intellectuelles et politiques des futurs évêques. De même, à une époque où, au sein de l'Église, la querelle bat son plein entre gallicans et ultramontains, quelles positions ont-ils adoptées ? Comment ont-ils évolué dans leur relation face au Saint-Siège tout au long du siècle ? Ont-ils enfin pris part aux débats intellectuels, en publiant par exemple des ouvrages ou en participant à l'activité de sociétés savantes ou d'académies ? Enfin en quoi les diverses composantes de la vie sacerdotale des futurs évêques ont-elles eu une influence sur leur désignation à l'épiscopat ?

La formation du corps épiscopal s'opère en effet au sein d'une sélection qui allie des données objectives, mais également subjectives. Aussi le troisième temps de cette étude sera-t-il consacré aux processus complexes conduisant un prêtre à devenir évêque. Il faudra d'abord s'interroger sur les diverses politiques menées par les régimes successifs du XIXᵉ siècle en matière de nominations épiscopales. Comment nomme-t-on un évêque, et selon quels critères ? Cette analyse amènera à s'interroger sur le poids des recommandations tant politiques, familiales, qu'épiscopales. Ainsi, quel rôle joue la cooptation dans le recrutement des évêques ? Peut-on déceler des réseaux entre évêques, comme aussi entre candidats à l'épiscopat et personnalités du monde politique ? Ces influences sont-elles véritablement efficaces et quelles sont celles à peser du plus grand poids dans la désignation des évêques ? Enfin, il est capital d'examiner les réactions du Saint-Siège face aux nominations que lui propose le gouvernement français. De quelle nature sont leurs relations et selon quelles modalités les candidats sont-ils acceptés ou repoussés par Rome ? Quels sont les moyens d'action du Saint-Siège et comment est-il parvenu à faire entendre ses points de vue au cours du siècle ? L'examen des positions de Rome conduira à s'interroger sur le rôle joué par l'opinion catholique dans l'accueil des promotions épiscopales, ce qui sera une manière d'introduire l'évêque dans son diocèse au lendemain de sa nomination.

La prise en compte de tout un siècle suppose une vigilance particulière à l'égard des évolutions touchant le corps épiscopal, tant il est vrai qu'on ne saurait appréhender de la même façon les évêques du début et de la fin du siècle. En même temps, l'étude d'un tel groupe sur une longue durée et sur l'ensemble de l'espace français doit permettre d'envisager des comparaisons et de tenter une synthèse globale afin de faire apparaître, au-delà des différences, les traits communs de cet épiscopat français du XIXᵉ siècle.

Au terme de cette recherche de cinq ans, je tiens à remercier tous ceux qui m'ont apporté aides et suggestions, M. Jacques Gadille qui m'a fait bénéficier de son irremplaçable expérience de l'épiscopat français du XIXᵉ siècle, M. Christophe Charle qui m'a accueilli dans son séminaire sur l'histoire des élites et m'a initié à la recherche prosopographique, M. Philippe Boutry qui a guidé et toujours encouragé mes recherches dans les Archives vaticanes, M. Claude Langlois qui, au long de mes trois années rouennaises, n'a cessé de me faire partager son immense connaissance du XIXe siècle religieux. Je voudrais également associer à ces remerciements les enseignants d'histoire de l'université de Rouen, et en particulier M. Jean-Pierre Chaline qui, notamment au sein de son séminaire sur la sociabilité, m'a suggéré plusieurs pistes de recherche. Cette étude doit aussi beaucoup, dans sa démarche, aux travaux du Centre d'histoire du XIXe siècle sur les parlementaires de la IIIe République. Que ses membres trouvent ici l'expression de ma gratitude. Cette recherche n'aurait pu en outre être menée à bien sans le recours à de très nombreux fonds d'archives. Je voudrais donc remercier les divers archivistes qui m'ont reçu pendant cinq ans, et tout particulièrement le père Ploix, archiviste du diocèse de Paris, qui m'a ouvert avec une extrême gentillesse ses fonds concernant les archevêques parisiens. Je voudrais exprimer enfin ma plus profonde gratitude à M. Jean-Marie Mayeur qui a accepté de diriger cette thèse et en a suivi patiemment le déroulement, et qui surtout, par ses conseils attentifs et éclairés, n'a cessé depuis plus de onze ans d'encourager ma vocation d'enseignant et de chercheur.

PREMIÈRE PARTIE

ORIGINES ET FORMATION
DE L'ÉPISCOPAT FRANÇAIS

CHAPITRE PREMIER

LES ORIGINES GÉOGRAPHIQUES DE L'ÉPISCOPAT

L'analyse des origines géographiques des évêques est d'autant plus importante qu'ils appartiennent en général à des familles très ancrées dans leur terroir. C'est une grande différence avec les élites administratives pour lesquelles le lieu de naissance est souvent le fait du hasard [1]. De plus, il est important de savoir si tel ou tel milieu prédispose à la sélection épiscopale. Autrement dit, vaut-il mieux naître dans un village de deux cents habitants ou dans une grande ville pour avoir des chances d'accéder à l'épiscopat ? Cette question n'est pas sans fondement si l'on considère l'importance des structures d'encadrement, à tous les niveaux, dans la formation des élites. En outre, existe-t-il des régions de prédilection pour le recrutement épiscopal ?

Un épiscopat majoritairement urbain.

Les 507 évêques nés en France se répartissent entre 206 nés dans une commune rurale et 301 dans une agglomération de plus de 2 000 habitants [2]. L'épiscopat français du XIXᵉ siècle est donc pour

---

1. Voir Christophe CHARLE, *Les Élites de la République 1880-1900*, Paris, Fayard, 1987, 556 p., p. 57.
2. En l'absence d'outils de travail complets, le recensement des populations des diverses communes de France, pour une période couvrant plus d'un siècle, se révèle difficile. Pour 21 départements, cette recherche a été rendue aisée par l'utilisation de *Paroisses et communes de France*, Paris, Éd. du C.N.R.S., 1976-1990. Ont également été utilisés les résultats du recensement de 1806, concernant les villes, tels qu'ils ont été publiés par René LE MÉE, « Population agglomérée, population éparse au début du XIXᵉ siècle », *Annales de démographie historique*, 1971, p. 455-510, et le *Dictionnaire des Postes de l'Empire, publié par la Direction générale des Postes* (Noyon, Imprimerie postale, 1859), qui donne la population de toutes les communes de France au milieu du XIXᵉ siècle.

les trois cinquièmes originaire des villes. Cela mérite d'être souligné en un siècle où le clergé est très majoritairement d'origine rurale. On pourrait penser que cette forte proportion d'urbains est essentiellement due à l'apport des ecclésiastiques nés au XVIIIe siècle, dans la mesure où le clergé se recrutait, sous l'Ancien Régime, majoritairement dans les villes. En fait sur les 164 évêques nés avant 1780, 102 provenaient de la ville, soit 62,2 %, pourcentage à peine plus élevé que la moyenne générale. Sur les 343 évêques nés en France après 1780, 200, soit 58,3 %, viennent de milieu urbain. Cette répartition remet en cause l'image d'un épiscopat du XIXe siècle issu très majoritairement des campagnes par opposition à un épiscopat du XVIIIe siècle originaire de la ville. Il est vrai cependant qu'on constate une évolution vers une ruralisation de l'épiscopat au XIXe siècle, mais elle est lente. La tranche des évêques nés entre 1780 et 1810 donne 61,76 % d'urbains, la tranche suivante (1810-1840) 57,4 %, tandis que les évêques nés après 1840, il est vrai moins nombreux, sont à 52,27 % seulement originaires des villes. Ce renforcement du monde rural dans le recrutement épiscopal est paradoxal, puisqu'il est contemporain d'une constante urbanisation de la société française. Mais l'essentiel demeure que l'épiscopat est très majoritairement originaire des villes en un temps où les populations urbaines sont encore très minoritaires en France. En 1806, 18,8 % de la population est urbaine [1]. Ainsi l'épiscopat est par ses origines plus urbain que l'ensemble de la société française ; il l'est aussi plus que l'ensemble du clergé, issu majoritairement du monde rural au XIXe siècle. Mais la coupure des 2 000 habitants agglomérés ne saurait seule rendre compte du phénomène de répartition entre les différents types de communes.

	Nés avant 1780	Nés après 1780	Total	
< 500	16	36	52	
500 - 999	15	43	58	206
1 000 - 1 999	32	64	96	
2 000 - 4 999	24	62	86	
5 000 - 9 999	18	39	57	
10 000 - 19 999	13	22	35	
20 000 - 49 999	29	24	53	301
50 000 - 99 999	5	15	20	
> 100 000	12	38	50	

1. D'après René Le Mée.

Dans une France encore essentiellement rurale, les communes de moins de 500 habitants ne donnent que moins de 10 % d'évêques. Ce seuil des 500 habitants est relativement significatif. C'est celui par exemple qui est choisi par la loi Falloux pour obliger les communes à entretenir une école de filles. C'est le signe qu'en deçà de cette limite les villages manquaient singulièrement d'encadrement ; avant les années 1830, les écoles primaires y sont peu nombreuses. Ces villages sont aussi les plus touchés par la pénurie en prêtres des débuts du siècle. Cette lacune dans l'encadrement scolaire et ecclésiastique, plus fréquente qu'ailleurs, n'est évidemment pas propice sinon à l'éclosion de vocations du moins à une bonne formation initiale. Cette antichambre du séminaire que constitue l'école presbytérale nécessite pour fonctionner un minimum d'élèves, et donc une population suffisamment nombreuse pour les fournir, de même qu'un bon encadrement ecclésiastique. Ce n'est pas un hasard si on la trouve surtout dans des communes plus peuplées, principalement dans le premier tiers du XIXᵉ siècle. Ensuite, une certaine évolution se dessine : 18 % des évêques nés après 1840 sont nés dans des communes de moins de 500 habitants. Ne faut-il pas y voir la conséquence d'un meilleur encadrement sur le plan scolaire (effets de la loi Guizot) et sur le plan ecclésiastique ? Un clergé plus nombreux permet à la plupart des paroisses de disposer d'un pasteur, tandis que, mieux formés, ces curés qui n'ont pas une charge pastorale trop lourde peuvent se consacrer à l'éducation de quelques enfants de leur village. Mais il reste que près de la moitié des évêques d'origine rurale proviennent en fait de gros villages, qui comptent plus de 1 000 habitants.

Par-delà la coupure des 2 000 habitants, ici artificiellement matérialisée, il faut constater l'importance des communes comprises entre 1 000 et 5 000 habitants. 36 % des évêques du XIXᵉ siècle en sont issus. Dans ces gros villages, ces bourgs et ces petites villes qui forment l'ossature de la France rurale, l'école s'est très vite implantée et le curé, souvent aidé d'un vicaire, a pu solliciter des vocations ecclésiastiques. C'est donc dans ce type de bourgades que se créent les écoles presbytérales, mais aussi que s'implantent très souvent au XIXᵉ siècle les petits séminaires. Or ce réseau d'établissements a beaucoup contribué à un recrutement sacerdotal de proximité. Ainsi toute une fraction de l'épiscopat, dont les familles sont très liées au monde rural, provient de ces communes, souvent chefs-lieux de canton, qui offrent un bon encadrement pour la formation de futurs prêtres, mais qui sont aussi bien reliées au réseau urbain du département, ce qui facilite ensuite l'envoi au séminaire.

Sur les 301 évêques nés en ville, 215 sont originaires de villes de plus de 5 000 habitants, soit 42,4 % de l'épiscopat, ce qui renforce son caractère urbain. Il s'agit la plupart du temps de centres urbains qui constituent l'armature administrative de la France issue de la Révolution, et sont soit des chefs-lieux d'arrondissement soit des préfectures. On y trouve donc au moins un établissement d'enseignement secondaire, collège, lycée, ou école ecclésiastique, voire le grand séminaire du diocèse. Cette origine urbaine des évêques doit être mise en rapport avec l'origine socioprofessionnelle des familles d'évêques; la part de la bourgeoisie et de l'artisanat y est importante [1]. Parmi ces villes, Paris vient en tête avec 32 évêques, soit 10,6 % des évêques d'origine urbaine. En 1806, la population parisienne représentait 10,4 % de la population urbaine française [2]. Lyon arrive en seconde position avec 11 évêques, soit 3,6 % des évêques d'origine urbaine. Lyon est ainsi proportionnellement mieux représenté que Paris, puisque la deuxième ville de France regroupait en 1806 1,8 % de la population urbaine [3]. Viennent ensuite les villes de Toulouse et Aix-en-Provence (10), Bordeaux et Rennes (6), Grenoble (5), Dijon (4), Aurillac, Besançon, Marseille, Montpellier, Poitiers et Versailles [4] (3). On retrouve dans cette hiérarchie, et dans un ordre un peu perturbé, les plus grandes villes de la France du XIXe siècle; la plupart étaient des villes parlementaires au XVIIIe siècle et leur bourgeoisie semble avoir gardé pour tradition de donner ses fils à l'épiscopat.

Une bonne répartition territoriale.

La carte du recrutement des évêques français du XIXe siècle montre une grande dispersion sur l'ensemble du territoire métropolitain, avec il est vrai des zones de prédilection. Si l'on prend comme base territoriale le département, ce qui est un peu anachronique pour les évêques nés avant 1791, on s'aperçoit que 4 seulement n'ont donné aucun évêque au XIXe siècle, les 85 départements restants en ont donc fourni 507, 8 évêques étant nés à l'étranger ou dans les colonies. Cette bonne répartition sur l'ensemble du terri-

---

1. Voir chap. II.
2. D'après René Le Mée.
3. D'après René Le Mée.
4. Versailles doit ce rang à son statut de ville royale au XVIIIe siècle; deux évêques en effet y naissent tandis que leur famille est à la cour.

toire est confirmée par la parité presque parfaite entre le nord et
le sud de la France. Les 46 départements du nord ont fourni
254 évêques, les 43 départements du sud 253. Contrairement à
d'autres élites, les ministres de la IIIᵉ République par exemple [1], on
ne constate pas de surreprésentation de la moitié méridionale prise
dans son ensemble. De même, de part et d'autre de la ligne Saint-
Malo-Genève, les 30 départements du nord-nord-est ont donné
171 évêques, les 59 départements du sud-sud-ouest 336, c'est dire
qu'un tiers du territoire fournit un tiers de l'épiscopat [2]. En
revanche, la carte montre bien la surreprésentation du bloc sud-est,
délimité par une ligne Bayonne-Belfort. Les 36 départements situés
au sud-est de cette ligne, soit 40,4 % des départements français,
donnent 247 évêques, soit 48,7 % de l'ensemble. Deux explications
peuvent être avancées pour expliquer cette légère surreprésentation.
D'une part ce bloc sud-est était particulièrement riche en diocèses
sous l'Ancien Régime, ce qui signifie que les conseils épiscopaux
qui sont autant de réservoirs d'épiscopables s'y trouvaient en grand
nombre; la tradition du service dans les hautes sphères de l'Église
a pu ensuite perdurer. D'autre part cette région correspond à une
zone de bonne vitalité chrétienne, où les diocèses sont en général
des pépinières de prêtres et donnent donc proportionnellement plus
d'évêques. Mais la caractéristique de la carte du recrutement épiscopal demeure son exceptionnel semis sur tout le territoire (voir
page suivante).

Il est cependant des départements qui se révèlent de meilleurs
fournisseurs. La moyenne d'évêques issus des départements en ayant
donné au moins un est de 5,9. 33 départements sur 85 ont fourni
6 évêques ou davantage; ils représentent des zones de recrutement
favorisé. Or parmi ces 33 départements, on retrouve la Seine (32),
la Haute-Garonne (19), le Rhône et les Bouches-du-Rhône (17),
l'Isère (12), le Nord et le Pas-de-Calais (11), la Gironde et la Seine-
et-Oise (8), le Puy-de-Dôme (7), la Loire et la Seine-Inférieure (6).
Logiquement les départements les plus peuplés, qui sont aussi
les plus urbanisés, donnent le plus d'évêques et l'on voit ainsi se

---

1. Voir Jean ESTÈBE, *Les Ministres de la Troisième République 1871-1914,* Paris,
Presses de la F.N.S.P., 1982, 255 p.
2. Michel PÉRONNET (« Les évêques de l'ancienne France », Lille, Atelier de reproduction des thèses de l'université Lille-III, 1977, 2 tomes, 1486 fº, fº 180) fait
remarquer que 75 % des évêques de la génération de 1789 sont nés au sud de la
ligne Avranches-Genève.

Départements d'origine des évêques concordataires

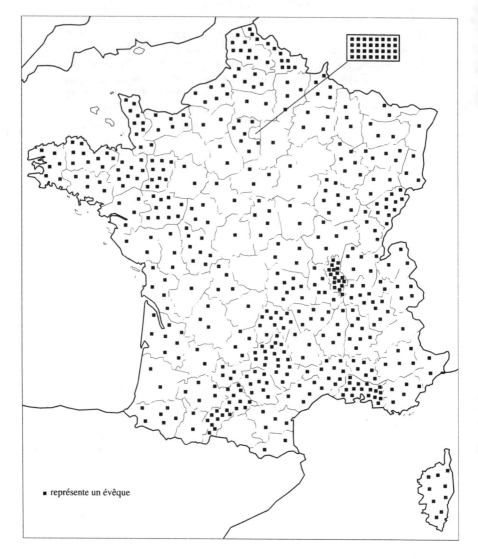

■ représente un évêque

dessiner une carte du recrutement épiscopal qui est celle des zones à forte densité : vallée de la Seine, sillon rhodanien, Nord, vallée de la Garonne.

Un autre prisme de lecture, déjà entrevu, peut également rendre compte de la carte du recrutement épiscopal, c'est celui de la pratique religieuse. Il apparaît très nettement que les départements gros fournisseurs d'évêques sont aussi souvent des « pays de chrétienté [1] ». Les régions de forte vitalité religieuse qui encerclent le Massif central par le sud et l'est, du Pays basque au Jura, se retrouvent dans la carte du recrutement épiscopal : Basses-Pyrénées (6), Gers (5), Haute-Garonne (19), Tarn (9), Aveyron (19), Cantal (11), Hérault (6), Gard (9), Haute-Loire et Ardèche (5), Loire (6), Rhône (17), Ain (6), Doubs (11). Il faut noter le score remarquable de l'Aveyron et du Cantal, dont les densités de population sont faibles, mais qui sont des pépinières de vocations ecclésiastiques. On peut même dire que les ruraux sont principalement originaires des régions de chrétienté, tandis que les zones de faible pratique donnent surtout des évêques citadins. De plus, si globalement on ne retrouve pas de phénomène de conquête des hautes charges par les Méridionaux, on peut penser que cette tendance est réelle chez une fraction des prêtres de ces contrées déshéritées du sud du Massif central. Le

1. Tels du moins qu'ils apparaissent en 1947 sur la carte de la pratique religieuse dans la France rurale due au chanoine Boulard. Cette carte ne peut être considérée qu'à titre indicatif et avec précaution. En effet la France de l'après Seconde Guerre mondiale n'est pas celle du premier XIXe siècle. En outre elle ne rend pas compte de la situation dans les villes, or les évêques sont très majoritairement d'origine urbaine. Pour la cartographie de la pratique religieuse, on a utilisé Fernand BOULARD, *Matériaux pour l'histoire religieuse du peuple français* XIXe-XXe siècle, t. I, Paris, Éd. de l'E.H.E.S.S.-Presses de la F.N.S.P. et Éd. du C.N.R.S., 1982, 635 p., t. II, 1987, t. III, 1992. – L'analyse des origines géographiques des évêques en fonction de la carte de la pratique religieuse ne pouvait être envisagée que sur une large échelle. Le recours à un niveau plus restreint, celui du canton habituellement retenu dans les études de ce type, posait de multiples problèmes, dont l'un des principaux tenait au petit nombre d'individus concernés ainsi qu'à la dispersion dans le temps. Les sources actuellement disponibles ne permettent pas d'établir pour tous les diocèses des comparaisons entre carte du recrutement épiscopal et carte du recrutement sacerdotal. On peut cependant avancer l'hypothèse que les évêques des diocèses où la pratique est faible sont originaires des cantons les plus christianisés. Le cas des deux évêques originaires de l'Yonne le confirme ; ils sont tous les deux issus de deux cantons, celui de Noyers pour Pichenot, celui de Vézelay pour Dizien, qui tranchent par leur relative vitalité religieuse par rapport à l'ensemble du diocèse de Sens. Il faut remarquer qu'ils appartenaient au XVIIIe siècle, l'un au diocèse d'Autun, l'autre au diocèse de Langres, et ont donc échappé à la vague jansénisante qui a frappé le diocèse d'Auxerre. Il semble toutefois que ce type d'observations ne soit valable que dans le cas où l'évêque est originaire d'une commune rurale.

grand Ouest, autre pays de chrétienté, est aussi un réservoir d'évêques : Finistère (6), Côtes-du-Nord (10), Morbihan (5), Ille-et-Vilaine (9), Manche (10), Calvados (6), Mayenne (10), Maine-et-Loire (10), Vienne (8). Mais l'Ouest, on le voit, n'écrase pas de sa prééminence le recrutement épiscopal. Enfin un dernier ensemble de chrétienté concerne le Nord-Pas-de-Calais déjà évoqué, avec une excroissance vers la Somme (6). La carte de la vitalité religieuse peut se lire aussi à rebours. Les départements du Bassin parisien donnent peu d'évêques : Aube (0), Seine-et-Marne (1), Yonne (2), Loiret (3), Loir-et-Cher, Oise, Eure et Eure-et-Loir (2). La bordure occidentale du Massif central est peu représentée : Nièvre (2), Indre (1), Creuse (0), Corrèze (1), Dordogne (2), Lot-et-Garonne (2). On ne saurait sous-estimer non plus, pour expliquer la carte du recrutement, le poids de certains évêques au moment des choix. Les grands électeurs de l'épiscopat français sont en général des archevêques et il n'est pas étonnant que les départements surreprésentés soient souvent des archevêchés. Tous les départements, sièges d'un archevêché, fournissent plus de 5 évêques (Paris, Lyon, Toulouse, Besançon, Bordeaux, Albi, Rouen, Aix, Chambéry, Cambrai) sauf Auch et Bourges (5), Tours (4) et Sens (2). Ainsi le recrutement épiscopal n'est pas proportionnel au recrutement sacerdotal. Il est incontestablement le résultat de choix politiques.

Géographie du recrutement et politiques de nomination.

Les divers gouvernements du XIXe siècle ont plus ou moins veillé à ne léser aucune région. Recommandant l'abbé Didiot, chanoine de Verdun, en 1843, des notables de ce diocèse rappellent que depuis l'Empire aucun évêque n'a été choisi dans le département de la Meuse [1]. Les cartes de l'origine géographique des évêques, en fonction de l'époque de leur nomination, apportent donc un certain nombre d'informations quant à la volonté de tel ou tel régime de favoriser une région donnée [2].

---

[1]. A. N. F 19 / 2813 (dossier Didiot), lettre de cinq notables de la Meuse au ministre, 19 mai 1843.

[2]. Il est apparu préférable de s'en tenir au lieu de naissance des évêques, même lorsque l'évêque l'a très tôt quitté. L'importance de la région d'origine est en effet réelle lors de la nomination. L'abbé Bellot des Minières par exemple a fait une partie de ses études et toute sa carrière à Bordeaux, mais au moment de sa nomination à Poitiers en 1880, on rappelle justement qu'il est né dans ce diocèse.

*Départements d'origine des évêques nommés
sous le Ier Empire et sous la Restauration*

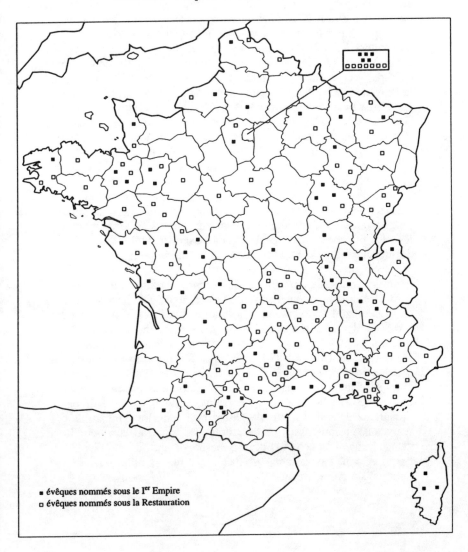

■ évêques nommés sous le Ier Empire
□ évêques nommés sous la Restauration

La géographie du recrutement souligne tout d'abord certains traits constants. Les départements du sud et de l'est du Massif central sont toujours bien représentés, de même que les départements de l'Ouest, ce qui est conforme à une certaine logique selon laquelle les diocèses les plus riches en vocations fournissent le plus grand nombre d'évêques. De même, globalement, tous les régimes s'attachent à choisir les évêques aux quatre coins de la France. Mais des différences se font jour cependant. Le Ier Empire par exemple voit se dégager quelques pôles, outre Paris : le Dauphiné, la Provence, le Midi toulousain, la Bourgogne et la Corse. Ce résultat n'est pas nécessairement le fruit de choix politiques ; il révèle notamment le poids des villes parlementaires. Mais on connaît le rôle joué par le cercle de Portalis dans la nomination des Provençaux ou la responsabilité de Bonaparte dans le choix d'évêques corses. De plus, la part accordée aux régions de la Vendée, de la Saintonge et du Poitou, négligées par la suite, s'explique par la volonté de rallier au régime les ecclésiastiques de ces contrées particulièrement sensibles. Sous la Restauration, les choix se portent plus volontiers sur les régions de chrétienté qui sont aussi les zones les plus attachées aux Bourbons, délaissant le Sud-Ouest, la bordure occidentale du Massif central et le Bassin parisien.

De la monarchie de Juillet au IIe Empire, certains traits communs dans le recrutement se dégagent. Tout d'abord les diocèses blancs de l'Ouest sont moins mis à contribution : Quimper, Vannes, Nantes et Luçon donnent très peu d'évêques. En revanche, deux diocèses, non représentés jusque-là, le sont amplement dans les nominations effectuées de 1830 à 1870, Bordeaux fournit cinq évêques dans cette période et Lyon quatorze, la capitale des Gaules l'emportant alors sur Paris. Que ces deux diocèses, dominés par deux villes à la bourgeoisie florissante, soient ainsi privilégiés à partir de la monarchie de Juillet s'explique assez aisément. Le symbole de ces nouveaux promus, issus de la bourgeoisie, pourrait être pour Bordeaux l'abbé Dupuch, fils d'un riche négociant du quai des Chartrons, et pour Lyon l'abbé Chalandon, d'une famille de la bonne bourgeoisie lyonnaise.

Départements d'origine des évêques nommés de la monarchie de Juillet au IIᵉ Empire

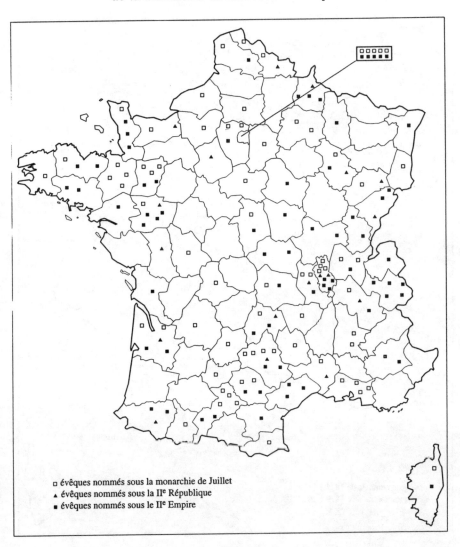

□ évêques nommés sous la monarchie de Juillet
▲ évêques nommés sous la IIᵉ République
■ évêques nommés sous le IIᵉ Empire

Départements d'origine des évêques nommés
sous la IIIᵉ République

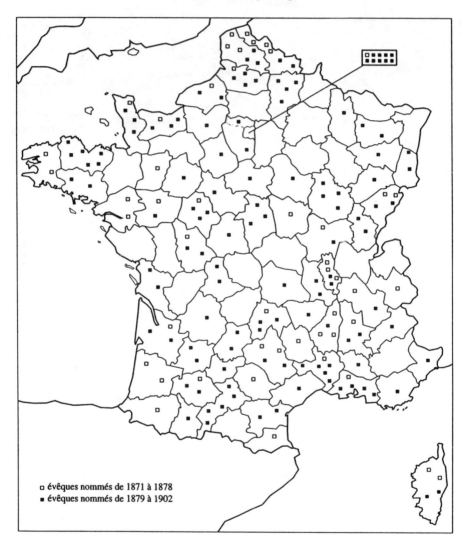

□ évêques nommés de 1871 à 1878
■ évêques nommés de 1879 à 1902

Enfin, sur la carte tirée des nominations effectuées sous la IIIᵉ République, on lit une volonté de rééquilibrage par rapport aux autres régimes. Elle montre clairement l'apparition de départements jusque-là délaissés, par exemple au nord du Bassin parisien (Aisne et Somme) ou dans le Centre-Ouest (Cher, Indre, Loiret, Indre-et-Loire). Plus globalement, les gouvernements de la IIIᵉ République apparaissent soucieux de récompenser les régions républicaines : le Sud-Est méditerranéen conserve ainsi ses positions, mais le Sud-Ouest apparaît aussi plus nettement. Enfin il est frappant de constater, au sein de l'ensemble breton, la prééminence des Côtes-du-Nord alors que les gouvernements républicains semblent, à partir de 1879, se méfier des ecclésiastiques venus de l'Ouest. Finistère, Ille-et-Vilaine, Mayenne, Loire-Inférieure, Vendée et Deux-Sèvres ne fournissent plus aucun évêque après 1879. La République a renoncé à rallier à elle les ecclésiastiques légitimistes de cette région. Dans le cas de la Vendée, cette politique est du reste une constante depuis 1830. Le Iᵉʳ Empire avait choisi deux ecclésiastiques issus de ce département, dans un souci de pacification religieuse, mais après 1830, l'équipée de la duchesse de Berry d'une part et l'attitude intransigeante de l'évêque de Luçon, Mgr Baillès, sous le IIᵉ Empire, d'autre part, sont venus rappeler aux gouvernants que le diocèse de Luçon demeurait réfractaire [1]. La méfiance du pouvoir à l'égard de certains évêques peut ainsi avoir des conséquences sur le recrutement. Le IIᵉ Empire ne choisit aucun prêtre dans le diocèse de Poitiers. Les Républicains ne prennent plus aucun ecclésiastique dans le diocèse de Lyon, sous l'épiscopat du cardinal Caverot [2]. De même, ils ne choisissent qu'un prêtre du diocèse d'Angers, l'abbé Luçon, car ils sont peu désireux de promouvoir les hommes de Freppel. Dans le même temps, son métropolitain, Meignan, fait nommer trois Tourangeaux. Dans un système de recrutement amplement dominé par la cooptation, la personnalité des évêques en place a un rôle non négligeable pour expliquer la carte du recrutement épiscopal.

Les choix politiques visent donc à un bon équilibre entre régions ferventes, vivier d'épiscopables, et régions plus détachées, afin que

---

1. Mais la Vendée demeure un cas à part dans ses relations au centre parisien ; voir Jean-Clément MARTIN, *La Vendée de la mémoire (1800-1980)*, Paris, Éd. du Seuil, 1989.
2. Deux Lyonnais parviennent en revanche à l'épiscopat dans les années 1890 : Belmont et Geay.

l'ensemble du territoire participe à la constitution de l'épiscopat, car à une époque où l'évêque figure parmi les grandes notabilités de la société, en donner un est perçu par le département et ses populations comme un honneur ; en outre dans certains diocèses moins fervents, où le clergé est moins nombreux, voire moins compétent, c'est un moyen de renforcer l'émulation entre prêtres qui aperçoivent une possible ascension sociale vers l'épiscopat. Ces données expliquent la particulière attention portée par les personnalités d'un département à la nomination des évêques. Dès lors, le gouvernement doit procéder à de savants dosages dans la distribution des diocèses. C'est un des aspects de la constitution de l'unité française au XIXe siècle.

CHAPITRE II

LES ORIGINES SOCIALES DE L'ÉPISCOPAT

L'épiscopat français du XVIIIe siècle offrait l'image d'un corps social très homogène, puisque recruté presque exclusivement au sein de la noblesse. Il représentait alors véritablement une des élites sociales du pays, réservé aux seuls fils des familles nobles. À l'inverse, l'épiscopat du XIXe siècle apparaît, au premier abord, plus composite dans son recrutement. Mais on peut cependant s'interroger sur le bien-fondé de cette appréciation et surtout essayer d'en mesurer les contours. Quelle est la réalité de la démocratisation du corps épiscopal au cours du XIXe siècle ? Peut-on en dater les prémices ? Cette démocratisation est-elle constante, ou au contraire subit-elle des fluctuations ? Enfin, quelle forme prend-elle ? Autrement dit, de quelles catégories sociales sortent les évêques du XIXe siècle ? En outre, il est certain que la comparaison avec d'autres élites s'impose. En quoi l'épiscopat offre-t-il ou non un aspect singulier par rapport aux autres grands corps de la société française ?

Tableau des origines sociales de l'épiscopat concordataire

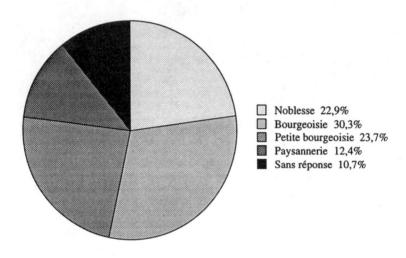

☐ Noblesse 22,9%
▨ Bourgeoisie 30,3%
▨ Petite bourgeoisie 23,7%
▨ Paysannerie 12,4%
■ Sans réponse 10,7%

Tableau des origines sociales selon les régimes

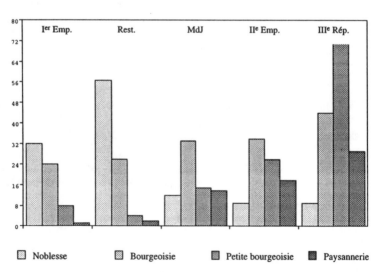

☐ Noblesse   ▨ Bourgeoisie   ▨ Petite bourgeoisie   ■ Paysannerie

Le déclin de la noblesse.

L'étude du recrutement épiscopal à l'intérieur de la noblesse mérite une particulière attention lorsque l'on sait la place écrasante des nobles dans l'épiscopat de l'époque moderne. Mais cette étude pose d'emblée un problème de méthode. Les historiens de la noblesse d'Ancien Régime s'attachent à dater l'origine des familles nobles, afin de distinguer, selon l'ancienneté, des groupes distincts, dont les rapports avec le pouvoir sont nécessairement différents. On peut se demander si cette méthode, qui demande une compétence particulière en généalogie, est aussi pertinente pour le XIXe siècle. Aucun régime, pas même la Restauration, ne fait alors de l'appartenance à la noblesse une condition nécessaire à l'accès à l'épiscopat. De plus, la Révolution semble avoir opéré une sorte de nivellement, le sort commun réservé aux nobles pendant cette période a soudé un corps jusqu'alors cloisonné entre nobles d'ancienne extraction et anoblis de fraîche date.

Une première difficulté cependant apparaît lorsqu'il s'agit de caractériser l'appartenance à la noblesse. Il est évident que la particule ne peut en elle-même être tenue pour une preuve incontestable. Il est bien connu qu'un bourgeois, en mal de titre nobiliaire, commence par se forger un nom à consonance noble. L'adjonction de la particule n'est pas rare non plus au sein d'une certaine frange du clergé, en contact avec les milieux de cour. Le cas le plus connu est celui de l'abbé Boulogne. D'autres attendent d'être devenus évêques pour transformer leur nom, à l'image de l'évêque de Grenoble, Philibert de Bruillard, dont la métamorphose onomastique s'est opérée en deux temps. Fils d'Antoine Braillard, gros cultivateur de Dijon, il modifie la première voyelle d'un nom dont la consonance seyait mal à un prédicateur. À partir de sa nomination à Grenoble en 1827, il signe avec une particule, considérant en quelque sorte que la fonction épiscopale est anoblissante. Le cas ne se reproduit plus par la suite, sinon en 1877, lorsque l'abbé Foata, nommé évêque d'Ajaccio en pleine crise du 16 mai, s'empresse de se faire appeler Mgr de La Foata. Mis en cause par des députés corses pour sa manie nobiliaire, il répond : « On me reproche d'être né dans un petit village, d'une famille très obscure et très pauvre. Soit, la pauvreté n'est ni un crime, ni un déshonneur : elle peut devenir souvent un titre de gloire. Mais j'ai ajouté à mon nom la particule nobiliaire. Cela peut-il faire du tort à qui que ce soit [1] ? »

---

1. A. N. F 19 / 2483 (dossier La Foata), l'évêque d'Ajaccio au ministre, 27 mai 1882.

Une fois écartés les «usurpateurs», il reste à déterminer exactement le nombre d'évêques d'origine noble. Deux types de questions se poseront ensuite. Le premier a trait à la période d'anoblissement lorsqu'elle est connue; lorsqu'elle ne l'est pas, on a affaire à une petite noblesse locale dont l'importance ne doit cependant pas être négligée. Le second type de question tient au statut social du père. Trois catégories se détachent: le service armé, le service de l'État et l'administration d'une propriété terrienne.

Le nombre d'évêques d'origine noble au XIXe siècle s'élève au total à 118, ce qui représente 22,9 % de l'ensemble de l'épiscopat. Cette proportion varie de façon importante au long du siècle. Si l'on tient compte du régime politique au cours duquel ces évêques nobles ont été nommés, on aboutit au résultat suivant : Ier Empire, 32 (47,1 %); Restauration, 59 (59,6 %); monarchie de Juillet, 11 (14,1 %); IIe République et IIe Empire, 8 (8,5 %); IIIe République, 8 (4,5 %).

Ces chiffres confirment un fait bien établi : la part de la noblesse dans le recrutement épiscopal s'effondre à partir de la révolution de 1830, et surtout à partir du milieu du XIXe siècle. L'explication de cet effondrement est en effet double. Elle est structurelle dans le sens où le clergé se recrute de moins en moins dans la noblesse, l'épiscopat ne faisant que refléter un état de fait plus général. Encore faut-il préciser que, même après 1830, la part de la noblesse semble plus importante au sein de l'épiscopat qu'au sein de l'ensemble du clergé. La seconde raison est d'ordre politique. Les divers gouvernements qui se succèdent après 1830 se méfient quelque peu des prêtres d'origine noble, réputés légitimistes, comme le prouve cette réflexion du président de la République, Louis Napoléon Bonaparte, au vicomte de Falloux, lorsque ce dernier lui propose de nommer l'abbé de Dreux-Brézé à Moulins : «Monsieur de Dreux-Brézé, me dit-il, est un nom bien légitimiste pour le Bourbonnais où les ouvriers sont très près du socialisme[1].» Même sous les gouvernements d'Ordre moral, réputés plus favorables à la noblesse, seuls quatre nobles parvinrent à l'épiscopat, soit 7,1 % des évêques nommés entre 1871 et 1879. C'est dire le caractère irrémédiable de la démocratisation commencée avec la monarchie de Juillet.

Pour autant, le début du siècle avait vu l'entrée en force de la noblesse dans les rangs de l'épiscopat. La proportion de nobles

---

1. Comte de Falloux, *Mémoires d'un royaliste*, Paris, Perrin, 1888, t. I, 600 p., p. 585.

nommés entre 1815 et 1830 ne saurait surprendre, en raison des liens de la Restauration avec l'aristocratie. Nombre de familles nobles se voient ainsi remerciées pour leur dévouement pendant la période révolutionnaire, tandis que le régime reprend les habitudes de nominations héritées de l'Ancien Régime. Enfin, il est certain qu'une fraction de l'ancien clergé d'origine noble se trouve disponible en 1815, même s'il a quelque peu vieilli dans l'émigration. Ces prêtres nobles, souvent passés par Saint-Sulpice et gradués en théologie, avaient assumé des charges d'administration sous l'Ancien Régime ; ils étaient donc les mieux formés à la charge d'évêque. C'est ce qui explique leur entrée massive dans l'épiscopat dès 1802. Certes, sur les trente-deux évêques nobles du Ier Empire, la moitié sont des évêques d'Ancien Régime reconduits. Mais si l'on s'en tient aux évêques nouvellement promus [1], on constate que 35,6 % sont d'origine noble. Une fraction du clergé noble s'est donc ralliée à Bonaparte dès 1802 et en tire des bénéfices d'autant plus rapides que le pouvoir a besoin de bons administrateurs pour réorganiser l'Église concordataire. Au début de la Restauration, le soin mis à recruter des évêques au sein de la noblesse est manifeste, au point par exemple que Lamennais accuse l'abbé de Quelen de vouloir « décrasser » l'épiscopat. Mais dès 1825, la démocratisation s'amorce ; parmi les 21 évêques nommés de 1826 à 1830, 8 seulement, soit 38 %, sont d'origine noble. Au fur et à mesure que disparaît le clergé d'Ancien Régime, dont l'abbé de Villeneuve-Esclapon, nommé en 1826, est un des derniers représentants, le recours à un clergé « roturier » s'impose. Les conversions spectaculaires d'un duc de Rohan ou d'un marquis Du Trousset, parvenus à l'épiscopat à l'extrême fin de la Restauration, ne peuvent compenser la relative désaffection des fils de la noblesse à l'égard de l'Église. Ces promotions ont simplement permis de retarder un mouvement de démocratisation qui s'affirme pleinement après la révolution de Juillet, la volonté politique rejoignant alors le vide sociologique.

Dans 71 cas, on a pu dater l'origine de la noblesse des familles considérées [2]. 24 familles sont d'extraction chevaleresque, c'est-à-dire

---

1. C'est-à-dire en mettant à l'écart le groupe des onze évêques constitutionnels, qui compte du reste un membre d'origine noble.
2. À partir de E. DE SÉRÉVILLE et F. de SAINT-SIMON, *Dictionnaire de la noblesse française,* Paris, s. d., 1214 p., et *Supplément,* Paris, Éd. Contrepoint, 1977, 668 p. Ce dictionnaire, dans l'ensemble des productions sur ce thème, est relativement fiable, car il ne répertorie que les familles dont la noblesse est attestée par preuves. Il a l'inconvénient de ne prendre en compte que les familles encore représentées en 1900. Il offre donc un tableau minimal de l'état de la noblesse au XVIIIe siècle.

que leur noblesse remonte au moins au XIIIe siècle. On retrouve au sein de cette noblesse les familles les plus prestigieuses de l'Ancien Régime, les Talleyrand-Périgord, les Rohan. 18 familles avaient été anoblies avant le XVe siècle. Parmi ces familles d'ancienne noblesse, 29 avaient été reçues aux honneurs de la cour au XVIIIe siècle, ce qui marque bien leur degré d'ancienneté, puisqu'il fallait pour obtenir ce privilège attester d'une noblesse antérieure au XVe siècle [1]. 7 autres familles remontent au XVe siècle, 4 au XVIe siècle, 8 au XVIIe siècle et 9 au XVIIIe siècle. 2 familles, en cours d'anoblissement au XVIIIe siècle, les Blanquart de Bailleul et les Roullet de La Bouillerie, ont été anoblies au début du XIXe siècle. Dans l'ensemble, les évêques français du XIXe siècle sont principalement issus de familles d'ancienne noblesse, c'est-à-dire antérieures au XVIIe siècle. La tendance naturelle est cependant à voir apparaître des familles de noblesse de plus en plus récente au cours du siècle. Ainsi, sur 11 familles nobles d'évêques nommés sous la monarchie de Juillet, 5 seulement sont antérieures au XVIIe siècle.

Au sein de cette noblesse, trois grands groupes se détachent : les propriétaires terriens, les militaires et ceux qui tiennent un office ou une charge civile, qu'ils soient parlementaires ou qu'ils soient au service du roi.

	Ier Empire	Rest.	Après 1830	Total
Propriétaires terriens	18	28	5	51
Militaires	7	19	11	37
Officiers civils	7	12	4	23

Cette répartition est indicative et ne peut prétendre à une rigueur absolue, dans la mesure où l'état professionnel n'est pas toujours connu avec la même exactitude [2]. L'importance du premier groupe s'explique assez aisément par le fait que l'épiscopat se recrute tradi-

---

1. Voir François BLUCHE, *Les Honneurs de la cour*, Paris, Les Cahiers de la noblesse, 2 tomes, 1957.
2. Les pièces d'état civil, en particulier les actes de baptême, précisent en général les titres et fonctions des pères. Il est donc assez aisé de repérer, à la naissance de l'évêque, leur statut professionnel. Lorsque ne sont mentionnées que des indications du type « seigneur de... », sans autres précisions, on en a déduit, peut-être un peu arbitrairement, que le père vivait sur ses terres.

tionnellement au sein d'une petite noblesse de province qui donne un ou plusieurs de ses fils à l'Église. La proportion de 44,3 % de pères vivant noblement, c'est-à-dire sans profession particulière, n'est pas exceptionnelle. Certes, elle est supérieure au groupe des évêques de 1789 étudié par Michel Péronnet, dans lequel la proportion des pères « sans profession » était de 35,5 %, mais ce même auteur rappelait que des proportions supérieures n'étaient pas rares au sein d'autres groupes nobles [1]. Cette noblesse peut être ancienne, mais son pouvoir financier est en général faible. Tel est par exemple le cas du petit groupe d'évêques auvergnats promus sous la Restauration : il comprend les abbés La Grange de Pons, Micolon de Guérines et Le Groing de La Romagère. Leurs familles sont très implantées sur leurs terres, habitent un château, mais elles ne rayonnent pas au-delà. Ces prêtres disposent en général d'une fortune médiocre, d'autant plus à l'issue de la Révolution [2].

Le deuxième ensemble regroupe les fils de militaires. Près d'un tiers des pères d'évêques servaient en tant qu'officiers, au moment de leur naissance. Certains appartiennent à l'élite de l'armée française et achèvent leur carrière dans les plus hauts postes. Depuis la famille de Mgr de Belloy jusqu'à celle de Mgr de Las Cases, le service militaire est une tradition dans certaines familles de la noblesse, au point même que certains de ses fils embrassent la carrière des armes, avant d'entrer dans les ordres, à l'image de Monyer de Prilly, Lesquen ou La Motte. Dans le cas du père de Monyer, l'attachement au métier militaire le pousse même à servir dans les armées révolutionnaires, dans lesquelles son fils se trouve bientôt embrigadé. D'autres en revanche rejoignent l'armée de Condé. C'est encore dans l'armée, au XIXe siècle, que les derniers pères d'évêques nobles servent le plus volontiers : la moitié des évêques nobles nommés après 1848 avaient un père officier.

Le troisième groupe réunit les pères d'évêques détenteurs d'offices ou de charges civiles. Rares sont ceux qui étaient directement au service du roi à la cour, mais il faut malgré tout citer le marquis de Dreux-Brézé, ou encore Roullet de La Bouillerie. En revanche, on dénombre environ dix-huit fils de parlementaires. Leur répartition à

---

1. Michel PÉRONNET, « Les évêques de l'ancienne France », Lille, Atelier de reproduction des thèses de l'université Lille-III, 1977, f° 223.
2. A. N. F 19 / 2789 (enquête sur les vicaires généraux de 1813), l'abbé de La Grange a « une fortune très bornée, ayant beaucoup perdu à la Révolution », l'abbé Le Groing a une « fortune honnête mais modérée », l'abbé Micolon enfin une « fortune médiocre ».

travers le territoire illustre la force des familles robines des villes parlementaires de la France d'Ancien Régime : Grenoble, Toulouse, Dijon, Rennes, Aix. Parmi ces familles de la noblesse de robe, la plus exemplaire est en effet la famille Mazenod, originaire d'Aix. Anoblie au XVIIe siècle, elle donne deux évêques au XIXe siècle, Charles, fils de Charles-Alexandre, président à la Cour des comptes, aides et finances de Provence, et Eugène, son neveu, fils de Charles-Antoine, qui a repris la présidence de son père [1]. Pour cette famille d'anoblissement récent, dont les membres n'avaient pu parvenir qu'au vicariat général au XVIIIe siècle, l'accès à l'épiscopat est incontestablement une consécration.

La part de la noblesse dans l'épiscopat du XIXe siècle n'est donc pas négligeable, mais après 1850 le recrutement d'évêques en son sein reste marginal, même si proportionnellement la noblesse est plus représentée qu'au sein de la société française. Pourtant l'image du prélat noble n'a cessé de frapper les esprits [2], ce qui est bien la preuve d'une certaine assimilation de l'évêque au noble. Malgré tout cette image du prélat-aristocrate est principalement née des premières nominations du siècle ; elle renvoie aux personnages du cardinal de Rohan-Chabot ou du cardinal de Croÿ. La figure du prince-évêque demeure légendaire à côté de celle du « paysan mitré ». Mais l'une et l'autre reflètent-elles la réalité ?

Un recrutement bourgeois.

La frontière entre noblesse et bourgeoisie, au XIXe siècle, est plutôt d'ordre psychologique que véritablement économique, même si, au sein de l'épiscopat, les évêques les plus riches sont d'origine noble. La noblesse a perdu ses privilèges, si bien que plus que jamais c'est le statut socioprofessionnel qui prévaut dans la définition des groupes sociaux. Pourtant, la distinction entre noblesse et bourgeoisie méritait d'être observée, afin de bien percevoir le renversement qui s'opère au XIXe siècle dans le recrutement épiscopal.

D'une certaine façon, la bourgeoisie est la grande bénéficiaire du bouleversement révolutionnaire en ce qui concerne le recrutement épiscopal.

1. Jean LEFLON, *Eugène de Mazenod,* Paris, Plon, 1960, t. I, 667 p., p. 14-17.
2. C'est un évêque d'origine aristocratique que Zola met en scène dans *Le Rêve.*

	Ier Emp	Rest.	MdJ et IIe Rép.	IIe Emp.	IIIe Rép.	Total
Bourgeoisie	23	25	41	23	44	156
Petite bourgeoisie	8	3	17	21	73	122

La délimitation de la bourgeoisie pose quelques problèmes, surtout au bas de l'échelle sociale [1]. La bourgeoisie au sens strict, celle que l'on appelle traditionnellement la bonne bourgeoisie, composée de magistrats, d'avocats ou de négociants, regroupe 156 familles ; 33,9 % des évêques dont l'origine sociale est connue appartiennent donc au milieu de la bourgeoisie. Une fraction de cette bourgeoisie forme avec la noblesse un groupe homogène du point de vue socio-professionnel, comme l'atteste la présence dans l'un et l'autre groupe des mêmes types d'activités professionnelles. Parmi les pères d'évêques appartenant à la bourgeoisie, on en compte ainsi 31 qui remplissaient une fonction juridique, qu'ils aient été conseiller d'un parlement, avocat, magistrat ou notaire. Il existe une évidente filiation entre ces types de professions, malgré le décalage chronologique. Ces professions juridiques sont également très proches de celles remplies au service de l'État. Quinze pères d'évêques entrent dans cette catégorie. Quarante-six évêques proviennent ainsi d'un même milieu socioprofessionnel, composé de parlementaires, de magistrats, d'hommes de loi ou d'administrateurs de l'État, qui ont tous une formation et un mode de vie comparables. C'est cette catégorie qui est incontestablement la plus proche de celle des nobles parlementaires ou au service du roi. La famille Blanquart de Bailleul symbolise bien les liens étroits qui existent entre les deux groupes. Elle était en cours d'anoblissement au XVIIIe siècle. Le père du futur archevêque de Rouen, Henri-Joseph Blanquart de Bailleul, était procureur-syndic du district de Calais sous l'Ancien Régime. Il entre en politique sous l'Empire et devient député au Corps législatif. Il est alors intégré à la noblesse d'Empire en 1810,

---

1. Sur les problèmes rencontrés dans la définition de la bourgeoisie, voir Adeline DAUMARD, *La Bourgeoisie parisienne de 1815 à 1848,* Paris, S.E.V.P.E.N., 1963, et *Les Bourgeois et la Bourgeoisie en France,* Paris, Aubier, 1987, chap. I, et Jean-Pierre CHALINE, *Les Bourgeois de Rouen. Une élite urbaine au XIXe siècle,* Paris, Presses de la F.N.S.P., 1982.

en qualité de chevalier, puis devient baron en 1811. Il est de nouveau député sous la Restauration, tout en étant procureur général à Douai. Dans ce cas le processus d'anoblissement d'une famille bourgeoise s'est poursuivi par-delà la fracture révolutionnaire. Mais les relations étroites entre noblesse et bourgeoisie de robins expliquent que ce groupe de la bourgeoisie soit particulièrement bien représenté chez les évêques de l'Empire et de la Restauration : plus de la moitié des pères d'évêques, membres de la bourgeoisie, y appartiennent. Ce groupe ne représente plus qu'un tiers des pères des évêques, originaires de la bourgeoisie, nommés après 1830.

La perte d'influence de la bourgeoisie de robins s'est faite au profit de la bourgeoisie économique, voire plus tardivement au profit des professions libérales de type médical. La catégorie vague des propriétaires fonciers et surtout celle des négociants représentaient 41 % des pères d'évêques nommés avant 1830. Elles représentent plus de la moitié des pères d'évêques nommés après 1830. Les fils de négociants représentent alors à eux seuls près d'un tiers des fils de la bourgeoisie. Ils forment un groupe comparable à celui des fils de fonctionnaires et hommes de loi. Malgré tout cette bourgeoisie économique est représentative d'une société de type « Ancien Régime », ce qui ne saurait surprendre étant donné la période d'activité des pères de ces évêques, toujours antérieure au milieu du siècle, c'est-à-dire aux véritables débuts de la révolution industrielle. On n'a pu dénombrer que trois fabricants, spécialisés dans la production textile, mais eux aussi incarnent en fait des modes de production anciens. Le seul élément laissant entrevoir l'émergence de la bourgeoisie industrielle au sein de l'épiscopat du XIXe siècle est la présence parmi les pères d'évêques du directeur de la filature d'Oberkampf, M. Place. Pour le reste, c'est d'une bourgeoisie traditionnelle que sont issus les évêques membres de ce groupe. Néanmoins une catégorie se développe au cours du siècle, celle des fils de médecins ou de vétérinaires : on en comptait 4 parmi les évêques nommés avant 1870, ils sont 8 au sein du groupe des évêques nommés sous la IIIe République, signe tangible de la place prise par les professions médicales au XIXe siècle.

Un autre groupe, au sein de cette bourgeoisie, est composé de la vingtaine de pères d'évêques, officiers dans l'armée. De par leur mode de vie, voire leur fortune, ces familles d'officiers appartiennent sans conteste à la bourgeoisie avec laquelle elles partagent du reste le privilège de l'habitat urbain. La proportion assez forte de ce groupe s'explique par le gonflement des effectifs militaires sous l'Empire. Bon nombre de ces officiers ont en effet servi sous ce régime, et plusieurs sont ensuite limogés, à l'image du père de l'abbé Bougaud. Né en Espagne en 1772, de parents négociants, Pierre Bougaud devient soldat sous la Révolution. Officier sous l'Empire, il participe à la plupart des campagnes de Napoléon et entre à l'état major en 1810. Il est démobilisé en 1815. Il s'installe alors à Dijon où il devient receveur de la loterie, puis épouse Marie-Antoinette Lavoisot qui appartient à une famille de la bourgeoisie dijonnaise, et dont un des frères est avocat. La famille Bougaud appartient donc bien à la bourgeoisie. La filiation officier-évêque évoque là encore un modèle de reproduction sociale assez proche de celui offert par la noblesse d'Ancien Régime.

En deçà du groupe de la bourgeoisie, celui de la petite bourgeoisie, ou bourgeoisie populaire, pour reprendre l'expression d'Adeline Daumard [1], est également bien représenté avec 122 évêques appartenant à ce groupe composé de commerçants, artisans et petits fonctionnaires. 26,5 % des évêques font partie de cette catégorie qui se situe entre la bourgeoisie et les classes populaires. Là encore c'est le milieu du siècle, quant à l'époque de la nomination, qui marque le passage de la suprématie de la petite bourgeoisie par rapport à la bourgeoisie proprement dite. Parmi les pères des évêques nommés avant 1852, 22,5 % appartenaient à la petite bourgeoisie et 77,5 % à la bonne bourgeoisie. Les proportions s'inversent chez les pères des évêques nommés après 1852 : 57,5 % sont originaires de la petite bourgeoisie, 42,5 % de la bonne bourgeoisie. C'est dire la démocratisation qui s'opère au sein même des professions urbaines. Aux limites avec la bourgeoisie proprement dite apparaissent les commerçants ; on en dénombre 39. Les artisans sont eux au nombre de 53. Le premier groupe détient un statut social quelque peu supérieur au second. Or parmi les pères des évêques nommés avant 1852, on compte 60 % de commerçants, contre 40 % d'artisans. Parmi les pères d'évêques nommés après 1852, la proportion de commerçants est de 29 %, celle d'artisans de 49 %.

Enfin, une troisième catégorie est apparue, celle des petits fonctionnaires, qui représente 22 % du groupe de la petite bourgeoisie. Cette progression est surtout due aux promotions de la IIIe République, comme si les républicains avaient eu à cœur de pousser en avant, dans leur choix, les fils de fonctionnaires. Le cas est patent en ce qui concerne les fils d'instituteurs ; ils sont au nombre de 5,

1. Adeline DAUMARD, *Les Bourgeois de Paris au XIXe siècle*, Paris, Flammarion, 1970, 382 p., p. 99.

tous nommés à partir de 1881. Certes, l'instituteur qui donne ses fils à l'Église n'est pas le modèle offert en exemple aux instituteurs de la IIIe République, mais l'attention portée à cette catégorie socio-professionnelle révèle la part qu'elle a prise dans la société française au XIXe siècle, à l'instar des professions médicales, et ce, avant même les grandes lois sur l'école. Cette évolution marque aussi les progrès de la fonction publique dans la France du XIXe siècle, en même temps qu'elle indique que, pour ces petits fonctionnaires, l'ascension sociale passe par l'ensemble des professions rémunérées par l'État, y compris la cléricature. À cet égard l'abbé Fournier représente assez bien ce type d'ascension sociale. Il est le fils de Jean-Baptiste Fournier, cultivateur dans le Limousin, venu à Nantes en 1794, à trente-quatre ans. Huit mois plus tard, il épouse Françoise-Eulalie Soret, fille d'un rentier nantais [1]. Quelque temps après, il devient receveur aux octrois de Nantes et acquiert le statut d'employé municipal. L'ascension sociale se concrétise donc à la fois par l'exode rural et par un mariage dans une classe supérieure. La famille Fournier incarne à merveille cette petite bourgeoisie, capable de faire faire des études à ses enfants, quitte à recevoir une aide de l'État, sous la forme d'une bourse [2].

L'importance de la bourgeoisie, au sens large, au sein de l'épiscopat, explique la forte implantation urbaine des familles d'évêques. Certes la petite bourgeoisie d'artisans et de commerçants mêle ruraux et citadins, et l'on ne saurait intégrer purement et simplement cette catégorie aux populations urbaines. Il n'empêche, une grande partie est originaire des villes, l'autre partie venant des gros bourgs, souvent supérieurs à mille habitants, dont bon nombre d'évêques sont également issus. Même implantée dans de petits centres, cette bourgeoisie offre des traits communs, l'instruction, mais aussi une certaine aisance, susceptible de lui permettre de supporter de longues études de la part de ses fils. En effet, les données recueillies sur l'état de la fortune des évêques à la veille de leur nomination laisse entrevoir que près d'un tiers d'entre eux avaient un patrimoine, même médiocre [3]. Les fortunes moyennes se situent

---

1. A. D. de la Loire-Atlantique, état civil, ville de Nantes (2e et 8e sections), mariages an III.
2. Le jeune Fournier est effectivement titulaire d'une bourse lorsqu'il est élève au grand séminaire de Nantes.
3. À la différence d'autres catégories de fonctionnaires, la fortune des candidats à l'épiscopat n'est pas systématiquement retenue lors de la constitution des dossiers et les renseignements fournis sont souvent plus qualitatifs que quantitatifs. En outre,

entre 50 000 et 200 000 francs. Ce sont essentiellement des fils de la bonne bourgeoisie, à l'image de l'abbé Renouard, fils d'un officier, dont la fortune s'élève à 60 000 francs, ou de l'abbé Germain, détenteur d'un capital de 100 000 francs. L'abbé Gros, fils d'un fabricant de Reims, jouit de 5 000 à 6 000 francs de revenus annuels, l'abbé Brossais, fils d'un négociant rennais, a lui un revenu de 6 000 francs par an. Enfin, l'abbé La Croix d'Azolette dispose de 8 000 francs de rentes.

Une infime fraction de l'épiscopat possède des fortunes supérieures à 200 000 francs ; ces évêques proviennent des milieux de la grande bourgeoisie à l'image de l'abbé Callot ou de l'abbé Paulinier, fils de négociants, qui disposent de plus de 20 000 francs de rentes annuelles. La fortune de l'abbé Richard lui permet de retirer également 24 000 francs de revenu annuel. Richard appartient à une riche famille nantaise. Ses revenus sont essentiellement le fruit de propriétés terriennes puisque, en 1862-1863, il retire 19 240 francs de ses onze métairies, le reste étant produit par le rendement de quelques obligations, ainsi que par l'exploitation de vignes et de bois [1]. La fortune de Richard est donc essentiellement immobilière. Ses dépenses s'élèvent à environ 21 000 francs. Elles comprennent 7 810 francs consacrés aux frais de gestion de ses domaines, 9 920 francs attribués à des œuvres de charité. Enfin 1 550 francs, c'est-à-dire son traitement de vicaire général, représentent ses dépenses personnelles : 1 200 francs pour son entretien, 200 francs pour l'achat de livres et 150 francs d'abonnement aux revues et journaux. En 1862 l'abbé Richard investit en outre 1 000 francs dans l'achat d'une demi-action de *L'Ami de la religion*.

Au sein de ce groupe, on trouve donc des fils de véritables notables provinciaux. L'abbé Bernadou, dont les revenus annuels s'élèvent à 25 000 francs, appartient à une importante famille de négociants du Tarn [2]. L'abbé Baduel, dont la fortune est estimée à un million de francs, est le fils d'un grand propriétaire de l'Aveyron,

---

une enquête globale, à partir des successions des pères par exemple aurait été excessivement lourde à conduire étant donné l'éparpillement des familles sur tout le territoire. En réalité, on ne dispose donc de renseignements que pour une partie des évêques nommés après 1830.

1. A. dioc. de Paris, 1 D X 6 (papiers Richard), chemise C, pièce 5 a, comptes du 1er mai 1862 au 30 mai 1863.

2. Famille de notables qui a « réussi dans les affaires, le Parlement, le barreau et l'armée », écrit Jean FAURY (*Cléricalisme et anticléricalisme dans le Tarn [1848-1900]*, Toulouse, Association des Publications de l'université Toulouse-Le Mirail, 1980, 532 p., p. 290).

qui vit noblement dans son château d'Oustrac, et se fait même appeler Baduel d'Oustrac. Autre membre de la grande bourgeoisie, l'abbé Le Hardy du Marais possède une fortune «considérable», dont le montant n'est cependant pas précisé. Enfin, dans ce groupe, figurent aussi trois représentants de grandes familles nobles, l'abbé de Dreux-Brézé qui jouit d'un revenu de 25 000 francs, et les deux frères de Briey qui possèdent, dit-on, une fortune considérable. Les origines géographiques de ces familles sont donc diverses. Mais encore une fois, les pôles qui émergent sont les grands centres urbains, avec notamment Paris et Lyon, mais aussi Rennes, Bordeaux, Toulouse, Besançon, Nantes ou Lille. Ainsi, jusqu'à la fin du XIXe siècle, l'épiscopat se recrute aussi au sein de familles très fortunées.

La fortune n'est cependant pas une condition *sine qua non* de l'accès à l'épiscopat. Néanmoins, elle joue quelquefois un rôle non négligeable, dans deux cas précis. Tout d'abord lorsqu'il arrive que le gouvernement nomme un coadjuteur, il préfère que celui-ci ait une fortune indépendante. La raison en est simple : les coadjuteurs n'ont pas d'existence budgétaire propre dans le système concordataire, ils sont assimilés à des vicaires généraux. Mais il est certain que le traitement d'un vicaire général peut paraître insuffisant pour tenir son rang d'évêque. C'est pourquoi bon nombre de coadjuteurs sont issus de milieux aisés et détiennent une petite, voire une grosse fortune, à l'image de l'abbé Frère de Villefrancon, d'une famille de Franche-Comté, qui est nommé coadjuteur de l'archevêque de Besançon en 1821. Le nonce rapporte que Villefrancon a une rente annuelle de 5 000 écus romains et surtout qu'il possède à Besançon un palais plus grand et plus beau que l'évêché [1].

Ensuite la détention d'un capital peut se révéler utile aussi lorsque l'évêque prend en charge un diocèse pauvre ou un diocèse missionnaire. Le premier évêque nommé en Algérie, l'abbé Dupuch, est réputé avoir une large fortune et l'utiliser au profit des œuvres. Si Lavigerie n'est pas particulièrement fortuné, en revanche les deux évêques qu'il fait nommer à Oran et à Constantine, Callot et Las Cases, ont de la fortune. L'idée selon laquelle l'évêque doit participer financièrement à la construction de son diocèse a donc pu contribuer à certaines nominations de prêtres issus de familles bourgeoises, surtout lorsque ceux-ci avaient utilisé leur fortune au

---

1. A. S. V., S. d. S., Rub 248, anno 1821, fasc. 1, le nonce au secrétaire d'État, 6 mars 1821.

profit d'œuvres. L'action de l'abbé de Dreux-Brézé à Paris, sous la monarchie de Juillet, est connue [1]. D'autres ecclésiastiques ont également puisé dans leur capital pour financer diverses œuvres caritatives, par exemple l'abbé Baduel sous le IIe Empire, ou encore l'abbé Belmont sous la IIIe République. Le préfet du Rhône rappelle ainsi en 1881 qu'il « emploie sa fortune personnelle à venir en aide aux malheureux [2] » ; l'abbé Belmont appartient à une riche famille de négociants lyonnais. Les comptes de l'abbé Richard montrent aussi qu'il consacre 38 % de ses revenus aux œuvres de charité, mais sans écorner son capital. Bon nombre de ces riches évêques ont gardé le sentiment qu'ils ne sont que les dépositaires d'un patrimoine familial, qui doit revenir, à leur mort, à leur famille. Ainsi le testament du cardinal Guilbert sépare bien les 20 000 francs qui lui viennent de sa famille et qu'il lègue à des parents, des 10 000 francs acquis au cours de son existence et qu'il distribue à diverses œuvres [3]. L'analyse des fortunes des évêques, malgré son caractère fragmentaire, confirme la permanence au sein de l'épiscopat d'un fort noyau issu des classes aisées. Elle révèle aussi qu'une fraction des familles de cultivateurs ou d'artisans lègue un petit capital à leurs fils ecclésiastiques.

Au sein du monde urbain, le monde ouvrier en tant que tel est quasiment absent. On ne compte guère que quatre fils d'ouvriers parmi les évêques ; dans trois cas il s'agit de tisserands, le quatrième est un ouvrier calfat du Havre. Autrement dit, le monde ouvrier est très peu représenté au sein de l'épiscopat. Par son faible nombre il est représentatif d'une société préindustrielle, au sein de laquelle l'épiscopat se recrute plus volontiers. De même, aucun père d'évêque n'était domestique. Il est manifeste que les origines des évêques sont sur ce point semblables à celles de l'ensemble du clergé français. L'examen de l'épiscopat montre quoi qu'il en soit que la quasi-totalité des pères d'évêques était au moins détentrice d'un petit capital, que ce soit une échoppe, un atelier, ou une exploitation agricole. Ce ne sont donc pas les classes les plus basses de la société qui fournissent leurs membres à l'épiscopat. Cela ne signifie pas pour autant que les évêques ne soient pas de plus en plus originaires des classes populaires.

---

1. Voir Jean-Baptiste Duroselle, *Les Débuts du catholicisme social en France (1822-1871)*, Paris, P.U.F., 1951.
2. A. N. F 19 / 2517 (dossier Belmont), le préfet du Rhône au ministre, 30 juin 1881.
3. A. dioc. de Bordeaux, papiers Guilbert, testament du 2 novembre 1886.

L'avènement des « paysans mitrés ».

L'expression « paysan mitré » apparaît sous la monarchie de Juillet pour désigner la promotion à l'épiscopat de fils de paysans, promotion d'autant plus spectaculaire aux yeux des contemporains que la plupart des élus sont de jeunes prêtres, qui ont moins de quarante ans, souvent implantés dans leur terroir natal où ils peuvent avoir une parentèle importante. Il est clair que jusqu'à cette époque l'idée qu'un fils de paysan puisse devenir évêque n'était guère entrée dans les mœurs, et ce n'est pas un hasard si le premier fils de paysan promu à l'épiscopat, l'abbé Bruillard nommé évêque sous la Restauration, choisit précisément d'effacer ses origines en s'attribuant une particule. Bien plus, il accrédite par là même auprès de ses contemporains l'idée qu'il bénéficie d'une faveur royale, faisant naître ainsi le soupçon de liens particuliers avec Louis XV [1]. Le mouvement naturel est cependant le plus fort, puisqu'à partir de la monarchie de Juillet près de 20 % des évêques sont recrutés au sein de la paysannerie. Mais ce recrutement continue à susciter un certain mécontentement, comme si l'épiscopat était réservé aux notables. Si l'on accepte qu'un fils de paysan devienne prêtre, sa promotion à l'épiscopat peut être en revanche mal perçue, comme le montre l'exemple de la nomination contestée de l'abbé Mascarou-Laurence à l'évêché de Tarbes. L'abbé Mascarou était le fils de cultivateurs aisés ; son père avait même été maire de sa commune d'Oroix, dans les Hautes-Pyrénées. Pourtant lorsqu'il est question de le nommer à Tarbes, c'est-à-dire dans son diocèse d'origine, des voix s'élèvent pour critiquer un tel choix. On lui reproche notamment d'avoir été barbier. Le comte de Monlaur écrit alors au ministre en 1844 que cet antécédent le rend impropre à l'épiscopat, et ajoute en recommandant un autre candidat, l'abbé de Morlhon, qu'il « joint à son beau nom toutes les vertus et les qualités sacerdotales [2] ». Le refus d'une certaine aristocratie de voir les fonctions épiscopales lui échapper est manifeste. En fait l'abbé Mascarou s'était d'abord préparé au métier d'officier de santé, entrant pour ce faire en apprentissage chez l'un d'entre eux, et assurant de ce fait les fonctions de barbier, souvent dévolues à l'officier de santé

---

1. Voir Louis BASSETTE, *Les Origines familiales de Mgr Philibert de Bruillard, évêque de Grenoble de 1826 à 1853,* Grenoble, Impr. Eymond, 1957, 75 p.
2. A. N. F 19 / 2585 (dossier Mascarou-Laurence), le comte de Monlaur au ministre, reçue le 24 juillet 1844.

dans les campagnes, explique le préfet des Hautes-Pyrénées [1]. Cette affaire illustre les méfiances qui entourent la nomination de prélats d'humble origine.

Elle n'est pas isolée, comme le montre cette réflexion du principal du collège d'Auxerre lorsqu'il est question de nommer à l'archevêché de Sens Mgr Jolly, pourtant déjà évêque de Séez : « Sa naissance est un peu médiocre et il a dans le pays même quelques parents dans une position très inférieure. Sans doute que la noble origine n'est pas nécessaire à l'évêque, mais Votre Majesté a toujours pensé que la famille du prélat devait l'honorer et qu'il était peu séant à la dignité épiscopale d'être souvent mise en rapport familier avec des personnes d'une condition très inférieure [2]. » Si ce propos n'est pas entendu par le gouvernement, il est vrai cependant que le pouvoir s'attache généralement à ne pas promouvoir un prêtre dans son diocèse d'origine, notamment lorsqu'il est d'humble extraction. Par la suite, l'humble origine devient un titre de gloire et l'Église se plaît à la fin du XIXe siècle à vanter les modestes débuts de maints évêques. Mgr Freppel par exemple fait l'apologie de ces prêtres dans plusieurs de ses oraisons funèbres. Ainsi il écrit à propos de Mgr Colet : « C'est chose admirable, mes Frères, de suivre et d'étudier les voies par où Dieu se plaît à conduire ses serviteurs. Qui eût dit à ce petit pâtre des Vosges gardant le troupeau de la ferme paternelle dans les forêts de la haute Vologne qu'il serait appelé un jour sur le siège illustré par Richelieu, et plus tard dans la chaire de saint Martin [3] ? » Par ce type de discours, il marque également le caractère exceptionnel d'une telle promotion sociale, mais y décèle en même temps une des caractéristiques de l'Église par rapport aux autres corps de la société : « C'est l'honneur comme la force du clergé français d'avoir été à toutes les époques de notre histoire l'expression la plus vraie et la plus complète de la nation elle-même [...] ; à travers toutes les transformations politiques, l'Église n'a cessé de tailler son sacerdoce dans la partie saine et vigoureuse du pays. Au château féodal comme dans la ferme du laboureur, elle allait prendre le sang le plus pur et le plus généreux, pour renouveler et perpétuer la succession de ses

1. A. N. F 19 / 2585 (dossier Mascarou-Laurence), le préfet des Hautes-Pyrénées au ministre, 21 septembre 1844.
2. A. N. F 19 / 2583 (dossier Jolly), Th. Blin, principal du collège d'Auxerre, au roi, 23 novembre 1843.
3. Mgr FREPPEL, « Oraison funèbre de Mgr Colet, archevêque de Tours, prononcée le 15 janvier 1884, dans l'église métropolitaine de Tours », dans Œuvres de Mgr Freppel, t. IX, Paris, Jouby et Roger, 1886, 456 p., p. 31-67 (p. 37).

ministres [1].» Dans les années 1880, le «paysan mitré» est donc accepté.

Globalement, les fils de paysans représentent 13,9 % de l'ensemble de l'épiscopat français du XIXᵉ siècle. Mais, à part un fils de paysan promu à l'épiscopat avant 1830, tous sont devenus évêques après la révolution de Juillet. Par rapport aux évêques promus à partir de cette date, la proportion de fils de paysans représente donc le cinquième (20,4 %). On est loin de l'image d'un épiscopat submergé par la paysannerie. De plus, sa part varie assez peu, sauf pour les évêques nommés sous le IIᵉ Empire qui sont à 26,8 % des fils de paysans. Pour le reste, 19,5 % des évêques de la monarchie de Juillet et de la IIᵉ République avaient un père paysan, et 18,8 % des évêques de la IIIᵉ République.

De quelle catégorie de la paysannerie s'agit-il ? On sait l'imprécision que recouvrent les termes «cultivateur» ou «laboureur». Néanmoins, à deux exceptions près, on n'a pas affaire à des enfants de journaliers. À l'inverse, la mention de «propriétaire» est souvent ajoutée à celle de cultivateur. On peut donc dire que l'épiscopat provient de la frange élevée de la paysannerie, composée de petits ou de moyens propriétaires terriens. Cette élite paysanne est assez proche sociologiquement de l'artisanat rural, ne serait-ce que parce que bon nombre d'artisans cultivent la terre, et inversement. Ces deux groupes forment l'essentiel des cadres de la vie villageoise, ce qui explique que certains pères d'évêques aient pu être maires de leurs villages ou au moins conseillers municipaux.

Si l'on dresse une carte de l'origine géographique de ces fils de paysans, on constate qu'ils proviennent essentiellement de régions de chrétienté, qui apparaissent beaucoup plus nettement que sur la carte générale des origines géographiques de l'épiscopat. À l'intérieur de cette France chrétienne se détachent cependant les départements très fortement ruraux, et notamment les départements de montagne. Toutes les régions montagneuses sont bien représentées : sud du Massif central, Jura et Vosges, nord des Alpes, Pyrénées, Massif armoricain. Mais on voit aussi apparaître de riches régions rurales, comme le Pas-de-Calais [2] et le Haut-Rhin. Les trois

---

1. Mgr FREPPEL, «Oraison funèbre de Mgr Bataille, évêque d'Amiens, prononcée le 22 juillet 1879, dans la cathédrale d'Amiens», dans: *Œuvres de Mgr Freppel*, t. VII, 1880, 424 p., p. 43-84 (p. 50).

2. Voir Yves-Marie HILAIRE, *Une chrétienté au XIXᵉ siècle. La vie religieuse des populations du diocèse d'Arras (1840-1914)*, Lille, Publications de l'université Lille-III, 1977, 2 tomes, 1017 p. Le Pas-de-Calais est encore aux deux tiers un département rural en 1851 ; 57 % des actifs y exercent une profession agricole (p. 28).

Origines géographiques des fils de cultivateurs

■ représente un évêque

évêques originaires du Haut-Rhin au XIXe siècle sont des fils de cultivateurs propriétaires. À l'inverse les régions dominées par une ville importante ne donnent quasiment pas de fils de paysans à l'épiscopat, alors qu'on sait pertinemment que la part des paysans dans le clergé y est également forte ; ni le Rhône, ni la Gironde, ni la Haute-Garonne, ni la Loire-Inférieure, ni la Seine-Inférieure, ni l'Ille-et-Vilaine n'apparaissent sur la carte [1]. On peut avancer l'hypothèse selon laquelle, dans les diocèses où les prêtres sont d'origine sociale plus variée, ceux qui émergent sont les fils de la bourgeoisie ou de la petite bourgeoisie. Statistiquement les fils de paysans ont donc plus de chances de parvenir à l'épiscopat dans les diocèses très peu urbanisés. De même, les évêques originaires des départements les moins fervents sont rarement des fils de paysans.

La part relativement faible des fils de paysans ne doit cependant pas faire oublier que l'épiscopat a connu une véritable démocratisation au XIXe siècle.

Les origines sociales des évêques
en fonction de l'époque de leur nomination

Ier EMPIRE

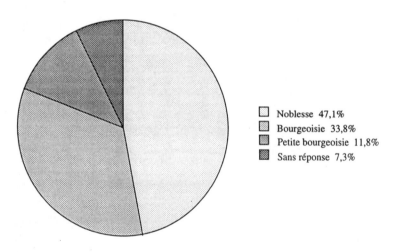

Noblesse 47,1%
Bourgeoisie 33,8%
Petite bourgeoisie 11,8%
Sans réponse 7,3%

---

1. Certes, tel ou tel évêque originaire de ces départements, dont l'origine sociale n'est pas connue, peut se révéler être fils d'un paysan, mais pour trois départements cités il n'y a aucune lacune, pour les deux autres elles sont trop peu importantes pour entraîner un renversement du raisonnement.

RESTAURATION

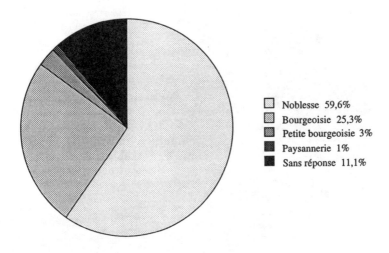

Noblesse 59,6%
Bourgeoisie 25,3%
Petite bourgeoisie 3%
Paysannerie 1%
Sans réponse 11,1%

MONARCHIE DE JUILLET

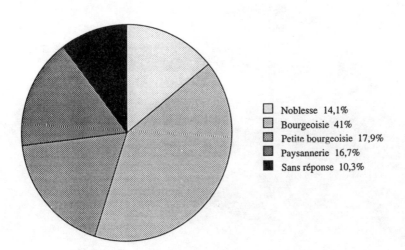

Noblesse 14,1%
Bourgeoisie 41%
Petite bourgeoisie 17,9%
Paysannerie 16,7%
Sans réponse 10,3%

IIe RÉPUBLIQUE ET IIe EMPIRE

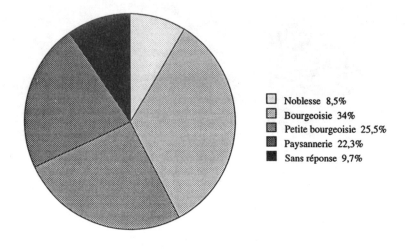

Noblesse 8,5%
Bourgeoisie 34%
Petite bourgeoisie 25,5%
Paysannerie 22,3%
Sans réponse 9,7%

IIIe RÉPUBLIQUE

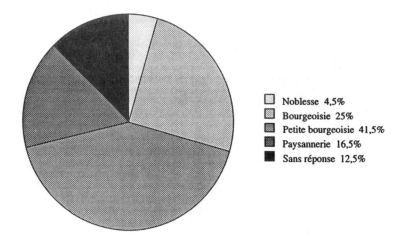

Noblesse 4,5%
Bourgeoisie 25%
Petite bourgeoisie 41,5%
Paysannerie 16,5%
Sans réponse 12,5%

Une démocratisation incontestable.

En somme, l'épiscopat est très divers dans ses origines sociales. Avec d'importantes modulations selon les époques, il a mêlé des prêtres d'origines très variées. Néanmoins, les classes les plus basses de la société ne sont quasiment pas représentées. À l'inverse, les notables offrent une bonne part des évêques puisque, si l'on ajoute nobles et membres de la bonne bourgeoisie, ils donnent plus de la moitié de l'épiscopat (54 %). La petite bourgeoisie en fournit 30 % et la paysannerie 15 %. Globalement donc, l'épiscopat français reste dominé par le monde des notables. En ce sens, il a un recrutement plus élitiste que l'ensemble du clergé. Mais le phénomène majeur réside malgré tout dans l'ouverture exceptionnelle de la carrière épiscopale à l'ensemble de la société française. Parmi les élites du XIXe siècle, c'est un exemple unique. En effet, si l'on compare les évêques à d'autres groupes dominants, on observe qu'au sein de ces derniers la part des fils de la petite bourgeoisie et des classes populaires est toujours inférieure, et de très loin, à ce qu'elle représente dans l'épiscopat. Ainsi, elle n'est que de 6,3 % chez les négociants et de 8,2 % chez les fonctionnaires de la monarchie de Juillet [1], de 5,8 % chez les régents de la Banque de France [2] et de 3,6 % chez les préfets sous le IIe Empire [3], de 6,9 % chez les ministres de la IIIe République [4]. Enfin, parmi les différentes élites de 1901, étudiées par Christophe Charle, il n'y a guère que chez les inspecteurs des Ponts et Chaussées et chez les professeurs d'université que l'on trouve des proportions de fils de la petite bourgeoisie et des classes populaires avoisinant les 20 % [5]. Sans qu'il soit besoin de multiplier à l'envi de tels exemples, il apparaît clairement que le recrutement des élites du XIXe siècle délaisse presque complètement les couches inférieures de la société. Au contraire l'épiscopat y puise largement. Bien plus, à partir du IIe Empire, l'épiscopat se recrute majoritairement au sein de ces couches inférieures, puisque les deux tiers des évêques proviennent dès lors de

---

1. Adeline DAUMARD, *La Bourgeoisie parisienne de 1815 à 1848*, p. 288.
2. Alain PLESSIS, *Régents et gouverneurs de la Banque de France sous le Second Empire*, Paris, Droz, 1985.
3. Vincent WRIGHT et Bernard LECLÈRE, *Les Préfets du Second Empire*, Paris, Armand Colin, 1973, p. 178.
4. Jean ESTÈBE, *Les Ministres de la Troisième République. 1871-1914*, Paris, Presses de la F.N.S.P., 1982, p. 26. Voir le tableau synoptique établi par Christophe CHARLE, *Les Élites de la République. 1880-1900*, Paris, Fayard, 1987, p. 66-67.
5. Christophe CHARLE, p. 74.

la petite bourgeoisie et des classes populaires (64 %), cette proportion étant quasiment constante entre les années 1850 et la fin du
siècle. En définitive, le corps qui se rapproche le plus de celui des
évêques est le corps des officiers. Au milieu du XIXᵉ siècle, plus de
la moitié des officiers français sont originaires de la petite bourgeoisie ou des classes populaires [1]. Cette comparaison conduit évidemment à faire un parallèle entre deux corps qui offraient bien des
similitudes dans la France d'Ancien Régime et ont subi le même
type de démocratisation au XIXᵉ siècle, marquée notamment par
l'effondrement de la part de la noblesse, chez les officiers comme
chez les évêques. On ne saurait non plus omettre les points de rencontre entre ces deux types d'états : le choix de l'un ou de l'autre
suppose une sortie du monde et passe par un moule de formation
très proche, ici le séminaire, là l'école militaire, l'ouverture de
ces deux types d'établissements étant facilitée par un système de
bourses, grandement responsable de la démocratisation observée.
Enfin, le XIXᵉ siècle se caractérise, dans les deux cas, par l'ouverture des postes élevés, au simple prêtre et au simple soldat.

Mais par rapport aux autres élites de la société, l'épiscopat présente cette singularité de ne pas connaître, par essence, l'auto-
reproduction. Parmi les élites de la fin du XIXᵉ siècle par exemple,
la part de l'héritage social est toujours importante. Il n'en est évidemment pas de même pour l'épiscopat. C'est sans doute là une
des clefs d'explication de la prompte démocratisation vécue par
ce corps. Certes perdurent des formes de reproduction d'oncle à
neveu, mais par rapport à l'Ancien Régime le népotisme est devenu
marginal. En outre, plus on avance dans le siècle, plus il tend en
fait à accentuer la démocratisation, en permettant à des neveux de
dignitaires de l'Église d'origines modestes, évêques, mais surtout
vicaires généraux et chanoines, de parvenir à l'épiscopat. Même
dans ce cas de figure, la reproduction est toujours limitée. L'épiscopat tranche donc avec les autres élites par le fait que le capital
social acquis ne peut être transmis. Dès lors la démocratisation de
ce corps ne saurait « troubler l'ordre social » dans la mesure où elle
n'a pas de fonction entraînante sur une postérité que l'évêque

---

1. Voir William SERMAN, *Les Origines des officiers français, 1848-1870,* Paris,
Publications de la Sorbonne, 1979, 406 p. Pour faciliter la comparaison, on a repris
les données fournies, sous une autre forme, dans le tableau des pages 385-386. Elles
donnent une proportion de fils de la petite bourgeoisie et des classes populaires égale
à 52,15 % en 1850 et à 54,46 % en 1865.

ignore. C'est encore un point essentiel par rapport aux autres élites qui elles transmettent quasiment toujours le capital social acquis.

Le mode de sélection particulier de l'épiscopat a rendu possible sa démocratisation. Pour autant, celle-ci n'a pas été totale puisque en définitive la bourgeoisie, la petite bourgeoisie et, dans une moindre mesure, l'élite de la paysannerie sont les principaux fournisseurs d'évêques. L'épiscopat est donc issu de groupes sociaux traditionnellement lettrés. Il est maintenant bien connu que, dans la France du premier XIXe siècle, l'alphabétisation était déjà très forte au sein des classes inférieures de la bourgeoisie, notamment chez les commerçants et les artisans. De même, dans les campagnes, si l'analphabétisme est encore répandu, les gros cultivateurs savent en général lire et écrire [1]. L'étude sommaire du niveau culturel des pères d'évêques était tentante. En suivant la méthode inaugurée par Maggiolo du relevé des signatures sur les actes de mariage, et en procédant de même sur les actes de baptême ou de naissance, on peut établir le pourcentage de pères sachant lire et écrire [2]. Près de 90 % des pères sont dans ce cas. Cette proportion confirme que les évêques ne sont pas issus des couches les plus basses de la société. Mais surtout, elle révèle que les familles des évêques étaient sensibles à la nécessité de transmettre un capital intellectuel à leurs enfants. Les parents des futurs évêques ont donc été les premiers soit à leur enseigner les rudiments, soit à les diriger vers une école. La sollicitation d'un curé désirant orienter tel ou tel jeune homme vers une école presbytérale ou vers un petit séminaire était donc en général bien accueillie au sein de ce milieu. Certes, cette observation est sans doute vraie aussi pour bien des prêtres, mais si l'on tient compte du fait que les évêques sont recrutés parmi les meilleurs éléments du clergé, on peut penser que leur naissance dans un milieu, sinon cultivé, du moins ouvert à l'acculturation, a favorisé le développement de leur formation, en général plus rapide et poussée plus avant.

Il reste qu'une petite fraction d'évêques est issue de parents illettrés. Ce sont incontestablement ces évêques qui ont accompli le

---

1. Voir François FURET et Jacques OZOUF, *Lire et écrire,* Paris, Éd. de Minuit, 1980.
2. Il n'est pas ici question de discuter du bien-fondé de la signature comme révélateur de l'alphabétisation. En outre, l'enquête n'a pu être menée systématiquement, soit que l'acte de naissance n'ait pu être obtenu, soit qu'il ait été envoyé sous forme d'extrait ou de photocopie sans que les signatures apparaissent.

plus long chemin dans leur ascension sociale. Les quelques cas
repérés se rencontrent tous dans la France sous-alphabétisée, signa-
lée par Maggiolo, c'est-à-dire au sud d'une ligne Saint-Malo-
Genève. La plupart sont des fils de petits paysans. Tous ne sont pas
cependant fils de cultivateurs. Le père de Mgr Bécel est ainsi bou-
cher à Beignon dans le Morbihan ; il dit ne pas savoir signer lors
de la naissance de son fils [1]. Mais peut-être sa femme le savait-elle,
et l'on aurait alors affaire à un des types de la petite bourgeoisie
rencontrés à Lyon par Maurice Garden [2], où les femmes sont plus
alphabétisées que leurs maris. Mais ce qui importe, c'est que pour
les enfants l'aspiration à la culture est identique à celle rencontrée
dans une famille dont le père est lettré.

Les origines sociales des évêques français sont donc contrastées.
Certes, la démocratisation de l'épiscopat est indéniable, notamment
par rapport au XVIIIᵉ siècle, mais les notables gardent de fortes
positions au sein des élites cléricales. En outre, la sociologie des
familles d'évêques confirme leur ancrage urbain. Ainsi, l'épiscopat
se présente comme l'une des élites les plus ouvertes de la société
française, sans pour autant refléter totalement les origines sociales
de l'ensemble du clergé.

---

1. A. D. du Morbihan, état civil, commune de Beignon, registre des naissances.
2. Maurice GARDEN, *Lyon et les Lyonnais,* Paris, Flammarion, 1970.

tèrent à son nom de baptême, en 1804, celui de Pie, afin d'honorer le pape récemment passé à Lyon [1]. L'évocation de ce type de faits atteint parfois à la légende. Ainsi, la plupart des Vies du cardinal Donnet rappellent que son père, médecin à Bourg-l'Argental, recueillit un soir Mgr d'Aviau, administrant clandestinement son diocèse de Vienne. Or le cardinal Donnet devait occuper le même siège épiscopal que Mgr d'Aviau, l'archevêché de Bordeaux.

Le rôle de la mère est en général placé en exergue dans la formation cléricale du futur évêque. Il n'est pas simplement évoqué par pure convention, mais correspond certainement à un dimorphisme sexuel, dans la pratique religieuse, au sein des familles d'évêques dont une majorité est d'origine urbaine, voire bourgeoise. Le père « voltairien » existe aussi ; il peut même se révéler être un obstacle à la vocation de son fils. L'influence de la mère est alors décisive, car c'est elle qui a conduit son fils vers la foi et qui ensuite soutient sa vocation. Les exemples de ces mères chrétiennes, responsables de la vocation de leur fils, sont innombrables. Mais le plus célèbre reste incontestablement celui de la mère de Dupanloup à laquelle son fils reste très attaché, vivant avec elle jusqu'à sa mort. L'action des mères chrétiennes n'est pas propre aux évêques du XIXe siècle. Tous les témoignages confirment cette influence pour l'ensemble du clergé au XIXe comme au XXe siècle [2]. L'action maternelle est donc décisive, et Mgr Mignot dans ses souvenirs résume assez bien le sentiment d'une grande majorité d'évêques du XIXe siècle : « C'est à ma mère que je dois ma constitution chrétienne. Elle avait une foi profonde et une piété bien entendue. Suivant l'usage de ce temps, elle ne communiait guère qu'aux principales fêtes de l'année [...]. Ma mère était remarquable par sa bonté, sa piété, sa charité. Elle veillait avec tendresse sur mon âme. Dès que je pus balbutier quelques mots, elle s'appliqua à me faire prier [3]. » En quelques phrases, Mgr Mignot décrit ce rôle d'initiatrice et de protectrice de la mère qui s'offre comme modèle. Les liens dans la foi sont tissés très tôt entre la mère et l'enfant et lorsque ce dernier entre au petit séminaire, il se retrouve chez lui

---

1. ABBÉ BOYER, *Éloge funèbre de Monseigneur Georges-Claude-Louis-Pie Chalandon, archevêque d'Aix, d'Arles et d'Embrun,* Aix, Achille Makaire, 1873, 47 p., p. 10.

2. Joseph ROGÉ, *Le Simple Prêtre,* Paris, Casterman, 1965, 338 p., p. 25 s.

3. B. N. , N. A. Fr. 24 404, *Bulletin trimestriel des anciens élèves de Saint-Sulpice,* 20 septembre 1914, « Mgr Eudoxe-Irénée Mignot, archevêque d'Albi, notes autobiographiques », p. 333.

dans un milieu essentiellement féminin, car la nécessaire protection à l'égard du monde lui interdit les abords de la société masculine. La mère et, dans une moindre mesure, les sœurs constituent l'essentiel de l'entourage du futur prêtre. Initiés à la foi par ce clan féminin, bon nombre d'évêques reconstituent ensuite ce cocon en s'entourant de leur mère ou d'une sœur dès qu'ils peuvent obtenir un logement autonome [1]. Plusieurs de ces mères ont donc vécu dans l'ombre de leur fils, tenant leur maison et assumant une grande part des tâches quotidiennes. Un exemple en est offert par les relations entretenues entre l'abbé Freppel et sa mère, qui vivait avec lui depuis son arrivée à Paris. Lorsqu'il est nommé à l'évêché d'Angers, l'abbé Freppel se trouve à Rome, en qualité de consulteur au Concile. Il charge donc sa mère de s'occuper de tous les détails nécessaires à son changement de situation : vente du mobilier parisien, déménagement de ses papiers, achat de soutanes [2]. Le futur prêtre évolue donc, dans sa jeunesse, dans un milieu essentiellement féminin.

L'élément masculin intervient cependant de façon décisive par l'entremise des ecclésiastiques membres de la famille. L'histoire de bon nombre d'évêques confirme le rôle essentiel joué par un oncle ou un frère aîné prêtre. Le dénombrement de ce type de filiation est difficile à établir, mais on le retrouve de façon si prégnante tout au long du siècle qu'on ne saurait douter de son importance. Souvent l'intervention d'un oncle est décisive pour orienter un jeune homme vers le sacerdoce, alors que les parents marquaient quelques réticences. Ainsi, le jeune d'Aviau s'était préparé au métier des armes au collège de La Flèche. Son père le destinait à la carrière d'officier, mais lui-même se dirige vers la prêtrise, soutenu par l'exemple de son oncle, chanoine de Poitiers [3]. De même, le jeune Eugène de Mazenod n'était pas destiné à la carrière cléricale ; ses parents s'opposent même à sa vocation qui doit beaucoup en revanche à l'influence de son oncle, le chanoine Fortuné de Mazenod, avec lequel

1. La mère de Mignot fait figure d'exception en refusant de s'installer avec son fils au presbytère de Beaurevoir, car, explique son fils, « chose assez singulière, elle n'aimait pas beaucoup les curés » et refusait de les côtoyer dans la vie quotidienne (B. N., N. A. Fr. 24 404, *Bulletin trimestriel des anciens élèves de Saint-Sulpice*, 20 septembre 1914, « Mgr Eudoxe-Irénée Mignot, archevêque d'Albi, notes autobiographiques », p. 334).

2. Voir MGR FREPPEL, « Lettres à sa mère pendant le concile Vatican I », *Revue des facultés catholiques de l'Ouest*, 1964, n° 1, p. 5-22.

3. Jean DISSARD, *Mgr Charles-François d'Aviau (1736-1826)*, Bordeaux, Delmas, 1953, 237 p., p. 18.

il partage son destin d'émigré [1]. Certes, le népotisme clérical était très développé dans la société d'Ancien Régime, afin que les bénéfices ne sortent pas de la famille. Mais le phénomène se poursuit, voire s'amplifie au XIXe siècle. Ainsi au XIXe siècle, le couple Fruchaud-Denéchau symbolise à merveille le rôle de tuteur joué par l'oncle dans l'apprentissage du neveu. L'abbé Fruchaud prend en effet sous sa coupe le jeune Denéchau, orphelin de père, et l'encourage dans la voie du sacerdoce. Après sa nomination au siège de Limoges, il le choisit comme secrétaire particulier. Cet exemple est d'autant plus remarquable que Mgr Fruchaud a lui-même six frères prêtres. On a donc véritablement affaire à une famille sacerdotale, elle-même implantée dans une paroisse très riche en vocations, la paroisse vendéenne de Trémentines, en Maine-et-Loire, qui aurait fourni, à la génération de Mgr Denéchau, « plus de trente prêtres au diocèse d'Angers [2] ». Ce trait confirme, outre le rôle des familles sacerdotales, l'importance des « isolats paroissiaux » dans le recrutement du clergé au XIXe siècle [3]. Cette importance est moindre dans le cas des évêques, étant donné leurs origines majoritairement urbaines. En revanche, la reproduction sacerdotale au sein des mêmes familles est un fait acquis.

Une vocation partagée.

L'appartenance des évêques à des familles chrétiennes est confirmée par le fait qu'ils ont eux-mêmes des frères ou des sœurs entrés en religion. Dès le XVIIIe siècle, Mgr Champion de Cicé ou Mgr de Cortois avaient des frères évêques. L'abbé Brumauld de Beauregard suit de quelques années son frère au séminaire de Saint-Sulpice avant de le rejoindre comme chanoine de Luçon. L'abbé La Grange de Pons partage le même sort que son frère sur les pontons de Rochefort. Les deux frères Ortric partent ensemble en exil en Espagne pendant la Révolution. Ces fratries de prêtres sont donc extrêmement fréquentes dès le XVIIIe siècle. Elles confirment l'existence d'un milieu familial propice à l'éclosion des vocations. Parmi

---

1. Jean LEFLON, *Eugène de Mazenod*, Paris, Plon, 1960, t. I.
2. A. N. F 19 / 2591 (dossier Denéchau), *La Défense,* 3 septembre 1881, « Mgr Denéchau ».
3. Voir Philippe BOUTRY, *Prêtres et paroisses au pays du curé d'Ars*, Paris, Éd. du Cerf, 1986, 706 p., p. 190.

ces familles, on peut citer celle du cardinal Amette, dont les trois fils deviennent prêtres et une fille religieuse. Or le diocèse d'Évreux dont elle est originaire, non plus que la paroisse de Douville ne sont particulièrement fervents [1].

Le frère prêtre joue souvent un rôle essentiel dans la vie de l'évêque, car il devient en général son principal conseiller. Ce type de liens n'est pas guidé par un pur népotisme. L'évêque, nouvellement nommé dans un diocèse, s'y retrouve isolé, voire en butte à l'hostilité du clergé local. Le choix d'un frère comme secrétaire ou même vicaire général permet de rompre cet isolement et de reconstituer, loin de son terroir, la cellule familiale. Après sa nomination à l'évêché de Fréjus, Mgr Wicart appelle auprès de lui son frère à qui il confie un canonicat, avant de le nommer vicaire général du diocèse ; il l'emmène ensuite avec lui dans le diocèse de Laval [2]. L'abbé Giraud à Cambrai, l'abbé Rossat à Gap, l'abbé Cœur à Troyes ou l'abbé Lagrange à Chartres sont devenus vicaires généraux de leur frère.

Certains profitent même de l'appui de leur frère pour tenter de se hisser jusqu'à l'épiscopat, avec succès dans le cas de l'abbé de Briey, nommé coadjuteur de Saint-Dié quatre ans après que son frère est devenu évêque de Meaux. Le frère de Mgr Marchal, archevêque de Bourges, ne parvient quant à lui qu'à obtenir un évêché *in partibus*. L'abbé Auguste Marchal était chanoine de Saint-Dié lorsque son frère, évêque de Belley depuis 1855, le nomme vicaire général. En 1880 il suit son frère à Bourges, et participe, à sa mort, à l'administration capitulaire, avant de devenir évêque *in partibus* de Sinope. L'abbé Debelay tente également de favoriser l'élévation de son frère, Denis. Il parvient tout d'abord à l'obtenir comme successeur, en 1844, à la cure de Nantua où il l'avait fait nommer vicaire en 1832 [3]. Devenu archevêque d'Avignon, Mgr Debelay

---

1. Fernand BOULARD, *Matériaux pour l'histoire religieuse du peuple français XIXe-XXe siècles*, t. I, Paris, Éd. de l'E.H.E.S.S.-Presses de la F.N.S.P. et Éd. du C.N.R.S., 1982, 635 p., p. 558-559. La paroisse de Douville se trouve dans le canton d'Écos, au nord-est du département de l'Eure. La famille Amette fait partie de ces familles sacerdotales, puisque Adolphe a également un oncle prêtre et que son propre père a failli entrer dans les ordres.

2. A. N. F 19 / 2799 (dossier César Wicart, vicaire général de Fréjus), l'évêque de Fréjus au ministre, 16 mars 1853, « Je ne puis dissimuler à Votre Excellence que l'abbé Wicart est mon frère. C'est le seul tort que ma conscience lui reproche », et F 19 / 2800 (dossier César Wicart, vicaire général de Laval). Après la mort de son frère, l'abbé César Wicart est maintenu à son poste par Mgr Le Hardy du Marais.

3. Philippe BOUTRY, p. 272.

obtient la légion d'honneur et une prélature romaine pour son frère ; il le recommande même pour l'épiscopat. L'évêque de Belley intervient alors pour faire cesser toute démarche en ce sens et confie au nonce qu'il possède des pièces attestant l'immoralité de Denis Debelay [1]. Il met fin par là même à ses ambitions épiscopales. Dans l'ensemble donc, la cooptation entre frères se révèle particulièrement difficile au XIXe siècle, alors qu'elle n'était pas exceptionnelle au XVIIIe siècle. Mais la présence au côté d'un évêque d'un frère n'est pas rare. L'expression « famille épiscopale » prend alors véritablement tout son sens.

1. A. S. V., S. d. S., Rub 248, anno 1858, fasc. 1, l'évêque de Belley au nonce, 22 octobre 1856 (copie), « M. Denys Debelay, curé de Nantua, vient d'être obligé de me donner sa démission pour cause de conduite. Son frère, Mgr l'archevêque d'Avignon, qui ignore cette conduite, et qui est d'ailleurs trop favorablement influencé par l'amour fraternel, a cherché en toutes circonstances, à relever la réputation de son pauvre frère, depuis trop longtemps compromise ».

CHAPITRE IV

LA FORMATION SOUS L'ANCIEN RÉGIME

L'apprentissage des humanités : le passage obligé par le collège.

Un tiers des évêques concordataires ont commencé leur formation sous l'Ancien Régime. Mais il n'est pas toujours aisé de savoir dans quelles circonstances. Sur les 168 individus nés avant 1782, les sources sont muettes pour ce qui concerne la formation de 86 d'entre eux. Sur les 82 cas connus, 79 ont fréquenté un collège, 2 une institution ou une pension, 1 seul a été l'élève d'un petit séminaire *stricto sensu*. Cette répartition s'explique par le nombre très restreint de petits séminaires au XVIIIᵉ siècle. Mais surtout elle révèle une très grande homogénéité dans la formation reçue par les élites françaises du XVIIIᵉ siècle. Les élites cléricales ne font pas exception. Ainsi le modèle le plus fréquent de ce type d'éducation comprend une première formation au sein de la famille, sous l'autorité de la mère ou d'un précepteur ; l'enfant apprend alors les rudiments que sont la lecture puis l'écriture. Muni de ces premières bases, il peut ensuite se présenter dans un des nombreux collèges du royaume de France, dès l'âge de huit ou dix ans. Cela signifie qu'il accomplit alors un cycle complet d'études à partir de la sixième. Mais ce modèle idéal est sujet à de nombreuses variations, notamment en ce qui concerne l'âge d'entrée [1]. Pour ce qui est des évêques, on ne dispose pas de données suffisantes pour établir l'âge d'entrée et donc la durée des études au collège, mais l'important demeure la prééminence de ce type d'établissement dans la formation

---

1. Voir Willem FRIJHOFF et Dominique JULIA, *École et société dans la France d'Ancien Régime,* Paris, A. Colin, «Cahiers des Annales», 1975, 120 p. À Avallon par exemple entre 1711 et 1779, la moyenne d'âges à l'entrée en sixième est de 10,4 ans, la fourchette s'étalant de 6 à 16 ans, tableau 15, p. 55.

des futurs clercs. L'étude du corpus des 79 collégiens confirme également le recrutement social large des collèges au XVIIIᵉ siècle. En
effet sur 79 évêques passés de façon certaine par le collège, 44 sont
d'origine noble, les 35 autres provenant soit de la bourgeoisie, soit
des milieux de la paysannerie aisée ou de l'artisanat [1]. Le collège
n'est donc pas l'apanage de la noblesse et de la grande bourgeoisie. En 1789 les collèges regroupaient 48 000 élèves, soit 1 garçon
sur 52 entre huit et dix-huit ans [2]. Mais tous n'effectuaient pas un
cycle complet. La particularité du groupe étudié ici est qu'il a
conduit ses études à leur terme. Pour certains de ses membres, le
collège a donc permis une ascension sociale évidente. Il joue ainsi
le rôle que jouera le petit séminaire au XIXᵉ siècle. De fait le collège
est un relais essentiel vers la cléricature en un temps où le réseau
des petits séminaires est incomplet ; à Avallon, par exemple, 11 %
des élèves deviennent clercs [3]. Mais entre les deux institutions, il
existe cependant une différence de taille, le coût des études, qui
explique qu'au sein des classes inférieures seuls les fils de labou-
reurs peuvent poursuivre un cursus complet, leur permettant d'entrer ensuite dans la cléricature. Les pensions sont en général
élevées : 600 livres par an au collège de Guyenne à Bordeaux en
1785, 700 au collège de Sorèze ou de Tournon. S'il est ouvert, le
collège reste cependant le privilège des notables, en particulier les
grands collèges.

Paris attire un bon nombre d'élèves dès les études secondaires
puisque 19 ont fréquenté un collège de la capitale. Parmi eux,
7 avaient préalablement suivi les enseignements d'un collège de
province, tandis que 4 sur 19 seulement étaient originaires de Paris
ou de ses environs. Dès l'adolescence donc, « la montée à Paris »
est conçue comme une stratégie visant à accéder aux meilleures
places. Parmi les collèges parisiens les plus fréquentés, vient en tête
le collège du Plessis (7), suivi du collège de Navarre (3), du col-
lège Sainte-Barbe (3), du collège d'Harcourt (3), du collège Louis-
le-Grand (2), du collège Mazarin (1) et du collège des Chollets (1).
Ces mêmes collèges parisiens avaient vu passer 22 des 130 évêques

1. Voir Willem FRIJHOFF et Dominique JULIA, p. 92. Les auteurs rappellent que
« dans les catégories sociales inférieures, la petite cohorte d'enfants scolarisés provient essentiellement des catégories supérieures de l'artisanat ou de l'agriculture ».
L'exemple des évêques confirme cette tendance.
2. Roger CHARTIER, Marie-Madeleine COMPÈRE et Dominique JULIA, L'Éducation
en France du XVIᵉ au XVIIIᵉ siècle, Paris, SEDES, 1976, 304 p., p. 190.
3. Willem FRIJHOFF et Dominique JULIA, p. 80-81

de la génération de 1789 [1]. La faveur du collège du Plessis s'explique par ses liens avec la Sorbonne ; il est l'un des dix collèges intégrés à la faculté des arts de Paris, ce qui signifie que ses élèves peuvent accéder directement à la maîtrise ès arts. En province, la dispersion est grande puisque les évêques du XIXe siècle se sont répartis entre 42 collèges différents [2].

Sur 79, 15 ont fréquenté des collèges tenus par les Jésuites avant 1762 (12 sont nommés sous le Ier Empire), cependant l'influence des Jésuites se fait encore sentir dans certains collèges qu'ils ont abandonnés, mais où enseignent en fait d'anciens Jésuites. C'est par exemple le cas à Ajaccio où le jeune Fesch fait ses humanités. Il n'en demeure pas moins que la plupart des 79 évêques concernés ont fait leurs études secondaires dans des collèges dirigés par des prêtres séculiers, une quarantaine au total dont 10 à Paris, 20 dans des collèges de province et 7 en province puis à Paris. En troisième position viennent les élèves des Oratoriens (9), et ceux des Doctrinaires (9). Les Bénédictins ont présidé à la formation de 4 évêques, en particulier dans leur collège phare de Sorèze, les Prêtres du Sacré-Cœur de Marseille à la formation de 2, les Eudistes et les Joséphistes à la formation d'un évêque chacun [3].

Parmi les collèges de province, il faut remarquer quelques grands établissements : La Flèche, Sorèze, Tournon ou Juilly. Ces collèges dispensent une formation beaucoup plus complète que celle reçue d'ordinaire, puisque aux humanités venaient s'ajouter l'étude des mathématiques, de la physique, de l'astronomie, de l'histoire naturelle, sans oublier les langues étrangères, l'équitation, l'escrime, la danse. Les trois premières écoles citées accèdent au rang d'écoles militaires, La Flèche en 1764, Sorèze et Tournon en 1776, et l'on

1. Michel PÉRONNET, « Les Évêques de l'ancienne France », Lille, Atelier de reproduction des thèses de l'université Lille-III, 1977, fᵒ 4-5. 11 avaient fréquenté le collège du Plessis, 4 le collège Louis-le-Grand, 5 le collège d'Harcourt, 1 le collège de Navarre et 1 le collège Cardinal-Lemoine. Il faut remarquer que 3 évêques appartiennent dans le cas présent aux deux groupes.
2. La Flèche 3, Marseille (Bon-Pasteur) 3, Sorèze 3, Albi 2, Aix 2, Bastia 2, Bordeaux 2, Château-Gontier 2, Dijon 2, Juilly 2, Langres 2, Poitiers 2, Rodez 2, Toulouse (Esquille) 2, Vendôme 2, Ajaccio, Avranches, Beauvais, Besançon, Cahors, Carcassonne, Castres, Charleville, Clermont, Grenoble, Magnac-Laval, Marseille (Jésuite), Mayenne, Montauban, Nantes, Pau, Pontarlier, Quimper, Saint-Flour, Saint-Rambert, Saumur, Tarbes, Toulouse (Collège royal), Tournon, Trèves, Troyes, Valognes.
3. Analyse effectuée à partir de Dominique JULIA et alii, « L'Enseignement 1760-1815 », dans : Atlas de la Révolution française, sous la direction de Serge BONIN et Claude LANGLOIS, tableau p. 97-102, « Localités pourvues d'un établissement d'enseignement secondaire en 1789 et 1812 ».

y enseigne dès lors les diverses disciplines nécessaires à la formation de futurs officiers. Ces écoles sont en outre plus élitistes que l'ensemble des collèges. La pension, d'environ 700 livres par an, renforce cet élitisme dans des établissements qui recrutent très largement au-delà de leur aire géographique et jusqu'à l'étranger [1]. Leur recrutement est essentiellement nobiliaire. Ces 4 collèges ont formé 9 évêques dont 8 sont d'origine noble, le neuvième, Caffarelli, appartient à la bourgeoisie. L'analyse du corpus épiscopal confirme donc l'élitisme de ces établissements. À ces collèges, il faudrait adjoindre l'École des gentilshommes de Rennes où le jeune Lesquen a fait ses études. Cet exemple vient rappeler que ce type d'écoles forme avant tout de futurs officiers, ce que devient Lesquen avant d'entrer dans les ordres, ou encore Monyer de Prilly, élève de Tournon. En revanche, on pourrait être étonné de la faible place tenue par le collège de Juilly, pépinière traditionnelle des élites au XVIIIe siècle ; deux évêques seulement l'ont fréquenté. Cet établissement oratorien est un des grands collèges du XVIIIe siècle, mais il pâtit probablement, dans l'esprit de ceux qui veulent faire carrière dans l'Église, de la concurrence parisienne.

La situation des études secondaires en Provence est assez bien connue. À Aix par exemple, dans la première moitié du XVIIIe siècle, deux collèges se font face, le collège Bourbon tenu par les Jésuites et le collège des Doctrinaires. Charles-Fortuné de Mazenod entre ainsi au collège Bourbon en 1758, mais après le départ des Jésuites, son père préfère l'envoyer poursuivre ses études à Marseille plutôt que de le confier aux Doctrinaires. Une génération plus tard, les dissentiments de la famille Mazenod à leur égard s'étant quelque peu dissipés, elle confie aux Doctrinaires le jeune Eugène, qui entre au collège Bourbon repris par eux, en août 1789. Il le quitte en janvier 1791 après que les professeurs ont prêté le serment constitutionnel [2]. Les Doctrinaires avaient la réputation d'offrir un enseignement moderne, éclairé, alliant l'étude des humanités, fondée sur les auteurs classiques mais aussi ceux de la Renaissance, à l'étude des sciences [3]. À Marseille aussi la première moitié du siècle est

---

1. Voir Marie-Madeleine COMPÈRE et Dominique JULIA, *Les Collèges français XVIe- XVIIIe siècle, Répertoire 1. France du Midi*, Paris, I.N.R.P-Éd. du C.N.R.S., 1984, 759 p., notice sur le collège de Sorèze, p. 608 ; notice sur le collège de Tournon, p. 696-712.

2. Jean LEFLON, *Eugène de Mazenod*, Paris, Plon, 1960, t. I, p. 87.

3. Jean DE VIGUERIE, *Une œuvre d'éducation sous l'Ancien Régime. Les pères de la doctrine chrétienne en France et en Italie, 1752-1792*, Paris, Publications de la Sorbonne-Éd. de la Nouvelle Aurore, 1976, 702 p.

marquée par l'affrontement entre deux collèges, dans la mesure où Mgr de Belzunce, afin de lutter contre les tendances jansénistes des Oratoriens, avait favorisé la création d'un collège de Jésuites, le collège Belzunce. Il a très probablement accueilli le jeune Mandolx, d'autant plus que l'évêque de Marseille l'avait transformé en véritable séminaire d'ordinands. Après 1762, l'héritage de ce collège est assumé par le collège du Bon-Pasteur, qui assure à la fois les classes d'humanités et la préparation au sacerdoce. Il est tenu par les prêtres du Sacré-Cœur, réunis en communauté depuis 1726 [1]. Deux évêques le fréquentent à la fin de l'Ancien Régime, d'Arbaud et d'Astros. Toulouse offre un autre exemple de ce partage des tâches d'éducation entre deux collèges concurrents, en l'occurrence le collège de l'Esquille, aux mains des Doctrinaires depuis 1655, et le Collège royal, fondé par les Jésuites en 1563 et repris par des prêtres séculiers en 1763 [2]. Trois évêques ont fréquenté le premier, Saint-Rome Gualy, Savy et Ortric, un évêque le second, La Tour d'Auvergne qui offre un bel exemple de mobilité scolaire puisqu'il fréquente tour à tour les collèges d'Albi, de Castres et de Toulouse entre 1782 et 1788.

La domination du collège dans la formation du corps épiscopal des débuts du XIXe siècle est écrasante, mais le collège ne prépare pas à la prêtrise comme pourra le faire au XIXe siècle le petit séminaire. C'est donc au sortir du collège que l'aspirant au sacerdoce doit choisir le lieu de ses études cléricales. Ce choix est stratégiquement très important, car il détermine la poursuite de sa carrière. La grande majorité des diocèses disposent d'un séminaire, mais tous n'ont pas le même poids dans la formation des élites cléricales.

La formation sacerdotale : la primauté sulpicienne.

Parmi l'ensemble de l'épiscopat français du XIXe siècle, 158 évêques, nés avant 1772, ont fait au moins une partie de leurs études théologiques sous l'Ancien Régime. Depuis le concile de Trente, le passage par le séminaire est imposé aux futurs prêtres, pourtant il n'est pas le lieu unique de formation théologique, puisque bon nombre d'ordinands complètent leur apprentissage dans une faculté de théologie. Les deux types de formation sont

---

1. Marie-Madeleine COMPÈRE et Dominique JULIA, t. I, notice p. 424-426.
2. *Ibid.*, notices p. 686-694.

donc liés, mais ils ne répondent pas exactement aux mêmes impératifs, d'où la nécessité de connaître d'abord le lieu d'apprentissage du métier de prêtre qu'est le séminaire.

Sur 158 évêques, la localisation du séminaire qu'ils ont fréquenté a pu être déterminée pour 137, soit 86,7 %. Sur 137, 97, soit 70,8 %, ont suivi les enseignements d'un séminaire parisien, c'est dire que Paris écrase de sa prééminence le reste de la France. Il est clair que pour parvenir aux charges les plus élevées de l'Église au XVIIIᵉ siècle, il est nécessaire de passer par Paris. Ce poids de la capitale ne peut s'expliquer que parce que les séminaires parisiens drainent des étudiants venus de tout le pays. Au sein de cet ensemble parisien, les établissements administrés par la Compagnie de Saint-Sulpice, et notamment le grand séminaire, l'emportent largement ; 84 évêques ont fréquenté l'un des séminaires parisiens tenus par les Sulpiciens. Parmi les 40 évêques qui sont restés en province, 28 ont été séminaristes dans une ville dotée d'une faculté de théologie. Douze évêques seulement ont donc été élèves dans des séminaires assurant l'ensemble de la formation préparatoire au sacerdoce. Pour la grande majorité en revanche (91,12 %) le cursus a été double : à la faculté l'apprentissage de la théologie, au séminaire celui de la piété.

La primauté de Saint-Sulpice dans le recrutement épiscopal sous l'Ancien Régime est un fait attesté [1]. Avec 84 évêques passés par Saint-Sulpice, on obtient pour l'épiscopat des débuts du XIXᵉ siècle une proportion légèrement supérieure (53,16 %) à celle constatée pour l'épiscopat de 1789 (50 %) [2]. Les Sulpiciens tenaient à Paris plusieurs établissements : le grand séminaire, le petit séminaire, et la petite communauté de Saint-Sulpice, dite aussi communauté des

---

1. Voir Michel PÉRONNET, fᵒ 45. 50 % de l'ensemble de la génération épiscopale de 1789 est passé par le grand séminaire Saint-Sulpice.

2. On peut se permettre d'établir des moyennes sur l'ensemble du groupe, et non pas sur les seuls éléments pour lesquels on dispose d'informations, car le dépouillement des sources permet au moins d'affirmer que ceux sur qui on ne sait rien ne sont pas passés par Saint-Sulpice. Pour le XVIIIᵉ siècle, les Archives de Saint-Sulpice disposent d'une liste des anciens élèves du séminaire de 1642 à 1766. Au-delà de cette date les registres d'entrées ont disparu. Pour pallier cette lacune, il faut avoir recours aux registres des recettes du grand séminaire Saint-Sulpice, conservés aux Archives nationales, sous la cote H 5* / 3270 pour les années 1756-1789, au « Livre de la recette et de la dépense du petit séminaire de Saint-Sulpice (1778-1791) », H 5* / 3281, et à un « Registre des pensions de Saint-Sulpice (1778-1790) », H 5* / 3279. L'utilisation de ces livres de comptes est évidemment délicate car les prénoms des élèves n'y figurent pas. Néanmoins le recoupement avec d'autres sources permet de limiter les risques d'erreurs.

Robertins [1]. Le grand séminaire occupe de loin la première place : 67 évêques en ont été élèves. C'est le plus prestigieux des établissements sulpiciens ; il est principalement ouvert aux fils de l'aristocratie. C'est aussi le plus cher puisque la pension y est de 580 francs à la fin du XVIIIᵉ siècle. Véritable grande école en théologie, le grand séminaire Saint-Sulpice est celui qui fournit le plus de diplômés en France, puisque un tiers de ses élèves dans les années 1780 deviennent bacheliers en théologie et un quart licenciés [2]. Pour les aspirants au sacerdoce désireux de faire carrière dans l'Église, il est un lieu de passage obligé. À côté, les autres établissements sulpiciens de la capitale sont beaucoup moins fréquentés : 8 évêques ont été élèves du petit séminaire, parmi lesquels 2 passent ensuite au grand séminaire. La différence principale entre les deux séminaires est d'ordre financier : la pension au petit séminaire ne s'élève qu'à 450 francs, les bâtiments sont plus simples [3]. Malgré tout, le recrutement est toujours élitiste : sur 8 élèves, 1 seul est roturier. On y retrouve surtout donc des fils de familles de petite noblesse, à l'image du cousin d'Émery, Rouph de Varicourt, à qui le futur supérieur de la Compagnie obtient une place au petit séminaire. En revanche, le recrutement de la communauté des Robertins est beaucoup plus démocratique : elle a accueilli 6 futurs évêques, parmi lesquels 2 passent ensuite au grand séminaire. Ce séminaire est réputé pour l'excellence de ses élèves. Il reçoit les meilleurs étudiants du royaume, en leur octroyant des bourses [4]. C'est ainsi que

1. Sur la vie à Saint-Sulpice dans les années 1760, le meilleur témoignage demeure celui de l'abbé Baston, publié par Julien LOTH et Charles VERGER, *Mémoires de l'abbé Baston, chanoine de Rouen*, Paris, Picard, 1897, 3 tomes, t. I, chap. II. L'abbé Baston est nommé évêque de Séez à la fin du Iᵉʳ Empire, mais il ne fut jamais préconisé par le pape.

2. Dominique JULIA, *Atlas de la Révolution française*, p. 72.

3. «On le nommait ainsi parce qu'immédiatement à côté de lui, et dans la même enceinte, était un autre séminaire, moins nombreux, dont les bâtiments étaient plus simples et dont la pension était à meilleur compte. On l'appelait, à cause de cette triple infériorité, le Petit séminaire de Saint-Sulpice» (*Mémoires de l'abbé Baston*, t. I, p. 41).

4. L'abbé Baston, qui fut membre de la communauté des Robertins, rappelle combien l'entrée y était difficile : «Le séminaire auquel on m'envoyait n'était pas de ceux où l'on entre sans difficulté, moyennant de bonnes attestations et de quoi payer la pension. De tous les lieux d'étude les plus renommés à Paris pour la philosophie et la théologie, il offrait chaque année au concours douze ou quinze places. Les prétendants, souvent au nombre de plus de soixante, venaient de toutes les parties de la France, choisis ordinairement par leurs évêques, parmi ce qu'il y avait de plus fort dans les séminaires et les collèges de province» (*ibid.*, p. 36). Les élèves des Robertins payaient les trois huitièmes de la pension, le reste étant à la charge de la Compagnie, mais ils étaient astreints à un certain nombre de tâches matérielles (service du réfectoire, vaisselle).

Bourlier, Duvoisin, Mannay ou Jacquemin, d'humble origine, ont pu faire leurs études à Paris [1]. Mais quel que soit l'établissement fréquenté, le cursus diffère peu.

Saint-Sulpice n'offre pas à proprement parler de formation théologique, celle-ci étant dispensée dans les collèges dépendant de la faculté. Aux cinq ans théoriques que durent les études au séminaire correspondent deux années de philosophie accomplies dans un des collèges dépendant de la faculté des arts et trois années de théologie, en général accomplies dans les collèges de Navarre et surtout de Sorbonne, dépendant de la faculté de théologie. Au terme de ces cinq années, le séminariste peut obtenir ses lettres de *quinquennium*, qui lui donnent le privilège des gradués. Cette sanction des études théologiques est payante, mais elle ne se fait pas réellement sous la forme d'un examen, les professeurs attestant l'assiduité de l'élève au vu de ses cahiers. Dans le cas des évêques, le *quinquennium* n'est qu'une première étape dans la formation théologique, celle-ci se poursuivant en général au moins jusqu'à la licence, mais l'étudiant a alors quitté le séminaire. La théologie est donc fondamentalement enseignée hors du séminaire, néanmoins Saint-Sulpice apporte un soutien à ses séminaristes, sous la forme de conférences données par de jeunes prêtres, eux-mêmes en train de courir la licence, et qui font revoir aux séminaristes le contenu des leçons de la journée. Saint-Sulpice offre donc, par l'intermédiaire de ces maîtres de conférences, un encadrement à l'enseignement théologique dispensé par la faculté.

Le rôle premier de Saint-Sulpice est donc de préparer ses élèves au sacerdoce. C'est avant tout un séminaire d'ordinands qui met fortement l'accent sur l'aspect spirituel de la formation sacerdotale. Tout d'abord les élèves vivent au séminaire. Ils sont contraints à un rythme de vie relativement rigoureux. La règle en vigueur est celle fixée par le fondateur de la compagnie, M. Olier ; elle a été peu modifiée. La journée commence par l'oraison, dont la place est essentielle dans la formation spirituelle des Sulpiciens, puis après la messe commencent les études. Les séminaristes se rendent par petits groupes dans les collèges de la faculté, le chapelet à la main, afin de ne pas être distraits par le spectacle de la rue. « Il semblait qu'on avait passé d'une salle à une autre », rapporte l'abbé Baston [2].

---

1. L'abbé Baston a constaté cette humble origine de ses condisciples : « Voici ce qu'elle était quand j'y fus agrégé : pauvre, composée d'élèves peu fortunés, la plupart sans naissance, n'ayant et ne pouvant avoir aucun bénéfice » (*Mémoires de l'abbé Baston*, t. I, p. 49).
2. *Ibid.*, p. 55.

Le repas de midi est précédé d'un examen particulier puis, après un temps de récréation, les séminaristes retournent à leurs cours. Le soir ils font à nouveau un exercice particulier et assistent à une lecture spirituelle [1]. Le modèle de vie spirituelle proposé aux séminaristes est très individuel, centré sur l'oraison, la prière à la chapelle, les exercices particuliers. Mais la formation sacerdotale comprend aussi un apprentissage plus pratique, apprentissage de la prédication, de la confession, du catéchisme ou de la liturgie, qui se pratique au sein de la paroisse voisine de Saint-Sulpice, traditionnellement tenue par un membre de la Compagnie. La discipline s'était quelque peu relâchée au séminaire lorsque M. Émery devint supérieur de la Compagnie en 1782. Émery s'applique alors à la réforme de Saint-Sulpice [2].

Ce modèle de formation est repris par les séminaires tenus par la Compagnie à travers la France. Dix évêques les ont fréquentés : 3 à Angers, 2 à Lyon et à Avignon, 1 à Limoges, Viviers et Autun. Les sept premiers suivaient parallèlement les cours des facultés de théologie. Les trois derniers ont reçu au sein du séminaire en revanche une formation mixte, théologique et spirituelle. Même en province, le modèle dominant demeure celui du séminaire d'ordinands, s'appuyant sur la structure universitaire. Au total ce sont donc 94 évêques du XIXe siècle sur 137, soit 68,6 %, qui ont reçu une formation sulpicienne. La primauté sulpicienne est donc réelle, même si elle est surtout due à l'attraction du séminaire parisien.

Néanmoins, même à Paris, Saint-Sulpice n'a pas le monopole de la formation des futurs évêques. Cinq autres séminaires parisiens ont été fréquentés par eux. En tête figure le séminaire Saint-Magloire tenu par les Oratoriens où se sont rendus 9 futurs évêques. Puis vient le séminaire Saint-Nicolas-du-Chardonnet, avec 6 élèves devenus évêques [3]. Le séminaire des Trente-Trois en a lui accueilli 4 [4], et les séminaires Saint-Firmin [5] et Saint-Louis 1 seul. Sur ces 21 évêques, 8 se sont ensuite rendus dans un des établissements dépendant de Saint-Sulpice, ce qui confirme bien l'attraction

---

1. Sur le contenu de cette formation spirituelle, voir Michel PÉRONNET, f° 50 s.
2. Voir Jean LEFLON, *Monsieur Émery*, Paris, Bonne Presse, 2 tomes, 1945-1946, XIV-443 et 565 p., t. I, *L'Église d'Ancien Régime et la Révolution*, chap. V.
3. A. N. MM / 479, Registre des entrées du séminaire Saint-Nicolas-du-Chardonnet, 1710-1789.
4. A. N. H 5⁴ / 3306, Registre des pensionnaires du séminaire des Trente-Trois, 1774-1784.
5. A. N. MM / 494, Registre des pensionnaires du séminaire Saint-Firmin, 1732-1776.

sulpicienne. L'organisation générale des études est du reste assez comparable. Les séminaristes se préparent au sacerdoce au sein du séminaire, mais suivent les cours de théologie à la faculté, avec au séminaire un soutien pédagogique. On peut ainsi citer, parmi les maîtres de conférences de Saint-Nicolas-du-Chardonnet, Duvoisin, futur évêque de Nantes, qui entre au séminaire en qualité de directeur et maître de conférences en théologie en octobre 1767 et y demeure jusqu'en avril 1770 [1].

En province, les futurs évêques ont reçu une formation essentiellement lazariste. Sur 40, 19 ont été les élèves des Lazaristes qui, il est vrai, sont les mieux implantés en province. Sur ces 19 individus, 9 ont fait leurs études à Aix, 3 à Poitiers, 1 à Bordeaux, Toulouse, Cahors, Saint-Flour, Toul, Luçon et Marseille. Comme pour les Sulpiciens, les villes universitaires l'emportent. Les Lazaristes ont renouvelé quelque peu les méthodes d'enseignement de la théologie, en multipliant les échanges oraux et les explications, dans lesquels le français est introduit [2].

Toujours en province, les Oratoriens ont dirigé la formation de 7 futurs évêques, en particulier à Toulouse, les Eudistes en ont formé 2, à Coutances et Rennes, les Doctrinaires 1 à Tarbes. Enfin, 2 évêques ont fréquenté un séminaire tenu par des prêtres séculiers. C'est parmi le petit groupe des évêques formés dans les séminaires situés hors d'une ville universitaire que se trouve l'essentiel des non gradués. Ces prêtres n'avaient aucune chance d'accéder à l'épiscopat au XVIIIe siècle ; ils y sont parvenus au XIXe siècle, notamment au début de l'Empire. Mais ils font figure d'exception. En effet, le modèle d'Ancien Régime d'une éducation sacerdotale double, au séminaire et à la faculté de théologie, perdure au début du XIXe siècle. Il conduit donc à s'interroger sur les grades obtenus par ces séminaristes, après leur sortie du séminaire.

La formation théologique : le poids des facultés.

La formation théologique au XVIIIe siècle comprend le passage par un séminaire, mais aussi très souvent la fréquentation d'une faculté de théologie, au moins lorsque le diocèse en possède une.

---

1. A. N. MM / 479, Registre des entrées du séminaire Saint-Nicolas-du-Chardonnet, 1710-1789.
2. Voir A. DEGERT, *Histoire des séminaires français jusqu'à la Révolution*, Paris, Beauchesne, 1912, 2 tomes, xv-440 et 543 p., t. I, p. 40-41.

Pour les clercs qui en ont les moyens financiers, cette double formation est importante, car l'obtention d'un grade détermine la suite de la carrière ecclésiastique. En effet, les gradués bénéficient de « l'expectative des gradués », ce qui signifie que pendant quatre mois de l'année (janvier, avril, juillet et octobre) ils sont prioritaires lors de la collation des grades. Les gradués sont les séminaristes qui ont reçu leurs lettres de *quinquennium*, attestant la poursuite de cinq années d'études, deux années de philosophie et trois années de théologie. Le seul fait d'avoir suivi ces cinq années d'études suffisait à acquérir le statut de gradué, sans qu'il soit nécessaire de passer un quelconque examen. Les clercs pouvaient aussi faire sanctionner leurs années d'études théologiques par le baccalauréat, la licence voire le doctorat en théologie, mais il leur fallait au préalable devenir maître ès arts. Cette sanction qui suppose divers types d'épreuves est aussi plus onéreuse, puisqu'il faut bourse délier à chaque examen. Seuls les plus riches empruntent cette voie. Mais la société d'Ancien Régime, société d'ordres par excellence, oblige ceux qui veulent accéder aux plus hautes fonctions de l'Église à être pourvus au minimum d'une licence en théologie ou en droit. Dès lors, la possession d'un grade équivalent ou supérieur est le signe révélateur d'une ambition non déguisée d'accéder aux charges les plus élevées de la cléricature et en particulier à l'épiscopat.

L'examen du cursus universitaire des 147 évêques concordataires qui ont été ordonnés avant 1792 suggère l'existence d'une véritable stratégie scolaire de leur part. Vingt et un seulement, soit 14,28 %, sont dépourvus de tout grade [1]. Parmi eux, on retrouve la plupart des assermentés. Sept (4,76 %) se sont arrêtés à la maîtrise ès arts, que l'on peut comparer au baccalauréat ès lettres dans la mesure où elle ouvre la porte aux autres diplômes universitaires, du moins en théologie. Dans 4 cas sur 7, cet arrêt s'explique par la date tardive d'obtention, entre 1790 et 1792, qui rend évidemment impossible l'inscription en théologie. 15 n'ont qu'un baccalauréat en théologie (10,2 %), 57 sont titulaires d'une licence (38,7 %) et 44 d'un doctorat (30 %). Cela signifie que plus des deux tiers des prêtres qui deviennent évêques au XIXe siècle s'étaient donné les moyens d'accéder à l'épiscopat dans les cadres de la société d'Ancien Régime. Le niveau de formation des évêques issus des universités du XVIIIe siècle est bien supérieur à celui de l'ensemble du clergé

---

1. Il est possible qu'un titre ait échappé, mais cela est peu probable, étant donné l'importance sociale accordée à ces distinctions.

d'Ancien Régime, comme le confirme l'exemple du diocèse de
Reims. Si 27 des 573 prêtres vivants en 1774 étaient maîtres ès arts
et 171 gradués, en revanche 14 seulement étaient licenciés et 29
docteurs, ce qui signifie que 7,3 % des membres du clergé diocésain
étaient en mesure d'accéder à l'épiscopat [1]. L'épiscopat du début du
XIXᵉ siècle est donc bien issu de l'élite du clergé français d'Ancien
Régime, ce qui confirme que la Révolution n'a pas opéré une véritable rupture sur le plan du recrutement épiscopal. Ce fort pourcentage s'explique par le recrutement opéré sous la Restauration,
qui fait appel à 74 % de licenciés ou docteurs d'Ancien Régime [2].
Mais déjà le Iᵉʳ Empire avait recruté 43 licenciés et docteurs, soit
63 % de l'effectif total. Le recours à 25 évêques d'Ancien Régime,
tous au moins licenciés, grossit également l'effectif des diplômés,
mais l'essentiel reste que l'épiscopat du premier XIXᵉ siècle se compose majoritairement d'éléments dont la formation est similaire ;
évêques d'Ancien Régime renommés et nouveaux promus ont suivi
les mêmes enseignements soit en théologie soit en droit.

Tous les évêques n'ont pas en effet pris leurs grades en théologie. On compte 36 licenciés et 39 docteurs en théologie, 18 licenciés et 5 docteurs en droit, canon ou civil, voire l'un et l'autre *(in
utroque jure)*. Sur les 18 licenciés en droit, 3 avaient en outre un
baccalauréat en théologie et 2 évêques sont à la fois docteurs en
théologie et en droit. Mais dans l'ensemble, l'obtention de grades
dans les deux disciplines n'est pas fréquente, ce qui ne signifie pas
qu'il n'y ait pas eu double cursus ; la plupart des gradués en droit
ont suivi des cours de théologie, mais n'ont pas pris leurs grades,
pour deux raisons essentielles. La première est conjoncturelle : de
1755 à 1760 la faculté de théologie de Paris a suspendu la collation
des grades et certains de ses étudiants ont préféré se tourner vers le
droit, à l'image de Boisgelin ou Talleyrand-Périgord. La seconde
raison est financière. Les études de droit sont moins longues et
moins coûteuses, de plus il n'est pas nécessaire d'être maître ès
arts. Il faut en effet trois ans d'études pour obtenir une licence en
droit, contre cinq ans pour une licence en théologie.

Malgré tout, les études en théologie sont les plus prisées, parce
qu'incontestablement les mieux adaptées aux tâches d'un futur
évêque. Sur le plan géographique, c'est à Paris que la grande majo-

---

1. Dominique JULIA, « Le clergé paroissial dans le diocèse de Reims à la fin du
XVIIIᵉ siècle », *Revue d'histoire moderne et contemporaine,* 1966, p. 195-216.
2. 54 sur 73 évêques ordonnés avant 1792.

rité des évêques a obtenu licence ou doctorat, ce qui s'explique par l'importance prise par les séminaires de la capitale, en particulier Saint-Sulpice. Plus généralement au XVIIIᵉ siècle, la faculté de théologie de Paris, dont le recrutement est national, écrase par sa prééminence les vingt autres facultés du royaume et du Comtat venaissin [1]. Sur les 75 diplômés en théologie, 52 ont conquis leur licence à Paris [2], soit 70 %, proportion un peu plus forte que pour la génération de 1789 (57 des 86 licenciés en théologie, soit 66 %) [3]. Or le nombre des diplômes décernés par la faculté de théologie de Paris a baissé ; d'environ 110 par promotion dans les années 1770, le nombre des licences est passé à une soixantaine dans les années 1780, ce qui signifie que le nombre des licenciés devenus évêques est proportionnellement plus fort. Il est paradoxal de penser qu'un licencié en théologie de Paris des années 1780 a potentiellement plus de chances, en dépit de la fracture révolutionnaire, de devenir évêque que son collègue des années 1770. 10 % à peu près des licenciés des promotions de 1784, 1786 et 1788 deviennent évêques au XIXᵉ siècle [4]. Loin derrière Paris arrive la faculté de théologie d'Angers, qui a octroyé 4 doctorats. Elle confirme ainsi sa réputation d'être la « plus célèbre de France après la Sorbonne [5] ». La part de la faculté de Toulouse est équivalente : 3 docteurs et 1 licencié, auxquels il faudrait ajouter 3 bacheliers en théologie. Il en est de ces 7 évêques comme des 139 inscrits des années 1780, à savoir qu'ils viennent d'une aire géographique qui couvre le grand Sud-Ouest (diocèses de Toulouse 3, Cahors, Auch, Montauban et Narbonne 1) [6]. Sur le même plan qu'Angers et Toulouse figure Aix avec 3 docteurs, 1 licencié et 1 bachelier. Les autres facultés de théologie fréquentées sont Valence (2 docteurs), Besançon (1 docteur), Clermont (1 docteur), Nancy (1 docteur), Nantes (1 docteur), Poitiers (1 docteur), Montpellier (1 bachelier) et Douai (1 bachelier).

Le renom de la faculté de théologie de Paris, associé à celui du séminaire Saint-Sulpice, explique la prééminence de la capitale

---

1. Voir Dominique JULIA, *Atlas de la Révolution française*, p. 72.
2. B. N., département des manuscrits, fonds latin, 15 440, Registre des licences de 1373 à 1788.
3. Michel PÉRONNET, f° 17.
4. 6 en 1784, 6 en 1786 et 7 en 1788.
5. John MAC MANNERS, *French Ecclesiastical Society Under the Ancien Régime. A Study of Angers in the Eighteenth Century*, Manchester, Manchester University Press, 1960, 416 p., p. 38.
6. Sur le recrutement comparé des facultés de théologie de Paris et de Toulouse, voir Dominique JULIA, *Atlas de la Révolution française*, p. 72.

dans le cursus suivi par les futurs évêques. Il s'ensuit une formation commune, voire la création de liens nés de la sociabilité universitaire très forte au XVIIIe siècle. 52 ont conquis leur licence à
Paris, et 8 un baccalauréat en théologie, ce qui signifie que 41 % de
tous les évêques du XIXe siècle formés au XVIIIe ont suivi les mêmes
types d'enseignement, principalement dans les années 1770-1790.
Il faut cependant rappeler qu'il n'existe pas alors un lieu d'enseignement unique. Les cours sont donnés dans des collèges dépendant de l'Université, en particulier le collège de Navarre et celui de
Sorbonne. Ces deux maisons recrutent sur examen et offrent un certain nombre d'avantages, ce sont des pensionnats où les étudiants
en licence, après leur sortie du séminaire, trouvent le gîte, le cou-
vert et une bibliothèque. Cette pension est évidemment payante. Les
étudiants en licence qui n'ont pas trouvé place dans les maisons de
Navarre ou de Sorbonne sont dits « ubiquistes », c'est-à-dire qu'ils
suivent les cours de l'un et l'autre collège sans y être pensionnaires.
Certains de ces ubiquistes, pour subvenir à leur entretien, sont
employés par le séminaire Saint-Sulpice, en qualité de maîtres de
conférences. Ils assurent un soutien aux séminaristes tout en étant
nourris et logés par le séminaire ; cette pratique s'apparente à un
système de bourse. Parmi ceux qui en ont bénéficié, on peut citer
Maynaud de Pancemont. Si l'on s'en tient aux 52 licenciés, les
futurs évêques se partagent entre 22 sorbonnistes, 17 navarristes et
13 ubiquistes. Pour la génération de 1789, sur 57 licenciés parisiens, les proportions sont de 15, 24 et 18 [1]. La maison de Navarre
perd sa prééminence au profit de la maison de Sorbonne, mais dans
l'ensemble il apparaît clairement que le choix de tel ou tel collège
ne conditionne pas véritablement l'accès à l'épiscopat [2]. Pour entrer
en licence, le clerc doit être sous-diacre et passer un examen oral
qui porte sur la *Somme* de saint Thomas et sur l'histoire ecclésias-

---

1. Michel PÉRONNET, f° 17. Mais si on prend en compte les 2 navarristes et les
8 sorbonnistes qui n'ont pu passer leur licence au moment de la grève de la faculté
de théologie entre 1755 et 1760, on obtient une quasi-parité (26 et 23) entre les deux
maisons.
2. Sur ce point, notre analyse diffère donc de celle de Bernard DE BRYE (*Un évêque
d'Ancien Régime à l'épreuve de la Révolution, le cardinal A. L. H. de La Fare
[1759-1829]*, Paris, Publications de la Sorbonne, 1985, 319 p.) à partir de l'étude de
la seule année 1778 qui donne 7 licenciés devenus évêques, dont 4 navarristes, 2 sorbonnistes et 1 ubiquiste. Il en conclut : « Navarre apparaît de loin comme le moyen
le plus efficace pour parvenir [à l'épiscopat] » (p. 48). En 1788, sur 7 licenciés devenus évêques, 3 étaient sorbonnistes, 2 navarristes et 2 ubiquistes. Face à des effectifs aussi faibles, la prudence s'impose.

tique. Une fois en licence, il est soumis à une certaine assiduité. Les cours consistent en une leçon magistrale, en partie dictée, et suivie de la *disputatio*, échange d'arguments sur des points précis abordés par le professeur. L'enseignement se fait en latin. Mais le grand moment des études de théologie est l'assistance aux thèses des autres étudiants, qui est obligatoire. Chaque candidat doit en effet soutenir trois thèses, la mineure qui dure trois heures et porte sur la discussion des points de dogme, la majeure qui dure dix heures et porte sur l'Écriture Sainte, l'histoire ecclésiastique et l'histoire des conciles ; au XVIIIe siècle la faculté de théologie de Paris a définitivement fait admettre le principe de la supériorité du concile sur le pape, un des fondements du gallicanisme. Enfin, la sorbonnique est la plus longue des trois thèses puisque l'étudiant doit pendant douze heures soutenir une question de théologie scolastique [1]. À l'époque moderne, trois grands problèmes sont abordés dans les débats scolastiques : le problème du pouvoir pontifical, la doctrine morale des Jésuites et la question du rôle de la grâce divine [2]. Certains jours, les étudiants de licence doivent assister à plusieurs soutenances de thèses ; ils y prennent même activement part en questionnant les candidats aux côtés des docteurs. Ce type d'organisation des études tend donc à renforcer la cohésion du groupe des théologiens ; ils ne cessent de se côtoyer sur les bancs des amphithéâtres et d'argumenter les uns contre les autres. Il en ressort une même imprégnation de la doctrine véhiculée par les docteurs de la faculté. Dans le cas des aspirants à la licence, le groupe est d'autant plus soudé que les inscriptions n'ont lieu que tous les deux ans, le 1er janvier de chaque année paire. Pendant deux années ils poursuivent donc une vie commune commencée souvent sur les bancs du séminaire et lors des premières années de théologie. Certains clercs, licenciés à vingt-huit ans, ont ainsi pu passer une dizaine d'années avec les étudiants de leur promotion. La longueur des études explique donc la naissance de réseaux d'amitiés particulièrement vivaces. Il faut ajouter que les études

---

1. On peut suivre le déroulement de ces diverses thèses dans le temps, grâce aux registres des comptes de la faculté de théologie de Paris, qui inscrivait les sommes versées par chaque candidat à ces diverses soutenances, A. N. H 3* / 2621, Comptes de la faculté de théologie de Paris, 1757-1768, et H 3* / 2622, Comptes de la faculté de théologie de Paris, 1769-1780. La majeure revient à 80 livres, la mineure à 54 livres et la sorbonnique à 45 livres.

2. Voir Jacques VERGER (sous la direction de), *Histoire des universités en France*, Toulouse, Privat, 1986, 432 p., p. 228-229.

universitaires ont gardé leur composante festive. Les banquets ou collations d'après soutenances, nombreuses comme on l'a vu, renforcent une sociabilité estudiantine déjà développée.

Cette sociabilité estudiantine tend à effacer les clivages sociaux, mais ceux-ci persistent malgré tout. On le constate lors du choix des prieurs de Sorbonne, qui font figure de chefs de la maison de Sorbonne. Chaque promotion en compte deux, pour chacune des deux années que durent les études conduisant à la licence, le prieur de première année et le prieur de seconde année. Les prieurs sont élus, mais sont en général choisis parmi les fils des familles les plus riches, car ils ont des frais de représentation importants ; cette charge coûte à Boisgelin 8 000 à 10 000 livres. Les prieurs jouissent cependant de certains privilèges ; dans les listes de classement, les deuxième et troisième places leur sont réservées, et le prieur prononce en outre le discours d'ouverture des sorbonniques, véritable événement dans la vie de la faculté. Les différences sociales resurgissent également lors de l'établissement de la liste de classement. Traditionnellement les quatre premières places sont hors concours ; les deuxième et troisième sont réservées aux prieurs de Sorbonne, la première au « nobilissime » de Sorbonne, la quatrième au « nobilissime » de Navarre. Les nobilissimes sont les étudiants dont les familles peuvent prouver la noblesse la plus ancienne, ce qui donne parfois lieu à des querelles sur les origines familiales des uns et des autres. Au total, sur 52 licenciés parisiens, 2 ont été nobilissimes de Sorbonne, La Tour du Pin-Montauban et Clermont-Tonnerre, 2 nobilissimes de Navarre, Pons et Salmon du Châtelier et 4 ont été prieurs de Sorbonne [1]. Si la tradition du nobilissime de Sorbonne se maintient, en revanche celle du nobilissime de Navarre semble s'effacer. Le concours commence donc avec la cinquième place ; trois évêques ont emporté la palme, Mannay, Duvoisin et Fournier de la Contamine. Un tel succès reste dans les mémoires ; par exemple, au moment du Concordat, on rappelle que ces ecclésiastiques ont été les premiers de leur licence. Pour le reste, 8 évêques se sont classés entre la 6e et la 15e place, 16 entre la 16e et la 30e, 13 au-delà de la 30e place, et 4 n'ont pas été classés. Si une bonne place a permis à des roturiers comme Duvoisin ou Mannay de sortir du rang, il ne semble pas en revanche que le classement ait un réel effet sur la carrière des licenciés. C'est à

---

1. Moreau, Couet du Vivier de Lorry, Le Groing de La Romagère et Martin de Boisville.

l'issue des deux années de licence que les diplômés peuvent espérer trouver un poste de vicaire général, premier pas vers l'épiscopat. Pour ceux dont les relations épiscopales sont minces, la clôture des sorbonniques, événement qui attire de nombreuses personnalités de la cour et du clergé, est l'occasion de se mettre en avant auprès d'un évêque.

On pourrait bien sûr épiloguer sur une prétendue décadence de la faculté de théologie de Paris à la fin du XVIIIe siècle. Mais si l'on garde à l'esprit l'état des études de théologie au XIXe siècle, force est de constater, malgré ses inévitables faiblesses, la culture que donnait aux diplômés un tel enseignement. Au XVIIIe siècle, le recrutement des licenciés, et donc des futurs évêques, est élitiste, mais cela leur permet de consacrer de longues années à l'étude. En outre la stratégie universitaire conduit les clercs qui aspirent à l'épiscopat ou simplement à de hautes fonctions dans l'Église à venir faire leurs études théologiques à Paris. C'est ainsi qu'a pu se constituer un groupe épiscopal relativement homogène, formé d'éléments qui se connaissent, tressent des liens d'amitié, même si la concurrence pour obtenir les postes de vicaires généraux puis d'évêques n'est pas absente. Ces évêques sortent donc d'un même moule scolaire, avec une formation théologique et une spiritualité communes, c'est ce qui explique par exemple la prégnance du gallicanisme, doctrine dont la faculté de théologie de Paris est la dépositaire, dans l'épiscopat du premier XIXe siècle.

En définitive, les évêques des débuts du XIXe siècle ont suivi une formation très élitiste, du collège à la faculté de théologie en passant par le séminaire, très souvent sulpicien. Cette formation correspond à une stratégie tôt dessinée et qui doit conduire les aspirants au sacerdoce aux plus hautes charges dans l'Église. Ainsi se forme une élite au sein du clergé français ; elle constitue un groupe d'autant plus homogène qu'elle s'est formée essentiellement dans la capitale. Son poids est tel à la fin du XVIIIe siècle que, de Bonaparte à Louis-Philippe, tous les gouvernants ont puisé dans ce vivier constitué avant la Révolution.

CHAPITRE V

LA FORMATION INITIALE
DE L'ÉPISCOPAT AU XIXe SIÈCLE

L'apprentissage.

On est assez mal renseigné sur la première formation reçue par les évêques. Ainsi sur 326 évêques nés après 1790, on ne dispose d'informations, souvent partielles, que sur 97, soit moins d'un tiers, bien répartis sur l'ensemble du siècle. Le relatif silence des sources s'explique par le peu d'intérêt porté par les contemporains à cette question, mais aussi par l'absence de véritables structures d'éducation primaire qui ont fait tomber dans l'ombre cette période initiatique de la vie des futurs évêques. Cependant on dispose de certains témoignages qui permettent, sinon de présenter un bilan chiffré, du moins d'esquisser une typologie des diverses formes d'instruction primaire reçue par les évêques.

Le cas le plus fréquemment répandu est celui de l'éducation dispensée à domicile. Deux pédagogues apparaissent alors : le précepteur et la mère. Le premier se rencontre en général dans les familles de la noblesse ou de la bourgeoisie et exerce son art dans le château où le jeune homme a passé toute son enfance, à l'image de Mgr Levezou de Vesins, qui non seulement reçoit d'un précepteur les premiers rudiments, mais encore les humanités ; il ne quitte le château qu'à dix-huit ans pour entrer dans l'administration. Rohan, Mathieu, Morlhon ou Bonnechose ont également reçu une éducation préceptorale, de même que Cabrières, Carsalade du Pont ou Baduel [1]. Tous appartiennent à des familles aristocratiques ou de la

---

1. Pour éclairer le rôle du précepteur au XVIIIe siècle, on verra Daniel ROCHE, « Le précepteur dans la noblesse française : instituteur privilégié ou domestique ? », dans : *Problèmes d'histoire de l'éducation*, Rome, Collection de l'École française de

bonne bourgeoisie. On peut noter que le jeune Baduel, fils d'une très riche famille de l'Aveyron, a comme précepteur l'abbé Boutonnet, futur évêque de la Guadeloupe, ce qui permet de rappeler le rôle joué par les ecclésiastiques dans cette éducation à domicile. Mais très souvent c'est aux parents, et principalement à la mère, que revient le soin de la première éducation, ce qui suppose, fait déjà établi, que le milieu familial est fortement alphabétisé. De nombreux témoignages, en particulier les oraisons funèbres, font état de ce rôle formateur de la mère.

Qu'en est-il alors de la place de l'école primaire dans la formation des évêques ? 11 évêques nés dans le premier tiers du siècle ont fréquenté une école communale, sur 67 pour lesquels on a des renseignements. En revanche, sur les 30 évêques nés après 1830 pour lesquels on dispose d'informations, 19 ont fréquenté une école communale. Faut-il voir dans cette progression de l'école communale les effets produits par la loi Guizot de 1833 ? L'organisation d'une structure stable d'éducation primaire a tout au moins permis de décharger les curés d'une partie de cet enseignement aux futurs prêtres. Dans 12 cas, ces écoles communales étaient tenues par des congréganistes, en général des Frères des Écoles chrétiennes (10). Parmi eux, on peut citer Ricard, élève des Frères à Villefranche-du-Rouergue, ou Lacroix, qui fréquente l'école tenue par les Frères à Reims. Gonindard a fait son apprentissage chez les Frères maristes et Guérard a commencé ses études chez les Frères de l'Instruction chrétienne [1]. Sept autres ont fréquenté une école tenue par un instituteur laïque. Parmi eux figurent les fils d'instituteurs eux-mêmes dont Mgr Mignot qui a laissé d'intéressantes notations sur sa première formation, sans doute assez révélatrice de celle reçue par les autres évêques passés par l'école communale : « Je n'étais pas des moins intelligents, mais j'étais peu appliqué à ce qui était le devoir proprement dit [...]. Le soir, je lisais, j'écrivais, je faisais des narrations. Je lisais l'histoire ancienne de Rollin, et bien entendu les aventures de Gulliver, de Robinson Crusoé, quelques romans de Fenimore Cooper, *La Case de l'oncle Tom* [2]. » En somme, le jeune

---

Rome, 1988, 318 p., p. 13-36. Pour une mise en perspective au XXᵉ siècle, on se reportera aussi à Éric MENSION-RIGAUD, *L'Enfance au château. L'éducation familiale des élites françaises au XXᵉ siècle*, Paris, Rivages, 1990, 319 p.

1. Sur cette congrégation enseignante fondée en 1819 par Jean-Marie de La Mennais, voir Michel LAGRÉE, *Mentalités, religion et histoire en Haute-Bretagne au XIXᵉ siècle. Le diocèse de Rennes 1815-1848*, Paris, Klincksieck, 1977, 492 p., p. 378-379.

2. B. N., N. A. Fr 24 404, Bulletin trimestriel des anciens élèves de Saint-Sulpice, fᵒ 330.

Mignot a des lectures conformes à celles des jeunes gens de son âge. Il y ajoute cependant une partie de la Bible et *L'Émile* de Rousseau « sans y comprendre grand-chose [1] ». Qu'ils soient élèves des Frères ou d'instituteurs laïques, les futurs évêques apprennent le respect des valeurs religieuses. Ces instituteurs laïques du deuxième tiers du XIXe siècle apparaissent en effet comme de fidèles assesseurs des curés. Bedeaux, sacristains, certains ont joué un rôle essentiel dans l'orientation de leurs fils vers la prêtrise [2]. Mais la grande difficulté pour ces élèves des écoles primaires demeurait l'apprentissage du latin qui nécessitait le recours à un autre formateur. Dans le cas d'Amette, c'est son père, également instituteur, qui lui enseigne les premiers rudiments de latin, sous l'œil de son frère, curé de Bézu [3]. Mais ces instituteurs ne connaissant pas en général le latin, c'est aux curés du village que revient cet apprentissage. Mignot a raconté comment s'était passé ce recrutement : « Celui-ci [le curé], me voyant intelligent, proposa à mon père de me mettre au latin sans préjudice de mes études françaises que j'étais loin d'avoir achevées. Le latin et le français allaient de pair : le latin au presbytère et le français à l'école [4]. » Dans le cas de l'abbé Dizien, c'est également le curé du village qui assure les cours de latin tandis que le jeune homme suit l'enseignement de son père à l'école communale. Ainsi, dans la deuxième moitié du XIXe siècle, alors que le réseau scolaire est bien en place, perdure cette forme traditionnelle de recrutement des futurs prêtres que constitue l'école presbytérale.

1. *Ibid.*
2. A. dioc. de Paris, 1 D XI, 21 (papiers Amette), Amette père au préfet de l'Eure, s.d. (1862) : « Depuis le 12 janvier 1829, je suis instituteur dans la petite commune de Douville et aucune autre place ne m'a jamais souri. Marié en février 1836, j'ai pu avec nos faibles gains et les secours de la Divine Providence [c'est-à-dire la rémunération complémentaire fournie par la fabrique pour son travail à la paroisse] pourvoir aux besoins de ma famille qui était de neuf membres en 1856 [...]. Ayant remarqué des moyens dans mes trois garçons, j'ai fait tout mon possible pour faire instruire les deux aînés qui ont voulu être prêtres ; le premier est professeur au petit séminaire de Pont-Audemer et le second accompagne Mgr l'évêque comme secrétaire particulier. Quant au troisième [Adolphe], il fait aussi ses études au petit séminaire d'Évreux où il vient d'achever sa sixième, avant d'avoir atteint sa douzième année. » L'objet de cette lettre est d'obtenir la « gratification » reçue les années précédentes.
3. *Ibid.,* 1 D XI, 15 I, Amette père à son fils Gabriel, 14 mars 1860 : « Dans ma réponse [à son frère], je lui fais connaître qu'Adolphe arrive à la fin des verbes déponents et qu'il apprend cela sans peine, comme je n'en ai pas encore vu. »
4. B. N., N. A. Fr 24 404, Bulletin trimestriel des anciens élèves de Saint-Sulpice, f° 341.

Pour les évêques issus des milieux populaires, et plus généralement pour la très grande majorité des prêtres du xixe siècle, l'école presbytérale a représenté la principale porte d'accès au sacerdoce. Le problème était simple en effet. Pour devenir prêtre, il fallait connaître le latin. Or les petits séminaires, se calquant en cela sur les anciens collèges, n'acceptaient que les élèves latinistes. Tout aspirant au sacerdoce devait donc préalablement s'initier aux rudiments du latin, comme on disait alors. Le clergé au début du xixe siècle a très vite perçu que les besoins en prêtres ne pourraient être comblés sans un vaste appel aux classes populaires étrangères aux modes traditionnels de formation, ce qui explique la multiplication de ce qu'on appelle les écoles presbytérales [1]. Celles-ci peuvent prendre une forme relativement structurée. Un prêtre accueille dans son presbytère une demi-douzaine de jeunes gens de son canton et les forme en vue de les faire entrer au petit séminaire, voire directement au grand séminaire. Parfois cette formation se déroule de façon plus informelle, le prêtre aidant un enfant du village comme dans le cas de Mignot. Quoi qu'il en soit, ce type de formation suppose en général maîtrisées les bases élémentaires de français et d'arithmétique, ce qui exclut de l'école presbytérale et à terme du sacerdoce les enfants des classes les plus défavorisées. L'école presbytérale est par excellence le lieu de formation des fils de l'artisanat ou de la bonne paysannerie. Elle se présente également comme un lieu de transition entre l'instruction élémentaire et la formation secondaire. Elle permet de briser les barrières existant entre ces deux mondes. Sur les 97 évêques pour lesquels on dispose d'informations, 53 ont reçu ce type de formation au sein d'une école presbytérale. La proportion est telle (54,6 %) qu'on peut aisément en conclure que le passage par l'école presbytérale s'impose dans la formation élémentaire des futurs évêques, principalement ceux qui proviennent de la petite bourgeoisie et de la paysannerie, même s'il est peut-être un peu moins fréquent que dans l'ensemble du clergé. Toutefois, ce type de formation est la marque d'un auto-recrutement du corps sacerdotal. L'élection des futurs prêtres se fait très jeune, même si ce n'est pas le seul mode de sélection. Mais il leur faut au préalable compléter leur formation, notamment par l'apprentissage des humanités.

---

1. Sur le rôle persistant de ces structures d'accueil et de recrutement des jeunes aspirants au sacerdoce, voir Charles SUAUD, *La Vocation,* Paris, Éd. de Minuit, 1978, 280 p.

Le choix de l'établissement secondaire.

Le lieu d'apprentissage des humanités pour les évêques n'est pas toujours aisé à connaître alors que pourtant cette période joue un rôle crucial dans la formation des futurs prêtres. Sur 343 évêques nés à partir de 1785 et donc susceptibles d'avoir fait une partie de leurs études secondaires au XIXᵉ siècle, on connaît le cursus scolaire de 299, soit 87 % de l'ensemble, proportion suffisamment importante pour avancer quelques conclusions [1]. Sur 299, 148, soit près de la moitié, ont fait toutes leurs études dans un petit séminaire et 41 ont un cursus mixte en collège ou en lycée, puis au petit séminaire ; à quelques exceptions près, c'est en effet dans ce sens que se fait le passage entre les deux types d'établissement. Cela signifie que 189 évêques, soit 63,2 % de ceux dont on connaît le lieu d'études secondaires, ont fréquenté un petit séminaire, pendant une durée plus ou moins variable certes, mais c'est malgré tout l'indice d'une préparation au sacerdoce commencée de bonne heure. En même temps, le passage par le petit séminaire est loin d'être exclusif. En effet, 85 évêques n'ont, semble-t-il, connu que les établissements publics, collèges ou lycées. Si on leur ajoute les 41 évêques qui ont fréquenté également un petit séminaire, cela porte à 126 le nombre de ceux qui sont passés par un établissement secondaire public, soit 42,14 % de l'ensemble. Enfin, une dernière filière de formation doit être isolée, celle des institutions privées du début du siècle, et des collèges catholiques de la seconde moitié. Elle concerne 34 individus, dont 9 ont en outre suivi les cours de petits séminaires ou de lycées. Ce groupe représente 11,27 % de l'ensemble. Cette vision globale des études secondaires au XIXᵉ siècle masque cependant des différences observables dans le temps.

Le passage par le petit séminaire se renforce chez les évêques formés dans la seconde moitié du siècle : 71,51 % des évêques qui ont fait leurs études secondaires après 1850 sont passés par le petit séminaire contre 58,74 % de ceux qui les ont faites avant 1850. Mais surtout le milieu du siècle, avec le vote de la loi Falloux, se traduit par le déclin des études en lycée ou collège public : 41,25 % des évêques formés dans la première moitié du siècle ont fréquenté ce type d'établissement, contre 34,17 % après 1850. Ce déclin est

---

1. Les lacunes les plus importantes concernent les évêques du IIᵉ Empire, avec 22 % de non-réponses, mais seulement 10,5 % pour les évêques de la monarchie de Juillet et de la IIᵉ République, et pour ceux de la IIIᵉ République.

notable ; il est compensé par la part prise par les collèges catholiques : 13 % des évêques formés après 1850 sont passés par un collège catholique. Mais dans l'ensemble, c'est bien le modèle du petit séminaire qui s'impose dans la formation secondaire des futurs évêques.

Les établissements secondaires fréquentés

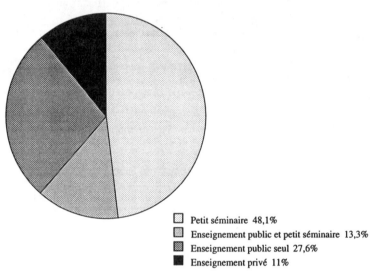

☐ Petit séminaire 48,1%
▨ Enseignement public et petit séminaire 13,3%
▨ Enseignement public seul 27,6%
■ Enseignement privé 11%

Les études dans les petits séminaires.

Le modèle du petit séminaire en tant que lieu d'apprentissage privilégié des humanités pour les aspirants au sacerdoce, s'impose véritablement au XIXᵉ siècle. Le petit séminaire existait certes au XVIIIᵉ siècle, mais il était peu répandu à cause de la concurrence que lui faisaient subir les collèges, eux-mêmes dirigés par des clercs [1]. La prise en charge de l'enseignement secondaire par l'État à partir de la Révolution a forgé le petit séminaire comme concurrent du collège ou du lycée, avant même d'en faire un organe du recrutement sacerdotal. La mise en place de la législation concer-

---

1. Voir A. Dégert, *Histoire des séminaires français jusqu'à la Révolution*, Paris, Beauchesne, 1912, 2 tomes, xv-440 et 543 p.

nant les écoles secondaires ecclésiastiques le prouve avec force [1]. Au lendemain de l'organisation de l'Université, le décret du 9 avril 1809 place ces écoles sous la tutelle de l'Université et stipule qu'elles doivent être réservées aux seuls élèves qui se destinent au sacerdoce. La législation se précise deux ans plus tard. Le décret du 15 novembre 1811 prévoit qu'il ne peut y avoir qu'une école secondaire ecclésiastique par département et qu'elle doit être située dans une ville disposant d'un lycée ou d'un collège, dont les élèves des petits séminaires doivent suivre les cours [2]. Le but de cette mesure est d'empêcher que les petits séminaires fassent concurrence aux établissements publics, dont la mise en place se révèle difficile et qui sont boudés par une fraction des notables. En concentrant les petits séminaires dans les villes, à côté du lycée, le pouvoir renforce le centralisme départemental et prive certains « pays » de leur seul établissement secondaire, le petit séminaire, fréquenté par tous les jeunes notables de la contrée. Pour accentuer encore la pression à l'égard des petits séminaires, le décret de 1811 astreint les élèves à la rétribution universitaire et aux droits d'examen perçus pour le baccalauréat – examen obligatoire pour entrer au grand séminaire –, les mettant sur le même plan que les élèves des collèges et des lycées. Et surtout, il les oblige à être internes et à porter l'habit ecclésiastique. Il s'agit bien de garder aux petits séminaires leur spécificité de centres de formation au sacerdoce. Dans l'immédiat, cette législation a pour effet de provoquer une refonte de la carte d'implantation des petits séminaires. En vertu de l'article 28 du décret du 15 novembre 1811, « toutes les écoles secondaires ecclésiastiques qui ne seraient pas placées dans les villes où se trouve un lycée ou un collège seront fermées ». Le gouvernement procède donc à une enquête en avril 1812, d'où il ressort qu'il existe alors en France 99 établissements qualifiés d'« écoles secondaires ecclésiastiques [3] ». Sur ces 99 écoles, 32 peuvent être conservées, 23 doivent

---

1. Sous le Ier Empire, l'utilisation du vocable « école secondaire ecclésiastique » marque bien le rôle premier de ces établissements : la formation aux humanités, sous direction ecclésiastique.

2. Voir Louis SECONDY, « Place et rôle des petits séminaires dans l'enseignement secondaire en France au XIXe siècle », *R.H.E.F.*, t. 66, 1980, p. 243-259.

3. A. N. F 19 / 4062, État des écoles secondaires ecclésiastiques actuellement existantes, 21 avril 1812. Ce tableau est dressé à partir d'informations fournies par les préfets et peut donc contenir lacunes ou erreurs, notamment quant à la nature d'un établissement. Il présente cependant une vision assez bonne de la répartition des petits séminaires au début du XIXe siècle.

être transférées dans des villes dotées d'un établissement secondaire public et 44 doivent être supprimées, ce qui signifie que les deux tiers des petits séminaires s'étaient établis hors des villes les plus importantes du département, et le plus souvent même, en milieu rural.

Ces réformes de la législation ont été particulièrement ressenties par les futurs évêques, car bon nombre d'entre eux suivent leurs classes d'humanités en cette fin de l'Empire. Grâce à l'enquête menée à partir de 1807 sur les élèves se destinant au sacerdoce, on a pu dénombrer 28 élèves, présents dans des établissements secondaires entre 1812 et 1814, et dont la vocation s'est alors dessinée. Le plus grand nombre est né entre 1794 et 1800, tranche d'âge qui compte 53 évêques. Cela voudrait dire que près d'un évêque de cette génération sur deux se destinait à la prêtrise dès l'adolescence. Tous ne sont pas élèves de petits séminaires, car l'enquête a la particularité de prendre en compte également les aspirants au sacerdoce faisant leurs classes dans les collèges ou les lycées [1] ; cinq sont dans ce cas. Tous les autres sont élèves de petits séminaires situés dans des villes pourvues d'un autre établissement secondaire, conformément à la législation. Certains ont donc été contraints de changer de lieu d'études. Bertrand Mascarou était ainsi élève à l'école ecclésiastique de Bétharram, dans les Basses-Pyrénées, en 1811-1812. Celle-ci devant être transférée à Pau, il choisit de se rendre, à la rentrée de 1812, au petit séminaire d'Aire, dans les Landes, qui a une très bonne réputation [2]. Il semblerait donc que la législation ait été appliquée assez strictement. En est-il de même quant au suivi des cours des lycées ou des collèges ? L'état des élèves ecclésiastiques ne le précise pas, sauf exception [3], ce qui tendrait à prouver que cette mesure n'a pas soulevé de difficultés. En revanche, cette fréquentation d'un établissement d'État est attestée dans plusieurs cas. L'exemple de René Régnier illustre la façon

---

1. A. N. F 19 / 823 à 832. Cette enquête a sans doute été réalisée à des fins militaires, afin de prévoir les éventuelles exemptions de service.

2. A. N. F 19 / 827 A, État des élèves ecclésiastiques (diocèse de Bayonne). Le petit séminaire d'Aire est alors considéré comme le meilleur du diocèse de Bayonne. Salinis l'a également fréquenté.

3. A. N. F 19 / 827, État des élèves ecclésiastiques (diocèse d'Évreux). L'état du 19 mars 1812 précise que Féron est élève de seconde au séminaire d'Évreux et qu'il « va au collège ». Mais cette mention peut s'expliquer par le fait que le diocèse n'avait pas de petit séminaire propre, ce dernier étant intégré au grand séminaire. Les élèves n'y recevaient donc qu'une formation spirituelle, complétée sur le plan général par l'enseignement du collège.

dont pouvait se pratiquer ce double cursus. Il est en effet à partir de 1812 élève à l'école secondaire ecclésiastique et au lycée d'Angers. C'est le diocèse qui paie ses frais de scolarité au lycée (300 francs) et la contribution universitaire (15 francs). Dans ce cas précis, il semble bien y avoir une double scolarité, sanctionnée par des examens différents; Régnier obtient en effet le deuxième prix d'honneur au petit séminaire et le deuxième prix d'excellence au lycée [1]. À la rentrée de 1812, il entre en rhétorique et poursuit ce double cursus. Comme Régnier, il est fort vraisemblable que la plupart des évêques concernés ont également suivi les cours des lycées et des collèges. Cette courte période de la fin de l'Empire réalise en quelque sorte la synthèse entre les deux modes de formation concurrents au XIXe siècle, le collège et le petit séminaire.

Cette période est brève puisque dès 1814 la Restauration rapporte un certain nombre des mesures prises à l'encontre des petits séminaires. L'ordonnance du 5 octobre 1814 accorde aux évêques la possibilité d'ouvrir un petit séminaire par département, ce qui est conforme à la législation antérieure, mais ils peuvent les placer à la campagne et ils en nomment le personnel. Les élèves ne sont plus astreints au double cursus et sont dispensés des droits universitaires; ils peuvent se présenter au baccalauréat gratuitement. Enfin, les évêques sont habilités à ouvrir une seconde école ecclésiastique par département, après en avoir reçu l'autorisation. Cette ordonnance ouvre donc un régime très favorable aux petits séminaires. Les évêques ont tôt fait d'en profiter puisque, en 1819, on dénombre en France 98 écoles ecclésiastiques pour 50 diocèses [2]. On sait l'essor que connurent les petits séminaires dans la décennie 1820 et le coup d'arrêt qu'y porta le gouvernement Martignac par les deux fameuses ordonnances du 16 juin 1828. La première interdisait l'enseignement aux congrégations non autorisées. La seconde ordonnance limitait le nombre d'élèves, dans l'ensemble des petits

---

1. A. dioc. d'Angers, 9 H 5, Registre des élèves ecclésiastiques d'Angers. Il obtient au petit séminaire le prix d'excellence de description française et de version, le premier accessit de vers latins, et au lycée le deuxième prix de narration française, le premier accessit de version latine, les premiers prix de thème et de poésie latine.

2. A. N. F 19 / 4062, « Indication des petits séminaires, des diocèses, des lieux où ils sont et du nombre des élèves », octobre 1819. On retrouve quasiment le chiffre de 1812, avec quelques variations géographiques, mais, dans l'ensemble, nombre de petits séminaires fermés en 1812 ont rouvert, à moins qu'ils n'aient jamais réellement cessé de fonctionner. Selon cet état, il y a alors 9 546 élèves dans ces écoles ecclésiastiques. On est encore loin du chiffre maximal de 20 000 fixé par les ordonnances de 1828.

séminaires, à vingt mille (article 1), le nombre des écoles (article 2), et surtout revenait aux textes de l'Empire, en réservant ces écoles ecclésiastiques aux seuls internes (article 3), en confirmant l'obligation de porter l'habit ecclésiastique après quatorze ans (article 4), mesure que la Restauration n'avait pas rapportée, et en imposant un contrôle royal sur la nomination des directeurs (article 6). Enfin, pour empêcher que les petits séminaires fassent concurrence aux lycées, il est prévu de ne pas décerner le baccalauréat à leurs élèves, mais simplement un diplôme spécial permettant de s'inscrire dans les facultés de théologie, le baccalauréat lui-même n'étant délivré qu'une fois l'étudiant ecclésiastique devenu prêtre. En échange de ces mesures restrictives, le gouvernement prévoit la création de 8 000 demi-bourses de 150 francs. Cette dernière mesure le confirme, le but de ces ordonnances n'était pas d'entraver le recrutement sacerdotal, mais d'empêcher que les fils des notables ne préfèrent l'école ecclésiastique au collège. De ce fait, la législation de 1828 est plus libérale que celle de 1811. Elle ne modifie que très peu par exemple le réseau des petits séminaires. Seules les écoles récemment créées sont supprimées. Le nombre des écoles secondaires autorisées après 1828 est en effet supérieur à celui de 1819 : 110 pour 80 diocèses [1]. Après 1828 ce nombre augmente pour atteindre 130 en 1851, mais la carte de l'implantation des petits séminaires en 1828 rend assez bien compte du cadre dans lequel une grande partie des évêques du XIXe siècle ont fait leurs études secondaires.

La difficile mise en place législative des écoles secondaires ecclésiastiques s'explique par l'ambiguïté de leur statut ; elles sont tout à la fois séminaires et collèges, formant des aspirants au sacerdoce, mais aussi des élèves destinés à regagner le siècle. Les petits séminaires ont besoin de cette clientèle pour vivre [2]. Mais un fait demeure : les petits séminaires se distinguent des collèges traditionnels par leur mode de vie spécifique et la formation spirituelle qu'ils offrent. En cela ce sont bien des maisons ecclésiastiques. Les évêques passés par ces écoles ont donc très tôt baigné dans cette ambiance ecclésiastique, et ont été soumis à ce même moule de la formation cléricale que constitue le petit séminaire. Sur le plan de

---

1. A. N. F. 19/4062, État des « Écoles secondaires ecclésiastiques autorisées en exécution de l'ordonnance royale du 16 juin 1828 ».
2. Voir Jean-René CHOTARD, *Séminaristes... une espèce disparue ? Histoire et structure d'un petit séminaire. Guérande (1822-1966)*, Québec, Naaman, 1977, 270 p.

l'enseignement général, le petit séminaire offre la même formation que les collèges, avec une forte insistance sur le latin, comme le montrent les critiques de l'abbé Gaume dans *Le Ver rongeur*, critiques en dépit desquelles on apprend le latin de Virgile, Ovide, Horace ou Cicéron. En grec, lorsqu'il est enseigné, Sophocle et Démosthène sont en général préférés aux Pères de l'Église. Quant à la littérature française, on en arrête l'étude au XVIIᵉ siècle, les philosophes des Lumières n'étant guère prisés dans les séminaires, non plus que les écrivains romantiques. À côté de ces matières nobles, une petite place est faite à l'histoire, mais les langues vivantes et les sciences sont les parentes pauvres de cet enseignement. La base de la formation des futurs prêtres demeurent les humanités classiques. Encore cet enseignement général n'occupe-t-il qu'une partie de l'emploi du temps.

Hors de leurs heures de cours, la vie des séminaristes est tout entière tournée vers la prière et les exercices spirituels. Prières, méditations, lectures spirituelles pendant les repas, messes quotidiennes et visites au saint sacrement rythment l'emploi du temps de ces adolescents[1]. Ces derniers portent à partir de quatorze ans, c'est-à-dire au niveau de la quatrième environ, l'habit ecclésiastique, conformément à la législation. Pour les aspirants au sacerdoce, cette vêture est vécue comme le premier pas vers l'ordination. Adolphe Amette peut ainsi écrire à son frère Gabriel en janvier 1865 : « C'est maintenant que je suis véritablement lévite, car j'ai depuis quinze jours ma soutane et mon surplis [...]. J'apprends les cérémonies. Je serai acolyte dimanche[2]. » Cette prise de la soutane est un véritable rite initiatique, c'est en même temps un rite de passage ; le jeune aspirant au sacerdoce sort véritablement du monde de l'enfance pour entrer directement dans celui de la cléricature, la prise de l'habit remplissant le rôle joué par la tonsure dans l'Ancien Régime, celle-ci intervenant plus tard au XIXᵉ siècle. À partir de cette date, le jeune séminariste est déjà véritablement considéré comme un futur prêtre, ce qui lui vaut un certain respect dans son milieu d'origine, mais l'oblige aussi à tenir son rang. En vacances, période tant redoutée par les directeurs de séminaire[3], il quitte la société des autres adolescents, pour celle plus sûre du presbytère

---

1. Voir Jacques ROGÉ, *Le Simple Prêtre*, Paris, Casterman, 1965, 338 p., p. 44.
2. A. dioc. de Paris, 1 D XI 20, Adolphe Amette à son frère Gabriel, 27 janvier 1865.
3. Voir Jean-René CHOTARD.

voisin où il continue son apprentissage de la vie ecclésiastique. Les autorités ecclésiastiques encouragent d'autant plus l'édification personnelle des futurs prêtres que ceux-ci, au sein du petit séminaire, sont entourés d'élèves qui ne se destinent pas au sacerdoce. Pour y parvenir, la plupart des petits séminaires ont créé des académies ou des congrégations, sur le modèle jésuite. Elles sont particulièrement réservées aux futurs prêtres et permettent donc de bien tracer la frontière entre les divers groupes d'élèves. À Saint-Nicolas-du-Chardonnet, par exemple, est fondée en 1834 la congrégation des Saints-Anges [1]. Parmi ses membres, on compte entre 1834 et 1838 quatre futurs évêques [2]. Le règlement est typique de ce genre d'associations. La congrégation est très hiérarchisée ; on est d'abord aspirant, puis congréganiste et enfin dignitaire. Pour être aspirant, il faut obtenir l'accord du supérieur et de son confesseur ; pour devenir congréganiste, il faut en outre avoir fait sa première communion. Ces associations sont donc élitistes ; elles ne regroupent que les meilleurs éléments du séminaire, ceux dont la piété est affermie. Leur but est d'ordre spirituel : la congrégation des Saints-Anges par exemple se réunit quatre fois par mois pour organiser fêtes et messes, particulièrement aux trois jours de fêtes de cette congrégation : la fête des Saints-Innocents, celle de Saint-Louis-de-Gonzague et celle de la Présentation de Marie au Temple. Dans un monde clos comme un petit séminaire, mais où règne l'isolement – la camaraderie entre élèves n'est guère encouragée –, c'est finalement au sein de ce type d'associations de piété que se nouent les relations les plus étroites et les plus privilégiées entre élèves, mais aussi entre élèves et directeurs, lesquels encadrent toujours les réunions. Ces associations sont donc autant de lieux de sociabilité où se tressent des liens appelés à se resserrer encore davantage une fois leurs membres devenus prêtres, voire évêques.

Cependant, tous les petits séminaristes devenus prêtres n'accèdent pas à l'épiscopat. Il semble néanmoins qu'une première sélection s'opère très tôt dans la mesure où les évêques ont été en général les meilleurs éléments de leur séminaire. Quelques exemples l'attestent [3]. Géraud de Langalerie fait toute sa scolarité au petit séminaire de Bordeaux, de la septième à la rhétorique, entre 1820 et 1827 ; il

---

1. B.N., Département des manuscrits, N. A. F. 10 950, Registre de la Congrégation des Saints-Anges au petit séminaire Saint-Nicolas-du-Chardonnet (1834-1839).
2. Baptifolier, Foulon, Langénieux et Cuttoli.
3. Il était impossible de procéder à une enquête globale sur ce thème.

obtient régulièrement des prix en thème, en version ou vers latins, en version grecque ou narration française [1]. Hazera, élève dans le même établissement entre 1852 et 1857, de la sixième à la rhétorique, obtient dans cette dernière classe par exemple le prix unique d'excellence et les premiers prix en discours latin, en discours français, en version grecque, en histoire de France et en instruction religieuse [2]. Le cas de Fruchaud est également intéressant. Après avoir commencé sa formation auprès de l'instituteur de son village natal, il entre à douze ans, en septième, au petit séminaire de Beaupréau, dans le diocèse d'Angers. Son niveau est alors considéré comme insuffisant et il redouble cette classe en 1824 [3]. Mais ensuite, il gravit sans difficulté toutes les autres classes, avec toujours d'excellentes notes [4]. Cet exemple illustre les différences de niveau des élèves à leur entrée au séminaire, dues à des formations préalables hétérogènes. Ainsi Casimir Wicart, qui a commencé ses humanités au collège de Cassel, dans le Nord, entre en 1815 au petit séminaire diocésain, en quatrième et non pas en seconde comme il aurait pu s'y attendre. En quelques mois cependant il repasse en seconde, grâce à un niveau excellent en latin, et deux ans plus tard il entre au grand séminaire de Cambrai [5]. Quelle que soit donc leur formation antérieure, il apparaît clairement que les futurs évêques ont compté parmi les éléments les plus brillants des petits séminaires, parcourant sans retard les diverses classes, afin de se présenter vers dix-sept ou dix-huit ans en philosophie.

Selon les diocèses, le lieu d'apprentissage de la philosophie varie. La classe de philosophie peut être la dernière du cycle accompli au petit séminaire, mais elle peut aussi être enseignée dans un autre établissement ou être intégrée au cycle d'études du grand séminaire (Lyon, Grenoble, Angers). Quoi qu'il en soit, les évêques ont tout fait au XIXe siècle pour décourager les élèves des

---

1. A. dioc. de Bordeaux, Palmarès du petit séminaire de Bordeaux, 1820-1905.
2. *Ibid.*
3. A. dioc. d'Angers, 9 H 5, Registre des élèves ecclésiastiques d'Angers.
4. A. dioc. d'Angers, 9 H 15 / 5, Élèves ecclésiastiques de Beaupréau, 1829-1832. Élève de rhétorique, Fruchaud obtient le premier prix en thème et en version latine, en discours français et en plaidoyer, et le second prix de discours latin et d'histoire. On peut noter qu'entre 1828 et 1830 Fruchaud est titulaire d'une des 8 000 demi-bourses accordées par l'État, en vertu des ordonnances du 16 juin 1828.
5. M. E. L. COUANIER DE LAUNAY, *Vie de Mgr C. Wicart, premier évêque de Laval et histoire de l'élévation de cet évêché*, Laval-Paris, Chailland-Retaux-Bray, 1888, XI-652 p., p. 34.

petits séminaires d'obtenir la sanction universitaire de leurs études secondaires. Pourtant depuis 1809, le baccalauréat était obligatoire pour entrer au grand séminaire. C'est ce qui explique que Parisis soit bachelier [1]. Mais dès 1814, les évêques s'empressent de soustraire leurs élèves à cette obligation. Cette attitude perdure tout au long du siècle [2] et lorsque Mgr Lacroix, évêque de Tarentaise, impose à ses séminaristes de passer le baccalauréat avant d'entrer au grand séminaire, il provoque un véritable tollé. De ce fait, peu d'évêques, élèves des petits séminaires, sont bacheliers. Il leur faut en général beaucoup de persévérance pour faire admettre leur désir de le devenir. Freppel, par exemple, élève du collège d'Obernai jusqu'en 1842, puis du petit séminaire de Strasbourg, émet le vœu de se présenter au baccalauréat ès lettres dès 1843, mais ses supérieurs l'invitent à patienter une année. Il l'obtient cependant en 1844, mais a dû le préparer quasiment seul, car il n'existe pas de préparation spécifique dans les petits séminaires [3]. Adolphe Amette a moins de persévérance que Freppel. Le supérieur du petit séminaire d'Évreux à qui il s'est ouvert de son désir de passer le baccalauréat, lui conseille d'attendre la fin de l'année de philosophie [4]; mais Amette part alors pour Saint-Sulpice sans avoir passé l'examen. Le baccalauréat reste donc un diplôme rarement présenté par les élèves des petits séminaires à qui il faut une certaine ténacité pour l'obtenir. Il n'est de toute manière plus nécessaire, depuis 1814, pour accéder au grand séminaire, si bien que ce dernier a perdu alors en quelque sorte le statut d'établissement supérieur que lui avait imposé Napoléon.

---

1. Dans le diocèse de Bourges, la plupart des diplômes décernés sont de complaisance, comme le montre Christian DUMOULIN, *Un séminaire français au XIXᵉ siècle. Le recrutement, la formation, la vie des clercs à Bourges,* Paris, Tequi, 1978, 443 p., p. 60.

2. *Ibid.,* p. 379; l'auteur note que jusqu'en 1880 la présentation d'un candidat au baccalauréat reste un fait isolé.

3. A. dioc. d'Angers, 3 Z 1 (papiers Freppel), Freppel à son père, 8 mai 1843: « À propos du baccalauréat, j'ai acheté pour quelques sous le programme où se trouvent toutes les dispositions et solutions à l'examen. »

4. A. dioc. de Paris, 1 D XI 20 (papiers Amette), Adolphe Amette à son frère Ambroise, 31 décembre 1866.

Du lycée au collège catholique : le choix des notables.

L'étude du groupe des lycéens par rapport aux petits séminaristes montre bien que les premiers se recrutent essentiellement parmi les classes aisées, et notamment au sein de la bourgeoisie, ce qui ne fait que confirmer ce que l'on sait de la société française au XIXe siècle. Le coût des études dans un lycée est tel qu'il dissuade les bourses les moins remplies. Malgré tout, bon nombre de familles catholiques hésitent à envoyer leurs enfants dans les établissements d'État. Dans la première moitié du siècle, les échappatoires sont peu nombreuses, à moins d'envoyer ses enfants dans une école ecclésiastique. Cinq futurs évêques sont ainsi passés par le collège de Saint-Acheul, tenu par les Jésuites jusqu'en 1828, et dont l'audience dépasse les frontières de la Somme, quatre évêques sur cinq sont cependant originaires du quart nord-est de la France. Un autre évêque, Martial, a fréquenté le collège jésuite de Bordeaux, tandis qu'un de ses compatriotes, Gazailhan, est envoyé en Espagne pour suivre l'enseignement des Jésuites.

Outre les collèges jésuites des premières années du siècle, les établissements les plus accueillants aux enfants des familles de la bourgeoisie catholique sont les institutions privées. La plus célèbre d'entre elles est l'institution Liautard qui devient en 1824 le collège Stanislas. Cette école se révèle être une pépinière d'évêques ; dix d'entre eux l'ont fréquentée, tous issus de l'aristocratie ou de la bourgeoisie. La faveur de ce collège peut être illustrée par la présence, à la fin des années 1830, de trois futurs évêques appartenant à des familles nobles, La Tour d'Auvergne et les deux frères de Briey. Bien que privé, le collège Stanislas bénéficiait du privilège d'être un collège de plein exercice. Il n'en est pas toujours de même en province où les institutions qui se créent sur ce modèle restent jusqu'en 1850 de simples pensions, ne pouvant légalement dispenser un enseignement. Tel est le cas par exemple de l'institution fondée par l'abbé Join-Lambert dans le diocèse de Rouen [1].

La loi Falloux permet l'ouverture de collèges catholiques. Mais ceux-ci ne s'affirment pas comme des concurrents sérieux des petits séminaires, si l'on s'en tient au recrutement épiscopal. Ils ont plutôt tendance à accueillir des jeunes gens naguère élèves des lycées.

---

1. Voir Nadine-Josette CHALINE (sous la direction de), *Le Diocèse de Rouen-Le Havre,* dans : *Histoire des diocèses de France,* n° 5, Paris, Beauchesne, 1976, 332 p., chap. VII, p. 248.

On peut citer par exemple le collège Saint-Stanislas de Nîmes, tenu par des prêtres diocésains, et que fréquentent trois futurs évêques, Fuzet, Fabre et Avon. On peut également évoquer le collège Saint-François-Xavier de Besançon, fondé par l'abbé Besson, futur évêque de Nîmes, et qui compte parmi ses élèves Beuvain de Beauséjour, dernier évêque concordataire de Carcassonne. Mais, pour des raisons chronologiques évidentes, l'audience des collèges catholiques reste limitée.

Sans avoir l'exclusive de la formation secondaire, le petit séminaire reste néanmoins le lieu d'études le plus fréquenté par les évêques formés au XIXe siècle. Les deux tiers d'entre eux étaient en effet élèves d'un petit séminaire au moment de leur entrée au grand séminaire. Chez ces jeunes gens, la vocation sacerdotale s'affirme donc très tôt, le passage au grand séminaire apparaissant comme un cheminement logique dans leur itinéraire.

CHAPITRE VI

LES ÉTUDES AU GRAND SÉMINAIRE

Le Concordat entraîne une très importante réforme dans le cursus scolaire des futurs prêtres. Désormais, la formation cléricale et théologique est suivie quasi exclusivement au sein des grands séminaires, comme c'était le cas dans les villes non universitaires sous l'Ancien Régime. Très vite, les évêques ont en effet éprouvé le besoin, pour recruter des prêtres, de recréer des séminaires d'ordinands, d'autant mieux que le Concordat lui-même les y invitait [1]. Chaque diocèse se dote donc d'un grand séminaire. Il existe cinquante puis bientôt quatre-vingts séminaires à travers la France. L'État contribue à leur renaissance, notamment par un système de bourses, ce qui conduit à se demander dans quelle mesure les futurs évêques ont bénéficié de ce soutien. L'autre question qui se pose d'emblée est de savoir dans quels séminaires les futurs évêques se sont préparés au sacerdoce. Autrement dit, la part du séminaire Saint-Sulpice est-elle aussi importante que sous l'Ancien Régime, et plus globalement quelle est la répartition des élèves à travers les divers séminaires français ? En outre, il est nécessaire de s'interroger sur les études elles-mêmes afin de savoir ce qu'il en est du niveau intellectuel de cet épiscopat.

Un épiscopat de boursiers ?

Bien qu'il se soit tout d'abord désintéressé du problème de la reconstruction des séminaires, l'État met en place, à partir de 1808,

---

1. Loi du 18 germinal an X, relative à l'organisation des cultes, article 11 : « Les évêques pourront avoir un chapitre dans leur cathédrale et un séminaire dans leur diocèse, sans que le gouvernement s'oblige à les doter. »

un système de bourses afin d'encourager les vocations ecclésiastiques. Un décret du 30 septembre 1807 crée en effet 1 360 bourses de 400 francs, qui peuvent être divisées en demi-bourses. Elles sont alors attribuées en fonction de la population des diocèses. En 1816 la Restauration distribue 1 000 bourses supplémentaires, en se fondant cette fois-ci sur les besoins spécifiques de chaque diocèse en prêtres. En 1826, le nombre des bourses est augmenté de 675 ; elles sont octroyées aux seuls diocèses qui en ont besoin, notamment les diocèses récemment créés. Puis, en 1831, la monarchie de Juillet réduit de 500 le nombre des bourses, en tenant compte du manque de prêtres dans certains diocèses et de l'état des finances des séminaires. Enfin, le IIᵉ Empire crée 148 bourses nouvelles, notamment dans le diocèse de Laval en 1856 et dans ceux de Savoie et de Nice en 1864 [1]. Par la suite le système demeure en l'état et fonctionne jusqu'à la suppression définitive des bourses en 1885.

Selon un rapport de 1826, 3 475 élèves bénéficient, sous la forme d'une bourse ou d'une demi-bourse, d'un soutien de l'État [2]. Ce même rapport estime à 9 300 environ le nombre d'élèves dans les grands séminaires, effectif qui serait de l'ordre de 11 300 selon l'état de 1825. Quoi qu'il en soit, ce sont entre 30,7 % et 37 % des aspirants au sacerdoce dont les études théologiques sont ainsi subventionnées. D'après un état de 1847, le nombre des bourses s'élève à 1 280 et celui des demi-bourses à 2 423. Cela signifie qu'à la fin de la monarchie de Juillet, période à laquelle l'effectif des séminaristes oscille aux alentours de 8 500, 3 703 élèves ecclésiastiques, soit 43,5 %, reçoivent un secours de l'État. Ce pourcentage est supérieur à celui de 1826, d'une part parce que le nombre de bourses a légèrement crû et d'autre part parce que les effectifs des séminaires ont diminué. Ce pourcentage de boursiers par rapport à l'ensemble des séminaristes atteint 44 % en 1869 et 50,5 % vers 1880, toujours parce que le nombre de bourses a augmenté tandis que diminuaient les effectifs des séminaires. En définitive, selon les périodes, environ un tiers à la moitié des aspirants au sacerdoce en France ont bénéficié d'un soutien de l'État. Tout naturellement, les futurs évêques ont pris part à cette manne. Reste à savoir dans quelle proportion.

---

1. A. N. F 19 / 4054.
2. A. N. F 19 / 4052, Rapport du ministre des Affaires ecclésiastiques au roi, 30 avril 1826.

Au total, 132 évêques ont reçu un secours de l'État durant leur scolarité [1]. Parmi eux, les plus âgés sont nés en 1785 et avaient donc vingt-trois ans au moment de la création des bourses. Ce terme a paru suffisamment lointain pour calculer le nombre d'évêques qui auraient pu tout aussi bien avoir accès à ces bourses. Leur nombre s'élève à 343, ce qui signifie que 38,5 % des évêques ayant fait leurs études théologiques entre 1808 et 1880 ont été boursiers ou demi-boursiers. Ce pourcentage se situe plutôt dans le bas de la fourchette, ce qui s'explique par le fait que la grande majorité des évêques ont fréquenté le séminaire avant 1870. La proportion des évêques qui ont été boursiers se situe ainsi exactement entre les 30 à 37 % de la Restauration et les 44 % de la fin du IIe Empire, ce qui indique avec netteté que l'épiscopat a tout autant bénéficié de ces bourses que le reste du clergé. Cependant l'examen de la ventilation par génération peut se révéler intéressant.

Époque de la naissance		Date d'obtention d'une bourse		
1785-1799	80	1808-1819	31	38,75 %
1800-1809	52	1820-1829	16	30,75 %
1810-1819	44	1830-1839	16	36,36 %
1820-1829	65	1840-1849	33	50,75 %
1830-1839	56	1850-1859	24	42,85 %
1840-1849	37	1860-1869	10	27 %
1850-1859	9	1870-1879	2	22,2 %
Total	343		132	38,5 %

La lecture de ce tableau éclaire d'une certaine façon le recrutement des évêques au XIXe siècle. Un premier ensemble se dégage : il regroupe les évêques nés entre la fin du XVIIIe siècle et 1820, dont 36 % ont obtenu une bourse, ce qui est conforme à la moyenne générale. On a affaire à des enfants de familles peu fortunées, mais

---

1. Ce total a été obtenu par le recours à plusieurs sources, A. N. F 19 / 834 à 837, États de répartition des bourses et demi-bourses 1808-1814. Les lacunes de ces états, fragmentaires, ont pu être comblées par le recours aux «États des jeunes gens qui se destinent à l'état ecclésiastique», 1808-1817, classé par diocèse et qui signalent les titulaires de bourses, A. N. F 19 / 823 à 833. Pour les périodes suivantes, voir F 19 / 840 à 854, Présentation des candidats aux bourses 1815-1830, classement par diocèse ; F 19 / 1424* à 1434*, Bourses et demi-bourses 1823-1872.

pas nécessairement très pauvres, puisque parmi ces boursiers on repère des fils de notables comme Gualy, Geraud de Langalerie, Affre, Jaquemet, Pallu du Parc ou encore Mathieu. L'État distribue alors largement ses subsides et récompense ses serviteurs. Un deuxième ensemble regroupe les évêques nés entre 1820 et 1840 ; ce groupe a donné, avec une proportion de 47 %, plus de boursiers que la moyenne du clergé français. Cette part élevée, qui culmine avec 50 % pour la tranche née entre 1820 et 1829, s'explique par la poursuite de la démocratisation du corps épiscopal, mais aussi par l'augmentation du nombre des bourses. On peut en effet avancer l'hypothèse que, lors du choix des candidats pour les bourses, étaient mis en avant, à origines sociales égales, les élèves les plus prometteurs et les plus doués pour les études [1]. Enfin un troisième ensemble, plus restreint, se dessine, mais alors qu'on pouvait s'attendre à la poursuite de la tendance amorcée précédemment, force est de constater qu'il s'est produit un retournement important, puisque 26 % seulement des évêques nés entre 1840 et 1860 ont été boursiers. Cette baisse correspond au fait que les évêques proviennent de groupes sociaux moins défavorisés par rapport à l'ensemble du clergé. Désormais, c'est véritablement aux étudiants les plus modestes que sont réservées en priorité les bourses de l'État. Enfin, il faudrait connaître exactement la part des secours distribués par les diocèses à un certain nombre de leurs séminaristes, en dehors du contrôle de l'État. Amette bénéficie ainsi d'une bourse du diocèse d'Évreux pour faire ses études à Saint-Sulpice.

Ces bourses octroyées par l'État représentent un atout considérable pour ceux qui en bénéficient. Elles s'élèvent pendant tout le siècle à 400 francs. Il semble, si l'on se fie à quelques exemples locaux, que leur montant permet de couvrir une grande partie de la pension réclamée aux séminaristes. À Bourges par exemple, la pension s'élève à 500 francs au milieu du XIXe siècle [2]. À Nantes, elle passe de 450 à 500 francs en 1866 [3]. Pour les grands séminaires ces bourses représentent une source de revenus considérable, environ la moitié des recettes à Bourges [4]. Mais s'agit-il de subventions

---

1. Il serait à cet égard intéressant de connaître la proportion d'élèves ecclésiastiques boursiers qui renoncent à devenir prêtres, à l'instar de Renan, titulaire d'une bourse lorsqu'il est élève du séminaire Saint-Sulpice.
2. Christian DUMOULIN, *Un séminaire français au XIXe siècle. Le recrutement, la formation, la vie des clercs à Bourges,* Paris, Tequi, 1978, 443 p., p. 196.
3. Marcel LAUNAY, *Le Diocèse de Nantes sous le Second Empire,* Nantes, C.I.D., 1982, 2 tomes, 980 p., t. I, p. 277.
4. Christian DUMOULIN, p. 196.

accordées à l'établissement ou aux élèves ? Dans le premier cas, la personnalité des boursiers n'aurait guère joué, dans le second cas au contraire l'origine sociale voire les mérites des candidats auraient été de première importance. Plusieurs indices permettent de conclure au statut personnel de ces bourses. L'État tient en effet à ce qu'à une bourse corresponde un individu bien précis, alors que les séminaires auraient davantage tendance à considérer ces secours comme une subvention générale. On le perçoit à partir du cas de Sonnois. Titulaire d'une bourse entière à partir du 26 mai 1847, il interrompt ses études pendant l'année 1847-1848, sans que la direction du séminaire signale ce changement. Ce n'est qu'en octobre 1848 que le préfet s'avise de cette anomalie [1], à quoi l'évêque de Dijon répond qu'effectivement « la caisse du séminaire a tort de réclamer le dernier trimestre de cette année scolaire [2] ». Incontestablement donc l'État distribue l'argent pour un individu donné, d'où l'importance accordée aux origines des postulants aux bourses [3], mais en même temps ces sommes sont versées directement aux séminaires. Néanmoins les bénéficiaires des bourses en profitent individuellement, car il ne semble pas qu'il y ait de péréquation entre les élèves, boursiers et non-boursiers, d'un séminaire. Lorsque Mathieu abandonne sa bourse en 1820, il est précisé qu'« il paie sa pension depuis le 1er octobre 1820 [4] ». En outre, une bourse attribuée à un diocèse peut être octroyée à un étudiant qui est envoyé à Saint-Sulpice, c'est ainsi que Jaquemet et Pallu du Parc, élèves de Saint-Sulpice dans les années 1820, bénéficient d'une bourse au titre du diocèse de La Rochelle [5]. Par conséquent ce système des bourses a notablement contribué à la formation du clergé français du XIXe siècle, et les futurs évêques en ont largement profité. C'est donc dès les années de séminaire que se prépare la démocratisation de l'épiscopat français.

1. A. D. Côte-d'Or, 1 V 116, le préfet de la Côte-d'Or à l'évêque de Dijon, 6 octobre 1848 : « Je suis informé que l'élève Sonnois (Alphonse) inscrit sous le n° 23 de cet état ne suivrait pas les cours du séminaire depuis plusieurs mois. »
2. *Ibid.*, l'évêque de Dijon au préfet de la Côte-d'Or, 6 novembre 1848 : « Oui, c'est par erreur que l'élève Sonnois, [...], y a été maintenu pendant tout le cours de cette année 1847-1848. Ce jeune homme en effet a dû suspendre ses études pour des raisons de santé, et son absence, qui ne devait être que de quelques semaines, s'est prolongée bien au-delà et dure encore. »
3. Par exemple, A. N. F 19 / 834 (Bayeux), Louis Paysant, fils de journaliers, est proposé pour une demi-bourse en juillet 1808 avec cette mention : « Beaucoup de disposition et de bonne volonté. Sans autres ressources du côté de la fortune que la générosité de personnes charitables qui s'intéressent à lui. »
4. A. N. F 19 / 848 (Paris).
5. A. N. F 19 / 850 (La Rochelle).

La prééminence du séminaire Saint-Sulpice.

Le rôle du séminaire Saint-Sulpice a été essentiel dans la formation de l'épiscopat français au XVIIIe siècle. Il est bien connu également que bon nombre d'évêques du XIXe siècle l'ont fréquenté. Mais ce séminaire joue-t-il le même rôle dans la sélection épiscopale ou voit-il son influence décliner ?

Globalement le nombre d'évêques passés par Saint-Sulpice entre 1801 et 1873 s'élève à 112, ce qui représente 30,8 % des évêques nés entre 1770 et 1855 [1]. C'est donc un peu moins d'un tiers des évêques formés au XIXe siècle qui ont fréquenté Saint-Sulpice. On est loin des 53 % du XVIIIe siècle. Mais cette proportion reste importante. Elle n'est cependant pas constante tout au long du siècle, comme l'indique le tableau suivant [2] :

Nombre d'évêques nés entre		Élèves de Saint-Sulpice par génération	
1770-1789	37	20	54 %
1790-1799	63	20	31,7 %
1800-1809	52	14	26,9 %
1810-1819	44	15	34 %
1820-1829	65	21	32,3 %
1830-1839	56	10	17,8 %
1840-1855	46	12	26 %

Ce tableau fait apparaître quatre générations. La première correspond à la renaissance du séminaire sous le Ier Empire. La deuxième regroupe les séminaristes formés sous la Restauration, la troisième ceux qui ont fréquenté le séminaire dans les années 1830-1840 et la quatrième enfin les élèves entrés à Saint-Sulpice sous le IIe Empire. Ce phénomène de génération est accentué par les effets de la condisciplinarité ; tel prêtre promu à l'épiscopat y pousse

---

1. Il fallait en effet tenir compte des entrées tardives au séminaire à la suite de la Révolution. Le plus âgé des séminaristes de Saint-Sulpice est né en 1771.
2. Tableau établi à partir des registres d'entrées au séminaire Saint-Sulpice (Archives de Saint-Sulpice, manuscrits 1441 à 1446).

ensuite ses anciens condisciples. On le constate dans la concentration sur certaines années d'entrées de séminaristes appelés à devenir évêques. 5 entrent ainsi à Saint-Sulpice en 1801, 13 de 1805 à 1808, 13 de 1816 à 1819, 12 de 1821 à 1823, 10 de 1834 à 1839, 15 de 1845 à 1848, 10 de 1860 à 1864. Quelen par exemple, élève dès 1801, côtoie à Saint-Sulpice Feutrier et Gallard, qui deviennent ensuite ses collaborateurs à la Grande Aumônerie, puis dans le diocèse de Paris, avant d'être nommés évêques. À la fin des années 1840, Lavigerie se trouve étudiant en même temps qu'une douzaine de futurs évêques dont il a suscité la nomination. Cette pratique est surtout répandue dans le cas de Saint-Sulpice qui regroupait en général les meilleurs éléments du clergé français. Mais ces générations, si elles les recoupent, ne correspondent pas uniquement aux divers régimes politiques. Elles sont intimement liées à la vie du séminaire et à l'évolution des études en son sein.

La part prise par la première génération de séminaristes dans l'épiscopat ne saurait surprendre. 54 % des évêques nés entre 1770 et 1789 sont passés par Saint-Sulpice. Ce séminaire est le premier à renaître après la Révolution. M. Émery rouvre en effet en 1800 un établissement précaire, dans la maison particulière de M. Duclaux, qui devient supérieur du séminaire [1]. En 1801, il accueille 27 élèves dont 5 futurs évêques. En 1803 le séminaire se transporte rue du Pot-de-Fer, dans l'ancien immeuble de l'Instruction chrétienne. Enfin, en 1808, il obtient le statut de séminaire diocésain. Saint-Sulpice attire alors nécessairement des élèves de toute la France, dans la mesure où, dans bon nombre de diocèses, les grands séminaires n'ont pas été réorganisés. Saint-Sulpice bénéficie en outre d'un héritage prestigieux et de la réputation de M. Émery. Enfin les Sulpiciens sont avant tout des professionnels de l'enseignement et, avant de se réinstaller progressivement dans divers séminaires en France, c'est sur le séminaire de Paris qu'ils font porter leurs efforts en y maintenant leurs meilleurs éléments. C'est donc vers Paris que converge l'élite des aspirants au sacerdoce. On constate par exemple que, pour les rares fils de la noblesse qui entrent dans les ordres au début du siècle, le choix de Saint-Sulpice semble s'imposer, ce qui correspond à une tradition héritée du XVIIIᵉ siècle, dans la pérennité de laquelle on ne peut s'empêcher de voir un début de stratégie professionnelle. Même s'ils ne le formulent pas clairement, nul doute

---

1. Voir Pierre BOISARD, *La Compagnie de Saint-Sulpice. Trois siècles d'histoire*, s.l.n.d., 2 tomes, 801 p., p. 182 s.

cependant que demeure l'idée que le passage par Saint-Sulpice peut permettre d'accéder aux plus hautes places dans l'Église. On remarque en tout cas que si l'effectif des élèves de 1801 à 1809 compte environ 13 % de nobles, parmi ceux qui deviennent évêques, soit 17 individus, 10 sont issus de la noblesse.

Cette première génération vit donc la reconstruction du séminaire. Elle se compose d'étudiants déjà mûrs dont la plupart entrent vers vingt-cinq ans. L'âge moyen à l'entrée des futurs évêques est de vingt-deux ans ; le plus âgé, d'Auzers, déjà étudiant ecclésiastique avant la Révolution, y entre à trente-cinq ans, le plus jeune, Affre, n'a que quinze ans et s'attire ce mot de M. Émery, à son arrivée en 1808 : « Monsieur, avez-vous amené votre nourrice avec vous ? [1] » Peu nombreux, les étudiants se connaissent bien et forment une société particulièrement soudée, d'autant plus que le séminaire est moins ouvert sur l'extérieur qu'au XVIIIe siècle. Les élèves recevaient alors l'essentiel de leur formation théologique à la faculté de théologie, Saint-Sulpice offrant principalement un cadre à ces études et surtout les complétant par une préparation spirituelle au sacerdoce. À partir de 1801 et tout au long du XIXe siècle, le séminaire assure un enseignement théologique complet. Cinq Sulpiciens professent alors à Saint-Sulpice : Duclaux, le supérieur, Montaigne, Boyer, Garnier et Frayssinous [2]. En philosophie, les Sulpiciens utilisent le manuel de Valla, débarrassé de ses traits jansénistes, *Institutionum philosophicarum cursus, ad usum studiosae juventutis, praesertimque seminariorum, accomodatus* [3]. En théologie, le manuel en usage est celui de Bailly, *Theologia dogmatica et moralis ad usum seminariorum* [4]. Ces deux ouvrages sont utilisés quasiment jusqu'au milieu du XIXe siècle.

La deuxième génération de séminaristes connaît l'établissement de la Restauration ; elle compte 34 éléments qui représentent 29,5 % des évêques nés entre 1790 et 1809. Proportionnellement l'augmentation du nombre d'évêques dans cette tranche d'âge s'est traduite par une baisse des anciens élèves de Saint-Sulpice, comme si l'ouverture des séminaires à travers la France avait conduit

---

1. Jean LEFLON, *Monsieur Émery*, Paris, Bonne Presse, 2 tomes, 1945-1946, XIV-443 et 565 p., t. II, p. 216.
2. Frayssinous, devenu ministre des Affaires ecclésiastiques, appelle cinq de ses anciens élèves à l'épiscopat dans les années 1820.
3. On suit Jean LEFLON, *Eugène Mazenod, évêque de Marseille*, Paris, Plon, 1960, t. I, p. 347 s. L'auteur a utilisé les notes de cours de l'évêque de Marseille pour reconstituer l'enseignement à Saint-Sulpice sous l'Empire.
4. Édité à Dijon en 1789, réédité à Lyon en 1804.

l'épiscopat à envoyer proportionnellement moins de futurs prêtres à Saint-Sulpice. Néanmoins, le séminaire parisien affirme son rôle dans la formation cléricale et plus d'un quart des évêques de cette génération l'ont fréquenté. Les entrées sont en fait concentrées sur les années 1814-1825 ; 32 futurs évêques arrivent alors à Saint-Sulpice. Ils ont donc fait toute leur scolarité sous la Restauration, dans un climat beaucoup plus favorable à la religion que sous le Ier Empire. Le séminaire s'est du reste étoffé ; les élèves affluent en nombre après 1814, ce qui se reflète dans l'épiscopat. Les Sulpiciens, évincés en 1811, reviennent au début de la Restauration. La Compagnie, rétablie par une ordonnance du 3 avril 1816, choisit alors de réorganiser les études, en séparant la philosophie, enseignée pendant deux ans dans leur établissement d'Issy, et la théologie, enseignée pendant trois ans à Paris. De plus, dans la capitale, elle procède à la construction de nouveaux bâtiments pour le séminaire [1]. Désormais donc, bon nombre d'élèves passent deux années au séminaire d'Issy avant de gagner Paris ; c'est le cas de 34 futurs évêques.

Dans les années 1820, l'enseignement théologique, toujours à partir du manuel de Bailly, reste fortement empreint de gallicanisme ; l'enseignement des Quatre Articles de 1682 est de rigueur. Pourtant, les premiers ouvrages de Lamennais commencent à pénétrer dans le séminaire. C'est alors qu'il est élève à Saint-Sulpice que Salinis lit l'*Essai sur l'indifférence*, puis fait la connaissance de Lamennais lui-même [2]. Mais tous les élèves n'éprouvent pas la même émotion que Salinis à cette lecture. Dupanloup qui entre à Issy en 1821, est plus réservé : « Le système de M. de La Mennais nous occupa vivement. Je fus très fort contre [3]. » Quant à Olivier, il devient un adversaire acharné du mennaisianisme, et prône le retour aux textes fondateurs du gallicanisme et de la philosophie classique, comme il l'écrit le 4 août 1824 à l'abbé Rousselet : « Pour moi, je suis constamment livré à l'étude de l'ancienne doctrine. La philosophie de Descartes, suivie par Bossuet et tant d'autres grands hommes, et celle de Leibniz, m'ont occupé presque continuellement. J'ai à peine pris le temps de connaître les ouvrages des nouveaux philosophes. Je me livrerai, à l'avenir, à l'étude de la théologie,

1. Pierre BOISARD, p. 217-218.
2. François DE LADOUE, *Vie de Mgr de Salinis, évêque d'Amiens, archevêque d'Auch*, Paris, Tolra, 1864, 532 p., p. 28.
3. Cité par François LAGRANGE, *Vie de Mgr Dupanloup, évêque d'Orléans, membre de l'Académie française*, Paris, Poussielgue, 1883-1884, 3 tomes, t. I, p. 57.

à l'exclusion de toute autre science. Le dogme et la morale, qui se sont bien passés pendant dix-huit siècles de nouveautés philosophiques, s'en passeront bien encore. Les opinions humaines me fatiguent. J'aime mieux lire Saint Jean de La Croix que tous les systèmes nouveaux [1].» Cet attachement aux doctrines gallicanes correspond bien à l'enseignement des Sulpiciens encore dans les années 1820. Ils sont fidèles de même à un certain rigorisme, hérité de la règle fixée par M. Olier. Ce rigorisme se retrouve par exemple dans le mode de vie, particulièrement dur au séminaire. Certes, le logement dans des chambres sans feu n'est pas exceptionnel dans les établissements d'enseignement au XIXe siècle, mais les nombreuses interruptions d'études causées par les difficultés d'adaptation au régime du séminaire sulpicien sont nombreuses. Trop faible pour suivre ce régime, Gerbet préfère même renoncer à y faire ses études et devient pensionnaire libre au séminaire des Missions étrangères [2].

La troisième génération de séminaristes sulpiciens se compose de 32 éléments entrés au séminaire entre 1830 et 1850, ce qui représente 33 % des évêques de cette tranche d'âge, soit une proportion légèrement plus élevée que pour la génération précédente. Le séminaire Saint-Sulpice est dans les années 1840 celui que décrit Ernest Renan dans ses *Souvenirs d'enfance et de jeunesse,* c'est-à-dire un établissement toujours attaché aux doctrines gallicanes, mais qui commence peu à peu, au lendemain de la crise mennaisienne, à être investi par un ultramontanisme modéré [3]. Il est vrai que les héritiers de M. Émery ne peuvent que se reconnaître dans la soumission au pape que le supérieur de Saint-Sulpice n'avait cessé de prôner sous la Révolution et sous l'Empire. Ils reconnaissent aussi que la doctrine d'Alphonse de Liguori peut être adoptée en France. En revanche, les Sulpiciens persistent dans les années 1830-1840 à s'en prendre aux théories mennaisiennes, les débats entre adver-

---

1. Cité par Adolphe DE BOUCLON, *Histoire de Mgr Olivier, évêque d'Évreux,* Évreux, Damame, 1855, x-718 p., p. 76.
2. François DE LADOUE, *Mgr Gerbet, sa vie, ses œuvres et l'école mennaisienne,* Paris, Tolra et Haton, 1870, 3 tomes, xx-488, 455 et 437 p., t. I, p. 43. De même, Dupont des Loges interrompt quelques mois ses études en 1824 pour aller se reposer en Bretagne, Félix KLEIN, *L'évêque de Metz. Vie de Mgr Dupont des Loges, 1804-1886,* Paris, Bloud et Gay, 1925, VIII-368 p., p. 7.
3. Ernest RENAN, *Souvenirs d'enfance et de jeunesse,* Paris, Garnier-Flammarion 1973 (rééd.), 312 p., p. 168: «Sous le rapport de la doctrine cependant, la brèche était faite. L'ultramontanisme et le goût de l'irrationnel s'introduisaient dans la citadelle de la théologie modérée.»

saires et partisans de ces doctrines étant encore très vifs, même
après la condamnation de Lamennais. De façon symptomatique,
deux évêques ultramontains ont fait leur entrée ensemble à Saint-
Sulpice en octobre 1836, Pie et Ladoue. Or les liens de ce dernier
avec les disciples de Lamennais sont connus. Casimir de Ladoue a
été élève au collège de Juilly, dirigé par les abbés de Salinis et de
Scorbiac, à partir de 1831, c'est-à-dire qu'il vit de l'intérieur la
crise mennaisienne. En 1834, il est l'un des dix jeunes gens qui
accompagnent l'abbé Gerbet dans la succursale de Juilly, à Thieux.
Il y suit les cours de philosophie de Gerbet, autant dire qu'à Juilly
comme à Thieux il baigne dans un enseignement hérité des principes mennaisiens, même si Salinis et Gerbet ont adhéré aux
condamnations pontificales de Lamennais. C'est plein de cette doctrine qu'il entre à Saint-Sulpice en 1836 [1].

La quatrième génération d'évêques passés par Saint-Sulpice est
aussi la moins nombreuse, avec 22 individus nés entre 1830 et
1855, soit 21,5 % des évêques de cette tranche d'âge. Le déclin de
Saint-Sulpice dans la formation de l'épiscopat apparaît donc nettement au tournant des années 1850. La lutte qui oppose alors gallicans et ultramontains n'est sans doute pas étrangère à ce déclin
dans la mesure où bon nombre d'évêques hésitent désormais à
envoyer leurs étudiants à Paris. Parallèlement en 1853 s'ouvre à
Rome le séminaire français, qui profite peu cependant du déclin de
Saint-Sulpice. Ce sont les séminaires diocésains qui en bénéficient.
Mais ce déclin est plus conjoncturel qu'il y paraît au premier
abord ; il concerne surtout la décennie 1850. Seuls 17,85 % des
évêques formés pendant cette période l'ont été à Saint-Sulpice,
mais ils sont 26 % dans la décennie suivante. De plus, si l'on porte
son regard vers le début du xxe siècle, on s'aperçoit que 4 des
10 évêques nommés en 1906, encore vivants en 1921, étaient d'anciens élèves de Saint-Sulpice [2].

Faut-il voir dans cette légère reprise des années 1860 – visible
dès 1858 – le résultat de la nouvelle orientation prise par l'enseignement à Saint-Sulpice ? En 1852 en effet, les Sulpiciens ont abandonné la théologie de Bailly au profit de celle de Bouvier. Ce
changement marque la fin de l'héritage d'Ancien Régime et révèle

1. Voir J. TOLRA DE BORDAS, *Mgr de Ladoue, évêque de Nevers. Esquisse biographique,* Paris, Tolra, 1878, 187 p., p. 7-10.
2. Voir Marc MINIER, *L'Épiscopat français du ralliement à Vatican II,* Padoue,
CEDAM, 1982, XII-232 p., p. 51.

en même temps le poids des coups portés par le courant ultramontain contre ce qui est encore considéré comme un bastion du gallicanisme. La dernière génération des élèves de Saint-Sulpice est donc marquée par cette nouvelle orientation. Encore faut-il la nuancer. De tout temps, les professeurs de Saint-Sulpice avaient imprimé leur sceau propre à leur enseignement, le manuel ne servant que de point d'appui. Cela ne signifie pas pour autant que leur enseignement ait été à l'abri de toute critique. Les doctrines les plus critiquées dans les années 1850-1860 furent incontestablement celles de l'ontologisme, développées par Brancherau, Baudry ou Lafaye. L'abbé Baudry surtout marque cette génération d'étudiants, passés par Saint-Sulpice de 1847 à 1861. L'ontologisme, comme le rappelle Xavier de Montclos, est une réponse à la philosophie mennaisienne ; « il affirme la possibilité d'une perception immédiate de Dieu par l'intelligence et peut donc se caractériser plus simplement par une haute conception des pouvoirs de la raison [1] ». Près de 23 évêques ont suivi les cours de Baudry et ont donc baigné dans cet enseignement ontologique. Tous se sont accordés à reconnaître un maître incontesté en Baudry, que ce soit Lavigerie ou plus tard Las Cases, un des derniers élèves de Baudry, que ce dernier choisit comme vicaire général de Périgueux lors de sa promotion à ce siège. Même l'abbé Saivet, ultramontain, évoque ses « affectueux rapports » avec Baudry, auquel il s'empresse de rendre visite en 1861 lorsqu'il est nommé à Périgueux [2] ; de même, son propre enseignement de la philosophie est empreint d'ontologisme ; il a été, écrit-il, « enrôlé par M. Baudry parmi les tenants de l'ontologisme et du traditionalisme [3] ». Bien que certaines doctrines ontologistes aient été condamnées par Rome, on continue de l'enseigner à Saint-Sulpice, comme le révèle Amette, élève de 1867 à 1873 : « Pour moi, j'ai de fortes tendances vers la doctrine ontologiste, qui dit que nos idées nécessaires ne sont que des visions du seul être nécessaire : Dieu [4]. » Grâce à la correspondance d'Adolphe Amette, on peut en outre se faire une idée assez claire de l'enseignement sulpicien dans les années 1860.

---

1. Xavier DE MONTCLOS, *Lavigerie, le Saint-Siège et l'Église de l'avènement de Pie IX à l'avènement de Léon XIII (1846-1878)*, Paris, De Boccard, 1965, 663 p., p. 64-75.
   2. Émile ROUS, *Mgr Saivet, évêque de Mende et de Perpignan*, Paris-Lille, Desclée de Brouwer, 2 tomes, XXXV-512 et 485 p., t. I, p. 80 et 323.
   3. *Ibid.*, p. 87.
   4. A. dioc. de Paris, 1 D XI 20, Adolphe Amette à son frère Ambroise, 7 mai 1868.

Adolphe Amette entre en octobre 1867 à Issy, alors dirigé par M. Maréchal. Son professeur de philosophie est M. Vigouroux, « homme d'une érudition incroyable [1] », son professeur de sciences, M. Vernet qui « sait faire de la science comme on en fait aujourd'hui [2] ». Les cours de philosophie ont lieu le matin, ceux de science l'après-midi. En outre s'y ajoutent des conférences du soir, qui regroupent une douzaine d'élèves, sous la présidence de l'un d'entre eux, selon une tradition ancienne. Le but de ces conférences est de revoir en trois quarts d'heure le contenu des cours du jour. La répétition se pratique sous la forme de la *disputatio*, le président de séance répondant en latin aux objections et questions des autres étudiants. En seconde année, l'enseignement précédent est complété par un cours d'initiation à la théologie, un cours d'Écriture Sainte et un cours de géologie. À la rentrée de 1869, Amette passe de la succursale d'Issy au séminaire Saint-Sulpice proprement dit ; il aborde alors véritablement la théologie. Ses principaux professeurs sont M. Bouet, professeur de dogme, M. Hogan, qui enseigne la morale, et M. Vigouroux, qui enseigne désormais l'Écriture Sainte et l'hébreu. Amette suit ce dernier cours, facultatif, à partir d'octobre 1869. En dogme, l'enseignement est donné à partir d'un cours lithographié, œuvre de M. Bouet, qui se contente lors du cours de développer sa pensée. Le premier trimestre de la première année de théologie est consacré au *Traité de la religion,* le second au *Traité de l'Église.* En morale, le cours suit le manuel de Bouvier, adopté en 1852, « mais expliqué en son plan et en ses décisions par un professeur très judicieux [3] ». Dogme et Morale demeurent donc le fondement de l'enseignement théologique. Mais Amette s'initie aussi à l'histoire ecclésiastique, et à l'Écriture Sainte, avec un professeur qui rédige quelques années plus tard un manuel biblique, utilisé jusque dans l'entre-deux-guerres dans les séminaires [4]. Aux cours proprement dits s'ajoutent pour les meilleurs éléments des réunions de travail, notamment sous la direction de M. Hogan qui organise des travaux sur les évangiles. C'est au sein de ce type de réunions que se nouent les amitiés les plus fortes, à l'image de celle qui lie Amette à Déchelette [5]. Dans les années 1860, Hogan joue un peu le

1. *Ibid.*, Adolphe Amette à son frère Gabriel, 1er novembre 1867.
2. *Ibid.*
3. *Ibid.*, Adolphe Amette à son frère Ambroise, 27 décembre 1869.
4. Fulcran VIGOUROUX et Louis BAGUEZ, *Manuel biblique,* Paris, Roger et Chernoviz, 1878, 4 volumes. Ce manuel est mis à l'index en 1923 ; voir Jacques ROGÉ, *Le Simple Prêtre,* Paris, Casterman, 1965, p. 112.
5. Futur évêque d'Évreux.

rôle qu'avait joué Baudry précédemment. Son influence sur l'ensemble des séminaristes est réelle [1]. Les liens qu'Amette entretient avec lui sont très forts, comme le révèle une lettre du 11 juillet 1872 : «Depuis que je suis éloigné de vous et de plusieurs âmes que j'aime comme la mienne, depuis que pour peupler un peu la solitude qui m'environne j'y rassemble et j'y caresse les plus chers de mes souvenirs, je m'arrête bien souvent à l'histoire de mes relations avec vous... Je me rappelle vos avances empressées, votre bonté toute singulière, vos tendres sollicitudes à mon égard, vos appels réitérés, votre persistance à me poursuivre quand je m'éloignais de vous, tandis que vous trouviez autour de vous dans des cœurs meilleurs et plus larges que le mien tant et de si larges affections. Je m'étonne alors, et surtout je rougis de moi-même, de mes défiances, de mes hésitations, de mes froideurs, de mes éloignements. Je vous bénis et je bénis Dieu qui a daigné vous mettre au cœur de tels sentiments pour moi [2].» Cette relation, aux accents passionnels, se poursuit après sa sortie du séminaire, Hogan continuant à diriger par correspondance les études de l'abbé Amette.

Le séminaire a donc évolué dans son enseignement comme dans sa discipline – elle y serait relâchée à la fin des années 1860 – mais le fond de l'enseignement sulpicien demeure, avec une place privilégiée accordée à la philosophie d'une part et en théologie à la morale et au dogme d'autre part, la vocation des séminaires étant de former des catéchistes et des confesseurs [3]. Dès lors, les cours d'Écriture Sainte, d'histoire ecclésiastique, d'hébreu voire de droit canon font figure de cours secondaires. Ce n'est donc pas un hasard si Saint-Sulpice accorde tant de place dans la préparation au sacerdoce à la formation catéchétique. Depuis le début du siècle, le séminaire confie aux meilleurs élèves le soin des catéchismes de persévérance de la paroisse voisine de Saint-Sulpice. C'est un signe de distinction supplémentaire. Pie par exemple est désigné pour remplir cette fonction en 1837 : «Je viens, ma chère mère, d'être chargé d'un emploi qui m'occupe un peu plus qu'à l'ordinaire : j'ai

---

1. Mignot évoque cette influence de M. Hogan, dans ses souvenirs, B. N. , Département des manuscrits, N. A. F. 24 404, Bulletin trimestriel des anciens élèves de Saint-Sulpice : «Plus tard M. Hogan exerça une grande influence sur la direction de ma pensée. Il m'apprit à ne pas jurer toujours d'après les paroles du maître, à chercher ce que la pensée humaine avait ajouté à la tradition primitive, en quoi consistait au juste cette tradition.»

2. A. dioc. de Paris, 1 D XI 21, Adolphe Amette à M. Hogan , 11 juillet 1872.

3. Jacques ROGÉ, p. 109.

consenti à faire partie du catéchisme de persévérance des jeunes gens de la paroisse Saint-Sulpice. Cela me demande, outre les petits services courants, deux sermons par mois [1]. »

De plus ce qui fait le renom de Saint-Sulpice au XIXᵉ siècle, c'est la qualité du corps enseignant, bien supérieure à la moyenne. On retrouve à Saint-Sulpice les meilleurs professionnels de l'enseignement, dont certains ont notablement contribué au relèvement des études théologiques dans la seconde moitié du XIXᵉ siècle, relèvement matérialisé par l'augmentation des diplômés de la faculté de théologie de Paris. Enfin, il est incontestable que Saint-Sulpice continue à drainer l'élite des séminaristes français. Parmi ceux qui deviennent évêques, plusieurs viennent à Paris après avoir commencé leurs études dans leur diocèse d'origine. Saivet par exemple évoque la différence de niveau qui pouvait exister entre les deux types de séminaires : « Tu conçois qu'à travers bon nombre de licenciés, que nous avons à nos côtés, moi, petit abbé de province, je ne brille guère, moi, qui ne suis rien, pas même bachelier. C'est l'avantage à Saint-Sulpice, de se trouver mêlé avec de bons éléments. On retire toujours quelque chose de ce frottement [2]. »

Le séminaire Saint-Sulpice joue donc un rôle moindre qu'au XVIIIᵉ siècle dans le recrutement épiscopal, mais il sert cependant de référence, de modèle, non seulement pour les autres séminaires sulpiciens du pays, mais encore pour l'ensemble des séminaires de province.

La diffusion du modèle sulpicien ?

Si 30,5 % des évêques sont passés par Saint-Sulpice, cela signifie que 67,5 % ont à l'inverse fréquenté un séminaire de province [3]. La carte des lieux d'implantation des grands séminaires où les évêques ont été élèves montre d'emblée une bonne dispersion sur tout le territoire, conforme à la diversité des origines géographiques des évêques. Autrement dit, régions de chrétienté et régions urbaines

---

1. Cité par Louis BAUNARD, *Histoire du cardinal Pie, évêque de Poitiers,* Poitiers-Paris, Oudin-Poussielgue, 1886, 2 tomes, xv-682 et 729 p., t. I, p. 53.

2. Lettre de Saivet à l'abbé Landre (octobre 1850), citée par Émile ROUS, p. 75.

3. Les 2 % restants ont fait leurs études à Rome. On peut aussi noter l'exception que représente l'abbé Levezou de Vesins, qui ne fréquente aucun séminaire, mais s'initie au sacerdoce auprès de l'évêque de Montauban, Mgr Chaudru de Trélissac, après sa sortie du monde.

se détachent. Cela signifie *a contrario* que Saint-Sulpice puise ses recrues sur tout le territoire français. Les sept élèves du grand séminaire de Versailles montrent que Saint-Sulpice ne capte pas tous les talents des diocèses voisins. Il est vrai que les évêques retiennent de plus en plus dans leur propre séminaire leurs ordinands, certains craignant qu'un départ vers Paris soit définitif. En revanche, conscients des talents spécifiques des Sulpiciens, plusieurs ont fait appel à eux pour diriger leur séminaire.

La Compagnie de Saint-Sulpice est restaurée en France en 1800 et reprend ses activités d'enseignement ; elle se réimplante dans les séminaires qu'elle gérait avant 1792 et en conquiert d'autres. Au total, les Sulpiciens se voient confier la direction de vingt-deux séminaires au XIXᵉ siècle. La carte de leur répartition laisse entrevoir le maillage que représente l'enseignement sulpicien sur l'ensemble du territoire français. Les futurs évêques ont pour certains bénéficié de cet encadrement.

Quatre-vingt-treize évêques formés après 1802, soit 25,6 %, ont fréquenté l'un des vingt-deux séminaires gouvernés par les Sulpiciens au XIXᵉ siècle : Lyon, 17 ; Toulouse, 11 ; Bordeaux, 7 ; Angers, 6 ; Autun, 6 ; Bayeux, 6 ; Rodez, 6 ; Avignon, 5 ; Aix, 5 ; Bourges, 5 ; Viviers, 5 ; Nantes, 4 ; Autun, 4 ; Limoges, 3 ; Reims, 3 ; Coutances, 2 ; Orléans, 1 ; Le Puy, 1.

Seuls dix-huit séminaires sulpiciens ont formé des évêques. On retrouve en tête les séminaires de diocèses importants, Lyon, Toulouse ou Bordeaux, viviers de l'épiscopat en général. Mais on doit constater aussi que plus globalement les Sulpiciens sont bien implantés dans la frange orientale du Massif central, de Dijon à Toulouse, avec un prolongement vers Aix, région de chrétienté, riche en vocations religieuses comme le sont aussi les îlots de l'Ouest, îlots sulpiciens de la Basse-Normandie et des pays de Loire. La Compagnie de Saint-Sulpice peut ainsi drainer vers le sacerdoce des jeunes gens en grand nombre, avec un souci manifeste de sélection régionale qui la conduit à refuser, faute de moyens, de s'implanter dans certains diocèses, alors qu'elle resserre sa présence dans des diocèses plus fervents. Il est vrai cependant que tel ou tel diocèse, Orléans, Bourges ou Limoges, n'ont pas la réputation d'être des réservoirs de prêtres. Pourtant huit évêques ont fréquenté les séminaires de ces trois diocèses, ce qui pose le problème de savoir si la formation propre aux Sulpiciens, plus accomplie que celle délivrée par les prêtres diocésains par exemple, n'explique pas le recours à des ecclésiastiques venant de ces diocèses, certes pauvres en vocations, mais aux prêtres bien formés.

À quelques exceptions près, les séminaires sulpiciens sont relativement éloignés de Paris ; les futurs évêques y trouvent une formation que beaucoup n'auraient pu aller suivre dans la capitale à cause de la distance. Par ce biais, la Compagnie de Saint-Sulpice peut diffuser ses enseignements au cœur de l'espace français, quitte ensuite à drainer vers Paris les meilleurs éléments de ses séminaires de province.

La chronologie des passages au séminaire mérite examen, car les conditions d'études diffèrent, qu'elles aient été suivies au tout début du XIXe siècle ou dans les années 1850. Trois générations peuvent être distinguées : la génération des temps de la reconstruction, celle des temps de la maturité, celle enfin des temps du renouveau.

Sur les 93 évêques relevés, 33 sont nés avant 1800 et ont donc fait leurs études dans des séminaires récemment rénovés, dans des conditions difficiles. Monyer de Prilly, élève du séminaire d'Aix entre 1807 et 1812, évoque un enseignement essentiellement oral à cause du manque de livres, ce qui oblige les étudiants à prendre tous les cours sous la dictée des professeurs [1]. Le cas de Bouvier illustre quant à lui la précarité des études dans les années 1800. Il entre au séminaire d'Angers en 1805 où cinq sulpiciens encadrent dix-sept élèves, mais il n'y reste que trois ans tant est grand le besoin de prêtres, ce qui ne l'empêche pas de devenir un théologien célèbre. À partir de 1811, les séminaires sulpiciens, à peine restaurés, sont confrontés à de nouvelles difficultés, dans la mesure où la suppression de la Compagnie oblige les évêques à remplacer le corps enseignant sulpicien par des prêtres diocésains dont certains accèdent du reste à l'épiscopat, comme Devie supérieur du séminaire de Viviers, Tharin professeur de celui de Bayeux [2], ou encore l'abbé de Gualy à Limoges et l'abbé d'Arbou à Toulouse. Cette relève dure peu puisque la Compagnie reprend ses attributions lors de la première Restauration, mais cet épisode révèle la difficulté que rencontrent les études cléricales jusqu'à la fin de l'Empire. Même dans les années suivantes, les conditions d'existence des séminaires sont encore précaires comme le révèle le cas de celui de Bourges qui ne trouve son rythme de croisière que dans les années 1820 [3].

---

1. Abbé PUISEUX, *Vie et lettres de Mgr de Prilly, évêque de Châlons*, Châlons-sur-Marne, Imp. Martin, 1897, 2 tomes, XVI-533 et XV-517 p., t. I, p. 65.
2. À cette date, il n'est pas encore sulpicien ; il n'entre dans la Compagnie que lors de son rétablissement en 1814, et devient ensuite en 1815 directeur du séminaire de Bayeux.
3. Voir Christian DUMOULIN.

La deuxième génération comprend 33 évêques nés entre 1800 et 1829. Ils font donc leurs études entre le début des années 1820 et le début des années 1850. Les séminaires désormais restaurés atteignent leur plénitude, avec la mise en place de cadres stricts, un personnel d'encadrement satisfaisant, des études codifiées. À Bourges, c'est en 1829 qu'est adopté le règlement général qui fait de ce séminaire un séminaire de stricte observance, puisque ce règlement est celui de la maison mère. L'emploi du temps est celui qu'ont dû suivre la plupart des élèves sulpiciens au XIXe siècle ; entre le lever à 5 heures et le coucher à 21 heures, le séminariste partage sa journée entre les temps d'études et les temps de prière et de recueillement [1]. Sur le plan des études, tous les séminaires sulpiciens ont adopté en théologie le manuel de Bailly.

À partir des années 1850 les séminaires sulpiciens subissent le contrecoup de la lutte que se livrent ultramontains et gallicans. Réputés gallicans, les Sulpiciens sont en butte à une certaine méfiance de la part de Rome. Leur enseignement est critiqué et l'un des manuels qui était à la base de cet enseignement, celui de Bailly, est mis à l'index en 1852. Les Sulpiciens adoptent alors, dans toutes leurs maisons comme à Paris, la théologie de Bouvier. Cela signifie concrètement que la troisième génération, celle des évêques nés après 1830, soit 24 individus, ne reçoit pas le même type de formation que celle de ses prédécesseurs. C'est incontestablement un point important pour comprendre l'adhésion quasi unanime des évêques de la fin du siècle aux idées ultramontaines, désormais enseignées au sein même de ces bastions du gallicanisme que représentaient naguère les séminaires sulpiciens.

Mais au moins jusqu'au milieu du XIXe siècle, la plupart des autres séminaires diocésains ont en général adopté un mode de fonctionnement très proche de celui des séminaires sulpiciens [2].

---

1. 5 heures, réveil ; 5 h 30, prière et oraison pendant trois quarts d'heure ; 6 h 30, messe de communauté ; 8 heures, déjeuner ; 9 h 30, classes de théologie et de philosophie ; 11 h 15, classe de chant ou exercice sur les cérémonies ; 11 h 45, examen particulier ; 12 heures, dîner puis récréation en commun ; 13 h 45, chapelet en commun ; 15 h 30, classes de théologie et de philosophie, puis récitation des matines et des laudes ; 18 h 30, lecture spirituelle ; 19 heures, souper et récréation ; 20 h 15, prière du soir, examen de conscience ; 21 heures, extinction des feux (Christian DUMOULIN, p. 171).
2. On peut regretter avec Claude LANGLOIS la « faible attention portée par les historiens à la formation du clergé français », et notamment à l'histoire des grands séminaires, en particulier non sulpiciens ; voir « Le temps des séminaristes. La formation cléricale en France aux XIXe et XXe siècles », dans : *Problèmes de l'histoire*

*Les séminaires fréquentés par l'épiscopat au XIXe siècle,
à l'exception du séminaire parisien de Saint-Sulpice*

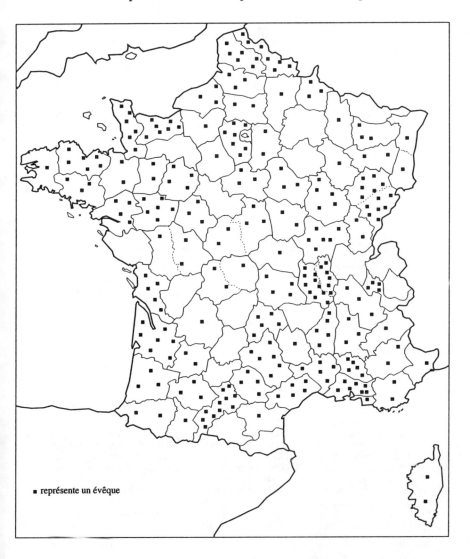

■ représente un évêque

Par rapport au XVIIIe siècle, la part des autres congrégations enseignantes dans l'enseignement théologique a en effet régressé, au profit des prêtres diocésains. Or bon nombre de ces ecclésiastiques,
faute d'autres références, s'inspirent du modèle sulpicien, et ce
d'autant mieux que les évêques, responsables de la reconstruction
concordataire, sont eux-mêmes d'anciens élèves des Sulpiciens [1].
Dans la plupart des séminaires, on a donc adopté le même type
d'emploi du temps, calqué sur celui de Saint-Sulpice, on étudie
dans les mêmes manuels, notamment dans la *Théologie* de Bailly,
utilisée dans les trois quarts des séminaires français en 1830 [2], ce
qui montre bien que l'essentiel ne tient pas à l'acquisition d'un
savoir scientifique, mais à l'apprentissage d'un état [3]. Les grands
séminaires au XIXe siècle forment avant tout des prêtres. Ils offrent
un « moule clérical », dans lequel se coulent les futurs prêtres. En
ce sens, les grands séminaires de province n'ont pas suppléé à la
disparition ou à l'atonie des facultés de théologie [4].

Pourtant, ces mêmes séminaires ont fourni 44 % de l'épiscopat
français formé au XIXe siècle, ce qui pose le problème de son niveau
intellectuel. S'ils n'apportent pas aux futurs prêtres une formation
très développée, surtout au début du siècle, les séminaires donnent
souvent aux meilleurs éléments le goût de l'étude. Surtout, ces derniers se voient très souvent confier des charges d'enseignement
qui les contraignent à parfaire leur formation [5]. En ce sens bon
nombre des futurs évêques sont en partie des autodidactes. Pour
s'en tenir à ceux qui s'illustrent par une œuvre importante, on peut

---

de l'éducation, Actes des séminaires de l'École française de Rome et de l'Università di Roma-La Sapienza, Rome, Collection de l'École française de Rome, 1988,
303 p., p. 229-255.

1. Voir Philippe BOUTRY, « "Vertus d'état" et clergé intellectuel : la crise du modèle
"sulpicien" dans la formation des prêtres français au XIXe siècle », dans : *Problèmes
de l'histoire de l'éducation,* Actes des séminaires de l'École française de Rome et
de l'Università di Roma-La Sapienza, Rome, Collection de l'École française de
Rome, 1988, 303 p., p. 207-228. Philippe Boutry montre bien comment se diffuse
le modèle sulpicien dans le diocèse de Belley, par l'intermédiaire d'un des vicaires
généraux du diocèse, l'abbé La Croix d'Azolette, élève du séminaire Saint-Sulpice
au début du siècle, (p. 213).

2. Voir Austin GOUGH, *Paris and Rome. The Gallican Church and the Ultramontane Campaign 1848-1853,* Oxford, Clarendon Press, 1986, 276 p., p. 195.

3. Voir Philippe BOUTRY.

4. On remarquera que les Sulpiciens tiennent les séminaires de quatre villes où
existe une faculté de théologie : Lyon, Aix, Bordeaux et Toulouse.

5. Voir Claude LANGLOIS, p. 251.

citer Parisis, Bouvier ou encore Gousset. L'apprentissage se lit parfaitement chez un auteur comme Gousset, pur produit du séminaire
de Besançon, dont les premières œuvres sont des rééditions com-
mentées d'ouvrages antérieurs à la Révolution, par exemple les
Conférences ecclésiastiques du diocèse d'Angers ou le *Dictionnaire
de théologie* de Bergier [1]. Tel est aussi le cas de Darboy dont les
premières œuvres sont des rééditions ou des œuvres de compilation.
Darboy a fait toutes ses études au grand séminaire de Langres où
il devient professeur peu après son ordination. Le temps que lui
laisse la préparation de ses cours est employé à l'étude. Il fait
d'abord paraître une traduction des œuvres de Denys l'Aréopagite,
en décembre 1844, puis *Les Femmes de la Bible* [2]. Ces premières
œuvres révèlent un goût prononcé pour l'étude, en même temps
qu'elles indiquent les ressources de maintes bibliothèques de séminaire [3]. Or l'exemple d'un Gousset ou d'un Darboy n'est pas isolé.
Bon nombre d'évêques, même formés loin des centres sulpiciens,
ont ainsi manifesté leur intérêt pour l'étude au sortir du séminaire.
On le retrouve par exemple chez l'abbé Sonnois, élève du séminaire de Dijon avant sa reprise par les Sulpiciens. Comme Gousset
ou Darboy, Sonnois est nommé professeur au grand séminaire en
début de carrière, puis exilé dans la succursale de Jouey en Côte-
d'Or. Il se fixe alors un programme de travail bien précis : « Je ne
veux qu'une chose, refaire mes études théologiques, en les concentrant autour de la *Somme* de saint Thomas pour acquérir un certain
ensemble de connaissances [...]. Je me dis que l'homme n'est quelque chose en ce monde que par sa volonté dirigée par un effort soutenu et régulier vers un but unique. Ce but je l'ai toujours eu, je
suis pressé d'arriver : voilà pourquoi je voudrais manger mes livres
et ne me reposer qu'en l'autre monde [4]. » Sonnois lit également
intégralement saint Augustin et saint Jean Chrysostome. C'est bien
la preuve d'une insuffisance ressentie dans la formation reçue, mais
en même temps cette formation représente une base importante
pour la poursuite d'études personnelles ; en cela elle est essentielle.

---

1. Jean GUERBER, *Le Ralliement du clergé français à la morale liguorienne*, Rome,
Université grégorienne, 1973, 378 p., p. 333.
2. Voir Jacques-Olivier BOUDON, « Une promotion épiscopale sous le Second
Empire : l'abbé Darboy à l'assaut de Paris », *Revue d'histoire moderne et contemporaine*, n° 39-3, juillet-septembre 1992, p. 465-482.
3. Il est vrai que Langres a bénéficié d'un héritage prestigieux, et en particulier de
la présence à la tête du diocèse de Mgr de La Luzerne.
4. Cité par Gustave CHEVALLIER, *Mgr Sonnois, archevêque de Cambrai. Sa vie, son
œuvre*, Cambrai, Oscar Masson, 1920, 372 p., p. 59.

Cependant cette carence dans la formation, de plus en plus ressentie par les clercs vers le milieu du XIXᵉ siècle, marque d'une certaine façon la faillite du modèle sulpicien traditionnel. Face à l'urgence de la reconstruction, les Sulpiciens avaient privilégié la formation sacerdotale, appliquant par là même la lettre du programme de leur fondateur. L'allongement du temps d'études, mais aussi les appels à une meilleure formation théologique, venus notamment des milieux mennaisiens, suscitent une plus grande attention vis-à-vis de l'apprentissage du métier de prêtre. Les Sulpiciens eux-mêmes y sont sensibles à partir des années 1850. Mais ils sont concurrencés par d'autres formateurs. Ainsi à Arras, Mgr Parisis, désireux de développer le niveau intellectuel de son clergé, confie le séminaire aux prêtres de la Société de Saint-Bertin ; ce séminaire forme alors quatre futurs évêques, mais les progrès de la formation sont lents à se dessiner ; celle-ci reste surtout littéraire [1]. Il faut attendre les années 1870 à Arras, voire les années 1880 à Belley, pour que se dessine une « révolution culturelle » dans les séminaires français [2]. Les futurs évêques ont en quelque sorte précédé le mouvement, par exemple en s'intéressant dès les années 1850 à l'œuvre de saint Thomas. Ils l'ont fait aussi par une fréquentation plus importante des facultés de théologie.

Mais en définitive, une grande partie de l'épiscopat français du XIXᵉ siècle est issue d'un même moule, c'est-à-dire d'un séminaire fonctionnant sur le modèle sulpicien, avec pour but premier de former des prêtres. Les Sulpiciens eux-mêmes ont dirigé, soit à Paris, soit en province, l'éducation de près de 56 % des évêques formés au XIXᵉ siècle. Cette formation a offert avant tout aux prêtres un cadre à partir duquel les meilleurs d'entre eux ont pu parfaire leur formation.

---

1. Yves-Marie HILAIRE, *Une chrétienté au XIXᵉ siècle. La vie religieuse des populations du diocèse d'Arras (1840-1914)*, Lille, Publications de l'université Lille-III, 2 tomes, 1 017 p., p. 298.
2. Jean-Pierre GONNOT, « Vocations et carrières sacerdotales dans le diocèse de Belley de 1823 à 1904 », université Lyon-II, 1984.

CHAPITRE VII

LA FORMATION SUPÉRIEURE
AU XIXᵉ SIÈCLE

Les études supérieures de théologie.

Les facultés de théologie d'État au XIXᵉ siècle n'ont pas bonne presse. Instituées par le décret impérial du 17 mars 1808, elles devaient théoriquement s'implanter en chacun des sièges métropolitains de l'époque, soit dix archevêchés. Leur corps professoral devait comprendre au moins trois professeurs, de dogme, d'histoire ecclésiastique et de morale. Mais en fait le réseau des facultés de théologie ne fut jamais complètement achevé.

La faculté de Paris.

La faculté de théologie de Paris est la plus importante. Dès 1810 elle est dotée de trois chaires supplémentaires : hébreu, éloquence sacrée et Écriture Sainte. Le but de cette réforme est de redonner à la faculté de théologie de Paris le lustre de l'ancienne Sorbonne. Mais elle souffre, comme toutes les facultés de théologie de l'État, d'un vice de constitution. Créées unilatéralement par Napoléon, sans concertation avec le pape, elles décernent des grades (baccalauréat, licence et doctorat) qui ne reçoivent aucune sanction canonique. De plus, le gouvernement eut toujours beaucoup de difficultés à recruter des professeurs titulaires d'un doctorat en théologie. Il lui fallut dès lors avoir recours à des professeurs suppléants. Parmi les premiers enseignants de la Sorbonne figurent deux futurs évêques, l'abbé Cottret et l'abbé Raillon, mais ni l'un ni l'autre n'est docteur en théologie.

Pendant sa première décennie d'existence, la faculté de Paris connaît un certain succès, comme l'atteste le nombre d'inscriptions.

Entre 1812 et 1821, le registre d'entrée porte 1 443 inscriptions [1], mais celles-ci étant renouvelées chaque trimestre, il est difficile d'en déduire le nombre exact d'étudiants par an. Ce chiffre révèle néanmoins une renaissance des études théologiques à la Sorbonne. Plusieurs futurs évêques figurent parmi les étudiants de la faculté de théologie. Luc Tharin et Pierre Giraud s'inscrivent en décembre 1812 aux cours de dogme et de morale. Dans les années suivantes ils s'initient également à l'hébreu, et Giraud à l'éloquence sacrée. À la fin de 1813, Affre et Menjaud s'inscrivent en dogme et en morale ; Menjaud suit aussi les cours d'éloquence sacrée et d'Écriture Sainte. Manglard et Olivier s'inscrivent en dogme en 1815, le second y ajoute l'éloquence sacrée, cours que suit également Graveran. Enfin Salinis, Sibour et Gerbet sont étudiants à la Sorbonne entre 1817 et 1821. Le premier est inscrit en morale, en dogme et en éloquence sacrée de 1816 à 1819. Le second est inscrit en dogme et en morale en 1817, le troisième en dogme entre 1818 et 1821. Ainsi entre 1812 et 1821, dix futurs évêques ont été inscrits à la faculté de théologie de Paris. Reste à savoir s'ils en ont effectivement suivi les cours. Il semble qu'à l'instar des facultés de lettres les facultés de théologie aient connu des fréquentations réduites. Gerbet suit effectivement les cours de la Sorbonne, mais sa santé trop fragile l'a empêché de rester au séminaire Saint-Sulpice ; il se dirige vers le séminaire des Missions étrangères, mais n'y suit pas les enseignements. Il fréquente dès lors la Sorbonne [2]. On peut supposer également que les cours d'hébreu par exemple étaient fréquentés, car sinon à quoi bon s'y inscrire ? Mais la Sorbonne des années 1810 semble surtout offrir un enseignement complémentaire à celui du séminaire Saint-Sulpice. Ces études théologiques sont du reste rarement sanctionnées par un diplôme. Aucun des dix étudiants mentionnés n'est licencié ni, *a fortiori*, docteur en théologie, ce que confirme la faiblesse du nombre de grades décernés par la faculté de théologie, 57 de 1808 à 1854 [3]. La raison principale de cette désaffection à l'égard des grades théologiques vient sans doute du fait que ces étudiants n'étaient pas titulaires du baccalauréat ès

1. A. N. AJ 16 / 2495, Registre des inscriptions à la faculté de théologie de Paris, décembre 1812-janvier 1872.
2. François DE LADOUE, *Mgr Gerbet, sa vie, ses œuvres et l'école mennaisienne*, Paris, Tolra et Haton, 1870, p. 43.
3. Claude BRESSOLETTE, *L'Abbé Maret. Le combat d'un théologien pour une démocratie chrétienne 1830-1851*, Paris, Beauchesne, 1977, 563 p., p. 233.

lettres, indispensable pour passer les grades supérieurs, mais pas pour fréquenter les cours qui y préparent – de même qu'avant 1789 on pouvait suivre les cours de théologie sans être maître ès arts – du moins jusqu'en 1820, car à partir de cette date il est obligatoire de posséder le baccalauréat pour s'inscrire à la faculté [1]. L'un des rares évêques à avoir alors conquis un doctorat en théologie, l'abbé Fayet, était déjà bachelier et même licencié en droit.

Au début des années 1820, la faculté de théologie de Paris connaît une crise profonde qui se traduit par l'absence d'inscriptions entre 1822 et 1827. Puis, après une légère reprise de 1828 à 1832, le déclin se confirme ; les inscriptions oscillent entre 0 et 2 de 1843 à 1853. La faculté de théologie de Paris connaît alors ses heures les plus sombres malgré les tentatives de réorganisation de Mgr Affre, qui achoppent sur la question de la reconnaissance des grades par Rome. Pourtant en 1841, la « nouvelle faculté de Sorbonne » ouvre ses portes ; elle compte dans ses rangs de futurs évêques, l'abbé Dupanloup, chargé du cours d'éloquence sacrée, remplacé en 1843 par l'abbé Cœur qui est lui professeur titulaire. Il est à noter que de 1822 à 1853 aucun futur évêque n'est étudiant à la Sorbonne, signe de la désaffection de ce lieu d'étude parmi l'élite des séminaristes de Saint-Sulpice. La direction du séminaire est désormais hostile à cette fréquentation, ce qui explique du reste la faiblesse des effectifs [2].

La désignation de l'abbé Maret comme doyen de la faculté de théologie de Paris redonne vie aux études supérieures de théologie en France, et ce bien que Rome se refuse toujours à reconnaître les diplômes décernés. Les registres d'inscriptions marquent l'ampleur de ce renouveau : aucune inscription en 1853, 65 en 1854, 130 en 1855 [3]. Maret prononce le discours d'ouverture le 4 mars 1854. Le registre d'inscriptions porte que le 3 avril se sont présentés pour suivre les cours de la Sorbonne Jean-Marie Bécel, Ernest Bourret, Paul Cuttoli, Émile Freppel, Flavien Hugonin, Benoît Langénieux, Charles Lavigerie et Pierre Soubiranne, soit 8 futurs évêques sur un effectif de 65 étudiants (12,3 %). L'année suivante s'inscrivent en outre Napoléon-François Hautin, François Lagrange et Marie-Ludovic Roche. Sur ces 10 individus, 7 sont élèves de Saint-Sulpice

1. Voir Jean-Claude CARON, *Générations romantiques. Les étudiants de Paris et le Quartier latin (1814-1851)*, Paris, Armand Colin, 1991, 435 p., p. 35.
2. Claude BRESSOLETTE, p. 137.
3. A. N. AJ 16 / 2495, Registre des inscriptions à la faculté de théologie de Paris, décembre 1812-janvier 1872.

et 4 avaient fréquenté préalablement le séminaire Saint-Nicolas-du-Chardonnet, alors dirigé par Dupanloup. Ces hommes représentent le noyau d'une génération qui a grandi dans la vénération des études et qui subit la double influence de Dupanloup et de Maret.

L'étude des résultats aux examens est encore plus révélatrice de l'émergence d'une élite intellectuelle [1]. La faculté décerne 2 baccalauréats en théologie en 1853, à Lavigerie et Freppel ; 16 baccalauréats, 2 licences et 2 doctorats en 1854. Parmi les 16 bacheliers, on retrouve 4 futurs évêques : Soubiranne, Bourret, Hugonin et Langénieux. Par rapport au nombre d'inscrits, les futurs évêques émergent déjà (25 % des bacheliers pour 12,3 % des inscrits). Les deux licenciés sont Lavigerie et Freppel, Lavigerie étant reçu docteur la même année. Par la suite, Langénieux ne poursuit pas plus avant, mais Soubiranne obtient sa licence en théologie en 1855, en même temps qu'Hugonin qui pousse lui jusqu'au doctorat. Parmi le groupe des premiers inscrits, on peut noter que trois n'obtiennent aucun grade, Bécel, Cuttoli et Hautin. En revanche, leurs deux condisciples, Lagrange et Roche, parviennent au doctorat, le premier dès 1856, le second en 1858. Puis la Sorbonne continue de temps à autre à accueillir de futurs évêques, mais sans que jamais se retrouve la même ampleur qu'au milieu des années 1850. Deux futurs évêques seulement suivent le cycle complet des études théologiques, à la Sorbonne, entre 1856 et 1885. Ce sont l'abbé Goux, un des trois bacheliers de 1856, licencié en 1857 et docteur en 1858, et l'abbé Bouquet, bachelier en 1861, licencié en 1866 et docteur en 1875, soit quatorze ans après sa première inscription à la faculté. Le délai paraît bien long, en comparaison de ceux qu'ont observés Lavigerie, Freppel ou Bourret entre leur baccalauréat et leur doctorat. On peut y voir une des raisons du second reflux d'étudiants ecclésiastiques. En se réformant, la faculté de théologie a haussé le niveau de ses diplômes et rendu plus difficile par là même le parcours d'un cycle complet d'études supérieures.

Certains étudiants se contentent du reste d'achever à Paris des études commencées ailleurs. Deux cas doivent être isolés. Cruice et Perraud obtiennent leur doctorat en théologie, le premier en 1855, le second en 1865, après avoir été dispensés des grades inférieurs parce qu'ils étaient déjà docteurs ès lettres. Meignan a lui commencé ses études théologiques en Allemagne ; il les parachève à la Sorbonne en soutenant son doctorat en 1858. Place, bachelier de la

---

1. A. N. AJ 16 / 2496, Faculté de théologie de Paris, Procès-verbaux des examens.

faculté de théologie de Lyon, obtient sa licence à Paris en 1868. Latty enfin est un des derniers docteurs reçus par la faculté, en 1882 ; il avait commencé ses études à Aix. Ainsi, parmi les futurs évêques, 18 ont fréquenté la faculté de théologie de Paris entre 1853 et 1885, 4 n'ont jamais obtenu le baccalauréat [1], 14 y ont obtenu un grade : 12 parviennent au doctorat, 1 s'arrête à la licence et 1 autre au baccalauréat. La part écrasante des doctorats montre bien que ceux qui s'engagent dans des études supérieures de théologie le font dans le but bien précis d'obtenir le doctorat, afin de pouvoir eux-mêmes enseigner dans les facultés de théologie.

Les facultés de théologie de province.

Quelques évêques ont également fréquenté les cours des autres facultés de théologie. Cinq centres apparaissent plus nettement : Toulouse, Lyon, Aix, Rouen et Bordeaux. La faculté de théologie de Toulouse jette ses derniers feux dans les années 1820. Trois futurs évêques appartiennent alors à son corps enseignant, mais aucun n'est docteur en théologie ; ils ne sont donc que suppléants. Ainsi l'abbé Lacroix est nommé le 24 octobre 1816 suppléant du professeur d'Écriture Sainte [2]. Il n'a aucun titre particulier pour occuper cette charge, sinon qu'il enseigne la théologie au grand séminaire de Toulouse, sans posséder aucun grade en théologie. Ce n'est qu'ensuite qu'il passe le baccalauréat ès lettres en 1817, puis le baccalauréat et la licence en théologie en 1818 [3]. Lacroix quitte son poste en 1819 ; il est alors remplacé par l'abbé Savy qui n'a lui aucun grade théologique [4]. De même, l'abbé Lanneluc, promu en 1823 suppléant de la chaire de morale évangélique, n'est pas gradué en théologie [5]. À une seule exception donc, les seuls évêques à avoir fréquenté la faculté de théologie de Toulouse l'ont fait en qualité d'enseignant, ce qui confirme la désaffection de ces lieux au début du XIXe siècle.

---

1. Aux trois précédemment cités, il faut ajouter l'abbé de Bonfils qui échoue en 1869, A. N. AJ 16 / 2497.
2. A. N. F 17 / 4404, arrêté de la commission du 24 octobre 1816.
3. A. N. F 17 / 4709, certificat d'aptitude au grade de bachelier en théologie décerné le 7 avril 1818, certificat d'aptitude au grade de licencié en théologie décerné le 21 juillet 1818.
4. A. N. F 17 / 4404, arrêté de la commission du 20 août 1819.
5. A. N. F 17 / 4404, l'archevêque de Toulouse au grand maître de l'Université, 2 mai 1823.

De même que celle de Toulouse, la faculté de théologie de Lyon vivotait au début de la monarchie de Juillet, lorsque l'administrateur du diocèse de Lyon, Mgr de Pins, décida de la restaurer. En 1836 Mgr de Pins propose trois ecclésiastiques pour occuper les chaires de la faculté, parmi lesquels deux futurs évêques, les abbés Lyonnet et Pavy. Aucun des trois n'a un quelconque grade en théologie, ce qui conduit à ce rappel du ministre de l'Instruction publique : « Ces candidats ne sont pas docteurs en théologie ; et ils ne pourront être d'abord investis d'aucun titre régulier, ni du droit de faire les examens [1]. » Ils sont recrutés pour leur réputation ou d'éventuelles publications, mais le ministre invite les ecclésiastiques retenus à se présenter au doctorat en théologie [2]. Finalement, Lyonnet refuse le poste qui lui est offert. Quant à l'abbé Pavy, il est nommé en octobre 1837 chargé de cours d'histoire et de discipline ecclésiastiques, mais ne se presse pas de suivre les conseils du ministre [3]. Il attend en effet d'être nommé évêque d'Alger pour passer coup sur coup le baccalauréat, la licence et le doctorat en théologie [4]. L'année suivante, l'administrateur du diocèse de Lyon propose de nommer l'abbé Plantier chargé de cours d'hébreu, faute de mieux, car si l'on en croit le préfet du Rhône : « C'est un homme inoffensif, adonné à l'étude des langues, qui ne sait pas beaucoup d'hébreu, mais qui est laborieux, infatigable, et l'apprendra peut-être en l'enseignant. Du reste, les deux autres candidats en savent, dit-on, encore moins que lui [5]. » Piètre constat de la situation intellectuelle du clergé dans le plus vieux diocèse de France. Le relatif renouveau de la faculté de Lyon donne cependant quelques résultats. Parmi les évêques, deux y ont conquis un grade dans les années suivantes. L'abbé Gouthe-Soulard obtient son baccalauréat et sa licence en 1857, son doctorat en 1858, ce qui montre la rapidité avec laquelle on peut parcourir le cycle des études en théologie. De même, l'abbé Dours y soutient son doctorat en théologie en 1857 ; sa qualité d'inspecteur de l'académie de Paris l'avait dispensé de se présenter

1. A. N. F 17 / 4405 (dossier Pavy), le ministre au préfet du Rhône, 1836 (brouillon).

2. *Ibid.*, le ministre au recteur de l'académie de Lyon, mai 1836.

3. *Ibid.*, arrêté du 10 octobre 1837.

4. A. N. F 17 / 4709 (diplômes en théologie, faculté de Lyon), certificat de baccalauréat en théologie décerné le 21 février 1846, certificat de licence en théologie décerné le 23 février 1846, certificat de doctorat en théologie décerné le 20 avril 1846.

5. A. N. F 17 / 4405 (dossier Plantier), le préfet du Rhône au ministre, 6 octobre 1838.

aux grades inférieurs [1]. La faculté de Paris aurait-elle refusé une telle dispense pour qu'il vienne soutenir à Lyon ? Quoi qu'il en soit, il ne dut guère fréquenter les enseignements de la faculté.

C'est également dans les années 1830, sous l'inspiration de Mgr Raillon, qu'est rénovée la faculté de théologie d'Aix. Mais elle manque de professeurs titulaires d'un doctorat, comme l'illustre l'itinéraire du seul évêque qui ait soutenu un doctorat de théologie à Aix. L'abbé Boyer, secrétaire particulier de l'archevêque, obtient le baccalauréat, la licence et le doctorat en 1863, avant d'être nommé suppléant en 1864, puis professeur de dogme en 1865 et enfin doyen de la faculté [2]. C'est encore une fois la nécessité de posséder ces grades qui a conduit le futur évêque à passer des examens dont la proximité laisse penser qu'ils sont davantage une formalité administrative que la sanction d'études poussées en théologie. Du reste le biographe du cardinal Boyer évoque une «érudition hâtive, mais solide [3]» ; il s'est en fait formé en enseignant. La faculté d'Aix a vu passer quatre autres futurs évêques, l'abbé Latty, licencié en théologie en 1869 avant de partir à Paris poursuivre ses études [4], les abbés Douais, Jauffret et Henry qui y conquièrent leur doctorat en théologie.

Deux autres facultés de théologie reprennent vie dans les années 1830, Bordeaux et Rouen. À Bordeaux, Mgr Donnet fait appel à trois futurs évêques, l'abbé Géraud de Langalerie est nommé à la chaire de droit ecclésiastique en 1838 [5], l'abbé de Salinis à la chaire d'Écriture Sainte en 1842, l'abbé Gazailhan est également chargé de cours en 1850. Mais aucun n'est gradué en théologie. L'abbé Saivet y obtient sa licence en théologie dans les années 1850. À Rouen, le cardinal de Croÿ avait sous la main un docteur en théologie, son vicaire général Fayet. Il lui confie donc tout naturellement la charge de restaurer la faculté. Il avait du reste déjà été

---

1. A. N. F 17 / 4709, certificat d'aptitude au grade de docteur en théologie décerné le 24 août 1857.
2. A. N. F 17 / 4709.
3. F. GUILLIBERT, *Le Cardinal Boyer,* Paris, Lecoffre, 1898, XXIV-335 p., p. 42.
4. A. N. F 17 / 4711, certificat d'aptitude au grade de licencié en théologie décerné le 17 juin 1869.
5. A. N. F 17 / 4705 (dossier Langalerie), l'archevêque de Bordeaux au ministre, 30 septembre 1838 : « M. l'abbé de Langalerie que je présente pour la chaire de droit ecclésiastique est un homme bien né, très studieux, d'abord professeur de philosophie, de physique au grand séminaire, puis préfet des études pendant trois ans au petit séminaire. »

professeur de morale dans cette faculté, de 1820 à 1822, avant de devenir inspecteur général. Au début des années 1830, la faculté a cessé son activité même si deux des professeurs titulaires sont encore en vie. À partir de 1835, l'abbé Fayet négocie la restauration de la faculté, mais la négociation est longue et n'aboutit qu'en 1838. Il est alors chargé du cours d'histoire et de discipline ecclésiastiques, puis il est nommé professeur de droit ecclésiastique et assure en même temps les fonctions de doyen [1]. De cette faculté restaurée, deux évêques sortent diplômés, l'abbé Duval et l'abbé Foucault. Le premier, bachelier en théologie en 1849 au moment de sa sortie du grand séminaire, passe sa licence sept ans plus tard alors qu'il enseigne à Yvetot. L'abbé Duval offre l'un des rares exemples d'ecclésiastiques qui aient suivi un cursus en théologie sans but précis, mais par simple goût de l'étude. Le second obtient quant à lui un doctorat en théologie.

Au total les facultés de théologie de l'État ont donné à l'épiscopat, au XIXe siècle, 21 docteurs, 4 licenciés et 1 bachelier. Paris vient largement en tête (14), suivi d'Aix (4), de Lyon (3), Rouen (2), Bordeaux et Toulouse (1). Même si l'on ajoute à ce nombre les 5 ecclésiastiques qui y ont enseigné sans être gradués, force est de constater la faiblesse des études supérieures de théologie chez les futurs évêques, et *a fortiori,* semble-t-il, dans l'ensemble du clergé français. Plusieurs facteurs y ont contribué. Tout d'abord, les études secondaires débouchent rarement sur le baccalauréat ès lettres nécessaire pour poursuivre des études supérieures. Ensuite, les grands séminaires sont hostiles à la fréquentation des facultés. De plus, les diplômes, même si la tâche requise, surtout en province, n'apparaît pas très lourde, n'apportent aucun avantage particulier, sinon celui d'entrer dans le corps professoral de ces facultés, ce qu'ont fait en définitive la plupart des gradués. Enfin et surtout, les diplômes de théologie des facultés d'État n'ont jamais reçu la sanction canonique du Saint-Siège. Ces facultés pâtissent de la concurrence exercée par Rome où vont les ecclésiastiques les plus aisés, désireux de pousser plus avant leur formation en théologie. En revanche, la création des facultés, devenues instituts catholiques à partir de 1875, n'a pas d'effet sur les futurs évêques puisque aucun n'y suit de cours de théologie. Est-ce dû à la précarité des études de théologie que ces instituts dispensent, ou bien à une méfiance des républicains à l'égard d'anciens élèves d'établissements indé-

---

1. A. N. F 17 / 4405 (dossier Fayet).

pendants de l'État ? La première explication semble la plus probable, car les gouvernements français n'ont pas repoussé les prêtres
partis faire leurs études à Rome.

Les études théologiques à Rome.

Le séjour d'études à Rome est une tradition ancienne dans le
clergé français, bien que peu usitée. Au XVIIIᵉ siècle, on voit ainsi
Boisgelin de Cucé et Champion de Cicé aller de conserve à Rome
parachever leur cursus théologique. Il est vrai que c'est à l'époque
où la faculté de théologie de Paris a suspendu la collation des
grades. Au début du XIXᵉ siècle, la fréquentation des établissements
romains reste rare. L'un des futurs évêques à se rendre à Rome est
l'abbé Casanelli d'Istria, mais son origine corse et les liens naturels
entre la Corse et les États pontificaux l'expliquent en grande partie. Il fréquente l'université de la Sapience à partir de 1819 et jusqu'en 1827, obtenant son doctorat en philosophie puis en théologie [1].
Dans les années 1820, Cardon de Garsignies, quittant le monde,
choisit d'aller poursuivre sa formation sacerdotale à Rome, sans
qu'on sache s'il en revient gradué. Au début des années 1830,
Dreux-Brézé part pour Rome où il obtient son doctorat en théologie. Il est bientôt suivi par Roullet de la Bouillerie, docteur en
théologie en 1842. De même, en 1841 Dupanloup a soutenu à
Rome une thèse sur l'infaillibilité pontificale. En novembre 1843,
Léopold Leséleuc de Kerouara commence à suivre les cours de
théologie à la Grégorienne, il en sort docteur en 1847. À la même
époque Charles Place est parti pour Rome s'initier au sacerdoce.
Cette première génération d'évêques, celle qui est venue faire tout
ou partie de ses études à Rome, avant l'ouverture du séminaire
français en 1853, est relativement peu nombreuse, mais elle se
caractérise par son homogénéité. Si l'on met à part Dupanloup qui,
en dépit de son doctorat conquis rapidement, ne peut être considéré
comme un romain, les autres appartiennent soit à l'aristocratie soit
à la haute bourgeoisie. C'est à l'époque une condition nécessaire
pour faire le voyage à Rome, lequel est coûteux, de même que le
sont les études. On doit aussi constater que quatre des étudiants
concernés appartiennent à la catégorie des « vocations tardives » ; ils
ont choisi Rome parce qu'ils en avaient les moyens, mais aussi

---

1. Voir Th. ORTOLAN, *Diplomate et soldat : Mgr Casanelli d'Istria, évêque
d'Ajaccio 1794-1869*, Paris, Bloud et Barral, 1900, t. I, p. 124-156.

pour être sûrs de recevoir une formation de qualité, peu désireux, la trentaine dépassée, de se frotter, sur les bancs du séminaire, à des élèves d'un niveau intellectuel bien inférieur.

À partir des années 1850, le flux d'étudiants français vers Rome augmente. Quatorze évêques y ont achevé leurs études dans la seconde moitié du XIXe siècle, alors qu'ils n'étaient que sept dans la première moitié. Ce doublement des effectifs s'explique par plusieurs raisons. Tout d'abord le milieu du siècle se caractérise par la victoire de l'ultramontanisme en France et le voyage vers Rome devient une marque d'adhésion à l'autorité du pape, surtout après 1860. Une autre raison tient à la création sur place de structures d'accueil pour les clercs français qui peuvent désormais séjourner à Rome sans disposer nécessairement d'une fortune importante. Ces structures d'accueil sont le chapitre de Saint-Louis-des-Français réorganisé en 1845 et le séminaire français de Rome créé en 1853. Le chapitre de Saint-Louis devait accueillir les élèves français des universités romaines ; sur douze chapelains, six étaient étudiants. Trois évêques ont profité de cette réforme : Emmanuel de Briey, chapelain entre 1855 et 1858, Gilly entre 1855 et 1860, Louis Luçon entre 1873 et 1875. Les places semblent relativement chères, car la demande de Mgr Cousseau en faveur de Saivet se solde par un échec. Ce dernier part cependant pour Rome en septembre 1856, où il obtient finalement la charge de recteur de l'église Saint-Nicolas-des-Lorrains, avec, écrit-il, « la seule obligation de dire la messe et de tenir l'église, un petit traitement, à peu près suffisant pour parer aux nécessités les plus impérieuses de la vie [1] ». Comme les chapelains de Saint-Louis, il suit les cours de l'Apollinaire, en même temps donc qu'Emmanuel et Albert de Briey, venu rejoindre son frère à Rome.

Trois évêques seulement ont fréquenté le séminaire français de Rome, proportion qui peut paraître faible. Cette faiblesse s'explique en partie par la réticence de nombre d'évêques français, encore attachés aux traditions gallicanes, à envoyer des élèves dans ce séminaire, tenu par les Pères du Saint-Esprit, et qui est perçu comme un moyen de romanisation du clergé français. L'étude du recrutement des 284 aspirants au sacerdoce venus de France entre 1853 et 1870 montre l'inégalité de la répartition géographique.

---

1. Cité par Émile ROUS, *Mgr Saivet, évêque de Mende (1872-1876) et de Perpignan (1876-1877) d'après sa correspondance et ses écrits*, Paris-Lille, Desclée de Brouwer, 1900, t. I, p. 113.

Ce sont surtout les diocèses dirigés par des évêques ultramontains qui envoient des séminaristes à Rome, or les mêmes diocèses, pour les mêmes raisons, fournissent peu d'évêques dans les années suivantes [1]. Du reste deux des trois élèves du séminaire français, Chaulet d'Outremont et Julien-Laferrière, n'appartiennent pas à ces diocèses et sont allés d'eux-mêmes à Rome, après un début de vie dans le monde. Le premier marque la transition entre la première et la seconde génération. Issu de la bourgeoisie, il a d'abord été conseiller de préfecture à Tours avant de se sentir attiré vers la prêtrise. Il arrive à Rome en octobre 1853 et figure donc parmi les premiers élèves du séminaire [2]. Comme eux, il suit les cours du Collège romain et de la Minerve. Ernest Ricard en revanche est envoyé par son évêque, Mgr Bourret, au séminaire français qu'il fréquente entre 1875 et 1878. Il est représentatif de ces brillants séminaristes que certains évêques ultramontains envoient chaque année à Rome pour y parfaire leur formation théologique.

Sept autres sont allés compléter leurs études à Rome, mais dans trois cas, il s'agissait uniquement de se faire recevoir docteurs en théologie. Ainsi l'abbé Thomas, l'abbé Thibaudier ou l'abbé Dubillard n'ont pas véritablement fréquenté les établissements romains. Quant à Le Hardy du Marais, Emmanuel de Briey et Francqueville, ils ont suivi un cursus romain, hors des cadres français. En définitive, sur 21 évêques venus poursuivre leurs études à Rome au XIX⁰ siècle, 17 en sont repartis avec un doctorat en théologie, couplé parfois avec un doctorat en droit canon ou/et en droit civil; 1 s'est arrêté à la licence en théologie, 1 au baccalauréat, et 2 n'y ont pas pris de grade.

Ce sont donc 45 évêques qui au XIX⁰ siècle ont conquis des grades en théologie, soit en France, soit à Rome. 38 sont devenus docteurs, 5 licenciés, 2 bacheliers. Si l'on reprend l'effectif de 343 évêques nés après 1785, et qui ont donc fait l'intégralité de leurs études au XIX⁰ siècle, la proportion de gradués en théologie représente 13,1% de l'ensemble. Mais cette proportion n'est pas constante tout au long du siècle. 10 de ces individus gradués sont nés entre 1785 et 1822, 31 entre 1823 et 1855. Pour l'ensemble de l'épiscopat, le premier groupe compte 187 évêques et le second 156.

1. Yves-Marie Hilaire, «Note sur le recrutement des élèves du séminaire français de Rome (1853-1914)», *Archives de sociologie des religions*, 1967, p. 135-140.

2. Abbé de Bellune, *Mgr d'Outremont, sa vie et sa doctrine spirituelle*, Tours, Mame, 1900, 528 p., p. 59-71.

La part des gradués en théologie s'établit donc à 5,3 % pour le premier et à 19,8 % pour le second. Ces deux générations font leurs
études théologiques de part et d'autre de l'année 1850 qui représente
bien une coupure. Mais le plus étonnant est de constater le parallé-
lisme des courbes française et romaine [1]. La première génération
comprend 7 « français » et 6 « romains », la seconde 13 « romains »
et 17 « français ». Force est donc de constater que l'épiscopat du
dernier tiers du siècle est mieux formé que celui du deuxième tiers.
Ce résultat s'explique par une politique concomitante de la part de
la France et de Rome pour encourager les études théologiques. La
refonte des facultés de théologie à partir du milieu des années 1850
d'une part, les efforts pour faciliter les études de clercs français à
Rome d'autre part, sont révélateurs de la prise de conscience du
faible niveau intellectuel du clergé français. La comparaison avec
l'épiscopat du XVIIIe siècle est de peu d'intérêt, puisque la détention
d'une licence, en général de théologie, est nécessaire pour devenir
évêque. En revanche, elle est plus pertinente avec l'épiscopat du
XXe siècle. Sur les 141 évêques en poste de 1958 à 1984, 87, soit
près de 62 %, avaient fait des études supérieures de théologie, mais
20 seulement avaient un doctorat (14,18 %), 9 soutenus en France,
11 à Rome. La proportion des docteurs est à peine plus forte qu'au
XIXe siècle où elle était de 11 % [2]. De plus, la répartition entre Rome
et la France est quasiment identique, même s'il se soutient désormais plus de doctorats à Rome qu'en France. Finalement, la grande
différence entre les deux siècles vient du fait qu'hier les études
supérieures étaient poursuivies dans le but d'atteindre le doctorat,
alors qu'aujourd'hui elles sont conçues comme un complément à
l'enseignement des séminaires.

Les études supérieures de lettres et de droit.

Peu nombreux à s'engager dans des études de théologie, les
évêques ont-ils été plus enclins à suivre d'autres filières de l'enseignement supérieur ? Quarante-deux ont fait un tel choix, soit 12,5 %

---

1. Voir Jacques-Olivier BOUDON, « Le Rôle de la formation dans le recrutement des
évêques du XIXe siècle », *Paedagogica Historica. International Journal of the History of Education*, t. 30, 1994, 1, p. 83-98.
2. Voir Catherine GRÉMION et Philippe LEVILLAIN, *Les Lieutenants de Dieu. Les
évêques de France et la politique*, Paris, Fayard, coll. « L'espace du politique »,
1986, 414 p., p. 374.

de ceux dont la formation s'est effectuée au XIXᵉ siècle. La première explication de ce maigre bilan provient de la coupure existant entre l'enseignement ecclésiastique et le monde universitaire. La plupart des évêques n'étant pas bacheliers, ils ne peuvent envisager de suivre des études supérieures. Seuls 88 évêques en effet sont bacheliers : la moitié seulement choisit d'effectuer des études supérieures autres que théologiques. Trois filières sont suivies : les lettres avec 23 individus, le droit avec 16 et la médecine avec 1. Seulement 2 évêques ont été élèves de grandes écoles : Las Cases a fréquenté l'École centrale des arts et manufactures et Perraud l'École normale. En fin de compte 19 des 42 évêques considérés sont entrés tardivement dans les ordres, les 16 étudiants en droit, les 2 élèves de grandes écoles et l'étudiant en médecine. Certes, cette formation préalable a pu leur être utile pour l'administration diocésaine, mais on ne peut pas dire qu'elle ait été conçue au départ comme un complément aux études théologiques.

Seuls vingt-trois évêques ont donc véritablement opté pour un double cursus et ont complété la formation théologique dispensée dans les séminaires, voire les facultés, par la fréquentation de la faculté des lettres. Aucun ne s'est risqué en sciences. Il est vrai qu'en général les études supérieures de sciences et même de lettres, dans le cadre des facultés, attiraient peu. 6,7 % des évêques nés depuis 1785 ont ainsi reçu une formation littéraire, c'est une proportion extrêmement faible. Treize ont obtenu la licence, dix le doctorat. Dans la première moitié du siècle, les clercs diplômés en lettres sont l'exception ; on en compte trois seulement, Dours, Daniel et Cruice. Les deux premiers sont membres de l'Université, puisque Dours est inspecteur d'académie et Daniel proviseur du lycée de Caen, puis recteur et enfin inspecteur général. Quant à Cruice, il est le seul docteur ès lettres que Mgr Affre trouve pour diriger l'école des Carmes qu'il fonde en 1845.

La fondation de cette école à Paris participe en effet du renouveau des études supérieures au sein du clergé français. Elle est créée pour permettre aux clercs de se présenter aux examens de la Sorbonne, en leur proposant une formation complémentaire, à l'image de celle offerte par l'École normale. Onze évêques ont fréquenté l'école des Carmes, mais Le Nordez en sort sans diplôme. Elle attire bien sûr des ecclésiastiques sortis du séminaire Saint-Sulpice (Foulon, Hugonin, Lavigerie, Bourret, Lagrange), mais aussi des prêtres venus de diocèses de province : Fabre originaire du diocèse de Nîmes, Gonindard de Lyon, Goux de Toulouse, Latty de Fréjus, Le Nordez de Coutances et Roche de Viviers. Tous ces ecclésiastiques fréquentent donc la faculté des lettres de Paris, de même Hautin ou Perraud. Mais Duval et Dennel obtiennent leur licence ès lettres à Caen, Campistron à Bordeaux, Thibaudier à Lyon. Le cas de l'abbé Mathieu est lui aussi révélateur de cet essor des études supérieures dans le clergé. Il prépare seul son baccalauréat ès lettres, ce qui lui permet de s'inscrire à la faculté de Nancy au moment même où Mgr Lavigerie crée à Nancy une École des hautes études ecclésiastiques, sur le modèle de l'école des Carmes et grâce à d'anciens élèves de cette école. Licencié en 1868, l'abbé Mathieu entame un doctorat à partir de 1870, sur la Lorraine de 1698 à 1789, sa thèse latine portant sur saint Jean de Vandières. Il achève son doctorat en 1878, mais il a travaillé seul, sans de véritables encouragements de la part des évêques de Nancy. À quelques exceptions près, l'épiscopat français voit d'un mauvais œil la poursuite de travaux universitaires, censés éloigner les clercs de leur ministère. Il est vrai cependant que, de même que pour la théologie, l'essor des études littéraires commence au milieu du siècle. Si trois évêques obtiennent un diplôme en lettres avant 1845, dix-neuf l'obtiennent après 1845, ce qui représente à peu près 12 % de leur génération. Ce progrès, encore faible, est à mettre en rapport avec la fondation de l'école des Carmes, mais aussi, ici ou là, avec de timides efforts pour encourager la formation des clercs. Souvent cependant la décision de s'inscrire en licence ou de préparer un doctorat relève de l'initiative propre des intéressés qui doivent faire montre d'une certaine opiniâtreté pour faire accepter leur choix. Du reste la plupart des évêques y consentent parce que ces prêtres étaient engagés dans l'enseignement. Pour l'épiscopat, les études littéraires constituent une sorte de formation permanente.

Le bilan des évêques gradués au XIXe siècle reste donc maigre, surtout si l'on tient compte des doubles cursus. 12 sont à la fois diplômés en théologie et en lettres, 5 en droit et en théologie. Ce sont donc 70 évêques (20,4 %) qui ont conquis un ou plusieurs titres universitaires au XIXe siècle. Cette proportion de un cinquième, sans être exceptionnelle, conduit à nuancer l'image d'un épiscopat mal formé. Surtout cette image doit être revue pour l'épiscopat du dernier tiers du siècle, beaucoup mieux armé intellectuellement qu'on ne le dit généralement.

CONCLUSION DE LA PREMIÈRE PARTIE

L'épiscopat concordataire se rattache par ses origines à deux siècles, ce qui explique une certaine hétérogénéité, en particulier en ce qui concerne les origines sociales. Mais les évolutions sont moins brutales que ne pourrait le laisser supposer la fracture révolutionnaire ; c'est progressivement, presque par extinction naturelle, que la noblesse laisse la place à la bourgeoisie et à la petite bourgeoisie, et dans une moindre mesure à la paysannerie. Par rapport à l'Ancien Régime, la démocratisation est indéniable, même si la part des notables reste forte, si bien que l'origine majoritairement urbaine de l'épiscopat se maintient. L'hétérogénéité apparaît aussi quant à la formation, nécessairement différente avant et après la Révolution. D'un côté prédomine un cursus qui privilégie le collège et la double formation au séminaire et dans les facultés de théologie, de l'autre s'affirment la place du petit séminaire comme vecteur du recrutement sacerdotal et le monopole du grand séminaire, à peine contesté par les établissements supérieurs. Derrière cette apparente hétérogénéité, des traits communs apparaissent cependant. Le plus important tient à la place du séminaire comme lieu d'apprentissage du métier sacerdotal. Qu'ils aient été formés au XVIIIᵉ ou au XIXᵉ siècle, les évêques français ont été très majoritairement soumis au modèle clérical proposé par les Sulpiciens. La victoire de ce modèle d'enseignement qui privilégie l'apprentissage sacerdotal par rapport à la théologie explique en partie la relative désaffection des facultés au XIXᵉ siècle. Elle est aussi une des raisons du faible niveau intellectuel de cet épiscopat comparé à celui d'autres épiscopats européens. Malgré tout, les évêques apparaissent mieux armés intellectuellement que l'ensemble du clergé, pour avoir su s'échapper parfois du moule qui leur était offert. Il faut attendre le milieu du siècle pour que le modèle sulpicien commence à être battu en brèche ; ce n'est pas un hasard si, à la même époque, se développe chez les futurs évêques la fréquentation des facultés de théologie. Vingt ans après la crise mennaisienne, la prise de conscience de la nécessaire réforme intellectuelle du clergé est réelle. Mais elle est trop tardive pour avoir un effet massif sur l'épiscopat. Reste à savoir si, à Paris et surtout à Rome, on désirait alors recruter un épiscopat d'intellectuels. L'analyse du *cursus honorum* des évêques du xixᵉ siècle offre une première réponse à cette question.

DEUXIÈME PARTIE

LA VIE SACERDOTALE

CHAPITRE PREMIER

LES CHEMINS DE LA VOCATION

L'entrée dans la prêtrise.

Le corps épiscopal français du XIXᵉ siècle est composé de prêtres qui ont suivi des itinéraires plus ou moins variés avant de parvenir au sacerdoce. Bien que les règlements de l'Église exigent que le futur évêque présente ses lettres de prêtrise au moment de la consécration épiscopale, il n'est pas toujours aisé de savoir exactement quand les évêques du XIXᵉ siècle ont été ordonnés. En fait, cette restriction porte essentiellement sur les prêtres ordonnés au XVIIIᵉ siècle, Rome se montrant alors plus clémente par rapport aux lettres de prêtrise, eu égard aux troubles révolutionnaires. Au total l'année de l'ordination a pu être relevée pour 482 évêques, soit 93,4 % de l'ensemble, ce qui permet malgré tout de tirer quelques conclusions sur l'époque de leur ordination.

L'âge moyen au moment de l'ordination s'établit à vingt-cinq ans, c'est-à-dire qu'il correspond exactement à l'âge canonique requis pour devenir prêtre. Mais les disparités sont assez grandes entre les évêques ordonnés à vingt et un ans et ceux qui l'ont été beaucoup plus tardivement, jusqu'à cinquante-neuf ans. Le groupe le plus nombreux est celui des évêques ordonnés avant vingt-cinq ans ; ils sont 303 dans ce cas. Beaucoup ont donc dû avoir recours à des dispenses pour recevoir l'ordination.

Tableau de l'âge au moment de l'ordination
en fonction de l'époque de nomination

	> 25 ans	25 ans	24 ans	23 ans	22 ans
Ier Emp.	20	5	19	2	4
Rest.	27	16	29	8	6
MdJ	20	13	27	12	4
IIe Rép.	2	2	6	8	1
IIe Emp.	7	11	39	15	3
IIIe Rép.	32	24	61	50	9
Total	108	71	181	95	27

L'importance du groupe des évêques du Ier Empire et de la Restauration ordonnés après vingt-cinq ans s'explique en général, outre les 19 cas de «vocations tardives», par le fait que la poursuite d'études supérieures longues repoussait la date d'ordination, comme l'a déjà établi Michel Péronnet pour les évêques de la génération de 1789 [1]. Pour le reste, si l'on considère que 58 évêques ordonnés après vingt-cinq ans avaient choisi tardivement la voie du sacerdoce, on doit reconnaître que 50 seulement ont été ordonnés après vingt-cinq ans, le plus souvent à vingt-six ans, ce qui signifie que, dans leur grande majorité, les évêques qui ont suivi un itinéraire classique ont été ordonnés plus jeunes que la moyenne du clergé français. L'exemple nantais est à cet égard significatif [2]; l'âge moyen d'ordination des 886 prêtres du diocèse en 1876 est de vingt-six ans, mais 178, soit 20%, ont été ordonnés avant vingt-cinq ans, alors que pour l'épiscopat la part des ordinations avant vingt-cinq ans représente près de 63%. Cette proportion monte même à 72% pour les évêques nommés à partir de 1848. Cette différence vient confirmer que les évêques sont bien issus des rangs supérieurs du clergé français, ceux-ci se dégageant dès l'époque des études. Seuls les meilleurs séminaristes, qui ont accompli rapidement leur cycle d'études, peuvent prétendre recevoir l'ordination avant vingt-cinq ans et entrer ainsi plus rapidement dans la carrière sacerdotale.

1. Michel Péronnet, «Les évêques de l'ancienne France», Lille, Atelier de reproduction des thèses de l'université Lille-III, 1977, 2 tomes, 1486 f°, f° 44.
2. Marcel Launay, *Le Diocèse de Nantes sous le Second Empire,* Nantes, C.I.D., 1982, 2 tomes, 980 p., p. 291.

Les vecteurs de la vocation.

L'étude du milieu familial est essentielle pour comprendre les chemins qui conduisent au sacerdoce. Dans bien des cas, c'est l'imprégnation dans un milieu fervent qui a préparé le terrain. Deux personnages clefs apparaissent dans cette première initiation : la mère et le prêtre, qu'il appartienne à la famille, c'est très souvent le cas, ou qu'il soit un familier du foyer. Mais le cheminement est long de la naissance au sacerdoce. Il est en général rythmé par un certain nombre d'étapes dont la première à jouer un rôle crucial est incontestablement la première communion. Elle est très souvent vécue par les futurs évêques comme leur premier pas vers la prêtrise, et ce surtout lorsqu'elle est préparée dans un petit séminaire. Elle représente un rite de passage vers le sacerdoce et supplée en quelque sorte à la cérémonie de la tonsure, pratiquée très tôt sous l'Ancien Régime, au même titre que la prise de la soutane qui la suit de près [1].

Le cursus scolaire suivi par les futurs évêques fournit une première indication sur l'époque de leur vocation. Il est certain en effet que ceux, majoritaires, qui ont suivi la filière petit séminaire-grand séminaire, parfois précédée par l'école presbytérale, avaient très tôt été dirigés vers la prêtrise [2]. Ils ont suivi une « voie populaire », pour reprendre l'expression que Catherine Grémion et Philippe Levillain appliquent à l'épiscopat contemporain [3]. Le moment précis de la vocation reste cependant très difficile à déterminer, d'autant plus que le milieu joue un rôle décisif et laisse souvent peu de place au retour sur soi. Combien d'évêques ont-ils eu des doutes sur leur vocation pendant leurs études ? Il est fort vraisemblable que beaucoup ont tu ensuite d'éventuels troubles de conscience, ce qui explique l'extrême rareté de témoignages comme celui de Darboy : « À dix-sept ans, j'ai sauvé ma foi des coups que lui portaient en moi les passions et l'incrédulité qui en naît [4]. »

---

1. Voir Jean DELUMEAU (sous la direction de), *La Première Communion*, Paris, Desclée de Brouwer, 1987, 315 p.
2. Monique SAINT-MARTIN et Pierre BOURDIEU (« La Sainte Famille. L'épiscopat français dans le champ du pouvoir », *Actes de la recherche en sciences sociales*, novembre 1982, nos 44-45, p. 1-53) désignent cette catégorie par le terme d'oblats par opposition aux héritiers.
3. Catherine GRÉMION et Philippe LEVILLAIN, *Les Lieutenants de Dieu*, Paris, Fayard, 1986, 414 p., p. 148.
4. Lettre de l'abbé Darboy à l'abbé Thibouret, 26 septembre 1845, publiée par *Le Correspondant*, « Mgr Darboy. L'homme intime. Lettres inédites », 10 juin 1898, p. 813-837.

Darboy était alors élève du petit séminaire de Langres. Pourtant l'entrée dans un petit séminaire ne signifie pas nécessairement au XIXᵉ siècle que l'on se destine au sacerdoce. L'exemple de Mignot l'atteste. Ses parents le placent au petit séminaire de Soissons, sans intention particulière concernant son avenir, et lui-même avoue :

> Tout en étant un élève régulier, ma vocation ne se dessinait pas nettement [...]. Je me sentais peu d'attrait pour la vie ecclésiastique [...]. De son côté, M. Dupuy [le supérieur] veillait sur moi [...]. Un jour il me dit : « Avez-vous lu l'Évangile ? – Mais oui pourquoi ? » Il continua : « Avez-vous lu l'histoire du jeune homme que Jésus aima ? – Oui, répondis-je, tout impressionné et redoutant ce qu'il allait conclure. – Eh bien ! vous êtes ce jeune homme. Notre Seigneur vous appelle à lui. Ne faites pas comme l'adolescent qui s'en alla tout triste et n'eut pas le courage de faire le sacrifice que Notre Seigneur lui demandait. » Ces paroles furent pour moi un coup de foudre et aussi une lumière. Tout quitter ! Sans être riche comme le jeune homme de l'Évangile, j'avais une aisance honorable, un avenir qui se présentait sous des couleurs agréables, une *aura mediocritas*, une médiocrité dorée, qui, jointe à l'apport de la jeune fille qu'on me destinait, m'aurait donné la somme de bonheur qu'on peut rêver quand on n'est pas ambitieux [...]. Je luttais, priais, promettais et retirais mes promesses ; mais ma foi, mon respect pour les droits de Dieu, mon amour pour Notre Seigneur l'emportèrent ; et je me décidai à entrer au grand séminaire [1].

Le petit séminaire offre malgré tout un cadre idéal au développement des vocations, même si le taux de persévérance est loin d'être de cent pour cent.

La voie classique [2] est empruntée par les futurs évêques qui sont passés par un établissement secondaire autre que le petit séminaire, lycée d'État ou collège catholique, et sont entrés ensuite au grand séminaire. Peut-on dire que tous voient leur vocation se dessiner au sortir du lycée ? Mgr Touchet, évoquant Mgr Laroche, rappelle en effet que sa vocation fut lente à s'éveiller ; il attribue ce retard au « travail quelque peu desséchant des leçons de grammaire [3] », c'est-à-dire en fait à la formation dispensée dans les lycées, toujours considérés au sein du clergé comme des obstacles au développe-

---

1. B. N., N. A. Fr. / 24 404, *Bulletin trimestriel des anciens élèves de Saint-Sulpice,* fᵒ 85.
2. Toujours si l'on suit la terminologie de Catherine GRÉMION et Philippe LEVILLAIN, p. 148-149.
3. MGR TOUCHET, *Oraison funèbre de Mgr Auguste-Léopold Laroche, évêque de Nantes,* Orléans, H. Herluison, 1896, 26 p., p. 8.

ment des vocations. Empruntée principalement par les fils de la bourgeoisie, cette voie ne signifie pas nécessairement que leur vocation est plus tardive ; mais peut-être a-t-elle été plus longue à être admise ?

L'entrée au grand séminaire n'éteint pas pour autant tous les doutes éventuels quant à la route à suivre. Certains cursus particulièrement longs sont peut-être l'indice d'un trouble. Hyacinthe de Quelen par exemple entre au séminaire Saint-Sulpice en 1801, mais il ne reçoit les ordres mineurs qu'en 1806, à vingt-huit ans [1]. De même, François de La Bouillerie entre au séminaire d'Issy en 1828 ; il le quitte ensuite et regagne le monde, peu sûr de sa vocation. Ce n'est qu'en 1837 qu'il rejoint les chemins du sacerdoce. Il est ordonné en 1840 à Rome. S'agit-il d'une vocation retardée ou d'une vocation tardive ?

Les vocations tardives.

60 évêques sont venus au sacerdoce après avoir suivi un autre parcours intellectuel. Ces 60 évêques représentent 12,5 % du nombre d'évêques dont la date d'ordination est connue avec certitude. L'âge tardif d'entrée dans les ordres n'est cependant pas toujours un critère fiable. Pour bon nombre de clercs ordonnés après vingt-cinq ans, le retard à l'ordination est conjoncturel, et ceux qui avaient suivi un cursus traditionnel les conduisant d'un petit à un grand séminaire, voire à un poste de professeur avant l'ordination, n'ont pas été retenus comme des « vocations tardives ». En revanche, 2 évêques ordonnés avant vingt-six ans sont entrés dans les ordres après avoir exercé une activité professionnelle.

Au sein de ce groupe de 60, trois ensembles se dégagent : le premier, composé de 6 individus, regroupe des hommes dont la vocation a véritablement été retardée plutôt que tardive, dans la mesure où ils ont vu leurs études ecclésiastiques interrompues par la Révolution. C'est le cas par exemple de Clausel de Montals, élève du séminaire de Laon avant 1789, ordonné sous-diacre en 1790, mais qui ne reçoît la prêtrise qu'en 1805. De même, Simony, élève des Sulpiciens, avait reçu les ordres mineurs en 1788, puis il est enrôlé dans les armées républicaines et semble ressentir quelque attirance

---

1. Roger LIMOUZIN-LAMOTHE (*Mgr de Quelen, archevêque de Paris*, t. I : *La Restauration*, Paris, Vrin, 1955, 358 p.) consacre un chapitre aux « hésitations de l'abbé de Quelen sur sa vocation ».

pour le métier des armes. En tout cas il ne retourne à Saint-Sulpice qu'en octobre 1808 avant d'être ordonné en 1810. L'histoire de Savy est assez similaire à la différence près qu'après avoir commencé ses études cléricales il devient, lui, non pas soldat mais médecin pour échapper à la conscription ; il ne reçoit les ordres qu'en 1807.

Un deuxième groupe comprend une douzaine de jeunes gens qui sont entrés tardivement au séminaire, en général après avoir effectué leurs études secondaires dans des établissements dépendant de l'Université et après avoir réfléchi quelque temps sur leur vocation. C'est donc après leurs humanités, vers l'âge de vingt ans, qu'ils se décident à entrer dans les ordres.

Le troisième groupe est le plus important. Il rassemble 41 évêques qui, avant leur ordination, avaient soit exercé une autre profession, – c'est le cas de 35 d'entre eux –, soit engagé des études supérieures devant les conduire à une tout autre activité que la prêtrise –, ils sont 4 dans cette situation. Dans deux cas, le cursus précédent n'a pu être établi. L'âge moyen à l'ordination de ces 41 évêques est plus élevé que la majorité du groupe ; il est d'un peu plus de trente-deux ans (32-34 ans). Le phénomène est assez également réparti sur tout le siècle : 5 ont été ordonnés avant 1800, 2 ont été ordonnés entre 1800 et 1809, 4 ont été ordonnés entre 1810 et 1819, 9 ont été ordonnés entre 1820 et 1829, 6 ont été ordonnés entre 1830 et 1839, 3 ont été ordonnés entre 1840 et 1849, 6 ont été ordonnés entre 1850 et 1859, 3 ont été ordonnés entre 1860 et 1869, et 1 a été ordonné après 1870.

La faiblesse des vocations tardives sous l'Ancien Régime peut s'expliquer en partie par le fait qu'alors les destinées professionnelles étaient relativement cloisonnées et qu'un jeune homme voué à l'état militaire par exemple, voire à une charge dans la magistrature, envisageait rarement une reconversion vers le sacerdoce. Mais les quelques exceptions relevées montrent que ce système de cloisonnement, réservant les charges ecclésiastiques aux cadets, n'est pas immuable. Il n'empêche, l'idée qu'un fils unique doit relever le nom de la famille, et donc ne pas entrer dans les ordres, est encore forte au XIXe siècle, comme le montre l'exemple d'Eugène de Mazenod dont les parents voient d'un mauvais œil l'entrée dans les ordres [1].

1. Voir Jean LEFLON, *Eugène de Mazenod, évêque de Marseille, fondateur des Missionnaires oblats de Marie-Immaculée. 1782-1861*, Paris, Plon, 3 tomes, t. I, 1957, 491 p. ; t. II, 1960, 667 p. et t. III, 1965, 861 p., t. I.

Le pic de vocations tardives dans les années 1820 correspond à une réelle prise de conscience de la part des élites françaises des besoins de l'Église au lendemain de la Révolution. Amorcé à la fin de l'Empire, le phénomène se développe sous la Restauration et s'effectue dans un climat de ferveur et de piété que suscite par exemple le mouvement des missions. On s'explique mieux, dans ce contexte, la forte proportion de ces évêques (9) qui ont été avant leur ordination membres de la Congrégation. Cette association de piété a joué un rôle de relais vers le sacerdoce, en même temps que ses sectateurs avaient le sentiment, en entrant dans l'Église, de contribuer à son renouveau [1]. Loin des stratégies de carrière en tout cas, ce type de vocation exprime la vigueur d'une Église en pleine mutation au début du XIXᵉ siècle.

Mais il serait faux de croire à un mouvement conjoncturel, puisque après 1840 les vocations tardives représentent un petit tiers du groupe. On doit cependant constater que ces vocations semblent favorisées aux époques les plus bénéfiques à l'Église : 15 prêtres sont ordonnés entre 1820 et 1833, ce qui signifie qu'ils sont entrés au séminaire sous la Restauration, 7 l'ont été entre 1850 et 1862 et ont donc choisi le service de l'Église au moment où celle-ci jouit des faveurs de la IIᵉ République puis de la première partie du IIᵉ Empire. Enfin, en 1876 est ordonné Cormont qui a quitté son emploi au ministère des Finances pour embrasser la carrière sacerdotale en pleine période d'Ordre moral. Ces exemples tendraient à prouver qu'une Église conquérante attire davantage qu'une Église sur la défensive, non pas tant par opportunisme de la part des impétrants, mais simplement parce que les lumières jetées sur elle en font un pôle d'attraction. À l'inverse, 6 jeunes gens choisissent d'entrer dans les ordres à la fin du Iᵉʳ Empire et 4 sous la monarchie de Juillet. Pour eux la volonté de faire cause commune avec une Église menacée est évidente. L'exemple le plus frappant à cet égard est celui de Levezou de Vesins, sous-préfet de Millau, qui décide d'entrer dans les ordres après la révolution de Juillet à laquelle il refuse alors de se rallier.

Sur 41 évêques venus tardivement au sacerdoce, 35 exerçaient une profession au préalable. Les fonctions judiciaires l'emportent largement avec 13 individus : 8 avocats, 2 magistrats, 2 clercs

---

1. Voir Jacques-Olivier BOUDON, « L'influence de la Congrégation sur les nominations épiscopales dans la première moitié du XIXᵉ siècle », *R.H.E.F.*, 1992, t. 78, p. 21-34.

d'avoué et 1 conseiller au parlement de Provence. Viennent en second rang les professions militaires (7): 6 officiers et 1 soldat. 7 évêques avaient eu un emploi dans la haute fonction publique : 1 conseiller d'État, 3 employés de ministères (2 aux Finances, 1 à la Guerre), 3 membres du corps préfectoral (1 sous-préfet, 1 conseiller et 1 secrétaire de préfecture). Trois étaient enseignants : Briey était précepteur des enfants du roi des Belges, Isoard et Perraud professeurs. Trois enfin travaillaient dans le monde des affaires : Brossais et Belmont dans l'entreprise familiale, Las Cases était ingénieur des Mines. Sans avoir commencé de carrière professionnelle, 4 autres évêques avaient suivi des études supérieures avant d'entrer dans les ordres : 3 en droit, 1 en médecine. Au total, les 41 évêques considérés appartiennent au milieu de l'aristocratie ou de la bonne bourgeoisie et la plupart ont fait des études supérieures avant d'entrer au séminaire.

Certains sont entrés particulièrement tard dans les ordres, 5 après quarante ans. Si l'on met à part l'exception que représente le cardinal d'Isoard, auditeur de rote, ordonné à cinquante-neuf ans en 1825, tous avaient été mariés au préalable. Ainsi l'épiscopat français a compté dans ses rangs au XIXᵉ siècle 5 évêques veufs et pères de famille, dont un avait moins de quarante ans. Le marquis de Bombelles, marié à Angélique-Charlotte de Mackau, est ordonné prêtre dans l'émigration en 1803, trois ans après la mort de sa femme, et devient curé d'une paroisse de Silésie, ne revenant en France qu'à la Restauration. Le duc de Rohan, marié à Amandine-Marie-Georgina de Sérent en 1808, entre à Saint-Sulpice en 1819, quatre ans après son veuvage. Le chevalier de Hercé, marié à Marie de La Haye de Bellegarde en 1804, maire de Laval depuis 1814, perd sa femme en 1826. Sa fille unique, Marie-Lucie, s'étant mariée l'année précédente, il décide d'entrer dans les ordres pour se conformer à la promesse que s'étaient faite les deux époux, à savoir que le dernier survivant se donnerait à Dieu [1]. Levezou de Vesins avait épousé en 1813 Louise-Clarisse de Ferramont dont il avait eu cinq enfants. Cinq ans après la mort de sa femme, il décide d'entrer dans les ordres, mais ne fréquente pas de séminaire ; il demande à l'évêque de Montauban de le former à la prêtrise. Avec Bombelles, il est un de ces rares exemples d'évêques qui échappent à la formation du séminaire.

---

1. Marius FAUGERAS, *Le Diocèse de Nantes sous la Monarchie censitaire (1813-1822-1849)*, Fontenay-le-Comte, 1964, t. I, p. 354.

Félix de Las Cases, le neveu du mémorialiste, épouse Berthe Merlet. Leur fille unique, née le 15 décembre 1857, meurt le 31 décembre de la même année. Sa femme décède à son tour le 8 janvier 1858. Le 15 mars, Félix de Las Cases entre à Saint-Sulpice [1]. Dans ces cinq cas, le choix du sacerdoce suit de près le veuvage, vécu comme un profond bouleversement par les intéressés, au point qu'ils quittent le monde. Trois ont des enfants au moment de leur entrée dans les ordres, tous mariés ou majeurs. Tous les cinq, il faut le remarquer, appartiennent à la noblesse. Cette proportion d'évêques ayant connu le mariage (presque 1 % de l'ensemble de l'épiscopat) semble relativement exceptionnelle par rapport à d'autres périodes. Elle a à l'époque frappé les esprits, puisque Zola par exemple met en scène dans *Le Rêve* un évêque veuf et père de famille, Mgr d'Hautecœur.

En somme, grâce notamment à ces vocations tardives, dont la part est loin d'être négligeable dans la formation du groupe des évêques concordataires, la bourgeoisie et l'aristocratie voient augmenter leur part dans l'épiscopat français du XIXe siècle.

---

1. Voir Henri BARTHES, *Mgr de Las Cases, évêque de Constantine (1819-1880). Sa vie et son œuvre*, Montpellier, Éditas, 1980, 168 p.

CHAPITRE II

L'EXPÉRIENCE DE L'ANCIEN RÉGIME
ET DE LA RÉVOLUTION

Par définition, il s'écoule nécessairement un certain laps de temps entre l'ordination sacerdotale et la consécration épiscopale. Cette période forme la carrière préépiscopale des futurs évêques. L'étude de ce moment est d'autant plus importante que c'est alors que le prêtre s'initie à ses futures fonctions d'évêque, et que c'est dans l'exercice de ces fonctions qu'il se fait remarquer. Au XIXᵉ siècle tout particulièrement, l'épiscopat est le dernier échelon de la carrière sacerdotale. Il est donc nécessaire d'en examiner les contours pour bien comprendre comment se forge un évêque.

Une partie de l'épiscopat du premier XIXᵉ siècle avait été ordonnée avant 1792 et se trouvait donc en mesure d'avoir une fonction dans l'Église d'Ancien Régime. 140 évêques avaient reçu les ordres avant 1789. Parmi eux, 62 sont devenus prêtres depuis 1780, et 32 depuis 1785, c'est dire que pour eux la carrière sous l'Ancien Régime a été courte. La première question que l'on peut se poser est de savoir si ces prêtres d'Ancien Régime avaient suivi un *cursus honorum* tel qu'il eût dû les conduire à l'épiscopat sans l'événement révolutionnaire. Il faut rappeler que l'épiscopat du XVIIIᵉ siècle se recrutait principalement dans le corps des vicaires généraux. On pourra ensuite se demander de quel type de bénéfices vivaient ces ecclésiastiques, avant de s'interroger sur la place du bas clergé au sein de cet ensemble de prêtres d'Ancien Régime parvenus à l'épiscopat au XIXᵉ siècle.

Les carrières sous l'Ancien Régime.

La primauté du vicariat général.

Force est de constater que l'épiscopat du début du xixᵉ siècle a puisé largement, comme son homologue d'Ancien Régime, dans le corps des vicaires généraux. En effet, sur 140 ecclésiastiques, 88 ont été vicaires généraux, soit 62,85 %. 11 autres n'ont exercé que les fonctions de chanoines et 3 ont été aumôniers de cour. La proportion du haut clergé s'élève donc à 72,85 % du groupe considéré. Près des trois quarts de ces ecclésiastiques étaient donc susceptibles de devenir évêques sous l'Ancien Régime. Ce groupe comprend du reste 25 évêques d'Ancien Régime. Pour comprendre ces itinéraires particuliers, il est bon de rappeler comment s'organisaient les carrières ecclésiastiques dans l'ancienne France. Comme on l'a vu, la chasse à l'épiscopat commence très tôt par le passage préférentiel par le séminaire Saint-Sulpice, et surtout par la poursuite des études de théologie jusqu'à la licence. Une fois pourvu de ce diplôme, le jeune prêtre n'a plus qu'à se mettre en quête d'un protecteur susceptible de l'accueillir dans son conseil épiscopal, afin qu'il s'y forme au maniement des affaires administratives. De ce fait, la désignation comme vicaire général intervient très rapidement après l'obtention de la licence.

Parmi les 88 vicaires généraux considérés, rares sont ceux qui le deviennent plus de trois ans après la fin de leurs études. On peut cependant signaler les cas de l'abbé Paillou ou de l'abbé Duvoisin qui obtiennent le titre de vicaire général plus tardivement, ce qui semblerait indiquer que la roture retarde les carrières. Il est vrai que 73 des 88 vicaires généraux sont d'origine noble, ce qui se conçoit mieux lorsque l'on sait que l'épiscopat d'Ancien Régime se recrute quasi exclusivement au sein de l'aristocratie.

L'accès au vicariat général fait donc partie d'une stratégie professionnelle visant à obtenir l'épiscopat, mais il n'est pas une condition suffisante, le nombre de vicaires généraux étant relativement élevé. La particularité des conseils épiscopaux du xviiiᵉ siècle est en effet d'être fort nombreux ; ils comprennent fréquemment de 12 à 16 vicaires généraux [1]. À Sens par exemple, le cardinal de Luynes a d'abord 8 puis 12 vicaires généraux, dont 5 deviennent évêques

---

1. Voir Bernard Plongeron, *La Vie quotidienne du clergé français au XVIIIᵉ siècle,* Paris, Hachette, 1988 (rééd.), 288 p., p. 95.

au XVIIIe siècle, parmi lesquels Mercy, évêque de Luçon sous l'Ancien Régime, qui devient archevêque concordataire de Bourges en 1802 [1]. Pour faire carrière, le choix d'un bon protecteur est donc indispensable. Il faut se mettre sous la protection d'un évêque influent. L'abbé de La Fare choisit ainsi Mgr de Vogüé, évêque de Dijon et parent éloigné, et vise par là même l'administration des États de Bourgogne [2]. L'abbé Maynaud de Pancemont est également bien pourvu puisqu'il est remarqué par le ministre de la Feuille, M. de Marbeuf, qui le nomme d'abord vicaire général d'Autun avant de l'emmener avec lui à Lyon.

Ce type de stratégie fait du vicariat général une fonction nationale ; la plupart des ecclésiastiques l'obtiennent hors de leur diocèse d'origine. C'est encore un trait supplémentaire qui en fait un véritable stage de préparation à l'épiscopat.

La conquête d'un bénéfice.

La fonction de vicaire général n'étant pas rémunérée sous l'Ancien Régime, il était nécessaire au jeune clerc de trouver un bénéfice, et ce avant même d'entrer dans les ordres si possible. Sauf dans les très grandes familles, cette quête du bénéfice apparaît comme une véritable obsession [3]. L'exemple de Dombideau de Crouseilhes l'illustre très bien. Après des études secondaires à Pau, ce fils d'un membre du parlement du Béarn se dirige vers Saint-Sulpice. Un de ses parents lui a obtenu un petit bénéfice de 1 200 livres de rente annuelle, mais cette somme semble insuffisante au père du jeune homme qui écrit au marquis de Franclieu, son correspondant à Paris chargé d'accueillir le jeune Dombideau : « M. de Saint-Martin m'a aidé, mais cela ne suffira pas. Il me faudrait quelque chose de plus, un petit prieuré de 1 500 livres ou de 2 000 qui n'exigeât pas résidence serait fort bon, ou un canonicat à Verdun [4]. »

1. Maurice VALLERY-RADOT, *Un administrateur ecclésiastique à la fin de l'Ancien Régime. Le cardinal de Luynes, archevêque de Sens (1753-1788)*, Meaux, Société d'histoire et d'art du diocèse de Meaux, 1966, 288 p., p. 35.
2. Bernard DE BRYE, *Un évêque d'Ancien Régime à l'épreuve de la Révolution. Le cardinal A. L. H. de La Fare (1752-1829)*, Paris, Publications de la Sorbonne, 1985, 319 p., p. 64.
3. Bernard DE BRYE (p. 63) décrit ainsi les nombreuses démarches tentées par l'abbé de La Fare.
4. Lettre de Jean Dombideau de Crouseilhes au marquis de Franclieu, 13 janvier 1770, dans : René ANCELY, « Correspondance du baron Jean Dombideau de Crouseilhes (1768-1774) et de son fils, Pierre-Vincent, évêque de Quimper (1805-1823) », *Bulletin de la Société des sciences, lettres et arts de Pau*, t. 8, 1948, p. 23-71 (p. 37).

Plusieurs solutions s'offrent ainsi aux jeunes ecclésiastiques, obtenir soit un prieuré en commende, soit un canonicat. Certains se contentent d'abord du bénéfice d'une petite chapelle. Parmi ceux qui sont vicaires généraux, le cas le plus fréquemment rencontré est la possession d'une stalle au chapitre du même diocèse. L'évêque, en choisissant un vicaire général, lui offre également un canonicat, dès qu'il s'en trouve un vacant. C'est une façon de rémunérer les vicaires généraux, mais ce n'est pas systématique. Sur 88 vicaires généraux recensés, 50 étaient en même temps chanoines. Une dizaine tenaient une abbaye en commende, la plupart des autres étaient soit chapelains, soit prieurs.

Le canonicat se révèle donc être la principale charge associée au vicariat général. Il faut ajouter que onze autres évêques concordataires avaient été membres d'un chapitre sans avoir exercé de fonctions administratives, à l'exemple de l'abbé Dubourg à Toulouse. C'est aussi et surtout le cas de l'abbé Charrier de la Roche, membre du chapitre noble de Lyon, avant de devenir évêque constitutionnel de la Seine-Inférieure. Ces exemples permettent de rappeler que les chanoines jouent un rôle propre à l'intérieur du diocèse ; ils sont contraints à résidence et doivent être assidus aux offices quotidiens dont ils assurent la régularité. Les chanoines sont du reste fort nombreux dans la France du XVIIIe siècle : 51 à Auxerre, 54 à Sens, 84 à Reims [1]. Parmi les chapitres, l'un des plus importants est celui de Chartres dont furent membres les abbés Des Monstiers et Cliquet de Fontenay [2]. Dans l'ensemble donc, ces chanoines vicaires généraux assurent la tradition du chapitre sénat de l'évêque.

Parmi les hautes fonctions d'Église au XVIIIe siècle figuraient les charges d'aumôniers à la cour. Le roi disposait ainsi d'un grand aumônier, d'un premier aumônier et de huit aumôniers ordinaires. Chaque membre de la famille royale avait également sa chapelle. Six évêques concordataires ont occupé ce type de fonctions, dont quatre furent également des évêques d'Ancien Régime, Talleyrand-Périgord, Des Monstiers, Du Chilleau et Fontanges. Les deux premiers furent aumôniers du roi, le troisième, Du Chilleau, aumônier de la reine Marie-Leczinska en 1764, puis aumônier de Marie-Antoinette, et le quatrième, Fontanges, aumônier de Marie-Antoinette encore dauphine en 1772. Les deux autres, Bouillé et

---

1. Bernard PLONGERON, p. 114.
2. Voir Michel VOVELLE, «Le Chapitre cathédral de Chartres», *Actes du 85e congrès national des sociétés savantes, 1960, Section d'histoire moderne*, Paris, Imprimerie nationale, 1961, 625 p., p. 235-277.

Vichy, furent tous les deux aumôniers de la reine Marie-Antoinette ; ils accèdent à l'épiscopat au début de la Restauration. Quatre sur cinq ont donc appartenu à la chapelle de la reine. Tous tiennent en même temps une abbaye en commende, ce qui s'explique par la protection royale dont ils jouissent [1]. Le nombre d'évêques ayant eu des fonctions à la cour sous l'Ancien Régime est malgré tout restreint.

Il en est de même du nombre des agents généraux du clergé. Les ecclésiastiques qui occupaient cette fonction administrative, entre deux réunions de l'Assemblée du clergé, soit pendant cinq ans, devenaient par le fait même de leur élection des épiscopables en puissance. Trois seulement ont franchi le cap de la Révolution, dont deux anciens évêques, Champion de Cicé et Barral, et un prêtre, Brulley de La Brunière. Par l'exercice de cette charge, les agents généraux du clergé ont acquis une excellente connaissance des mécanismes de fonctionnement de l'Église d'Ancien Régime, en même temps qu'une bonne connaissance des milieux de cour. Ces fonctions, comme celles d'aumôniers de cour, ont en général été associées à celles de vicaire général. Tous ces ecclésiastiques appartiennent en somme au même monde qui formait le haut clergé du XVIIIe siècle, où se recrutait l'épiscopat d'Ancien Régime, mais où le premier XIXe siècle a également profondément puisé.

La faible représentation du bas clergé.

Néanmoins, l'épiscopat des débuts du XIXe siècle se caractérise aussi par sa relative hétérogénéité. Il se recrute en partie en effet parmi le clergé enseignant et le clergé des paroisses, ce qui était tout à fait inhabituel au XVIIIe siècle, la coupure étant alors particulièrement bien marquée entre haut et bas clergé. Parmi les 140 évêques ayant exercé une fonction avant 1790, 15 avaient été vicaires et 9 curés, 5 vicaires devenant curés. Une vingtaine d'évêques avaient donc une expérience paroissiale. Certes, la plupart des vicaires sont encore de jeunes prêtres au début de la Révolution, mais l'épiscopat d'Ancien Régime n'offre pas d'exemple d'évêques ayant commencé leur carrière par le vicariat, tant les carrières étaient hiérarchisées. De même, il est extrêmement rare de voir un curé devenir évêque, car la frontière est grande entre le monde de l'administration paroissiale et celui de l'administration

---

1. Voir Michel PÉRONNET, t. I, fos. 96-103.

diocésaine. Sur 9 curés devenus évêques au XIXe siècle, deux seulement, Miollis et Villaret, avaient été ensuite vicaires généraux. On peut donc dire que pour cette vingtaine de prêtres, la Révolution a offert une chance d'ascension sociale. Les plus nombreux, treize, la saisissent dès l'Empire ; six avaient prêté le serment constitutionnel en 1791 et cinq étaient devenus évêques constitutionnels. La figure emblématique de ce groupe est incontestablement Reymond. Le futur évêque constitutionnel de Grenoble voit sa nomination à la cure de Saint-Georges de Vienne en 1770 contestée par le chapitre de Saint-Pierre ; il doit défendre ses droits devant le parlement de Grenoble, ce qui le conduit à devenir un des très bons spécialistes du droit canon dans la France de la fin de l'Ancien Régime. Il tire de son expérience un ouvrage intitulé *Droits des curés,* publié en 1776. Il devient désormais le défenseur du bas clergé et participe au mouvement des curés qui est une des composantes de la prérévolution en Dauphiné [1]. En contact avec les philosophes des Lumières, Reymond est incontestablement l'un des curés qui incarnent le mieux ce bas clergé combatif de la fin de l'Ancien Régime.

Le Ier Empire a aussi recruté des pasteurs qui avaient refusé le serment et avaient émigré, à l'image de Jacoupy par exemple. La Restauration poursuit cette politique en recrutant cinq évêques qui avaient débuté comme vicaires, la monarchie de Juillet en recrutant un. La part des administrateurs paroissiaux reste donc modeste dans cet épiscopat du début du XIXe siècle.

Vingt-cinq évêques avaient acquis une expérience d'enseignement sous l'Ancien Régime, une dizaine remplissant en outre un autre type de fonction. Au sein de ce groupe, il faut distinguer ceux dont le professorat est le premier échelon d'une carrière variée – c'est le cas de Duvoisin par exemple qui, docteur de Sorbonne, se fait remarquer par ses cours et devient vicaire général de Laon – de ceux qui y consacrent toute leur carrière, à l'image de Lecoz, et surtout des trois oratoriens promus sous le Ier Empire, Primat, Périer et Enoch [2], ou encore du doctrinaire Lacombe [3]. Dans le cas des

---

1. Voir Timothy TACKETT, *Priest and Parish in Eighteenth Century France. A Social and Political Study of the Curés in a Diocese of Dauphiné, 1750-1791,* Princeton, Princeton University Press, 1977, 350 p., p. 241 s. L'action de Reymond en faveur de l'augmentation de la portion congrue lui vaut d'être envoyé plaider la cause des curés dauphinois devant le roi et l'Assemblée générale du clergé en 1780.
2. Voir Dominique JULIA et Willem FRIJHOFF, «Les Oratoriens de France sous l'Ancien Régime. Premiers résultats d'une enquête», *R. H. E. F.,* 1979, p. 225-265.
3. Voir Jean DE VIGUERIE, *Une œuvre d'éducation sous l'Ancien Régime. Les pères de la Doctrine chrétienne en France et en Italie. 1592-1792,* Paris, Publications de

Oratoriens, il faut noter que leur vocation n'est pas uniquement enseignante. Si Périer gravit tous les échelons jusqu'à obtenir un poste dans l'importante école militaire d'Effiat, Primat quitte lui l'enseignement pour la cure de Douai que tenaient les Oratoriens [1]. L'enseignement est donc l'une des filières suivies par certains constitutionnels devenus évêques, mais d'autres enseignants l'avaient également empruntée sans pour autant prêter le serment.

Au total c'est à peine un quart de l'épiscopat du XIXᵉ siècle formé au XVIIIᵉ siècle qui avait appartenu au bas clergé. Les évêques recrutés dans le clergé d'Ancien Régime avaient avant tout exercé de hautes charges dans l'Église de France, se préparant par là même au métier d'évêque. En ce sens la France concordataire apporte des amendements au recrutement épiscopal du XVIIIᵉ siècle, mais sans introduire de changements brutaux.

L'épiscopat face à la Révolution française.

La Révolution [2] a représenté un ébranlement majeur pour l'épiscopat du XIXᵉ siècle. Une fraction non négligeable en a ressenti les premiers effets puisque dix-huit évêques concordataires ont appartenu à la Constituante, parmi lesquels il est vrai dix évêques d'Ancien Régime [3], et huit prêtres [4]. Parmi ces 18 députés aux états généraux, 11 deviennent évêques concordataires sous le Consulat et

la Sorbonne, Éd. de la Nouvelle Aurore, 1976, 702 p. Sur Lacombe, on se reportera aussi à Jean GÉRARD, « Dominique Lacombe, curé constitutionnel et évêque métropolitain de Bordeaux (1788-1802), *R. H. E. F.*, 1977, p. 87-102.

1. Dominique JULIA et Willem FRIJHOFF montrent bien, à partir des chiffres de 1782-1783, que près d'un tiers des prêtres de la congrégation sont dans le cas de Primat. La vocation d'enseignement assurée par les Oratoriens repose en fait essentiellement sur les confrères (p. 246).

2. Les lignes qui suivent sont un résumé d'un chapitre de notre thèse consacré aux évêques dans les révolutions.

3. Boisgelin, Champion de Cicé, Clermont-Tonnerre, Des Monstiers de Mérinville, Fontanges, La Fare, Mercy, Noé, Talleyrand-Périgord et Bernis. Soit 10 évêques sur les 45, membres de l'Assemblée constituante. Sur les membres du clergé députés dans cette assemblée, voir Edna Hindie LEMAY, « Les Révélations d'un dictionnaire : du nouveau sur la composition de l'Assemblée nationale constituante (1789-1791) », *Annales historiques de la Révolution française,* avril-juin 1991, p. 159-189 (p. 171).

4. Bécherel, Bovet, Charrier de La Roche, Dufour de Pradt, La Porte, Rouph de Varicourt, Saurine et Sausin. Signalons que Bovet, élu alors qu'il était vicaire général d'Arras, est nommé évêque de Sisteron en août 1789.

sous l'Empire, 7 sous la Restauration. Par rapport à la Constituante, le poids des futurs évêques dans les autres assemblées révolutionnaires est faible. Il est vrai que les sortants étaient inéligibles. Deux évêques ont cependant été élus à la Législative. Seul Saurine, déjà membre de la Constituante, est élu à la Convention, avant d'être tiré au sort pour faire partie des Cinq-Cents. Mais, à l'exception de ces trois cas, l'expérience législative des futurs évêques s'est limitée aux premiers débats de la Révolution. Il est vrai que beaucoup ont rapidement choisi le chemin de l'exil.

Cent quarante évêques étaient prêtres au moment de la Révolution et une dizaine ont été ordonnés entre 1790 et 1800. Sur ces 150 individus, 99 ont ainsi choisi de s'expatrier, pour une durée plus ou moins longue. Parmi les 68 évêques nommés sous le Ier Empire, 34 ont émigré et 32 sont restés en France [1], alors que l'épiscopat de la Restauration est composé d'une très forte majorité d'émigrés, 62 sur 75 évêques prêtres en 1792, 11 étant restés en France [2]. La plupart partent en 1791 ; ils ont donc précédé la masse du clergé français dans la voie de l'exil. D'autres restent en France jusqu'en 1792 et quittent alors le pays, notamment après les massacres de septembre, ce qui correspond à une tendance générale dans le clergé. Pour ce qui est du retour, les premiers s'effectuent au lendemain de Thermidor, mais l'essentiel des retours ont lieu après le 18 Brumaire, lorsque s'ébauche la pacification religieuse. Quelques-uns cependant restent en exil pendant tout l'Empire et ne rentrent en France qu'à la Restauration [3]. Au total, près d'un cinquième de l'ensemble de l'épiscopat français du XIXe siècle a connu l'émigration. Cette expérience marque donc très profondément les évêques pendant toute la première moitié du XIXe siècle. Elle peut expliquer la réaction de certains d'entre eux, au moment des Cent-Jours, mais aussi après la révolution de 1830.

L'émigration s'inscrivait bien souvent dans la suite logique du refus du serment constitutionnel. Rares en effet sont les évêques concordataires à l'avoir prêté. Il est vrai que, passés les premiers temps du Concordat, les anciens constitutionnels sont systémati-

---

1. L'option de deux évêques n'a pu être déterminée.
2. Le cas de deux évêques reste mystérieux.
3. Bovet, Coucy, Du Chilleau, Des Galois de La Tour, La Fare et Talleyrand-Périgord, évêques d'Ancien Régime, et Chamon, Croÿ-Solre, Latil, Montblanc, Salmon du Châtelier, Sausin, Saussol ou Le Pappe de Trévern, ainsi que Bouillé, Dubourg et Cheverus, passés en Amérique.

quement écartés de l'épiscopat. Cependant 18 évêques ont prêté le serment constitutionnel. Dans deux autres cas, la prestation de serment reste douteuse [1]. Parmi les 18 assermentés avérés, on retrouve 11 évêques et 2 prêtres constitutionnels (Loison et Enoch), 4 prêtres qui se sont ensuite rétractés (Colonna, Chaudru, Dancel et Guigou), 1 prêtre enfin qui a abandonné le sacerdoce (Fesch). Si l'on excepte l'épiscopat constitutionnel, force est de constater la faible part prise par les assermentés dans la réorganisation de l'Église, surtout si l'on compte que les choix de Colonna et Fesch ne sont pas guidés par cet impératif.

L'attitude des ecclésiastiques français vis-à-vis des serments suivants implique une tout autre analyse [2], dans la mesure où ces autres serments [3] n'ont pas été condamnés par le pape. De plus, les deux premiers ont été approuvés par M. Émery qui s'appuie sur leur caractère essentiellement politique. Se crée ainsi sur le territoire français une troisième force, intermédiaire entre l'Église constitutionnelle et l'Église de l'émigration. Néanmoins, les futurs évêques sont assez peu nombreux à avoir prêté l'un ou l'autre de ces serments. Outre les constitutionnels, un ancien évêque (Couet du Vivier de Lorry [4]) et cinq ecclésiastiques (Cambacérès, Dancel [5], Duvoisin, Maynaud de Pancemont et Villaret) souscrivent au serment de liberté-égalité. À l'exception de Duvoisin parti en exil, ces

---

1. Pour les abbés Bienaymé et Bourlier.

2. Sur l'importance de ces autres serments, voir Bernard PLONGERON, *Conscience religieuse en Révolution. Regards sur l'historiographie religieuse de la Révolution française*, Paris, Picard, 1969, 352 p., chapitre I.

3. Serment de liberté-égalité d'août 1792, serment de soumission aux lois de la République du 11 prairial an III et serment de haine à la royauté du 19 fructidor an V.

4. Installé à Paris, après avoir refusé le serment constitutionnel, il adresse la supplique suivante à la Convention, le 4 mai 1794, pour échapper à la déportation : «Michel-François Couet, cy devant évêque d'Angers, âgé de 67 ans, vous expose que, n'ayant pas prêté le serment du 18 décembre 1790, il s'est retiré à Paris où il a élu domicile, ce qui lui a été accordé soit par le département de Maine-et-Loire, soit par le département de Paris ; il ne l'a point changé. Qu'il s'y est conformé à toutes les lois avec la plus grande exactitude en n'écrivant, ne parlant et ne se mêlant jamais de la chose publique que pour obéir ; qu'il a prêté au mois de septembre le serment à la liberté et à l'égalité ; qu'il a payé ses impositions, contributions, dans toutes les époques fixées par les loix ; le citoyen en suppliant vouloir obéir à la loy demande si, à son âge, avec ses infirmités, il est sujet à la loi de déportation [...]» (cité par H. TRIBOUT DE MOREMBERT, «Un évêque de l'Ancien Régime : Michel-François de Couet du Vivier de Lorry», *Actes du 76e Congrès des sociétés savantes, Rennes, 1951,* Paris, Imprimerie nationale, 1951, p. 210-217 [p. 213]).

5. A. N. F 19 / 866, le préfet de la Manche au ministre, 6 vendémiaire an X : «Il avait prêté serment de maintenir la Liberté et l'Égalité.»

mêmes ecclésiastiques prêtent le serment de soumission aux lois de la République ; ils sont rejoints par Mgr Maillé de La Tour Landry et par l'abbé Guigou, revenus d'émigration, ainsi que par l'abbé Boulogne et par l'abbé Dubourg, véritable chef de l'Église de Toulouse [1], qui se rangent aux côtés d'Émery. Il est probable aussi que l'abbé Dupont de Poursat ait prêté l'un ou l'autre de ces serments [2]. Pour eux, comme pour l'ensemble du clergé français, la prestation du serment de haine à la royauté pose une difficulté plus grande. C'est ce qui explique que Boulogne et Dubourg refusent de le prêter, de même, semble-t-il, que Cambacérès, et Mgr Maillé. En définitive, le nombre des évêques à avoir prêté l'un ou l'autre des serments révolutionnaires est faible ; il s'élève à une trentaine [3]. Mais cette petite minorité, qu'elle ait appartenu à l'Église constitutionnelle, ou qu'elle ait participé à la remise en place d'une Église réfractaire semi-légale, illustre les efforts d'une partie du clergé français pour continuer à faire vivre de l'intérieur le catholicisme. En ce sens, ces ecclésiastiques mènent une commune lutte pour maintenir le culte vivant [4].

Sur les 46 ecclésiastiques qui ont refusé de quitter la France pendant la Révolution, 23 ont également refusé, sous bénéfice d'inventaire plus complet, de prêter tout serment [5]. Certains restent cachés, sans véritablement exercer le culte, à l'image des évêques Belloy [6] et Moreau, qui se retire pour le premier dans sa famille dans l'Oise, et pour le second reste dans sa ville épiscopale de

---

1. Jean-Claude MEYER, *La Vie religieuse en Haute Garonne sous la Révolution (1789-1801)*, Toulouse, Association des publications de l'université de Toulouse-Le Mirail, 1982, 621 p. Dubourg avait en revanche refusé de prêter le serment de liberté-égalité. Après l'avoir fermement critiqué, il avait montré plus de modération à l'égard des prêtres qui le prêtaient.

2. A. N. F 19 / 865, le préfet de la Charente au ministre, 16 thermidor an IX ; « Il a prêté tous les serments exigés par la loi. »

3. C'est un chiffre minimal cependant.

4. À cet égard la formule que l'abbé Dubourg place en tête de ses lettres, *« non emigrabo »*, est le signe du fossé qui se creuse entre ecclésiastiques de l'intérieur et ecclésiastiques de l'émigration.

5. Ce sont pour le Ier Empire : 3 évêques d'Ancien Régime (Belloy, Moreau et Pidoll, suffragant de Trèves, qui, face à l'avancée des troupes françaises, demeure à son poste contrairement à l'Électeur) et 8 ecclésiastiques (Bernier, Cousin, Duwalk, Fournier, Jauffret, La Tour d'Auvergne, Rollet et Simon), pour la Restauration 11 ecclésiastiques : Aragonès, Bonnel, Bruillard, Devie, Mailhet de La Vachère, Martin de Boisville, Neirac, Pins, Ramond-Lalande, Saint-Rome-Gualy et Soyer, pour la monarchie de Juillet enfin : d'Humières.

6. Belloy, s'il ne le prête pas, considère acceptable le serment de haine à la royauté ; voir Jean LEFLON, *M. Émery*, Paris, Bonne Presse, 1945, t. I, p. 424-425.

Mâcon. Ce semble être aussi le cas pour Cousin de Grainville ou pour Martin de Boisville. Mais dans l'ensemble, leurs conditions d'existence sont assez semblables à celles des prêtres qui ont prêté les derniers serments révolutionnaires, ou qui sont revenus rapidement en France. C'est au sein de ce groupe que l'on trouve les animateurs de l'Église réfractaire, qui sort peu à peu de l'ombre après Thermidor. À Paris par exemple se côtoient l'ancien évêque de Saint-Papoul, Maillé de La Tour Landry, qui multiplie les ordinations clandestines, les abbés Ramond-Lalande et Borderies, originaires de Montauban, qui rouvrent un lieu de culte à la Sainte-Chapelle, l'abbé Maynaud de Pancemont, qui ranime le culte à Saint-Sulpice, l'abbé Bruillard, également attaché à Saint-Sulpice, l'abbé Fournier, et l'abbé Jauffret, fondateur avec l'abbé Boulogne de la revue les *Annales politiques, religieuses et littéraires,* en 1796, ou encore l'abbé Duwalk de Dampierre, associé à l'administration diocésaine aux côtés d'Émery. On doit enfin citer le cas de l'abbé Bernet qui offre la particularité d'avoir été un de ces ecclésiastiques ordonnés clandestinement par Mgr Maillé, en 1795 ; il est alors chargé de ranimer le culte à Antony, puis, ayant refusé de prêter le serment de haine à la royauté, il part se cacher dans la région d'Orléans [1], accueillante aux prêtres réfractaires. Tous ces ecclésiastiques sont peu ou prou liés à Émery. En province aussi, de futurs évêques sont à la tête de l'Église réfractaire. L'abbé Dubourg est le chef de l'Église insermentée de Toulouse, l'abbé de Neirac anime le culte dans l'ancien diocèse de Vabres. L'abbé Bonnel est désigné comme vicaire général par l'évêque de Mende en 1791 ; à ce titre il administre ce diocèse en l'absence de l'évêque et à partir de 1795 il exerce aussi les fonctions de curé de Mende [2]. L'abbé Mailhet de La Vachère administre le diocèse de Saint-Flour. Rentré en France en 1797, Mgr d'Aviau reprend clandestinement l'administration de son diocèse de Vienne et des diocèses voisins. L'abbé Duperrier, également de retour en 1797, administre le diocèse de Laval, l'abbé Brault celui de Poitiers. L'abbé Jacquemin, rentré à Nancy en 1795, administre ce diocèse au nom de Mgr de La Fare. L'abbé Bailly enfin, vicaire général d'Évreux en 1790, retourne

---

1. Voir Henri DOISY, *Un grand curé de Paris sous la Restauration : M. Joseph Bernet, curé de Saint Vincent-de-Paul, chanoine honoraire de Saint-Denis, évêque de La Rochelle, archevêque d'Aix et cardinal (1770-1827),* Paris, Pasquier, 1949, 241 p., p. 50-68.
2. A. N. F 19 / 2789, Notice sur l'abbé Bonnel, vicaire général de Mende, 7 septembre 1813.

dans ce diocèse en 1795, après avoir vécu caché à Paris, et y réorganise le culte. Ce sont donc neuf vicaires généraux de l'Église réfractaire du temps de la Révolution qui parviennent ensuite à l'épiscopat. Pour un certain nombre, le séjour en France s'accompagne souvent de l'emprisonnement; une vingtaine d'évêques au moins ont en effet connu la prison sous la Révolution.

L'expérience révolutionnaire a donc profondément marqué les futurs évêques, qu'ils aient opté pour l'émigration ou qu'ils soient demeurés en France. Exilés, cachés, incarcérés ou déportés, la plupart ont eu à subir des conditions de vie difficiles qui ont pu contribuer à les vieillir prématurément. En même temps, cette épreuve a contribué à forger un épiscopat particulièrement réceptif aux thèmes de la Contre-Révolution et donc très enclin à souhaiter un retour à l'ancienne situation de l'Église de France. Mais on doit constater que la Révolution a aussi renforcé, chez des hommes nécessairement demeurés d'Église, la foi et l'attachement à leurs devoirs sacerdotaux. De nombreux témoignages, contemporains des débuts de la période concordataire, attestent cette évolution. Celle-ci explique sans doute le retour à une rigueur toute jansénisante, qui deviendra le propre de ce clergé gallican. Elle a freiné l'évolution de la piété; il faut en effet attendre une trentaine d'années pour que le liguorisme pénètre en France, alors même qu'un certain nombre d'émigrés l'avaient découvert lors de leur séjour en Italie [1].

---

1. Louis PEROUAS et Paul D'HOLLANDER (*La Révolution française: une rupture dans le christianisme? Le cas du Limousin [1775-1822]*, Treignac, Éd. Les Monédières, 1988, 430 p.) attribuent à l'intransigeance de Mgr Dubourg, né dans les combats menés au sein de l'Église réfractaire de Toulouse, le recul de la foi dans le Limousin: «Surtout à partir de 1802, Mgr du Bourg adopta des positions intransigeantes qui s'opposaient de front à tout ce qui pouvait flairer les idées et les sentiments qui s'étaient ramifiés durant la décennie révolutionnaire [...]. Mais en considérant comme non avenues les évolutions opérées depuis 1789, le prélat a largement contribué à renforcer le détachement d'avec l'Église» (p. 391).

CHAPITRE III

LES CARRIÈRES CONCORDATAIRES

Le Concordat ouvre une nouvelle époque dans la configuration des carrières ecclésiastiques, c'est pourquoi il a semblé bon de distinguer l'avant 1791 de l'après 1801. Mais il est évident que bon nombre d'évêques ont appartenu à ces deux périodes à la fois. En ce qui concerne les carrières poursuivies sous le Concordat, deux groupes apparaissent donc. Le premier rassemble les évêques qui avaient commencé leur carrière sous l'Ancien Régime, et qui la poursuivent au XIXᵉ siècle, soit 74 individus. Le second regroupe ceux qui ont fait l'intégralité de leur carrière sous le Concordat, c'est-à-dire 363 individus. Cela signifie que 78 évêques ont été nommés sans avoir exercé préalablement de fonctions sous le Concordat, la plupart en 1802, les autres au début de la Restauration, après avoir refusé tout emploi sous l'Empire.

Physionomie générale.

Les 74 évêques ordonnés avant 1791 forment un groupe particulier. La durée de leur carrière est évidemment d'autant plus courte qu'ils sont nommés tôt dans le siècle; elle est en moyenne de 14,2 ans [1]. Les postes qu'ils ont occupés révèlent aussi qu'il s'agit de fin de carrière: 7 seulement ont été vicaires et 6 professeurs. En revanche, 47 ont été vicaires généraux, 28 curés, 22 chanoines et 10 aumôniers de cour [2]. Déjà, après 1802, ces prêtres s'étaient vu

---

1. 3,4 ans pour les 12 évêques nommés sous le Iᵉʳ Empire, 15 ans pour les 55 nommés sous la Restauration, 27 pour les 7 évêques nommés au début de la monarchie de Juillet.
2. Le total est supérieur à 74, car l'on tient compte des fonctions successives.

confiées des charges élevées dans la hiérarchie ecclésiastique. La durée de chaque type de fonctions occupées confirme la prééminence du vicariat général ; il représente en effet 43,5 % du temps écoulé entre 1802 et la nomination à l'épiscopat des 74 évêques considérés [1].

Nombre d'évêques

Fonctions occupées	Nombre d'années passées dans chaque fonction	Pourcentage [2]
Vicaires	7	6,5 %
Curés	28	29,9 %
Professeurs	6	3,7 %
Supérieurs	4	1,9 %
Vicaires généraux	47	43,5 %
Chanoines	22	9,7 %
Aumôniers	10	4,8 %

L'expérience acquise au sein d'une famille épiscopale l'emporte de loin si l'on additionne le temps passé dans les carrières de vicaire général et de chanoine, notamment par rapport aux carrières curiales. Le modèle d'Ancien Régime est encore très fort ; c'est dans l'entourage d'un évêque essentiellement que se prépare l'épiscopat. Ce modèle s'impose d'autant plus que la plupart des individus considérés occupaient des fonctions semblables avant 1791. Ce groupe d'évêques reste donc particulier, dans la mesure où il ne permet pas de cerner pleinement la carrière type permettant de parvenir à l'épiscopat.

1. Ce comptage qui sera amplement utilisé plus loin est effectué en additionnant le nombre d'années passées par chaque individu dans chaque type de postes occupés. Il permet ainsi d'obtenir une idée exacte de la place de chaque poste dans les carrières ecclésiastiques. Il importe autant de savoir quel poste a occupé un évêque, que combien de temps il l'a occupé, dans la mesure où l'expérience s'acquiert avec les années. Autrement dit, dans le cas des vicaires généraux par exemple, il s'agit de distinguer ceux qui l'ont été un an de ceux qui le sont demeurés vingt ans.

2. Total sur 100. Le total du nombre d'années s'élève à 1 054, ce qui représente pour les 74 évêques considérés une carrière préépiscopale moyenne, sous le Concordat, de 14,24 ans.

Pour en avoir une idée plus claire, mieux vaut s'attacher aux 363 évêques qui ont fait toute leur carrière sous le Concordat avant d'accéder à l'épiscopat [1]. Tous ont été ordonnés depuis 1802 ; ils partent donc « à égalité de chances » à l'assaut de l'épiscopat. Pourtant, une première constatation s'impose : les carrières préépiscopales s'allongent tout au long du siècle. Elles s'établissent en moyenne à 14 ans pour les évêques nommés sous la Restauration, à 20 ans pour ceux de la monarchie de Juillet, à 23 ans pour ceux de la IIe République, à 26 ans et demi pour ceux du IIe Empire et à près de 29 ans enfin pour les évêques nommés sous la IIIe République. Cette évolution s'explique essentiellement par la courbe des ordinations. Le déficit chronique en prêtres au début du siècle pousse à choisir les évêques parmi les jeunes recrues, d'autant plus qu'il faut rajeunir un épiscopat passablement âgé. En outre, sous la Restauration et la monarchie de Juillet, les gouvernements sont face à un phénomène de « classes creuses » ; les prêtres qui auraient dû être ordonnés entre 1790 et 1810 font défaut, alors même que le vieillissement du corps épiscopal oblige à de fréquentes nominations. La courbe des ordinations se reflète donc parfaitement dans la durée des carrières préépiscopales. C'est à partir de 1848-1850 qu'elles commencent à s'allonger notablement, c'est-à-dire un quart de siècle après le *boom* des ordinations sacerdotales. À partir du milieu du siècle, c'est au sein d'un clergé nombreux que sont recrutés les évêques. L'épiscopat se présente désormais comme l'ultime degré de carrières ecclésiastiques qui se hiérarchisent de plus en plus, sur le modèle des carrières de la fonction publique. Le changement est important par rapport à l'Ancien Régime ou même par rapport au début du siècle. Alors que l'épiscopat était conçu comme une carrière en soi, que l'on briguait après quelques années d'apprentissage, il tend à devenir la dernière étape, réservée aux plus méritants, de la carrière ecclésiastique. Au total la durée moyenne de la carrière pour ces 363 évêques s'établit à 25 ans et demi, ce qui correspond à une nomination à l'épiscopat aux alentours de la cinquantaine. Mais en même temps qu'elles s'allongent, ces carrières changent de visage.

---

1. On a compris dans cet ensemble les évêques qui avaient fait tout ou partie de leur carrière dans les diocèses de Savoie et de Nice avant 1860, et ce, d'autant mieux que ces carrières ne tranchaient pas par rapport à l'ensemble français.

Tableau des divers postes occupés par les futurs évêques
en fonction de l'époque de leur nomination [1]

	Rest.	MdJ	IIe Rép.	IIe Emp.	IIIe Rép.	Total
Vicaires	9	31	8	38	107	193
Curés	8	24	4	36	98	170
Professeurs	7	34	11	45	98	195
Supérieurs	1	16	5	17	21	60
Secrétaires	2	12	0	10	55	79
Vicaires généraux	13	41	6	38	83	181
Chanoines	5	29	10	18	41	103
Divers	9	20	5	13	54	101

Si l'on prend en compte les trois grandes fonctions que sont dans le déroulement des carrières des futurs évêques le vicariat général, le canonicat et l'administration curiale, on constate un renversement vers le milieu du siècle. Parmi les évêques nommés avant 1852, 53,5 % avaient été vicaires généraux et 39,2 % chanoines, tandis que 32,1 % seulement avaient été curés. Dans la première moitié du siècle, le modèle prédominant dans la formation des évêques est l'administration diocésaine, conformément à une tradition remontant à l'Ancien Régime. En revanche, chez les évêques nommés à partir de 1852, 53,4 % ont été curés, 48,2 % vicaires généraux et 23,5 % chanoines. La part des vicaires généraux et surtout des chanoines régresse au profit de celle des curés. Désormais, plus de la moitié des évêques ont dirigé une paroisse. Le modèle de l'évêque-curé supplante donc celui de l'évêque-vicaire général. L'analyse du nombre d'années par fonction remplie confirme cette tendance.

1. Ce tableau prend en compte les divers types de postes occupés au cours de leur carrière, d'où un total évidemment supérieur à 363, tous les évêques ayant occupé au moins deux charges.

Tableau de la durée de chaque fonction
par rapport à l'ensemble des carrières

	Évêques nommés avant 1852	Évêques nommés après 1852	Total
Vicaires généraux	21,3 %	14,4 %	16 %
Chanoines	17,5 %	6,7 %	9,3 %
Curés	15,1 %	25,1 %	22,7 %
Autres	46,1 %	53,8 %	52 %

Une première réflexion s'impose ; ces trois fonctions représentent 53,9 % de la carrière préépiscopale des 112 évêques nommés avant 1852, contre 46,2 % de celle des évêques nommés après cette date. L'allongement des carrières se fait donc au profit des fonctions subalternes dans la hiérarchie ecclésiastique. Mais surtout, le renversement déjà observé se confirme : les évêques de la seconde moitié du XIXᵉ siècle ont une expérience plus longue de l'administration curiale que de l'administration diocésaine, puisque, même si on ajoute le vicariat général et le canonicat, le nombre d'années passées dans ces deux fonctions atteint 21,1 %, contre 25,1 % pour les années consacrées à la direction d'une cure. Ce premier bilan chiffré permet donc de nuancer l'image d'une voie obligée vers l'épiscopat, passant par le vicariat général. Plus de la moitié des 363 évêques, ordonnés après 1802, n'ont jamais été vicaires généraux, et sur l'ensemble des carrières, le vicariat général ne représente que 16 % du nombre d'années écoulées entre l'ordination sacerdotale et la promotion à l'épiscopat. Mais cette physionomie générale dissimule bien des diversités qu'il sera bon de considérer après avoir examiné par quels postes les futurs évêques faisaient leur entrée dans la carrière ecclésiastique.

Un examen global des carrières préépiscopales révèle enfin une relative mobilité professionnelle des évêques. Si l'on s'en tient au groupe des 363 évêques ordonnés depuis 1802, le plus homogène, on constate qu'ils ont occupé en moyenne quatre postes différents, les changements de situation s'accroissant au fur et à mesure que les carrières s'allongent. Surtout, on remarque que les carrières monoformes sont rares ; seuls 18,5 % des évêques ont exercé uniquement soit en paroisse, soit dans l'administration diocésaine, soit dans l'enseignement. Plus de 80 % des évêques ont donc exercé au moins deux types de fonctions, comme le montre le tableau suivant :

Tableau des divers types de fonctions remplies
par les 363 évêques ordonnés depuis 1802

	Rest.	*MdJ*	*IIe Rép.*	*IIe Emp.*	*IIIe Rép.*	*Total*
AP	0	6	1	4	15	26
AD	2	4	1	5	12	24
E	0	1	1	8	3	13
A	1	1	0	0	2	4
AP+AD	4	15	3	12	23	57
AP+E	1	7	0	7	25	40
AP+A	2	1	1	4	12	20
AD+A	3	2	1	0	2	8
AD+E	3	18	5	13	17	56
E+A	1	1	1	1	1	5
AP+AD+E	2	9	3	15	31	60
AP+AD+A	2	1	0	3	12	18
AP+E+A	1	1	1	2	6	11
AD+E+A	0	2	1	0	4	7
AP+AD+E+A	0	2	0	1	11	14

AP : administration paroissiale, AD : administration diocésaine, E : enseignement, A : autres fonctions (missionnaires, aumôniers…).

Les types de fonctions les plus souvent associés sont donc l'administration paroissiale et l'administration diocésaine, puisque 41 % des évêques ont eu une expérience dans ces deux domaines, ce qui montre d'emblée qu'il n'existe pas de réelle coupure entre eux. La moitié avait en outre pratiqué l'enseignement, ce qui signifie que 20 % des évêques ont tour à tour été professeurs, vicaires ou curés, secrétaires d'un évêque ou enfin vicaires généraux. C'est une proportion relativement faible quand on sait que, pour les autorités ecclésiastiques notamment, l'évêque idéal devait avoir rempli ces trois types de fonctions, parce qu'elles constituent l'essentiel des activités des évêques dans leur diocèse. Or un cinquième seulement de l'épiscopat a cette triple expérience. En revanche, 30,3 % des évêques ont exercé au moins trois types de fonctions. Cette diversification relative des carrières préépiscopales permet ainsi de dire que l'épiscopat français du XIXe siècle est assez bien préparé aux diverses composantes du métier d'évêque. Elle révèle aussi que par rapport au XVIIIe siècle notamment, il n'existe pas de filière professionnelle imposée pour accéder à l'épiscopat. Mais cette physionomie générale dissimule bien des diversités qu'il sera bon de considérer après avoir examiné par quels postes les futurs évêques faisaient leur entrée dans la carrière ecclésiastique.

L'entrée dans la carrière.

Les futurs évêques figurent en général, on l'a vu, parmi les meilleurs éléments de leur promotion. Or l'habitude a été prise par les évêques d'envoyer leurs meilleurs séminaristes dans les postes disponibles les plus attractifs, l'exemple de l'abbé Vianney le démontrant *a contrario*. Si l'on s'en tient aux 363 évêques qui seuls commencent véritablement leur carrière sous le Concordat, on constate que trois postes leur échoient particulièrement : le professorat, le vicariat et le secrétariat d'un évêque.

Tableau de la première fonction occupée par les futurs évêques en fonction de l'époque de leur nomination

	Rest.	MdJ	IIe Rép.	IIe Emp.	IIIe Rép.	Total
Professorat	6	25	8	36	76	151
Vicariat	6	26	5	25	74	136
Secrétariat	2	4	1	6	18	31
Cure	1	3	0	3	0	7
Vicariat général	5	0	0	2	0	7
Divers	2	13	5	3	8	31

L'enseignement apparaît comme le premier poste occupé par les futurs évêques en début de carrière, et ce quelle que soit l'époque ; 41,6 % des 363 évêques considérés ont en effet commencé comme professeurs. Ils ne sont pas les seuls à débuter ainsi dans le sacerdoce, mais incontestablement ils sont beaucoup plus nombreux à devenir professeurs au sortir du séminaire que les autres membres du clergé. Le recours à de jeunes prêtres pour combler les vides dans l'ensemble du corps professoral n'est cependant pas rare. À Nantes par exemple, Mgr Jaquemet préconise l'envoi des jeunes prêtres dans les établissements d'éducation du diocèse, mais la plupart sont envoyés dans des collèges ou petits séminaires [1], alors que les futurs évêques sont nommés plus volontiers dans les grands séminaires.

Au sein de ces séminaires, les professeurs sont soumis à une certaine rigueur de vie ; ils doivent représenter un modèle pour les élèves, et de ce fait mènent une vie aussi austère qu'eux, à l'intérieur même du séminaire. L'abbé Saivet, nommé professeur de dogme au lendemain de son ordination en 1851, a laissé le souvenir d'une grande rigueur dans l'étude : « Il travaillait beaucoup, seize heures par jour, enveloppé d'une couverture de laine, durant les temps rigoureux, dans sa chambre, située au nord. Nous regardions, avec un profond respect, la porte de sa chambre, où le renfermait la sainte passion des études théologiques [2]. » L'abbé Mignot évoque quant à lui cette familiarité avec les élèves qui naissait de la vie commune : « Mgr Dours me destinait à être professeur au petit séminaire de Notre-Dame-de-Liesse, ce qui comblait tous mes vœux [...]. Mon séjour à Liesse fut consolant pour moi et de quelque utilité pour les autres [...]. La vie s'y passait comme en famille, dans une grande intimité avec les élèves qui généralement nous regardaient comme des parents et des amis et non comme des maîtres dont on se défie et que l'on déteste quelquefois [3] ». Il est certain qu'un tel régime est plus facilement acceptable pour de jeunes prêtres que pour des ecclésiastiques plus âgés qui ont déjà connu d'autres fonctions. Mais la jeunesse des professeurs peut poser des problèmes d'autorité, surtout lorsqu'ils ont devant eux des jeunes gens qu'ils ont connus au séminaire alors qu'ils étaient encore élèves. L'abbé Darboy, nommé professeur au séminaire de Langres après deux années de vicariat à Saint-Dizier, évoque cette difficulté : « Tous les élèves qui sont au séminaire aujourd'hui n'y

---

1. Marcel LAUNAY, *Le Diocèse de Nantes sous le IIe Empire,* Nantes, C.I.D., 1982, 2 tomes, 980 p., t. I, p. 420.
2. Témoignage du chanoine Chaumet, un de ses anciens élèves, cité par Émile ROUS, *Mgr Saivet, évêque de Mende et de Perpignan d'après sa correspondance et ses écrits,* Paris-Lille, Desclée de Brouwer, 1900, 2 tomes, XXXV-512 et 485 p., t. I, p. 90.
3. B. N., Nouvelles acquisitions françaises, 24 404, Bulletin trimestriel des anciens élèves de Saint-Sulpice, f°s 91-92.

sont venus qu'après moi, et c'est beaucoup pour la confiance et les succès que d'être dans un poste avant qu'on vous y voie monter. Le fait est que les élèves m'ont accordé beaucoup cette année, et je crois en être aimé [1]. »

77 % des évêques qui ont été professeurs l'ont été dès leur début de carrière et 21,5 % n'ont exercé ce professorat que pendant trois ans ou moins. Pour toute une fraction de ces jeunes prêtres, le professorat n'est qu'un passage. Peu d'évêques ont véritablement fait carrière dans l'enseignement [2]. Mais ce passage par le professorat en début de carrière permet à ces ecclésiastiques de parfaire leur formation philosophique ou théologique ; la formule « ils apprennent en enseignant » semble particulièrement s'adapter à ces jeunes professeurs dont la formation a été souvent incomplète. Très rares sont ceux qui ont reçu au préalable des conseils pédagogiques pour enseigner, hormis ceux qui s'engagent dans une congrégation enseignante. L'abbé Bougaud cependant est envoyé à la Solitude d'Issy pour y apprendre à enseigner, avant de repartir au grand séminaire de Dijon comme professeur d'histoire ecclésiastique. Mais la plupart des prêtres sont jetés dans l'enseignement sans formation préalable. Au début du siècle, les besoins sont tels que leur propre éducation cléricale est écourtée. Aussi l'abbé Parisis ne fréquente-t-il véritablement qu'une année le grand séminaire d'Orléans, occupé qu'il est par ses fonctions de professeur [3]. Comme lui, de nombreux évêques avaient en effet commencé à professer avant même leur ordination.

Le deuxième poste octroyé aux futurs évêques en début de carrière est le vicariat, ce qui au premier abord ne les distingue guère des autres membres du clergé. Cependant, une évolution est perceptible au cours du siècle ; un tiers des évêques nommés avant 1871 avaient été vicaires, ils sont 42 % parmi les évêques nommés sous la IIIe République. De plus en plus, l'évêque tend à avoir rempli une carrière conforme à celle des autres prêtres. Mais surtout ,cette évolution suit l'augmentation générale du nombre de vicariats qui de 7 148 en 1837 passe à 10 670 en 1871 [4]. Néanmoins,

1. L'abbé Darboy à l'abbé Thibouret, 18 décembre 1843 ; *Le Correspondant*, 10 juin 1898, « Mgr Darboy. L'homme intime. Lettres inédites », 1re partie, p. 813-837 (p. 829).

2. Voir p. 209.

3. Charles GUILLEMANT, *Pierre-Louis Parisis*, t. I : *L'Évêque de Langres*, Marconne-lès-Hesdin-Paris, Brunet-Lecoffre, 1916, XXIII-456 p., p. 44.

4. Pierre PIERRARD, *La Vie quotidienne du prêtre français au XIXe siècle, 1801-1905*, Paris, Hachette, 1986, 488 p., p. 56-57.

une différence avec le reste du clergé se fait jour dans le fait que les évêques ont été vicaires essentiellement en milieu urbain, et notamment dans la ville épiscopale. Il est vrai qu'au début du siècle les postes de vicaires se rencontrent surtout en ville. Mais il est certain aussi qu'au sortir du séminaire les bons éléments obtiennent en priorité les vicariats des villes importantes du diocèse, et en premier lieu, le plus prisé de tous, un vicariat à la cathédrale.

La charge de secrétaire d'un évêque est souvent décrite comme le premier pas vers l'épiscopat. C'est en tout cas le destin promis au jeune abbé de Rastignac dans *Le Curé de village* de Balzac, ou à l'abbé Jules, dans le roman homonyme d'Octave Mirbeau. Or on constate que rares sont les évêques à avoir commencé leur carrière par cette fonction; ils ne sont que 8,5 % dans ce cas, avec une pointe à 10,22 % pour les évêques nommés sous la IIIe République. Mais au total, 21,76 % des évêques avaient occupé des fonctions dans l'administration diocésaine, sans compter le vicariat général. Cela semble signifier que ce type de charge est plutôt confié à des prêtres qui ont déjà quelques années d'expérience. Il est certain en outre qu'être associé à la vie d'un évêque, très tôt, n'est pas toujours une assurance d'accéder à l'épiscopat; bon nombre de ces secrétaires ont pu perdre leur «patron» avant d'être devenus évêques. De fait on constate que les évêques qui ont débuté comme secrétaires accèdent relativement jeunes à l'épiscopat. L'abbé Ardin par exemple est choisi par Mgr Mabile, évêque de Versailles, comme secrétaire de l'évêché; il devient peu après chanoine de Versailles et entre au conseil diocésain, avant d'être nommé évêque d'Oran à quarante ans. Pourtant Mgr Mabile n'a pas eu le temps, ou peut-être le désir, de le recommander à l'épiscopat, et l'administration des cultes doit s'en tenir à des supputations sur les liens entre les deux hommes [1]. La plupart des secrétaires ont été en général distingués par l'évêque à cause de leur bon comportement au séminaire. C'est le cas par exemple de l'abbé Dizien, choisi comme secrétaire par Mgr Bernadou à sa sortie du séminaire de Sens; l'archevêque l'emmène avec lui au concile du Vatican et l'ordonne à Rome. Il en fait ensuite son vicaire général tout en le gardant comme secrétaire particulier, comme le confirme le sous-préfet de

---

1. A. N. F 19 / 2551 (dossier Ardin), Note sur M. Ardin, mai 1879 : «Il n'y a pas actuellement au dossier de recommandations ni de renseignements émanant d'autorités ecclésiastiques. Mais on peut espérer qu'ils seraient favorables à raison de la grande estime que Mgr Mabile avait pour M. Ardin et des distinctions conférées par le Saint-Siège en avril 1877.»

Sens : « Il a débuté dans la carrière ecclésiastique comme secrétaire particulier du cardinal, il y a vingt-deux ans ; il ne l'a jamais quitté depuis cette époque [...]. M. l'abbé Dizien était le confident le plus intime de la pensée du cardinal [1]. » On peut remarquer aussi que plusieurs de ces secrétaires étaient liés, par des relations de famille, avec l'évêque qui les choisit : Darcimoles est apparenté à Mgr de Cosnac, Denéchau est le neveu de Mgr Fruchaud, Touchet le neveu de Mgr Ducellier, Lamouroux est quant à lui apparenté à Mgr de Pompignac. Ces liens de famille ont évidemment favorisé la carrière de ces ecclésiastiques. Plus généralement le choix de ce très proche collaborateur qu'est le secrétaire particulier suppose l'existence de liens préalables. Lorsque Mgr Grolleau, évêque d'Évreux, choisit l'abbé Amette, c'est en souvenir de son frère récemment décédé, qui occupait les fonctions de secrétaire général à l'évêché. De même, si Mgr Boudinet s'adjoint l'abbé Fallières quand il est nommé au siège d'Amiens, c'est parce que ce jeune ecclésiastique a été l'un de ses plus brillants élèves au collège de Pons. Mais ces exemples ne sauraient faire oublier que l'obtention d'un poste de secrétaire d'un évêque, au sortir du séminaire, n'est pas indispensable pour devenir soi-même évêque.

En somme, deux fonctions se détachent particulièrement : le professorat et le vicariat qui ont occupé près de 80 % des évêques en début de carrière. C'est le signe que rien n'est alors joué, bien qu'il faille constater malgré tout la prééminence des postes urbains dès la première nomination. Or l'importance de la ville apparaît tout au long des carrières des futurs évêques. En outre, avec le vicariat, le secrétariat d'un évêque et le professorat, on voit se dessiner les trois grands types de carrières préparant à l'épiscopat que sont l'administration paroissiale, l'administration diocésaine et l'enseignement.

L'administration paroissiale.

Si l'on examine les divers postes occupés par les 437 évêques qui ont rempli des charges sous le Concordat, on constate que 274, soit 62,7 %, ont eu une expérience en paroisse. 76 n'ont été que vicaires, 74 sont devenus directement curés, en général après quelques années de professorat, 124 enfin ont été successivement vicaires puis curés. Certes, au regard de l'ensemble du clergé qui

---

1. A. D. de l'Yonne, V 1, le sous-préfet de Sens au préfet de l'Yonne, 22 novembre 1891.

fait essentiellement carrière en paroisse, la proportion de 62,7 %
peut paraître faible, mais par rapport à l'épiscopat d'Ancien
Régime, l'expérience paroissiale est beaucoup plus forte. Les évêques
du XIXᵉ siècle n'ignorent pas les questions soulevées par l'administration curiale.

Les vicaires.

Deux cents évêques ont été vicaires, poste de début de carrière
par excellence. La loi du 18 germinal an X avait envisagé de
confier à des vicaires le soin de seconder les curés, mais sans
éprouver le besoin d'assurer leur rémunération, dans la mesure où
ils devaient être choisis parmi les prêtres pensionnés « en exécution des lois de l'Assemblée constituante [1] ». À partir de 1809, le
réservoir de ces pensionnés diminuant, on prévoit de rémunérer
les vicaires, leur traitement incombant aux fabriques ou aux
communes. Cette mesure eut pour effet de limiter le recrutement
de vicaires dans les petites communes, les moins riches, ce
qui explique le texte de la loi de finances du 28 avril 1816. Désormais, l'État participe à la rémunération des vicaires dans les villes
de moins de 5 000 habitants. Au-dessus de ce nombre, on considère que les communes ont les moyens de financer leurs vicaires.
Ce traitement minimal, versé par l'État, est de 200 francs en 1816,
il atteint 400 francs en 1870. Mais les futurs évêques sont assez peu
concernés par ces mesures puisqu'ils ont exercé essentiellement en
ville. Au traitement alloué par la fabrique, ils ajoutent le casuel toujours plus important en ville qu'à la campagne. En général ces
vicaires vivent hors du presbytère. L'abbé Darboy par exemple,
nommé second vicaire à Saint-Dizier, s'installe dans un apparte-
ment en ville. Dans la carrière des évêques, la charge de vicaire est
occupée en moyenne pendant six ans, c'est-à-dire jusqu'aux alentours de la trentaine. Le passage par le vicariat est cependant d'autant plus long que les paroisses sont grandes.

C'est à Paris que les carrières de vicaires sont les plus longues,
mais aussi les plus lucratives. Le nombre de vicaires par paroisse
est toujours très important et les places de premier ou de second
vicaire figurent, dans la hiérarchie parisienne, au-dessus des succursales de banlieue. Trente-cinq évêques ont été vicaires à Paris.

---

1. Loi du 18 germinal an X. Articles organiques de la convention du 26 messidor
an IX, article 58.

Ils le demeurent en moyenne près de 11 ans ; cette moyenne s'élève à plus de 13 ans pour les 21 évêques nommés après 1870. Parmi eux, l'abbé Cantel reste vicaire pendant 33 ans, sa carrière illustrant bien la hiérarchie des postes dans la capitale. Il est d'abord en 1861 vicaire à Saint-Sulpice, puis il passe à Saint-Roch en 1869, il est ensuite nommé second vicaire de Saint-Vincent-de-Paul en 1878 ; il en devient le premier vicaire en 1881, avant d'obtenir la cure de Saint-Denis-du-Saint-Sacrement en 1893 et l'évêché d'Oran en 1898. Cette longévité est certes exceptionnelle, mais déjà, dans la première moitié du siècle, l'abbé Borderies était demeuré 17 ans vicaire de Saint-Thomas-d'Aquin. Plus tard l'abbé Dupanloup occupe pendant 12 ans la charge de vicaire d'abord à la paroisse de l'Assomption, puis à Saint-Roch. Leur exemple vient rappeler que l'essentiel des fonctions de ces vicaires parisiens, et, au-delà, des vicaires urbains, consiste dans l'apprentissage du catéchisme, dans la prédication et dans la confession. L'existence de ces vicaires est assez confortable. Ainsi, l'abbé Meignan, nommé vicaire de Saint-Roch en début de carrière, dispose de revenus estimés à 2 400 francs, alors qu'il n'a aucune fortune personnelle [1]. Certains de ces vicaires ont donc des conditions de vie supérieures à celles de bien des curés.

Les curés et les desservants.

Dans le système concordataire, les cures sont divisées en deux catégories : les cures proprement dites et les succursales. En vertu de la loi du 18 germinal an X, il est précisé qu'il doit y avoir « au moins une paroisse par justice de paix. Il sera en outre établi autant de succursales que le besoin pourra l'exiger [2]». Les cures correspondent donc territorialement aux cantons – on parle parfois des curés cantonaux pour désigner leurs titulaires –, tandis que les succursales se calquent sur les anciennes paroisses villageoises. Seul le statut des curés est prévu par les Articles organiques ; ils sont divisés en deux classes, en fonction de la taille de la commune dans laquelle ils exercent. Les curés de première classe sont ceux des villes de plus de 5 000 habitants et, à partir de 1832, également ceux des chefs-lieux de préfecture de moins de 5 000 habitants ; ils

---

1. Henri BOISSONNOT, *Le Cardinal Meignan,* Paris, Lecoffre, 1899, 558 p., p. 104.
2. Loi du 18 germinal an X. Articles organiques de la convention du 26 messidor an IX, article 60.

recoivent à partir de 1802 un traitement de 1 500 francs, exactement le dixième du traitement des archevêques. Les autres curés sont donc des curés de seconde classe, dont la rémunération s'élève à 1 000 francs, le dixième de celle des évêques. Elle est portée à 1 100 francs en 1816 et à 1 200 francs en 1827. En outre, certains curés de seconde classe peuvent obtenir ce qu'on appelle un « personnat », c'est-à-dire le statut et la rémunération de curé de première classe tout en restant titulaires d'une cure de seconde classe ; cette mesure est personnelle et ne rejaillit pas sur le successeur [1]. Tous ces curés sont inamovibles ; leur nomination est soumise à l'agrément du gouvernement [2]. À l'inverse, les desservants sont amovibles. Leur nomination dépend des seuls évêques, l'État n'ayant aucun droit de regard sur les choix effectués ; son seul moyen de pression consiste, en cas de conflit, à exiger le déplacement de l'intéressé ou à le priver de traitement. Les desservants sont assimilés aux vicaires dans les Articles organiques, et de ce fait placés sous la tutelle des curés cantonaux. Leur rémunération n'est prise en charge par l'État qu'à partir de 1804 ; elle est alors de 500 francs et ne cesse ensuite d'être augmentée : 750 francs en 1818, 800 francs en 1847, 900 francs en 1859. Elle est plus élevée pour les prêtres âgés de plus de cinquante ans, mais cette mesure ne concerne pas les futurs évêques, toujours sortis de leur succursale à cet âge. Les desservants comme les curés disposent aussi d'un presbytère et du jardin attenant, lorsqu'ils ont réussi à le récupérer après le Concordat [3]. Enfin, à leur traitement s'ajoute le casuel, évidemment très variable selon les paroisses.

Il est déjà apparu clairement que la direction d'une paroisse avait représenté une expérience importante dans la formation des évêques. 198 ont administré une paroisse. Ils y entrent en général vers trente ans et la durée moyenne de leur présence à la tête d'une

---

1. Ces personnats ont été créés par un arrêté du 27 brumaire an XI, dont l'article 2 stipule : « Chaque année le Premier Consul, sur la demande des évêques, fera passer de la seconde classe à la première les curés qui se seront distingués par leur zèle, leur piété et les vertus de leur état. » Par la suite, une décision royale du 29 septembre 1819 a fixé le nombre de ces promotions au dixième de celui des cures de seconde classe.

2. C'est ce qui explique la constitution de dossiers de nomination aux cures de seconde et de première classe.

3. Loi du 18 germinal an X. Articles organiques de la convention du 26 messidor an IX, article 72 : « Les presbytères et les jardins attenants, non aliénés, seront rendus aux curés et aux desservants des succursales. À défaut de ces presbytères, les conseils des communes sont autorisés à leur procurer un logement et un jardin. »

paroisse s'établit à un peu plus de douze ans. Cela signifie que, même s'ils avaient été au préalable vicaires, rares sont les évêques qui ont fait toute leur carrière en paroisse. On en dénombre 28, dont 15 du reste ont été nommés sous la IIIᵉ République, ce qui confirme l'attention particulière portée par ce régime aux curés, peut-être en vertu de souvenirs historiques, les républicains se rappelant l'agrégation des curés au tiers état en 1789, alors que les vicaires généraux faisaient corps avec l'épiscopat. C'est parmi ces curés que l'on trouve les carrières les plus longues en paroisse. L'abbé Coldefy, d'abord vicaire à Sarlat en 1851, est ensuite nommé desservant de Meyrals en 1860, desservant de Cénac en 1862, curé de Sigoulès en 1868, et enfin curé de Thiviers ; c'est le type même de ces curés cantonaux, parvenus après la quarantaine à une cure et qui administrent sans bruit leur paroisse. « M. L'abbé Coldefy ne paraît point, en effet, écrit le préfet de la Dordogne, avoir beaucoup fait parler de lui, en bien ni en mal, et le bruit de son mérite, s'il en a, n'a point franchi les bornes du chef-lieu de canton qu'il habite. Il semble, au surplus, s'être renfermé dans l'exercice de son ministère [1]. » L'abbé Valleau a débuté dans le diocèse de La Rochelle comme vicaire à Sainte-Eutrope de Saintes, puis est devenu vicaire de Saint-Louis de Rochefort ; après un bref passage comme professeur au collège de Pons, il devient desservant de Champagne, desservant de Bourcefranc, curé de Saint-Martin de Pons en 1879 et enfin curé de Saint-Pierre de Saintes en 1887. Carrière lente, mais progressive, commencée par un vicariat urbain et qui le conduit à l'une des paroisses les plus importantes du diocèse, celle de l'ancienne cathédrale de Saintes.

Il est un fait que rares aussi sont les évêques qui ont administré des paroisses rurales. Parmi ceux-ci figurent tout d'abord quelques ecclésiastiques qui, au sortir de la Révolution, reviennent dans leur paroisse natale qu'ils choisissent d'administrer, à l'image de l'abbé Molin à Job, dans le Puy-de-Dôme. Par la suite, même en début de carrière, l'envoi dans une paroisse rurale est l'exception ; on compte vingt-quatre évêques dans ce cas, tous nommés en début de carrière, après quelques années de sacerdoce. De telles nominations sont rares ; elles sont même parfois ressenties comme une forme de disgrâce. L'abbé Sonnois, exclu du séminaire de Dijon où il était professeur à cause de dissensions internes, est envoyé dans la

---

1. A. N. F 19 / 2577 (dossier Coldefy), le préfet de la Dordogne au ministre, 10 février 1881.

succursale de Jouey, paroisse de 800 habitants. Le vicaire général
Colet lui écrit : « Le poste qui vous est confié ne présente rien de
bien attrayant sous le rapport humain, mais, aux yeux de la foi, il
assure plus de consolations spirituelles que beaucoup d'autres [1]. »
La volonté d'éloignement d'un brillant sujet est manifeste. Sonnois
obéit, mais à regret : « Je suis à l'étroit, à la gêne, dans ma vie de
curé [2] », écrit-il à un ami après trois ans d'expérience. La répulsion
de ces ecclésiastiques peut surprendre, elle n'en est pas moins
réelle. On peut s'interroger sur la responsabilité de la formation
reçue, en particulier à Saint-Sulpice, dans cette désaffection de
l'élite du clergé français à l'égard des campagnes. Ces réflexions
d'Amette, à la veille de son ordination, y invitent : « Rien ne m'abat
comme de voir de près ce ministère des campagnes si laborieux et
pourtant si stérile. Il est incontestable que si le clergé continue de
suivre les mêmes voies, quelque régulier et pieux qu'il soit, ces
pauvres populations échapperont de plus en plus à la religion. Dieu
ne suscitera-t-il dans le monde aucune œuvre de résurrection ? Ne
nous montrera-t-il pas quelque moyen d'employer notre vie avec
plus de fécondité que ne le font communément même les bons
prêtres ? Pour ma part, quelque ardent désir que j'aie de la vie
sacerdotale et du ministère des âmes, je ne sais si je me résignerais
à de longues années passées dans ces emplois du vicaire ou du curé
où l'œuvre proprement surnaturelle et apostolique occupe si peu de
place [3]. »

L'expérience du monde rural chez les futurs évêques est donc
très réduite. Dans la stratégie des carrières ecclésiastiques, c'est en
ville qu'il faut exercer. Et même ceux qui avaient été desservants
de paroisses rurales sont parvenus, à trois exceptions près, à accéder ensuite à une cure urbaine.

Le modèle urbain s'impose donc dans le recrutement des
évêques, car l'une des conditions d'accès à l'épiscopat est de posséder de « bonnes manières ». Or, dans la pensée des notables du
XIXe siècle, seule la ville peut forger un ecclésiastique qui ait l'habitude du monde. Il n'est pas bon, pensent-ils, d'arracher un curé à
ses paysans et à son jardin pour en faire un évêque. Lorsque l'abbé

---

1. Cité par Gustave CHEVALLIER, *Mgr Sonnois, archevêque de Cambrai. Sa vie, son
œuvre*, Cambrai, Oscar Masson, 1920, 372 p., p. 49.
2. *Ibid.*, p. 67.
3. A. dioc. de Paris, 1 D XI 21, Amette à M. Hogan, 30 juillet 1872. Amette
évoque la situation qu'il a pu examiner lors d'un séjour dans la paroisse de Bézu,
dans l'Eure, dirigée par son oncle.

Delcusy, curé de Murat, est promu à la cure de Saint-Géraud d'Aurillac, le préfet du Cantal écrit au ministre : « Il a un physique agréable, un bon ton, de bonnes manières. Il est à la hauteur de la cure importante à laquelle il vient d'être appelé [1]. » De fait les carrières exclusivement urbaines facilitent l'accès aux cures les plus importantes, puis à l'épiscopat. Présentant l'abbé Épivent pour la cure de sa cathédrale en 1837, l'évêque de Saint-Brieuc insiste sur cet aspect : « Je peux répondre de la capacité et de l'attachement au roi et à sa famille de M. l'abbé Épivent, l'ayant connu depuis son ordination dans les places qu'il a occupées à Saint-Brieuc dans la ville même [2]. » En somme, l'épiscopat du XIXᵉ siècle offre cette particularité par rapport à l'ensemble du clergé d'être majoritairement d'origine urbaine et d'avoir essentiellement exercé en ville ; les évêques sont donc bien étrangers au monde rural, soit pour l'avoir quitté très jeunes en entrant au séminaire, soit pour ne l'avoir jamais connu.

Si pratiquement tous les évêques-curés ont exercé en ville, 89 d'entre eux ont, qui plus est, administré une paroisse de la ville épiscopale. Une vingtaine ont même été curés de la cathédrale, 16 appartenant en même temps au chapitre cathédral, puisque de plus en plus, à partir des années 1830, la cure de la cathédrale est rattachée au chapitre. Ces ecclésiastiques sont donc très proches de l'évêque, ce qui les met dans une situation ambiguë, dans la mesure où ils peuvent s'en faire apprécier, mais aussi subir d'éventuels conflits d'intérêt, souvent inévitables entre l'évêque et les curés de sa ville. De ce fait, c'est parmi les curés des cités épiscopales que l'on retrouve les ecclésiastiques les plus rebelles à l'autorité de l'évêque. Dans les années 1830, l'abbé Rossat, curé archiprêtre de la cathédrale Saint-Jean à Lyon, anime la résistance du chapitre contre l'administrateur provisoire du diocèse, Mgr de Pins ; son rang de premier curé du diocèse lui donne une influence suffisamment grande pour ce faire. C'est cette même position qu'occupe l'abbé Gueulette, curé archiprêtre de Moulins, lorsqu'il s'en prend à l'autorité de son évêque, Mgr de Dreux-Brézé, en conflit avec le gouvernement. L'abbé Callot, curé dans le diocèse de Lyon, est également l'un des plus fervents adversaires du rétablissement de la

---

1. A. N. F 19 / 3029 (dossier Delcusy, curé du diocèse de Saint-Flour), le préfet du Cantal au ministre, 17 août 1838.
2. A. N. F 19 / 3022 (dossier Épivent, curé du diocèse de Saint-Brieuc), l'évêque de Saint-Brieuc au ministre, 20 juillet 1837.

liturgie romaine dans le diocèse. Enfin, les dissensions ayant existé entre l'abbé Fournier, curé de Saint-Nicolas à Nantes, et son évêque, Mgr Jaquemet, sont connues [1].

Il est certain que le pouvoir s'est servi de ces curés frondeurs – c'est clair dans le cas de Gueulette ou de Callot – afin d'encourager la résistance à l'égard de certains évêques, dans le but de les sanctionner. Plus généralement, le choix de curés inamovibles, traditionnellement indépendants par rapport au pouvoir épiscopal, est un moyen de desserrer l'étau que fait peser l'épiscopat sur le recrutement des évêques. De fait, bon nombre de ces curés ne reçoivent pas l'appui de leur évêque. En revanche, ces curés urbains, surtout ceux des villes préfectures, agissent sous l'œil des autorités publiques, parfaitement à même de les recommander le cas échéant. Il est plus aisé de se faire remarquer lorsque l'on administre une grosse cure urbaine, fréquentée par la femme du préfet, que lorsque l'on est desservant dans une succursale de quelques âmes, fût-on un saint prêtre. Il est certain que le gouvernement tout comme l'Église recherche des administrateurs, et que seule une grosse paroisse permet de tester les qualités d'un éventuel candidat à l'épiscopat. En ce sens, le curé d'Ars n'est pas le modèle idéal de curé pour l'épiscopat. Malgré tout, l'Église se méfie des curés ; c'est à propos des nominations de curés que l'on décèle le plus grand nombre de litiges entre le gouvernement et le Saint-Siège, preuve supplémentaire de leur indépendance à l'égard du pouvoir ecclésiastique.

Parmi les villes épiscopales, Paris arrive très nettement en tête, puisqu'elle a fourni 28 curés à l'épiscopat, devant Lyon (6), Bordeaux (5), Toulouse (4), Reims et Rennes (3), Albi, Besançon, Clermont, Montauban, Nîmes et Saint-Brieuc (2). Le recrutement des 28 curés parisiens est relativement étagé dans le temps ; 5 sont nommés évêques sous la Restauration et 6 sous la monarchie de Juillet, le IIe Empire n'en recrute que deux, au début des années 1860 et la IIIe République 15, tous sauf Duquesnay et Langénieux, promus au temps des républicains de gouvernement, mais aussi sous l'épiscopat de Mgr Richard [2]. En fait, le recours aux curés parisiens

---

1. Marcel LAUNAY, t. II.
2. Ces 28 curés sont Bernet, Bruillard, Feutrier, Gallard et Ramond-Lalande, nommés sous la Restauration ; Fayet, Lemercier, Manglard, Mathieu, Olivier et Valayer, nommés sous la monarchie de Juillet ; Christophe et Le Courtier, nommés sous le IIe Empire ; Baptifolier, Baron, Bonfils, Bonnefoy, Cantel, Cormont, Delamaire, Duquesnay, Fabre, Lamarche, Lamazou, Langénieux, Larue, Latty et Schœpfer, nommés sous la IIIe République.

se renforce dans les périodes de crise entre l'Église et l'État : début de la monarchie de Juillet, années 1860 et fin de la IIIᵉ République. Ces curés bénéficient parfois du soutien de leur archevêque. Mais ils sont surtout remarqués pour leur indépendance à l'égard de l'archevêché et bénéficient de la proximité des centres de décision, voire de leurs liens personnels avec tel ou tel ministre ; Manglard est par exemple très connu du garde des Sceaux, Martin du Nord : « Sa nomination a été spontanée de la part du ministre qui connaissait personnellement M. Manglard et qui avait pu apprécier son caractère [1]. »

Ces curés occupent en général, au moment de leur promotion à l'épiscopat, un poste dans le centre de Paris, c'est-à-dire, même après 1860, dans la limite des douze arrondissements du début du siècle. Chacun de ces douze arrondissements disposait d'une cure de première classe, d'où le nom de « douze grosses » donné à ces cures, les plus importantes et les plus convoitées du diocèse. 11 évêques ont été titulaires d'une de ces « douze grosses ». Mais deux paroisses se détachent particulièrement : la Madeleine et Saint-Roch. La Madeleine est dirigée dans les années 1825-1832 successivement par trois ecclésiastiques qui deviennent ensuite évêques. Ce n'est pas le fruit du hasard : Mgr de Quelen attachait une importance particulière à cette paroisse, au point d'y nommer trois de ses principaux collaborateurs, l'abbé Feutrier d'abord, puis l'abbé Gallard, déjà associés à son action au sein de la Grande Aumônerie, enfin lors de la promotion de l'abbé Gallard à Meaux, l'abbé Mathieu, chanoine de sa cathédrale, qui prend part à l'administration diocésaine en qualité de vicaire général honoraire. À propos de ce dernier le préfet de la Seine écrit alors au ministre : « Il est entièrement dévoué à l'archevêque dont il a toute l'estime [2]. » Ces trois curés restent parallèlement membres du conseil archiépiscopal. La cure de la Madeleine est donc l'une des plus notables du diocèse, au point que l'un de ses titulaires, l'abbé Deguerry, préfère en 1860 renoncer à l'évêché de Marseille pour s'y maintenir.

L'autre paroisse stratégique de la capitale, du moins sous la monarchie de Juillet, est incontestablement Saint-Roch, dont deux titulaires successifs, Olivier puis Fayet, parviennent à l'épiscopat au

1. A. N. F 19 / 2598 (dossier Manglard), Fiche sur Mgr Manglard, s. d.
2. A. N. F 19 / 2991 (dossier Mathieu, curé du diocèse de Paris), le préfet de la Seine au ministre, 21 juin 1831.

début des années 1840. L'abbé Olivier est le type du curé parisien qui a fait toute sa carrière dans le milieu paroissial, d'abord vicaire à Saint-Denis, puis à Saint-Étienne-du-Mont, curé de Saint-Pierre-de-Chaillot en 1827, curé de Saint-Étienne-du-Mont en 1828 et enfin curé de Saint-Roch en 1833 [1]. Cette paroisse est devenue à cette date la paroisse royale, après le sac de Saint-Germain-l'Auxerrois, et son importance est d'autant plus grande que les services de l'aumônerie de cour ont disparu. Les liens que l'abbé Olivier noue alors avec la famille royale expliquent sa promotion à l'évêché d'Évreux. De plus, le roi fait nommer à Saint-Roch, pour remplacer Olivier, l'abbé Fayet, vicaire général de Rouen, qu'il avait connu lors d'un séjour dans son château d'Eu. En s'assurant d'un fidèle ecclésiastique à la tête de Saint-Roch, la famille royale mécontente par là même les autres curés parisiens qui voient ainsi leur échapper un des postes les plus importants de la capitale.

Ainsi jusqu'en 1860, seuls des curés du centre parisien parviennent à l'épiscopat. Mais, à cette date, le gouvernement fait appel, pour la première fois, à un ecclésiastique qui a fait sa carrière de curé en banlieue : l'abbé Christophe. Celui-ci avait été en effet chargé en 1847 par Mgr Affre de fonder la paroisse de la Maison-Blanche ; en 1851 il est nommé curé de La Chapelle, dans un quartier en pleine expansion : « Le nouveau curé en présence de partis divisés, à la tête d'une population de quarante-cinq mille âmes, est parvenu, par son esprit conciliant, à rapprocher les partis et à apaiser bien des discordes. La situation religieuse et morale était déplorable ; plus de huit cents enfants erraient dans les rues, les écoles étant insuffisantes pour les recevoir et l'église pouvant à peine contenir cinq cents personnes. Maintenant, grâce aux démarches, aux instances du curé près des autorités, deux écoles ouvertes déjà depuis trois ans reçoivent des enfants vagabonds ; une maison de charité, dirigée par les Sœurs de Saint-Vincent-de-Paul, donne des secours et des soins aux pauvres malades et enfin une nouvelle et vaste église sera livrée au culte dans quelques mois [2]. » Cette note était destinée à obtenir la croix d'officier de la légion d'honneur pour Christophe, mais Napoléon III, que le curé avait rencontré lors

1. A. N. F 19 / 2991 (dossier Olivier, curé du diocèse de Paris).
2. A. N. F 19 / 2584 (dossier Christophe), Notes et services de l'abbé Christophe. L'aspect louangeur d'une telle note, destinée à l'obtention de la légion d'honneur, ne doit pas tromper, mais elle est révélatrice des problèmes rencontrés par les curés de la périphérie de Paris.

de ses multiples démarches, fait davantage en le nommant évêque de Soissons en décembre 1860. Nul doute qu'il a voulu par là même concrétiser l'intégration à Paris des communes suburbaines, tout en honorant un ecclésiastique confronté aux problèmes de l'urbanisation galopante de la capitale. Quoi qu'il en soit le pouvoir bouleversait les habitudes établies en nommant un prêtre de banlieue, simple desservant qui plus est. Les curés de Paris ne s'y trompent pas, qui, pour protester contre cette promotion à l'épiscopat – la première d'un curé parisien depuis seize ans – boudent la cérémonie des vœux aux Tuileries en 1861. Par la suite, sous la IIIᵉ République, parviennent à l'épiscopat l'abbé Baptifolier, curé de La Chapelle, l'abbé Fabre, curé de Charenton, ou les abbés Larue et Delamaire, curés de Notre-Dame-de-Bercy, le dernier devenu entre-temps curé de Notre-Dame-des-Champs. L'abbé Delamaire fait figure de prêtre social lors de sa promotion à l'épiscopat. Il avait commencé sa carrière comme dernier vicaire de Saint-Médard en 1872 ; il en devient le second vicaire en 1880 et s'occupe notamment dans cette paroisse de l'œuvre fondée par sœur Rosalie, qu'il installe rue Geoffroy-Saint-Hilaire. Promu curé de Notre-Dame-de-Bercy en 1890, il y fonde patronages et cercles de jeunesse. Enfin, desservant de Notre-Dame-des-Champs, il préside un comité d'études sociales destiné aux prêtres et suit les débuts du Sillon. Ses liens avec la démocratie chrétienne lui valent d'être recommandé pour l'épiscopat par l'abbé Lemire [1]. Ainsi ces promotions de curés de paroisses populaires sont le signe d'une attention de plus en plus grande des gouvernants portée aux problèmes sociaux.

Dans l'ensemble, tout au long du siècle, les curés sont donc conviés de plus en plus à entrer dans l'épiscopat, preuve qu'aux yeux du pouvoir leurs diverses tâches à l'intérieur des paroisses les ont suffisamment préparés au métier d'évêque. Encore faut-il – rappelons-le – qu'ils aient exercé en ville, car seules les grosses paroisses, véritables diocèses en miniature, offrent un cadre suffisamment large pour une initiation à l'épiscopat. Malgré tout, c'est encore au sein de l'administration diocésaine que le futur évêque prépare au mieux sa promotion.

---

1. Jean-Marie MAYEUR, *Un prêtre démocrate, l'abbé Lemire (1853-1928)*, Paris, Casterman, 1968, 698 p., p. 297, n. 3 et p. 344.

L'administration diocésaine.

L'évêque n'administre pas seul son diocèse ; il est toujours entouré d'une équipe plus ou moins nombreuse qui forme la famille épiscopale. Ses collaborateurs vivent en général à l'évêché, ce qui contribue à renforcer l'unité et la cohésion de ce groupe. Pour les futurs évêques, le passage par l'administration représente une école de formation tout à fait remarquable. 271 évêques, soit 57,43 % de l'ensemble, ont eu une expérience de l'administration diocésaine avant d'accéder eux-mêmes à l'épiscopat. Ce chiffre comprend 79 individus qui ont exercé diverses fonctions de secrétariat dans un évêché ; 56 deviennent ensuite vicaires généraux alors que 172 évêques étaient entrés directement dans l'administration diocésaine par le vicariat général. Enfin parmi les chanoines, une vingtaine ont été associés à l'administration sans y avoir préalablement exercé de fonction.

Les secrétaires.

Au bas de la hiérarchie figurent les fonctions de secrétaire particulier de l'évêque, de secrétaire général de l'évêché, voire de chancelier ou de promoteur diocésain. La division du travail est fonction de l'importance de l'évêché. À Nantes, au milieu du XIXᵉ siècle, le nombre de ces secrétaires s'élève à cinq [1]. À Paris, l'entourage de Mgr Affre se compose, outre les vicaires généraux, d'un secrétaire particulier, l'abbé Ravinet, futur évêque de Troyes, d'un secrétaire de l'archevêché qui est en même temps chanoine et a sous sa direction deux prosecrétaires, d'un official diocésain et enfin d'un promoteur de l'officialité, l'abbé de La Bouillerie, futur évêque de Carcassonne [2]. Les tâches du secrétaire particulier et du secrétaire d'évêché sont assez différentes. Le premier entoure l'évêque, le suit dans ses tournées pastorales, rédige ses actes épiscopaux. Le secrétaire général de l'évêché s'occupe, lui, de l'administration de la maison évêché et contrôle en particulier toute la correspondance avec l'extérieur, tant en direction des ecclésiastiques du diocèse qu'en direction des pouvoirs publics. La charge de secrétaire général de l'évêché est la plus élevée dans la hiérarchie ; l'abbé Bardel,

1. Marcel LAUNAY, t. I, p. 224.
2. Roger LIMOUZIN-LAMOTHE et Jean LEFLON, *Mgr Denis-Auguste Affre, archevêque de Paris (1793-1848)*, Paris, Vrin, 1971, 380 p.

secrétaire particulier de Mgr Boyer en 1879, est ensuite promu secrétaire général de l'évêché de Clermont en 1883. Mais incontestablement, la charge de secrétaire particulier est celle qui lie le plus intimement l'ecclésiastique à son évêque. Tous les couples secrétaire particulier-évêque évoquent cette familiarité. On comprend pourquoi de tels liens ont pu conduire l'évêque à faire de son secrétaire un vicaire général, une fois celui-ci un peu plus âgé. C'est ainsi qu'au début de la Restauration, Mgr de La Fare remarque l'abbé Du Pont, prêtre d'origine piémontaise récemment reçu docteur en théologie ; il se l'attache en qualité de secrétaire particulier. Quelques années plus tard, après avoir pu prendre possession du siège de Sens, Mgr de La Fare choisit l'abbé Du Pont d'abord comme official métropolitain, puis comme chanoine et le nomme enfin vicaire général de Sens en 1822. En 1824 Mgr de La Fare, fort occupé à Paris, obtient l'abbé Du Pont comme évêque auxiliaire [1]. Ce dernier a de ce fait connu une carrière très rapide qui l'a conduit en sept ans du secrétariat d'un évêque à un épiscopat in partibus, grâce au soutien et à la protection, il est vrai, d'un des évêques de France les plus influents.

En entrant très vite dans les bureaux de l'administration diocésaine, ces jeunes ecclésiastiques pourraient perdre tout contact avec les charges du sacerdoce ; c'est pour éviter ce péril que certains sont en même temps vicaires à la cathédrale. L'abbé Amette par exemple, secrétaire de l'évêque d'Évreux, est chargé d'un catéchisme de petites filles, et de prédications, mais, rapporte-t-il, « on ne me laisse point confesser les femmes, c'est-à-dire qu'on m'interdit de longtemps le saint tribunal [2] ». Amette conçoit quelque dépit face à une existence aussi peu active : « Vous avez deviné, mon cher confrère, à l'accent de ma dernière lettre le fonds de tristesse que jette dans mon âme le vide et l'isolement de ma vie actuelle [3]. » L'abbé Amette a donc beaucoup de loisirs qu'il consacre principalement à l'étude, sauf lors des tournées pastorales : « Depuis Pâques, j'ai eu trois semaines d'occupation extérieure assez considérable. J'ai accompagné Monseigneur dans ses premières visites de confirmation. Mes fonctions consistent alors à remplir tant bien que mal le rôle de maître de cérémonies et à prêcher tous les deux jours [4]. » L'abbé Amette accompagne son évêque à Rome en 1880.

---

1. A. N. F 19 / 2477 (dossier Du Pont, évêque in partibus de Samosate).
2. A. dioc. de Paris, 1 D XI 21, l'abbé Amette à M. Hogan, 26 janvier 1874.
3. Ibid., l'abbé Amette à l'abbé Déchelette, 8 mai 1874.
4. Ibid.

C'est là une des particularités de ces jeunes secrétaires ; ils sont de par leurs fonctions appelés à connaître très tôt Rome. Dès 1824, l'abbé Du Pont y accompagnait pour le conclave le cardinal de La Fare ; c'est ce titre de conclaviste qui est mis en avant pour lui obtenir un évêché. Très jeunes donc, ces futurs évêques ont eu l'occasion de prendre contact avec les milieux de la curie romaine, et beaucoup sont de ce fait déjà connus de Rome lorsqu'il est question de leur promotion à l'épiscopat.

Les vicaires généraux.

La route est toute tracée qui conduit des fonctions de secrétaire à celles de vicaire général. Il est naturel que l'évêque choisisse ses plus proches collaborateurs parmi ceux qui appartiennent déjà à l'administration du diocèse. Pourtant cette filière est loin d'être la plus répandue. D'une part sur les 79 évêques qui avaient occupé des fonctions dans le secrétariat d'un évêché, 23 ne sont jamais devenus vicaires généraux, d'autre part surtout 171 évêques sont devenus vicaires généraux sans s'être préparés à cette charge dans des postes subalternes. Les modes d'accès au vicariat général sont donc divers. Cette diversité dans le recrutement tient principalement à la fonction même de vicaire général ; elle est révocable, ce qui signifie en particulier qu'un nouvel évêque a tout loisir de garder ou non les collaborateurs de son prédécesseur. Il peut donc tout aussi bien refuser de les prendre au sein de l'administration et recourir à des curés ou à des chanoines, plus indépendants à l'encontre de l'ancien pouvoir épiscopal, et les faire venir de son diocèse d'origine. Tous ces cas de figure se rencontrent chez les futurs évêques.

Le vicaire général, en tant que second de l'évêque, apparaît dès la loi du 18 germinal an X qui stipule : « Chaque évêque pourra nommer deux vicaires généraux, et chaque archevêque pourra en nommer trois ; ils les choisiront parmi les prêtres ayant les qualités requises pour être évêques[1]. » Cette dernière mention est très importante, car elle signifie qu'aux yeux du législateur le corps des vicaires généraux doit constituer un vivier d'épiscopables. C'est en vertu de ce même principe que les Articles organiques font des

---

1. Loi du 18 germinal an X. Articles organiques de la convention du 26 messidor an IX, article 21.

vicaires généraux les administrateurs provisoires désignés en cas de vacance du siège épiscopal, et ce en contradiction avec le droit canon [1]. En fait, cette dernière disposition n'est pas appliquée au XIXᵉ siècle, l'élection des vicaires capitulaires revenant finalement aux chapitres. Mais elle révèle l'importance accordée aux vicaires généraux dès la mise en place du Concordat. Certes, le vicaire général est une figure héritée de l'Ancien Régime, mais avant 1789 leur nombre était en général pléthorique ; en le réduisant, la législation concordataire renforce le pouvoir de chacun d'eux. De même que le pouvoir des évêques s'est considérablement accru après 1802, de même celui des deux ou trois vicaires généraux à l'intérieur du diocèse a décuplé. Point n'est besoin pour s'en faire une idée d'évoquer la figure de l'abbé de Frilair, vicaire général de Besançon, dans *Le Rouge et le Noir*. Le pouvoir s'est cependant assuré une garantie contre la toute-puissance de ces vicaires généraux puisqu'ils doivent recevoir l'agrément du gouvernement après leur nomination par l'évêque. Dans le système très hiérarchisé du Concordat, les vicaires généraux sont après les évêques les ecclésiastiques les plus notables du diocèse. Cette place dans la hiérarchie se marque par leur traitement qui s'élève à 2 500 francs pour les vicaires généraux des évêchés, à 3 500 francs pour ceux des archevêchés et à 4 500 francs pour le premier vicaire général de Paris [2]. À ces rémunérations peuvent s'ajouter des subsides fournis par le département.

C'est parmi le groupe de 74 évêques ayant commencé leur carrière avant 1802 que l'on rencontre la plus forte proportion de vicaires généraux, 63,5 % exactement. Une vingtaine de ces ecclésiastiques retrouvent en fait des fonctions qu'ils occupaient sous l'Ancien Régime. Pourtant, entre-temps les postes se sont considérablement réduits ; il y a moins de vicaires généraux dans chaque diocèse et il y a moins de diocèses. Pour faire face aux besoins de l'administration diocésaine, les évêques multiplient donc les vicaires généraux honoraires, qui participent au conseil épiscopal, mais qui ne sont ni reconnus ni rétribués par l'État. Celui-ci reconnaît cependant ceux que l'on appelle les provicaires généraux, en

---

1. Loi du 18 germinal an X. Articles organiques de la convention du 26 messidor an IX, article 36 : « Pendant la vacance des sièges, il sera pourvu par le métropolitain et, à son défaut, par le plus ancien des évêques suffragants, au gouvernement des diocèses. / Les vicaires généraux de ces diocèses continueront leurs fonctions, même après la mort de l'évêque, jusqu'à remplacement. »
2. Voir Pierre PIERRARD, p. 137.

place dans certaines parties excentrées des diocèses qu'ils administrent au nom de l'évêque. Deux d'entre eux notamment ont véritablement rang d'évêques et deviennent du reste par la suite évêques
du diocèse qu'ils avaient préalablement administré. Le premier est
l'abbé de Neirac, vicaire général de Vabres avant la Révolution,
signalé pour l'épiscopat en 1802 [1] ; il administre le département de
l'Aveyron sous l'Empire, ce qui lui vaut une rétribution de 1 000
francs votée par le conseil général [2] de l'Aveyron. Au début de la
Restauration, il obtient le titre de provicaire général et il est nommé
chanoine de Cahors [3]. L'abbé Chaudru de Trélissac administre lui la
région de Montauban, dépendant de l'archidiocèse de Toulouse, à
partir de 1802, avec le titre de provicaire général [4]. Lors de la création de l'évêché de Montauban, il devient vicaire général de ce diocèse, puis il suit Mgr de Cheverus, promu archevêque de Bordeaux
en 1826 [5]. Il revient néanmoins à Montauban en 1833, cette fois en
qualité d'évêque. La continuité est donc plus grande qu'on pourrait
l'imaginer. Ainsi parmi les vicaires généraux d'Ancien Régime,
plusieurs retrouvent leur poste dans le même diocèse : l'abbé de
Cosnac à Limoges, l'abbé Bonnel à Mende, l'abbé Micolon de
Guérines à Clermont, l'abbé de Poulpiquet en Bretagne. D'autres se
sont rapprochés de leur diocèse d'origine ; l'abbé d'Humières passe
de Rennes à Limoges, l'abbé La Rivoire de Reims à Mende, l'abbé
de Saunhac de Châlons à Cahors [6]. Bon nombre de dignitaires de
l'ancienne Église de France n'ont donc pas hésité à accepter sous
l'Empire des fonctions aussi importantes que celles de vicaire général, tout en conservant leurs chances de devenir évêques sous un
autre régime.

Ces quelques exemples laissent entrevoir une surreprésentation
des diocèses du centre de la France qui apparaissent ainsi comme
des diocèses refuges sous le Ier Empire. Qu'en est-il plus généralement de la localisation des vicaires généraux ? La carte du lieu
d'exercice des vicaires généraux tout au long du XIXe siècle indique

---

1. A. N. AF IV 1044.
2. A. N. F 19 / 2789 (enquête sur les vicaires généraux de 1813).
3. A. N. F 19 / 2824 (dossier Neirac, chanoine de Cahors), ordonnance du 7 août
1814.
4. Voir Pierre GENEVRAY, *L'Administration et la Vie ecclésiastique dans le grand
diocèse de Toulouse pendant les dernières années de l'Empire et sous la Restauration,* Toulouse, 1941, 723 p.
5. A. N. F 19 / 806 A (dossier Chaudru, vicaire général de Bordeaux).
6. Voir A. N. F 19 / 2789, Enquête sur les vicaires généraux de 1813.

tout d'abord une très large répartition sur le territoire français (voir p. 202). Douze diocèses seulement n'ont vu aucun de leurs vicaires généraux parvenir à l'épiscopat. En revanche, cette carte ne coïncide pas véritablement avec celle des lieux de naissance des évêques, ce qui suppose déjà une certaine mobilité de ces ecclésiastiques. De fait il n'est pas rare de devenir vicaire général d'un diocèse dont on ignore tout. Le cas est relativement fréquent au début du siècle, les évêques formés sous l'Ancien Régime reproduisant les pratiques de cette époque en faisant appel par exemple aux meilleurs éléments du séminaire Saint-Sulpice. On sait par exemple que les Sulpiciens étaient fréquemment consultés par les nouveaux évêques afin de recommander tel ou tel jeune prêtre susceptible de les seconder. C'est ainsi que l'abbé Affre se trouve envoyé comme vicaire général à Luçon, puis à Amiens. L'abbé Mathieu est quant à lui confié à l'évêque d'Évreux. Encore une fois, le manque de prêtres dans le premier quart du XIXe siècle explique ces déplacements.

Mais dans la majorité des cas, la nomination d'un vicaire général étranger au diocèse s'explique par ses liens antérieurs avec l'évêque élu. Arrivant dans un diocèse totalement inconnu, bon nombre d'évêques éprouvent le besoin de s'entourer de personnages qu'ils connaissent, qui ont partagé une partie de leur vie passée, qu'il s'agisse d'un condisciple, d'un collègue, ou simplement d'un compatriote. Les exemples en sont innombrables. Nommé à Blois, Mgr de Sausin y attire l'abbé Fabre Des Essarts, et en fait son vicaire général dès qu'un poste se trouve libre [1]. Après son élection au siège de Montauban, Mgr Doney y fait venir l'abbé Mabile, qui avait été son élève au petit séminaire d'Ornans lorsqu'il en était le supérieur. Mabile est nommé vicaire général de Montauban en 1844 [2]. Au lendemain de la nomination de l'abbé Mabile à l'épiscopat, Doney fait appel à son neveu, l'abbé Legain, qu'il intègre

1. A. N. F 19 / 906 A (dossier Des Essarts, chanoine et vicaire général de Blois), l'évêque de Blois au ministre, 31 juillet 1828 : « M. l'abbé Pointeau, mon premier grand vicaire, m'ayant été enlevé, le 7 de ce mois par une mort subite, je lui ai donné pour successeur M. l'abbé Fabre Des Essarts, déjà grand vicaire honoraire et chanoine de mon église cathédrale, nommé en 1823. »
2. A. N. F 19 / 2802 (dossier Mabile, vicaire général de Montauban), l'évêque de Montauban au ministre, 29 février 1844 : « M. l'abbé Mabile est un des ecclésiastiques les plus instruits, les plus éclairés et les plus pieux que je connaisse dans le diocèse de Besançon [...]. Je puis répondre de lui, Monsieur le Ministre, sous tous les rapports et je n'ai que des remerciements à faire à Monseigneur l'archevêque de Besançon qui a bien voulu me le céder. »

progressivement dans son équipe : « En 1853, époque à laquelle ma santé fut gravement éprouvée, il voulut bien se rendre auprès de moi pour me rendre tous les services que je ne pouvais attendre que d'un ami dévoué et discret. Ne voulant pas d'ailleurs en ce moment lui donner un titre de chanoine ou de curé, au préjudice du clergé diocésain, je me contentais de le nommer aumônier de l'école normale primaire. M. Legain rend d'autres services à des communautés religieuses, et de plus il prend part aux affaires du diocèse, étant vicaire général honoraire et membre de mon conseil [1]. » Quelques semaines plus tard, l'abbé Legain est nommé vicaire général de Montauban. Mais cet exemple montre que de plus en plus les évêques ont du mal à faire accepter des prêtres étrangers au diocèse. Le clergé, devenu de plus en plus nombreux, ressent difficilement cette concurrence. Ainsi lorsqu'en 1880 Mgr Fonteneau veut nommer vicaire général d'Agen son compatriote bordelais, Cœuret-Varin, déjà chanoine depuis quinze mois, le préfet du département de Lot-et-Garonne émet quelques réserves, comme le rapporte Flourens au ministre : « Il [le préfet] a fait pressentir en même temps que la nomination de cet ecclésiastique, originaire du diocèse de Bordeaux, qu'il aurait quitté depuis quelques mois seulement, ne serait peut-être pas accueillie avec toute la sympathie désirable et éveillerait les susceptibilités du clergé d'Agen, alors surtout que l'autre collaborateur de Mgr Fonteneau est lui aussi étranger au diocèse [2]. »

Il n'empêche, de telles pratiques se maintiennent jusqu'à la fin du siècle, surtout dans le cas de la promotion d'un évêque à un archevêché. Mgr Guilbert, promu d'Amiens à Bordeaux, y entraîne l'abbé Fallières. Mgr Boyer, lors de son passage de Clermont à Bourges, se fait également accompagner de son vicaire général, l'abbé Bardel. Cette mobilité des vicaires généraux, du moins de ceux qui sont devenus évêques, est donc un phénomène important. 38 % d'entre eux ont été vicaires généraux hors de leur diocèse d'origine, le mouvement tendant à se ralentir à partir du troisième tiers du XIXe siècle ; en effet 47 % des évêques nommés avant 1871 avaient été vicaires généraux hors de leur diocèse de naissance,

---

1. A. N. F 19 / 2538 (dossier Legain), l'évêque de Montauban au ministre, 22 mars 1861.
2. A. N. F 19 / 2790 (dossier Cœuret-Varin, vicaire général d'Agen), Note de Flourens au ministre, s. d. [mai 1880].

ils ne sont plus que 31 % parmi les évêques de la IIIe République. Le recours à des collaborateurs étrangers persiste cependant. Il a deux conséquences principales : faire participer par ce biais au recrutement épiscopal des diocèses pauvres en prêtres de qualité, et donner aux ecclésiastiques concernés l'expérience d'un autre diocèse que celui de leur début. Cet aspect est encore renforcé chez les vicaires généraux qui exercent, au cours de leur carrière, dans plusieurs diocèses : dix-sept évêques avaient été vicaires généraux dans deux, voire trois diocèses. Déjà donc au niveau du vicariat général, les carrières sortent des limites locales pour se dérouler sur le plan national, préparant par là même ces vicaires généraux à la découverte de nouveaux horizons.

La carte de leur lieu d'exercice révèle ainsi une forte présence des vicaires généraux devenus évêques dans la moitié nord de la France et en particulier dans une zone correspondant au grand Bassin parisien, d'autre part peu fertile en vocations et où un nombre limité d'évêques a vu le jour. L'explication de cette concentration autour de Paris est simple ; elle découle de la mobilité relevée dans le corps des vicaires généraux. Bon nombre d'entre eux ont été attirés, souvent à leur sortie de Saint-Sulpice, dans ces pauvres diocèses qui avoisinent Paris dont parle Dupanloup, car ces diocèses manquaient de bons administrateurs. Le diocèse d'Orléans est symptomatique de ce recrutement, même si la personnalité de Dupanloup en fait un cas particulier ; il a vu passer 5 vicaires généraux devenus évêques dont aucun n'était originaire du diocèse. Sens, Soissons et Beauvais ont attiré 3 vicaires généraux étrangers, Meaux, Chartres et Évreux en ont attiré 2.

Enfin, le diocèse de Paris lui-même se révèle très attractif pour le clergé de province, c'est un fait bien connu, mais qui trouve confirmation dans l'origine de ses vicaires généraux. Sur les 13 vicaires généraux parisiens promus à l'épiscopat au XIXe siècle, 10 étaient originaires d'un autre diocèse, certains appartenaient déjà au diocèse comme les abbés Borderies, Darboy, Meignan, Langénieux ou Jourdan, d'autres ont été délibérément attirés par un archevêque, en l'occurrence Mgr Affre qui fait venir à Paris pour les nommer vicaires généraux les abbés Gros et Jaquemet, lesquels avaient déjà fait leurs preuves, le premier à Reims, le second à La Rochelle et à Aix. Il est certain que tous ces vicaires généraux de la région parisienne ont bénéficié de la proximité de Paris. Leurs évêques sont ceux qui vont le plus fréquemment dans la capitale ; eux-mêmes s'y rendent également pour régler avec les bureaux de l'administration des cultes les problèmes de leur diocèse. Il suffit de lire le Journal de Fortoul pour se faire une idée du ballet incessant des évêques, accompagnés de leurs vicaires généraux, au ministère des Cultes [1].

Indépendamment de l'aire d'attraction parisienne, les diocèses qui ont fourni le plus de vicaires généraux à l'épiscopat sont les archidiocèses. Tout d'abord ils disposent de trois vicaires généraux titulaires au lieu de deux, mais surtout les archevêques sont en général plus influents que les simples évêques et jouissent donc d'un poids plus grand lors des promotions épiscopales. C'est ce qui explique que le diocèse de Besançon ait donné 10 vicaires généraux à l'épiscopat, celui de Bordeaux 9, celui de Rennes 8, ceux de Toulouse et de Bourges 7, celui de Sens 6. En revanche, on peut s'étonner de la faible part prise par le diocèse de Lyon dont 5 vicaires généraux seulement sont devenus évêques ; la présence à sa tête de 2 prélats peu en cour, les cardinaux de Bonald et Cave-rot, après une longue période d'administration provisoire peut expli-quer cette situation. De même, hormis celui de Rennes et dans une moindre mesure ceux de Nantes et du Mans, les diocèses du grand Ouest fournissent peu d'administrateurs à l'épiscopat, sans doute à cause d'une certaine méfiance à leur égard. En somme, cette carte privilégie la périphérie parisienne et les grands archevêchés.

Ces vicaires généraux ont accédé à ce poste en moyenne à quarante-quatre ans et demi. Pour ceux qui avaient été ordonnés avant 1791, cette moyenne est naturellement un peu plus élevée : cinquante ans et demi. Pour le groupe des ecclésiastiques ordonnés après 1802, le vieillissement du corps des vicaires généraux est constant. Les évêques nommés sous la Restauration étaient parve-nus au vicariat général à trente-six ans en moyenne, ceux de la monarchie de Juillet et de la IIe République à un peu plus de trente-sept ans, ceux du IIe Empire à quarante-deux ans et huit mois, ceux de la IIIe République enfin à quarante-quatre ans. Le vicariat géné-ral est donc un poste de la maturité qui annonce l'épiscopat, lequel intervient six ans plus tard. En moyenne ces vicaires généraux exer-cent cette fonction huit ans et demi, ce qui représente un temps relativement long de préparation à l'épiscopat. Enfin, contrairement à une idée reçue, on compte moins d'anciens élèves de Saint-Sulpice parmi les vicaires généraux que dans l'ensemble des prêtres deve-nus évêques : 24 % des vicaires généraux formés depuis 1802

---

1. Geneviève Massa-Gilles, *Journal d'Hippolyte Fortoul*, Genève, Droz, 2 tomes, t. I, 1979, 245 p. et t. II, 1989, 441 p.

étaient passés par Saint-Sulpice, contre 30 % pour l'ensemble du groupe des évêques.

Certes le vicariat général n'a pas la place qu'on imagine souvent dans la formation des évêques, puisque moins de la moitié des évêques ont été vicaires généraux au XIXe siècle. Mais il n'en demeure pas moins que cette proportion est très forte par rapport à l'ensemble du clergé. Le vicariat général reste donc malgré tout une filière exceptionnelle pour parvenir à l'épiscopat, car c'est incontestablement le corps des vicaires généraux, beaucoup moins nombreux que celui des curés, qui a donné proportionnellement le plus d'éléments à l'épiscopat au XIXe siècle. En outre, c'est le vicariat général qui prépare le mieux aux fonctions d'évêque. Le vicaire général est le principal collaborateur de l'évêque, ce qui signifie qu'il prend part directement à la gestion du diocèse. En général ceux-ci sont divisés en archidiaconés, chaque vicaire général étant à la tête de l'un d'eux. À l'intérieur de cette circonscription territoriale, le vicaire général est chargé de tout ce qui concerne en particulier les relations avec les paroisses ; c'est lui qui les visite entre deux passages de l'évêque, c'est lui aussi qui prépare les nominations d'ecclésiastiques dans sa circonscription. Au niveau du diocèse, le vicaire général peut aussi avoir la charge de secteurs bien particuliers, comme les congrégations religieuses, les œuvres ou l'enseignement. Il prend souvent part aussi à la rédaction des documents épiscopaux. L'abbé Darboy évoque l'amplitude du champ d'action des vicaires généraux : « Heures de bureau, affaires à régler de vive voix, conseils où il faut assister, assemblées de nature diverse qu'il faut présider ou haranguer, tout cela dévore le temps, use les forces et emporte la vie avec une rapidité qui donne le vertige [1]. » Certains de ces vicaires généraux ont même eu un pouvoir très important dans leur diocèse, du fait de l'âge avancé de leur évêque ou de ses absences répétées. C'est le cas par exemple de l'abbé Affre à Amiens, aux dires du préfet de la Somme : « M. Affre passe ici pour être l'homme de confiance de M. l'évêque, homme du monde et homme d'esprit sans doute, mais homme déjà fort âgé, peu exercé d'ailleurs aux affaires et qui a dû sentir le besoin d'avoir auprès de lui un homme sûr et intelligent sur qui il pût se reposer de la fatigue et des soins de l'administration. Il paraît

---

1. Jean-Claude DIDIER, « Un journal inédit (1854-1862) de Mgr Darboy », *Mélanges de science religieuse*, Lille, juin 1973, nᵒˢ 2-3, p. 65-143 ; 27-28 février 1855, p. 88.

que M. Affre est cet homme-là. Du moins est-il certain que toutes
les fois que M. l'évêque est absent, ou malade, ou empêché, c'est
M. Affre qui le remplace ; qu'aucune affaire importante ne se
décide sans son concours, que toutes les fois que l'évêché a à traiter avec l'autorité départementale d'un objet délicat ou embar-
rassant, c'est M. Affre qui est l'intermédiaire de ces sortes de
communications [1]. »

À Reims, l'abbé Gros, vicaire général depuis 1828, administre
en fait seul le diocèse à partir de 1830, c'est-à-dire après le départ
en exil de Mgr de Latil. Mais, sur l'ensemble du siècle, c'est la collaboration entre le vicaire général et son évêque qui prime. Elle
entraîne de fait une grande connivence entre les deux hommes,
appelés à vivre ensemble sous le même toit, à partager les mêmes
repas, à se rencontrer au sein des conseils épiscopaux et enfin à travailler très souvent de concert. Tout évêché se présente ainsi
comme un monde clos, lieu de sociabilité ecclésiastique par excellence où une dizaine d'hommes cohabitent sous la direction d'un
évêque et de vicaires généraux. On conçoit dès lors fort bien
comment le chef de cette maison peut être conduit à recommander
pour l'épiscopat cet ecclésiastique avec qui il partage tout, avec qui
aussi il entretient des relations amicales sinon filiales. En présentant
l'abbé Fallières, Mgr Boudinet, évêque d'Amiens, écrit au ministre :
« M. l'abbé Fallières n'est pas seulement l'enfant que j'ai formé,
l'ami de mon cœur, mais encore l'auxiliaire le plus intelligent, le
plus dévoué que je puisse jamais rencontrer [2]. »

Il n'est pas rare du reste de voir certains évêques hésiter avant
de se dessaisir de leurs meilleurs collaborateurs. Ils balancent en
fait entre le souhait de voir leur diocèse illustré par la promotion de
l'un des siens et la difficulté à retrouver un ecclésiastique aussi
compétent. Mgr Clausel de Montals, après avoir recommandé son
jeune vicaire général Pie, se rétracte ensuite [3]. À la même époque,
Mgr Doney écrit à Falloux : « Je n'ose pas même indiquer mon

---

1. A. N. F 19 / 2555 (dossier Affre), le préfet de la Somme au ministre, 22 octobre
1833.
2. A. N. F 19 / 2575 (dossier Fallières), l'évêque d'Amiens au ministre, 4 janvier
1867.
3. B. N., Nouvelles acquisitions françaises, 24 718, Papiers de Saint-Sulpice III
Affaires ecclésiastiques. Mgr Clausel de Montals à Falloux, 14 mai 1849 : « Je vous
ai écrit hier un peu trop précipitamment au sujet de M. l'abbé Pie [...]. Je me rétracte
donc, Monsieur le Ministre, et j'ai un véritable regret de vous avoir fait lire une
lettre inutile. »

premier grand vicaire, M. l'abbé Mabile, malgré sa science, sa prudence et sa piété, attendu que j'ai trop besoin de lui pour m'aider [1].» À l'inverse certains évêques, à peine promus, s'empressent de pousser vers l'épiscopat les vicaires généraux de leur prédécesseur qu'ils ne peuvent pas décemment écarter. Dès 1802, Mgr Primat, ancien évêque constitutionnel promu archevêque de Toulouse, recommande l'abbé Dubourg qui avait dirigé l'Église réfractaire dans le diocèse pendant la Révolution [2]. Mgr Mathieu a également la réputation d'avoir voulu écarter par ce moyen les collaborateurs du cardinal de Rohan, en particulier Mgr Gousset. Certains évêques prennent en effet quelque ombrage de la toute-puissance de vicaires généraux installés dans le diocèse à leur arrivée. Ainsi, lors de sa nomination à Perpignan, Mgr Gerbet trouve dans ce diocèse l'abbé Galtier qui cumule les fonctions de vicaire général et de supérieur du grand séminaire. À son arrivée, Gerbet enlève la direction du séminaire à Galtier qui se plaint de cette destitution et brigue en guise de compensation l'épiscopat [3]. Mgr Gerbet n'y met pas d'obstacle, en rappelant toutefois le poids excessif pris par l'abbé Galtier : «Je ne mettrais aucune opposition à la réalisation de ses projets. Sa position présente a son origine dans des circonstances exceptionnelles. Pendant les dernières années de mon vénérable prédécesseur, M. Galtier était ici à peu près tout. Votre Grandeur comprendra que je n'aie pas dû admettre cette situation [4].» Quoi qu'il en soit, c'est assez dire le rôle que les vicaires généraux jouent dans l'administration diocésaine; il n'y a pas d'exemple de vicaires généraux devenus évêques dont les qualités administratives ne soient pas louées.

En outre, certains d'entre eux ont eu le privilège d'assumer directement la direction du diocèse pendant une vacance, en qualité de vicaires capitulaires. Le chapitre élit généralement comme tels les vicaires généraux sortants, bien que ce ne soit pas une règle

---

1. B. N., Nouvelles acquisitions françaises, 24718, Papiers de Saint-Sulpice III Affaires ecclésiastiques, Mgr Doney à Falloux, 3 mai 1849.
2. A. N. F 19 / 1902, 1re liste supplémentaire.
3. A. N. F 19 / 2554 (dossier Galtier), l'abbé Galtier au ministre, 15 septembre 1855 : «Si je m'étais laissé guider par l'ambition, je n'aurais pas attendu à ce moment à m'occuper de mon avenir. Mais dans cette circonstance, une nomination honorable pourrait tout couvrir [...]. Un évêché reste encore vacant.»
4. A. N. F 19 / 2554 (dossier Galtier), Mgr Gerbet à Mgr de Bonnechose, 10 décembre 1855.

absolue. Certes, la période de vacance est souvent brève, et il n'est pas de coutume de transformer complètement l'organisation d'un diocèse, d'autant plus que la direction en est collégiale, mais les pouvoirs des vicaires capitulaires sur le plan administratif sont les mêmes que ceux des évêques, notamment en ce qui concerne les nominations d'ecclésiastiques. Dès lors c'est à une responsabilité supplémentaire qu'est convié le vicaire capitulaire, ce qui fait s'exclamer l'abbé Darboy à la mort de Mgr Sibour : «Je vais être pendant trois ou quatre mois le tiers d'un archevêque de Paris [1].» Tous les vicaires capitulaires ne sont cependant pas d'anciens vicaires généraux. Il arrive que le chapitre élise de préférence un chanoine. Le cas le plus connu en ce domaine est celui de l'abbé Affre, chanoine de Paris, coadjuteur désigné de Strasbourg, que le chapitre de Paris élit comme vicaire capitulaire à la mort de Mgr de Quelen. On sait comment l'abbé Affre sut conquérir le roi en allant lui présenter les vœux du diocèse, ce que l'ancien archevêque s'était constamment refusé à faire. Mais c'est surtout en période de crise entre l'Église et l'État que l'élection des vicaires capitulaires se révèle un enjeu important. À la fin du Ier Empire par exemple, le chapitre d'Aix élit deux chanoines comme vicaires capitulaires [2], et parmi eux l'abbé Guigou [3] qui administre le diocèse pendant les neuf ans que dure la vacance, avant d'être nommé vicaire général par Mgr de Bausset en 1819 [4]. Au début de la monarchie de Juillet, la situation est inversée. Cette fois-ci, loin de faire preuve d'indépendance, certains chapitres sont l'objet de pression pour ne pas élire les anciens vicaires généraux, trop liés au pouvoir déchu. À Aix toujours, le préfet encourage ainsi l'élection de l'abbé Rey, chanoine de la cathédrale, en disgrâce sous Mgr de Richery et qui s'est rallié ouvertement au régime en 1830 [5]. À Beauvais, le préfet

1. L'abbé Darboy à l'abbé Thibouret, 19 janvier 1857, *Le Correspondant,* 25 juin 1898, «Mgr Darboy. L'homme intime. Lettres inédites», 2e partie, p. 1016-1048 (p. 1038).
2. En défendant les droits du chapitre, à l'instar de celui de Paris, il remet en cause l'article 36 de la loi du 18 germinal an X.
3. A. N. F 19 / 2815 (dossier Guigou, vicaire capitulaire d'Aix), Délibération du chapitre du 2 août 1810.
4. A. N. F 19 / 905 (dossier Guigou, vicaire général d'Aix), l'archevêque d'Aix au grand aumônier, 19 novembre 1819.
5. A. N. F 19 / 6179 (dossier Rey, chanoine de Saint-Denis), Note remise à M. Barthe, 31 décembre 1830: «Les opinions connues de M. Rey l'ont exclu du vicariat général sous M. de Bausset et M. de Richery. Après les événements de juillet, M. Rey s'est prononcé avec courage en faveur du nouvel ordre des choses.»

agit également pour éviter la nomination des deux vicaires généraux sortants et pousse le chanoine Alouvry, très tôt rallié au régime lui aussi [1]. Alouvry administre ce diocèse pendant les deux ans que dure la vacance, mais sans véritablement réussir dans cette tâche [2], ce qui retarde par la suite, malgré son ostensible ralliement au régime, son élévation à l'épiscopat. Enfin, dans le diocèse d'Albi, le gouvernement encourage la nomination de l'abbé Cadalen comme vicaire capitulaire en 1833 : « Il serait donc prudent, dans l'attente de l'événement que vous m'annoncez, Monsieur le préfet, comme prochain [la mort de l'archevêque], d'agir ou de faire agir auprès des membres du chapitre afin de les déterminer à porter leurs voix sur d'autres ecclésiastiques [que les actuels vicaires généraux], dont la nomination serait plus certaine d'obtenir l'agrément du Roi [...]. La nomination de M. Cadalen, l'un des vicaires généraux honoraires, et curé de la métropole, serait vue avec plaisir par le gouvernement [3]. » Ces quelques exemples indiquent par là même la part prise par les chanoines à l'administration diocésaine, lors de certaines vacances certes, mais aussi dans la vie courante des diocèses.

Les chanoines.

Les chapitres étaient nombreux dans la France d'Ancien Régime et comptaient toujours des effectifs importants. Le désir de Bonaparte fut de limiter leur extension. Et s'il accepte l'installation de chapitres, comme le texte du Concordat le précise : « les évêques pourront avoir un chapitre dans leur cathédrale [4] », les Articles organiques sont plus restrictifs : « Les archevêques et évêques qui voudront user de la faculté qui leur est donnée d'établir des chapitres ne pourront le faire sans avoir rapporté l'autorisation du Gouvernement, tant pour l'établissement lui-même que pour le nombre et le

---

1. A. N. F 19 / 2794 (dossier Alouvry, vicaire capitulaire de Beauvais).
2. A. N. F 19 / 2647 (Vicaires généraux. Enquête de 1832), le préfet de l'Oise au ministre, 2 mars 1832 : « M. Alouvry, second des vicaires généraux agréés par le gouvernement, est un jeune ecclésiastique ambitieux, ayant peu de capacités ; ses opinions politiques sont modérées et plutôt favorables qu'hostiles au gouvernement de juillet. Cette modération l'a desservi dans l'esprit du clergé qui ne lui accorde aucune confiance, et qui le voit avec peine à la tête du diocèse. » Entre 1830 et 1832, l'évolution des pouvoirs publics est manifeste.
3. A. N. F 19 / 2791 (dossier Cadalen, vicaire capitulaire du diocèse d'Albi), le ministre au préfet du Tarn, 27 février 1833.
4. Loi du 18 germinal an X relative à l'organisation des cultes, article 1er, alinéa 11.

Diocèses d'exercice des vicaires généraux devenus évêques

■ représente un évêque

choix des ecclésiastiques destinés à les former[1] ». Les chapitres perdent donc leurs anciennes libertés ; ils sont désormais sous le double contrôle de l'évêque et de l'État. Cependant les chanoines sont irrévocables, à la différence des vicaires généraux. Leur nombre est fixé à 8 par évêché, 9 par archevêché et 16 pour Paris. L'évêque peut nommer en outre des chanoines honoraires, qui siègent ou non au sein du chapitre, mais qui surtout ne sont ni reconnus ni rétribués par l'État. La rémunération des chanoines était de 1 000 francs sous l'Empire ; après diverses augmentations, elle s'élève à 2 600 francs en 1856. Mais en 1885 les chapitres sont victimes des réductions budgétaires touchant les cultes ; les traitements des chanoines sont purement et simplement supprimés, au fur et à mesure des vacances. Néanmoins le gouvernement ne renonce pas à son droit de regard sur les nominations à ces postes de chanoines titulaires, désormais sans traitement.

En tout 126 évêques du XIXᵉ siècle avaient été chanoines[2]. Cette proportion, 28, 8 %, peut surprendre lorsque l'on sait que le canonicat est en général conçu comme un poste de retraite pour les prêtres les plus méritants du diocèse. En fait, les chapitres ont une autre fonction – le cas des chanoines devenus évêques le démontre – celle de servir de refuge aux membres de l'administration diocésaine qui n'ont pu être nommés vicaires généraux titulaires, étant donné le petit nombre de ces postes. La plupart de ces chanoines sont donc en même temps vicaires généraux honoraires et participent aux réunions du conseil épiscopal. Pour partie les canonicats sont des postes qui permettent d'attendre un vicariat général. C'est ce qui explique que l'âge d'accès moyen à cette fonction soit plus bas que celui des vicaires généraux. Ces 126 évêques sont devenus chanoines en moyenne à quarante ans, 64 d'entre eux y accédant avant cet âge. Ils ont exercé cette fonction pendant sept ans et demi en moyenne (voir tableau page suivante).

---

1. Loi du 18 germinal an X. Articles organiques de la convention du 26 messidor an IX, article 35.
2. Auxquels il faudrait ajouter seize curés-archiprêtres de cathédrales qui sont aussi chanoines.

*Tableau de l'âge moyen d'accès au canonicat des évêques
en fonction de leur période de nomination à l'épiscopat*

	Rest.	MdJ	IIe Rép.	IIe Emp.	IIIe Rép.
25-34 ans	2	18	5	5	6
35-44 ans	12	12	3	11	19
45-54 ans	7	0	2	2	10
> 54 ans	3	3	0	0	4

Première constatation : les chanoines que l'on est allé chercher
dans leur retraite pour en faire des évêques sont rares ; 10 seulement avaient plus de cinquante-quatre ans. 6 sont en fait des ecclésiastiques d'Ancien Régime qui ont tardé à trouver une place dans
l'épiscopat, à l'image de Mgr de Villeneuve-Esclapon, nommé chanoine de Fréjus au rétablissement de ce diocèse en 1823 à soixante-
huit ans [1], avant de devenir évêque de Verdun quatre ans plus tard.
On retrouve ce type de nomination tardive à l'autre extrémité du
siècle, lorsque par exemple l'abbé Arnaud est nommé chanoine
de Marseille à soixante-trois ans et l'abbé Le Camus chanoine de
Carcassonne à cinquante-huit ans, exactement la même année. Le
but de ces nominations à des canonicats, désormais sans traitement,
est de conférer à ces ecclésiastiques candidats à l'épiscopat une
dignité ecclésiastique. Une note de l'administration des cultes, en
date de novembre 1899, explique en ces termes pourquoi la candidature de l'abbé Arnaud a échoué en 1891 : « Il semble que la principale raison de l'échec de cette candidature lors des promotions
précédentes c'est l'absence de titre officiel dont M. Arnaud était
privé [2]. » Arnaud était aumônier de l'asile Saint-Pierre à Marseille.
Il en est de même pour l'abbé Le Camus, ancien directeur du collège
Saint-François-de-Sales à Castelnaudary, mais prédicateur sans
fonction en 1897, et qui, en partie pour cette raison, a vu l'épiscopat lui échapper depuis 1881 [3]. Mais hormis ces quelques cas, la
plupart des évêques sont devenus chanoines assez jeunes.

---

1. A. N. F 19 / 906 B (dossier Villeneuve, chanoine de Fréjus).
2. A. N. F 19 / 2523 (dossier Arnaud), Note de l'administration des cultes, novembre 1899.
3. A. N. F 19 / 2569 (dossier Le Camus). L'autre raison du retard de son élévation
à l'épiscopat, c'est une accusation de mauvaise gestion du collège dont il avait la
charge.

Ils sont pour l'essentiel associés à l'administration du diocèse. Dans un premier temps, l'apport de jeunes éléments, récemment sortis du séminaire, permet de suppléer à des ecclésiastiques vieillissants à qui, étant donné souvent leurs états de service, il était difficile de refuser un vicariat général. À la demande des évêques respectifs de Luçon et d'Évreux, les Sulpiciens recommandent pour ces diocèses les abbés Affre [1] et Mathieu, qui ont alors vingt-huit et vingt-six ans et sont nommés chanoines. De même Mgr d'Astros, promu à Bayonne en 1820, y entraîne l'abbé Thibault, qu'il nomme chanoine de sa cathédrale à vingt-cinq ans ; Thibault exerce en même temps les fonctions de secrétaire général de l'évêché et participe au conseil épiscopal [2]. Mais il ne parvient pas à garder la confiance de Mgr d'Astros qui le laisse à Bayonne lors de sa promotion à Toulouse. Trois ans plus tard, l'abbé Thibault accepte donc le canonicat que lui offre Mgr de Quelen, désireux d'attacher à Paris un prédicateur de talent [3]. Nombreux sont ainsi les chanoines nommés à moins de trente-cinq ans afin de s'initier au maniement des affaires diocésaines. Les cas de nominations avant quarante ans se raréfient cependant dans le dernier tiers du siècle ; ils concernent toujours des ecclésiastiques du sérail, comme les abbés Amette, Ardin, Cœuret-Varin, Herscher ou Soulé qui, de secrétaires de leur évêque deviennent chanoines de leur diocèse. De plus en plus, en avançant dans le siècle, les pouvoirs publics ont tendance à vouloir réserver les postes de chanoines aux prêtres les plus âgés. Ils hésitent donc à agréer la nomination de prêtres trop jeunes. De ce fait, en présentant la candidature de l'abbé Amette, l'évêque d'Évreux se sent obligé de préciser : « Cet ecclésiastique est jeune encore, il est dans sa trente-cinquième année, mais il est exceptionnellement distingué [...]. D'autre part la santé de M. Amette est fragile, elle exige de grandes précautions ; il lui

---

1. A. N. F 19 / 907 A (dossier Affre, chanoine de Luçon), Tableau de nomination du 15 novembre 1821.

2. A. N. F 19 / 2539 (dossier Thibault). Sur l'abbé Thibault, devenu évêque de Montpellier, voir aussi Gérard CHOLVY, « Religion et société au XIXe siècle, le diocèse de Montpellier », Lille, Service de reproduction des thèses de Lille-III, 1973, 2 tomes, 1671-XII fos.

3. A. N. F 19 / 2841 (dossier Thibault, chanoine de Paris), le préfet de la Seine au ministre, 2 mai 1833 : « Cet ecclésiastique a prêché dans l'église Saint-Merry. Dans l'un de ses sermons pour lequel des invitations avaient été adressées, il a blâmé la marche du gouvernement à l'égard des ministres de la religion et de la religion elle-même. »

serait absolument impossible d'occuper aucun poste dans le ministère paroissial [1].»

Le canonicat est aussi très souvent offert aux supérieurs de séminaires, lesquels sont également membres de droit, dans bon nombre de diocèses, du conseil épiscopal. L'abbé Mathieu est en même temps chanoine d'Évreux et supérieur du petit séminaire de Dreux, l'abbé Naudo, chanoine de Perpignan, dirige le grand séminaire de cette ville, de même que les abbés Pallu du Parc à La Rochelle, Didiot à Verdun ou Fillion au Mans. À la fin du siècle encore, l'abbé Campistron cumule le supériorat du petit séminaire d'Auch et un canonicat. Mais deux noms retiennent surtout l'attention, ceux de l'abbé Dupanloup et de l'abbé Gignoux. L'abbé Dupanloup dirigeait depuis 1837 le petit séminaire Saint-Nicolas-du-Chardonnet, ce qui lui avait valu une place au conseil archiépiscopal de Paris avec le titre de vicaire général honoraire. Mgr Affre le maintient d'abord dans ses fonctions, mais en 1842 il lui demande de choisir entre le supériorat du petit séminaire et le vicariat général; Dupanloup opte pour le premier et se voit octroyer en 1844 une stalle au chapitre de Notre-Dame [2]. Cette nomination annonce en fait la retraite de Dupanloup du séminaire qu'il quitte à l'automne de 1845, à la demande de Mgr Affre. Son canonicat lui permet de se consacrer pleinement à son œuvre d'écrivain et de polémiste. Très différente est la situation de l'abbé Gignoux. Originaire du diocèse de Bordeaux, il est attiré dans le diocèse de Beauvais à sa sortie du séminaire Saint-Sulpice en 1823; peu après il devient supérieur du grand séminaire et chanoine de Beauvais et exerce une influence très grande sur le clergé, comme le rapporte le préfet de l'Oise: «Il exerce une puissante influence sur les ecclésiastiques du diocèse qui presque tous ont été sous sa direction et avec lesquels il conserve des relations actives et suivies. Il a ainsi créé en dehors de l'administration épiscopale une sorte d'administration parallèle qui souvent et à juste titre a excité la jalousie des évêques [3].» Sa puissance est si grande dans le diocèse, bien qu'il n'y soit pas vicaire général en titre, qu'il refuse l'évêché d'Agen [4] et fait tout pour

1. A. N. F 19 / 2799 (dossier Amette, vicaire général d'Évreux), l'évêque d'Évreux au ministre, 30 octobre 1884.

2. A. N. F 19 / 2553 (dossier Dupanloup), l'ordonnance est datée du 30 juillet 1844. Dupanloup remplace l'abbé Deguerry.

3. A. N. F 19 / 2502 (dossier Gignoux), le préfet de l'Oise au ministre, note sur Gignoux, s. d. [1841].

4. A. N. F 19 / 2502 (dossier Gignoux), ordonnance de nomination au siège d'Agen en date du 23 décembre 1840.

obtenir l'évêché de Beauvais lui-même qui, cas rarissime, lui est octroyé en décembre 1841.

Tous les chanoines ne sont cependant pas associés à l'administration diocésaine, du moins pas directement. Pour de jeunes ecclésiastiques, le canonicat offre la possibilité de se consacrer à l'étude et à l'écriture. L'abbé Dupanloup, à partir de 1845, en fournit l'exemple le plus accompli. De même, l'abbé Landriot, chanoine d'Autun à trente-deux ans, abandonne la direction du petit séminaire pour se consacrer à ses travaux de patristique et prendre part à la querelle sur les classiques [1]. Lorsque l'évêque de La Rochelle nomme l'abbé Julien-Laferrière chanoine, c'est également pour lui permettre de se consacrer à l'archéologie : « M. l'abbé Julien-Laferrière m'a paru avoir des titres à cette dignité. Je désire aussi lui procurer une position qui lui permette de continuer plus facilement les travaux historiques et archéologiques qu'il a entrepris [2]. » Il est en même temps nommé archiviste du diocèse. L'abbé de Carsalade du Pont, chanoine d'Auch à partir de 1893, est également archiviste diocésain [3]. À la fin du siècle donc, les chapitres cathédraux sont de plus en plus des lieux d'accueil pour prêtres érudits qui assument les nouvelles fonctions d'archiviste diocésain ou de directeur de la Semaine religieuse, à l'image de l'abbé Saivet à Angoulême.

Les chanoines devenus évêques se montrent donc fort actifs et sont loin d'offrir l'image traditionnellement véhiculée du chanoine paresseux et nonchalant. Cependant, ils sont avant tout soumis aux règles du chapitre auquel ils appartiennent. Ils doivent en particulier résider dans leur diocèse. Le canonicat n'est pas une sinécure ou un simple bénéfice, comme le rappelle le cardinal de Croÿ à l'abbé Fayet en 1825 : « Depuis plus de trois ans que vous êtes chanoine titulaire de ma cathédrale et que vous avez cessé d'y résider, vous n'avez pas sans doute été exempt de toute inquiétude touchant la jouissance d'un revenu qui suppose l'exercice de fonctions que vous ne pouvez remplir [4]. » L'obligation pour les chanoines de participer à un certain nombre d'offices, l'abbé Dupanloup voudrait

---

1. Voir Daniel MOULINET, *Les Classiques païens dans les collèges catholiques. Le combat de Mgr Gaume*, Paris, Éd. du Cerf, 1995.
2. A. N. F 19 / 2845 (dossier Julien-Laferrière, chanoine de La Rochelle), l'évêque de La Rochelle au ministre, 18 mars 1878.
3. A. N. F 19 / 2819 (dossier Carsalade du Pont).
4. A. N. F 19 / 908 B (dossier Fayet, chanoine de Rouen), l'archevêque de Rouen à l'abbé Fayet, 13 décembre 1825. Fayet est alors inspecteur général.

s'en faire dispenser. Il fait transmettre en mars 1849 une requête au pape en ce sens par le nonce qui, tout en reconnaissant les services rendus par Dupanloup « à la religion et à l'Église », se montre peu favorable à une exemption du service du chœur qui risquerait d'exciter la jalousie chez ses collègues [1]. Le secrétaire d'État se range aux arguments du nonce et refuse la dispense [2]. Cette demande devient caduque un mois plus tard, après la nomination de Dupanloup à Orléans. Outre le service du chœur, il n'est pas rare que les chanoines prêchent et confessent, à l'image de Dupanloup lui-même.

Il reste cependant à se demander ce qu'il en est de la traditionnelle indépendance des chanoines à l'égard du pouvoir épiscopal. Parmi ceux qui deviennent évêques, rares sont les chanoines frondeurs, pour la simple et bonne raison que le soutien d'un évêque est en général préférable pour accéder à l'épiscopat. Il en est cependant. L'abbé Cottret par exemple, chanoine de Paris, contre lequel Mgr de Quelen dirige une attaque en règle en 1824 lorsqu'il est question de le nommer évêque auxiliaire, dans une note adressée à la secrétairerie d'État qui mérite d'être longuement citée, tant elle est révélatrice des contentieux pouvant exister entre évêques et chanoines :

En 1810 M. Cotteret [sic.] prononça le discours pour la fête de l'anniversaire du couronnement de Bonaparte et de la bataille d'Austerlitz. Ce discours qui a été imprimé contient des éloges hyperboliques de Bonaparte.

Vers le même temps, Mgr le cardinal Maury ayant été nommé à l'archevêché de Paris, M. Cotteret s'attacha à lui et devint son confident et son commensal. En récompense de ses soins, le cardinal le nomma supérieur du petit séminaire de Saint-Nicolas-du-Chardonnet et le fit nommer en outre professeur d'histoire ecclésiastique dans la faculté de théologie, quoiqu'il fût entièrement étranger à l'ancienne faculté et qu'il n'eût jamais eu le titre de docteur [...]. M. Cotteret défendait en toute rencontre l'administration du cardinal Maury qui le nomma chanoine de Notre-Dame, cathédrale de Paris. Cependant ils se brouillèrent peu après et on dit même que le cardinal voulut lui ôter sa place de supérieur du petit séminaire. Mais l'abbé Cotteret s'y maintint par la protection de l'Université et il conserva toutes ses places à l'époque de la Restauration [...].

Au commencement de 1822, il s'occupa d'un recueil périodique intitulé les Tablettes du clergé, dont il paraît un cahier tous les mois. Il y montre

---

1. A. S. V. , S. d. S., Rub 248, anno 1848-1850, fasc. 1, le nonce au secrétaire d'État, 17 mars 1849.
2. Ibid., le secrétaire d'État au nonce, 5 avril 1849.

un grand zèle pour la discipline et surtout pour les droits des chapitres. Il y inséra en 1822 deux lettres sur le nouveau bréviaire de Paris [...]. La deuxième particulièrement est vive. L'auteur reprochait à Monseigneur l'archevêque de n'avoir pas eu égard aux droits du chapitre [...]. On trouve dans ce même journal quelques traits plus ou moins déguisés qui parurent dirigés contre l'administration de Monseigneur l'archevêque de Paris. M. Cotteret passe pour être dans le chapitre le chef d'une espèce d'opposition [1].

L'opposition au pouvoir épiscopal demeure donc une réalité au XIXᵉ siècle. Le diocèse de Lyon en offre un autre exemple sous l'administration de Mgr de Pins : Rossat et Lyonnet, chanoines de Lyon, participent à la fronde du chapitre contre l'administrateur provisoire. Mais ces exemples demeurent limités et dans le cas de Rossat à Lyon ou de Gueulette à Moulins, on a en fait affaire à des ecclésiastiques qui sont avant tout curés de la cathédrale. Les chanoines apparaissent donc globalement moins rebelles que les curés au XIXᵉ siècle, peut-être justement parce qu'ils ont davantage été associés à l'administration diocésaine.

Les carrières de l'enseignement.

L'enseignement n'est pas uniquement pratiqué par des ecclésiastiques en début de carrière. Il apparaît en effet que 203 évêques ont eu une expérience enseignante. Et si les évêques de la Restauration sont peu nombreux à avoir préalablement enseigné sous le Concordat – ils sont 11 exactement –, la proportion augmente dès la monarchie de Juillet : 55 % des évêques de cette période ont enseigné, 63 % des évêques nommés entre 1848 et 1870, et 56 % des évêques de la IIIᵉ République. Le pic du IIᵉ Empire s'explique par la place accordée aux membres du corps enseignant, tant par Fortoul au début de son ministère que par Rouland et Baroche après 1860. Mais ces chiffres généraux masquent de grandes disparités, certains évêques n'ayant exercé que quelques années de professorat en début de carrière, alors que d'autres ont effectué l'essentiel de leur carrière dans l'enseignement : 94 évêques sont dans ce cas. Ils se répartissent de la façon suivante : Restauration, 6 [2] ; monarchie de

---

1. *Ibid.,* Busta 416, anno 1824, Note sur l'abbé Cottret, transmise par le nonce au secrétaire d'État, le 12 février 1824, de la part de Mgr de Quelen qui désire n'être pas nommé dans cette affaire, précise le nonce, mais qui en est bien l'instigateur.
2. Arbou, Clausel, Devie, Jacquemin, Monyer et Tharin.

Juillet, 19 (25 %) [1] ; IIᵉ République et IIᵉ Empire, 28 (31 %) [2] ;
IIIᵉ République, 42 (24 %) [3]. Un quart à un tiers des évêques formés sous le Concordat ont donc consacré près de la moitié de leur
carrière à l'enseignement [4]. Rares sont ceux qui y font toute leur
carrière ; c'est le cas cependant de Lacroix, Cousseau, Baudry, Boudinet, Cruice, Daniel, Dours, Foulon, Freppel, Hugonin, Balaïn,
Gonindard et Perraud. Une nouvelle fois le IIᵉ Empire se détache
puisque, sur ce groupe de treize, huit ont été nommés à cette
époque. Certaines carrières dans l'enseignement sont donc particulièrement longues : 33 ans pour Daniel, 31 ans pour Dours, 25 ans
pour Balaïn, 26 ans pour Besson et 28 ans pour Bouquet, qui
avaient débuté leur carrière comme vicaires, 21 ans pour Bouvier,
28 ans pour Jauffret et 29 ans pour Campistron, devenus chanoines
avant l'épiscopat, 27 ans pour Dennel qui est ensuite nommé curé
à Lille, 25 ans pour Sueur et surtout 34 ans pour Gaffory, qui tous
deux sont nommés vicaires généraux avant d'accéder à l'épiscopat.
Ces longues carrières d'évêques nommés sous la IIIᵉ République
s'expliquent par l'allongement général des carrières préépiscopales ;
elles sont le plus souvent couronnées par une autre fonction, ce
qui correspond en général à une stratégie visant à diversifier les
expériences de ces ecclésiastiques. Le Saint-Siège est en effet réti-
cent devant des carrières monoformes, or bien souvent, en obtenant
une cure, un canonicat ou mieux un vicariat général, l'enseignant se
voit offrir un marchepied vers l'épiscopat. L'exemple de l'abbé
Besson illustre ce cas de figure ; écarté de l'épiscopat tant qu'il
dirige le collège Saint-François-Xavier de Besançon, il y accède
après avoir été nommé chanoine. Gaffory s'impose comme évêque
d'Ajaccio, non par sa carrière à la tête du petit séminaire, mais

1. Bonnechose, Bouvier, Doney, Gignoux, Gousset, Graveran, Guibert, Humières,
La Croix d'Azolette, Lacroix, Lanneluc, Le Tourneur, Mascarou, Menjaud, Naudo,
Pavy, Raess, Régnier, Rousselet.
2. Cousseau, Dupanloup, Foulquier, Meirieu, Salinis, et Baudry, Bélaval, Boudinet,
Callot, Cruice, Daniel, Darboy, Dours, Dubreuil, Fillion, Foulon, Freppel, Gerbet,
Guilbert, Hugonin, Pompignac, Lavigerie, Lequette, Magnin, Peschoud, Place,
Plantier, Sergent.
3. Balaïn, Berthet, Besson, Bonfils, Bouquet, Bourret, Bouvier, Boyer, Campistron,
Catteau, Dennel, Deramecourt, Douais, Dubillard, Duval, Foucault, Fuzet, Gaffory,
Gilbert, Gilly, Gonindard, Guillois, Hautin, Jauffret, Labouré, Lacroix, Latty, Le
Camus, Lecoq, Mathieu, Mortier, Pagis, Perraud, Roche, Rosset, Rouard, Rougerie,
Saivet, Sueur, Tanoux, Thibaudier, Turinaz.
4. En fait ont été retenus les évêques qui ont consacré 40 % ou plus de leur car-
rière à l'enseignement.

parce qu'il a été choisi comme vicaire général par Mgr de Cuttoli deux ans plus tôt. Il reste que globalement l'épiscopat est dans sa majorité au fait des problèmes d'enseignement, ce qui peut expliquer la part qu'il prend lors des divers débats sur ce thème tout au long du XIXe siècle.

Les professeurs de l'enseignement public.

Il est bien connu que des prêtres ont pendant tout le XIXe siècle appartenu à l'enseignement public, comme aumôniers de lycée certes, mais aussi comme professeurs, voire comme inspecteurs. Tous offrent cette particularité d'être membres de l'Université et donc de dépendre, non des bureaux des cultes, mais de ceux de l'Instruction publique. Les divers gouvernements ont puisé dans ce réservoir d'épiscopables, d'autant plus volontiers que ces ecclésiastiques étaient déjà fonctionnaires à part entière.

Les professeurs de lycée se rencontrent principalement au début du siècle, lorsque cette institution napoléonienne se met en place. Deux raisons l'expliquent. Tout d'abord le manque de professeurs provoque un appel en direction des clercs lettrés qui ont des difficultés à trouver une place dans les cadres concordataires. L'abbé Jacquemin par exemple, qui avait administré le diocèse de Nancy pendant la Révolution, au nom de Mgr de La Fare, préfère se contenter après 1802 d'un poste de professeur au lycée. Comme il l'écrit à Mgr de La Fare en 1816 : « La petite place que j'occupe m'a maintenu, depuis plusieurs années, dans l'indépendance de l'existence et des principes [1]. » Pour lui, la tutelle de l'évêque concordataire serait plus pesante que ne l'est celle de l'administration. Du reste, cette indépendance qu'il décrit est aussi financière ; en tant que professeur de lycée, il gagne davantage qu'un vicaire général : « J'ai toujours existé, assez honorablement, avec deux mille francs ; j'ai même fait quelques économies, parce que je vivais avec des amis. Mais je les ai employées l'année dernière à monter un ménage [2]. » Le cas de Savy est un peu différent. Ordonné en 1807, il devient en 1810 proviseur du lycée de Toulouse, mais il avait déjà acquis une certaine expérience dans l'enseignement en dirigeant une des cinq écoles secondaires du diocèse de Toulouse au

---

1. A. N. 198 AP 10 (papiers La Fare), dossier 3, Correspondance Jacquemin-La Fare, l'abbé Jacquemin à Mgr de La Fare, 16 août [1816].
2. *Ibid.*

début du Concordat [1]. Il est ensuite promu sous la Restauration inspecteur de l'académie de Toulouse. Sous l'Empire encore, l'abbé d'Humières est recteur de l'académie de Limoges. Cette compromission avec le régime napoléonien lui vaut d'être écarté de l'épiscopat sous la Restauration. On reproche aussi par la suite à l'abbé Clausel de Montals d'avoir accepté la fonction d'inspecteur de l'académie d'Amiens en 1809 ; il a profité en l'occurrence de ses liens avec le ministre Fontanes [2].

La seconde raison de la présence nombreuse de prêtres dans l'enseignement au début du siècle vient de l'encouragement donné en ce sens par les gouvernements de la Restauration et notamment par Mgr Frayssinous. L'abbé Debelay dirige le collège de Nantua de 1826 à 1829, avant de devenir curé de cette ville. L'abbé Doney est professeur de philosophie au Collège royal de Besançon de 1824 à 1829. L'abbé Galtier est professeur au collège de Villefranche à la fin de la Restauration. L'abbé Régnier avait débuté sa carrière comme professeur de philosophie au petit séminaire de Beaupréau, puis il est nommé proviseur du lycée d'Angers, d'abord à titre provisoire en octobre 1823, puis définitivement le 23 septembre 1826 [3]. L'abbé Régnier démissionne le 17 juillet 1830. La proximité des Trois Glorieuses lui nuit par la suite, car le gouvernement de Juillet pense qu'il a démissionné par refus de le servir. C'est en tout cas l'avis du préfet du département de Maine-et-Loire, en 1831, lorsqu'il est consulté en vue de l'attribution d'un canonicat à Régnier : « Il ne dissimule son esprit ultramontain autant que cela peut être utile au triomphe de ce parti ; il a quitté sa place de proviseur pour ne pas prêter serment au roi [4]. » Mgr Montault des Isles est obligé de défendre son candidat : « Je suis assuré de ses senti-

---

1. Voir Olivier DEVAUX, « L'influence de l'Aa dans l'enseignement à Toulouse de 1798 à 1809 », dans : Bernard PLONGERON (dir.), *Pratiques religieuses dans l'Europe révolutionnaire (1770-1820)*, Actes du colloque de Chantilly, 27-29 novembre 1986, Paris, Brepols, 1988, 777 p., p. 469-475 (p. 470).
2. Voir Ernest SEVRIN, *Un évêque militant et gallican au XIXe siècle : Mgr Clausel de Montals, évêque de Chartres (1769-1857)*, Paris, Vrin, 1955, 2 tomes, 756 p., p. 30-31.
3. A. N. F 19 / 2511 (dossier Régnier), Note sur M. Régnier, ancien proviseur du lycée d'Angers. L'abbé Régnier est régulièrement noté, en 1826-1827 et en 1829-1830 ; ces notes sont favorables : « Il paraît réunir toutes les qualités nécessaires à sa place », précise l'une d'elles. Pourtant un rapport postérieur annonçait : « Médiocre en cette fonction d'après M. Cousin. »
4. A. N. F 19 / 2817 (dossier Régnier, chanoine d'Angers), le préfet de Maine-et-Loire au ministre, 17 mars 1831.

ments. Il n'a pas quitté sa place de proviseur du collège royal d'Angers pour ne pas prêter le serment au roi ; ce fait est absolument faux. Dans le mois de janvier 1830, je prévins M. Régnier que j'avais le projet de l'appeler auprès de moi à la fin de l'année scolaire. Le 27 mai 1830 le ministre des affaires ecclésiastiques écrivit à M. Régnier pour lui proposer la place de proviseur du collège de Versailles [...]. Le 30 du même mois M. Régnier répondit au ministre que sa carrière universitaire finissait avec l'année scolaire, attendu que je l'appelais auprès de moi pour y exercer des fonctions ecclésiastiques [1].»

Il est vrai que d'autres ecclésiastiques quittent alors l'Université pour ne pas avoir à servir le régime de Juillet. Ainsi l'abbé Menjaud, proviseur du Collège royal de Nancy depuis 1825, quitte ses fonctions en 1830 d'autant plus qu'il est un des proches collaborateurs de Mgr de Forbin-Janson, parti en exil. L'abbé Delamare quant à lui était principal du collège de Valognes depuis septembre 1826, mais il refuse de prêter serment au nouveau régime et quitte son poste, devenant précepteur. Encore en 1834, le préfet de la Manche déconseille d'agréer sa nomination comme vicaire général de Coutances [2], mais sous le IIe Empire cette expérience dans l'Université devient un atout. Une fiche de renseignements précise ainsi de façon significative : «Ancien professeur de l'Université, il a conservé beaucoup de goût pour ses premiers travaux, et maintes fois arraché à son évêque [Mgr Robiou] des autorisations pour des prêtres qui désiraient entrer dans l'enseignement public ; il a toujours soutenu le lycée de Coutances dont il est le véritable aumônier [3].» C'est aussi à la suite de la révolution de 1830 que l'abbé Fayet quitte l'Université. Il y était entré en 1813 comme professeur du collège communal de Mende, puis en 1820 il était devenu professeur à la faculté de théologie de Rouen, avant d'être nommé en 1822 par Mgr Frayssinous inspecteur général [4]. Il cumule alors ces fonctions avec celles de chanoine de Rouen, ce que l'archevêque

---

1. A. N. F 19 / 2817 (dossier Régnier, chanoine d'Angers), l'évêque d'Angers au ministre, 26 avril 1831.
2. A. N. F 19 / 2798 (dossier Delamare, vicaire général de Coutances), le préfet de la Manche au ministre, 1er septembre 1834.
3. A. N. F 19 / 2494 (dossier Delamare), Fiche de renseignements, s. d. [postérieure à 1854].
4. Voir Isabelle HAVELANGE, Françoise HUGUET, Bernadette LEBEDEFF et Guy CAPLAT (sous la direction de), *Les Inspecteurs généraux de l'Instruction publique. Dictionnaire biographique, 1802-1914*, Paris, I.N.R.P.-Éd. du C.N.R.S., 1986, 700 p., p. 344-345.

n'apprécie guère, car Fayet ne réside pas en Normandie [1]. En fait dès août 1828, il se met en congé et se retire dans sa région natale, à Mende.

D'autres ecclésiastiques en revanche demeurent dans l'enseignement public après 1830, à l'image de l'abbé Daniel qui y fait toute sa carrière. D'abord maître d'études au collège de Coutances, il en devient sous-principal en 1817, puis principal en 1825. Il est ensuite nommé proviseur du Collège royal de Caen en 1827 et dirige cet établissement jusqu'à sa promotion au rectorat de Caen en 1839 [2]. Après un conflit avec le ministère, il est destitué en mai 1848, mais il est réintégré en février 1849. Il entre au Conseil supérieur de l'Instruction publique en 1850, avant d'être nommé inspecteur général le 9 mars 1852 [3]. Toute sa carrière s'est ainsi déroulée dans l'Université, ce qui n'est pas sans susciter quelques difficultés, du côté du Saint-Siège, lors de sa nomination à Coutances en 1853. C'est également sous la Restauration que l'abbé Dours intègre l'Université ; il devient professeur de sixième au collège d'Aire, dans les Landes, en 1827. Il enseigne ensuite en troisième à partir de la rentrée de 1829, puis en seconde en avril 1834. De novembre 1834 à novembre 1838, il quitte l'enseignement public, pour devenir professeur au grand séminaire de Dax. Il réintègre l'Université en 1838 avec une promotion puisqu'il devient principal du collège de Saint-Sever. Il continue ensuite à progresser dans la carrière de fonctionnaire : il est proviseur du lycée de Laval en 1842, recteur du Puy-de-Dôme en 1850 et enfin inspecteur de l'académie de Paris en 1854, fonction qui lui vaut un traitement fixe de 5 000 francs [4]. Sa

---

1. A. N. F 19 / 908 B (dossier Fayet, chanoine de Rouen) ; à l'archevêque qui se plaint de peu le voir à Rouen et menace de lui retirer son canonicat, l'abbé Fayet répond, le 27 décembre 1825, en employant un argument qui n'est pas dénué de justesse : « Si je renonce à mon canonicat comme Votre Altesse semble le désirer, je ne tiendrai plus à la hiérarchie ecclésiastique par aucun lien, après quinze ans de travaux et de services rendus à l'Église et connus de toute la France. » L'abbé Fayet fait référence notamment à son action au sein des Missionnaires de France.

2. Voir Charles POUTHAS, « Le Collège royal de Caen sous l'administration de M. l'abbé Daniel 1827-1839 », *Mémoires de l'Académie nationale de Caen*, 1905, t. LIX, p. 147-219. L'auteur évoque les années 1835-1840 comme un âge d'or pour ce collège puisqu'il compte parmi ses professeurs Étienne Vacherot en 1835-1836, Jules Simon en 1836-1838 et Émile Saisset en 1838-1840.

3. Voir Isabelle HAVELANGE, Françoise HUGUET, Bernadette LEBEDEFF et Guy CAPLAT (sous la direction de), p. 276-277.

4. A. N. F 19 / 6176 (dossier Dours, chanoine de Saint-Denis), Notice individuelle, 12 avril 1860.

nomination comme recteur du Puy-de-Dôme correspond à la réforme des rectorats; désormais il en existe un par département, d'où la nécessité de recruter des fonctionnaires qui soient à même d'imposer un plus grand contrôle de l'État sur le corps enseignant et notamment sur les instituteurs. C'est ce qui explique le recours à des ecclésiastiques: Dours à Clermont, mais aussi Sergent à Nevers, lequel n'était pas jusqu'alors membre de l'Université – il avait cependant dirigé le petit séminaire de Corbigny. Sergent semble s'être acquitté pleinement de la tâche qui lui était confiée, selon une note de la Direction des cultes: «Il avait rendu les plus grands services dans l'exercice de ses fonctions par sa fermeté à rétablir l'ordre dans un pays que le socialisme avait particulièrement envahi et par le zèle qu'il avait mis à introduire dans l'instruction primaire de ce département les instituteurs et les institutrices des congrégations religieuses [1].» Parmi les membres de l'enseignement public on peut enfin signaler l'abbé Peschoud, directeur-adjoint du collège de Pontlevoye entre 1844 et 1856.

Quatorze évêques ont donc exercé des fonctions dans l'enseignement public soit comme professeur dans le secondaire, soit comme recteurs ou membres de l'inspection. C'est évidemment une part assez faible, mais on peut se demander si elle n'est pas proportionnellement plus forte que dans l'ensemble du clergé. Sans doute aussi le nombre de ces fonctionnaires de l'Université aurait-il été plus grand s'ils n'avaient pas été victimes de l'ostracisme romain. On doit en effet remarquer que les derniers à devenir évêques sont nommés sous le IIe Empire. Par la suite les républicains auraient incontestablement apprécié de puiser dans ce vivier, mais ils se sont heurtés à l'opposition de Rome; on le voit très clairement dans l'échec de la candidature de l'abbé Follioley.

Les aumôniers de lycée représentent une catégorie assez proche de la précédente. Ils sont également des fonctionnaires à part entière, ils partagent la vie quotidienne de leurs collègues professeurs et logent en général sur leur lieu d'exercice. Leur traitement est celui des autres professeurs; il est ainsi de 2 000 francs au milieu du siècle. Mais contrairement aux ecclésiastiques professeurs, dont la nomination est du seul ressort du ministère [2], les aumôniers sont proposés par l'évêque au ministre qui les nomme.

---

1. A. N. F 19 / 2564 (dossier Sergent), Note de la Direction des cultes sur l'abbé Sergent, 8 février 1855.
2. Ces ecclésiastiques doivent cependant obtenir l'accord de leur évêque.

L'aumônerie de lycée est donc en partie contrôlée par l'épiscopat. Vingt et un évêques ont été aumôniers d'établissements d'enseignement public au XIXᵉ siècle. Neuf ont été aumôniers de lycées appartenant au diocèse de Paris [1] et douze dans des collèges ou des lycées de province [2]. Parmi ces derniers, trois ont été en outre aumôniers dans une école normale [3]. Les deux premiers à être promus évêques sont aussi les plus connus comme aumôniers, car Salinis et Gerbet avaient transformé le lycée Henri-IV, où ils étaient respectivement premier et second aumônier depuis 1822, en véritable plaque tournante du mennaisianisme. Mais c'est surtout sous la IIIᵉ République que ces aumôniers sont recrutés : quatorze évêques nommés alors avaient occupé cette fonction. L'aumônier fait figure de libéral par excellence [4], tandis que pour la hiérarchie c'est un ecclésiastique qui a quasiment un pied hors de l'Église. L'argument est utilisé pour déprécier ces ecclésiastiques auprès du Saint-Siège : Mgr Parisis par exemple dénonce les liens de l'abbé Darboy, qui fut sept ans aumônier du lycée Henri-IV, avec les milieux universitaires [5], tandis que les détracteurs de l'abbé Juteau en 1888 mettent en cause ses activités d'aumônier. Il faut donc attendre la fin du régime concordataire pour que le gouvernement de Waldeck-Rousseau nomme directement évêques deux aumôniers de lycée : Bouquet, premier aumônier de Louis-le-Grand, et Lacroix, aumônier du lycée

---

1. Salinis, Gerbet, Duquesnay et Darboy à Henri-IV, Roche et Bouquet à Louis-le-Grand, Bonfils et Lacroix au lycée Michelet de Vanves, Latty à Sainte-Barbe.

2. Galtier, aumônier du lycée de Nîmes puis de Rodez, Peschoud, aumônier du lycée de Nîmes, Pichenot du collège de Sens, Besson du collège de Gray, Francqueville du lycée d'Amiens, Germain du lycée de Caen, Goux du lycée de Toulouse, Henry du lycée de Montpellier, Julien-Laferrière du collège de Saintes, Juteau du lycée de Tours, Legain du lycée de Montauban et Saivet du lycée d'Angoulême.

3. Peschoud à l'école normale du Jura, Galtier dans celle du Gard et Legain dans celle du département de Tarn-et-Garonne.

4. Cette réputation des aumôniers de lycée vient du fait que nombre d'ecclésiastiques refusent cette position qui fait d'eux des fonctionnaires de l'Université. Ainsi, l'ultramontain Saivet, nommé aumônier du lycée d'Angoulême en 1858, commence par refuser ce poste : « Les deux mille francs du lycée [traitement de l'aumônier] pourraient se multiplier par cent mille encore, sans faire, pour moi, l'ombre même d'une tentation ; et, quel que soit l'état présent de ma famille, je préférerais vivre, avec elle, de pain noir, plutôt que de me lier à l'Université » (cité par Émile ROUS, *Mgr Saivet, évêque de Mende [1872-1876], et de Perpignan [1876-1877] d'après sa correspondance et ses écrits*, Paris, Lille, Desclée de Brouwer et Cie, 1900, 2 tomes, 512 et 485 p., t. I, p. 157). Saivet finit par accepter ce poste.

5. A.S.V., S.d.S., Rub 248, anno 1859, fasc. 4, Mgr Parisis au nonce, 27 juillet 1859.

Michelet. Auparavant le Saint-Siège les aurait récusés, en arguant de leur manque d'expérience administrative. C'est cette raison qui avait poussé l'abbé de Bonfils à devenir curé après avoir été de nombreuses années aumônier de divers lycées parisiens.

Les fonctions d'aumônier laissent des loisirs ; elles offrent surtout des vacances beaucoup plus longues que celles de la majorité du clergé. L'abbé Saivet décrit ainsi ses nouvelles fonctions d'aumônier au lycée d'Angoulême : « Ma position, comme agrément, est de beaucoup préférable à celle que j'avais à l'évêché [il était secrétaire de Mgr Cousseau]. Liberté absolue, lumineux et splendide horizon, habitation mignonne, point de travail exagéré [1]. » Ces fonctions consistent en fait principalement à faire le catéchisme, des instructions au cours de la messe et des conférences religieuses, mais aussi à confesser les élèves [2]. Elles laissent du temps libre que la plupart des aumôniers occupent à des travaux intellectuels. Incontestablement l'aumônier de lycée appartient à l'élite du clergé français du XIXe siècle.

Les professeurs des facultés de théologie quant à eux sont également membres de l'Université ; ils dépendent en effet du ministère de l'Instruction publique. Ils ont cependant une relative autonomie par rapport à leurs collègues du secondaire, dans la mesure où ils forment un corps à part ; il n'existe pas de professeur dans les facultés de théologie qui ne soit pas ecclésiastique. En outre, c'est sur proposition de l'évêque dont dépend la faculté qu'ils sont nommés. Il demeure donc un lien entre ces professeurs et l'archevêché, lien particulièrement fort à Paris. À l'intérieur de ce corps professoral, il faut distinguer les professeurs de plein exercice, nécessairement titulaires d'un doctorat de théologie, et les suppléants qui, souvent faute de titre universitaire, sont simplement chargés de

---

1. Émile ROUS, t. I, p. 178.
2. Le rapport d'inspection de l'abbé Darboy, pour l'année 1846, permet de se faire une idée de la manière dont se déroulaient les séances d'aumônerie (A. N. F 17 / 6936) : « Nous avons assisté à une de ces leçons. La récitation textuelle de l'Évangile et du catéchisme historique, sans intelligence de la part des élèves, sans commentaire ni développement de la part du maître est un exercice trop sec et trop stérile, qui ne ressemble pas assez à un enseignement. Après ce préambule, M. l'aumônier adjoint a développé une question de dogme avec assez de clarté et de suite, mais avec peu de talent et d'élévation. M. l'abbé d'Arbois [sic] bien conseillé peut rendre ses conférences tout à fait profitables. Les élèves ne sont pas tenus de rédiger la leçon. Ce travail est facultatif [...]. À la première messe nous avons entendu M. l'abbé d'Arbois [sic] faire au petit collège une instruction fort convenable et écoutée avec beaucoup d'attention. »

cours. Parmi les évêques du XIXᵉ siècle, 27 ont fait partie des cadres des facultés de théologie : 9 en qualité de professeurs [1], 18 en qualité de chargés de cours [2], parmi lesquels 4 étaient titulaires d'un doctorat en théologie, ce qui porte à 13 sur 27 le nombre de docteurs. 6 appartiennent à la première génération, celle des fondateurs des facultés de théologie ; ils ont été nommés professeurs (1) ou chargés de cours (5) entre 1809 et 1819. 9 appartiennent à la deuxième génération, qui correspond aux efforts de réorganisation de ces facultés entre 1838 et 1848 ; seul professeur, l'abbé Fayet fait le lien entre les deux moments de cette histoire, après un passage par l'inspection générale. Enfin la dernière génération est caractérisée par la reprise en main de ces facultés, notamment à Paris sous l'impulsion de l'abbé Maret : elle compte 8 professeurs et 4 chargés de cours. L'implantation géographique de ce corps professoral est la suivante : Paris, 15 ; Aix, 3 ; Bordeaux, 3 ; Toulouse, 3 ; Lyon, 2 ; Rouen, 1. Les six facultés de théologie françaises sont donc représentées dans l'épiscopat, avec une forte prépondérance parisienne, due à l'influence de Maret. Trois de ces professeurs ont été en même temps doyen de leur faculté de théologie : Fayet à Rouen, Pavy à Lyon et Boyer à Aix.

Les carrières de ces professeurs sont variables. Gerbet est nommé à deux reprises suppléant de la faculté de théologie de Paris, en 1820 à la chaire de théologie morale et en 1849 à celle d'éloquence sacrée, mais ni en 1820 ni en 1849 il n'exerce réellement [3]. Dans l'ensemble, les suppléants n'enseignent que quelques années seulement : deux ans pour Dupanloup, trois ans pour Lacroix, quatre ans pour l'abbé Savy. En revanche, les carrières des professeurs sont plus longues et conduisent souvent directement à l'épiscopat ; c'est vrai pour Bourret, Boyer, Freppel, Perraud et Roche, auxquels il faudrait ajouter Lavigerie qui de professeur à la Sorbonne devient auditeur de rote. Deux suppléants accèdent aussi à l'épiscopat, mais ils avaient quasiment rang de professeur : Cœur, chargé du cours d'éloquence sacrée à Paris, et Pavy, doyen de la faculté de Lyon depuis 1842.

---

1. Fayet, Cruice, Freppel, Lavigerie, Meignan, Bourret, Boyer, Perraud et Roche.
2. Cottret, Savy, Lacroix, Lanneluc, Pavy, Rey, Cœur, Dupanloup, Salinis, Gazailhan, Gerault de Langalerie, Gerbet, Ginoulhiac, Hugonin, Plantier, Bouquet, Duquesnay et Latty.
3. ABBÉ DE LADOUE, *Mgr Gerbet, sa vie, ses œuvres et l'école mennaisienne,* Paris, Tolra et Haton, 1870, t. I, p. 52.

La tâche de ces professeurs n'était pas très lourde, étant donné le très petit nombre d'étudiants dans les facultés au cours de la première moitié du siècle. De plus, les suppléants n'avaient pas les titres nécessaires pour accorder les diplômes, ce qui allégeait d'autant leur travail. Enfin, avant 1850, ces enseignants ne produisent guère d'œuvres littéraires ou théologiques. Cela explique que la plupart aient pu en même temps exercer d'autres fonctions : Rey est secrétaire de Mgr Champion de Cicé, Cottret supérieur du petit séminaire Saint-Nicolas-du-Chardonnet et chanoine de Paris, Fayet chanoine puis vicaire général de Rouen, Géraud de Langalerie secrétaire général de l'archevêché de Bordeaux, Dupanloup supérieur du petit séminaire Saint-Nicolas-du-Chardonnet, Cœur chanoine et membre du conseil archiépiscopal de Paris. En revanche, après 1840 ou 1850 selon les villes, le professorat absorbe davantage les futurs évêques, signe de la reprise des études dans les facultés de théologie. Docteurs pour la plupart, ils sont désormais conduits à produire de véritables cours [1], parfois publiés, et à faire passer des examens. La fonction de professeur de faculté de théologie devient un véritable métier. C'est en tout cas ainsi que l'a conçu Mgr Maret à Paris. Les seuls cumuls possibles concernent d'autres établissements d'enseignement : Cruice est en même temps directeur de l'école des Carmes comme Hugonin son successeur, Duquesnay est doyen du chapitre de Sainte-Geneviève où Freppel le remplace. Les liens entre faculté de théologie, école des Carmes et chapitre de Sainte-Geneviève sont en effet très étroits [2]. Ce milieu donne de nombreux ecclésiastiques à l'épiscopat, notamment sous le IIe Empire qui s'affirme globalement comme le régime le plus favorable aux membres des facultés de théologie puisque sur les 26 évêques qui y enseignent au XIXe siècle, 10 sont nommés entre 1853 et 1870. Mais Fortoul, ancien professeur d'université, leur a été, contrairement à une idée reçue, aussi favorable que ses deux successeurs, puisqu'à lui seul il en a nommé 5. Il est vrai que la personnalité des disciples de Maret a eu tendance à laisser dans l'ombre les ecclésiastiques venus des facultés de Bordeaux, Lyon

---

1. Voir les brouillons des cours de Freppel par exemple aux Archives diocésaines d'Angers, 3 Z 5.
2. Sur le renouveau des études à Paris sous le IIe Empire, voir Xavier DE MONTCLOS, *Lavigerie, le Saint-Siège et l'Église, 1846-1878,* Paris, De Boccard, 1965, 664 p., chap. II.

ou Aix. L'intérêt porté aux « intellectuels » apparaît cependant comme une constante du IIᵉ Empire.

Si l'administration des cultes a recruté plusieurs ecclésiastiques issus des facultés d'État, en revanche elle a montré une grande réticence à l'égard des professeurs des facultés catholiques. Deux d'entre eux seulement parviennent à l'épiscopat au XIXᵉ siècle. Certes, les universités catholiques sont de fondation tardive, mais c'est bien plutôt une méfiance à l'égard de leur corps enseignant qui explique cette faible représentation. Encore faut-il préciser que l'un des deux est l'abbé Fuzet, secrétaire général de la faculté catholique de Lille à partir de 1875, chargé en outre du cours d'histoire ecclésiastique; il quitte cette faculté en 1880 après avoir pris des positions républicaines qui l'entraînent dans un conflit avec ses supérieurs. Le second est l'abbé Douais, docteur en théologie, qui a été professeur à l'Institut catholique de Toulouse de 1880 à 1897, date de sa nomination comme vicaire général de Montpellier [1]. Il est nommé évêque de Beauvais en 1899 sans que sa candidature ait été préalablement instruite [2]; il est en fait proposé par le nonce lors des négociations très tendues qui marquent la période du gouvernement de défense républicaine. Sa nomination ne doit donc rien à l'administration des cultes.

En tenant compte des doubles fonctions possibles, ce sont donc 53 évêques du XIXᵉ siècle qui ont appartenu à l'Université par un biais ou par un autre. Tous sont des ecclésiastiques qui ont été ordonnés sous le Concordat. Ces « universitaires » représentent donc 14,6 % du groupe des évêques ordonnés après 1802. C'est dans ce groupe que l'on rencontre la plupart des intellectuels de l'épiscopat.

Les professeurs de séminaires.

Parmi les 203 évêques enseignants, les plus nombreux, 150, ont enseigné dans un séminaire. Dix-huit étaient membres de congrégations enseignantes et 132 étaient donc des prêtres diocésains, ce qui montre la part prise par ce clergé dans la formation sacerdotale

---

1. A. N. F 19 / 2502 (dossier Douais).
2. A. N. F 19 / 2502 (dossier Douais), Note sur M. Douais : « N'a pas de dossier, personne n'ayant parlé de sa candidature à l'épiscopat. » De fait son dossier se compose des pièces se rapportant à sa nomination comme vicaire général de Montpellier en 1897 et de celles relatives à la demande faite pour lui des palmes académiques.

au XIXe siècle, part beaucoup plus grande qu'elle ne l'était sous l'Ancien Régime. Dans ce groupe de 132 professeurs de séminaires devenus évêques, 8 ont été nommés sous la Restauration, 22 sous la monarchie de Juillet, 8 sous la IIe République, 31 sous le IIe Empire et 63 sous la IIIe République. Ils ont enseigné aussi bien dans des petits séminaires (PS) que dans des grands séminaires (GS), comme le montre le tableau suivant :

Tableau des types d'établissement
où ont exercé les professeurs de séminaires devenus évêques

	GS	*PS*	*PS et GS*
Rest.	5	2	1
MdJ	13	6	3
IIe Rép.	4	2	2
IIe Emp.	11	14	6
IIIe Rép.	14	37	12

Au début du siècle, l'accent est mis sur la formation sacerdotale. On retrouve donc tout naturellement dans les grands séminaires les meilleurs éléments du clergé, appelés à devenir évêques quelques années plus tard. À partir des années 1830-1840 en revanche, une fois mis en place les grands séminaires, les petits séminaires bénéficient à leur tour de l'attention de l'épiscopat. Or, comme ils sont plus nombreux, ils donnent fort logiquement davantage de professeurs, voire de supérieurs, à l'épiscopat dans les années suivantes. Ainsi s'explique qu'à la fin du siècle les anciens professeurs de petits séminaires soient plus nombreux à entrer dans l'épiscopat que les anciens professeurs de grands séminaires.

Symboliquement, la IIe République apparaît comme l'âge d'or pour les professeurs de séminaires. Elle le doit bien sûr à l'élection de l'abbé Dupanloup, ancien supérieur du célèbre séminaire parisien de Saint-Nicolas-du-Chardonnet, mais aussi à la nomination de cinq autres anciens supérieurs de séminaires, Cousseau, supérieur du grand séminaire de Poitiers, Lyonnet, supérieur du petit séminaire de Lyon, Mabile, supérieur du grand séminaire de Montauban, Pallu du Parc, supérieur du grand séminaire de La Rochelle, et Guerrin, qui avait été supérieur du petit séminaire de Luxeuil avant de devenir vicaire général de Besançon. Pourtant, sur l'ensemble du siècle, les supérieurs de séminaires sont assez peu nombreux à devenir évêques, une trentaine environ [1]. Ainsi, la lutte imaginée par Anatole France, dans *L'Orme du mail* [2], entre un vicaire général et le supérieur du grand séminaire, a tourné dans la réalité, comme dans le roman, à l'avantage du vicaire général. Plus reclus, le supérieur de séminaire a moins de contacts avec l'administration. Néanmoins, il demeure une des personnalités les plus éminentes du diocèse, ce qui explique qu'un certain nombre d'entre eux soient devenus évêques, la plupart ayant du reste été associés en même temps à l'administration diocésaine.

Rares sont cependant les évêques à avoir effectué toute leur carrière dans un séminaire. C'est le cas pourtant de l'abbé Monyer de Prilly qui, après son ordination, se voit confier la direction du petit séminaire d'Avignon. L'abbé Cousseau fait également toute sa carrière comme professeur de séminaire. Après avoir fait ses études à Saint-Sulpice, il est nommé professeur de dogme au grand séminaire de Poitiers ; il en devient le supérieur à trente-trois ans. Il participe en même temps au conseil épiscopal, en qualité de vicaire général honoraire, mais l'essentiel de son activité est l'enseignement. Il fait du reste figure d'«homme de science [3]». Cet exemple de continuité professionnelle est également suivi par l'abbé Foulon. Condisciple et ami d'Ernest Renan à Saint-Nicolas-du-Chardonnet, il entre ensuite au séminaire Saint-Sulpice, puis devient le premier licencié ès lettres sorti de l'école des Carmes. En 1847 il est nommé professeur au petit séminaire parisien de Saint-Nicolas-des-Champs [4] ; il y devient professeur de rhétorique en 1851, en même temps que préfet des études. Directeur du petit séminaire parisien en 1861, il est nommé supérieur en 1863, à la place de l'abbé Place, parti remplacer Mgr Lavigerie comme auditeur de rote à Rome. Ainsi, après Dupanloup et Place, Foulon est le troisième supérieur du petit séminaire parisien à devenir évêque [5]. Ce sémi-

---

1. 3 sous la Restauration, 5 sous la monarchie de Juillet, 6 sous la IIe République, 8 sous le IIe Empire et 10 sous la IIIe République.

2. *L'Orme du mail* est le premier volet de la tétralogie d'Anatole FRANCE intitulée *Histoire contemporaine.*

3. A. N. F 19 / 2491 (dossier Cousseau), le procureur général de Poitiers au ministre, 30 mai 1850 : «Il aime les lettres sérieuses : l'antiquité, les recherches historiques remplissent les loisirs que lui laissent la direction du grand séminaire et l'enseignement de l'hébreu qu'il y donne.» Il est du reste membre de la Société des antiquaires de l'Ouest.

4. Après la réforme entreprise par Mgr Affre, ce séminaire remplace Saint-Nicolas-du-Chardonnet comme petit séminaire diocésain.

5. Le quatrième si l'on compte l'abbé Cottret, supérieur de Saint-Nicolas-du-Chardonnet dans les années 1810, mais qui n'avait pas laissé un très grand souvenir à la tête de cette maison.

naire est du reste celui qui a accueilli le plus de futurs évêques, puisque, outre Place et Foulon, y ont enseigné plus ou moins longuement les abbés Meignan, Lavigerie, Darboy, Lequette, Soubiranne, Bouquet, Coullié et Fabre, soit dix futurs évêques. En outre, l'abbé Hautin était devenu en 1866 supérieur du séminaire Saint-Nicolas-du-Chardonnet, transformé depuis le milieu des années 1840 en succursale de Notre-Dame-des-Champs.

Parmi les autres grands séminaires, celui de Rennes s'affirme comme une véritable pépinière d'évêques. Y ont enseigné en effet l'abbé Millaux, qui en est même le supérieur depuis 1809 [1], avant d'être promu évêque de Nevers en 1823, les abbés Bossais Saint-Marc et Robiou de La Tréhonnaye, nommés sous la monarchie de Juillet, enfin les abbés Nouvel de la Flèche, Guerard et Guillois, promus à l'épiscopat sous la IIIe République. Guillois avait également été supérieur du grand séminaire de Rennes. Le rôle du grand séminaire de Besançon est sans doute davantage connu ; pourtant quatre futurs évêques seulement y ont enseigné, Gousset et Cart, promus à l'épiscopat sous la monarchie de Juillet, Jacquenet et Dubillard, ce dernier supérieur du séminaire, devenus évêques sous la IIIe République. Le renom de Besançon s'explique en partie par la personnalité de ses professeurs, notamment Gousset et Dubillard, auteurs de manuels de théologie réputés. Quatre évêques également avaient été professeurs au grand séminaire d'Arras : Lequette, Catteau, Sueur et Labouré qui en fut le supérieur [2]. Le grand séminaire de La Rochelle avait vu passer trois futurs évêques, Jaquemet et Pallu du Parc, anciens condisciples à Saint-Sulpice, et l'abbé Boudinet qui deviendra ensuite supérieur du petit séminaire de Pons. Pour le reste, les établissements d'exercice des futurs évêques sont relativement dispersés à travers la France.

Parmi les professeurs de séminaires, il faut faire une place à part aux membres des congrégations enseignantes, même si leur nombre est très restreint au sein de l'épiscopat français, d'une part parce que la règle de la plupart d'entre elles s'oppose à une promotion à l'épiscopat, et d'autre part parce que le gouvernement français a toujours eu des préventions à l'égard des congréganistes.

---

1. Voir Michel LAGRÉE, *Mentalités, religion et histoire en Haute-Bretagne au XIXe siècle. Le diocèse de Rennes (1815-1848)*, Paris, Klincksieck, 1977, 492 p., p. 236.
2. Voir Yves-Marie HILAIRE, *Une chrétienté au XIXe siècle. La vie religieuse des populations du diocèse d'Arras (1840-1914)*, Lille, Publications de l'université Lille-III, 2 tomes, 1017 p.

Les évêques ayant appartenu à la congrégation des Sulpiciens sont les plus nombreux ; on en dénombre sept [1]. Ils n'ont pas tous fait leurs études au séminaire Saint-Sulpice, mais comme l'ensemble des Sulpiciens ils sont venus accomplir une année de noviciat à la Solitude d'Issy. Un seul de ces Sulpiciens est encore membre de sa congrégation au moment de sa nomination à l'épiscopat, il s'agit de l'abbé Baudry. Les six autres l'avaient quittée après un passage plus ou moins bref. L'abbé Tharin avait remplacé les Sulpiciens, chassés de France en 1811, au séminaire Saint-Sulpice. Il entre dans la Compagnie en 1815 et la quitte en 1818 après avoir été supérieur du grand séminaire de Bayeux. L'abbé Affre s'y intègre en 1818, attiré par son oncle l'abbé Boyer, responsable de sa formation, et devient professeur de dogme au séminaire parisien, mais il quitte la Compagnie en 1820. À son poste de professeur de dogme, il est remplacé par l'abbé Lacroix, admis dans la Compagnie la même année, qui devient ensuite supérieur du grand séminaire de Rodez en 1822 et reste membre de la Compagnie jusqu'en 1836. L'abbé Rousselet a quant à lui été admis dans la société de Saint-Sulpice en 1825 ; il est alors nommé professeur de philosophie aux séminaires de Bayeux, de Bourges puis d'Angers. En 1836, attiré à Autun par Mgr du Trousset, il quitte la Compagnie de Saint-Sulpice [2]. Enfin, l'abbé de Pompignac, après son année de noviciat en 1827, est désigné comme directeur d'études au grand séminaire de Rodez, dont il est nommé supérieur en 1831. En 1842, il est attiré par l'évêque de Saint-Flour qui le nomme chanoine titulaire ; peu après il entre dans le conseil de Mgr de Marguerye et abandonne le statut de sulpicien ; l'évêque de Saint-Flour avait su estimer sa valeur [3]. Cette hémorragie finit par inquiéter les supérieurs de Saint-Sulpice, sensibles au départ de certains de leurs meilleurs éléments vers l'administration diocésaine. Ils reprochent notamment aux évêques des diocèses où ils ont été appelés pour diriger le séminaire de débaucher leurs membres [4]. L'affaire la plus

---

1. Tharin, Affre, Lacroix, Pompignac, Rousselet, Baudry et Dabert.
2. Voir J. ROMBAULT, *Vie de Mgr Rousselet, évêque de Séez*, Le Mans, Typographie Edmond Monnoyer, 1882, 376 p.
3. A. N. F 19 / 2639 (dossier Pompignac, candidat à l'épiscopat), l'évêque de Saint-Flour au ministre, 19 janvier 1846 : « Il était un des membres les plus estimés de Saint-Sulpice. »
4. Les Sulpiciens se montrent ainsi réticents devant la nomination de l'abbé de Pompignac comme chanoine de Saint-Flour ; A. N. F 19 / 2848 (dossier Pompignac, chanoine de Saint-Flour), l'évêque de Saint-Flour au directeur, 25 juillet 1842 : « Ces

éclairante en ce domaine est celle qui concerne le diocèse de Viviers dans les années 1840. L'abbé Dabert, sulpicien depuis 1838 et professeur de morale au grand séminaire de Viviers, est choisi en 1847 par Mgr Guibert comme vicaire général. Mais M. Courson, supérieur de la Compagnie depuis 1845, proteste contre cette nomination et menace d'abandonner Viviers [1]. Mgr Guibert renonce donc, dans un premier temps, à cette nomination [2], mais l'abbé Dabert n'accepte pas cette décision ; il se retire de la Compagnie et devient vicaire général de Viviers [3]. Mais la Compagnie se montre désormais stricte sur le départ de ses membres vers les postes concordataires. Elle est de ce fait très réticente face à la nomination de l'abbé Baudry, professeur au séminaire Saint-Sulpice, à l'évêché de Périgueux en 1861 [4]. L'abbé Baudry est cependant le seul Sulpicien en activité à avoir accepté l'épiscopat au XIXe siècle. L'abbé Hamon, curé de la paroisse Saint-Sulpice depuis 1851, date de sa réunion à la Compagnie, est en effet contraint par ses supérieurs de refuser l'évêché qu'on lui proposait. Mais l'abbé Baudry était lui passé outre. Or sa nomination est représentative de l'attention particulière portée par les gouvernements français aux Sulpiciens, lesquels gardent jusque dans les années 1870 une réputation de gallicanisme.

Messieurs de Saint-Sulpice me prient d'attendre parce qu'ils ont à prendre une détermination au sujet de l'abbé de Pompignac qu'ils s'attendent bien du reste à ne pouvoir conserver à cause de son état de santé.»

1. Pierre BOISARD, *La Compagnie de Saint-Sulpice. Trois siècles d'histoire*, s.l.n.d., 2 tomes, 801 p., p. 354.

2. A. N. F 19 / 2813 (dossier Dabert, vicaire général de Viviers), l'évêque de Viviers au ministre, 22 juillet 1847 : «M. l'abbé Dabert appartenant à la congrégation de Saint-Sulpice, le supérieur de cette société m'a adressé au sujet de cette nomination quelques observations qui méritent d'être examinées avec maturité. Je vous prie donc M. le ministre de regarder la nomination que j'ai faite de M. Dabert comme non avenue pour le moment.» Cette nomination qui avait été agréée par le roi le 16 juillet est cependant maintenue.

3. Si l'on en croit la rumeur publique, rapportée par le préfet de l'Ardèche, Mgr Guibert aurait à son tour menacé les Sulpiciens d'accepter leur départ au cas où ils ne céderaient pas dans l'affaire Dabert ; A. N. F 19 / 2813 (dossier Dabert, vicaire général de Viviers), le préfet de l'Ardèche au ministre, 2 avril 1859 : «L'on m'assure même que ce ne fut qu'après avoir été placés dans l'alternative de céder ou d'abandonner la direction du séminaire de Viviers, que les supérieurs de l'ordre se rendirent au désir de Monseigneur et que M. Dabert quitta la Compagnie de Saint-Sulpice dont il n'a plus fait partie depuis.»

4. Élève du séminaire de Nantes, alors dirigé par M. Courson, Baudry entre dans la Compagnie de Saint-Sulpice, sous l'influence de ce dernier. Après son année de noviciat, il retourne à Nantes en 1841 comme professeur de philosophie. M. Courson, devenu supérieur de la Compagnie en 1845, le fait venir à Paris ; il est à partir d'octobre 1846 professeur de dogme au séminaire Saint-Sulpice.

La congrégation des Oblats de Marie-Immaculée n'avait pas une vocation uniquement enseignante, pourtant deux de ses membres devenus évêques avaient été professeurs. Ce sont les abbés Guibert et Balaïn dont les carrières sont du reste liées. Le premier avait créé de toutes pièces le petit séminaire d'Ajaccio en 1835. Devenu évêque de Viviers il est à l'origine de l'entrée de l'abbé Balaïn chez les Oblats. Comme son évêque quelques années plus tôt, l'abbé Balaïn est envoyé en Corse par Mgr de Mazenod, d'abord comme professeur au grand séminaire en 1853, puis comme supérieur du petit séminaire de Vico ; il rentre en France en 1857 et devient supérieur du grand séminaire de Fréjus.

Deux autres évêques sont également issus de congrégations enseignantes. L'un des deux est lazariste ; l'abbé Tanoux est entré dans cette congrégation autorisée, en 1863. Ordonné prêtre en 1866, il a d'abord été professeur au séminaire de Nice, puis il a dirigé plusieurs établissements d'enseignement à l'étranger, avant de devenir recteur de Saint-Louis-des-Français à Madrid. Bien que la promotion d'un lazariste à l'épiscopat soit exceptionnelle, il ne semble pas que la nomination de l'abbé Tanoux à l'évêché de la Martinique ait suscité de réelles difficultés, malgré certains commentaires dans la presse [1]. Enfin, l'abbé Lacroix avait fait partie de la congrégation des Dominicains du tiers ordre enseignant de 1875 à 1884 – il n'est ordonné prêtre qu'en 1882. Il fut successivement professeur à Sorèze, à l'école Saint-Charles à Saint-Brieuc, de nouveau à Sorèze, puis à l'école Saint-Thomas-d'Aquin d'Oullins dans le Rhône. Depuis 1880, il a quitté l'habit religieux et après son ordination en 1882 il enseigne en qualité de prêtre libre, mais il a maintenu les liens avec son ordre. C'est en 1884 qu'il demande sa sécularisation complète [2]. En 1900, en se portant candidat à l'épiscopat, il précise

---

1. A. N. F 19 / 2581 (dossier Tanoux), le *Gaulois* et le *Figaro* du 6 février 1898, *L'Éclair* du 7 février 1898 se font l'écho de difficultés de cet ordre, mais l'*Univers* du 9 février les dément. Enfin, une lettre du marquis de Reverseaux, qui soutient activement Tanoux, du 11 octobre 1897 évoquait déjà ce problème : « L'abbé Tanoux m'assure que le supérieur général des Lazaristes auquel il a parlé de son désir d'être appelé à un évêché aux colonies lui a dit qu'il verrait sa nomination avec grand plaisir et comme un honneur accordé à son ordre. »

2. B. N. , Département des manuscrits, N. A. F. 24 406 (papiers Lacroix). Dans le plan de ses mémoires, Lacroix écrit à propos de cette sécularisation : « Demande de sécularisation. Motifs allégués : fatigue des yeux, charge de famille. Autres raisons : préparer doctorat, échapper aux étroitesses de l'orizon [sic] du Tiers-Ordre. » Il le quitte, écrit-il un peu plus loin, avec « livres, linge, 500 F ».

pour dissiper les dernières préventions qui pouvaient naître de son appartenance à une congrégation non autorisée : « En somme il y a un peu plus de vingt ans que le lien religieux a été rompu par moi avec l'ordre de Saint-Dominique : il doit y avoir prescription [1]. » C'est malgré tout un paradoxe que le gouvernement de Waldeck-Rousseau ait promu à l'épiscopat un des très rares ecclésiastiques du XIXe siècle à avoir appartenu à une congrégation non autorisée avant de devenir évêque. Enfin l'Oratoire, reconstitué par le père Gratry, n'a offert qu'un évêque à l'épiscopat, au XIXe siècle, l'abbé Perraud.

Une place à part doit être faite enfin à une société de prêtres missionnaires qui devient très vite aussi un foyer d'enseignants. La Société des prêtres de Saint-Irénée, généralement désignée sous le nom de « Maison des Chartreux », joue en effet, dès sa fondation en 1816, un rôle important dans l'enseignement à Lyon [2]. Les Chartreux dirigent le petit séminaire de l'Argentière, le séminaire de philosophie d'Alix et l'institution des Chartreux proprement dite. Sur 10 Chartreux parvenus à l'épiscopat au XIXe siècle [3], 7 avaient enseigné. Parmi eux figurent deux des fondateurs de cette communauté. L'abbé La Croix d'Azolette, qui avait été supérieur du petit séminaire de l'Argentière de 1809 à 1811, puis du grand séminaire de l'Argentière de 1811 à 1813, est désigné comme le premier supérieur des Chartreux ; il continue pendant quatre ans à exercer au grand séminaire. Il est secondé par l'abbé Mioland, qui le remplace à la tête de la communauté en 1824. C'est l'abbé Mioland qui forme l'abbé Cœur, appelé à enseigner avant même son ordination, l'abbé Plantier, qui devient chargé du cours d'hébreu à la faculté de théologie de Lyon, et l'abbé Callot qui fut pendant vingt ans professeur de philosophie dans l'institution des Chartreux avant de devenir en 1856 curé du Bon-Pasteur à Lyon. Mais c'est incontestablement l'abbé Thibaudier dont la carrière s'identifie le mieux à la vocation enseignante de cette congrégation [4]. Professeur de philosophie au collège des Chartreux en 1849, il en devient le directeur des études en 1864. Puis en 1869 le cardinal de Bonald le

---

1. A. N. F 19 / 2586 (dossier Lacroix), l'abbé Lacroix au directeur, 19 décembre 1900.

2. Voir Georges BABOLAT, « Les Chartreux de Lyon », dans : Jacques GADILLE (dir.), *Les Catholiques libéraux au XIXe siècle*, Grenoble, Presses universitaires de Grenoble, 1974, 595 p., p. 453-462.

3. La Croix d'Azolette, Mioland, Donnet, Dufêtre, Cœur, Plantier, Callot, David, Thibaudier, Gonindard.

4. Voir Georges BABOLAT.

charge de fonder une école des hautes études, sur le modèle de l'école des Carmes de Paris. Promu à Lyon, Mgr Ginoulhiac en fait son vicaire général, puis l'obtient comme évêque auxiliaire en 1875. À ce poste Mgr Thibaudier participe à la fondation de la faculté catholique de Lyon [1]. Enfin l'abbé Gonindard, professeur à l'institution des Chartreux, dès son ordination en 1861, y est nommé directeur d'études en 1871, en remplacement de l'abbé Thibaudier, et seconde en fait le supérieur, l'abbé Hyvrier [2]. Il a donc fait toute sa carrière dans le collège tenu par les Chartreux à Lyon. À l'image des Sulpiciens, les Chartreux ont une réputation de libéralisme, voire de gallicanisme, ce qui explique leur recrutement, d'autant plus qu'ils forment une élite intellectuelle au sein du clergé français. Mais surtout, membres d'une communauté aux liens très forts, ils se sont poussés mutuellement à l'épiscopat. Tous les Chartreux du reste ne se sont pas consacrés à l'enseignement, puisque cette congrégation était avant tout, à l'instar de celle des Oblats, une congrégation missionnaire. Mais le lien existant entre les deux fonctions montre bien l'importance pour l'Église de France au XIXe siècle de ces deux secteurs que sont la formation et la mission. Dès lors il n'est pas surprenant que l'épiscopat soit recruté de façon significative au sein du clergé enseignant, mais aussi parmi les prêtres missionnaires.

Les professeurs de collèges catholiques.

Dans le dernier tiers du XIXe siècle, l'épiscopat voit entrer dans ses rangs vingt-trois anciens professeurs de collèges catholiques, créés après le vote de la loi Falloux. Au sein de ce groupe, trois ecclésiastiques au moins ont été des fondateurs de collèges. L'abbé Besson bâtit ainsi à Besançon le collège Saint-François-Xavier. L'abbé Freppel est quant à lui rappelé à Strasbourg en 1850 par Mgr Raess qui lui confie le soin de fonder un collège catholique [3]. L'abbé Mortier, après avoir enseigné au petit séminaire de Cambrai

---

1. Thibaudier est ainsi associé très activement à l'administration du diocèse de Lyon, comme l'avait été avant lui l'abbé Mioland. D'autres Chartreux sont devenus curés ou chanoines, ce qui montre leur ancrage dans le milieu ecclésiastique local et explique aussi leur promotion future. Seul Gonindard s'est consacré uniquement à l'enseignement.

2. A. N. F 19 / 2568 (dossier Gonindard).

3. Eugène TERRIEN, *Mgr Freppel*, Angers, 1931, t. I, 659 p., p. 117-123. Freppel est chargé de trouver le local, de recruter les professeurs, d'organiser les études.

et au collège libre de Saint-Amand est chargé par son évêque de mettre sur pied un nouvel établissement, à Bavay, qui devient le collège de l'Assomption.

Sous-directeur de l'école de Sorèze, l'abbé Le Camus, ancien élève de Saint-Sulpice et docteur en théologie, fonde à Castelnaudary en 1875 le collège Saint-François-Xavier. Selon le préfet de l'Aude, « les débuts de cet établissement furent brillants, mais la crise agricole et viticole ayant eu pour conséquence une diminution sensible dans le nombre des élèves, M. Le Camus céda son établissement aux Pères du Saint-Esprit [1] ». Il se retire alors, à partir de 1887, dans une propriété qu'il possède près de Castelnaudary. Mais cette cession aux Pères du Saint-Esprit suscite des remous dans le monde catholique local, notamment chez les actionnaires du collège qui l'accusent d'avoir procédé à cette liquidation au mieux de ses intérêts, de sorte que lorsqu'il est question de l'abbé Le Camus pour l'épiscopat en 1889, le Saint-Siège s'oppose à sa promotion [2]. Le Camus est finalement nommé en 1900. Mais cette affaire montre que les anciens supérieurs de collèges catholiques jouissent d'une relative indépendance par rapport au pouvoir épiscopal, ce qui peut expliquer qu'ils aient été choisis par des gouvernements républicains, malgré leurs préventions à l'égard de l'enseignement privé. Le cas de l'abbé Jauffret en offre un autre exemple flagrant.

L'abbé Jauffret, ordonné en 1860, titulaire du double baccalauréat ès lettres et ès sciences, docteur en théologie, est d'abord nommé professeur à l'école de Belzunce à Marseille. En 1870 Mgr Place lui confie la charge de supérieur. «Je lui avais confié, rappelle le cardinal Place en 1889, dans des conditions difficiles, la réorganisation d'une maison diocésaine d'éducation, il s'est très bien acquitté de cette mission [3].» À la même époque en effet, Mgr Robert, successeur de Place à Marseille, met en cause les qualités de l'abbé Jauffret: «Devenu supérieur, il n'a pas répondu aux espérances qu'il avait données dans une position secondaire [4].» L'évêque de Marseille a tout fait depuis son arrivée pour l'écarter du collège de Belzunce, en le nommant chanoine en 1884, mais la

---

1. A. N. F 19 / 2569 (dossier Le Camus), le préfet de l'Aude au ministre, 23 janvier 1887.
2. A. S. V., S. d. S., Rub 248, anno 1890, fasc. 8, le nonce au secrétaire d'État, 1er mars 1889.
3. A. N. F 19 / 2501 (dossier Jauffret), l'archevêque de Rennes au directeur, 5 avril 1889.
4. Ibid., l'évêque de Marseille au ministre, 1er avril 1889.

nomination n'est pas agréée car Mgr Robert a renoncé à son projet et maintenu Jauffret comme supérieur. Le préfet des Bouches-du-Rhône évoque ce différend : « On m'assure qu'il n'est pas en faveur à l'évêché où il est desservi par M. Payan d'Augery, vicaire général, qui est son compatriote. Pendant les vacances scolaires, M. Jauffret fut brusquement relevé de ses fonctions de directeur de l'école de Belzunce, c'est grâce aux démarches de certains pères de famille qu'au mois de décembre dernier il fut réintégré dans cette direction [1]. »

Jauffret quitte finalement ses fonctions de supérieur à la fin de 1887, pour raisons de santé, et devient chanoine sans traitement de Marseille en juillet 1888. Un an plus tard, il est promu évêque de Bayonne, grâce au soutien du cardinal Place et contre l'avis de son évêque, Mgr Robert, qui écrit qu'il n'est pas propre à diriger une grande administration telle que celle d'un diocèse [2]. Pour le cardinal Place, cette absence de pratique administrative n'est pas un obstacle à sa promotion : « La prudence et l'habileté avec lesquelles il a dirigé, pendant vingt années environ, l'importante maison dont je l'avais nommé supérieur me donnent confiance dans l'avenir s'il était promu à l'épiscopat [3]. » L'abbé Jauffret est en somme l'objet d'un conflit entre ultramontains et libéraux qui tourne à l'avantage de ces derniers, Jauffret bénéficiant en quelque sorte de l'ostracisme dont il est l'objet de la part de son évêque. Mais cet exemple d'un ecclésiastique ayant effectué toute sa carrière dans l'enseignement catholique est malgré tout marginal.

La diversité des postes occupés par les futurs évêques dans l'enseignement est donc grande. Elle s'explique en grande partie par le fait que le XIXᵉ siècle a été incontestablement un grand siècle pour l'enseignement catholique, l'Église mobilisant pour cette œuvre les meilleurs des ecclésiastiques.

---

1. A. N. F 19/2501 (dossier Jauffret), le préfet des Bouches-du-Rhône au ministre, 19 mars 1884.
2. *Ibid.*, l'évêque de Marseille au ministre, 1ᵉʳ avril 1889.
3. *Ibid.*, l'archevêque de Rennes au directeur, 5 avril 1889.

Missionnaires et aumôniers.

Les missionnaires.

On sait combien la Restauration a suscité de vocations missionnaires à l'intérieur même de l'Hexagone, plusieurs sociétés de
prêtres se fondant alors pour évangéliser un pays suspecté d'avoir
délaissé les pratiques religieuses sous les coups déchristianisateurs
de la Révolution [1]. Ce phénomène des missions intérieures connaît
alors un développement considérable et la figure du missionnaire
s'impose comme un modèle à suivre pour la plupart des jeunes
aspirants au sacerdoce qui se pressent en masse vers les séminaires
à partir des années 1820. La mission attire les meilleurs éléments
du jeune clergé français, venu à la prêtrise dans le contexte de la
réorganisation concordataire. On comprend dès lors pourquoi
d'éminents membres de l'épiscopat français avaient au préalable
participé à cette œuvre. La communauté de missionnaires la plus
célèbre est bien sûr celle des Missionnaires de France, fondée par
l'abbé Rauzan et l'abbé de Forbin-Janson. Or le premier est proposé pour l'épiscopat en 1817 et le second est nommé évêque de
Nancy en 1823 [2]. Forbin avait, par ses diverses actions, notamment
l'implantation des Missionnaires de France sur le mont Valérien et
la fondation de l'œuvre du Calvaire, attiré sur lui l'attention de la
Grande Aumônerie et sa promotion est un gage donné à l'œuvre
des missions, même s'il semble hésiter à accepter l'épiscopat [3].
Deux autres missionnaires de France parviennent également à
l'épiscopat : les abbés Fayet [4] et Menjaud qui tous deux sont entrés

---

1. Voir Ernest SEVRIN, *Les Missions religieuses en France sous la Restauration
(1815-1830)*, 2 tomes, t. I : *Le Missionnaire et la Mission*, Saint-Mandé et Paris,
1948, XXVIII-366 p., t. II : *Les Missions (1815-1820)*,Paris, Vrin, 1959, 531 p.
    2. Paul LESOURD, *Un grand cœur missionnaire : Mgr de Forbin-Janson, 1785-
1844, fondateur de l'œuvre de la Sainte-Enfance*, Paris, Flammarion, 1944, 283 p.
    3. A. N. F 19 / 2543 (dossier Forbin), l'abbé de Forbin-Janson au grand aumônier,
27 novembre 1823 : «Lorsque vous eûtes la bonté de m'apprendre le choix que Sa
Majesté daignait faire de moi pour l'évêché de Nancy, un obstacle principal m'em-
pêcha de le regarder comme une nouvelle et plus haute mission dont me chargeait
la divine Providence. L'établissement des Missions de France que j'ai été assez heureux pour fonder en 1814, de concert avec M. l'abbé Rauzan, et d'après l'inspiration et l'encouragement de Sa Majesté, se trouve maintenant, il est vrai, solidement
établi, il ne réclame plus impérieusement ma présence ; mais Monseigneur le grand
établissement de la maison de retraites et de l'église du Calvaire à l'érection des
quelles le roi et la famille royale ont bien voulu s'intéresser [...] exige la continuation de mes efforts.»
    4. La carrière de l'abbé Fayet est, on le voit, très sinueuse, mais montre par les
divers postes qu'il occupe, dans les missions, l'Université ou l'administration dio-

dans cette société au début de la Restauration et ont donc travaillé ensemble, comme le rappelle l'abbé Fayet : « Notre confrère, l'abbé Menjaud, ne prêche pas aussi souvent que nous, mais il confesse davantage, son extérieur est tout un sermon, il n'a qu'à se montrer à l'église et les pécheurs accourent à lui [1]. » Menjaud quitte les Missionnaires de France en 1819, mais il a gardé des contacts avec l'abbé de Forbin, si bien que lorsque ce dernier est nommé à Nancy, il emmène avec lui l'abbé Menjaud, avant de l'obtenir, non sans mal, comme coadjuteur en 1838. L'abbé de Forbin avait aussi cherché à attirer chez les Missionnaires de France l'abbé Giraud, mais ce dernier décline l'offre pour regagner son diocèse d'origine. Il fonde cependant à Clermont une société diocésaine de prêtres missionnaires dans laquelle il engage son ancien condisciple, Croizier. Giraud choisit ensuite l'abbé Croizier pour lui succéder au siège de Rodez.

La société des Chartreux déjà évoquée avait également une vocation missionnaire. Sa fondation est contemporaine de celle des Missionnaires de France, mais son histoire est plus longue. Ses premiers fondateurs sont enseignants, mais aussi missionnaires ; l'abbé Mioland par exemple participe activement aux missions organisées dans le diocèse de Lyon. Parmi ses premiers collaborateurs, on retrouve les abbés Donnet et Dufêtre, qui quittent cependant la société en 1821 [2], puis l'abbé Cœur qui s'impose très vite comme un exceptionnel prédicateur. L'abbé David se consacre également à la prédication au sein de la société des Chartreux. Cette dernière est aussi en quelque sorte à l'origine d'une société de missionnaires diocésains qui s'établit à Tours. Mgr du Chilleau fait en effet appel en 1821 à l'abbé Donnet qui s'était illustré dans le diocèse de Lyon par ses prédications, et lui confie le soin de fonder un établissement de missionnaires pour le diocèse de Tours. Donnet fait venir plusieurs Lyonnais pour le seconder, dont les abbés Dufêtre et Villecourt. Sur les onze missionnaires que compte la

---

césaine, combien étaient grands les besoins de l'Église de France sous la Restauration. Les meilleurs éléments du clergé sont donc très sollicités. Sur l'abbé Fayet missionnaire, voir Ernest SEVRIN, t. II, p. 149.

1. Cité par l'abbé BLANC, *Vie de Mgr Alexis Basile Menjaud*, Nancy-Paris, Bray, 1862, x-334 p., p. 41.

2. Mgr CROSNIER, *Vie de Mgr Dufêtre, évêque de Nevers*, Paris, Tolra et Haton, 1868, 400 p. L'auteur cite ce propos de Dufêtre : « Le 1er septembre 1821, je me séparai avec larmes de la maison des Chartreux, et je devins vicaire de Saint-Polycarpe » (p. 21).

Société des prêtres de Saint-Martin en 1823, quatre deviennent évêques, le quatrième étant l'abbé Nogret. Une nouvelle fois il faut insister sur les liens qui se tissent alors, car ces prêtres forment véritablement une communauté soudée; ils vivent en commun et sillonnent ensemble les routes de la Touraine pour prêcher et confesser. À quarante ans de distance, Mgr Nogret peut ainsi écrire au cardinal Donnet: «Je suis toujours heureux du témoignage d'affectueux intérêt que Votre Éminence daigne accorder à son vieux serviteur et compagnon d'armes de 1824 [1].» Évoquant la mission de Blois de 1824, Mgr Nogret ajoute au soir de sa vie: «C'est à partir de cette époque que je vous ai voué une respectueuse tendresse [2].» Les sociétés de prêtres missionnaires ont donc favorisé les modes de vie communautaire à une époque où la vie du clergé séculier se caractérise par un certain individualisme.

C'est également à l'aube de la Restauration que l'abbé de Mazenod fonde la congrégation des Oblats de Marie-Immaculée. Son fondateur parvient à l'épiscopat, ainsi que trois autres membres de sa congrégation. Deux avaient eu une fonction de missionnaire, l'abbé Guibert, et l'abbé Baptifolier, missionnaire dans le diocèse de Marseille jusqu'à la mort de Mgr de Mazenod.

Mais la création de groupes de missionnaires n'est pas un phénomène propre à la Restauration. Certes, les Missionnaires de France qui avaient suscité de nombreux mouvements de protestations de la part des milieux libéraux disparaissent après 1830, mais les Chartreux ou les Oblats perdurent. Et surtout, tout au long du siècle se créent des établissements de missionnaires diocésains. C'est ainsi que l'abbé Bravard fonde dans le diocèse de Sens une maison de prêtres auxiliaires qui a son centre à Pontigny. L'abbé Le Herpeur a lui été pendant vingt-neuf ans prêtre auxiliaire dans le diocèse de Coutances. L'abbé Sourrieu entre à vingt-trois ans, en 1834, à l'institut du Calvaire de Toulouse, établissement de missionnaires diocésains dont il devient le supérieur deux ans plus tard et qu'il dirige jusqu'en 1882. Il continue ensuite ses retraites et ses prédications dans le diocèse de Cahors, en qualité de chapelain de Rocamadour. Même si le vocable «mission» tend à être abandonné au profit de celui de «retraite» après 1830, le phénomène missionnaire demeure une réalité tout au long du siècle et les futurs

---

1. A. N. 160 AP 1 (papiers Donnet), dossier 3, Mgr Nogret au cardinal Donnet, 4 septembre 1865.
2. *Ibid.*, dossier 4, Mgr Nogret au cardinal Donnet, 26 novembre 1877.

évêques y ont pris une part active. Au total vingt-huit évêques ont participé aux missions de l'intérieur au cours du XIXe siècle.

En revanche, peu d'évêques avaient préalablement vécu une expérience dans les pays de mission. Certes, à la faveur des événements révolutionnaires, deux ecclésiastiques exilés au États-Unis s'étaient intégrés aux cadres de la jeune Église américaine, devenant même, l'un, l'abbé de Cheverus, évêque de Boston, et l'autre, l'abbé Dubourg, évêque de La Nouvelle-Orléans. Un troisième émigré, l'abbé de Bouillé, devenait lui curé à la Martinique. Ensuite, il faut attendre les années 1850 pour voir un missionnaire parvenir à l'épiscopat. Il s'agit de Mgr Forcade qui, après une carrière commencée dans le diocèse de Versailles, entre au séminaire des Missions étrangères. Il est ensuite envoyé comme missionnaire en Extrême-Orient, aux îles Lieou-Hieou, avant d'être nommé vicaire apostolique du Japon et sacré évêque *in partibus* de Samos en mars 1846. En fait, Mgr Forcade ne peut atteindre le Japon et demeure à Hong Kong jusqu'en 1850. Cette impéritie lui est ensuite reprochée par le Saint-Siège. Forcade offre néanmoins un des rares cas d'évêques passés par les Missions étrangères au XIXe siècle. Son expérience lui vaut en tout cas d'être désigné pour un évêché colonial, l'évêché de la Guadeloupe en 1853 [1]. En revanche, il faut noter que ni les deux premiers évêques nommés en Algérie ni les trois évêques nommés aux sièges de la Martinique, de la Guadeloupe et de la Réunion n'avaient exercé outre-mer auparavant. Par la suite certains évêques coloniaux sont recrutés dans le clergé des colonies, d'origine française, mais un seul avait une expérience des pays de mission, puisqu'il avait organisé une mission sur la côte orientale de l'Afrique : l'abbé Fava.

Une autre catégorie d'ecclésiastiques avait également une expérience de l'outre-mer : les aumôniers de marine. Quatre sont promus à l'épiscopat entre 1869 et 1885 : Reyne, Trégaro, Bouché et Oury. Deux raisons expliquent ces choix. D'une part, le recrutement des évêques coloniaux est partagé entre le ministère des Cultes et celui de la Marine, ce dernier se tournant vers les seuls prêtres qu'il connaît, les aumôniers de sa flotte. D'autre part, la disparition de l'aumônerie de marine dans ces années pousse le gouvernement à replacer ses chefs dans l'épiscopat.

---

1. A. N. F 19 / 6207 (évêchés coloniaux, dossier 5).

Les aumôniers.

Le corps épiscopal se caractérise par la diversité des fonctions occupées par ses membres. Parmi celles-ci figurent celles d'aumôniers, elles-mêmes très diverses, puisque cette catégorie regroupe aussi bien des aumôniers de cour, des aumôniers militaires, des aumôniers de prisons ou d'hôpitaux, des aumôniers de congrégations religieuses, voire des aumôniers de lycées ou de marine. Ces deux dernières catégories, déjà évoquées, mises à part, 68 évêques avaient exercé ce type de fonction, 4 nommés sous le Ier Empire, 11 sous la Restauration, 8 sous la monarchie de Juillet, 10 sous la IIe République et le IIe Empire et 35 sous la IIIe République.

Au début du siècle se détache le groupe particulier des aumôniers de cour. Quatre évêques ont appartenu à l'aumônerie impériale mise en place par Napoléon après son sacre. Neuf ecclésiastiques, sans compter les évêques d'Ancien Régime, ont été au début de la Restauration aumôniers à la cour. Parmi eux, quatre ont été aumôniers de la duchesse d'Angoulême : Bouillé et Vichy, déjà aumôniers de cour sous l'Ancien Régime, ainsi que Clausel de Montals et Hautpoul. Quatre ont également appartenu à la chapelle du futur Charles X : les abbés de Bonald, Gallien de Chabons, Salmon du Châtellier et de Simony. L'abbé de Bombelles enfin a été aumônier de la duchesse de Berry. Par l'exercice de ces fonctions au cœur de la cour, ces ecclésiastiques préparent leur accès à l'épiscopat, et ce, d'autant mieux qu'ils dépendent de la Grande Aumônerie qui, au moins au début du régime, a la haute main sur les nominations épiscopales. La séparation qui existait au XVIIIe siècle entre la charge de grand aumônier et celle de ministre de la Feuille n'existe plus jusqu'en 1824, ce qui explique aussi le nombre d'aumôniers de cour devenus évêques. Mais il est vrai que la plupart ont obtenu cette charge dans l'attente d'un évêché. Certains sont du reste nommés dans un diocèse voisin de Paris afin de pouvoir poursuivre leurs fonctions à la cour. Bombelles et Gallien sont nommés à Amiens, Clausel à Chartres, Salmon à Évreux.

Quelques évêques ont également été aumôniers d'un hospice ou d'une prison, mais en général de façon occasionnelle, c'est-à-dire qu'ils exercent une autre fonction en même temps. L'abbé Morlot est ainsi aumônier de l'hospice Sainte-Anne et vicaire à Dijon. L'abbé Villecourt est aumônier de l'hôpital général de Lyon tout en étant curé. Deux évêques ont été aumôniers de prison, Bara à Reims et Gazailhan à Bordeaux. Mais au total la part prise par les futurs évêques à ce type de fonctions reste faible. Ils ne les ont de toute manière jamais occupées très longtemps.

En revanche, au cours du siècle s'accroît le nombre d'ecclésiastiques à avoir été chargés d'une communauté religieuse. Les supérieurs ou aumôniers de congrégations religieuses se multiplient à partir des années 1820, mais surtout il est de plus en plus fréquent de voir ces fonctions assurées à temps plein, alors qu'en général elles étaient remplies en parallèle avec d'autres charges. Les vicaires généraux sont ainsi très souvent supérieurs de congrégations religieuses. Cette spécialisation croissante au cours du siècle tient à deux phénomènes : l'augmentation du nombre de clercs oblige à multiplier les postes, et le développement des congrégations religieuses féminines, tant en nombre qu'en effectif [1], rend plus nécessaire la présence d'ecclésiastiques uniquement chargés de leurs intérêts spirituels.

Ainsi à Paris, trois futurs évêques se succèdent comme aumôniers de la congrégation de Notre-Dame-du-Roule : Lavigerie, Place et Le Hardy du Marais. Or alors que les deux premiers assuraient d'autres fonctions dans la capitale, l'abbé Le Hardy du Marais, à l'abri du besoin il est vrai, se consacre intégralement à cette congrégation entre 1867 et 1870. À la même époque, l'abbé de Las Cases, qui vient de perdre son protecteur et ami, Mgr Baudry, regagne le diocèse d'Angers où il est nommé, en 1863, supérieur de la congrégation du Bon-Pasteur, une des plus riches de France [2], ce qui lui permet de rémunérer à temps plein un supérieur, lequel reçoit un traitement de 2 400 francs par an [3]. Cette nomination marque la volonté de Mgr Angebault de faire respecter son droit sur une congrégation qui a pris une dimension nationale. Las Cases procède en effet à un tour de France des maisons de la congrégation, ce qui provoque des tensions avec la mère supérieure et entraîne sa démission. Pendant son supériorat, l'abbé de Las Cases se lie avec l'abbé Grolleau, aumônier des Religieuses de la Visitation à Angers.

Sans être jamais une de leurs activités majeures, le supériorat et l'aumônerie d'une congrégation religieuse ont donc fait partie du cursus de nombre d'évêques du XIXe siècle, les préparant ainsi à affronter l'essor de ces congrégations dans leurs futurs diocèses.

---

1. Voir Claude LANGLOIS, *Le Catholicisme au féminin. Les congrégations françaises à supérieure générale au XIXe siècle*, Paris, Éd. du Cerf, 1984, 776 p.
2. Claude LANGLOIS, p. 387.
3. Henri BARTHES, *Mgr de Las Cases, évêque de Constantine (1819-1880). Sa vie et son œuvre*, Montpellier, Éditas, 1980, 168 p.

La diversité des carrières préépiscopales est un des phénomènes majeurs de la formation des évêques. La plupart ont connu des expériences nombreuses, en paroisse, dans l'enseignement, dans l'administration diocésaine, voire dans les missions ou auprès de congrégations religieuses. Ils sont donc prêts à affronter les problèmes inhérents à l'Église de France du xixe siècle : problèmes administratifs bien sûr, mais aussi problèmes liés à la vie de paroisses confrontées pour certaines à la déchristianisation, liés à la lutte constante en faveur de l'enseignement catholique, à l'essor des congrégations religieuses de femmes... Cette diversité d'activités doit cependant être nuancée : 20 % seulement ont exercé à la fois en paroisse, au sein de l'administration diocésaine et dans l'enseignement, triptyque qui représente la carrière idéale pour les futurs évêques aux yeux de Rome. De plus, l'image d'un épiscopat essentiellement formé par le vicariat général doit être nuancée. Il est vrai cependant que les évêques se recrutent majoritairement parmi les administrateurs, du moins si l'on tient compte de la dernière fonction exercée avant l'épiscopat par les 437 évêques qui ont eu une activité professionnelle sous le Concordat.

Tableau de la dernière fonction
occupée avant l'épiscopat

	Ier Emp. et Rest.	*MdJ*	*IIe Rép. et IIe Emp.*	*IIIe Rép.*	*Total*	
Vicaires généraux	45	38	39	77	199	45,5 %
Curés	13	18	23	62	116	26,6 %
Chanoines	8	15	16	18	57	13 %
Professeurs et supérieurs	3	6	12	10	31	7,1 %
Divers	20	1	4	9	34	7,8 %

Si l'on ajoute les vicaires généraux et les chanoines, on obtient une proportion de 58,5 % d'évêques sélectionnés au sein de l'administration diocésaine dont l'importance dans le recrutement épiscopal est par conséquent réelle sans être exclusive. Le vicariat général apparaît ainsi comme un excellent tremplin pour accéder à l'épiscopat, même si globalement les évêques sont loin d'avoir fait toute leur carrière préépiscopale dans l'administration diocésaine.

Enfin, il est clair que la formation professionnelle de ces évêques est essentiellement urbaine ; depuis les postes de vicaires jusqu'à ceux de vicaires généraux en passant par ceux de professeurs, d'aumôniers ou de curés de grosses paroisses, les évêques n'ont pratiquement exercé qu'en ville. L'épiscopat est citadin dans son recrutement, ce qui le coupe incontestablement de l'ensemble du clergé français. De ce point de vue, l'épiscopat français est le fruit d'une civilisation bourgeoise triomphante au XIXe siècle.

CHAPITRE IV

LES OPTIONS RELIGIEUSES
DES CANDIDATS À L'ÉPISCOPAT

L'opposition entre gallicans et ultramontains, au sein de l'Église de France, prend incontestablement sa pleine ampleur au XIXᵉ siècle. Mais si l'attitude adoptée à l'égard du Saint-Siège reste une donnée majeure de l'histoire intellectuelle du clergé français, elle n'est pas l'unique ligne de fracture en son sein. La complexité des options religieuses est en effet importante à l'intérieur même des deux camps traditionnels du gallicanisme et de l'ultramontanisme, ainsi qu'à leurs marges. Il est clair que depuis l'ecclésiastique jansénisant des débuts du siècle jusqu'au prêtre attiré par le modernisme à la fin du XIXᵉ siècle, l'écart est grand. Il importe donc de dégager les grands traits de ces comportements religieux, en tâchant d'en faire émerger la diversité certes, mais aussi les constantes.

Cette histoire peut se décomposer en trois étapes, qui marquent l'émergence puis la victoire de l'ultramontanisme. Depuis le Concordat jusqu'au début de la monarchie de Juillet, le gallicanisme reste omnipotent. Il commence à être menacé dès la monarchie de Juillet par les coups du mennaisianisme, mouvement porteur de l'ultramontanisme. Des années 1835 jusqu'en 1870 se déroule l'essentiel du combat entre gallicans et ultramontains qui s'achève par la proclamation du dogme de l'infaillibilité pontificale. À partir de 1870 enfin, la victoire de l'ultramontanisme est scellée, mais elle suscite néanmoins la résurgence de nouvelles formes de résistance à la puissance du Saint-Siège, que l'on peut regrouper sous le vocable de libéralisme.

L'omnipotence du gallicanisme.

Le clergé d'Ancien Régime est un clergé gallican dans sa très grande majorité. Son attachement à l'indépendance de l'Église de France vis-à-vis du pouvoir pontifical s'appuie sur une longue tradition qui remonte à la Pragmatique Sanction de Bourges, et s'est principalement affirmé au XVIIe siècle dans la proclamation des Quatre Articles de 1682, rédigés sous l'inspiration de Bossuet et qui rappellent entre autres la primauté du concile sur le pape. Ce point de doctrine est fondamental pour comprendre le devenir du gallicanisme au XIXe siècle, car, dans l'enseignement obligé des Quatre Articles imposé par le pouvoir dès l'Empire, c'est cet aspect que retiennent les clercs avant tout. Le gallicanisme est donc triomphant à la fin du XVIIe siècle et au XVIIIe siècle, mais ce triomphe a aussi été emporté sur le jansénisme qui n'est véritablement vaincu qu'au début du XIXe siècle, comme le montre la résurgence de certaines doctrines jansénisantes chez quelques évêques de l'Empire.

Il est traditionnel d'affirmer que le jansénisme, après un siècle de persécution, renaît de ses cendres à la faveur de la création de l'Église constitutionnelle. De fait, plusieurs évêques affirment alors leurs penchants pour cette doctrine, parmi lesquels Grégoire lui-même. Quelle forme recouvre alors ce jansénisme? On peut s'en faire une idée à partir du témoignage de Mgr Leblanc de Beaulieu, évêque constitutionnel de la Seine-Inférieure, nommé en 1802 évêque de Soissons, qui en 1804 décide de répudier le jansénisme et d'adhérer à la bulle *Unigenitus*: «Puisque vous me mettez sur la voie, je vous le dirai avec plaisir, Mademoiselle, il est absolument faux que j'ai renoncé aux vérités dont je ne cesse de remercier le Seigneur d'avoir été instruit dès mon enfance. Je serais bien malheureux, si je ne croyais à la nécessité, à la gratuité et à l'efficacité de la grâce de Dieu sur le cœur, sans préjudice de la liberté de ce cœur, qui ne cesse d'exister sous l'empire même le plus efficace de cette même grâce. À la vérité, je ne vois plus le Formulaire, la Bulle et la Constitution civile du Clergé du même œil que je les ai vus si longtemps, mais ma soumission à ces deux premières pièces et au jugement que l'Église a porté de la troisième ne diminue en rien mon attachement aux vérités ci-dessus énoncées [1].»

---

1. Lettre de Mgr Leblanc de Beaulieu à Mlle de La Roche, elle-même janséniste, en 1806; citée par Augustin GAZIER, *Histoire générale du mouvement janséniste depuis ses origines jusqu'à nos jours,* Paris, Lib. Champion, 1924, 2 tomes, t. I, 375 p., p. 186.

Ce témoignage est important, car il montre bien la persistance des fondements idéologiques du jansénisme au sein d'une certaine fraction du clergé français, mais en même temps révèle le discrédit dans lequel est tombé le jansénisme du fait de ces trop voyants rapports avec l'Église constitutionnelle [1]. En fait, au sein de l'épiscopat constitutionnel, on ne compte réellement qu'une petite dizaine de vrais jansénistes, parmi lesquels trois deviennent évêques concordataires: Leblanc, Charrier et Saurine. Il faudrait leur adjoindre un certain nombre d'évêques jansénisants, par exemple Mgr Belmas, considéré comme « très attaché au jansénisme [2] », ou Mgr Le Coz [3]. Dans ces deux derniers cas, l'appartenance au courant janséniste n'est pas attestée, mais ces deux évêques se voient attribuer une opinion qui semble découler de leur attitude religieuse, marquée en général par une extrême austérité. Ils sont en fait des gallicans ultras, qui partagent avec les jansénistes une même méfiance à l'égard du Saint-Siège. Le paradoxe veut donc que deux camps naguère adversaires tendent à se confondre désormais.

Le geste spectaculaire de Pie VII demandant en 1801 à tous les anciens évêques de France de démissionner de leur siège pour permettre la reconstitution de l'Église de France a été perçu par une bonne partie du clergé, et notamment par l'épiscopat, comme un abus de pouvoir. Ainsi, à l'aube même de la réorganisation concordataire, le gallicanisme, qui aurait pu paraître discrédité par la création d'une Église constitutionnelle et nationale, reprend de la force. Par attachement au gallicanisme, neuf des onze évêques constitutionnels refusent la formule de reniement que leur propose le Saint-Siège. Bien plus, une fraction notable de l'épiscopat d'Ancien Régime se retranche derrière son attachement aux doctrines gallicanes pour refuser de donner sa démission au pape. La création de

---

1. Voir Edmond PRÉCLIN, *Les Jansénistes du XVIIIe siècle et la Constitution civile du clergé*, Paris, 1929.
2. A. N. AF IV 1044, Fiche Belmas: «On le dit très attaché au jansénisme.» Léon MATHIEU (*Le Saint-Siège et les anciens constitutionnels: Mgr Louis Belmas, ancien évêque constitutionnel de l'Aude, évêque de Cambrai [1757-1841]. Sa vie, son épiscopat, le mouvement religieux dans le Nord durant cette période*, Paris, Picard, 1934, 2 tomes, XL-461 et 556 p.) se contente de rappeler que Belmas a reçu une partie de sa formation chez les Doctrinaires dont les tendances jansénistes sont connues (p. 9) et de noter qu'il possédait une Bible en français de Nicolas Legros, prêtre jansénisant (p. 26).
3. *Ibid.*, Fiche de Le Coz: «Ses mœurs sont austères. On le dit très attaché au Jansénisme.»

la Petite Église marque aussi une volonté d'indépendance à l'égard du Saint-Siège.

Cette double résistance, ajoutée à la réaffirmation par le nouveau pouvoir du gallicanisme d'État, ne pouvait que renforcer le courant gallican au sein de l'épiscopat français. De fait, la quasi-totalité des évêques nommés sous le Ier Empire se caractérise par son attachement au gallicanisme. Pourtant, au moment du concile de 1811, certaines marques d'indépendance à l'égard du pouvoir impérial sont perçues par le régime comme signe des progrès de l'ultramontanisme. Cependant, même les ecclésiastiques qui s'opposent à Napoléon et entrent en contact avec le Saint-Siège s'affirment, une fois devenus évêques, attachés au gallicanisme, à l'image de d'Astros. Bien plus, une enquête de 1813 sur les ecclésiastiques les plus notables des diocèses français montre un ancrage massif du clergé français dans le camp gallican. Parmi les questions proposées dans cette enquête, l'une portait en effet sur ce thème : « A-t-il toujours ouvertement professé les principes de l'Église de France ? » Une vingtaine de prêtres promus ensuite à l'épiscopat sont concernés. Or leurs évêques appuient d'autant plus sur cette observance des « anciennes libertés de l'Église de France » qu'ils sont eux-mêmes des gallicans convaincus. Certains ajoutent même un commentaire, par exemple l'évêque de Mende précise à propos de l'abbé Bonnel : « Il a soutenu ses thèses pendant son cours d'université sur les libertés de l'Église gallicane [1] » ; l'évêque de Metz déclare que l'abbé Dubois « a constamment professé les principes de l'Église de France auxquels il croit intérieurement comme à la vérité démontrée [2] ». L'appartenance au gallicanisme sous l'Empire de prêtres appelés à l'épiscopat sous la Restauration montre que dans ce domaine le recrutement épiscopal ne subit pas de rupture.

L'épiscopat de la Restauration est en effet très majoritairement composé de prêtres gallicans. Le retour d'évêques d'Ancien Régime tend en effet à renforcer les traditions de l'ancienne Église, d'autant plus que plusieurs ont refusé leur démission au pape jusqu'en 1816. Les pouvoirs publics eux-mêmes sont sensibles au strict respect de la séparation des pouvoirs établi depuis le Concordat de 1516 [3] et

---

1. A. N. F 19 / 2789 (enquête de 1813), Notice sur l'abbé Bonnel, vicaire général de Mende.
2. *Ibid.,* Notice sur l'abbé Dubois, vicaire général de Metz.
3. Le rôle des légistes gallicans est perceptible lors de la signature du Concordat de 1817, refusé par les parlementaires français qui le jugent imposé par le Saint-Siège.

veillent avec un soin jaloux à ce que le représentant du pape par exemple n'outrepasse pas ses droits de diplomate. L'alliance du trône et de l'autel ne peut s'envisager que dans l'optique de l'indépendance à l'égard de Rome. Par là même ce gallicanisme ne peut qu'être accepté par le Saint-Siège.

Jusqu'au début de la monarchie de Juillet, l'arrivée à l'épiscopat de prêtres réputés ultramontains est donc extrêmement rare. Les rapports du nonce sur les candidats proposés ne permettent d'en identifier que trois, Salamon, Brumauld de Beauregard et Guigou, proportion infime comparée aux 99 promus sous la Restauration (3 %). Encore faut-il préciser que le cas du premier est un peu particulier. Mgr de Salamon, originaire de Carpentras, donc né sujet du pape, était devenu pendant la Révolution internonce [1]. Parti en Italie en 1806, il y avait obtenu l'évêché *in partibus* d'Ortosie dont le gouvernement impérial refusa ensuite de lui reconnaître le titre [2]. Ces fréquents contacts avec Rome expliquent donc que Mgr de Salamon soit considéré par le nonce comme « très attaché au Saint-Siège [3] ». Le nonce rapporte de même que l'abbé Brumauld de Beauregard « se distingue par ses principes entièrement romains et par sa dévotion illimitée à l'égard du Saint-Siège Apostolique [4] », et que l'abbé Guigou est « très dévoué au Saint-Siège [5] ». Ces formules sont suffisamment peu nombreuses, sous la plume des nonces, dans le premier tiers du XIXe siècle, pour être relevées. Leur rareté illustre à la fois la volonté persistante du pouvoir de préserver un recrutement épiscopal au sein du parti gallican, et à l'inverse le souci du Saint-Siège de voir émerger des ecclésiastiques plus acquis à sa cause. Mais les progrès de l'ultramontanisme sont encore extrêmement timides. Le gallicanisme règne donc en maître sur l'épiscopat des débuts du XIXe siècle, comme le montre aussi par exemple la

---

1. Sur cet évêque, voir Charles LEDRE, *L'Abbé de Salamon, correspondant et agent du Saint-Siège pendant la Révolution*, Paris, Vrin, 1964.
2. A. N. F 19 / 2476 (dossier Salamon, évêque *in partibus*). Le gouvernement de Napoléon refuse alors de reconnaître cette dignité, en fonction du décret du 7 janvier 1808 qui statue qu'« aucun ecclésiastique français ne peut poursuivre ni accepter la collation d'un évêché *in partibus* faite par le pape, s'il n'y a été préalablement autorisé ». C'est une affirmation supplémentaire de la lutte contre l'ultramontanisme menée par l'Empire.
3. A. S. V., S.d.S., Rub 248, anno 1820, fasc. 2, le nonce au secrétaire d'État, 11 avril 1820.
4. *Ibid.*, anno 1823, le nonce au secrétaire d'État, 15 février 1823.
5. *Ibid.*, Rub 248, anno 1824, le nonce au secrétaire d'État, 23 janvier 1824.

condamnation des doctrines mennaisiennes par cet épiscopat gallican au début de la monarchie de Juillet [1].

La place des anciens mennaisiens dans l'épiscopat français.

L'attitude du gouvernement, de l'épiscopat français et du Saint-
Siège à l'égard des prêtres qui avaient été des disciples de Lamennais pose un véritable problème historiographique. Quelle est leur
importance dans l'épiscopat français concordataire ? Ont-ils ou non
été victimes d'un quelconque ostracisme, comme on l'a souvent
pensé ? Yves-Marie Hilaire a récemment rouvert le dossier pour
conclure que l'idée d'un « rejet systématique des candidatures mennaisiennes sous la monarchie de Juillet [2] » relevait de la légende.
Cette légende n'est cependant pas sans fondement, comme on ten-
tera de le montrer.

La difficulté de repérer les anciens mennaisiens est réelle, dans
la mesure où, après la condamnation de Lamennais, ce compa-
gnonnage de route est en général gommé par les ecclésiastiques
eux-mêmes, comme ensuite par leurs biographes. Yves-Marie Hilaire
en a dénombré onze au sein de l'épiscopat concordataire [3]; il
semble qu'on puisse ajouter sept noms à cette liste [4]. Tous n'ont
pas, au même degré, épousé la cause mennaisienne, mais ils ont, à
un moment donné ou à un autre de leur existence, subi l'influence
du maître de La Chesnaie. Ils ont lu ses œuvres, s'en sont impré-
gnés et ont donc dû en garder des traces, ce qui est finalement plus
important que de savoir à quel moment exactement ils ont répudié
les doctrines mennaisiennes. Il reste que dix-huit évêques au moins
ont été influencés par ces dernières.

Encore faudrait-il ajouter à cette liste les quelques ecclésiastiques
qui ont été des admirateurs du premier Lamennais et s'en sont vite
séparés. C'est par exemple le cas de l'abbé Le Mée, compatriote de

---

1. Voir Paul DROULERS, *Action pastorale et problèmes sociaux sous la monarchie
de Juillet chez Mgr d'Astros, archevêque de Toulouse, censeur de La Mennais*, Paris,
Vrin, 1954, 445 p.
2. Yves-Marie HILAIRE, « Les Évêques mennaisiens au XIXe siècle », dans : *L'Évêque
dans l'histoire de l'Église*, Angers, Presses de l'Université, 1984, 234 p., p. 181-190
(p. 185).
3. *Ibid.*, p. 190 : Gousset, Sibour, Raess, Gignoux, Berteaud, Doney, Salinis,
Mabile, Gerbet, Delalle et Fournier.
4. Hercé, Chatrousse, Guibert, Debelay, Cœur, Ginoulhiac et Sergent.

Lamennais, et qui est ordonné prêtre l'année même de la publication du premier tome de l'*Essai sur l'indifférence*. Après son ordination, il devient professeur de théologie au grand séminaire de Saint-Brieuc. Il est alors un fervent admirateur de Lamennais, comme le rappelle le préfet des Côtes-du-Nord : « Lorsque M. de La Mennais qu'il avait connu à Saint-Brieuc, fit paraître le premier volume de son *Essai sur l'indifférence*, il se déclara un de ses admirateurs. Aussitôt que le système philosophique de cet auteur lui fut connu et que les aphorismes ultramontains furent distribués dans les séminaires, il s'opposa de tous ses efforts à cette double et pernicieuse invasion. Son attachement aux vrais principes et aux libertés de l'Église de France n'a jamais varié [1]. » Un autre ami de Lamennais, également admirateur de ses premiers ouvrages, parvient aussi à l'épiscopat, sans pour autant être qualifié de « mennaisien ». Il s'agit de l'abbé Le Tourneur, auteur de plusieurs écrits en commun avec Lamennais, qui fréquente La Chesnaie. À propos de l'*Essai...*, il lui écrivait : « Que Dieu soit béni, mon frère, de tout ce qu'il vous a donné pour sa gloire ! N'ayant pas le temps de vous lire le jour, je vous lisais la nuit, et il m'a fallu bien des heures de nuit, car il y a des passages qui m'arrêtaient longtemps et sur lesquels je voulais revenir bien des fois [2]. » Les liens entre Lamennais et Le Tourneur sont tels qu'il est désigné pour prendre la tête de la *Revue littéraire et morale* que Lamennais voulait fonder pour « organiser quelques moyens de défense pour la religion [3] ». À cette revue qui ne parut jamais devaient également collaborer les abbés Clausel de Montals et de Bonald [4]. Ces ecclésiastiques forment un premier groupe de proches de Lamennais ; ils sont ses contemporains et davantage des collaborateurs que des disciples. Du reste, ils se détacheront très vite de lui.

En revanche, le groupe des dix-huit mennaisiens repéré plus haut se compose de prêtres plus jeunes, qui entrent dans le sacerdoce au moment où Lamennais est déjà en pleine gloire. Gerbet et Salinis ont assez dit l'influence qu'avait eue sur eux la lecture de l'*Essai...*

---

1. A. N. F 19 / 2575 (dossier Le Mée), le préfet des Côtes-du-Nord au ministre, 31 août 1834.
2. Cité par Mlle E. Vincent-Dube, *Mgr Le Tourneur, évêque de Verdun, 1775-1844*, Paris-Bar-le-Duc, Lib. Saint-Paul-Imp. Saint-Paul, 1926, viii-176 p., p 107.
3. Félicité de Lamennais, *Correspondance générale*, t. I, p. 396-397.
4. On ne s'étonnera donc pas de voir Clausel de Montals, devenu évêque de Chartres, recommander pour l'épiscopat l'abbé Le Tourneur, en juillet 1834, A. N. F 19 / 2594 (dossier Le Tourneur).

pendant leurs études au séminaire [1]. C'est en effet à cette époque
que ces aspirants au sacerdoce découvrent la pensée mennaisienne,
en général grâce à l'entremise d'un jeune professeur ou d'un
condisciple plus âgé. C'est ainsi que Ginoulhiac demande à César
Durand de l'initier à la pensée de Lamennais en 1825 : « Cher ami,
je vous dirai que le système (pardonnez-moi le mot) de La Mennais
a fait sur moi une singulière impression [...] Je vous en ai dit assez
pour vous faire sentir de quel côté je penche, et quelle impression
a fait sur mon esprit l'exposition simple et précise que vous m'avez
faite des sentiments de La Mennais. » Un mois plus tard, il ajoute :
« Je me rapproche tous les jours de plus en plus des sentiments
de l'illustre auteur de l'*Essai*... [2]. » C'est également pendant qu'il
se prépare à entrer dans la congrégation des Oblats de Marie-
Immaculée que le jeune Guibert est attiré par Lamennais. À son
supérieur, l'abbé de Mazenod, il écrit en 1823 : « Je désire de tout
mon cœur que ces beaux plans se réalisent pour la gloire de
Dieu [3]. » Incontestablement, c'est avant tout le premier tome de
l'*Essai sur l'indifférence* qui a le plus marqué les esprits, mais la
pensée mennaisienne telle qu'elle est distillée dans la presse touche
également ces ecclésiastiques.

Venu au sacerdoce après la mort de sa femme, le chevalier de
Hercé choisit d'entrer au séminaire de Malestroit, récemment ouvert

---

1. Voir les biographies de Mgr de Salinis et de Mgr Gerbet par Casimir DE
LADOUE, et aussi les propos de Gaston BORDET, lors de la discussion sur « l'ultra-
montanisme au XIXe siècle » au cours du colloque de La Tourette de juin 1978,
L'Actualité de Lamennais, Strasbourg, Cerdic-Publications, 1981, 173 p., p. 142 :
« Cependant en 1817-1818, quand il est à Saint-Sulpice, Gerbet est presque voisin
de chambre de Lamennais. C'est là qu'il fait sa connaissance. »
2. Lettres de Ginoulhiac à César Durand, 29 mai et 23 juin 1825, citées par Émile
APPOLIS, « Un jeune admirateur de Lamennais : l'abbé Ginoulhiac, futur évêque de
Grenoble », *Actes du 77e congrès des sociétés savantes, section d'histoire moderne
et contemporaine, Grenoble 1952,* Paris, Imprimerie nationale, 1952, 603 p., p. 151-
154 (p. 153). La correspondance qui s'étale entre mai et juillet 1825 est évidemment clandestine.
3. Cité par J. PAGUELLE DE FOLLENAY, *Vie du cardinal Guibert, archevêque de
Paris,* Paris, Poussielgue, 1896, 2 tomes, XX-564 et 731 p., t. I, p. 106. L'auteur
ajoute, rare exemple d'un biographe avouant l'attirance de son personnage pour les
idées mennaisiennes : « Mgr Guibert fut jusqu'au bout fidèle aux sympathies de sa
jeunesse. Nous l'avons entendu nous-même parler avec émotion de l'école menna-
sienne et des promesses qu'elle avait faites à l'Église ; nous l'avons vu lire avec un
puissant intérêt les biographies de ses principaux adeptes [...]. On nous a raconté
que, plus jeune, il mettait une sorte de passion à défendre les opinions de cette école,
et que, dans une résidence dont il était supérieur, il avait refusé de laisser placer sur
les rayons de la bibliothèque l'ouvrage du père Rosaven contre Gerbet » (p. 106).

par les frères Lamennais [1]. Certes, il ne poursuit pas ensuite dans la voie mennaisienne, mais ce choix initial révèle l'influence de Lamennais sur l'ancien maire de Laval, qui préfère une maison «baignée de mennaisianisme» au séminaire Saint-Sulpice [2]. Il semble avoir été converti aux doctrines de Lamennais par une ardente mennaisienne, Mme de Vaufleury, lectrice du *Mémorial* qu'elle lui fait découvrir. En tout cas, cette entrée est perçue comme une victoire pour les mennaisiens. «Le Maine retentit du bruit de la retraite de M. de Hercé à Malestroit. Voilà la porte ouverte de notre côté», écrit Dom Guéranger à l'abbé Vuarin le 10 décembre 1829 [3]. Hercé profite évidemment de son passage au séminaire de Malestroit pour approfondir sa connaissance du «maître» : «Depuis que je suis ici, je ne lis pour ainsi dire que lui [4].» Il est ensuite un lecteur assidu de *L'Avenir*.

Tous ces mennaisiens font donc leurs études entre 1810, pour les plus âgés comme Gousset, et 1830. Ils vivent par conséquent à plein les efforts de reconstruction de l'Église de France et sont particulièrement sensibles au message délivré par Lamennais. Sur le plan géographique, ils proviennent essentiellement de pays de chrétienté, à l'exception de Berteaud et Sergent, originaires du Limousin et de la Nièvre. Le foyer franc-comtois est évidemment important par le nombre des recrues [5]. Socialement leurs origines sont également très diverses. C'est donc plutôt vers la carrière que peut être trouvée la spécificité de ce groupe. Tous, sauf Hercé dont le cas est un peu particulier, ont été professeurs. Six d'entre eux ont même appartenu à l'Université, comme aumôniers de lycée

---

1. Voir Jean-René DERRE, *Le Renouvellement de la pensée religieuse en France de 1824 à 1834. Essai sur les origines et la signification du mennaïsianisme*, Paris, Klincksieck, 1962, 765 p., chap. VI.
2. Marius FAUGERAS, *Le Diocèse de Nantes sous la monarchie censitaire (1813-1822-1849)*, Fontenay-le-Comte, Lussaud, 1964, 2 tomes,VIII-481 et 526 p., t. I, p. 358.
3. Ernest SEVRIN, *Dom Guéranger et Lamennais. Essai de critique historique sur la jeunesse de Dom Guéranger*, Paris, Vrin, 1933, 354 p., p. 46-47.
4. Marius FAUGERAS, p. 358.
5. Sur les mennaisiens franc-comtois, voir Gaston BORDET, «Jalons pour une étude de l'ultramontanisme. Religieuses et prêtres franc-comtois à Rome au XIXe siècle (1789-1870)», dans : *Les Fondations nationales dans la Rome pontificale*, Rome, Collection de l'École française de Rome, 1981, 852 p., p. 767-819. En attendant les résultats des travaux définitifs de Gaston Bordet, cet article donne un aperçu de cette mouvance franc-comtoise et contient une excellente bibliographie sur le sujet, renvoyant notamment aux travaux plus anciens de L. Boiteux.

(Gerbet, Salinis et Sibour), principal de collège (Debelay) ou professeurs dans une faculté de théologie (Salinis, Gerbet et Cœur). L'appel de Lamennais à une meilleure formation du clergé a donc été entendu par eux. En outre, cette activité les prédisposait parfaitement à approfondir l'étude des doctrines de Lamennais. Ce sont donc essentiellement des intellectuels, mais des intellectuels autodidactes si l'on considère qu'ils ont avant tout parachevé par eux-mêmes une formation rudimentaire dispensée dans les séminaires de l'époque. La plupart ont collaboré à des journaux ou ont publié des ouvrages [1].

Onze ont été en outre associés à l'administration d'un diocèse, certains tardivement, à l'image de Salinis et surtout de Gerbet, longtemps écartés de l'épiscopat pour leur manque d'expérience administrative, mais aussi et surtout pour leurs liens avec Lamennais. Salinis et Gerbet figurent en effet parmi ses principaux disciples. Gerbet notamment est son principal collaborateur dans les années 1820. Sa part dans la diffusion du mennaisianisme est prépondérante, en particulier par l'intermédiaire de *L'Avenir* dont il est l'un des principaux fondateurs et rédacteurs [2], mais aussi par ses conférences qui émeuvent par exemple le jeune Ozanam [3]. Salinis et Gerbet appartiennent donc à l'entourage direct de Lamennais. D'autres l'ont côtoyé de plus loin, à l'image de l'abbé Gousset, qui collabore au *Mémorial catholique*, puis se rend à La Chesnaie en 1830 pour y rencontrer Lamennais [4]. Les plus nombreux n'ont connu la pensée de Lamennais que par ses œuvres et ses articles. Ces mennaisiens s'enthousiasment devant les projets de *L'Avenir* et en particulier la séparation de l'Église et de l'État, comme le montre une lettre de l'abbé Doney publiée le 26 octobre dans *L'Avenir*, en réponse à

---

1. Voir Yves-Marie HILAIRE, p. 186.
2. Jean-René DERRE, « La Théologie sociale de Gerbet », *L'Actualité de Lamennais*, p. 127-139.
3. Léonce CÉLIER, Jean-Baptiste DUROSELLE et Didier OZANAM, *Lettres de Frédéric Ozanam. Lettres de jeunesse (1819-1840)*, Paris, Bloud et Gay, s. d., 461 p., p. 73 ; Ozanam à Ernest Falconnet, 10 février 1832 : « mais ce qui est le plus doux et le plus consolant pour la jeunesse chrétienne, ce sont les conférences établies à notre demande par M. l'abbé Gerbet. C'est maintenant qu'on peut dire que la lumière brille dans les ténèbres : *Lux in tenebris lucet* [...]. Le système lamennaisien exposé par lui n'est plus celui de ses provinciaux partisans, c'est l'alliance immortelle de la foi et de la science, de la charité et de l'industrie, du pouvoir et de la liberté. Appliqué à l'histoire, il la met en lumière, il y découvre les destinées de l'avenir. »
4. Gaston BORDET, p. 802-803.

l'article de Lamennais du 18 sur la Séparation : «Vous avez exprimé les vrais sentiments du clergé, lorsque vous avez dit qu'il demandait la séparation entière de l'Église et de l'État, et qu'il ne serait hostile à aucun gouvernement qui lui laisserait toutes les libertés et tous les droits spirituels qu'il tient de sa divine institution [1].»

Joignant le geste à la parole, l'abbé Sergent, pour se conformer aux critiques du système concordataire, démissionne de sa charge de desservant, si l'on en croit une anecdote rapportée par le cardinal Donnet: «Curé d'une paroisse du Nivernais, il renvoya fièrement au ministre "ce morceau de pain" [expression utilisée par Lamennais dans l'article du 18 octobre] dont on faisait le titre de son oppression. Après quoi, libre et pauvre, il attendit l'obole de ses ouailles. Comme rien ne venait, il fut tout heureux et tout aise d'obtenir de la protection des frères Dupin, gallicans et philippistes notoires, le poste de principal du collège de Corbigny [2].» Après la condamnation de Lamennais cependant, tous ces disciples s'en détachent. Ils n'en demeurent pas moins l'objet de certaines appréhensions de la part de Rome.

Il est certain en effet que les sectateurs de Lamennais n'ont pas bonne presse sous la monarchie de Juillet. Certes, dix sur dix-huit sont nommés évêques sous ce régime, mais plusieurs autres restent à l'écart, notamment parmi les très proches disciples de Lamennais. Il faut en effet distinguer deux catégories de mennaisiens parmi ce groupe: les disciples les plus connus et ceux qui ont suivi les doctrines de Lamennais sans en faire étalage. Il est incontestable que les premiers ont été victimes d'un double rejet, de la part du pouvoir, mais surtout du Saint-Siège.

Si l'on examine les rapports envoyés par l'internonce au secrétaire d'État sur les ecclésiastiques repérés comme mennaisiens, on s'aperçoit que lui-même n'en classe que huit dans cette catégorie. Il semble par exemple ignorer les liens de l'abbé Raess avec le courant mennaisien. En revanche, on ne peut nier l'opposition de

---

1. Cité par Guido VERUCCI (introduzione e note di), « L'Avenir » 1830-1831. Antologia degli articoli di Félicité-Robert Lamennais e degli altri collaboratori, Rome, Edizioni di Storia e Letteratura, 1967, LXIV-771 p., p. 85.

2. Denis POUGEOIS, Vie, apostolat et épiscopat de Son Éminence le cardinal Donnet, 1888, 2 tomes, t. I, p. 50. Repris par Ernest SEVRIN, Dom Guéranger et Lamennais. Essai de critique historique sur la jeunesse de Dom Guéranger, Paris, Vrin, 1933, 354 p., p. 145. En 1830, l'abbé Sergent était vicaire-administrateur de la cure de Bazoches avec le titre de curé d'Empury. Il devient vicaire de la cathédrale de Nevers en octobre 1831, ce qui semblerait confirmer sa démission. Il n'est nommé au collège de Corbigny qu'un an plus tard.

Garibaldi à toute nomination d'ecclésiastiques réputés mennaisiens.
Il en laisse passer quatre (Gousset, Sibour, Gignoux et Berteaud),
non sans avoir émis des réserves quant au choix de Sibour et Berteaud. Gousset attire son indulgence pour deux raisons : son rôle
dans la diffusion du liguorisme en France et sa place de vicaire
général de Besançon, c'est-à-dire aux côtés de son ami Mathieu.
Garibaldi peut donc nuancer le mennaisianisme de Gousset : « On a
dit qu'il avait eu, dans le temps, quelque penchant pour les doctrines de l'abbé Lamennais ; mais si cela est vrai, il est aujourd'hui
bien revenu de telles doctrines [1]. » Évoquant l'abbé Sibour, Garibaldi se montre plus réservé : « Une seule chose me déplaît chez
l'abbé Sibour, c'est qu'il a été partisan, non pas cependant l'un des
plus exaltés ni des plus célèbres, des erreurs de l'abbé de Lamennais et en particulier de la séparation de l'Église et de l'État [2]. » On
pourra noter l'importance de l'incise qui marque bien la cible privilégiée du Saint-Siège. On la retrouve à propos de l'abbé Berteaud :
« Voici ce qui pourrait être opposé à l'abbé Berteaud. Il a été, dans
le temps, un sectateur des doctrines de l'abbé Lamennais, mais non
un des plus dangereux, et il s'est soumis pleinement [...] à l'Encyclique pontificale [3]. » Dès lors, les prêtres qui se sont sincèrement
repentis trouvent grâce aux yeux de Rome, à l'image de l'abbé
Gignoux : « Tant que l'abbé Lamennais a fait croire à sa sincère
soumission au Souverain Pontife, l'abbé Gignoux s'est montré,
comme tant d'autres, attiré par l'école de cet homme ; mais depuis
(je peux en donner l'assurance à Votre Éminence), il n'a rien
conservé de cette école, sinon un attachement particulier au Saint-
Siège que celle-ci professait par principe [4]. » Ces témoignages montrent donc bien la méfiance persistante de Rome à l'égard des
anciens mennaisiens, et surtout à l'égard des premiers d'entre eux.

Les propos de Mgr Garibaldi ne peuvent sur ce point laisser pla-
ner aucune équivoque. En août 1839, il réitère ses critiques à
l'égard des anciens mennaisiens les plus compromis : « Ils ont, il
est vrai, abjuré de telles doctrines et je crois qu'ils l'ont fait sincèrement, en particulier pour ce qui était faux concernant le dogme et

---

1. A. S. V., S. d. S., Rub 248, anno 1835, Garibaldi au secrétaire d'État, 7 octobre
1835.
2. *Ibid.*, anno 1839, Garibaldi au secrétaire d'État, 18 août 1839.
3. *Ibid.*, anno 1842, Garibaldi au secrétaire d'État, 28 juin 1842. On peut noter que
l'abbé Berteaud a reçu le soutien de Mgr Gousset, ce qui laisse entrevoir des réseaux
d'anciens mennaisiens repentis.
4. *Ibid.*, anno 1841, Garibaldi au secrétaire d'État, 28 décembre 1841.

la foi ; je ne sais pas si c'est le cas de tous pour ce qui était faux intellectuellement et politiquement ; j'ai remarqué qu'il restait chez certains d'entre eux une teinte d'esprit mennaisien. En outre, il semblerait que la nomination de ces sujets produirait une grave et désagréable impression dans le clergé et chez les évêques en général, et je ne sais pas si, une fois nommés, ils trouveraient la confiance qui est nécessaire pour faire le bien. De plus le mennaisianisme est encore en sommeil dans certains diocèses ; ne pourrait-il se réveiller si l'on nommait davantage d'évêques qui l'ont professé ? Enfin la grande majorité d'entre eux n'a aucune expérience ni habitude de l'administration d'un diocèse [1]. »

Ainsi sont avancés pêle-mêle divers arguments, parfois contradictoires entre eux, destinés à légitimer la mise à l'écart de prêtres mennaisiens. Or plusieurs d'entre eux sont précisément écartés dans la même période. En août 1839, Garibaldi repousse Salinis et Gerbet, notamment parce qu'ils ont été les principaux disciples de Lamennais [2]. Mais c'est surtout en 1841 que se déroule la grande offensive contre les mennaisiens, lorsque l'abbé de Salinis est nommé au siège d'Angers. L'internonce est dans cette affaire assisté par Mgr Affre qui s'oppose à cette nomination [3] ; or en 1841 l'archevêque de Paris a encore quelque crédit auprès du roi. Affre se fait donc l'interprète de l'épiscopat français, peu désireux de voir promus d'anciens mennaisiens. Il semble que l'argument ait porté auprès de Louis-Philippe qui reconnaît que les anciennes doctrines de Salinis pourraient soulever des dissensions dans le diocèse d'Angers ; il choisit donc de suspendre la nomination [4]. Mais Salinis n'est pas un cas isolé, puisque dans le même temps sont écartés de l'épiscopat l'abbé Gaume et l'abbé Sergent. Là encore, le rôle de l'épiscopat en place est essentiel pour expliquer leur mise à l'écart [5].

---

1. *Ibid.*, anno 1839, Garibaldi au secrétaire d'État, 18 août 1839.
2. *Ibid.*
3. *Ibid.*, anno 1841, Garibaldi au secrétaire d'État, 7 novembre 1841.
4. *Ibid.*, Garibaldi au secrétaire d'État, 17 novembre 1841.
5. La pression des évêques dans la lutte contre les anciens mennaisiens paraît en effet essentielle, comme le montre encore le cas de l'abbé Cœur, à propos duquel l'évêque de Nantes, Mgr de Guérines, écrit en 1836 au ministre : « Je ne dois pas taire à Votre Excellence qu'alors les témoignages de ma satisfaction furent accompagnés de quelques observations. Je lui représentai que les nouveautés ou les réticences dans l'enseignement de la religion lui feraient tort ; c'était alors le temps où fermentaient les doctrines de M. de Lamennais ; il me rassura par les explications qu'il me donna sur la tendance qu'on avait cru y remarquer » (A. N. F 19 / 2590 [dossier Cœur], l'évêque de Nantes au ministre, 4 juillet 1836).

L'évêque de Nevers écrit ainsi à propos de son vicaire général Gaume [1] : « Vous savez, Monseigneur, que cet ecclésiastique a été un chaud partisan de ce malheureux M. de Lamennais, et je puis affirmer qu'il est encore imbu de ses principes. M. Gaume a fait paraître en 1835 un livre intitulé *Catholicisme dans l'éducation.* Cet ouvrage fut vivement attaqué dans *L'Ami de la religion,* le 27 mai 1835 et le 17 juin de la même année. Les deux articles furent faits par M. Affre, aujourd'hui archevêque de Paris [2]. »

Mgr Affre apparaît donc au cœur de la coterie antimennaisienne, ce qui peut paraître paradoxal lorsque l'on sait le rôle joué par les mennaisiens dans sa nomination à Paris. L'influence de Montalembert a été certainement déterminante dans cette promotion. Sa correspondance avec Lacordaire révèle une volonté concertée d'amener à l'épiscopat d'anciens mennaisiens. Il conclut ainsi, après avoir relaté les péripéties ayant conduit au choix de l'abbé Affre : « Une heure après cette conversation, la seule qu'ils [Affre et Thiers] aient eue, la nomination a été signée en même temps que les autres ; celle de M. Gousset est excellente aussi pour nous. M. d'Arcimolle *[sic]* a été désigné par M. de Bonald. M. Chatrousse est un de nos amis modérés de 1831 [3]. » Pour Lacordaire, Affre est certes un gallican, mais « il n'a point d'antipathie contre la société moderne » et il ajoute : « Son avènement est une démonstration que Dieu est avec nous et nous protège [4]. » Les faits prouvent que les mennaisiens se sont mépris sur les véritables sentiments de Mgr Affre. Ce dernier n'a à aucun moment encouragé la nomination d'anciens mennaisiens. Au contraire, il reste sur les positions qui étaient les siennes en 1839 lorsqu'il exprimait à l'internonce Garibaldi son désir de voir tenus loin de l'épiscopat les anciens disciples de Lamennais [5]. L'archevêque de Paris exprime donc un sentiment largement répandu dans l'épiscopat français, et partagé par le gouvernement comme par le Saint-Siège, qu'il faut éloigner de l'épiscopat ceux

---

1. Sur l'abbé Gaume, voir Daniel MOULINET, *Les Classiques païens dans les collèges catholiques ? Le combat de Mgr Gaume,* Paris, Éd. du Cerf, 1995, 496 p.
2. A. S. V., S. d. S., Rub 248, anno 1841, l'évêque de Nevers à Mgr Garibaldi, 25 novembre 1841.
3. Sur le rôle des mennaisiens dans la nomination de l'abbé Affre à Paris, voir Louis LE GUILLOU (textes réunis par), *Lacordaire-Montalembert, Correspondance inédite 1830-1861,* p. 483-488, Montalembert à Lacordaire, 27 mai 1840, p. 485.
4. *Ibid.,* p. 487, Lacordaire à Montalembert, 9 juin 1840.
5. A. S. V., S. d. S., Rub 248, anno 1839, Garibaldi au secrétaire d'État, 18 août 1839.

qui ont été les disciples les plus fervents de Lamennais, car beaucoup pensent qu'ils n'ont pas abandonné leurs anciennes doctrines. Dès lors, au sein du groupe des anciens mennaisiens, il faut distinguer les disciples les plus impliqués dans l'aventure mennaisienne, tenus à l'écart de l'épiscopat sous la monarchie de Juillet, et ceux qui l'ont suivi de plus loin et dont le repentir paraît sincère au Saint-Siège qui les agrée donc sans difficulté et ce d'autant mieux que ces ecclésiastiques affirment leur ultramontanisme.

La lutte entre gallicans et ultramontains.

C'est en définitive la monarchie de Juillet qui entrouvre la porte de l'épiscopat aux évêques ultramontains. Les raisons en sont diverses. Elles sont tout d'abord d'ordre structurel ; le clergé est dans son ensemble gagné par les idées ultramontaines. Mais elles tiennent aussi à la conjoncture particulière des débuts du régime. Les évêques gallicans de la Restauration se sont retrouvés en pointe dans l'opposition à la monarchie de Juillet, tandis que le Saint-Siège finissait par l'accepter. Les liens trop étroits entre une fraction du clergé gallican et les Bourbons expliquent ainsi que le pouvoir se soit tourné davantage vers des ecclésiastiques attirés par Rome, car le danger lui apparaît alors moins la volonté hégémonique de Rome que le retour des Bourbons sur le trône.

Il faut cependant attendre 1834 pour que soit nommé le premier évêque franchement ultramontain en la personne de l'abbé Parisis. Cette nomination est bientôt suivie de celles de Jerphanion, Gousset et Villecourt en 1835, Donnet en 1836, Cart et Mazenod en 1837, Morlot et Sibour en 1839, Chatrousse et Darcimoles en 1840, Brossais, Gignoux et Guibert en 1841, Berteaud et Raess en 1842, soit seize évêques nommés pendant la période Garibaldi.

La monarchie de Juillet marque donc l'avènement de l'ultramontanisme dans l'épiscopat. Très minoritaires jusque-là, les ultramontains représentent un tiers des évêques nommés sous la monarchie de Juillet. Sur ce nombre, une petite moitié se compose d'anciens mennaisiens, c'est dire l'importance de ce courant dans l'émergence de l'ultramontanisme. Du reste, le successeur de Mgr Garibaldi, Mgr Fornari, champion de l'expansion de l'ultramontanisme en France, accepte sans sourciller la nomination de l'abbé Doney, pourtant ardent mennaisien au début des années 1830. L'appartenance de Doney à l'école de Lamennais est tue tandis que le nonce insiste sur son attachement au Saint-Siège : « c'est un ecclésiastique très distingué par ses doctrines, décidément romaines [1].» L'important désormais n'est plus pour Rome la chasse aux anciens mennaisiens [2], mais le recrutement d'évêques ultramontains. De fait, à partir de 1843, les ultramontains sont majoritaires parmi les évêques recrutés : 11 sur 16 nommés entre 1843 et 1848 [3]. Le mouvement se poursuit et s'accélère sous la IIe République et au début du IIe Empire : 13 sur 19 évêques recrutés sous la IIe République [4], 21 sur 29 évêques nommés entre 1852 et 1859 [5]. Le retournement de tendance s'effectue donc au début des années 1840, les deux décennies suivantes se caractérisant par un fort recrutement au sein du clergé ultramontain.

Ce classement est cependant quelque peu sommaire, dans la mesure où, notamment au moment de la nomination, les candidats n'ont pas toujours exprimé d'opinions très définies. De même, les frontières entre gallicans et ultramontains sont loin d'être étanches. C'est souvent un état d'esprit, voire une culture particulière qui permet de ranger tel ecclésiastique dans l'un ou l'autre camp. De plus, vers le milieu du siècle, des reclassements s'opèrent : tel prêtre venu du gallicanisme se tourne vers l'ultramontanisme. Dans certains cas, l'attitude future d'un évêque a pu aider à le classer. Mais autant qu'il était possible, on a tenu compte de l'opinion à la date de l'élection, telle du moins qu'elle est alors perçue. Mazenod, Donnet ou Dupanloup par exemple passent pour des ultramontains au moment de leur nomination, à l'inverse Plantier est alors considéré comme gallican. Ce classement entre gallicans et ultramontains n'est pas systématiquement pratiqué par le représentant du Saint-Siège, pourtant fort intéressé à sonder les sentiments des candidats à l'épiscopat, ce qui montre sa difficulté. En fait, trois catégories se

---

1. A. S. V., S. d. S., Rub 248, anno 1844, le nonce au secrétaire d'État, 21 novembre 1843.
2. Ce thème ne réapparaît plus dans les rapports du nonce, ce qui semblerait confirmer que Garibaldi en avait fait une affaire personnelle. Il est vrai qu'il était en fonction en France au moment de la crise mennaisienne et était sans doute plus sensible à la question que son successeur.
3. Debelay, Doney, Buissas, Depery, Mascarou, Baillès, Wicart, Morlhon, Pavy, Bonnechose, Cardon de Garsignies
4. Meirieu, Caverot, Dreux-Brézé, Dupanloup, Foulquier, Pie, Salinis, Cousseau, Desprez, Le Herpeur, Lacarrière, Pallu du Parc et Mabile.
5. Forcade, Gerbet, Delalle, Jordany, Nanquette, La Bouillerie, Sergent, Boudinet, Didiot, Galtier, Hiraboure, Bara, Delcusy, Langalerie, Maupoint, Devoucoux, Fillion, Martial, Porchez, Épivent, Fruchaud.

détachent : les ultramontains prononcés, qui ont fait ouvertement
montre de leur adhésion au Saint-Siège ; les gallicans ardents, du
type Cottret, Fayet ou Olivier, qui incarnent l'antique gallicanisme
au sein de l'épiscopat ; enfin, entre ces deux groupes extrêmes, la
majorité des candidats adoptent des positions modérées, mais avec
cependant un penchant vers l'un ou l'autre camp. Deux hommes
peuvent incarner cette tendance : d'un côté Mathieu, de l'autre Guibert. L'un et l'autre, dans leur sphère propre, vont se garder, au long
de leur carrière, des excès de l'un ou l'autre camp. Même floue, la
frontière entre gallicanisme et ultramontanisme existe donc [1].

À partir du IIe Empire, le nonce s'attache du reste à bien la tracer ; il ne manque pas de noter l'appartenance au camp ultramontain des candidats à l'épiscopat. Par exemple, en 1855, il rappelle
que l'abbé Nanquette, recommandé par le cardinal Gousset, «est
très dévoué au Saint-Siège», puis évoquant l'abbé Delalle sur
lequel il n'a encore que peu d'informations, il hésite à le classer
dans l'un ou l'autre camp : «il a donné à certains des raisons de le
croire romain, à d'autres de le croire un peu gallican [2].» Puis, dans
son rapport suivant, le nonce précise : «On me l'a décrit non seulement comme doué des plus grandes qualités, mais comme imbu
des plus sains et plus solides principes. Avant de venir occuper la
paroisse de Tulle, il a été pendant dix-huit mois l'un des rédacteurs
de *L'Univers*, se montrant toujours un chaud partisan des maximes
et des intérêts que ce journal a à cœur de défendre [3].» La référence
à *L'Univers*, même s'il s'agit en fait du premier journal, avant l'arrivée de Veuillot à sa tête, est un brevet suffisant d'ultramontanisme
aux yeux du Saint-Siège. La mention systématique des sentiments
des candidats à l'égard du Saint-Siège révèle aussi la pression opérée en faveur de l'ultramontanisme, et partant, le triomphe de ce
courant dans les années 1850.

---

1. Il serait évidemment tentant de garder cette tripartition entre gallicans, modérés
et ultramontains. C'est le parti adopté par Austen GOUGH (*Paris and Rome. The
Gallican Church and the Ultramontane Campaign, 1848-1853*, Oxford, Clarendon
Press, 1986, XVI-276 p., p. 50) dans son tableau de l'épiscopat en 1850. Il semble
quelque peu hasardeux de faire voisiner, dans la même catégorie des «modérés»,
des ultramontains notables comme Cousseau ou Raess, et des gallicans comme
Bruillard ou Saunhac-Belcastel. Se pose évidemment le problème de savoir quel critère de classement utiliser, en fonction de la date choisie.
2. A. S. V., S. d. S., Rub 248, anno 1857, fasc. 1, le nonce au secrétaire d'État,
6 septembre 1855.
3. *Ibid.,* le nonce au secrétaire d'État, 8 septembre 1855.

Pourtant quelques ecclésiastiques de tradition gallicane ou plus libérale sont également promus, mais aucun d'entre eux ne se caractérise par une opposition farouche au Saint-Siège. L'abbé Plantier par exemple, professeur à la faculté de théologie de Lyon, se convertit à l'ultramontanisme après son élection sur le siège de Nîmes. L'abbé Devoucoux, nommé à Évreux en 1858, a été, rappelle le nonce, hostile au rétablissement de la liturgie romaine dans le diocèse d'Autun, avant de finalement s'y rallier. L'abbé de Pompignac demeure attaché aux principes sulpiciens. Les abbés Daniel, Landriot et Delamare gardent également une certaine réserve à l'égard de l'emprise romaine. Mais dès les années 1850, on ne trouve plus parmi les candidats à l'épiscopat de gallicans de type Ancien Régime. En revanche, un certain nombre d'ecclésiastiques récusent l'omnipotence du Saint-Siège sur les affaires de l'Église de France, au nom de la liberté d'action. Bien que la filiation avec le gallicanisme soit évidente, le vocable « libéraux » leur convient mieux. Jacques Gadille a bien montré l'importance de cet héritage chez l'évêque qui incarne le mieux cette tendance, à savoir Dupanloup: « C'est dans le "demi-gallicanisme" ainsi défini, que s'enracine le libéralisme de l'évêque d'Orléans [1]. » Ce libéralisme se définit notamment par opposition à l'ultramontanisme et à ses représentants les plus ardents, en particulier *L'Univers*. C'est au cours des années 1850 que se trace la frontière ; elle se retrouve de façon nette au sein de l'épiscopat. Ainsi se forme un groupe d'évêques qui, sans être précisément composé de gallicans, appartient au libéralisme. C'est le cas de Landriot qui, avant même sa promotion à l'épiscopat, entre dans la lutte qui oppose libéraux et ultramontains à propos de la querelle des classiques lancée par l'abbé Gaume dans *Le Ver rongeur*. Landriot entreprend de réfuter Gaume, ce qui l'amène à côtoyer Dupanloup et le groupe du *Correspondant*. Il est en particulier très proche de Foisset [2]. À ce groupe se rattachent aussi Régnault, Ginoulhiac, Daniel et Delamare, Devoucoux qui fut le vicaire général de Landriot à Autun, Pompignac et Bélaval, ainsi que Plantier [3]. Au total les huit évêques

---

1. Jacques GADILLE, *La Pensée et l'Action politiques des évêques français au début de la IIIe République. 1870-1883,* Paris, Hachette, 1967, 2 tomes, 351 et 334 p, t. I, p. 76.
2. Voir B. N., N. A. Fr 11 911, Correspondance de Mgr Landriot, importante correspondance Landriot-Foisset.
3. Quatre d'entre eux, encore en vie en 1870, sont classés par Jacques GADILLE (p. 117) dans le « groupe des évêques conciliants de la tendance de Dupanloup », mais c'est bien dès leur nomination qu'on peut les rattacher à cette mouvance.

nommés entre 1852 et 1859 n'appartenant pas au camp ultramontain peuvent donc être considérés comme des libéraux.

À partir de 1859 débute l'offensive gouvernementale contre l'ultramontanisme qu'accompagne le retour en force du gallicanisme. De ce fait, dans les années 1860, sur 43 évêques nommés, 7 seulement appartiennent à la mouvance ultramontaine [1]. Parmi les 36 autres, deux groupes se dégagent. Il n'est pas besoin d'insister sur la ligne de fracture qui sépare les libéraux de la tendance Dupanloup et ceux de la tendance Maret [2]. Si les uns et les autres s'accordent sur un certain nombre de libertés nécessaires au sein de l'Église et acceptent, sinon tous les principes de 1789, du moins l'évolution qui en a résulté, ils se séparent en revanche sur l'attitude à adopter face au pouvoir politique. Les hommes de la tendance Dupanloup refusent la collaboration avec l'Empire, ceux de la mouvance Maret l'acceptent, ce qui explique qu'on ait pu les qualifier de néo-gallicans, au sens où ils renouent en quelque sorte avec les traditions anciennes d'alliance entre le trône et l'Église de France contre l'omnipotence romaine. Si l'on tente de répartir ces évêques entre ces deux factions, au moment de leur promotion à l'épiscopat, il apparaît que 20 peuvent être rangés dans la tendance Maret [3] et 16 dans la tendance Dupanloup [4]. Cette répartition, encore une fois, ne doit pas être considérée comme immuable. Elle est surtout valable pour les têtes de groupe. À l'inverse, les passerelles sont nombreuses et l'on pourrait dénombrer plusieurs doubles appartenances : Place et Foulon voire Paulinier se situent incontestablement aux frontières entre les deux groupes. Cette distinction ne doit pas faire oublier une communauté de pensée qui explique que le pouvoir ait puisé indistinctement dans les deux groupes et que ceux-ci se soient retrouvés unis, au moment du concile du Vatican, pour combattre contre la proclamation du dogme de l'infaillibilité pontificale. Ce qu'il importe donc de retenir, c'est l'importance du groupe d'évêques libéraux, que l'on peut rattacher à la tradition gallicane, parmi les évêques nommés à la fin du IIe Empire.

---

1. La Tour d'Auvergne, Dabert, Le Breton, Lequette, Freppel, Fournier et Pichenot.
2. Déjà mise en lumière par Jean MAURAIN, cette distinction a surtout été caractérisée par Jacques GADILLE.
3. Darboy, Christophe, Ravinet, Baudry, Cruice, Dubreuil, Lecourtier, Lavigerie, Gueulette, Meignan, Ramadié, Bécel, Grimardias, Hugonin, Callot, Guilbert, Las Cases, Thomas, Cuttoli et Paulinier.
4. Magnin, Colet, Bernadou, Boutonnet, Bravard, David, Nogret, Dours, Gazailhan, Peschoud, Gros, Place, Foulon, Hacquard, Reyne et Grolleau.

La lutte entre gallicans et ultramontains dans les années 1830-1870 est donc bien réelle. Elle s'inscrit parfaitement dans le recrutement épiscopal. Mais au total, sur 168 évêques promus dans cette période, 66 peuvent être rangés du côté ultramontain contre 102 du côté gallican. Par rapport au premier tiers du XIXᵉ siècle, cette répartition marque une entrée en force des ultramontains dans l'épiscopat, surtout frappante dans les années 1840-1850, puisque sur 87 évêques nommés durant ces deux décennies, 49 étaient d'origine ultramontaine. Pourtant, sur l'ensemble des quarante années qui séparent la révolution de Juillet du concile du Vatican, le gallicanisme continue à dominer largement le recrutement épiscopal, domination due en partie à l'offensive de la seconde moitié du IIᵉ Empire, mais aussi plus globalement à la persistance, au sommet de l'État, de légistes gallicans, méfiants à l'égard du Saint-Siège. Néanmoins le concile bouleverse les références traditionnelles et dessine un nouveau paysage au sein de l'épiscopat français.

La victoire nuancée de l'ultramontanisme après 1870.

Dressant un état de l'épiscopat français au lendemain du concile du Vatican, le chef de la première division des cultes catholiques à l'administration des cultes, Adolphe Tardif, faisait observer : « Dans cette note, on a employé les termes "ultramontain" et "gallican" pour se conformer à l'usage ; il importe de remarquer que ces mots ne doivent pas être pris dans leur acception exacte. Depuis longtemps, il n'y a plus en France de prêtre gallican dans le sens de l'école parlementaire. Le gallicanisme de nos jours attache peu d'importance aux 89 articles de Pithou ; il ne s'est préoccupé que d'un petit nombre de questions, et, notamment, de l'infaillibilité doctrinale du pape, de l'autorité des évêques, des usages et de la liturgie des Églises. Mais les défenseurs les plus convaincus des droits des évêques et des Églises repoussent la dénomination de "gallican" [1]. » Par le biais de Tardif, l'administration des cultes sanctionne un fait acquis : la disparition du gallicanisme d'Ancien Régime, mais en même temps reconnaît la persistance d'une ligne de fracture au sein du clergé français. Cette ligne sépare les ecclésiastiques pleinement acquis à la cause romaine et ceux qui entendent garder quelque distance face à l'invasion du pouvoir pontifical.

---

1. A. N. 87 AP 10 I (2) (papiers Jules Simon), Note de Tardif.

Certes, depuis la proclamation du dogme de l'infaillibilité pontificale, accepté par l'ensemble de l'épiscopat, la dénomination de gallican n'a plus de sens aux yeux de Rome. Il n'empêche que si tous les futurs évêques acceptent la primauté du pape sur le plan doctrinal, certains demeurent fidèles aux préceptes libéraux tels qu'ils ont pu être énoncés par Dupanloup. De ce fait, les libéraux restent nombreux à être promus à l'épiscopat.

Dans la décennie 1870, c'est-à-dire au lendemain du concile, les camps sont encore bien définis entre anciens adversaires et partisans de la proclamation du dogme, entre libéraux et ultramontains. Sur 53 évêques nommés entre 1871 et 1879, on peut en ranger 18 dans le camp libéral [1]. Le combat engagé dans les années 1840 pour favoriser le clergé ultramontain dans l'épiscopat reprend. La politique du Saint-Siège vise alors à empêcher toute promotion d'ecclésiastiques soupçonnés de libéralisme, c'est-à-dire suspects d'avoir émis des doutes sur l'opportunité de proclamer le dogme de l'infaillibilité pontificale [2]. C'est ainsi qu'est remise en cause par exemple la nomination de l'abbé Cotton à Valence. On lui reproche d'avoir refusé de signer une pétition du diocèse de Grenoble en faveur de la proclamation, c'est-à-dire de ne pas s'être prononcé contre les positions inopportunistes de Mgr Ginoulhiac [3].

Dans les années 1880, la difficulté de classer les prêtres promus à l'épiscopat va croissant, car l'éloignement des débats suscités par le concile tend à homogénéiser le clergé. La question théologique n'est plus guère à l'ordre du jour. On peut cependant tenir compte des avis, ainsi que de la personnalité des évêques qui proposent ces candidats, tant il est vrai que le phénomène de cooptation tend à renforcer un courant libéral déjà dominant dans l'épiscopat français. De fait, sur 56 évêques nommés entre 1879 et 1890, 31 peuvent faire figure de libéraux [4]. Ce retour en force des libéraux s'explique

1. Duquesnay, Nouvel de La Flèche, Langénieux, Turinaz, Perraud, Fonteneau, Jourdan, Cotton, Besson, Cortet, Vigne, Thibaudier, Rosset, Caraguel, Goux, Lelong, Coullié et Boyer. Cette liste reprend intégralement le classement opéré par Jacques GADILLE (p. 117). L'utilisation de critères comparables dans le classement peut permettre d'envisager des comparaisons avec les périodes suivantes.
2. Sur les conflits qu'engendre ce refus systématique des libéraux par le Saint-Siège, voir p. 484-486.
3. Edmond-Hugues DE RAGNAU, *Mgr Charles-Pierre-François Cotton, évêque de Valence. Sa vie (1825-1905). Ses trente années d'épiscopat (1875-1905)*, Grenoble-Valence, Pons-Vercelier, 1907, 592 p., p. 170.
4. Isoard, Roche, Bellot des Minières, Coldefy, Combès, Lamazou, Fiard, Billère, Bouché, Sourrieu, Gouzot, Larue, Peronne, Cœuret-Varin, Gonindard, Oury, Gaussail, Goutte-Soulard, Soubrier, Lecot, Petit, Fuzet, Bougaud, Juteau, Baptifolier, Berthet, Servonnet, Lagrange, Jauffret, Hautin et Mignot.

principalement par une sorte de rattrapage par rapport à la décennie précédente. Plusieurs ecclésiastiques, écartés pour leurs opinions théologiques, accèdent à l'épiscopat sous le pontificat de Léon XIII, à l'image de Roche, Isoard, Lamazou, Gouthe-Soulard ou Bougaud. Parmi ce groupe figurent d'anciens collaborateurs de Dupanloup (Lamazou, Bougaud, Lagrange), des proches de Maret (Roche, Isoard, Baptifolier) ou de Lavigerie (Combes, Larue, Gaussail et Soubrier). La différence entre ces libéraux et les ultramontains prononcés est ténue. Du reste, tous acceptent la primauté du pape, c'est pourquoi il semble préférable de parler pour les uns d'ultramontains libéraux et pour les autres d'ultramontains intransigeants. Ces différences sont souvent d'ordre sentimental, comme le révèle ce témoignage de Mgr Mignot, évoquant son apprentissage du chant ecclésiastique dans le livre de son grand-père : « C'est dans son gros livre d'office du diocèse de Noyon auquel nous appartenions avant la Révolution que j'appris les proses et les hymnes que l'on abandonna en 1852 pour prendre le chant romain de l'édition de Reims et de Cambrai. Ce fut regrettable ; car Rome aurait conservé ou autorisé pour la France les belles choses de cette liturgie. Comme toujours, on "s'emballa", comme on vient de le faire pour la soi-disant prononciation latine. Ce fut un entraînement ou plutôt une réaction contre notre prétendu gallicanisme. C'était si peu du gallicanisme que Pie X a rétabli le bréviaire à peu près comme il était à Lyon et à Paris. Qui donc nous gardera des exagérations ? Que de choses je pourrais dire s'il me plaisait de faire la critique de la réforme dite grégorienne [1] ? »

Le libéralisme à la fin du siècle peut ainsi se définir par opposition à l'ultramontanisme en tant que parti, voire en tant que parti pris. Les libéraux se caractérisent avant tout par leur réprobation des excès commis au nom de l'ultramontanisme. Ils récusent par là même les débordements du centralisme romain. Or il est tout à fait intéressant de voir Mgr Mignot s'attaquer à deux fleurons de la lutte en faveur de l'ultramontanisme au milieu du XIXe siècle : le rétablissement de la liturgie romaine en France et l'introduction du chant grégorien. Pour lui, ces innovations allaient à l'encontre des traditions françaises ; il retrouve de la sorte les accents des gallicans d'antan pour magnifier en quelque sorte les « anciennes libertés de l'Église de France ». Certes, Mignot ne remet pas en cause

---

1. B. N., N. A. Fr. 24 404, Bulletin des anciens élèves de Saint-Sulpice, f° 338.

le dogme de l'infaillibilité pontificale, mais il marque bien l'aspiration d'une fraction du clergé français à préserver une certaine indépendance à l'égard du Saint-Siège. Or son point de vue semble assez nettement partagé parmi ses contemporains évêques. On peut citer, partageant les mêmes opinions, l'abbé Lecot qui au moment du concile se sent assez proche de Mgr Dupanloup et du père Hyacinthe [1]. Les libéraux représentent donc une fraction notable des évêques alors nommés. En revanche force est de constater le très petit nombre d'ultramontains marqués qui accèdent alors à l'épiscopat. On ne peut guère mentionner que Jacquenet, proche de Gousset et consulteur au concile, Briey, collaborateur du cardinal Pie, Dennel, ou encore Luçon, vicaire général de Mgr Freppel.

Dans les années 1890, les positions du libéralisme se maintiennent : 32 évêques sur 66 nommés entre 1892 et 1902 peuvent être ainsi catalogués [2]. Parmi ces libéraux, on retrouve là encore des héritiers directs de Dupanloup, comme Laroche et surtout Chapon [3], ou de Maret, comme Latty ou Bouquet [4], ou encore des proches de Meignan, à l'instar de Williez, Renou et Sueur. Dans ce groupe figurent aussi des compagnons de route du modernisme, tels Le Camus et surtout Lacroix. L'itinéraire intellectuel de Lacroix est intéressant à analyser pour comprendre le cheminement de la famille libérale. Lié au monde du libéralisme catholique, celui du *Correspondant* notamment auquel il collabore, il se trouve au confluent du mouvement de la démocratie chrétienne, par ses liens avec les abbés démocrates, et du modernisme [5]. Parallèlement il est

---

1. Marc AGOSTINO, «Le Cardinal Lecot (1831-1908). Un évêque face au monde moderne», thèse de 3e cycle de l'université Bordeaux-III, dactyl., 1974, 276-LVI fos, fo 16.
2. Williez, Fabre, Renou, Valleau, Belmont, Laroche, Dubourg, Sueur, Latty, Béguinot, Chapon, Colomb, Geay, Mollien, Rouard, Énard, Bardel, Germain, Maillet, Le Nordez, Amette, Guérard, Arnaud, Dubillard, Henry, Herscher, Mando, Schœpfer, Bouquet, Delamaire, Lacroix et Le Camus.
3. Laroche est un ecclésiastique du diocèse d'Orléans, formé sous l'épiscopat et dans la pensée de Dupanloup. L'abbé Chapon a été son secrétaire et devient l'un de ses thuriféraires ; il est notamment l'auteur de *Mgr Dupanloup et la Liberté* (Paris, 1889).
4. Latty et Bouquet ont enseigné à la faculté de la Sorbonne.
5. C'est pour cette raison qu'il est mis en cause par le Saint-Siège lors de sa présentation pour le siège de Tarentaise. A. S. V., S.d.S., Rub 248, anno 1892, fasc. 6, le nonce au secrétaire d'État, 16 janvier 1901 : «Quant à Lacroix, il n'y a rien à dire quant à sa conduite morale ; il est intelligent et instruit, mais peut-être lui manquet il, comme à presque tous les prêtres français, une bonne philosophie et une profonde théologie. De plus il n'offre pas pleine sécurité contre les tendances malsaines qui se propagent largement dans le champ biblique et dogmatique.»

très lié à Mgr Mignot dont il projette d'écrire ensuite la biographie. De même il rédige une vie, demeurée inédite, de Mgr Landriot. Ces deux noms montrent bien la filiation entre le libéralisme des années 1850 et le libéralisme des années 1890.

Mais une fois encore, la frontière est souvent floue entre ultramontains libéraux et orthodoxes. Dans ce groupe de 66 évêques, on retrouve encore moins de véritables champions de l'ultramontanisme. On signalera cependant les nominations de Gilbert, Andrieu et Dubois. De même, l'abbé Pelgé apparaît comme un authentique représentant du parti ultramontain; il est du reste lié au journal *L'Univers*, et le projet de le nommer à Orléans en 1894 suscite des remous chez les proches de Dupanloup. Mgr Lagrange en particulier demande au pape que l'abbé Pelgé ne soit pas nommé à Orléans : « L'abbé Pelgé n'est pas un des amis de Mgr Dupanloup et il a des liens très étroits avec ses implacables ennemis de *L'Univers*; il est le beau-frère de l'un d'eux [1]. » Cette demande aboutit, puisque Pelgé est finalement nommé, non pas à Orléans, mais à Poitiers, évêché qui retrouve ainsi après deux prélats contestés (Bellot et Juteau) un évêque ultramontain. Ces deux évêchés demeurent donc, à la fin du siècle, l'objet de luttes entre héritiers de Dupanloup et de Pie.

Pourtant le débat théologique s'est considérablement estompé. Cet effacement correspond à une relative homogénéité des comportements sous le pontificat de Léon XIII. À partir du moment où la pression de Rome se fait moins forte sur l'Église de France, elle est mieux acceptée. Certes, des différences demeurent et la division entre ultramontains orthodoxes et ultramontains libéraux existe. Mais le recrutement épiscopal se caractérise par le souci de ne pas choisir d'ecclésiastiques qui aient pris parti trop ardemment pour un camp ou l'autre. De ce fait la victoire de l'ultramontanisme à la fin du siècle se double de la persistance d'un fort courant libéral au sein de l'épiscopat français, puisqu'il représente à peu près la moitié des évêques nommés entre 1879 et 1902. Ces libéraux sont le plus souvent originaires des anciens grands centres du gallicanisme : Paris, Lyon, Orléans ou Bordeaux, ce qui montre la permanence de certains caractères régionaux. Ils sont souvent issus des régions de faible pratique, alors que les authentiques ultramontains proviennent plus volontiers, Lyon excepté, des régions de chrétienté, des diocèses de l'Ouest, du Nord ou des environs du Massif central.

---

1. A. S. V., S. d. S., Rub 248, anno 1898, fasc. 4, l'évêque de Chartres au pape, 12 septembre 1893.

Globalement donc, l'épiscopat français de la fin du siècle se révèle être beaucoup plus libéral que l'ensemble du clergé français. On peut en rechercher les causes dans une origine sociale plus bourgeoise et une formation plus poussée qui auraient tendu à maintenir chez ces clercs des traditions familiales de libéralisme. Le fait est qu'il faut bien constater la corrélation entre cette attitude libérale dans l'Église et un comportement politique transigeant. Sans être tous des républicains, ils se révèlent également être des libéraux en politique. Ils acceptent donc un certain nombre d'acquis de la Révolution, et en particulier les institutions républicaines. L'importance relative de ce groupe explique donc qu'une majorité de l'épiscopat français ait accepté la loi de Séparation [1].

En somme, les querelles théologiques qui ont marqué l'Église de France au XIXe siècle se retrouvent au sein de l'épiscopat, mais de façon atténuée. Globalement, le gallicanisme reste dominant pendant les trois premiers quarts du XIXe siècle, puisqu'il regroupe 265 évêques sur 339. Néanmoins à partir du milieu des années 1830, l'offensive ultramontaine qui touche l'ensemble de l'Église commence à gagner l'épiscopat ; elle atteint sa plénitude dans les années 1843-1859, mais ne submerge pas pour autant l'épiscopat. Le gallicanisme résiste en effet pour deux raisons : sous la monarchie de Juillet, il bénéficie d'une relative mise à l'écart des anciens mennaisiens, puis dans la seconde moitié du IIe Empire d'une résurgence du gallicanisme parlementaire. Le gallicanisme succombe en théorie sous les coups des décrets du concile du Vatican, mais si les gallicans *stricto sensu* sont extrêmement rares à devenir évêques après 1870, ils trouvent des héritiers nombreux en la personne d'ecclésiastiques libéraux : environ 46 % des évêques nommés après 1870 appartiennent à cette catégorie, la proportion passant à plus de la moitié pour les évêques nommés sous le pontificat de Léon XIII. Des gallicans des débuts du XIXe siècle aux libéraux de la fin du Concordat s'affirme donc le poids des évêques hostiles par principe à une trop grande influence du Saint-Siège dans la vie de l'Église de France et plutôt favorables à l'entretien

---

1. Jean-Marie MAYEUR, *La Séparation des Églises et de l'État,* Paris, Éditions ouvrières, 1991, 190 p. : «Quoi d'étonnant alors à ce qu'un nombre grandissant d'évêques songe à s'accommoder de la loi : évêques "libéraux" nommés sous Léon XIII, administrateurs désireux de ne pas voir l'Église de France hors la loi ? L'épiscopat va se diviser comme l'ensemble du monde catholique français, mais la majorité est favorable à l'acceptation, même si tous ne sont pas unis par les mêmes raisons» (p. 85).

de bons rapports avec les pouvoirs en place. Ils représentent environ les deux tiers de l'ensemble de l'épiscopat français du xixe siècle. Cette proportion est somme toute logique : elle correspond aux règles mêmes de fonctionnement du Concordat qui donne la primauté des choix au gouvernement français. Elle s'explique aussi par le rôle crucial joué par certains évêques déjà en place dans le processus de recrutement. La cooptation a eu pour effet principal la sélection d'ecclésiastiques dont les options religieuses correspondaient davantage à celles des générations précédentes de l'épiscopat plutôt qu'à celles de l'ensemble du clergé. Le décalage existant entre les évêques nommés notamment dans le dernier tiers du siècle et le clergé est à cet égard manifeste et s'exprime en particulier dans les nombreux libelles d'origine ultramontaine dénonçant un épiscopat « fin de siècle ».

CHAPITRE V

LES ACTIVITÉS INTELLECTUELLES DES FUTURS ÉVÊQUES

L'épiscopat du XIXᵉ siècle a une mauvaise réputation sur le plan intellectuel. On lui reproche en particulier, outre sa faible formation, d'être peu versé dans l'étude de la théologie. On peut s'interroger sur la valeur de ces accusations, en s'intéressant en particulier à la production bibliographique des évêques avant leur promotion à l'épiscopat. Sont-ils des écrivains ? Quels types d'œuvres produisent-ils avant leur adhésion à l'épiscopat ?

La production livresque.

Le dépouillement systématique du *Catalogue général de la Bibliothèque nationale* permet de se faire une idée de la production bibliographique des prêtres appelés à devenir évêques. Il ne laisse guère échapper que les ouvrages non soumis au dépôt légal, notamment ceux qui ont été publiés à l'étranger. En revanche, le catalogue recense toutes les publications, qu'il s'agisse d'une œuvre importante ou d'un discours imprimé. L'hétérogénéité des œuvres est donc grande. Néanmoins, un bilan chiffré peut être envisagé. Abstraction faite de la nature de l'ouvrage imprimé, si l'on retient tous les évêques ayant publié au moins une œuvre avant leur accession à l'épiscopat, on obtient un total de 221 sur 515, ce qui représente une proportion de 42,9 % de l'épiscopat.

Tableau du nombre d'évêques écrivains
par période de nomination

Ier Empire	28	41,1 %
Rest.	21	21,2 %
MdJ	25	32 %
IIe République	9	47,3 %
IIe Empire	35	46,6 %
IIIe République	103	58,5 %

Ce bilan global laisse entrevoir une progression constante des publications tout au long du siècle. Le Ier Empire figure comme une exception dans cette progression. La part relativement élevée des évêques nommés à cette époque à avoir publié préalablement s'explique essentiellement par le fait que bon nombre sont en fait d'anciens évêques, d'Ancien Régime ou constitutionnels. Ils ont eu de nombreuses occasions d'exercer leur talent de plume pendant la période révolutionnaire. Le Ier Empire mis à part, la progression est donc constante. Reste à savoir si ce mouvement correspond à une demande ecclésiastique ou à une demande éditoriale. En d'autres termes, les futurs évêques publient-ils davantage parce qu'ils en éprouvent le besoin ou parce qu'on leur en offre les moyens ? L'étude systématique des lieux d'édition permettrait de faire apparaître deux types de stratégie éditoriale. Un premier groupe rassemble les écrivains, auteurs d'une véritable œuvre, publiée en général chez un important éditeur de Paris ou de province. Un second groupe réunit des prêtres qui font éditer un discours ou une petite étude historique ; ils passent le plus souvent par l'éditeur attitré du diocèse, qu'ils connaissent en général, car, notamment lorsqu'ils sont vicaires généraux, ils ont eu des contacts avec lui pour l'édition des mandements ou lettres pastorales de leur évêque. Cette dichotomie laisse entrevoir la diversité de l'œuvre ainsi produite par les futurs évêques.

Sur le plan numérique, leur production éditoriale représente 1 231 titres différents, ce qui équivaut à une moyenne de 5,5 titres par évêque ayant publié. Les disparités sont évidemment très grandes entre les 68 évêques qui n'ont publié qu'un ouvrage et la quarantaine qui en a publié plus de dix, la palme pouvant être attribuée à l'abbé Douais qui a à son actif 69 publications différentes. L'évolution sur l'ensemble du siècle confirme la progression de l'utilisation de l'écrit chez les évêques du XIXe siècle.

*Tableau du nombre de titres publiés par les futurs évêques
en fonction de l'époque de leur nomination*

Iᵉʳ Empire	144 / 28	5,14
Rest.	52 / 21	2,48
MdJ	98 / 25	3,92
IIᵉ République	43 / 9	4,78
IIᵉ Empire	270 / 35	7,71
IIIᵉ République	624 / 103	6,06

Ce tableau confirme la tendance constatée précédemment. Les futurs évêques publient davantage à partir des années 1830. Les évêques nommés sous le IIᵉ Empire et sous la IIIᵉ République sont plus nombreux à publier et ils publient plus d'ouvrages que leurs prédécesseurs. Mais quel est le contenu de ces livres ?

En reprenant la classification mise au point par Claude Savart, on peut regrouper les diverses œuvres des évêques selon les quatre grandes catégories que sont les manuels (M), les livres de spiritualité (S), les ouvrages de théologie (T) et les ouvrages d'histoire (H)[1]. Étant donné le corpus auquel on avait affaire, il est apparu nécessaire de scinder en deux la catégorie «Théologie», en séparant les ouvrages de théologie proprement dite et les écrits de circonstance (E), d'ouvrir une rubrique consacrée aux œuvres oratoires (O) et de créer une rubrique «Divers» (D).

Tableau des genres littéraires

M	113	9,2 %
S	53	4,3 %
T	118	9,6 %
E	176	14,3 %
H	346	28,1 %
O	382	31 %
D	43	3,5 %

---

1. Claude SAVART, *Les Catholiques en France. Le témoignage du livre religieux*, Paris, Beauchesne, 1985, 718 p., troisième partie, chap. I. Ces rubriques sont établies à partir de la production bibliographique de 1861.

La principale différence entre ce corpus et celui étudié par
Claude Savart est qu'il contient essentiellement des écrits contemporains ; les éditions d'écrits anciens par les futurs évêques représentent peu de titres. En revanche, ce tableau montre que le
premier secteur éditorial est représenté par les œuvres oratoires, qui
n'apparaissent pas en tant que telles dans l'ensemble étudié par
Claude Savart. Il est suivi par les ouvrages de caractère historique.
Ce sont les deux grands domaines dans lesquels s'illustrent les
futurs évêques. Mais la répartition entre les genres évolue au cours
du siècle.

Tableau des genres littéraires
en fonction de la période de nomination des évêques

	M	S	T	E	O	H	D	Total
Ier Emp.	3	0	16	83	40	1	1	144
Rest.	4	1	2	27	14	3	1	52
MdJ	19	8	24	10	9	27	1	98
IIe Rép.	9	2	5	5	7	15	0	43
IIe Emp.	49	29	31	23	78	44	16	270
IIIe Rép.	29	13	40	28	234	256	24	624

La production bibliographique augmente chez les évêques nommés à partir du milieu du siècle, grâce aux publications de discours
et d'œuvres à caractère historique, alors que pour les évêques nommés dans le premier tiers du siècle prédominent les écrits de circonstance, qui ont trait en général aux événements révolutionnaires.
Mais ce qui frappe tout au long du siècle, c'est la faiblesse des
livres des trois premières catégories et notamment des ouvrages de
théologie.

La faiblesse de la production théologique.

Un premier ensemble d'œuvres regroupe les manuels, les
ouvrages de spiritualité et ceux de théologie. Cet ensemble représente moins d'un quart de la production totale des futurs évêques
(23,1 %). La première rubrique rassemble les manuels de confréries, de pèlerinages, les livres de prières, les manuels de catéchisme

ou les manuels à l'usage des prêtres ou des religieux. Elle réunit donc des ouvrages qui ont un caractère pédagogique. Cette rubrique est particulièrement fournie chez les évêques recrutés entre 1830 et 1870, puisqu'elle représente 18,7 % de leur production littéraire. Dans ce groupe figure par exemple l'abbé Dupanloup pour son *Manuel de première communion* ou son *Manuel des catéchismes* qui connaît vingt-huit réimpressions au XIXe siècle. On y rencontre également l'abbé Affre, auteur du fameux *Traité de l'administration temporelle des paroisses*, publié en 1827, onze fois réédité jusqu'en 1890, notamment par Mgr Darboy en 1863, les dernières éditions étant confiées à l'abbé Pelgé, vicaire général de Paris et futur évêque de Poitiers. L'abbé Bardou est l'auteur d'un *Manuel des confréries*[1]. L'abbé Morlot est chargé d'éditer le nouveau catéchisme du diocèse de Dijon[2]. Enfin l'abbé Lecourtier, curé du diocèse de Paris, se spécialise dans ce genre de littérature, en publiant en 1835 un *Manuel de la messe, ou Explication des prières et des cérémonies du saint sacrifice*[3], puis une *Explication des messes de l'Eucologue de Paris*[4]; il traduit également de l'italien un ouvrage intitulé *Pieux conseils pour pratiquer la vertu au milieu du monde*[5]. Ces ouvrages, s'ils sont peu nombreux dans l'ensemble de la production bibliographique des futurs évêques, ont sans doute été proportionnellement beaucoup plus diffusés et lus, contribuant ainsi à la notoriété de leurs auteurs.

Dans la rubrique « Spiritualité », on retrouve essentiellement des ouvrages de méditations, comme ceux que publie l'abbé Letourneur[6], ou l'abbé Roullet de La Bouillerie, auteur de *Méditations sur*

---

1. Paris, Pélissonnier, 1838, 450 p.
2. *Catéchisme à l'usage du diocèse de Dijon, expliqué par des sous-demandes et des récapitulations pratiques, extraites du catéchisme de M. J. Couturier*, Dijon, V. Lagier, 1830, 414 p.
3. Paris, Le Clère, 1835, 563 p.
4. Paris, Le Clère, 1836-1838, 2 volumes.
5. Paris, Lesort, 1857, VIII-311 p.
6. *Conduite pour le temps pascal*, Paris, Goujon, 1823, XXIV-380 p.; *Le Mois de la Sainte-Enfance, ou Élévations à Dieu sur les mystères de la Sainte-Enfance de notre Seigneur Jésus-Christ*, Paris-Lyon, Rusand, 1830, XX-448 p.; *Le Nouveau Mois de Marie, ou le Mois de mai consacré à la gloire de la Mère de Dieu, avec des considérations tirées des litanies de la Sainte Vierge*, Paris, Goujon, 1823, XXIV-328 p.; *Nouvelle journée du chrétien ou Moyen de se sanctifier au milieu du monde*, préface de Lamennais, Paris, 1820, XVI-496 p.; *Le Petit Mois de la Sainte-Enfance, ou les Premiers Mystères de la vie de NSJC présentés à la jeunesse*, Paris, Meyer, 1833, VIII-298 p.

l'eucharistie, dix-sept fois rééditées jusqu'en 1857, la dix-septième édition, augmentée, étant elle-même réimprimée vingt-sept fois jusqu'en 1912. Dans cet ensemble entrent également les éditions d'ouvrages anciens. L'abbé Martin de Boisville donne une nouvelle traduction en vers de l'*Imitation de Jésus-Christ*[1], «best-seller» de l'édition au XIXᵉ siècle, selon Claude Savart, que Darboy traduit à son tour en 1851. En outre, trois futurs évêques participent à la diffusion de la pensée d'Alphonse de Liguori. Le plus connu est l'abbé Gousset qui publie en 1832 à Besançon *Justifications de la théologie morale du B. Alphonse-Marie de Liguori*[2]. Mais, à la même époque, l'abbé Villecourt publie une traduction des *Lettres spirituelles d'Alphonse de Liguori aux religieuses et autres personnes vivant en communauté*[3], tandis que l'abbé Delalle, un des premiers rédacteurs de *L'Univers,* édite entre 1834 et 1842 les *Œuvres complètes d'Alphonse de Liguori,* en 31 volumes.

Mais la théologie proprement dite a une part très faible dans l'ensemble de la production bibliographique des futurs évêques (9,6 %), ce qui peut paraître paradoxal. Ce bilan laisse entrevoir que les futurs évêques ne sont pas, pour l'essentiel, des théologiens. L'épiscopat du Iᵉʳ Empire ne compte ainsi qu'un véritable théologien, l'abbé Duvoisin, auteur de *L'Autorité des livres du Nouveau Testament contre les incrédules*[4], de *L'Autorité des livres de Moïse, établie et défendue contre les incrédules*[5], et d'un *Essai polémique sur la religion naturelle*[6]. Il publie en outre un manuel de théologie, tiré de son cours de Sorbonne[7]. Mais Duvoisin est une exception dans l'ensemble de l'épiscopat napoléonien[8]. Par la suite, il faut attendre la monarchie de Juillet pour que soient recrutés quelques évêques théologiens. Ce sont principalement les abbés Bouvier, Doney et Gousset. Mais leur œuvre est essentiellement pédagogique, puisque fondée sur des manuels destinés à l'ensei-

.

---

1. Paris, 1818.
2. Sur le rôle de l'abbé Gousset dans la diffusion du liguorisme en France, voir Jean GUERBER, *Le Ralliement du clergé français à la morale liguorienne,* Rome, Université grégorienne, 1973, XX-378 p.
3. Lyon, 1834.
4. Paris, C. P. Berton, 1775, VI-431 p.
5. Paris, C. P. Berton, 1778, XII-512 p.
6. Paris, C. P. Berton, 1780, 414 p.
7. *De vera religione, ad usum theologiae candidatorum, dicebat in scholis Sorbonicis Joan. Bapt. Duvoisin,* Paris, Prevost, 1785, 2 volumes.
8. Les autres titres rattachés à la théologie sont en fait des thèses présentées par leur auteur et publiées.

gnement de la théologie dans les séminaires. L'abbé Bouvier publie ainsi dans les années 1820 ses *Institutiones theologicae,* en douze livraisons successives, correspondant aux grands traités traditionnellement étudiés en théologie. L'ensemble est réuni en six volumes en 1834 et connaît treize réimpressions. Le *Bouvier* devient en effet un des principaux manuels de base de l'enseignement dans les séminaires français dans le deuxième tiers du XIXᵉ siècle. L'abbé Gousset et l'abbé Doney se contentent, avant leur nomination à l'épiscopat, de rééditer le *Dictionnaire de théologie* de Bergier[1].

Par la suite, le nombre d'évêques théologiens reste faible. Le seul véritable théologien de l'épiscopat français du XIXᵉ siècle est l'abbé Meignan qui est aussi l'un des très rares évêques à avoir fréquenté les universités allemandes. On peut signaler en outre l'œuvre de l'abbé Gerbet, l'ouvrage de l'abbé Ginoulhiac, *Histoire des dogmes,* ou plus tard le manuel à l'usage des séminaires de l'abbé Dubillard. Mais, à l'exception des œuvres de ces auteurs, la plupart des ouvrages publiés en théologie sont essentiellement des thèses de théologie. Dupanloup édite par exemple en 1849 sa thèse, *De la souveraineté temporelle du pape*[2], Lavigerie, Bourret, Roche ou Latty publient également leurs thèses, lesquelles frappent par leur dimension historique tout autant que théologique. L'épiscopat français du XIXᵉ siècle n'est donc pas fondamentalement un épiscopat de théologiens.

L'art oratoire.

Avec 31 % de l'ensemble des publications, les œuvres oratoires représentent le groupe le plus important de la production bibliographique des futurs évêques. Or la publication d'un discours n'est pas systématique. Bon nombre d'évêques ont également exercé leur talent oratoire, sans pour autant être publiés, surtout dans le premier tiers du siècle. Ainsi l'abbé Berteaud, célèbre pour ses prédications, ne compte aucun discours publié à son actif. Il en est de même de la plupart des missionnaires du début du siècle, Forbin-Janson, Fayet, Giraud, Croizier ou Donnet. Le discours reste alors éphémère. Sa publication en plus grand nombre, à partir des années

1. Besançon, Chalandre fils et J. Petit, 1826-1827.
2. Paris, Lecoffre, 1849.

1840, correspond incontestablement à la baisse des coûts de production. Pour son auteur, l'édition d'un discours est un signe de distinction. Il peut être joint à un dossier de candidature à l'épiscopat par exemple, surtout s'il contient quelques allusions au pouvoir en place.

Mais l'important demeure que ces nombreux discours publiés montrent que l'évêque doit avant tout être un orateur. Or le rôle de l'éloquence reste très grand dans une société où l'accès à l'écrit est encore limité. Certes, les orateurs sacrés n'ont plus le monopole de l'éloquence, et la chaire est de plus en plus concurrencée par la tribune et le barreau[1], mais elle demeure l'un des lieux principaux où se dispense la parole au XIXe siècle, parole de plus en plus répercutée à l'extérieur par l'édition. Certes, le modèle de ces orateurs sacrés, Lacordaire, ne devient pas évêque, mais il sert de référence obligée à bon nombre de ceux qui l'ont entendu ou ont étudié ses sermons.

Les œuvres oratoires sont de trois types : les sermons, les discours de circonstance (pour l'inauguration d'un monument, une séance académique ou une distribution de prix par exemple) et les discours commémoratifs qui englobent à la fois les panégyriques et les oraisons funèbres. Ce dernier genre est le plus répandu. L'oraison funèbre en particulier se prête à l'édition parce qu'elle honore deux personnages, le défunt et l'auteur. La position des futurs évêques, souvent vicaires généraux, chanoines ou curés de grosses paroisses, explique qu'ils soient appelés à rendre hommage à un ecclésiastique décédé, en général l'évêque du lieu, ou à une notabilité. Mais surtout, l'oraison funèbre incarne le discours sacré par excellence, tel qu'il a pu être codifié au XVIIe siècle par Bossuet. Le genre perdure sous une forme quasi inchangée, car Bossuet demeure la référence en matière d'oraison ; les ecclésiastiques ont lu et relu, dès le séminaire, ses écrits et se contentent bien souvent de les plagier. L'abbé Besson connaissait par cœur les oraisons funèbres de Bossuet. Les discours de ces ecclésiastiques n'offrent donc aucune originalité particulière, mais leur nombre montre que ce genre est encore apprécié au XIXe siècle.

Parmi ces orateurs sacrés, l'un des plus féconds est sans conteste l'abbé Freppel qui offre la particularité d'avoir été un théoricien et

---

1. Voir Jean STAROBINSKI, « La chaire, la tribune, le barreau », dans : Pierre NORA (dir.), *Les Lieux de mémoire*, t. II : *La Nation*, vol. 3 : *La Gloire, les Mots*, Paris, Gallimard, 1986, 669 p., p. 425-485 (notamment sur l'éloquence sacrée, p. 443-449).

un praticien de l'éloquence sacrée[1]. Arrivé à Paris à la fin des années 1840, Freppel côtoie Lacordaire avec lequel il vit à l'école des Carmes et qu'il va entendre fréquemment prêcher. Puis il est nommé professeur d'éloquence sacrée à la faculté de théologie de la Sorbonne à partir d'octobre 1855. Il consacre alors les deux premières années de son enseignement à l'éloquence sacrée au XVIIe siècle qui marque pour lui l'apogée de ce genre. Son cours de la première année s'achève avec Bossuet et, pendant l'année 1856-1857, il parle uniquement des oraisons funèbres de l'évêque de Meaux. Ce n'est qu'après l'étude de Bossuet qu'il passe aux Pères de l'Église. En 1863 cette compétence reconnue en matière d'éloquence sacrée lui vaut d'être choisi pour prononcer l'oraison funèbre du cardinal Morlot, oraison dont le modèle est incontestablement repris des oraisons funèbres de Bossuet, c'est-à-dire que l'auteur transforme son discours en véritable sermon illustrant un des traits dominants de la vie du personnage, résumée dans l'exorde par une citation tirée des Écritures. Dans le cas de l'oraison funèbre de Morlot, il s'agit d'une citation tirée de Mathieu, «Heureux le serviteur fidèle et prudent que le Seigneur a établi pour gouverner sa famille». À partir de cette phrase, l'auteur entend démontrer comment une vie apparemment sans éclat peut malgré tout «laisser s'échapper d'elle le parfum de sainteté qu'elle recelait avec un soin si modeste[2]». L'objectif de l'oraison de Freppel tend donc à une sacralisation de l'évêque, voire de l'épiscopat en général.

L'édition apporte donc au discours sacré une portée beaucoup plus grande. En ce sens, la parole se répercute hors de son cadre habituel qui est celui de la chaire. On peut certes s'interroger sur la réception de ce genre littéraire. Son extension au cours du XIXe siècle, dans le groupe particulier des futurs évêques, tendrait à prouver qu'il a une certaine faveur. Il allie bien souvent en effet la parole d'Église au récit d'une vie et se trouve ainsi au confluent de la littérature ecclésiastique et du genre historique.

---

1. Voir Jacques-Olivier BOUDON, «Un orateur sacré au XIXe siècle: Mgr Freppel», communication au XIIe Congrès de l'Association Guillaume-Budé, *Les Écrivains et le Sacré*, résumé dans les *Actes du congrès*, Paris, Les Belles Lettres, 1989, p. 396-397.

2. Mgr FREPPEL, «Oraison funèbre du cardinal Morlot, archevêque de Paris», *Œuvres complètes*, t. I: *Discours et panégyriques*, Paris, Jouby et Roger, 1869, 437 p., p. 1-48 (p. 3).

L'avènement des prêtres érudits.

L'examen de la production littéraire des futurs évêques montre l'essor croissant des ouvrages de caractère historique. Cet ensemble, qui regroupe les études historiques et archéologiques, ainsi que les biographies et les hagiographies, représente 28,1 % du total de la bibliographie des futurs évêques concordataires. Mais ce chiffre global recouvre d'importantes disparités chronologiques. Les ecclésiastiques historiens sont très peu nombreux au début du siècle : l'histoire représente 2 % de la production littéraire des évêques de l'Empire et de la Restauration, 29,8 % de la production des évêques nommés sous la monarchie de Juillet et la IIe République, 33,6 % de celle des évêques du IIe Empire et de la IIIe République. Les évêques écrivains de la seconde moitié du XIXe siècle sont donc avant tout des historiens. Ce trait confirme ce que l'on sait de la place des clercs dans l'ensemble de la production historiographique de la seconde moitié du siècle. Parmi les historiens français de la décennie 1866-1875, repérés par Charles-Olivier Carbonell, un sur six est un prêtre ou un moine [1].

La population des futurs évêques est assez conforme à celle de l'ensemble du clergé historien. Elle regroupe en effet aussi bien des curés, des chanoines que des vicaires généraux. En ce qui concerne les genres historiques pratiqués, le plus répandu est de loin la biographie, suivie par l'hagiographie. Les études locales tiennent enfin une place de plus en plus notable dans cette production historique. En revanche, les études d'histoire générale sont plus rares ; elles sont le plus souvent le résultat d'une thèse de doctorat ès lettres. L'abbé Mathieu s'intéresse ainsi à la Lorraine au XVIIIe siècle [2], l'abbé Lacroix à Richelieu [3], l'abbé Lavigerie à l'école chrétienne d'Édesse [4]. Les ouvrages sur la Révolution française sont également extrêmement rares ; on signalera cependant l'étude de l'abbé Deramecourt, *Le Clergé du diocèse d'Arras, Boulogne et Saint-Omer pendant la Révolution (1789-1802)* [5]. Faut-il voir dans cette

---

1. Charles-Olivier CARBONELL, *Histoire et historiens. Une mutation idéologique des historiens français. 1865-1885*, Toulouse, Privat, 1976, 605 p., p. 215.

2. *L'Ancien Régime dans la province de Lorraine et Barrois d'après des documents inédits (1698-1789)*, Paris, Hachette, 1878, XII-465 p.

3. *Richelieu à Luçon, sa jeunesse, son épiscopat*, Paris, Letouzey et Ané, 1890, 300 p.

4. *Essai historique sur l'école chrétienne d'Édesse*, Paris-Lyon, Perisse, 148 p.

5. Arras, Imp. de la Société du Pas-de-Calais, 1884-1886, 4 volumes.

réserve à l'égard de la Révolution un mouvement de prudence de la part de clercs qui aspirent à l'épiscopat ? Quoi qu'il en soit les futurs évêques sont plus à l'aise dans la biographie ou les études d'histoire locale.

La biographie est un genre historique assez particulier. La plupart des personnages auxquels ces biographies sont consacrées sont des contemporains de l'auteur. Elles ressortissent donc à l'histoire immédiate [1]. Parmi elles, les biographies d'évêques tiennent une place privilégiée. La raison en est relativement simple. Les auteurs des biographies épiscopales sont en général des proches de l'évêque décédé, c'est-à-dire qu'ils appartiennent à une catégorie de prêtres, les secrétaires, vicaires généraux ou chanoines qui donnent de nombreux candidats à l'épiscopat. En outre, la rédaction d'une biographie épiscopale qu'on adresse aux autres membres de l'épiscopat, voire au Saint-Siège, offre un moyen de se distinguer et de trouver d'autres protecteurs. Ce culte voué à un maître décédé se retrouve par exemple chez l'abbé de Ladoue, biographe de Mgr de Salinis, puis de Mgr Gerbet, qui se pose ainsi en défenseur des deux principaux évêques ultramontains de son temps et bénéficie de ce fait d'un soutien sans réserve du parti ultramontain. Dans l'autre camp, l'abbé Lagrange, le second de Dupanloup, consacre à son maître une biographie étoffée, malgré un certain nombre de pressions l'invitant à y renoncer. La plupart de ces biographes d'évêques sont donc de proches collaborateurs, à l'image de l'abbé Cruice, directeur de l'école des Carmes à Paris qui rédige la vie de Mgr Affre ou de l'abbé Peronne, vicaire général de Soissons, auteur d'une vie de Mgr de Simony. D'autres ecclésiastiques se sont adonnés à ce genre littéraire sans avoir de lien direct avec leur personnage. Ainsi l'abbé Lyonnet écrit une biographie du cardinal Fesch, puis une histoire de Mgr d'Aviau qui fut archevêque de Vienne avant de monter sur le siège de Bordeaux, ou l'abbé Besson, auteur, avant son accession à l'épiscopat, d'une biographie de Mgr Cart [2]. La plupart de ces biographes ont, à l'image de l'abbé Lagrange, bénéficié de papiers pour écrire leur œuvre ; leur communauté de vie avec l'intéressé en fait en outre de véritables témoins. Mais ces biographies représentent aussi une réflexion sur le métier d'évêque. En narrant

---

1. Voir Claude LANGLOIS, « Des études d'histoire ecclésiastique locale à la sociologie religieuse historique. Réflexion sur un siècle de production historiographique », *Revue d'histoire de l'Église de France*, t. 62, 1976, p. 329-347 (p. 336-339).
2. *Ibid.*, p. 338.

la vie de ces prélats, les auteurs de ces biographies revivent pas à pas leur existence et se préparent, par ce biais aussi, à assumer à leur tour la charge épiscopale. En ce sens la biographie d'évêque sert de relais à la transmission du modèle de vie épiscopale.

Il n'apparaît pas nécessaire de s'attarder sur la production hagiographique des futurs évêques. Elle est un trait constant chez les clercs écrivains. Parmi les spécialistes de l'hagiographie, on signalera cependant l'abbé Bougaud, auteur de six hagiographies parmi lesquelles une *Vie de sainte Chantal*. C'est après avoir lu cette œuvre que Dupanloup décide de s'adjoindre les services de l'abbé Bougaud. Le livre peut donc avoir une fonction importante dans l'accélération des carrières d'aspirants à l'épiscopat. On en retrouve un exemple flagrant avec l'abbé Darboy qui quitte Langres pour Paris après la publication de son premier ouvrage consacré à la traduction des œuvres de Denys l'Aréopagite. Mgr Affre qui avait lu ce livre confia à Darboy un poste à l'école des Carmes, avant de le nommer aumônier au lycée Henri-IV. L'œuvre écrite et publiée peut donc permettre à un clerc de se distinguer et d'être remarqué par ses pairs.

Au sein de la production historique, on trouve enfin de plus en plus des contributions à l'histoire locale. À partir des années 1830, une série de circulaires épiscopales a en effet invité les prêtres à s'intéresser à l'histoire de leur église ou de leur paroisse. Les futurs évêques ont répondu massivement à ces appels, notamment ceux qui sont nommés sous la IIIe République. Ce type d'histoire représente alors 55 % de la production historiographique, contre 30 % à la biographie et 15 % à l'hagiographie. L'un des premiers promus de la IIIe République, l'abbé Besson, avait écrit l'histoire de la ville de Gray dont il avait été vicaire. Ces historiens sont parfois très féconds, à l'image de l'abbé Carsalade du Pont, auteur de treize ouvrages de ce type, et surtout de l'abbé Douais, qui publie quarante-cinq ouvrages d'histoire. Ces ecclésiastiques sont des prêtres érudits par excellence. Parmi eux, certains se spécialisent même dans la recherche. L'abbé Julien-Laferrière se voit confier une stalle de chanoine pour pouvoir poursuivre ses travaux archéologiques à Saintes ; il publie alors *L'Art en Saintonge et en Aunis*[1].

Du reste, la plupart d'entre eux sont membres de sociétés savantes ou d'une académie de province. On a pu dénombrer trente-cinq

---

1. Toulouse, Hébrail, Durand et Delpuech, 2 volumes, 1879-1892.

futurs évêques qui ont appartenu à une société savante ou à une académie de province au XIXᵉ siècle. Tous sont nommés après 1830 ; ils représentent donc 10,6 % des évêques nommés à partir de cette date. Mais en fait, quatre seulement accèdent à l'épiscopat avant 1850. Ce sont les abbés Doney et Gousset, membres de l'académie de Besançon, l'abbé Depéry, et l'abbé Cousseau, membre de la Société des antiquaires de l'Ouest. Sept évêques nommés sous le IIᵉ Empire appartenaient à une société savante ou à une académie. Parmi eux, on retrouve par exemple l'abbé Paulinier, membre de la Société archéologique, constituée à Montpellier en 1833[1]. Leur nombre s'accroît encore sous la IIIᵉ République, puisqu'ils sont alors vingt-quatre. Cette augmentation correspond à une évolution générale, marquée à partir du milieu du siècle par le développement des sociétés savantes et l'accroissement du nombre des prêtres érudits. L'abbé Nanquette compte par exemple parmi les fondateurs de l'académie de Reims. La prise de conscience par l'Église de l'importance du développement des études historiques se caractérise aussi par l'apparition d'une nouvelle fonction à la fin du siècle, celle d'archiviste diocésain. Prêtre érudit, membre de la Société archéologique du Gers, l'abbé de Carsalade du Pont est également archiviste du diocèse d'Auch. L'abbé Julien-Laferrière occupe les mêmes fonctions dans le diocèse de La Rochelle.

Ce dernier incarne à merveille le type du prêtre érudit de la fin du siècle. Aumônier du collège de Saintes dans les années 1870, il se consacre à l'archéologie et devient membre, puis président de la Société des arts et monuments historiques de la Charente-Inférieure. En 1878, Mgr Thomas le nomme chanoine de La Rochelle afin qu'il se consacre à ses recherches archéologiques. Le préfet rappelle treize ans plus tard l'œuvre importante accompli par l'abbé Julien : « De 1887 à 1889, il a dirigé à Saintes des fouilles importantes ; à sa demande les arènes de cette ville ont été restaurées, l'église de l'abbaye arrachée à la destruction. Enfin, il a fait classer cinq monuments d'une grande valeur artistique, services pour lesquels il a été nommé officier de l'Instruction publique[2]. » Tous les prêtres érudits n'ont pas eu la même action, mais ils ont malgré tout contribué à la sauvegarde du patrimoine français.

---

1. Gérard CHOLVY, « Clercs érudits et prêtres régionalistes », *Revue d'histoire de l'Église de France*, t. 71, 1985, p. 5-12.

2. A. N. F 19 / 2517 (dossier Julien-Laferrière), le préfet de Charente-Inférieure au ministre, 11 novembre 1891.

Parmi les académies ou les sociétés savantes les plus représentées, figurent l'académie de Besançon, dont ont été membres, outre
Doney et Gousset, les abbés Besson et Beuvain de Beauséjour, puis
l'académie d'Aix avec Boyer et Latty, la Société des antiquaires de
Normandie avec Daniel et Delamare, la Société éduenne dont
l'abbé Devoucoux fut même le président, et dont l'abbé Bougaud
fut également membre. Ces sociétés et académies favorisent les
études ; elles suscitent des travaux, en particulier historiques, dont
la recension serait nécessaire pour avoir une idée exacte de l'ampleur du développement de l'érudition dans le clergé français. Elles
sont en même temps des lieux privilégiés de sociabilité. Les prêtres
y côtoient les notabilités du département, issues de la bourgeoisie
ou de la noblesse, et nouent donc des relations qui peuvent se révéler particulièrement utiles lors d'une promotion. Par leur production
littéraire comme par leur appartenance à ces sociétés, ces clercs font
ainsi partie des élites locales.

L'accroissement du nombre de futurs évêques à avoir publié un
ou plusieurs ouvrages au cours du siècle ne provient pas nécessairement d'une amélioration de leur niveau intellectuel. Il peut s'expliquer par l'attention apportée de plus en plus par l'Église au rôle
du livre dans la société, qu'accompagne la naissance des Œuvres
des bons livres ou Sociétés des bons livres[1]. Les clercs qui occupent les postes de responsabilité dans les divers diocèses de France
se sentent ainsi investis d'une mission et écrivent pour combattre ce
qu'ils perçoivent comme un danger venu de la société civile. Ce
même sentiment explique aussi la participation de ces prêtres à l'essor de la presse. Depuis les précurseurs de ce mouvement, en la
personne des abbés Jauffret et Boulogne, fondateurs des *Annales
littéraires,* jusqu'aux rédacteurs de *L'Ami de la Religion* (Lamazou),
de la *Défense religieuse* (Lagrange), en passant par les abbés de
Salinis et Gerbet, Raess, Delalle, Darboy, Freppel ou Meignan, et
bien sûr Dupanloup, les futurs évêques sont quelques-uns à avoir
participé à l'essor de la presse catholique au XIXe siècle. De par
leurs fonctions à la tête de diocèses, ils sont également impliqués
dans la naissance des Semaines religieuses, à partir du milieu du
siècle[2]. L'abbé Saivet fonde ainsi la *Semaine religieuse du diocèse*

---

1. Voir Claude SAVART.
2. Voir Émile POULAT, *Les Semaines religieuses. Approche socio-historique et
bibliographique des bulletins diocésains français,* Lyon, Centre d'histoire du catholicisme, 1973, 109 p.

d'Angoulême, l'abbé Lecot fonde lui la *Foi picarde, semaine religieuse du diocèse de Soissons.* L'abbé de Carsalade du Pont est directeur de la *Semaine religieuse du diocèse d'Auch.*

L'examen de la production littéraire des futurs évêques laisse entrevoir une forte participation au mouvement intellectuel du XIXᵉ siècle. Il révèle qu'une bonne partie des futurs évêques se sont préparés à deux tâches importantes du métier épiscopal : l'art oratoire et l'écriture, deux modes privilégiés de la transmission du magistère. Pourtant ces prêtres se révèlent être peu théologiens. Leur préférence va davantage aux récits historiques. Quoi qu'il en soit, ces publications, mais aussi la participation aux travaux de sociétés savantes, prouvent que ces ecclésiastiques participent de cette société de loisirs qui est l'apanage des classes élevées de la société. Par ce trait, ils se rattachent davantage à la bourgeoisie qu'aux classes populaires.

Les contacts avec l'étranger.

L'une des caractéristiques de la société de loisirs au XIXᵉ siècle est le voyage, réservé à la bourgeoisie et à l'aristocratie. Or la plupart des futurs évêques prennent des vacances ; ils les passent le plus souvent dans leur famille, mais d'autres en profitent pour voyager. Plus d'un quart des évêques nommés après 1830 (26 %) ont en effet eu l'occasion de quitter le territoire français. La destination privilégiée demeure Rome. Les pèlerinages vers le centre de l'Église se multiplient, surtout dans la seconde moitié du siècle, au fur et à mesure que se développe la vague ultramontaine. Si l'on s'en tient aux évêques nommés à partir de 1830, soixante-dix-sept se sont rendus à Rome avant leur promotion à l'épiscopat, y compris ceux qui s'y sont rendus pour y compléter leurs études, ce qui représente 23,4 % des évêques nommés entre 1830 et 1905. C'est incontestablement une proportion beaucoup plus forte que celle qu'on pourrait rencontrer dans l'ensemble du clergé. Les futurs évêques sont pour certains en situation privilégiée pour faire ce voyage. Les vicaires généraux accompagnent assez fréquemment leur évêque à Rome, or les visites *ad limina* ne se développent qu'à partir des années 1840. En outre, le concile donne lieu à une multiplication des déplacements vers Rome. Pas moins de douze futurs évêques s'y trouvent présents, soit comme consulteurs, soit comme théologiens ou simples secrétaires de leur évêque. Le pèlerinage individuel se développe également, surtout chez les prêtres ultramontains.

Il s'accompagne d'un essor du culte voué au pape, caractérisé par le développement des audiences pontificales. Dans cette redécouverte de la Rome pontificale, le livre de Gerbet, *Esquisse de Rome chrétienne*[1], a joué un rôle considérable[2]. L'itinéraire de visite passe désormais par les hauts lieux de naissance du christianisme. Beaucoup plus rares sont les prêtres qui se rendent en Terre sainte. Ils ne sont que quatre dans ce cas. Les autres destinations étrangères sont en général des pays limitrophes de la France : la Belgique, la Suisse, l'Allemagne, voire l'Angleterre. Mais ces déplacements sont beaucoup plus rares que ceux dirigés vers l'Italie. Ils viennent cependant rappeler, autant que les pèlerinages vers Rome, que la plupart de ces voyageurs sont issus de familles aisées et qu'ils ont donc un capital suffisant pour entreprendre ce type de périple. Il est bien connu par exemple que le séjour à Rome au moment du concile était fort onéreux. L'abbé Freppel, fort soucieux de l'état de ses finances, le confirme dans une lettre à sa mère : « La table est très bonne, mais nos chambres sont misérables. Et qui plus est, nous payons fort cher, 10 F par jour. Il ne valait pas la peine de venir habiter un couvent pour payer aussi cher qu'à l'hôtel[3]. » L'appartenance de l'épiscopat à un milieu social un peu plus élevé que l'ensemble du clergé explique donc en partie qu'il ait pu davantage voyager. Or le voyage à Rome n'est-il pas un moyen de nouer des liens avec les milieux de la curie, liens qui peuvent se révéler très utiles au moment d'une candidature à l'épiscopat ?

En somme, la participation des futurs évêques aux activités intellectuelles de leur temps n'est pas négligeable. Elle est incontestablement supérieure à celle de l'ensemble du clergé. Il reste que ce sont en général les mêmes ecclésiastiques qui écrivent, voyagent, participent aux travaux de sociétés savantes. Ils représentent moins de la moitié de l'épiscopat. Ce sont principalement des prêtres érudits. Rares sont en effet les futurs évêques à s'intéresser aux problèmes théologiques au XIXe siècle, ce qui explique la faible réputation qui est la leur au moment du concile du Vatican.

---

1. Paris, 1844-1850. Huit fois réédité.
2. Voir Philippe BOUTRY, « La Restauration de Rome. Sacralité de la ville, tradition des croyances et recomposition de la curie à l'âge de Léon XII et de Grégoire XVI (1814-1846) », thèse de l'université Paris-IV, 1994.
3. Mgr FREPPEL, « Lettres à sa mère pendant le concile Vatican I, *Revue des facultés catholiques de l'Ouest*, 1964, n° 1, p. 5-23 ; lettre du 29 décembre 1869, p. 11.

CONCLUSION DE LA DEUXIÈME PARTIE

Dans leur grande majorité, les évêques ont eu une longue expérience du métier de prêtre, puisqu'ils parviennent à l'épiscopat vers cinquante-deux ans en moyenne, soit vingt-sept ans après leur ordination. La carrière sacerdotale les a donc préparés à la charge épiscopale, et ce, d'autant mieux qu'ils se sont vu confier des charges très diverses. Certes, l'administration diocésaine, en particulier le poste de vicaire général, demeure au XIXᵉ siècle un des éléments fondamentaux de la formation au métier d'évêque. Mais elle a perdu la primauté qu'elle avait sous l'Ancien Régime, au profit de l'administration paroissiale et des carrières de l'enseignement qui tiennent une place de plus en plus grande dans le cursus des futurs évêques, lesquels ont également participé à l'encadrement religieux du pays comme missionnaires ou aumôniers.

Cependant leur carrière se déroule essentiellement en milieu urbain, ce qui peut expliquer que ces ecclésiastiques aient davantage pris part aux débats qui se déroulent à l'intérieur de l'Église comme au sein de la société française. Leur ancrage urbain explique leur participation non négligeable au mouvement intellectuel, même s'ils délaissent les questions théologiques. Il peut permettre de comprendre aussi qu'une forte proportion des futurs évêques se situe dans la mouvance libérale, tant sur le plan religieux que sur le plan politique. Certes, l'ultramontanisme gagne peu à peu l'épiscopat à partir des années 1835, mais de façon beaucoup moins nette que dans l'ensemble du clergé. De même, si les évêques ont très majoritairement rejeté la révolution de 1789, certains ont tenté dès cette époque d'adopter, à l'image de M. Émery, une position transigeante à l'égard des pouvoirs publics. Cette attitude de conciliation est une constante chez les candidats à l'épiscopat tout au long du XIXᵉ siècle; ils se retrouvent ainsi dans la lignée des évêques de 1802, ce qui ne signifie pas nécessairement une adhésion pleine et entière au régime qui les a nommés.

TROISIÈME PARTIE

LES MODALITÉS D'ACCÈS
À L'ÉPISCOPAT

CHAPITRE PREMIER

LA RECONSTRUCTION DE L'ÉPISCOPAT
SOUS LE Iᵉʳ EMPIRE

Le Concordat signé le 15 juillet 1801 entre le gouvernement français et le Saint-Siège ne fut promulgué en France que le 8 avril 1802, mais si son contenu était resté secret, en revanche nul n'ignorait qu'une convention avait été établie aux fins de reconstruire l'Église de France. De fait les autorités françaises n'attendirent pas la promulgation du texte pour préparer l'organisation de la future Église et notamment le dessin des circonscriptions diocésaines et le choix des évêques [1]. Sans revenir sur l'ensemble de ces préparatifs, il semble bon de rappeler le processus qui a conduit à la désignation des candidats, avant de voir pour chacun ce qui a provoqué le choix consulaire.

La préparation des nominations épiscopales.

Le premier à prendre en main la question des nominations est l'abbé Bernier, pacificateur de la Vendée et à ce titre l'un des négociateurs du Concordat. Avant même la signature de la convention du 26 messidor an IX, il se préoccupe de constituer plusieurs listes de candidats à l'épiscopat. La troisième surtout, datée du 25 mars 1801, donc antérieure au Concordat, est instructive ; elle est adressée à Talleyrand et contient 182 noms, répartis comme suit : 33 évêques d'Ancien Régime, 7 évêques constitutionnels et 142 ecclésiastiques

---

1. Sur tous ces aspects, voir Simon DELACROIX, *La Réorganisation de l'Église de France après la Révolution (1801-1809)*, t. I : *Les Nominations d'évêques et la liquidation du passé*, Paris, Éd. du Vitrail, 1962, 487 p.

du second ordre, dont 116 insermentés et 26 assermentés [1]. Sur ces 182 noms, 22 seulement sont retenus par le Premier Consul lors des diverses promotions de l'année 1802, 3 autres deviennent évêques un peu plus tard, et 15 doivent attendre la Restauration, voire la monarchie de Juillet pour obtenir ou retrouver un siège épiscopal. L'influence de Bernier dans les premiers choix épiscopaux n'est donc pas négligeable, mais elle n'est pas déterminante. Son intervention, à cette date, s'explique en grande partie par le désir qu'il a de prendre en charge les affaires ecclésiastiques, mais ce n'est pourtant pas lui qui est nommé directeur des cultes.

Le véritable promoteur des nominations épiscopales est en effet le premier directeur des cultes, Jean-Étienne-Marie Portalis, nommé à ce poste le 7 octobre 1801 [2]. C'est lui qui, avec l'aide d'une équipe réduite, met en place le premier épiscopat concordataire. Une enquête préalable sur les ecclésiastiques présents en France en 1801 avait permis de relever, selon Simon Delacroix, 16 746 noms, mais nombre d'entre eux n'avaient nullement les qualités requises pour briguer l'épiscopat [3]. Dès lors, le groupe des épiscopables se révèle être particulièrement réduit, puisque, des diverses listes constituées par l'équipe de Portalis au début de 1802 n'émergent qu'environ 180 noms pour un nombre de sièges qui est alors fixé à 50, y compris les départements belges et rhénans.

Le travail préparatoire fut l'œuvre d'un petit groupe réuni par le directeur des cultes. Il se compose d'une demi-douzaine d'hommes, qui n'appartiennent pas tous à la direction des cultes. Parmi les fonctionnaires de cette administration, il faut citer Pein de Villefranche, chargé de la correspondance, David Portalis, le frère du directeur, chargé de la comptabilité, Joseph Jauffret et Darbaud. À cette équipe de fonctionnaires viennent se joindre plusieurs ecclésiastiques, liés à des titres divers à la famille Portalis : Dombideau de Crouseilhes que le directeur des cultes a connu à Aix avant la Révolution, André Jauffret, originaire d'Aix et frère de Joseph, Joachim

---

1. A. N. F 19/1903, Rapport de M. Bernier au ministre des Relations extérieures sur les nominations aux évêchés, 4 germinal an IX.

2. Voir Simon DELACROIX, chap. III. Sur Portalis, voir aussi Claude LANGLOIS, « Philosophe sans impiété et religieux sans fanatisme. Portalis et l'idéologie du système concordataire », *Ricerche di Storia Sociale e Religiosa*, XV-XVI, 1979, p. 37-57.

3. Lancée par Chaptal, ministre de l'Intérieur, auprès des préfets, le 2 thermidor an IX, cette enquête donne des résultats très divers selon les départements ; ils sont conservés aux Archives nationales, F 19/865 et 866. Voir Simon DELACROIX, chap. VII.

d'Isoard, encore un Aixois, et l'abbé Raillon, précepteur du fils de Portalis. Mais son principal collaborateur est incontestablement son neveu, l'abbé d'Astros, dont il a fait son secrétaire particulier. À propos du groupe Portalis, plusieurs constatations s'imposent. Il se compose d'individus très liés entre eux par des liens de famille : le clan Portalis ou le clan Jauffret dominent. L'affirmation d'un pôle provençal, centré sur Aix, est également très nette. Enfin, les cinq ecclésiastiques de ce groupe deviennent évêques, mais aucun en 1802, preuve que Portalis n'a pas toujours pu imposer ses vues au Premier Consul [1].

Incontestablement, au sein de cette équipe, le premier rôle dans la préparation des nominations revient à l'abbé d'Astros. C'est lui qui effectue tout le travail préalable, en un temps relativement bref puisque tout est accompli entre octobre 1801 et avril 1802. Cette promptitude s'accompagne nécessairement d'un certain fouillis et entraîne une relative pauvreté des renseignements recueillis. On peut néanmoins tenter de résumer les diverses étapes de ce travail préparatoire. Tout d'abord d'Astros procède à une enquête sur quelques ecclésiastiques pour lesquels il ne dispose que de peu d'informations. Il n'a pas alors recours aux préfets comme Chaptal, mais s'adresse au cercle qui s'est formé autour de M. Émery, supérieur de Saint-Sulpice, qui joue un rôle essentiel au moment des nominations. Un état de 80 noms regroupant les appréciations de Dombideau, Émery, Bailly et Boyer, deux autres sulpiciens, atteste l'importance de ce groupe [2]. Son influence doit cependant être nuancée, dans la mesure où sur 80 noms, 9 seulement sont retenus en 1802, parmi lesquels 5 évêques constitutionnels.

Le travail préparatoire commence véritablement avec la première liste dressée, au début de novembre 1801 ; elle contient 170 noms, parmi lesquels 28 sont retenus en 1802, dont 10 évêques d'Ancien Régime et 18 prêtres du second ordre. Cette première liste est complétée par 5 listes complémentaires, bases de travail plus que choix préalables, dans la mesure où se côtoient une liste de 90 évêques d'Ancien Régime, une liste de 81 ecclésiastiques du second ordre

---

1. Dombideau accède à l'épiscopat en 1805, Jauffret en 1806. Raillon est nommé à Orléans en 1811, mais il n'est pas préconisé ; il est ensuite promu à Dijon en 1829, après quelques protestations romaines. D'Astros accède à l'épiscopat en 1820 et Isoard en 1828.
2. A. N. F 19 / 1902, pièce 81. Les appréciations de chacun sont précédées des sigles suivants : M. de Cr***, c'est-à-dire Dombideau de Crouseilhes, M. Em**, c'est-à-dire Émery, M. Bai*, c'est-à-dire Bailly, et M. BB., c'est-à-dire Boyer.

non constitutionnels, une autre de 26 ecclésiastiques du second ordre particulièrement recommandés, une liste de 29 évêques constitutionnels et une dernière de 37 évêques élus depuis l'abrogation de la Constitution civile du clergé [1]. Enfin d'Astros a joint un projet de répartition des candidats par siège épiscopal [2]. La carte des diocèses en comprenait alors 50 dont 45 pour l'Hexagone. Ce projet, raturé, retient en définitive 52 noms, parmi lesquels 23 évêques d'Ancien Régime, 29 ecclésiastiques du second ordre, mais aucun évêque constitutionnel. Portalis s'inspire très largement de ce travail pour proposer à Bonaparte, au début du mois de mars, un état des sièges épiscopaux, avec en regard des propositions de titulaires. Il retient lui 51 noms : 16 évêques d'Ancien Régime dont tous sauf Couet du Vivier de Lorry figuraient dans l'état de l'abbé d'Astros, 33 ecclésiastiques du second ordre parmi lesquels 17 repris de l'état de d'Astros et 2 évêques constitutionnels (Montault des Isles et Charrier de la Roche). Ce document de travail, établi par Portalis, est envoyé à Bonaparte, accompagné de quatre listes de candidats, rédigées par son secrétaire.

Le Premier Consul intervient alors directement et, le 15 mars 1802, adresse deux notes à Portalis. Selon un schéma bien réglé, il désire nommer 18 évêques d'Ancien Régime, 12 évêques constitutionnels et 16 prêtres, issus pour moitié du camp réfractaire et pour moitié du camp constitutionnel. Enfin, quatre places sont réservées à Bernier, Pancemont, Cambacérès et Caffarelli. Le choix des 18 évêques d'Ancien Régime est assez rapide : Bonaparte reprend 15 des 16 noms avancés par Portalis et ajoute ceux de Roquelaure, Moreau et Chabot. Le bouleversement le plus complet concerne les évêques constitutionnels : aux 2 présentés par le directeur des cultes, Bonaparte en ajoute 9, à savoir tous ceux qui sont promus en France en 1802. Enfin il porte son choix, comme prévu, sur 4 « candidats de classe exceptionnelle », parmi lesquels seul Caffarelli ne figurait pas dans le document Portalis. Le Premier Consul signale encore 7 prêtres non constitutionnels : Bailly, Brault, Lefèbvre, Rousseau, Rochemore, Grandchamp et Villaret ; les 5 premiers figuraient sur l'état fourni par Portalis. Il ne nomme en revanche aucun ecclésiastique constitutionnel, mais déclare qu'éventuellement Émery et Duwalk de Dampierre pourraient les remplacer. Bonaparte demande enfin à Portalis de rechercher des

---

1. A. N. F 19 / 1903, pièces 104-106.
2. A. N. F 19 / 1902, pièce 7.

constitutionnels. D'Astros dresse donc, le 19 mars, une liste de 8 constitutionnels, parmi lesquels il fait figurer, selon les suggestions de Bonaparte, Émery et Dampierre; sur les 6 autres noms un seul accède ensuite à l'épiscopat, à savoir Bienaimé dont l'adhésion à la Constitution civile est très douteuse.

Finalement, l'intervention de Bonaparte a été surtout décisive dans la sélection des anciens évêques. Dès le mois de mars en effet, il a désigné, à quelques exceptions près, les anciens évêques appelés à intégrer l'épiscopat concordataire. En revanche, en ce qui concerne les ecclésiastiques du second ordre, sur les 25 promus en France en 1802, il n'en a retenu que 10 dans ses notes. Du reste, c'est conscient de cette imperfection qu'il remet Portalis au travail, et ce, d'autant mieux que le 20 mars, il décide de faire passer à 60 le nombre d'évêchés. Pour y pourvoir, il réclame un état de cent feuillets, reprenant les informations sur les principaux candidats à l'épiscopat.

Cet ensemble de 100 feuillets, en réalité 99, est envoyé à Bonaparte le 23 mars. Il s'agit en fait de fiches nominatives remplies pour la plupart par d'Astros, et dont certaines contiennent des renseignements de la main des consuls Cambacérès et Lebrun, du ministre de la Police Fouché, voire de Portalis lui-même [1]. Ces 99 fiches sont divisées en six groupes: «premiers évêques», c'est-à-dire les évêques d'Ancien Régime (19 noms); «constitutionnels», c'est-à-dire les évêques constitutionnels (11 noms); «prêtres adoptés», Cambacérès, Bernier, Pancemont et Caffarelli (4 noms); «13 départements de la Belgique et du Rhin» (11 noms); «l'Ouest» (10 noms); «divers» (44 noms).

On retrouve, dans les trois premières listes, les suggestions faites par Bonaparte le 15 mars; seul Pidoll, évêque suffragant de Trèves, a été ajouté à la première. La quatrième liste n'apporte rien pour l'étude des diocèses français. Quant à la cinquième, sur les 10 candidats issus de l'Ouest, 2 sont retenus en 1802, à savoir Brault, cité en mars, et Boischollet; un troisième, Allain, refuse l'épiscopat. Sur les 44 ecclésiastiques du sixième groupe enfin, 17 sont promus à l'épiscopat sous le Ier Empire, mais 6 refusent, et sur les 11 restant, seuls 8 sont promus en 1802. Ainsi cet ensemble de 100 fiches n'a pas véritablement fonctionné comme un réservoir d'épiscopables, puisque, pour s'en tenir aux 28 ecclésiastiques du second ordre promus en 1802, 16 seulement figurent sur ces fiches, dont 15

1. A. N. AF IV 1044.

nommés en avril, ce qui signifie que les nominations ultérieures se sont faites, à l'exception de 4 d'entre elles, sans recours à cet ensemble documentaire. La liste des 100 feuillets n'est donc pas apparue suffisante à Bonaparte qui, une fois opérées les premières nominations, a invité Portalis à se remettre au travail pour compléter le tableau des évêques de France. Mais cette tâche est désormais inextricablement liée au travail inhérent aux nominations elles-mêmes.

La grande promotion de 1802.

Le jour même de la proclamation du Concordat, le 8 avril 1802, se déroule la première promotion épiscopale. Elle concerne le siège de Paris auquel est promu l'ancien évêque de Marseille, Mgr de Belloy. Par cette nomination unique, mise en exergue de son œuvre, Bonaparte entend faire de Paris le premier des sièges épiscopaux, mais en y installant le doyen de l'épiscopat, il confère à cette métropole un rôle directeur purement honorifique, d'autant plus que, dans le même temps, il se refuse à adjoindre à l'archevêque de Paris un coadjuteur, comme le suggérait Bernier, candidat à ce poste.

Le lendemain, 9 avril, 35 autres sièges (34 en France) sont pourvus, dont les 8 archevêchés. Mais sur les 34 ecclésiastiques pressentis pour occuper un siège en France, 4 refusent, et 1 est renommé à un autre siège peu après. Les 10 et 11 avril en effet a lieu une troisième promotion qui concerne 10 sièges, dont 8 en France. Sur les 8 pressentis, 2 refusent. Tous les promus figuraient au nombre des ecclésiastiques fichés dans l'ensemble des 100 feuillets. Puis, le 13 avril, intervient la nomination exceptionnelle de 2 évêques corses, Colonna d'Istria à Nice et Sebastiani à Ajaccio. Véritable fait du prince, cette décision a été prise en dehors des bureaux de l'administration des cultes. Ainsi s'achève la première vague de nominations épiscopales. Si l'on s'en tient aux évêques français, elle a concerné 14 évêques d'Ancien Régime, en comptant Pidoll, 10 évêques constitutionnels et 14 ecclésiastiques du second ordre, soit au total 38 individus sur les 55 promus de 1802.

Avant de reprendre les nominations, Bonaparte demande à Portalis une nouvelle liste de candidats. Le ministre dresse une première liste supplémentaire [1], composée de 32 noms dont 19 déjà

---

1. A. N. AF IV 1044, dossier 1.

présents dans l'ensemble des 100 feuillets et 13 nouveaux ; 3 sur les 19 «anciens [1]», et 2 sur les 13 «nouveaux [2]» sont retenus en 1802. Bernier est lui aussi, en sous-main, consulté ; il fournit une liste sensiblement identique [3]. Bonaparte procède alors à une nouvelle promotion. Le 29 avril, il nomme 11 évêques dont 8 en France. Sur ces 8 ecclésiastiques, 5 refusent. Les 3 autres sont La Tour d'Auvergne et Dubourg, présents sur la liste supplémentaire de Portalis ; le troisième est l'abbé Dessolle dont le nom ne figurait sur aucun tableau préparatoire aux nominations. Présenté assez défavorablement dans les notes de l'administration des cultes, il réapparaît ici, sans doute à la faveur d'une recommandation orale de dernière heure venue de son neveu, le général Dessolle. En tout cas, à la fin du mois d'avril, sur les 55 promus de 1802, 41 ont déjà été nommés.

Les promotions reprennent au mois de juillet après un nouveau travail préparatoire. Le 2 juillet, l'abbé Cousin de Grainville est nommé évêque de Carcassonne. Son nom n'apparaît pas dans les listes préalables [4]. Après cette unique promotion du 2 juillet, celle du 5 juillet comprend 11 noms dont 8 destinés à des diocèses français. 1 candidat refuse. Les 7 autres figuraient tous sur une nouvelle liste de 29 noms, préparée par d'Astros [5]. Parmi eux, 3 étaient déjà répertoriés dans les 100 feuillets. Les 4 nouveaux sont Duvoisin, Simon, Loison et Jacoupy ; ces 3 derniers noms apparaissent pour la première fois dans les papiers de l'administration des cultes, c'est dire leur peu d'envergure.

Une nouvelle promotion exceptionnelle intervient le 29 juillet, c'est celle de l'abbé Fesch à l'archevêché de Lyon. Le nom de

---

1. Montanier de Belmont, Duwalk de Dampierre et Laporte, auxquels on peut ajouter Mannay, promu à Trèves.
2. La Tour d'Auvergne et Dubourg.
3. A. N. F 19 / 1902, pièce 3.
4. Simon DELACROIX (p. 392) formule l'hypothèse que Cousin de Grainville aurait été poussé à l'épiscopat par Mgr Cambacérès qui ne l'avait pas retenu comme vicaire général. Joseph JAUFFRET dans ses *Mémoires historiques sur les affaires ecclésiastiques de France pendant les premières années du XIXe siècle* (Paris, Le Clère, 1819, t. I, p. 132) apporte une explication satisfaisante en écrivant que l'archevêque de Rouen ayant nommé trois vicaires généraux choisis parmi les insermentés, contrairement aux directives de Portalis qui demandait de retenir au moins un assermenté, «Bonaparte nomma l'un d'eux, M. Cousin de Grainville, au siège de Cahors, et fit écrire à l'archevêque de se conformer, pour le choix du troisième vicaire général, à ce qui avait été statué». On sait que Cambacérès refusa d'obéir sur ce point.
5. A. N. F 19 / 1902, pièce 244.

Fesch, orthographié «Fech», ne se trouvait que dans l'état préparatoire réalisé par d'Astros en mars [1]. Son nom figure alors en face
des sièges de Besançon, Troyes et Soissons. Mais il a été biffé,
signe qu'à cette date, si la promotion de l'oncle de Bonaparte est
envisagée, c'est encore de façon floue.

L'avant-dernière promotion de l'année 1802 se déroule le 30 septembre. Elle concerne 4 évêques: 2 évêques d'Ancien Régime, poussés par Émery, La Tour du Pin et Fontanges, qui acceptent enfin
l'épiscopat, et 2 ecclésiastiques du second ordre, Bailly et Demandolx, tirés par Bonaparte d'une nouvelle liste préparatoire, mais qui
figuraient déjà au nombre des 100 ecclésiastiques fichés en mars.

Enfin le 15 octobre 1802, le siège de Montpellier, plusieurs fois
refusé, est enfin pourvu. Il échoit à l'abbé Rollet qui n'apparaît à
aucun moment dans les états préparatoires. Rollet doit sa promotion
à sa récente administration du diocèse de La Rochelle, mais surtout
au soutien de son demi-frère, le sénateur Lemercier.

Les promotions de 1803 à 1808.

À la fin de 1802, l'épiscopat concordataire est définitivement
constitué. Mais au gré des décès et des démissions, le gouvernement eut à procéder à de nouvelles nominations. Pour ce qui est de
l'Hexagone, 13 nouveaux évêques sont promus entre 1802 et 1809.
Après la grande vague de 1802, aucune nomination n'est effectuée
en 1803, puis on en compte 2 en 1804, 4 en 1805, 3 en 1806, 1 en
1807 et 2 en 1808. À partir de cette date tous les évêques nommés
par Napoléon se voient refuser l'institution canonique par le pape,
à la suite du conflit entre Paris et Rome, si bien que la période
1809-1815 est marquée par une interruption de fait du recrutement
épiscopal [2].

Le rôle de l'administration des cultes reste sensiblement le même
tout au long de cette période, mais son pouvoir s'accroît lorsqu'en

---

1. A. N. F 19 / 1902, pièce 7. Sur la nomination de Fesch, on se reportera aussi à
André LATREILLE, *Napoléon et le Saint-Siège, 1801-1808. L'ambassade du cardinal
Fesch à Rome*, Paris, Alcan, 1935, XXVIII-626 p.
2. Souvent mal acceptés par le clergé local, les évêques nommés à cette époque
durent se retirer en 1815. Un seul obtint plus tard, non sans mal, un évêché, l'abbé
Raillon. Parmi les plus connus de ces évêques de la fin de l'Empire, on peut citer
le chanoine Baston qui a relaté son expérience dans ses Mémoires.

1804 l'administration obtient le rang de ministère. Portalis devient donc ministre et continue d'administrer ce secteur jusqu'à sa mort en 1807. Son fils assure alors l'intérim, avant la nomination de Bigot de Préameneu comme ministre des Cultes en 1808. Mais ce dernier n'est en définitive responsable que de deux promotions ; son rôle dans le domaine des nominations épiscopales est donc négligeable. Tout au long de cette période, le travail de l'administration des cultes ne varie guère. À chaque vacance de siège, le ministre propose au consul, puis à l'empereur, une liste des candidats retenus ; ces listes ne contiennent jamais plus d'une demi-douzaine de noms, certains revenant du reste très fréquemment. Au total, entre 1803 et 1807, moins d'une trentaine de noms sont retenus. Le réservoir d'épiscopables est donc toujours aussi faible qu'en 1802. Il faut ajouter que sur 13 promus 6 figuraient parmi les candidats de 1802 [1]. L'autre moitié émerge donc par la suite.

Le cas du premier promu est un peu exceptionnel : il s'agit de l'abbé Paillou, vicaire général de Luçon, que son préfet dit être très attaché au gouvernement. Il apparaît dans les listes de 1802. Ce Vendéen est notamment signalé par Bernier selon lequel il a « de l'esprit, des talents, du zèle », et est « très partisan de la soumission ». Paillou appartient à ces ecclésiastiques de l'Ouest qui ont su prêcher la soumission au nouveau régime, ce dont celui-ci leur sait gré. Cependant Paillou n'est pas promu en 1802. Il devient néanmoins vicaire général de La Rochelle, diocèse dont dépend désormais l'ancien évêché de Luçon ; il est chargé du département de la Vendée, particulièrement surveillé par le pouvoir. Paillou obtient donc un statut à part dès l'organisation concordataire et Portalis ne cesse de rappeler que sa présence en Vendée est indispensable [2]. Le directeur des cultes envisage dès lors la promotion de Mgr Demandolx à un autre siège, afin de permettre à l'abbé Paillou de continuer en Vendée « de faire le plus grand bien [3] ». Paillou est ainsi nommé évêque de La Rochelle le 17 décembre 1804.

Mais un fait nouveau est intervenu depuis les premières promotions. En effet, à côté de l'administration des cultes, le cardinal Fesch joue désormais le rôle de conseiller de son neveu en matière ecclésiastique. Il est donc fréquemment interpellé pour donner son

---

1. Ce sont : Paillou, Faudoas, Maurel de Mons, Boulogne, et surtout Dombideau de Crouseilles et Jauffret, les seuls à figurer sur l'état des diocèses à pourvoir présenté à Bonaparte par Portalis en mars.
2. A. N. AF IV / 1045, dossier 2, Portalis à Bonaparte, 10 vendémiaire an XIII.
3. *Ibid.*, Portalis à Bonaparte, 18 brumaire an XIII.

avis sur les candidats proposés ou pour en signaler d'autres. Ainsi le cardinal Fesch donne son avis sur les candidats retenus pour le siège de Mende. Puis en 1804, il est consulté sur les sujets susceptibles d'être nommés à Rennes ; il les classe selon trois catégories : « sujets excellents », « bons » et « suffisamment capables ». Dans la première catégorie, il fait figurer en tête Dombideau de Crouseilhes, mais signale aussi son vicaire général Jauffret, en ajoutant qu'il ne s'en séparerait qu'avec peine. En revanche, on doit constater que sur les treize noms qu'il avance ne figure pas celui de l'abbé Énoch, pourtant candidat principal pour Rennes. C'est pour cette raison que Bonaparte lui demande des renseignements précis sur ce sujet, mais aussi sur Faudoas et Dupont. En termes voilés, l'archevêque de Lyon fait comprendre à son neveu que ces trois candidatures n'ont pas son agrément. Or toutes trois passent, ce qui montre les limites de l'influence de Fesch, mais indique aussi que l'archevêque de Lyon sait marquer son indépendance à l'égard de Bonaparte.

À l'inverse, les recommandations du cardinal Fesch rejoignent très souvent les avis du clan Émery, mais aussi ceux de Portalis. Déjà à la fin de 1802, son rôle dans la promotion de Fontanges et de La Tour du Pin, conjointement avec Émery, est indéniable. Il a gardé d'excellents rapports avec le supérieur de Saint-Sulpice qui s'était chargé de son retour dans l'Église. On le voit très nettement lorsque Fesch pousse à l'épiscopat Dombidau, mais aussi Jauffret que M. Émery lui avait conseillé comme vicaire général. On peut aussi évoquer la part que le cardinal Fesch prend à la libération de l'abbé Fournier, emprisonné sur l'ordre de Fouché pour des sermons jugés séditieux. Fournier est un parent de M. Émery. Or Mgr Fesch non seulement le fait libérer, mais il le fait entrer dans la Grande Aumônerie, avant de le recommander pour l'évêché de Montpellier. De plus, il est incontestable que le rôle grandissant de Fesch a contribué à renforcer l'émergence d'un pôle aixois déjà perceptible en 1802, avec Dombidau, Jauffret, mais aussi l'abbé de Bausset, neveu de l'évêque d'Alais et vicaire général de Champion de Cicé depuis 1802. Fesch rejoint ainsi les préoccupations de Portalis qui déjà avait en 1802 retenu Dombidau et Jauffret et qui dès 1804 propose l'abbé de Bausset pour l'épiscopat en rappelant qu'il est un « ancien ami » de l'évêque d'Alais [1]. Le cardinal Fesch

---

1. A. N. AF IV/1045, dossier 2, pièce 30, Portalis à Napoléon, 27 frimaire an XIII.

joue donc un rôle important dans le choix des évêques à partir de la fin de 1802, mais son action n'est pas toujours décisive car plusieurs candidats passent en dépit de ses avis. Finalement c'est par un autre biais que Fesch marque surtout de son empreinte les choix épiscopaux.

Le cardinal Fesch est en effet promu grand aumônier en 1804, au moment où Napoléon entend constituer une maison impériale, sur le modèle de l'Ancien Régime. C'est l'occasion pour l'archevêque de Lyon de s'entourer d'ecclésiastiques brillants. Il nomme son plus proche collaborateur à Lyon, l'abbé Jauffret, vicaire général de la Grande Aumônerie. Mais d'autres évêques de l'Empire sont également passés par les divers postes qu'elle comprend. Dufour de Pradt, Maurel de Mons, Fournier et Boulogne étaient aumôniers de l'empereur au moment de leur promotion à l'épiscopat. L'aumônerie impériale qui dépend de la Grande Aumônerie apparaît donc comme un marchepied vers l'épiscopat. Cette impression est confirmée par le fait que ces évêques sont nommés sans que leur candidature soit proposée par l'administration des cultes. Leur promotion se traite donc directement entre Napoléon et le cardinal Fesch. Ces ecclésiastiques sont tous des hommes réputés pour leurs talents. Dufour de Pradt est déjà un pamphlétaire de renom, auteur en 1802 de l'*Antidote au congrès de Radstadt*, Fournier est un des meilleurs orateurs de son temps, de même que l'abbé de Boulogne qui joint à ses talents de prédicateur une ardente activité de journaliste, notamment au sein des *Annales religieuses, politiques et littéraires*. En s'entourant d'ecclésiastiques brillants, qui pour certains n'avaient pas hésité à braver son autorité, Napoléon espère les rallier à sa cause et ainsi faire disparaître une source d'opposition à son pouvoir [1]. Il reste cependant à comprendre selon quels critères ont été recrutés les 68 évêques nommés sous le Ier Empire. Pour ce faire, il a paru nécessaire de distinguer les évêques d'Ancien Régime, les évêques constitutionnels et les prêtres du second ordre.

Les évêques d'Ancien Régime.

19 évêques d'Ancien Régime furent intégrés dans l'épiscopat concordataire, dont 16 en France, si l'on comprend dans ce groupe

---

1. Il n'y réussit qu'en partie, car si Dufour par exemple se montre un de ses fidèles partisans, Boulogne en revanche s'oppose à l'empereur au moment du concile de 1811.

l'évêque suffragant de Trèves, Pidoll von Quittenbach, qui sut habilement proposer ses services au Premier Consul et figure au rang des anciens évêques dans la liste des 100 [1].

Dès le 4 germinal an IX, Bernier avait dressé une liste des évêques d'Ancien Régime susceptibles de retrouver un siège épiscopal. Elle contenait 31 noms. À l'automne 1801, l'abbé d'Astros dressait une liste similaire, comprenant 25 noms. Mais en même temps il établissait un état des anciens évêques [2], lequel permet de se faire une idée des motifs qui ont conduit à tel ou tel choix. La première condition à remplir est d'avoir démissionné comme le demandait le pape par le bref *Tam multa* du 15 août 1801. À la fin de 1801, 47 évêques ont démissionné et 36 ont refusé de le faire. C'est donc parmi les 47 démissionnaires que le gouvernement choisit ses candidats. Le second critère retenu par le pouvoir est l'attitude plus ou moins modérée des évêques pendant la Révolution. Ainsi sont mis en avant les prélats qui sont demeurés en France ou dont l'exil a été de courte durée. Mgr de Belloy et Mgr Couet du Vivier de Lorry n'ont jamais quitté la France. Mgr Maillé de La Tour-Landry a passé une bonne partie de la Révolution à Paris, procédant à des ordinations clandestines, avant d'être déporté à l'île d'Oléron. Mgr Moreau n'a pas quitté sa ville épiscopale de Mâcon. Mgr d'Aviau quant à lui est rentré en France en 1797 et a repris l'administration de son diocèse de Vienne et de plusieurs autres adjacents. Mgr de Chabot a agi de même à la fin du Directoire en regagnant son diocèse de Saint-Claude. Ainsi, sur les 11 évêques présents en France au moment du Concordat, 8 sont retenus dans l'épiscopat concordataire, dont 5 en France et 2 en Belgique [3]. Enfin, un huitième, l'évêque d'Alais, Bausset, refuse le siège qui lui est offert. La présence en France est donc un atout pour faire partie de l'épiscopat concordataire, d'autant plus que ces 11 évêques ont été les premiers à offrir leur démission au pape.

Les 9 autres anciens évêques appelés à un siège en France sont encore en exil au moment de la signature du Concordat. Le groupe le plus important est le groupe londonien qui comprend 5 individus, Boisgelin, Champion de Cicé, Barral, Noé et Osmond. Ces cinq évêques « londoniens » sont les seuls à se prononcer en faveur de la

---

1. A. N. F 19 / 1903. Lettre de Pidoll à « Monsieur », 14 février 1802 : « Permettez-moi, Monsieur, que je prenne la liberté de recommander derechef à vos bontés ainsi qu'à celles de M. Portalis, mes intérêts [...]. »
2. Sur 135 évêques de 1789, 52 sont morts et 3 ont abandonné leur état.
3. Roquelaure à Malines et Fallot de Baumont à Gand.

démission au sein d'un groupe compact de 18 évêques menés par
Mgr Dillon, archevêque de Narbonne. Ils forment donc une sorte de
tiers parti réformiste entre les ultras hostiles à tout compromis avec
les forces émanant de la Révolution, et les constitutionnels. Ce
groupe est plus particulièrement dominé par les deux personnalités
de Boisgelin et Champion de Cicé. L'un et l'autre sont issus de
la noblesse bretonne. Ils sont de la même génération et ont suivi
un cursus scolaire similaire qui les a conduit à aller parachever
ensemble leurs études théologiques à Rome. En 1789, Champion
de Cicé est archevêque de Bordeaux et Boisgelin archevêque
d'Aix. Ils sont tous les deux élus aux états généraux. Leur itinéraire bifurque quelque peu face à la Constitution civile du clergé.
Champion en admet le principe et signe même le décret, en sa
qualité de garde des Sceaux, mais ensuite ne prête pas serment.
Boisgelin quant à lui la condamne, mais avec nuance [1], dans son
Exposition des principes. Mais les deux prélats se retrouvent ensuite
en Angleterre pour condamner les excès des ultras, et ils sont
donc parmi les premiers à se rallier au nouveau régime. Dès lors ils
apparaissent comme les piliers de la nouvelle Église, chacun recevant un archevêché. Symboliquement Boisgelin transmet le flambeau à Champion dans la cité de Portalis.

Sur les quatre autres évêques en exil au moment du Concordat,
deux se trouvaient dans l'Empire germanique : Mercy en Autriche
et Des Monstiers de Mérinville en Allemagne. Ils démissionnent en
1801 et rentrent en France au début de 1802. Le cas des deux derniers est quelque peu différent. Fontanges et La Tour du Pin ont
passé la Révolution en Espagne et s'y trouvent encore au début de
1802. Mais ils ont tous les deux prêché la soumission au nouveau
régime, ce qui les prédispose à occuper un siège dans la nouvelle
Église. Leur participation au nouvel épiscopat est du reste très tôt
envisagée ; ils figurent sur une note de l'abbé d'Astros parmi les
huit évêques d'Ancien Régime «recommandés par dessus tout par
M. Émery [2]». Bernier les a également inclus dans sa liste du 4 germinal an IX. Enfin Portalis, dans son rapport au consul, conseille
de nommer La Tour du Pin à Paris et Fontanges à Bordeaux. C'est
sans doute leur absence de France, encore en mars 1802, qui

---

1. A. N. AF IV / 1044. Sur la fiche de Boisgelin il est écrit: «On a cru longtemps
qu'il prêterait le serment et l'on n'a pas oublié qu'il ne se trouva pas à la séance lors
de l'appel nominal qui eut lieu pour constater ce refus.»
2. A. N. F 19 / 1902, pièces 8-9.

explique que Bonaparte ne les retienne pas dans sa note du 15 mars. De ce fait, ils ne sont pas compris dans les promotions d'avril. Mais Émery, qui tient particulièrement à eux, les pousse à revenir et s'entremet pour les faire nommer évêques. Rentrés en mai, les deux prélats, sans doute trop exigeants, voient passer les promotions de juillet sans obtenir de siège. Il faut l'intervention de Fesch pour les convaincre d'accepter en septembre de simples évêchés [1]. Il est à remarquer cependant que leur nomination ne modifie pas la part initialement attribuée aux évêques d'Ancien Régime dans l'épiscopat concordataire, puisque Fontanges à Autun et La Tour du Pin à Troyes remplacent respectivement Moreau et Noé, décédés. Après eux aucun autre ancien évêque n'obtient de siège en France [2].

Les évêques constitutionnels.

12 évêques constitutionnels ont été nommés en 1802, dont 11 en France, ce qui représente à peu près le dixième de l'ensemble de l'épiscopat constitutionnel, lequel a compté 118 évêques. Mais si l'on s'en tient aux évêques encore en vie en 1802, et n'ayant pas abandonné leur état, leur nombre tombe à une soixantaine, ce qui signifie que le Consulat a retenu un cinquième des survivants de l'épiscopat constitutionnel. C'est une proportion comparable à celle de l'épiscopat d'Ancien Régime (18 sur 80), mais si l'on considère le nombre des anciens évêques démissionnaires en 1801, la proportion est nettement favorable aux évêques d'Ancien Régime (18 sur 44).

Parmi les 11 évêques nommés en France, 8 avaient été élus selon les dispositions de la Constitution civile du clergé, c'est-à-dire par un collège départemental composé des seuls citoyens actifs. En revanche, 3 ont été élus après 1796; ils ne sont donc pas à proprement parler des évêques constitutionnels, puisque la Constitution civile du clergé a été abolie en 1794. Leur élection a été rendue possible par un règlement établi par les « évêques réunis à Paris » – plus communément appelés les « Réunis » –, sous la houlette de Grégoire à partir de 1795.

Les 11 évêques concernés viennent d'horizon très divers puisque, si l'on examine leur fonction en 1791, on constate que 4 apparte-

---

1. Voir Simon DELACROIX, p. 413-414.
2. Mais certains obtiennent d'autres gratifications: Juigné est ainsi nommé chanoine de Saint-Denis, Clermont-Tonnerre obtient une pension.

naient à des ordres religieux, 3 étaient curés, 1 chanoine, 1 vicaire, 1 professeur et 1 se trouvait sans fonction précise. Le moins que l'on puisse dire, c'est que ces évêques constitutionnels ont suivi une carrière tout à fait différente des évêques d'Ancien Régime, à l'exception de Charrier de La Roche, le seul noble de l'ensemble, qui fut licencié en Sorbonne, chanoine du chapitre noble d'Anay, et vicaire général de Lyon jusqu'en 1788. Cet état mérite d'être comparé avec celui de l'ensemble de l'épiscopat constitutionnel [1] : 4 évêques, 76 curés, 20 religieux, 11 chanoines, 3 professeurs, 1 vicaire général, 1 vicaire, 2 ecclésiastiques sans fonction précise.

Étant donné la faiblesse de l'effectif, on ne peut guère tirer de très nombreuses conclusions de ces chiffres, mais une au moins s'impose : la part des anciens curés est très inférieure au sein des 11 évêques retenus en 1802, par rapport à l'ensemble de l'épiscopat constitutionnel, 27 % contre 64 %. À l'inverse, les anciens religieux se taillent la part du lion, mais cela s'explique en partie par le rôle joué par Fouché qui fait passer les deux oratoriens n'ayant pas abandonné leur état, sur les quatre que comptait l'épiscopat constitutionnel. En fait, la faible part des anciens curés peut s'expliquer par la piètre réputation qu'ils avaient. En définitive, les 11 évêques retenus en 1802 l'ont été en tant qu'individualités et sur d'autres critères que leur carrière ecclésiastique.

En un temps où les anciens parlementaires jouent encore un rôle important dans l'entourage de Bonaparte, il n'est pas inintéressant de constater que 5 des 11 promus ont appartenu à une des assemblées révolutionnaires : Bécherel, Charrier de La Roche et Saurine à la Constituante, Le Coz et Lacombe à la Législative. L'un d'entre eux, Saurine, a même été élu à la Convention et choisi par le sort pour faire partie des Cinq-Cents. Il a donc quasiment traversé toute la Révolution en qualité de représentant du peuple, si bien qu'il est particulièrement connu des milieux au pouvoir en 1802. De plus, ces évêques ont dans l'ensemble eu une attitude courageuse face à la Terreur. Deux seulement ont abdiqué (Primat et Lacombe qui n'était pas alors évêque), mais pour très vite reprendre leurs fonctions ecclésiastiques. Sept ont connu la prison au moment de la Terreur, ce qui contribue à les laver d'éventuels soupçons de compromission avec les jacobins. Reste à savoir comment ces 11 évêques ont été choisis en 1802.

---

1. Ces calculs ont été effectués à partir de Paul PISANI, *Répertoire biographique de l'épiscopat constitutionnel (1791-1802)*, Paris, Picard, 1907.

Bernier signale 7 évêques constitutionnels dans son rapport du 4 germinal an IX. Ce sont : Grégoire, Royer, Le Coz, Leblanc de Beaulieu, Montault, Primat et Panisset, et il ajoute qu'il n'en connaît pas d'autres [1]. Sur ce nombre, 5 sont retenus en 1802 et 2 autres sont écartés. Grégoire n'est pas retenu, car Bonaparte le considère comme une trop forte personnalité et lui reproche ses critiques à l'égard de son gouvernement. En outre, Grégoire symbolise trop l'Église constitutionnelle. À l'inverse, si Panisset n'est pas retenu, c'est parce que sa rétractation bruyante en 1796 avait été condamnée par les « Réunis » ; sa promotion en 1802 serait apparue comme un défi lancé aux anciens constitutionnels restés fidèles à leurs idéaux.

L'administration des cultes est encore plus sévère que Bernier à l'encontre des anciens évêques constitutionnels. Elle dresse deux listes : l'état des évêques établis en vertu de la Constitution civile du clergé [2] et l'état des évêques établis après l'abrogation de la Constitution civile du clergé [3]. Peu d'évêques échappent à la critique. C'est ce qui explique que d'Astros, dans son état préparatoire aux nominations, n'attribue aucun siège aux anciens constitutionnels. Portalis est à peine plus généreux, puisqu'il n'en désigne que deux : Charrier de La Roche et Montault des Isles. Ce choix s'explique assez aisément dans la mesure où l'un et l'autre avaient très tôt renoncé à leurs fonctions épiscopales en démissionnant, Charrier dès 1791, Montault en 1795. Ils s'étaient tous les deux soumis à la papauté. Portalis choisit donc des prélats acceptables par Rome. Mais le 15 mars 1802 Bonaparte désigne 11 évêques constitutionnels, soit 9 de plus que ceux présentés par Portalis. Entre-temps, Talleyrand et Fouché ont œuvré pour obtenir ce résultat. Ainsi, aux 2 évêques de Portalis sont ajoutés 4 évêques choisis sur le rapport Bernier. 3 au moins sont recommandés par Fouché : les 2 oratoriens Primat et Périer et le conventionnel Saurine. Les 2 derniers, Bécherel et Lacombe, s'étaient fait connaître le premier à la Constituante, le second à la Législative. Lacombe enfin bénéficie du rôle qu'il a joué au concile de 1801 dont il fut l'un des vice-présidents. Il est clair en effet que si le Consulat a écarté le « chef » de l'Église constitutionnelle, à savoir Grégoire, il a en revanche promu ses princi-

---

1. A. N. F 19 / 1903, Rapport de M. Bernier au ministre des Relations extérieures sur les nominations aux évêchés, 4 germinal an IX.
2. A. N. F 19 / 1903, pièce 104.
3. *Ibid.*, pièce 106.

paux animateurs. Saurine est un des membres fondateurs de la communauté des « Réunis ». Avec Le Coz, il est en outre l'un des rédacteurs du journal des « Réunis », les *Annales de la religion*. De plus 6 évêques sur les 6 en fonctions avaient participé au concile de 1797 [1], et 7 sur 9 à celui de 1801 [2]. Le Consulat a donc privilégié ceux qui avaient participé à la régénération de l'Église constitutionnelle au lendemain de la Terreur.

Les prêtres du second ordre : le jeu des recommandations.

L'étude des recommandations se pose principalement pour les ecclésiastiques du second ordre, soit 28 individus nommés en 1802 et 13 nommés entre 1803 et 1808. Sur les 28 premiers, 4 sont qualifiés de « candidats de classe exceptionnelle » : il s'agit de Bernier, Pancemont, Caffarelli et Cambacérès. Le premier, pacificateur de la Vendée et négociateur du Concordat, est un des conseillers de Bonaparte en matière ecclésiastique ; le Premier Consul lui a donc très tôt promis un évêché en échange de ses services. Le deuxième, Pancemont, a lui aussi rendu des services au nouveau régime, notamment en obtenant la démission de l'archevêque de Paris, M. de Juigné. En outre, il est le frère du général Lavaux. Les deux derniers doivent à leur seule parenté leur promotion à l'épiscopat. Les trois frères de Caffarelli servent ou ont servi le régime ; l'un d'eux est mort en Égypte. Par cette nomination, sollicitée par Caffarelli lui-même, Bonaparte entend remercier une famille pour services rendus, plutôt qu'honorer un ecclésiastique par ailleurs terne. Cambacérès est quant à lui le frère du deuxième consul, ce qui suffit à le désigner pour un évêché, d'autant plus que Bonaparte donne ainsi à son collègue un gage de bonne volonté. Trois autres ecclésiastiques jouissent d'une situation particulière, ce sont les trois Corses et notamment Fesch, qui doivent à leur compatriote ou à leur neveu leur promotion à l'épiscopat.

Les recommandations d'ordre familial apparaissent ainsi comme les plus importantes en nombre. Elles concernent 18 ecclésiastiques

---

1. Charrier et Montault ont alors démissionné. On peut ajouter que Lacombe, futur évêque de la Gironde, représente son évêque au concile de 1797.
2. En 1801 l'unanimité n'est pas aussi totale qu'en 1797 parmi les évêques en fonctions. Saurine refuse d'y participer de même que Leblanc, en conflit avec les « Réunis » lorsqu'il était curé de Saint-Séverin ; voir à son sujet Bernard PLONGERON, *Les Réguliers de Paris devant le serment constitutionnel. Sens et conséquences d'une option, 1789-1801*, Paris, Vrin, 1964.

sur 41 : 11 sur les 28 nommés en 1802, en comptant les 4 cas précédemment cités (Pancemont, Caffarelli, Cambacérès et Fesch), et 7 sur les 13 promus entre 1803 et 1808. Ce sont : Bienaimé, recommandé par son oncle, le général Junot ; Dampierre par son cousin, le général Dampierre ; Dessolle par son frère, général ; Demandolx également par son frère ; Jacoupy patronné par « le citoyen Jacopin, son parent, membre du Corps législatif [1] » ; Loison, recommandé par son neveu, le général Loison ; Rollet, demi-frère du sénateur Lemercier. Dupont est recommandé par son frère, le général Dupont de l'Étang. Miollis est le frère du général Miollis, mais aussi du préfet du Finistère. Imberties est recommandé par son neveu, le maréchal Bessières. Faudoas est poussé par son neveu Savary, alors aide de camp de Napoléon. Fournier est un cousin d'Émery, et Jauffret le frère d'un fonctionnaire du ministère des Cultes. Bausset enfin est le neveu du conseiller d'État Lacuée. Ces patronages familiaux ont donc joué un rôle essentiel dans l'édification du nouvel épiscopat. Parfois ils ne font qu'accompagner une réputation ecclésiastique bien établie, par exemple pour Dampierre, Demandolx, Jauffret, Fournier ou Bausset. Pour bon nombre d'autres en revanche, ce soutien semble avoir été décisif. Le cas de Cambacérès est connu [2]. Mais il n'est pas le seul à avoir suscité à son propos des notes peu flatteuses. D'Astros écrit ainsi à propos de Dessolle : « il n'est pas fait pour l'épiscopat [3]. » Jacoupy est quant à lui inconnu des services de l'administration des cultes, preuve qu'il ne brille guère par ses talents. Loison est un ecclésiastique de peu d'envergure. Du reste, l'administration ultérieure des trois derniers évêques cités confirme leurs piètres capacités.

Les jugements portés sur l'abbé de Faudoas et l'abbé Dupont de la part du cardinal Fesch ne sont guère plus flatteurs. Du premier, il dit que c'est une « tête un peu trop légère qui pourrait difficilement conduire un diocèse de l'importance de celui de Rennes et de Meaux ». Quant à Dupont, il écrit qu'il « est très peu connu du

---

1. A. N. F 19 / 1902, pièce 244.
2. *Ibid.*, pièce 4. D'Astros avait écrit à son propos : « Frère du consul. Quoiqu'on ait rien a lui reprocher pour ses mœurs, il n'aurait pas la confiance entière des habitants de Montpellier. » Une autre main a rayé ce paragraphe et l' a remplacé par : « Homme irréprochable et qui a obtenu la confiance de tous ses coopérateurs dans le ministère ecclésiastique. Il est instruit. » Voir aussi Charles LEDRE, *La Réorganisation d'un diocèse français au lendemain de la Révolution ? Le cardinal Cambacérès, archevêque de Rouen, 1802-1818,* Paris, Plon, 1943, 536 p.
3. *Ibid.*

clergé de Paris, n'ayant rien fait comme directeur du séminaire qui ait pu le distinguer au-dehors [1]». Le point de vue de l'archevêque a pour effet l'abandon, au moins provisoire, du projet de nommer Dupont en 1804. Mais son frère revient à la charge en 1807. Le rapport de Portalis ne lui est guère plus favorable ; il confirme que l'abbé Dupont n'a jamais exercé le ministère des âmes et lui reproche d'avoir accepté de devenir vicaire général de Mgr Lacombe qui, selon le ministre, « n'a ni bon sens ni dignité ». Mais la conclusion de Portalis est un bel exemple du poids des recommandations familiales sous l'Empire : « Comme cet ecclésiastique appartient à un militaire distingué par son rang, et dont Votre Majesté seule peut vraiment connaître et apprécier les services, je n'ai pas cru devoir l'omettre sur la liste des candidats [2]. »

À ces patronages familiaux viennent s'ajouter d'autres recommandations qui elles aussi ont compté dans l'accession à l'épiscopat de ces ecclésiastiques. Ainsi, André est soutenu par Talleyrand qui recommande aussi Bourlier ; Rousseau est mis en avant par son ami Portalis, Bailly est appuyé par le général Murat, Simon par Joseph Bonaparte qui se souvient tardivement de son ancien professeur du collège d'Autun ; c'est du reste le seul ecclésiastique qu'il recommande. Énoch est poussé à l'épiscopat par Fouché, ancien oratorien comme lui. Avec les trois Corses, cela porte à 27 sur 41 le nombre de prêtres du second ordre qui doivent leur promotion épiscopale au patronage d'une personnalité influente du Consulat ou de l'Empire. Trois groupes principaux se dégagent : les membres du gouvernement, les officiers supérieurs et les parlementaires. Le premier groupe rassemble en premier lieu Bonaparte, mais aussi son frère Joseph, Cambacérès, Portalis, Talleyrand et Fouché. Le deuxième groupe est le plus important en nombre, avec les généraux Lavault, Caffarelli, Junot, Dessolle, Demandolx, Dampierre, Loison, Murat, Miollis, Dupont, le maréchal Bessières et Savary. Le troisième groupe comprend Jacoupin, Lemercier et Lacuée. La disproportion entre les militaires et les parlementaires est symbolique de la nature du régime consulaire. Dictature fondée sur l'armée, c'est à ses cadres que sont octroyées les récompenses les plus nombreuses, avec l'idée avouée que des parents de généraux sauront se montrer dévoués au régime qui les a faits.

1. A. N. AF IV / 1045, dossier 6, pièce 7, le cardinal Fesch à Napoléon, 15 décembre 1804.
2. A. N. AF IV / 1046, dossier 1, pièce 24, Portalis à Napoléon, 10 mars 1807.

Les ecclésiastiques sont les grands absents, à première vue, de ce système de parrainage qui prévaut à la mise en place de l'épiscopat concordataire. En 1802, 4 prêtres seulement doivent leur promotion à un patronage ecclésiastique. Il s'agit de Cousin de Grainville poussé par Cambacérès, de Dubourg recommandé par Primat, de La Tour d'Auvergne signalé par Émery et de Laporte mis en avant par Champion de Cicé. L'examen de ces 4 promotions est révélateur ; elles se sont effectuées après les premières nominations d'avril. Il est évident qu'en l'absence d'un corps épiscopal constitué il ne pouvait y avoir le même type de cooptation que celui pratiqué tout au long du XIXe siècle, et dont les premiers balbutiements se laissent percevoir à la fin de 1802. Malgré tout, il faut constater, dans la constitution de l'épiscopat de 1802, la faible influence du groupe Émery dont le rôle dans la préparation des nominations a été important. Hormis Émery lui-même qui obtient de rétrocéder à son disciple La Tour d'Auvergne le siège d'Arras qui lui était destiné, aucun membre de son entourage ne figure dans les premières listes de promus. Pourtant plusieurs avaient été signalés dans les notes préparatoires de d'Astros, par exemple les abbés Dombideau de Crouseilhes et Jauffret qui ne sont nommés qu'en 1805 et 1806, par exemple encore le sulpicien Boyer ou le cousin d'Émery, Rouph de Varicourt[1]. Il semble évident que Bonaparte a voulu limiter la puissance du groupe sulpicien en laissant de côté, fût-ce provisoirement, ses éléments les plus brillants. En effet le rôle grandissant du cardinal Fesch, déjà évoqué, à partir de 1803, renverse la tendance en faveur du groupe Émery, avec les nominations de Dombideau, Jauffret, mais aussi Fournier[2], et plus généralement Fesch contribue à la promotion d'une demi-douzaine d'ecclésiastiques. Mais en dehors de Fesch, de Champion de Cicé qui recommande l'abbé Bausset, et de Boisgelin qui patronne la

---

1. A. N. F 19 / 1902, pièces 8-9. À propos de Rouph de Varicourt, l'abbé d'Astros écrit : « M. Émery a témoigné qu'il était digne des premières places. » Malgré cela, il ne parvient à l'épiscopat que sous la Restauration.

2. En revanche l'abbé d'Astros ne parvient pas à obtenir un évêché, malgré les recommandations de son oncle. A. N. AF IV / 1045, dossier 2, Portalis à Bonaparte, 22 frimaire an XIII : « J'ai terminé le supplément à la 1re liste de candidats pour les évêchés vacants par le nom de l'abbé d'Astros, mon neveu germain » ; suit une énumération des qualités de l'abbé d'Astros. Mais le cardinal Fesch préfère le réserver pour plus tard : « L'abbé d'Astros est jeune, a beaucoup de piété, il est doux et sera très utile à l'archevêque de Paris, en attendant qu'il se forme pour l'administration d'un diocèse, dans deux ans il sera un excellent sujet » (A. N. AF IV / 1045, dossier 6, pièce 4, Fesch à Napoléon, 29 pluviôse an XIII).

candidature de Dombideau, l'épiscopat français apparaît particulièrement absent dans le choix de ses membres sous l'Empire. Mais
derrière les recommandations, d'autres raisons ont pu également
présider au choix de tel ou tel ecclésiastique. Sept prêtres au moins
sont retenus pour leur ralliement au régime. Certes celui-ci est exigé
de tous, mais il prend une valeur particulière dans certains cas,
notamment lorsque les ecclésiastiques en question sont originaires
de régions blanches. Bernier en tête, Chevigné de Boischollet, Brault,
Dampierre, Paillou, et dans une moindre mesure Rollet, non seulement se sont ralliés au régime de l'an VIII, mais encore ont prêché
la soumission aux prêtres de leur diocèse, tous situés dans l'Ouest.
Villaret a agi de même en Aveyron. En revanche, l'abbé de Salamon, qui n'a pas réussi, au gré de Bonaparte, dans le diocèse de
Rouen, est écarté. Ainsi le pouvoir est sensible au ralliement des
ecclésiastiques originaires des provinces particulièrement remuantes
sous la Révolution.

Le Consulat et l'Empire ont eu aussi le souci de comprendre
dans l'épiscopat des éléments illustres du clergé français. Certes le
nombre n'en est guère élevé : 5 sur les 28 promus de 1802, 4 sur
les 13 promus de 1803 à 1808, mais il s'agit de prêtres dont la
valeur intellectuelle est nettement soulignée : André, premier de sa
licence, Duvoisin, théologien renommé, qui est « présenté de toutes
parts comme un homme de mérite [1] », Brault, docteur en théologie,
« très instruit [2] », Rousseau, prédicateur renommé, ou encore Montanier de Belmont, « excellent sujet » qui « a fait d'excellentes études
théologiques [3] ». Pour la période suivante, les sujets brillants passent
par la Grande Aumônerie : Dufour, Boulogne, Jauffret et Fournier.

Mais en définitive les promotions épiscopales se font essentiellement à la suite de recommandations d'un personnage illustre ;
elles sont donc le résultat de choix politiques et appartiennent aux
hommes qui détiennent les clefs du pouvoir. Les nominations
d'évêques sont, sous le Consulat et sous l'Empire, plus que sous tout
autre régime, une affaire d'État avant d'être une affaire d'Église.

1. A. N. F 19 / 1902, pièce 4.
2. *Ibid.*, pièce 4.
3. *Ibid.*, pièce 244.

CHAPITRE II

UNE TENTATIVE DE REFONTE
DE L'ÉPISCOPAT SOUS LA RESTAURATION

Un problème de sources se pose en abordant cette question. En effet les archives se rapportant aux nominations épiscopales durant la Restauration sont quasiment inexistantes [1]. On retrouve là une lacune déjà constatée pour l'Ancien Régime par Michel Péronnet qui n'a pu retrouver d'archives du ministère de la Feuille [2]. Il est donc difficile d'éclairer avec précision les processus qui ont conduit aux choix des évêques par le roi.

1. Les dossiers personnels des évêques aux Archives nationales (F 19 / 2479-2596) sont en général très pauvres en ce qui concerne la nomination des évêques de la Restauration. Ils ne contiennent que les pièces officielles (décrets, bulles, ...) et parfois une lettre de remerciements de l'élu. Des sondages effectués dans les archives de la Grande Aumônerie qui est chargée des nominations jusqu'en 1824 n'ont donné aucun résultat. Il faut donc se contenter de quelques pièces conservées dans les archives personnelles de Mgr de Quelen, vicaire général de la Grande Aumônerie à l'époque des premières nominations, conservées aux Archives diocésaines de Paris (1 D IV), et de quelques notes très fragmentaires contenues dans les papiers du cardinal de La Fare, conservés aux Archives nationales (198 AP 10).
2. Michel PÉRONNET, « Les évêques de l'ancienne France », Lille, Atelier de reproduction des thèses de l'université Lille-III, 1977, 2 tomes, 1486 fos, fo 361. L'auteur se demande si de telles archives ont jamais existé, la plupart des recommandations se faisant par voie orale. Cette explication serait tentante pour la Restauration, mais sans doute trop facile. En effet les bribes qui ont été conservées prouvent que l'on s'adressait à l'administration avant comme après 1830 pour recommander des candidats. En outre, si certains promus sont bien connus du gouvernement pour avoir partagé longuement l'exil des princes, d'autres en revanche sont rentrés depuis longtemps en France et n'ont pas de raison d'être particulièrement connus. De plus, les nominations ont dû faire l'objet de négociations, certains candidats ont dû être écartés, ce qui suppose de laisser des traces. On peut donc plus logiquement conclure soit que de telles archives dorment encore dans quelque fonds inexploré, soit plutôt qu'elles ont été détruites à l'époque.

La promotion de 1817.

En revenant au pouvoir en 1814, la monarchie décide de rétablir la Grande Aumônerie et de lui confier la charge de présenter aux titres ecclésiastiques. Le grand aumônier, en l'espèce Mgr de Talleyrand-Périgord, ancien archevêque de Reims, se voit ainsi attribuer la tâche qui appartenait avant 1789 au ministre de la Feuille. Cette nouvelle organisation au sein de l'administration des cultes fait suite à une ordonnance du 24 septembre 1814. Après l'intermède des Cent-Jours, cette ordonnance reprend pleinement effet. Le grand aumônier n'use tout d'abord de ses nouvelles prérogatives que dans le cas des places réservées aux ecclésiastiques du second ordre. En effet la négociation d'un nouveau concordat à Rome retarde la nomination aux évêchés vacants.

Un accord est trouvé en 1817 entre le gouvernement français et le Saint-Siège, il donne lieu à la signature d'un nouveau concordat. Ce concordat de 1817 prévoyait entre autres l'érection de 42 nouveaux sièges épiscopaux, ce qui portait à 92 le nombre d'évêchés français. Néanmoins le gouvernement de Louis XVIII n'avait pas obtenu la remise en ordre de l'épiscopat ; il désirait notamment que comme en 1801 tous les évêques démissionnent, ce qui aurait permis d'éliminer les anciens constitutionnels et ceux qui s'étaient montrés trop bonapartistes. En mai 1817, il continue encore de négocier pour obtenir le départ de cinq évêques particulièrement compromis, à ses yeux, avec le régime impérial, à savoir le cardinal Fesch, et quatre anciens évêques constitutionnels : Belmas, Lacombe, Périer et Reymond. Le gouvernement avait prévu leur remplacement. De plus, treize sièges sont alors vacants en France. Au total donc, en 1817, soixante nouvelles nominations sont envisagées par la Grande Aumônerie.

Faute de sources, il est difficile d'apprécier le travail effectué alors pour procéder au recrutement épiscopal. Deux prélats ont la haute main sur les choix : Mgr de Talleyrand-Périgord naturellement, mais aussi Mgr de La Fare, nommé le 24 septembre 1816 adjoint du grand aumônier. L'ancien évêque de Nancy demeure moins d'un an à ce poste, mais ce laps de temps fut suffisant pour lui permettre d'influer sur les choix opérés en 1817 [1]. Mais l'ecclé-

---

1. Ses archives personnelles montrent qu'il a été sollicité pour appuyer telle ou telle candidature (A. N. 198 AP 10, dossier 4, Mémoire sur l'abbé de Maillet ; dossier 6, Mémoire sur l'abbé de Cosnac).

siastique qui fut la cheville ouvrière de la grande promotion de 1817 est incontestablement l'abbé de Quelen, vicaire général de la Grande Aumônerie. Recommandé au cardinal Fesch par M. Émery à sa sortie du séminaire Saint-Sulpice en 1807, l'abbé de Quelen est depuis lors attaché à la Grande Aumônerie impériale, sans fonction précise. Or lorsqu'il est nommé grand aumônier en 1814, Mgr de Talleyrand-Périgord garde une partie du personnel de la Grande Aumônerie impériale et nomme même l'abbé de Quelen vicaire général. Quelen perd ses fonctions pendant les Cent-Jours, puis les retrouve lors de la IIe Restauration [1]. Ainsi l'abbé de Quelen assure le lien entre les deux régimes ; nul doute que sa connaissance du personnel ecclésiastique français, acquise dans l'ombre du cardinal Fesch, lui a été utile au moment de procéder aux choix épiscopaux.

L'abbé de Quelen prend en effet une part active à la préparation des nominations, mais sans qu'on puisse déterminer exactement les critères de sélection qui y ont présidé. À peine peut-on tenter de les déduire à partir du rapport sur les nominations présenté au roi le 24 mai 1817 par le grand aumônier :

Sire,

J'ai l'honneur de présenter à Votre Majesté le tableau de l'organisation nouvelle du clergé de France basée sur la nouvelle circonscription des diocèses dont Monsieur le ministre de l'Intérieur m'a communiqué le projet, et sur les articles de la convention qui concerne les évêques exerçant actuellement dans le siège qu'ils occupent, sauf les exclusions et translations qui paraissent être généralement adoptées par le Pape. Je demande à Votre Majesté la permission d'entrer dans quelques détails qui l'engageront, j'espère, à adopter les nominations que je mets sous ses yeux et que je crois propres à remplir l'attente de l'Église et les vues de Votre Majesté.

1° – Persuadé de la nécessité de donner dans tous les temps de bons pasteurs aux peuples, j'assure à Votre Majesté que j'ai mis tous mes soins à connaître le mérite des ecclésiastiques que je lui propose d'élever à

---

1. A. N. F 19 / 3088, un rapport du grand aumônier au roi du 14 février 1816 prouve que la fonction de vicaire général n'avait pas de statut précis au début de la Restauration : « La charge de vicaire général de la Grande Aumônerie de France, écrit-il, est ancienne dans l'histoire de la chapelle des rois vos prédécesseurs. Elle est un droit essentiel du Grand Aumônier qui, évêque de cour, a le pouvoir comme tels autres évêques d'exercer sa juridiction par un vicaire général : cette charge avait été omise sur le budget approuvé par Votre Majesté le 16 décembre 1814. Votre Majesté vient de la rétablir sur le budget de 1816 et d'y attacher le traitement de 8 000 francs. J'ose prier Votre Majesté d'accorder une indemnité égale à cette somme à M. l'abbé de Quelen qui a été pourvu de cette charge en 1815 et qui l'a exercée constamment, les mois de l'usurpation exceptés [...]. »

l'épiscopat. La sévère responsabilité que j'en aurai devant Dieu et devant les hommes, la confiance du Roi m'en font un devoir sacré et je crois pouvoir dire d'après les renseignements que j'ai pris qu'il n'y en a pas un seul qui non seulement ne me semble pas convenir à l'épiscopat, mais encore au siège qui lui est assigné.

2° – J'ai eu une attention particulière à ce qu'aucune des personnes désignées ne fût dans le cas de porter le moindre ombrage soit au gouvernement à raison de ses opinions politiques soit à la Cour de Rome à raison de sa conduite religieuse.

3° – Votre Majesté verra que les nouveaux sujets ont été choisis indistinctement dans toutes les classes d'ecclésiastiques, si le plus grand nombre appartient à des familles distinguées par leur naissance, c'est que les anciens grands vicaires et ce qui reste des débris de l'ancien clergé était de la classe relevée de la société. Il est cependant plusieurs noms très marquants qui ne sont pas entrés dans la composition de la liste, malgré de nombreuses et pressantes sollicitations contre lesquelles j'ai dû me prémunir.

4° – En cherchant à procurer à l'Église de France de bons évêques, j'ai dû aussi avoir égard aux intérêts particuliers résultant de la situation actuelle des différentes personnes revêtues du caractère épiscopal en France et tâcher de les concilier tous autant qu'il était possible : ainsi Votre Majesté observera que sur seize métropoles qui lui restent à pourvoir (les archevêchés de Rouen et de Bordeaux étant remplis), six de ces métropoles seront occupées par des évêques du concordat y compris M. de Chabot ancien évêque de Saint-Claude et depuis le Concordat évêque de Mende, cinq autres seront occupées par d'anciens évêques qui ont donné leur démission dès le premier moment, et cinq par d'anciens évêques d'abord non démis, mais qui ont écrit la lettre au pape, après avoir donné leur démission entre les mains de Votre Majesté, en sorte que le mélange est opéré sans que personne ait raison de se plaindre.

5° – Tous les évêques du concordat sont restés à leur place ainsi que le veut la convention, à l'exception des cinq dont Votre Majesté et le Pape désirent également l'exclusion, deuxièmement à l'exclusion des six évêques transférés à des évêchés et je sais que cette translation ne peut leur déplaire.

6° – Je prie Votre Majesté de se souvenir que j'avais eu l'honneur de lui présenter déjà une liste de nomination aux métropoles et qu'elle m'avait autorisé à écrire d'avance aux évêques, surtout aux anciens pour connaître leur consentement. Ainsi il serait bien mortifiant pour eux et pour moi s'il fallait leur annoncer un changement de destination. Je désire surtout beaucoup que Monsieur l'évêque de La Rochelle demeure à Reims. Il a gouverné autrefois le diocèse, il le connaît bien, il y est aimé, et le roi me ferait un véritable chagrin en me retirant de mon diocèse de me donner un autre successeur. [...]

8° – Plusieurs diocèses de France ont le privilège d'avoir des évêques *in partibus* suffragants, il serait bon de ne pas perdre ce droit, surtout actuellement que beaucoup d'archevêques sont très âgés et infirmes. Lorsqu'ils seront dans leurs sièges, ils demanderont sûrement les suffragants qui leur conviendront. Pour moi, Sire, je lui demande de vouloir bien me permettre de lui en indiquer un tout de suite pour le siège de Paris dans le cas où son intention serait toujours de m'y destiner, il me serait impossible sans cela de remplir les devoirs de l'épiscopat. Si le roi y consent, il serait utile que je pusse l'avoir en commençant ma nouvelle administration. Je la prie en conséquence de me permettre d'ajouter à la liste qui sera envoyée à Rome le nom de celui qu'elle aura agréé [...] [1].

En évoquant « l'organisation nouvelle du clergé de France », le grand aumônier entend masquer l'échec qu'a représenté pour lui la nécessité de laisser en place les évêques nommés par Napoléon. Du reste, la présentation qui suit le rapport dresse un tableau de l'ensemble des diocèses français comme si tous les titulaires avaient été désignés par lui. En fait le grand aumônier avait prévu cinq promotions d'évêques concordataires à des archevêchés, ce qui portait à 65 le nombre d'évêchés appelés à changer de titulaires. De ce fait, le remodelage de la carte épiscopale française en 1817 est malgré tout une réalité. Mais ce n'est pas là l'essentiel. Le rapport de Mgr de Talleyrand-Périgord est en effet beaucoup plus éclairant sur la façon dont a été recomposé l'épiscopat au début de la Restauration. Le point 4, présenté comme une incidente par l'ancien archevêque de Reims, est en fait celui autour duquel s'est organisée toute la reconstruction de l'épiscopat. Il concerne en effet la promotion aux 18 archevêchés prévus par le concordat de 1817. Comme le précise le rapport, 2 archevêques concordataires restent en place, à savoir Mgr d'Aviau et Mgr Cambacérès. Restait à répartir les 16 autres sièges métropolitains. Cette répartition est opérée selon une alchimie très particulière puisque un tiers des promus sont des évêques concordataires (Chabot, Brault, La Porte, Leblanc de Beaulieu, et Boulogne), un tiers des évêques d'Ancien Régime démissionnaires en 1801 (Clermont-Tonnerre, Bausset, Bernis, Bonneval et Des Galois), un tiers enfin des évêques d'Ancien Régime qui n'ont offert leur démission au pape qu'en 1816 et qu'on qualifie aussi de « blanchardistes », du nom du théoricien de la Petite Église (La Fare, Coucy, Talleyrand-Périgord, Bovet, Cortois de Pressigny, Du Chilleau). On ne peut s'empêcher de rapprocher cet amalgame de la façon dont Bonaparte avait mêlé

---

1. A. dioc. de Paris, papiers Quelen, 1 D IV / 12, pièce 1, Rapport au roi sur la nomination aux archevêchés et aux évêchés, 24 mai 1817. Ce rapport est très vraisemblablement l'œuvre de l'abbé de Quelen.

épiscopat constitutionnel et épiscopat d'Ancien Régime. Dans le cas présent la réorganisation réconcilie l'épiscopat concordataire et les deux épiscopats d'Ancien Régime, divisés sur l'attitude à tenir face à la bulle *Tam multa*. Mgr de Chabot, mentionné par le grand aumônier, à la fois ancien évêque et évêque concordataire réalise à lui seul cette synthèse. Celle-ci est même complétée par la promotion d'un ancien évêque constitutionnel, Leblanc de Beaulieu, au siège d'Arles [1]. Au total, la Restauration avait donc prévu de réintégrer dans l'épiscopat 12 évêques d'Ancien Régime dont l'évêque nommé de Moulins, Des Galois de La Tour. Sur ce chiffre de 12, 11 étaient destinés à des archevêchés, le douzième, Mgr de La Luzerne, retrouvant son siège de Langres. C'est donc un cinquième des nouveaux promus que représente l'ancien épiscopat. Nommés à des sièges métropolitains, ces évêques donnent vraiment l'impression d'un retour à l'Ancien Régime.

Les nouveaux évêques, évoqués par Talleyrand-Périgord dans son point 2, confirment cette impression d'une restauration de l'ancien clergé. Le grand aumônier avoue très nettement avoir délibérément porté son choix sur « ce qui reste des débris de l'ancien clergé ». L'expression elle-même montre qu'il entend par là les prêtres qui ont traversé la Révolution dans l'émigration ou ont subi l'emprisonnement en France. En même temps, il est clair qu'il n'envisage pas de choisir les évêques ailleurs qu'au sein du haut clergé, composé des grands vicaires mais aussi des chanoines. L'étude des 45 prêtres nommés effectivement en août 1817 montre que, sur 34 en âge d'avoir pu commencer leur carrière ecclésiastique en 1789, 29 avaient été vicaires généraux sous l'Ancien Régime. En outre, 39 sur 45 appartenaient à des familles nobles, ce qui confirme l'indication donnée par le grand aumônier. L'épiscopat est donc sélectionné en vertu des mêmes critères que ceux qui prévalaient avant 1789, avec cependant le souci d'introduire quelques éléments non nobles, par exemple Molin ou Soyer, qui correspond à la volonté de se plier aux principes rappelés par la Charte [2]. Enfin le rapport du grand aumônier pose le problème de l'âge de ce nouvel épiscopat. Le point 8 en particulier rappelle la vieillesse des

---

1. La promotion de cet ancien constitutionnel s'explique par sa complète rétractation en 1805.
2. L'article 3 de la Charte de 1814 stipule : « Ils [les Français] sont tous admissibles aux emplois civils et militaires. » Rappelons que la génération des évêques de 1789 ne comptait qu'un roturier (voir Michel PÉRONNET).

anciens évêques. Si l'on s'en tient à ceux qui retrouvent effectivement un évêché, soit 9 individus en comptant Des Galois de La
Tour, on obtient une moyenne d'âge de soixante et onze ans et demi
en 1817. Plusieurs suivront du reste le conseil de Talleyrand en
demandant un coadjuteur. Reste bien sûr parmi les critères de sélection à évoquer la conformité des opinions politiques avec celles du
gouvernement. C'est là une constante des politiques de nomination
épiscopale. Elle explique dans le cas présent que la Restauration ait
refusé, d'accord avec Rome, de reprendre les évêques nommés par
Napoléon à la fin de l'Empire. Enfin le grand aumônier redit son
intention de ne promouvoir que des sujets agréables à Rome, ce qui
signifie en l'occurrence que sont écartés bien sûr les ecclésiastiques
ayant délaissé leur état pendant la Révolution, mais aussi les prêtres
trop mondains.

Le tableau annexé au rapport du grand aumônier proposait
61 nouvelles nominations dont un coadjuteur. Or les 5 évêques dont
la démission était prévue refusèrent de la donner. La vaste promotion du 8 août 1817 ne concerne donc que 56 individus : 9 évêques
d'Ancien Régime (Talleyrand-Périgord, La Fare, Coucy, Du Chilleau,
Bovet, Cortois de Pressigny, La Luzerne, Clermont-Tonnerre et
Des Galois de la Tour), 1 évêque concordataire issu des départements d'Outre-Rhin, Mannay, évêque de Trèves, 1 évêque *in partibus,* Mgr de Latil et 45 ecclésiastiques du second ordre. Sur ces
45 prêtres, on compte une trentaine de vicaires généraux et de chanoines d'avant 1789. La volonté de faire revivre l'ancienne Église
de France prévaut dans le choix même des termes ; l'ordonnance
mentionne la fonction sous l'Ancien Régime plutôt que celle exercée éventuellement depuis 1802. Or 13 des 55 promus ont été
vicaires généraux depuis le Concordat et 5 ont rempli depuis 1802
les fonctions de curé. La monarchie a donc eu également recours au
personnel ecclésiastique qui s'était rallié à l'Empire tout en gardant
ses opinions royalistes. On peut enfin remarquer que 13 des 55 promus ont occupé depuis 1814 un poste dans les diverses chapelles
royales ; il s'agit en général d'ecclésiastiques ou d'évêques qui ont
partagé l'exil des princes et se sont ainsi vu remerciés pour leur
dévouement dès leur retour en France. Pour eux, la charge d'aumônier – qu'ils gardent bien souvent après leur élévation à l'épiscopat – fait office de sinécure en attendant un évêché.

On sait que le concordat de 1817 ne fut jamais accepté par la
Chambre des députés, si bien que la nouvelle circonscription des
diocèses se trouva caduque. Mais les ecclésiastiques pressentis
avaient reçu leur ordonnance de nomination et la plupart avaient

fait procéder à leurs informations canoniques en vue de l'institution pontificale. C'est ainsi qu'au début de la Restauration se forme un corps particulier, composé de 42 évêques nommés à des sièges inexistants. De plus, ceux qui avaient eu la chance d'obtenir un évêché concordataire durent également attendre, jusqu'en 1819, pour prendre possession de leur diocèse. Les autres furent replacés sur d'autres sièges au gré des vacances ou attendirent l'érection de l'évêché auquel ils étaient destinés. Or ce n'est qu'à la fin de 1822 qu'un accord intervient entre le Saint-Siège et le gouvernement français pour l'érection de 30 et non plus 42 nouveaux évêchés.

Plusieurs des 55 ecclésiastiques désignés avaient refusé l'épiscopat dès 1817, d'autres moururent ou démissionnèrent ultérieurement, ce qui eut pour résultat que 13 des 55 nommés d'août 1817 ne sont jamais devenus évêques. 8 d'entre eux sont remplacés avant la fin de 1817. Ce sont donc 50 évêques qui, nommés en 1817, accèdent à l'épiscopat dans les années suivantes : 8 évêques d'Ancien Régime, un évêque napoléonien, Mannay, un évêque *in partibus,* Latil, et 40 prêtres du second ordre. Le chiffre est imposant puisqu'il représente l'équivalent du nombre d'évêchés sous l'Empire. Il faut en outre rappeler qu'entre 1817 et 1823 aucun autre ecclésiastique n'est appelé à l'épiscopat, Louis XVIII ayant érigé en principe de n'en nommer aucun avant que les promus de 1817 aient tous trouvé un siège. Le recrutement épiscopal se trouve donc bloqué pendant six ans, ce qui contribue encore au vieillissement du corps épiscopal, la moyenne d'âge des promus étant déjà élevée en 1817 (62 ans). Les contemporains eurent du reste conscience de l'arrivée d'un épiscopat de vieillards. Cette impression est née surtout du retour des anciens évêques : Du Chilleau nommé à Tours et Talleyrand-Périgord à Paris ont alors plus de 80 ans ; mais elle est confirmée par la pyramide des âges des autres évêques : 2 évêques ont donc plus de 80 ans, 6 ont entre 71 et 80 ans, 22 ont entre 61 et 70 ans, 15 ont entre 51 et 60 ans, 5 ont entre 41 et 50 ans, 1 a moins de 40 ans. Le benjamin des évêques nommés en 1817 est l'abbé de Quelen qui a alors 39 ans, mais il n'est que coadjuteur. Parmi les autres «jeunes», on remarque l'abbé d'Astros, 45 ans, vicaire général de Paris, dont la carrière sous l'Empire a été tumultueuse, puisqu'elle l'a conduit des rangs du ministère des Cultes au fort de Vincennes. On remarque également l'abbé de Croÿ-Solre, 44 ans, qui ne doit guère sa promotion qu'à son nom [1]. Pour le

---

1. Sur la promotion de Croÿ-Solre, voir A. N. 198 AP 10, papiers La Fare, dossier 3, lettre de l'archevêque de Tours à l'archevêque de Sens, 25 avril 1825, à propos du conflit entre le grand aumônier et l'archevêque de Paris : «Je crains que du côté

reste, sur 41 ecclésiastiques du second ordre, 30 ont entre 53 et 65 ans, c'est-à-dire qu'ils sont nés entre 1752 et 1764. La génération née en 1752 est celle de Mgr de La Fare, un des derniers promus de l'Ancien Régime. La génération née en 1764 est celle des clercs qui ont été ordonnés vers 1789 et qui ont vu leur carrière interrompue par la Révolution. Or ces ecclésiastiques nés entre 1752 et 1764 avaient le profil pour devenir évêques entre 1789 et 1815. D'une certaine façon, la Restauration procède à une sorte de rattrapage en ce domaine. Du reste, les origines des nouveaux promus confirment cette idée. 36 des 40 prêtres sont issus de la noblesse. Sur les 34 ecclésiastiques en fonction avant 1789, 29 étaient vicaires généraux, proportion tout à fait en rapport avec le groupe épiscopal de 1789. De même, 14 sur 34 étaient titulaires d'une licence de théologie de l'université de Paris, soit 41 % contre 44 % pour la génération de 1789 [1]. Ainsi les origines de la génération de 1817 ne sont guère différentes, l'âge excepté, de celle de 1789. Ce trait est d'autant plus remarquable qu'entre-temps la Révolution a opéré des coupes claires dans les deux corps où se recrutaient de façon privilégiée les évêques, à savoir la noblesse et le haut clergé diocésain.

Cette promotion de 1817 a suscité quelques critiques que résume assez bien le point de vue de Lamennais qui publie justement à cette époque le premier tome de son *Essai sur l'indifférence*. Il ne se faisait du reste guère d'illusions puisque dès février 1817 il écrit à son frère : « Les plus sots préjugés présideront aux nominations si elles se font en ce moment. On veut des gentilshommes pour évêques et rien que des gentilshommes, c'est-à-dire des abbés de cour, des vétérans de la frivolité et peut-être du vice, retirés depuis trente ans du service de l'Église, supposé qu'ils y aient jamais été, et non moins ignorants de leur état que des choses et des hommes qu'ils devront administrer. Vieux outre cela et pour la plupart infirmes, en moins de dix ans l'épiscopat tout entier serait en enfance ; mais enfin l'on aime plus l'imbécillité que la roture. C'est pourtant une assez belle roture que celle de l'abbé Duval-Legris, de M. Carron, de l'abbé Freyssinousse [sic] et de quelques autres [2]. »

---

du prince il n'y ait beaucoup de hauteur. Cela est fâcheux. Le grand aumônier devrait considérer la distance qu'il y a d'un chanoine de Saint-Étienne à la place qu'il occupe. Il devrait tâcher de se faire un ami de l'archevêque de Paris, auquel il a des obligations, puisque c'est lui qui l'a fait évêque de Strasbourg [...]. »

1. Voir Michel PÉRONNET.

2. Félicité DE LAMENNAIS, *Correspondance générale*, t. I : *1805-1819*, textes réunis, classés et annotés par Louis Le Guillou, Paris, Armand Colin, 1971, 687 p., lettre 194, à Jean, 28 février 1817, p. 332.

Lamennais se montre très critique envers des principes qui guident les choix épiscopaux et met directement en cause l'abbé de Quelen, accusé de vouloir « *décrasser* l'Épiscopat [1] ». Puis, ayant eu vent des nominations, Félicité de Lamennais écrit à Bruté le 6 août 1817, dans un style moins direct que celui qu'il utilise dans sa correspondance avec son frère : « Quant aux choix, on assure qu'il y en a beaucoup de bons, et aucun d'absolument scandaleux. Par malheur il ne nous manquera pas d'évêques impotents et même ineptes : c'est une concession qu'on s'est cru obligé de faire à la noblesse. » Il fait état ensuite des bruits qu'il a perçus concernant les promus et ajoute quand il y a lieu quelques commentaires à sa façon : « M. de la Châtre (extraordinairement inepte) », « à Saint-Brieuc, l'abbé de T[révern] (trente ans oisif en Angleterre et pauvre auteur d'un pauvre livre) », « à Clermont l'abbé de Rochebrune mourant [2] ». Ailleurs il évoque l'« infâme évêq[ue] d'Orthosie [3] », c'est-à-dire Mgr de Salamon. Il n'est pas inutile de citer ces jugements de Lamennais, car il semble bien avoir été partagés par certains ecclésiastiques dans les milieux mêmes de la Grande Aumônerie. On doit en effet constater que Mgr de Salamon, qui, dans le projet de mai 1817, s'était vu confier l'évêché de Perpignan, disparaît de la promotion d'août. Il est cependant nommé à Belley en novembre 1817. Quant à La Châtre et Rochebrune, ils ne deviennent jamais évêques, à la suite des difficultés rencontrées lors du Concordat de 1817.

Mais le cas le plus intéressant est celui de l'abbé Le Pappe de Trévern dont la promotion semblait acquise. Sa nomination à

---

1. Félicité de LAMENNAIS, lettre 206, à Jean, 26 juillet 1817, p. 346. Félicité ajoute : « Il a fallu un ordre formel du roi p[our] qu'on se décidât à offrir des sièges à l'abbé Fr[ayssinous] et l'abbé Duv[al]. Ils ont refusé. Il est triste de voir notre Église dirigée d'après des principes si anti-chrétiens, si absurdes et si dangereux. On a bien vite oublié 89. »

2. *Ibid.*, Lettre 209, Félicité de Lamennais à Bruté, 6 août 1817, p. 349-350. On ne peut s'empêcher également de citer le jugement à la fois savoureux et impitoyable que Félicité porte sur le nouvel évêque de Saint-Brieuc ; il confirme aussi en quelle estime il tient Mgr de Quelen. Lettre 466, Félicité de Lamennais à Jean, 8 octobre 1819 : « Mr de la R[omagère] est encore sous l'horizon. Personne ne l'a vu ; on attend le lever de cet astre épiscopal récemment découvert par l'astronome de Samosate, à l'aide de cette merveilleuse lunette dont les verres grossissent d'un côté et appetissent de l'autre. Au reste Mgr Le Groing trouvera ici le petit abbé [Jean], qui me paraît tout à fait l'étoffe convenable pour qu'il en taille un grand vicaire. Trois mois d'enseignement mutuel suffiront pour le mettre en état d'épeler passablement. »

3. *Ibid.*, Lettre 211, à Jean, 8 août 1817, p. 352.

Vannes est en effet confirmée par l'ordonnance du 8 août 1817.
Il doit y remplacer Mgr de Bausset promu à Aix. Mais le 27 août
1817 l'abbé de Bruc est nommé évêque de Vannes à sa place. Et
l'abbé de Trévern doit attendre 1823 pour trouver un siège épiscopal, celui d'Aire en l'occurrence qui représente pour lui un véritable exil [1]. L'abbé de Trévern, pourtant fortement recommandé au
cardinal de Talleyrand-Périgord par le cardinal de La Luzerne dont
il était le vicaire général à Langres avant la Révolution, a donc été
purement et simplement éliminé au cours du mois d'août 1817. Une
note confidentielle adressée au prince de Croÿ en 1823 révèle
implicitement cette exclusion : « Il y a six ans [1817] que M. le cardinal de Périgord promit à son ami M. le cardinal de la Luzerne de
le nommer, en échange de Vannes, au premier siège qui vaquerait
de nos pays protestants. En moins de trois mois ensuite Montauban
vaqua deux fois par deux refus successifs. Il serait donc depuis six
ans nommé à ce siège si la promesse donnée lui avait été tenue.
Mgr le prince de Croÿ sait comment et par qui elle ne le fut pas [2]. »
On peut se demander dans quelle mesure cette éviction n'a pas été
en partie provoquée par les milieux proches de Lamennais. Cet
exemple montre en tout cas le jeu complexe qui se déroule derrière
les préparatifs des nominations. Présenter l'épiscopat de la Restauration comme un bloc qui se serait quasiment imposé au pouvoir
par son passé, son attachement aux Bourbons... serait caricatural,
mais malheureusement les sources manquent pour bien apprécier la
complexité des jeux d'influence.

On peut cependant tenter de reconstituer un certain nombre des
réseaux qui ont conduit à ces promotions en s'en tenant aux quarante prêtres effectivement devenus évêques. Un premier groupe
rassemble les abbés de cour, aumôniers des différentes chapelles
royales. Cinq sont dans ce cas : Bombelles, Vichy, Salmon, Chabons,
Bouillé. Deux ont été choisis directement par le cardinal de
Talleyrand-Périgord : La Rivoire et Mannay – il remercie ainsi deux
de ses anciens collaborateurs. Il est sans doute aussi à l'origine du
choix de l'abbé de Lostanges, neveu d'un de ses prédécesseurs sur

---

1. A. N. F 19 / 2480 (dossier Le Pappe), l'évêque d'Aire au grand aumônier,
10 septembre 1823 : « N'attribuez, je vous prie, mon inaction que d'une part à l'im-
puissance d'aller remplir mes fonctions au département des Landes, de l'autre à
l'attente continuelle où je vis de voir enfin réaliser les espérances qui m'ont été
données. »
2. *Ibid.*, pièce 3, Note confidentielle remise par son ordre à Mgr le grand aumônier (1823).

le siège de Paris, Christophe de Beaumont [1]. De même, d'anciens évêques poussent leurs protégés : le cardinal de La Luzerne l'abbé de Trévern, Mgr de Clermont-Tonnerre les abbés d'Andigné et de Saunhac, ses vicaires généraux à Châlons. L'abbé de Quelen met en avant son ami d'Astros. Il est probable aussi qu'a joué le réseau des anciens élèves du séminaire Saint-Sulpice. On constate en effet que sont promus à l'épiscopat plusieurs prêtres qui avaient été les condisciples de Mgr de La Fare : Brumauld de Beauregard, de Bruc, Frère de Villefrancon, de La Mire-Mory, Le Groing de La Romagère et Petit-Benoit de Chaffoy. Certes ces ecclésiastiques ont par ailleurs des titres suffisants pour devenir évêques, mais il est probable que le soutien de Mgr de La Fare, adjoint du grand aumônier en 1816-1817, a pu leur être d'un grand secours [2].

En outre, il serait faux de croire que le roi n'a fait appel qu'à des ecclésiastiques ayant partagé jusqu'en 1814 l'exil des princes. Force est en effet de constater que bon nombre de promus faisaient partie du clergé concordataire, ce qui amène à s'interroger sur les moyens de sélection mis en œuvre. Le pouvoir a-t-il procédé à une vaste enquête auprès des évêques ? Une telle démarche ne pouvait être que partielle étant donné les nombreuses vacances d'une part et les méfiances suscitées par un certain nombre d'évêques napoléoniens d'autre part. En revanche la Grande Aumônerie a pu utiliser une vaste enquête menée en 1813 par le ministère des Affaires ecclésiastiques sur les vicaires généraux de l'Empire. Sur les 40 prêtres promus en 1817, 11 figuraient parmi ces vicaires généraux signalés par leurs évêques : 4 appartiennent au diocèse de Clermont qui se révèle en cette occasion comme une pépinière d'épiscopables, 2 au diocèse de Cahors et les 5 autres aux diocèses de Metz, Poitiers, Bourges, Limoges et Mende. On le voit, le centre de la France se trouve privilégié. Et surtout apparaît une carte dominée par 5 diocèses dont les évêques ont pris leurs distances à l'égard de Napoléon [3].

1. A. dioc. de Paris, 1 D IV, pièce 96, l'abbé de Lostanges au grand aumônier, s. d. : « Le roi n'aura sûrement été déterminé dans son choix que par le bien que Monseigneur lui aura dit de moi et ce bien aura été dicté à Monseigneur par sa bonne volonté et son intérêt à mon égard. »
2. C'est en tout cas l'avis de Bernard DE BRYE, *Un évêque d'Ancien Régime à l'épreuve de la Révolution, le cardinal A.L.H. de La Fare (1752-1829)*, Paris, Publications de la Sorbonne, 1985, 319 p., p. 45.
3. Voir Jacques-Olivier BOUDON, « Les élites ecclésiastiques à la fin du Premier Empire : les vicaires généraux de 1813 », *Revue historique*, t. 291/2, avril-juin 1994, p. 265-297.

La promotion de 1823.

L'abandon du concordat de 1817 ramenait à 50 le nombre d'évêchés français, mais une négociation ponctuelle entre la France et le Saint-Siège permit d'envisager la création de 30 nouveaux évêchés au fur et à mesure que les crédits le permettraient. Finalement c'est en octobre 1822 que la carte des nouvelles circonscriptions ecclésiastiques se trouve définitivement dessinée. Il s'ensuit nécessairement un nouveau et massif recrutement épiscopal, puisque 26 évêques sont nommés en 1823 parmi lesquels 6 faisaient déjà partie de la promotion de 1817. Le gouvernement a donc dû, une nouvelle fois, recruter dans un laps de temps assez court 20 ecclésiastiques pour pourvoir aux nouveaux sièges comme aux sièges vacants.

Ce recrutement est toujours assuré par les services de la Grande Aumônerie, mais le personnel a changé. Le cardinal de Talleyrand-Périgord a été remplacé par l'évêque de Strasbourg, le prince de Croÿ. Cette séparation entre l'archevêché de Paris et la Grande Aumônerie a alors été l'objet d'un conflit qui eut quelques conséquences sur la composition du personnel de la Grande Aumônerie. Tout d'abord Mgr de Quelen perd sa charge de vicaire général de la Grande Aumônerie en devenant archevêque de Paris. Après lui partent deux de ses collaborateurs et anciens condisciples au séminaire Saint-Sulpice, les abbés Feutrier et Gallard, révoqués par Mgr de Croÿ-Solre en novembre 1822. Le premier, qui avait hérité du poste de Mgr de Quelen, est remplacé par Jean-Marie de Lamennais comme vicaire général de la Grande Aumônerie, le second, secrétaire général, par l'abbé Besson, le futur évêque de Metz. Un troisième personnage joue également un rôle essentiel, il s'agit de Mgr Frayssinous, adjoint au grand aumônier. C'est cette nouvelle équipe qui procède aux nominations de 1823, mais il est difficile, en l'absence d'archives, de savoir si ce changement a eu une influence réelle sur les choix.

On peut cependant remarquer un souci de rajeunissement : la moyenne d'âge s'établit à 56 ans, ce qui s'explique en partie par l'absence des anciens évêques, mais aussi par l'apport de sang neuf. On peut s'interroger sur la part prise par Jean-Marie de Lamennais, surtout lorsque l'on se souvient des critiques adressées par son frère en 1817 à l'encontre du nouvel épiscopat. Félicité notait alors l'absence d'ecclésiastiques issus des départements bretons [1], l'abbé

---

1. Félicité de Lamennais, Lettre 211, à Jean, 8 août 1817, p. 353 : « Dans la circonscription des diocèses, comme dans le choix des évêques, la Bretagne paraît avoir été entièrement sacrifiée. »

Le Pappe de Trévern, voire l'abbé de Quelen, né à Paris, mais originaire des Côtes-du-Nord, n'ayant jamais exercé en Bretagne. Sur les vingt nouveaux promus de 1823, on compte trois Bretons, mais aucun de ces ecclésiastiques ne provient du diocèse de Paris, comme si Mgr de Croÿ, en conflit avec Mgr de Quelen, avait délibérément exclu ses collaborateurs de l'épiscopat. Surtout, la moitié de cet effectif est constitué par des ecclésiastiques issus de la roture. Enfin, la plupart sont des administrateurs compétents : treize sont vicaires généraux et doivent essentiellement à leur évêque d'avoir été attirés à l'épiscopat, un est évêque missionnaire et un supérieur de séminaire. Dans quelques cas le cheminement qui conduit à l'épiscopat est un peu plus particulier. L'abbé Jacquemin, fidèle représentant de Mgr de La Fare dans le diocèse de Nancy pendant l'absence de l'évêque, se voit ainsi récompensé pour ses services, malgré son âge avancé. L'abbé de Bonald bénéficie du renom de son père. L'abbé Clausel peut compter sur le triple soutien de ses deux frères, l'abbé Clausel de Coussergues et le député, mais aussi de son compatriote, Mgr Frayssinous. Le chanoine de Mazenod voit aboutir en 1823 les efforts consentis par son neveu en 1817. Quant à l'abbé de Forbin-Janson, il allie à un grand nom de l'aristocratie une action spectaculaire à la tête des Missions de France et sa nomination est en quelque sorte un encouragement apporté par la Restauration à une œuvre qui a tant marqué les débuts du régime. Mais un seul de ces promus, Clausel, appartient au clergé de cour. Contrairement à 1817 donc, le pouvoir choisit davantage des hommes de terrain, dont il sait qu'ils auront à reconstruire de toutes pièces des diocèses nouvellement créés. De façon significative, si une douzaine de ces ecclésiastiques ont connu l'émigration, tous sont rentrés en France au début du Concordat, à l'exception de l'abbé de Mazenod, et connaissent donc bien les difficultés de l'Église de France. Cette volonté de reconstruction se manifeste très clairement dans le choix de Mgr de Cheverus pour administrer le diocèse de Montauban, en dépit des résistances du Saint-Siège peu désireux de perdre un des cadres de l'Église naissante des États-Unis. C'est donc dès 1823 que s'opère un changement significatif dans la politique de recrutement épiscopal ; il doit incontestablement beaucoup à des hommes comme Jean-Marie de Lamennais ou Mgr Frayssinous.

Les promotions de la fin de la Restauration.

Cette politique se poursuit jusqu'à la fin du régime. À partir de 1824, la nomination aux évêchés passe entre les mains du ministère des Affaires ecclésiastiques et de l'Instruction publique, institué par une ordonnance du 26 août 1824 et confié à Mgr Frayssinous, évêque d'Hermopolis qui demeure à ce poste jusqu'en 1828. Dans le ministère Martignac, les deux sections sont séparées et les Affaires ecclésiastiques sont confiées à Mgr Feutrier, évêque de Beauvais, qui tient ce portefeuille du 3 mars 1828 au 8 août 1829. Sous le ministère Polignac, les Affaires ecclésiastiques et l'Instruction publique sont tout d'abord réunies, puis une ordonnance du 8 août 1829 institue un bureau des promotions aux titres ecclésiastiques, confié de nouveau à Mgr Frayssinous. Ce dernier a donc particulièrement imposé sa marque sur le recrutement épiscopal du règne de Charles X, puisque l'on peut lui imputer la nomination de 19 des 28 promus entre 1824 et 1830, les 9 autres revenant à Mgr Feutrier.

Ces 28 promotions confirment la tendance amorcée dès 1823, mais sans l'accentuer. L'épiscopat se rajeunit encore avec une moyenne d'âge de cinquante-quatre ans et demi. 13 évêques sont issus de la roture, le gouvernement semblant veiller à une juste répartition des postes entre noblesse et « tiers état », mais cela confirme un mouvement de démocratisation de l'épiscopat qui n'attend pas la monarchie de Juillet pour s'amorcer. Naturellement, les années passant, on voit s'éloigner les membres de l'ancien clergé ; une dizaine a connu l'émigration. 12 étaient prêtres au début de la Révolution, mais 6 seulement avaient véritablement eu le temps d'exercer une fonction, 4 en qualité de vicaires généraux, 2 en tant que professeurs. Le modèle du vicaire général d'Ancien Régime, issu de la noblesse, tend donc à s'effacer après 1824. En revanche, tous, sauf le cardinal d'Isoard, auditeur de rote à Rome, ont fait une grande partie de leur carrière sous le Concordat ; au moment de leur nomination, 14 sont vicaires généraux, 7 curés de grosses paroisses et 2 sont déjà évêques. Le gouvernement fait donc appel à un clergé particulièrement au fait de l'administration des diocèses. Notons qu'après l'éclipse de 1823 le clergé parisien revient en force dans l'épiscopat avec 6 promus (4 curés et 2 vicaires généraux).

C'est sur le groupe des évêques nommés entre 1824 et 1830 que l'on dispose des renseignements les plus nombreux sur les recommandations qui ont conduit à leur sélection. Dans 9 cas sur 28, des traces de ces patronages ont été conservées. À 4 reprises les candidats ont été signalés par leur évêque : Garnier est recommandé par l'évêque de Rennes, Mannay, qui cherche à l'obtenir comme coadjuteur, Dancel par l'évêque de Coutances, du Trousset d'Héricourt par l'archevêque de Besançon, son ami Rohan-Chabot, et enfin La Motte par l'évêque de Rennes, Lesquen. Un candidat est poussé par un préfet, il s'agit de Mgr Dupont, signalé par le préfet de l'Yonne, après la mort de son protecteur, le cardinal de La Fare. Mais surtout, 4 ecclésiastiques doivent leur nomination à une intervention directe du ministre. Borderies, Giraud et Saint-Rome Gualy sont choisis par Mgr Frayssinous, ce qui permet de nuancer l'idée souvent avancée d'une mainmise de l'évêque d'Hermopolis sur l'épiscopat. Michel doit sa promotion à son ancienne amitié pour Mgr Feutrier.

Le changement de ministre en 1828 n'a pas eu de réelles répercussions sur les choix épiscopaux, sauf dans un cas. C'est en effet sous le ministère de Mgr Feutrier qu'est nommé l'abbé Raillon. Désigné comme évêque d'Orléans par Napoléon à la fin de l'Empire, Raillon vivait dans la retraite depuis 1815. Une recommandation appuyée du comte d'Avaray en 1816 [1], renouvelée en 1822 et en 1827 [2], ne lui avait pas permis de retrouver un siège épiscopal. Il lui faut pour cela attendre la formation du ministère Martignac, dans lequel le comte de Portalis devient garde des Sceaux. Or Raillon était très lié à la famille Portalis dont il fut le précepteur. Le comte de Portalis se souvient donc de son ancien maître et le pousse à l'épiscopat, malgré certaines réticences [3], émanant notamment du Saint-Siège.

Surtout, à partir de 1824, il faut faire une place à part aux influences exercées par la Congrégation dans le choix des évêques. En effet si 32 évêques de la Restauration ont appartenu à la Congrégation [4], 8 seulement en étaient membres avant leur acces-

1. A. dioc. de Paris, 1 D IV, pièce 83, le duc d'Avaray au grand aumônier, 29 juillet 1817, et pièce 146, 13 novembre 1817. Cette dernière lettre de recommandation du duc d'Avaray en faveur de l'abbé Raillon porte en marge «Grandes précautions à prendre pour l'un et l'autre d'après certains renseignements».

2. A. N. F 19 / 2520 (dossier Raillon).

3. *Ibid.* (dossier Boisville), le ministre des Affaires ecclésiastiques au roi, 7 juin 1829 : «En résumé, M. l'abbé Raillon est un ecclésiastique recommandable. Sa vie est exemplaire, ses principes, ses talents, sa modération, son dévouement au Roi lui donnent des droits à la bienveillance de Sa Majesté.»

4. D'après la liste des membres de la Congrégation dressée par Geoffroy DE GRANDMAISON (*La Congrégation [1800-1830]*, Paris, Plon, 1889, XXIV-409 p., p. 389-404). Voir aussi Jacques-Olivier BOUDON, «L'influence de la Congrégation sur les nominations épiscopales dans la première moitié du XIXe siècle», RHEF, t. 78, 1992, p. 21-34.

sion à l'épiscopat, et ont donc pu bénéficier de soutien de la part de ses autres membres influents. Le premier, Forbin-Janson, fait partie de la promotion de 1823, les 7 autres ont été nommés entre 1825 et 1830. La proportion des congréganistes par rapport à l'ensemble des promus s'établit à 4 sur 13 de 1825 à 1828, 1 sur 9 en 1828-1829 (ministère Martignac) et 2 sur 3 en 1830, auxquels il faut ajouter la nomination de l'abbé Blanquart de Bailleul en juillet 1830, lequel démissionne avant sa préconisation, au début de la monarchie de Juillet. Ainsi près de 30 % des évêques de la fin de la Restauration ont appartenu à la Congrégation, avec des différences notables. Si la période du ministère Frayssinous offre un recrutement de congréganistes qui correspond à la moyenne générale, en revanche force est de constater que la présence d'un ancien congréganiste, Mgr Feutrier, au ministère des Affaires ecclésiastiques n'a pas favorisé la Congrégation. Il est vrai que le ministère Martignac est marqué par une politique visant à effacer l'image d'un « parti prêtre », omniprésent dans la société française. À l'inverse, le gouvernement Polignac illustre la revanche de la Congrégation. Il faut en effet ajouter aux 4 nominations évoquées les promotions archiépiscopales de 3 congréganistes, Mgr Ramond-Lalande à Sens, bientôt remplacé par un autre congréganiste, Mgr de Cosnac, et Mgr d'Astros à Toulouse. Sans qu'il doive être majoré, il apparaît que le rôle de la Congrégation a été non négligeable dans les nominations épiscopales de la fin de la Restauration. On ne peut cependant affirmer qu'il y ait eu un plan préconçu de la part des hommes de la Congrégation pour occuper l'épiscopat, sauf peut-être en 1830, mais il est en revanche certain que les liens tissés au sein de cette association ont joué en faveur d'une cooptation dont profitent ses membres.

CHAPITRE III

L'ORGANISATION DU RECRUTEMENT ÉPISCOPAL SOUS LA MONARCHIE DE JUILLET

À un régime traditionnellement réputé favorable aux catholiques succède un régime qui s'ouvre par une grave crise anticléricale. L'Église, principal soutien des Bourbons, marque des réticences à accepter la monarchie de Juillet, si bien que les premiers temps sont caractérisés par une méfiance réciproque de l'État à l'égard de l'Église, méfiance qui eut des conséquences notables sur le recrutement épiscopal [1].

Des débuts difficiles (1830-1833).

Trois sièges épiscopaux, dont deux archevêchés, viennent à vaquer en 1830 : Aix, Avignon et Beauvais où avait été nommé en juillet l'abbé Blanquart de Bailleul, qui refuse cet évêché au lendemain de la révolution. Cet exemple montre la difficulté pour le gouvernement de recruter des évêques dans la mesure où une grande partie du clergé émet des réserves quant au nouveau régime. Le

---

1. Les politiques de nominations épiscopales de la monarchie de Juillet ont déjà attiré les historiens, voir Jacques-Paul MARTIN, *La Nonciature de Paris et les Affaires ecclésiastiques de France sous le règne de Louis-Philippe (1830-1848). Contribution à l'histoire de la diplomatie pontificale au XIXᵉ siècle, d'après les correspondances diplomatiques et divers documents inédits des Archives secrètes vaticanes*, Paris, Beauchesne, 1949, XXVIII-351 p. et Paul POUPARD, *Correspondance inédite entre Mgr Antonio Garibaldi, internonce à Paris et Mgr Césaire Mathieu, archevêque de Besançon. Contribution à l'histoire de l'administration ecclésiastique sous la monarchie de Juillet*, Rome-Paris, Presses de l'Université grégorienne-De Boccard, 1951, XXIII-426 p.

pouvoir se tourne donc vers des ecclésiastiques qui se sont d'emblée ralliés à la monarchie de Juillet. Louis-Philippe décide ainsi de transférer à Avignon l'évêque de Cambrai, Belmas, ancien évêque constitutionnel, dont la Restauration avait souhaité la démission en 1817. Mgr Belmas devait être remplacé à Cambrai par l'abbé Labouderie, qui s'était montré favorable à l'Église constitutionnelle. De plus, le gouvernement envisage de nommer à Beauvais l'abbé Guillon, aumônier de la reine, qui s'était rallié au nouveau régime dès le 1er août 1830 en déclarant: «Oui, Français, nous sommes véritablement le peuple de Dieu. Pourrions-nous méconnaître son œuvre dans la victoire qui nous a arrachés au joug du despotisme et aux fureurs de l'anarchie [1]?» Louis-Philippe accepte de retirer les deux premières nominations, sous la pression du nonce, mais il maintient celle de Guillon. De plus, il nomme à Aix Mgr Raillon, évêque de Dijon, remplacé par l'abbé Rey, vicaire capitulaire d'Aix, et à Avignon l'abbé d'Humières, prêtre à la retraite. C'est autour de ces quatre nominations que se noue la crise entre le gouvernement français et le Saint-Siège [2]. Mais il importe surtout ici de comprendre les motifs qui ont présidé à ces choix.

Le transfert de Mgr Raillon ne pose guère de difficultés. On peut cependant remarquer qu'a été choisi le seul évêque dont la nomination avait suscité quelques réserves de la part de Rome, sous la Restauration. Une fois encore ont joué ses relations privilégiées avec le comte de Portalis, mais aussi son passé d'évêque napoléonien. Le retour à une lecture originelle du Concordat est en effet une des caractéristiques de la politique ecclésiastique au début de la monarchie de Juillet. C'est avec le même esprit qu'est choisi l'abbé Rey. Ce dernier, né en 1773 et ordonné en 1802, a été un proche collaborateur de Mgr Champion de Cicé, dont les liens avec le clan Portalis sont bien connus. L'abbé Rey devient donc secrétaire général de l'évêché d'Aix. En 1808, il est même nommé professeur suppléant à la faculté de théologie d'Aix, signe de son attachement aux idées gallicanes d'une part, et au régime napoléonien d'autre part [3]. L'abbé Rey se rallie cependant ostensiblement au régime des Bourbons [4], après avoir rendu quelques services à l'administration capi-

---

1. *L'Ami de la Religion,* 21 août 1830; cité par Jacques-Paul MARTIN, p. 122.
2. Sur l'attitude du Saint-Siège, voir ici chap. x.
3. Cet aspect de sa carrière est particulièrement mis en valeur dans le rapport du ministre au roi, du 3 juin 1831, A. N. F 19 / 6179 (dossier Rey, chanoine de Saint-Denis).
4. A. N. F 19 / 905 (dossier de nomination au canonicat d'Aix), l'abbé Rey au grand aumônier, 5 août 1815: «J'ai l'honneur d'adresser à votre excellence quelques

tulaire pendant les Cent-Jours, ce qui lui vaut d'obtenir un canonicat en décembre 1815 [1]. Mais il est tenu à l'écart de l'administration diocésaine durant toute la Restauration. En revanche, il se rallie au nouveau régime après 1830, ce qui lui permet d'être élu vicaire capitulaire d'Aix. Une note du 31 décembre 1830, remise au ministre Barthe, et sans doute inspirée par Rey lui-même, précise : «Les opinions connues de M. Rey l'ont exclu du vicariat général sous M. de Bausset et M. de Richery. Après les événements de Juillet, M. Rey s'est prononcé avec courage en faveur du nouvel ordre des choses. Il a fait imprimer un Écrit plein de bon sens et de sentiments patriotiques pour démontrer aux curés la convenance et la rigoureuse obligation où était l'Église catholique de prier pour Louis-Philippe [...]. M. Rey s'est montré franchement constitutionnel lors des élections [2].» Le préfet des Bouches-du-Rhône confirme ces appréciations, en écrivant à propos de Rey : «Gallican prononcé et hautement dévoué à nos institutions constitutionnelles [3].» Cette rapide approbation d'un régime détesté par la majeure partie du clergé mécontente ce dernier qui voit dans la nomination de l'abbé Rey à l'évêché de Dijon une provocation. Il est clair en effet que l'abbé Rey a développé une stratégie propre à se hisser aux premières places. Il profite de sa disgrâce sous la Restauration pour se mettre en avant au début de la monarchie de Juillet. Il fait incontestablement partie d'une minorité d'ecclésiastiques opportunistes qui savent user des changements de politique. Mais plus généralement on voit apparaître le souci du régime de Juillet de ne confier l'épiscopat qu'à des prêtres franchement acquis à sa cause, souci qui rejoint celui de Bonaparte en 1802.

La monarchie de Juillet offre également un évêché à l'abbé d'Humières, éternel candidat à l'épiscopat depuis 1802. Pourtant, à

exemplaires du discours que j'ai été chargé de prononcer le 27 juillet dernier dans l'église métropolitaine d'Aix à l'occasion du retour du Roi et de la délivrance du Royaume. Je serais infiniment honoré si votre excellence voulait bien en agréer l'hommage comme l'expression des sentiments qui n'ont jamais cessé de m'animer.» Il rappelle sa demande d'un canonicat et ajoute : «Depuis cette époque [février 1815] je n'ai rien fait qui ait pu me rendre indigne des faveurs de Sa Majesté. J'ai à me féliciter d'avoir été dans le temps de l'usurpation [les Cent-Jours], le seul des professeurs de l'Université résidant à Aix qui n'ait point prêté le serment de fidélité.»

1. *Ibid.*, les vicaires capitulaires (Guigou et Beylot, au grand aumônier, 14 novembre 1815) appuient la demande d'un canonicat en faveur de Rey.

2. A. N. F 19 / 6179 (dossier Rey, chanoine de Saint-Denis), Note remise à M. Barthe, 31 décembre 1830.

3. *Ibid.*, Rapport du ministre au roi, 3 juin 1831.

première vue, tout destinait ce fils de la noblesse auvergnate à accéder un jour à l'épiscopat : élève de Saint-Sulpice, licencié en théologie de l'université de Paris, vicaire général et chanoine de Reims avant la Révolution, il avait le profil type des évêques d'Ancien Régime. Au lendemain du Concordat, il demande à Cambacérès d'appuyer sa candidature à l'épiscopat [1]. Mais les appréciations de l'administration des cultes lui sont alors peu favorables [2]. Ses mœurs sont jugées peu conformes à la dignité ecclésiastique et sa promotion n'est à aucun moment envisagée. Néanmoins, fort sans doute de quelques promesses extirpées à Portalis, il lui écrit pour revendiquer l'évêché de Namur vacant [3]. Entre-temps l'abbé d'Humières a tenté de se racheter une conduite en s'employant dans les hôpitaux militaires à Étaples, où il commence une existence de prêtre gyrovague. Vicaire général de Rennes jusqu'en 1809, il devient alors recteur de l'académie de Limoges, puis vicaire général de ce diocèse à partir de 1811. Il tente en 1816 de redevenir vicaire général de Rennes, mais ne reçoit pas l'agrément royal [4]. Nullement découragé par cet échec, il espère profiter de la vague de recrutement épiscopal et se fait recommander auprès du grand aumônier en octobre 1817 [5]. Il faut se rappeler que l'abbé d'Humières avait été vicaire général de Talleyrand-Périgord à Reims de 1780 à 1792. Mais son ancien évêque, qui pourtant au même moment fait nommer deux de ses anciens vicaires généraux, oublie d'Humières. Il est certain que son ralliement trop voyant au régime napoléonien qui en fit un des membres de l'Université naissante l'a desservi. Après ce nouvel échec, l'abbé d'Humières reprend son tour de France. En 1819, l'abbé La Rivoire de La Tourette, promu évêque de Valence, se souvient de son ancien collègue au vicariat général de Reims, et nomme d'Humières chanoine de sa cathédrale, puis vicaire général de son diocèse en 1824 [6]. Finalement l'abbé d'Humières met fin à ses fonctions en 1829, « atteint d'une infirmité grave », et demande le secours de 1 500 francs, accordé aux vicaires généraux à la retraite [7]. C'est donc un

---

1. A. N. F 19 / 1902, Liste des demandeurs, 1801.
2. *Ibid.*, pièce 81, « polisson », pièce 77, « Conduite bien légère et foy peu vive », pièce 4 « Intriguant, on dit qu'il figure au jeu de biribi au Palais-Royal ».
3. *Ibid.*, pièce 53.
4. A. N. F 19 / 908 A (dossier de nomination au vicariat général de Rennes).
5. A. N. F 19 / 2628 (dossier d'Humières, candidat à l'épiscopat).
6. A. N. F 19 / 2812 (dossier d'Humières, vicaire général de Valence). Il est nommé chanoine de Valence le 2 mars 1819 et vicaire général le 28 février 1824.
7. *Ibid.*, démission datée du 10 avril 1829.

ecclésiastique infirme, âgé de soixante-dix-huit ans, que le régime de Juillet sort de sa retraite pour le nommer archevêque d'Avignon, sur la recommandation de son ami, le chef du gouvernement Casimir Périer. Comme dans le cas de Rey, voire de Raillon, c'est un ecclésiastique en disgrâce sous la Restauration qui est promu évêque. En outre, ces trois premiers promus de la monarchie de Juillet avaient donné des gages d'adhésion à l'Empire, ce qui indique le souci du gouvernement de Juillet de renouer avec la politique d'indépendance à l'égard du Saint-Siège qui avait caractérisé l'Empire, après l'intermède de la Restauration.

La crise dure pendant toute l'année de 1831, avant que le pape finisse par accorder leur préconisation à Rey et à d'Humières, mais pas à Guillon, coupable à ses yeux d'avoir accordé à l'abbé Grégoire l'extrême-onction. Mais ces premières nominations gardent un goût d'inachevé, ne serait-ce que parce que l'épiscopat français se montre plus romain que le Saint-Siège en refusant de sacrer les nouveaux promus. Or le gouvernement de Louis-Philippe a malgré tout besoin d'asseoir sa légitimité auprès des masses catholiques et ne peut voir qu'avec désagrément les difficultés résultant de ses premiers choix. Il choisit donc de procéder à un revirement dans sa politique ecclésiastique à partir de 1832.

Quatre nominations épiscopales interviennent le 10 septembre 1832 : Blanquart de Bailleul est nommé évêque de Versailles, Valayer évêque de Verdun, Lemercier évêque de Beauvais et Mathieu évêque de Langres. Or deux de ces diocèses, Verdun et surtout Beauvais, étaient vacants depuis longtemps. Après le refus du Saint-Siège d'accepter Guillon, le gouvernement français avait bloqué la négociation pour les sièges institués sous la Restauration, comme le révèle un rapport adressé par le chargé d'affaires du Saint-Siège en France, Garibaldi, en décembre 1831 [1]. L'affaire est portée à la Chambre en février 1832, mais uniquement pour faire pression sur le Saint-Siège. En effet, à peine les préconisations de Rey et d'Humières sont-elles acquises, le 24 février, que le gouvernement reprend la négociation sur les sièges non concordataires à pourvoir [2].

---

1. A. S. V., S. d. S., Rub. 248, anno 1831, Busta 419, Garibaldi au secrétaire d'État, 6 décembre 1831.
2. Voir Jacques-Paul MARTIN, chapitre III. Il est clair que le gouvernement laisse les discussions se poursuivre à la Chambre afin de garder une arme vis-à-vis du Saint-Siège. Les républicains utilisent le même procédé dans les années 1880, faisant valoir en plus le risque de séparation, mais sans avoir l'intention, pas plus que les orléanistes, d'en venir aux actes.

Le ministre des Cultes annonce à Garibaldi, en mars 1832, son intention de nommer Valayer à Beauvais et Lemercier à Verdun [1]. Mais il faut encore attendre six mois avant que ces deux ecclésiastiques soient promus en septembre, c'est-à-dire au moment du sacre de Rey et d'Humières. Le revirement de la politique ecclésiastique de la monarchie de Juillet a donc été mûrement réfléchi. Reste à en mesurer les effets sur le plan des nominations épiscopales.

Les quatre promus de 1832 appartiennent ou ont appartenu au clergé parisien. Lemercier est chanoine et promoteur du diocèse de Paris, Valayer est curé de Saint-Thomas-d'Aquin, Mathieu est curé de la Madeleine, Blanquart était vicaire de Saint-Thomas-d'Aquin en 1828 lorsqu'il a été choisi comme vicaire général de Versailles par Mgr Borderies. Ce resserrement des choix sur le clergé de la capitale n'est pas le fait du hasard, comme l'atteste une note de l'administration des cultes, relatant les circonstances de la nomination de l'abbé Mathieu à Langres : « M. Mathieu a été nommé par le roi en 1832 à l'époque où la difficulté de faire des choix convenables avait fait adopter le parti de les concentrer dans le clergé parisien [2]. »

Ces choix s'expliquent par plusieurs raisons. Tout d'abord, l'administration des cultes manque d'informations suffisantes sur l'ensemble du clergé français ; il lui est plus aisé de s'informer sur des ecclésiastiques qui résident à Paris ou à Versailles, et qui sont nécessairement connus de certains membres du gouvernement. En outre ces choix ont été incontestablement guidés par Mgr Gallard, évêque de Meaux depuis 1830, mais surtout confesseur de la reine Marie-Amélie. Déjà en 1830, le nonce, Mgr Lambruschini, avait demandé à Mgr Gallard d'user de son influence pour amener la reine à conseiller son mari sur les choix épiscopaux [3]. L'évêque de Meaux suit ce conseil. Il connaît lui-même très bien le clergé parisien, d'une part parce que ses fonctions l'obligent à résider souvent à Paris, d'autre part parce qu'il a appartenu à ce clergé parisien jusqu'en 1830. Il met donc en avant tout naturellement des prêtres qu'il estime, dont deux ont du reste appartenu comme lui à la Congrégation, et parmi eux l'abbé Mathieu qu'il avait recommandé

---

1. A. S. V., S.d.S., Rub. 248, anno 1832, Busta 419, Garibaldi au secrétaire d'État, 14 mars 1832.
2. A. N. F 19 / 2504 (dossier Mathieu).
3. A. S. V., S.d.S., Rub. 248, anno 1830, Busta 419, le nonce au secrétaire d'État, 2 décembre 1830.

comme son successeur à la cure de la Madeleine. Il est certain également que la nomination de ces quatre ecclésiastiques doit beaucoup à Mgr de Quelen, archevêque de Paris, mais par un biais indirect ; il a très probablement conseillé Mgr Gallard qui avait été un de ses proches collaborateurs au sein de la Grande Aumônerie [1]. En revanche, on conçoit mal comment le gouvernement de Juillet, en conflit avec l'archevêque de Paris, se serait directement adressé à lui, comme le suggère Roger Limouzin-Lamothe [2]. Quoi qu'il en soit, à la fin de 1832, la monarchie de Juillet renoue avec la tradition d'Ancien Régime de choisir un évêque comme conseiller en matière de nominations épiscopales. Mais en même temps le nouveau régime entend donner un rôle accru, mais pas prédominant, à l'administration des cultes en ce domaine.

L'administration des cultes n'a pas encore adopté de véritable système dans la désignation des évêques en 1833. Les nominations de l'abbé Chaudru de Trélissac à Montauban et de l'abbé Double à Tarbes, en mai 1833, ne lui doivent rien. Le premier est désigné par Mgr Dubourg qui, promu à Besançon grâce à ses liens d'amitié avec Louis-Philippe, le choisit comme son successeur. Le second est le frère du médecin de Louis-Philippe. En juin, l'abbé Cadalen, poussé par le maréchal d'Aragon, est nommé évêque de Saint-Flour, après que Mgr Dubourg s'est opposé à sa promotion à Montauban [3]. L'abbé Féron, archiprêtre d'Évreux, est nommé évêque de Clermont, grâce au duc de Broglie qui a profité d'un voyage de Louis-Philippe en Normandie pour le lui présenter [4]. Enfin l'abbé Bouvier est nommé évêque du Mans après une recommandation du comte de Montalivet. Toutes ces nominations se font donc par le biais de recommandations personnelles venues des milieux proches du pouvoir. Aucun de ces ecclésiastiques n'a été signalé par un évêque, sauf Chaudru, mais Mgr Dubourg parle davantage en qualité d'ami

---

1. *Ibid.*, Mgr Lambruschini avait suggéré que l'on s'en remette à Mgr de Quelen pour le choix des évêques.
2. Roger LIMOUZIN-LAMOTHE, *Mgr de Quelen, archevêque de Paris. Son rôle dans l'Église de France de 1815 à 1839 d'après ses archives privées*, Paris, Vrin, 1955, 358 et 334 p., t. II.
3. A. N. F 19 / 2579 (dossier Cadalen), Mgr Dubourg au ministre, 21 avril 1833 : « Je suis bien convaincu, M. le comte, que le peu que j'ai eu l'honneur de vous dire sur le candidat dont vous m'avez parlé, vous a décidé à l'écarter, non seulement pour Montauban, mais pour tout autre siège épiscopal. »
4. A. N. F 19 / 2517 (dossier Féron), Note du chef de la division du culte catholique, janvier 1839.

de Louis-Philippe qu'en qualité d'évêque. On peut cependant se demander ce qu'est devenue la décision prise en 1832 de concentrer les choix sur le seul clergé parisien. Aucun des promus de 1833 n'est en effet issu de la capitale. Ce système périt avec le ministère qui l'avait inauguré, à savoir celui de Girod de l'Ain, comme l'atteste une note consacrée à l'un des candidats au siège d'Ajaccio, l'abbé Frère, supérieur de Saint-Nicolas-du-Chardonnet, qui a la préférence de l'administration des cultes : « [cette nomination] serait la continuation du système adopté sous le dernier ministère des Cultes de faire porter la promotion aux évêchés par préférence sur le clergé de Paris, dont la sagesse et les principes sont généralement estimés. Aussi les derniers choix ont-ils obtenu l'assentiment universel [1]. » L'arrivée au ministère de l'Intérieur et des Cultes du comte d'Argoult a donc eu pour effet principal l'abandon du système inauguré en 1832, de même que l'effacement provisoire de Mgr Gallard, en qualité de conseiller en matière de promotions épiscopales. D'une certaine façon donc, le gouvernement renoue avec la politique inaugurée en 1831 [2], tout en choisissant des ecclésiastiques agréables à Rome, signe que de 1830 à 1834 la monarchie de Juillet a tâtonné avant d'élaborer une doctrine sûre concernant les nominations épiscopales.

L'entente (1833-1848).

La politique de nominations épiscopales au début de la monarchie de Juillet n'échappe pas aux conséquences de l'instabilité ministérielle. D'août 1830 à octobre 1840 le ministère des Cultes, rattaché tantôt à l'Intérieur, tantôt à l'Instruction publique, et le plus souvent à la Justice, change quinze fois de main et est dirigé par onze ministres différents [3]. C'est l'une des raisons de la lenteur avec laquelle la monarchie de Juillet a mis sur pied sa politique ecclésiastique. Cette instabilité ministérielle fut d'autant plus ressentie que l'administration des cultes ne dispose pas, entre 1830 et 1839,

---

1. A. N. F 19 / 2483 (dossier Casanelli), Note concernant la nomination d'un évêque à Ajaccio, 26 novembre 1832.
2. Ce n'est pas un hasard si resurgit en 1833 le spectre de la suppression des évêchés non concordataires.
3. Jean-Michel LENIAUD, *L'Administration des cultes pendant la période concordataire*, Paris, N.E.L., 1988, 428 p.

d'un directeur susceptible d'assurer la continuité d'un ministre à l'autre. Le fonctionnaire chargé des dossiers de nominations épiscopales est donc, durant cette période, le chef de la section du culte catholique, c'est-à-dire Jean-Philippe Schmit, pur produit de l'administration des cultes où il entre en 1809 comme temporaire et dont il gravit tous les échelons jusqu'à devenir maître des requêtes au Conseil d'État en 1830 et chef de division en 1832 [1]. Mais Schmit, s'il connaît bien le personnel ecclésiastique français, n'a pas l'envergure nécessaire pour imposer ses choix aux ministres. Du reste, après la nomination d'un directeur des cultes en 1839, il est mis à la retraite. Auparavant, il a assuré le lien entre les divers ministres, notamment en dressant périodiquement l'état des candidatures à l'épiscopat, travail qui se révèle indispensable à partir du moment où l'administration des cultes a choisi de procéder à de vastes enquêtes en vue du recrutement épiscopal.

C'est en effet à partir de 1834 que le gouvernement se décide à établir de véritables dossiers de candidatures à l'épiscopat. La première initiative prise en ce sens revient au ministre Persil, en poste d'avril 1834 à avril 1837. Deux mois et demi après son arrivée au ministère de la Justice et des Cultes, il adresse à tous les évêques français une circulaire les invitant à signaler les ecclésiastiques propres à assumer l'épiscopat. Le but avoué de cette lettre est de constituer un réservoir d'épiscopables, où le gouvernement puisse puiser lors de chaque vacance. Cette circulaire marque un réel tournant dans la perception des nominations épiscopales. Le gouvernement, revenu de ses préventions des lendemains de la révolution, fait désormais confiance à l'ensemble de l'épiscopat et plus seulement à quelques personnalités éminentes du régime. Dès lors peuvent sourdre des diocèses français les ecclésiastiques anonymes appelés à éclairer l'épiscopat français. Il ne faudrait pourtant pas en conclure que le gouvernement s'en remet totalement aux évêques français ; dès que ceux-ci avancent un nom d'ecclésiastique, le ministre s'empresse de s'informer auprès des préfets concernés. Mais la plupart des évêques nommés entre 1834 et 1839 sont effectivement présentés par des évêques. Bien plus, l'un d'entre eux, Mgr Gallard, joue un rôle important dans la désignation des candidats, puisque 6 sur 27 lui doivent leur promotion [2], sans parler des

---

1. *Ibid.*, p. 134.
2. Villecourt, Jolly, Le Tourneur, Mioland, Allou et Morlot.

ecclésiastiques pour lesquels il s'est contenté d'un avis oral [1]. 5 doivent leur nomination à Mgr Mathieu [2]. Tous les autres évêques nommés dans cette période avaient été recommandés par un membre de l'épiscopat, à deux exceptions près : l'abbé Thibault est nommé à Montpellier en 1836, grâce au seul soutien du général Durrieu et l'abbé Sibour est promu à Digne en 1839, à la suite des recommandations répétées de Teste, député du Gard et ami de sa famille, qui aboutissent lorsque ledit Teste devient ministre des Cultes [3]. Ce rôle accru joué par l'épiscopat s'explique sans doute par la faiblesse de l'administration des cultes. L'épiscopat incarne la stabilité face à des ministres souvent éphémères. Il faut finalement attendre 1840 pour percevoir une orientation plus ferme de la politique gouvernementale en matière de nominations épiscopales.

Deux hommes incarnent cette nouvelle orientation. Le premier est un ministre, Martin du Nord, qui tient le portefeuille des Cultes de 1840 à 1847, stabilité jamais vue jusqu'à ce jour. Le second est Pierre Dessauret à qui échoit en 1839 le poste nouvellement créé de directeur des cultes. Cette réorganisation se traduit, sur le plan des nominations épiscopales, par un soin particulier apporté au fichage des candidats. Dessauret fait établir des fiches résumant les qualités des candidats et les recommandations ou les avis dont ils ont été l'objet depuis 1830. Le directeur rédige lui-même des rapports argumentés, destinés au ministre, et dans lesquels il n'hésite pas à donner son point de vue, alors que les notes de Schmitt étaient le plus souvent anonymes et uniquement informatives. Ainsi l'administration des cultes jouit d'une influence plus grande sur les nominations épiscopales à partir de 1839, c'est-à-dire au moment même où meurt Mgr Gallard, comme si le régime de Juillet désirait désormais acquérir une plus grande autonomie dans ce domaine, sans

---

1. Cette influence particulière de Mgr Gallard est rappelée par l'évêque de Meaux lui-même qui écrit au ministre le 10 décembre 1835, en recommandant Affre pour la coadjutorerie de Strasbourg : « Votre Excellence a plus d'une fois écouté avec bienveillance mes réflexions » (A. N. F 19 / 2475 [dossier Affre, coadjuteur de Strasbourg]).

2. Gousset, Jerphanion, Cart, Marguerye et Morlot.

3. A. N. F 19 / 2555 (dossier Sibour), la première recommandation date de 1836. La nomination de Sibour est l'occasion de voir l'opportunisme de Schmitt. Dans une note du 15 août 1839, il écrit : « Les renseignements particuliers que j'ai recueillis dernièrement sur le compte de l'abbé Sibour me confirment dans l'opinion que j'avais déjà qu'un siège secondaire comme celui de Digne ou de Gap (s'il vient à vaquer) serait au-dessous de son mérite et que le siège d'Angers lui conviendrait très bien en même temps qu'il conviendrait au siège. »

pour autant renoncer à consulter l'épiscopat, comme le montre la circulaire adressée par le ministre Teste aux évêques en 1839. Dès lors, l'administration des cultes est fière de pouvoir affirmer le rôle qu'elle joue dans la sélection des candidats, comme à l'occasion de la nomination de l'abbé Guitton au siège de Poitiers : « Sa nomination a été faite en dehors de toute influence extérieure. Il faut l'attribuer aux renseignements donnés par l'administration des cultes [1]. »

Sur un plan plus politique, la réorganisation de l'administration des cultes s'accompagne d'une plus grande attention portée aux choix épiscopaux. Le tournant se dessine avec la nomination de l'abbé Affre au siège de Paris. Le gouvernement préfère retenir un ecclésiastique issu du diocèse et qui a la réputation d'être favorable au pouvoir, plutôt qu'un évêque déjà en place, en l'occurrence Mgr Mathieu, archevêque de Besançon, poussé par l'internonce Garibaldi, ou Mgr Donnet. On sait le poids joué par les mennaisiens dans la désignation de l'abbé Affre. On doit remarquer en revanche l'abstention des membres de l'épiscopat quant à sa nomination à Paris. Finalement une note de l'administration des cultes, dont l'auteur est vraisemblablement Dessauret, éclaire les motivations qui ont conduit à ce choix : « M. l'abbé Affre me paraît être appelé par l'élévation de son talent, la fermeté de son caractère, la supériorité de son esprit à diriger le diocèse de Paris. Il a donné des preuves de son dévouement à notre Gouvernement, dévouement réfléchi, consciencieux, qui n'est pas le résultat d'un premier mouvement, et qui peut dans un poste aussi éminent rendre d'immenses services au Roi [2]. Il ne plaira pas au faubourg Saint-Germain, mais il ralliera toute la portion intelligente du clergé et son influence, s'étendant au-delà de son diocèse, peut être aussi salutaire que puissante [...] [3]. » Le choix de l'abbé Affre est, on le voit, éminemment politique. Le gouvernement entend rompre avec l'épiscopat de Mgr de Quelen, quitte à mécontenter l'aristocratie, réputée légitimiste, du faubourg Saint-Germain. Mais au-delà, le projet est plus ambitieux ; il s'agit de donner un certain lustre au siège de Paris, notamment sur le plan intellectuel, afin qu'il acquière un rôle directeur

---

1. A. N. F 19/2561 (dossier Guitton).
2. Dessauret fait ici allusion au fait que Mgr Affre a tout d'abord été hostile à la révolution de Juillet, mais le discours qu'il a présenté le 1er janvier 1840 au roi laissait entrevoir un ralliement sincère.
3. A. N. F 19 / 2555 (dossier Affre), Note de l'administration des cultes, s.d. [1839].

dans l'Église de France [1]. À partir de 1840, le gouvernement français se sent suffisamment fort pour tenter à nouveau de former un épiscopat à sa convenance, comme le montrent, après la promotion d'Affre, celles de plusieurs ecclésiastiques « gouvernementaux ».

Il est vrai qu'entre 1840 et 1841 le gouvernement est confronté au remplacement de trois des quatre évêques bretons, d'où une extrême attention apportée au choix des candidats. Une première constatation s'impose : les trois évêques nommés sont issus du diocèse qu'ils sont amenés à administrer. Graveran, nommé à Quimper en 1840, était curé de Brest, Brossais-Saint-Marc et Le Mée nommés à Rennes et Saint-Brieuc en 1841 en étaient vicaires généraux. La seconde particularité de ces nominations est qu'elle résulte d'une demande de l'administration locale. Aucun des trois n'est recommandé par un évêque. Graveran est mis en avant par le sous-préfet de Brest et le préfet du Finistère appuie cette candidature en évoquant le ralliement de Graveran au régime : « Il l'a manifesté d'une manière non équivoque en plusieurs circonstances, notamment pendant le séjour que fit à Brest, au mois de juillet 1838, S.A.R. Mgr le Prince de Joinville [2]. » Dessauret fait son enquête également auprès des députés bretons : « J'ai parlé de M. Graveran à plusieurs députés de la Bretagne. Tous accueillent sa nomination avec plaisir et joie. M. de Carné seul lui oppose l'obscurité de son origine et la présence de plusieurs de ses parents fort pauvres à Quimper même. Ces objections ont peu de gravité dans ma province où l'habit des prêtres suffit pour inspirer le respect. La Bretagne applaudira à une nomination qui placera un de ses enfants à la tête d'un de ses diocèses [3]. »

Cette volonté de prendre les évêques bretons dans les diocèses bretons est confirmée en 1841. L'administration des cultes note, à propos de Brossais : « Il est certainement un des meilleurs [choix] qu'il fût possible de faire parmi les ecclésiastiques de ce diocèse [4]. » Brossais est de plus recommandé par les autorités du département d'Ille-et-Vilaine qui louent son ralliement au régime, si bien qu'entre les trois candidats en compétition, Dupont des Loges,

1. Projet entrepris avec la refondation de la faculté de théologie ou la création de l'école des Carmes.
2. A. N. F 19 / 2564 (dossier Graveran), le préfet du Finistère au ministre, 19 mai 1840.
3. *Ibid.*, Note de la direction des cultes.
4. A. N. F 19 / 2567 (dossier Brossais), Note sur M. Saint-Marc.

Névot et Brossais, Dessauret avoue sa préférence pour ce dernier [1].
Il suit par là même l'avis du préfet d'Ille-et-Vilaine qui écrivait en
août: « [M. Dupont des Loges] serait le candidat de la noblesse qui
n'est déjà que trop puissante et dont il serait l'instrument [2]. » Le
gouvernement préfère nommer un ecclésiastique issu de la bourgeoisie bleue de Rennes plutôt que de l'aristocratie terrienne.

Mais c'est avec la nomination de l'abbé Le Mée à Saint-Brieuc
que le gouvernement pousse à l'extrême sa volonté de contrôle sur
le clergé breton. En février 1841 l'abbé Le Mée a en effet été révo-
qué par l'évêque de son poste de vicaire général, ce qui est pour le
préfet des Côtes-du-Nord « le résultat d'une odieuse intrigue agis-
sant sur un vieillard moribond [3] ». L'évêque meurt quelques jours
plus tard, et les autorités du département s'empressent de recommander Le Mée pour son successeur [4]. Sa disgrâce l'a servi en
renforçant son image d'ecclésiastique dévoué au gouvernement.
Du reste, le préfet écrit: « Je pense que M. Le Mée est l'homme qui
convient: il convient parce qu'il est sincèrement dévoué au gouvernement et qu'il lui devra tout. Il convient parce qu'il n'est pas
un prêtre du diocèse dont il ne connaisse à fond le caractère et la
pensée intime [5]. » Il est certain aussi que le gouvernement a voulu
nommer à Saint-Brieuc, diocèse d'origine de Lamennais, un homme
qui s'était caractérisé par son action à l'encontre des idées mennaisiennes, qui pour le pouvoir recouvrent essentiellement un attachement à l'ultramontanisme [6].

Au total donc, la monarchie de Juillet s'attache à promouvoir en
Bretagne, bastion du légitimisme, des ecclésiastiques qui lui soient
particulièrement fidèles et qui aient l'agrément des autorités locales.
De même, le gouvernement préfère nommer dans ces diocèses

---

1. *Ibid.*, Rapport de M. Dessauret, 14 octobre 1840.
2. *Ibid.*, le préfet d'Ille-et-Vilaine au ministre, 31 août 1840.
3. A. N. F 19 / 2575 (dossier Le Mée), le préfet des Côtes-du-Nord au ministre,
12 février 1841.
4. Le préfet, le général commandant des Côtes-du-Nord, le commandant de la
garde nationale de Saint-Brieuc, le procureur du roi, deux députés.
5. A. N. F 19 / 2575 (dossier Le Mée), le préfet des Côtes-du-Nord au ministre,
12 février 1841. Le préfet fait allusion au fait que Le Mée fut à la fois professeur
au séminaire et vicaire général.
6. *Ibid.*, le préfet des Côtes-du-Nord au ministre, 31 août 1834: « Aussitôt que le
système philosophique de cet auteur [Lamennais] lui fut connu et que les aphorismes
ultramontains furent distribués dans les séminaires, il s'opposa de tous ses efforts à
cette double et pernicieuse invasion. Son attachement aux vrais principes et aux
libertés de l'Église de France n'a jamais varié. »

sensibles des hommes qui les connaissent bien ; l'obstacle de la langue n'est pas la seule explication, il est certain qu'il a pris conscience du rôle de guide que pouvaient jouer sur le clergé ces évêques du cru, mieux que des étrangers. On retrouve du reste cette préoccupation lorsqu'il s'agit de pourvoir au siège d'Angers. Le gouvernement y nomme l'abbé Angebault, vicaire général de Nantes, à propos duquel Schmit écrivait en 1839 : « C'est le premier ecclésiastique marquant de l'Ouest qui ait déclaré franchement, et sans motifs d'ambition [...] que le clergé et la population de ces contrées avaient été trompés sur le véritable esprit du gouvernement de Juillet et qu'il fallait travailler à les éclairer dans l'intérêt commun [1]. » À l'inverse le gouvernement ne s'interdit pas de choisir des candidats issus de l'Ouest et considérés comme plutôt légitimistes, mais il les nomme alors loin de la Bretagne, avec cependant le but avoué de rallier l'aristocratie au régime. Ainsi une note rédigée en 1848 sur Mgr Dupont des Loges par l'administration des cultes rappelle : « Plusieurs fois il fut question d'appeler M. Dupont des Loges à l'épiscopat ; mais on éprouvait des craintes touchant la direction politique qu'il pourrait imprimer au diocèse dont l'administration lui serait confiée. On céda peut-être en le nommant au désir de rallier sa famille au gouvernement de 1830 [2]. »

Mais l'essentiel demeure cependant qu'à partir de 1840 le gouvernement resserre son contrôle sur l'épiscopat. Ce souci n'est pas limité aux seuls diocèses de l'Ouest. Au moment même où sont nommés Brossais et Le Mée intervient la promotion à Évreux de l'abbé Olivier, curé de Saint-Roch à Paris et confesseur de la reine. Ses liens avec la famille royale lui ont valu cette nomination, sans doute aussi appuyée par Mgr Affre que l'abbé Olivier avait aidé à parvenir au siège parisien. Le choix du diocèse d'élection n'est pas indifférent : Évreux est à proximité de Paris et peu éloigné de la résidence d'été des souverains, le château d'Eu. Le gouvernement s'assure un évêque fidèle. C'est également le cas lorsqu'est nommé à Orléans, autre diocèse proche de Paris, le successeur de l'abbé Olivier à Saint-Roch, l'abbé Fayet, lui-même très lié à la famille royale. En 1846 est promu à Pamiers l'abbé Alouvry, pourtant qua-

1. A. N. F 19 / 2489 (dossier Angebault), Note du chef de la division du culte catholique, 13 janvier 1839.
2. A. N. F 19 / 2537 (dossier Dupont des Loges), Note sur Mgr Dupont des Loges, évêque de Metz.

lifié d'ecclésiastique médiocre par le préfet de l'Oise, mais qui se voit récompensé pour son ralliement rapide à la monarchie de Juillet, marqué par son action au moment du mariage de la fille de Louis-Philippe avec le roi des Belges [1]. Ces trois nominations sont à mettre à l'actif du roi, mais elles illustrent aussi le renforcement d'une politique ecclésiastique qui entend préserver son autonomie vis-à-vis des pressions de l'Église.

La mort de Mgr Gallard, mais aussi le relatif discrédit dont a été victime l'internonce Garibaldi, après ses prises de position en faveur de Mathieu dans l'affaire parisienne, ont incontestablement contribué à ce retour au gallicanisme parlementaire. Il s'explique aussi nettement par la réorganisation d'une administration des cultes qui s'affirme de plus en plus comme un véritable petit ministère des Cultes [2]. Désormais le directeur des cultes apparaît comme très influent ; il fait sa propre enquête, étudie les dossiers avant de transmettre des notes définitives au garde des Sceaux. Voici ce qu'il écrit par exemple à propos de l'abbé Doney : « M. Doney conviendrait parfaitement à un des sièges vacants, et sa nomination serait universellement accueillie, j'en suis convaincu, avec la plus grande faveur [3]. » À l'inverse, il retarde la promotion de l'abbé de Bonnechose en rappelant ses liens avec l'abbé Bautain dont il a été, écrit-il, « un des disciples les plus ardents ». Mais Dessauret doit s'incliner devant une double pression. Tout d'abord le remplacement de Martin du Nord par Hébert au ministère de la Justice est favorable à Bonnechose qui avait connu Hébert à l'école de droit de Rouen [4]. Ensuite il bénéficie du soutien de la reine qui lui est acquise [5]. Le rôle de l'administration des cultes est ainsi limité par des influences extérieures, venues de hautes personnalités du pouvoir.

1. A. N. F 19 / 2554 (dossier Alouvry), Note du ministère des Cultes. L'abbé Alouvry avait en particulier approuvé la nomination de l'abbé Guillon au siège de Beauvais. Dans l'affaire du mariage de la reine des Belges, il avait, en sa qualité de vicaire capitulaire du diocèse de Beauvais, délivré les autorisations permettant la célébration de ce mariage dans la chapelle du château de Compiègne, alors que dans le même temps Mgr de Quelen les refusait.
2. Jean-Michel LENIAUD, p. 100.
3. A. N. F 19 / 2538 (dossier Doney), Note pour le garde des Sceaux, 30 mai 1842.
4. A. N. F 19 / 2572 (dossier Bonnechose), l'abbé de Bonnechose s'empresse d'écrire à Hébert, le 8 avril 1847, pour justifier son action.
5. Ibid., Note de l'administration des cultes [1848] : « Il est certain que l'Ex-Reine a été pour beaucoup dans la nomination de M. de Bonnechose ; nomination qu'on a hésité fort longtemps à faire. »

L'autonomie de l'administration des cultes ne signifie pas que les nominations se fassent contre l'avis de l'épiscopat ou du Saint-Siège. Neuf candidats seulement sont, entre 1839 et 1847, promus sans avoir reçu le soutien d'un évêque. Mais les processus qui conduisent à la nomination sont plus lents, les investigations plus nombreuses. Depuis 1830, l'administration a pu, il est vrai, se constituer un réservoir de candidatures qui lui offre des possibilités de choix plus étendues. En outre, la révolution de Juillet s'éloignant, les ralliements de la part du clergé se multiplient, ouvrant encore davantage l'éventail des épiscopables. Ainsi à partir de 1839, la politique ecclésiastique du régime de Juillet en matière de nominations épiscopales vise à redonner tout son sens à la lettre concordataire, ce qui conduit parfois à des heurts avec Rome, mais ces frictions sont rares, car le gouvernement a bien su utiliser les conseils de l'épiscopat pour ne retenir que de bons éléments. Pourtant, ce n'est pas l'épiscopat qui impose ses décisions. En définitive, la monarchie de Juillet a inauguré le système de recrutement épiscopal, appelé à durer, bon an mal an, jusqu'en 1902.

CHAPITRE IV

L'ÉPISCOPAT
DE LA IIᵉ RÉPUBLIQUE

La recherche d'évêques républicains.

La IIᵉ République fut bien accueillie par l'ensemble du clergé, mais d'aucuns pouvaient s'interroger sur la façon dont serait appréhendée la question des nominations épiscopales. Le problème ne se posa pas immédiatement, et c'est finalement le remplacement de Mgr Affre à Paris au lendemain des journées de juin qui offrit le test attendu.

L'année 1848 est marquée par le passage de quatre titulaires au ministère de l'Instruction publique et des Cultes, mais ceux-ci sont dépouillés de leur attribution concernant les nominations épiscopales. C'est en effet le chef du gouvernement provisoire, le général Cavaignac, qui s'en occupe de juillet à décembre 1848. Il procède à deux promotions et à trois nominations. Les deux promotions concernent Mgr Sibour, transféré de Digne à Paris, et Mgr Debelay, transféré de Troyes à Avignon. Le gouvernement a eu incontestablement pour premier souci de promouvoir des évêques acquis à la République. Le cas de Mgr Sibour est connu [1]. Son nom est mis en avant par son cousin, Léon Sibour, mais c'est surtout le clan mennaisien qui, derrière Maret et les hommes de *L'Ère nouvelle*, appuyés par les buchéziens, agit en faveur de Mgr Sibour. Maret écrit à Bastide, ministre des Affaires étrangères, pour lui recommander Sibour, et Bastide convainc Cavaignac de procéder à ce choix. Sibour, auteur des *Institutions diocésaines*, fait figure de

---

1. Jean MANCEAU, *Mgr Marie-Dominique-Auguste Sibour, archevêque de Paris (1848-1857)*, Paris, Beauchesne, 1987, 389 p., p. 28-32.

rénovateur au sein de l'Église, en même temps son attachement à la République paraît total. La nomination de Mgr Debelay à Troyes est due à une recommandation du représentant Francisque Bouvet, dont la note est révélatrice du nouvel état d'esprit régnant à l'administration des cultes : « Debelay, prêtre éclairé, tolérant. Esprit rationnel et ferme. Fils d'un agriculteur. Tendance démocratique. Homme d'esprit [...]. De simple curé d'arrondissement élevé à l'épiscopat, aux vues de son seul mérite [1]. » Cette note semble en tout cas avoir suffi pour faire nommer Debelay à Avignon. Il est vrai que la IIe République est confrontée aux mêmes difficultés que la monarchie de Juillet naissante : certains ecclésiastiques hésitent à s'engager dans l'épiscopat sous un régime dont les destinées sont incertaines. L'évêque de Poitiers, Mgr Guitton, a ainsi refusé l'archevêché d'Avignon, tandis que l'abbé Boulay, chanoine de Tours, refusait l'épiscopat [2]. C'est ce qui explique le choix des trois ecclésiastiques nommés en 1848. L'un d'entre eux, Meirieu, a été désigné par Sibour pour être son successeur à Digne. Les deux autres sont choisis au sein du clergé parisien, parmi les proches de Mgr Affre. L'abbé Cœur, nommé à Troyes, doit sa promotion au général Cavaignac qui avait remarqué ce célèbre prédicateur et candidat à l'épiscopat depuis 1835 [3]. L'abbé Jaquemet, nommé coadjuteur de Nantes, doit lui sa promotion à son rôle au lendemain de la mort de Mgr Affre. Comme Cœur, c'est un ancien candidat à l'épiscopat que l'administration des cultes a longtemps hésité à nommer à cause d'un différend qui l'avait opposé à son évêque, Mgr Bernet, au début des années 1840. Une note de 1848 s'en fait encore l'écho : « Il y a donc dans sa disgrâce à Aix quelque chose de suspect. Une note tenue par M. Moulin, directeur général des cultes [en 1847-1848], indique que l'archevêque de Besançon a expliqué favorablement pour M. Jaquemet sa retraite d'Aix, mais cette note ne donne aucun détail [4]. » Ce rapport précise pourtant que Jaquemet a été désigné par « un nombre considérable d'évêques », mais le point décisif est que Jaquemet est appuyé par Mgr Sibour.

---

1. A. N. F 19/2497 (dossier Debelay), Note du représentant Francisque Bouvet sur l'évêque de Troyes, remise le 6 août 1848 au directeur général.
2. A.S.V., S. d. S., Rub 248, anno 1848, fasc. 4, le nonce au secrétaire d'État, 27 septembre 1848.
3. A. N. F 19/2590 (dossier Cœur), l'abbé Cœur, vicaire capitulaire de Troyes [frère de l'évêque] au ministre, 11 octobre 1860 : « Mgr Sibour allait le nommer à Saint-Roch quand l'abbé Cœur fut promu à Troyes par le général Cavaignac qui l'avait remarqué et qui dut batailler pour qu'il accepte. »
4. A. N. F 19/2546 (dossier Jaquemet), Résumé du dossier.

Il a en outre le soutien du directeur des cultes, Durieu. Ce double patronage fait fléchir le général Cavaignac [1], qui s'affirme donc bien comme le maître d'œuvre des nominations épiscopales en cette fin d'année 1848. Du reste, Jaquemet vote pour lui le 10 décembre, de même que Mgr Sibour. L'archevêque de Paris a donc joué un rôle important dans les trois premières nominations de la IIᵉ République, en les appuyant fortement.

L'influence du « parti catholique ».

Le vicomte de Falloux a fait un bref passage au ministère de l'Instruction publique et des Cultes, mais il a néanmoins imposé son empreinte sur les nominations auxquelles il a procédé. Il nomme successivement au début de l'année 1849 Foulquier à Mende, Salinis à Amiens, Caverot à Saint-Dié et Dupanloup à Orléans. Tous figuraient depuis longtemps dans les notes de l'administration des cultes. Falloux réussit à convaincre Dupanloup d'accepter l'épiscopat. Les trois autres ecclésiastiques doivent leur promotion à une intervention de Mgr Mathieu, archevêque de Besançon. Ce dernier a en effet recommandé le 18 février 1848 Foulquier et Salinis [2]. Il désigne l'abbé Caverot pour le siège de Saint-Dié le 3 mars 1849 [3]. Il faut incontestablement voir dans ces premières nominations effectuées par Falloux le désir de réparer ce qu'il considère être une injustice commise par la monarchie de Juillet.

Dans un second temps, il entend diversifier ses choix et fait donc appel au témoignage des évêques français, sans doute sur le conseil de Mgr Dupanloup [4], en avril 1849. Il n'a guère l'occasion d'utiliser lui-même les renseignements collectés, puisqu'il ne procède

1. Abbé Victor MARTIN, *Vie de Mgr Jaquemet, évêque de Nantes*, Paris, Poussielgue, 1889, xx-595 p. : « Comme le disait gracieusement le chef du pouvoir, ce n'était pas le général Cavaignac, c'était l'épiscopat qui avait fait cette nomination » (p. 234).
2. A. N. F 19 / 2537 (dossier Foulquier) et 2494 (dossier Salinis).
3. A. N. F 19 / 2532 (dossier Caverot), l'archevêque de Besançon à son frère, 3 mars 1849.
4. B. N., N.A.F. / 24718, papiers de Saint-Sulpice, III, Affaires ecclésiastiques. Ce dossier contient la circulaire adressée par Falloux aux évêques ainsi que les réponses de 43 d'entre eux. Il est probable que Falloux a agi en accord avec Dupanloup, sinon on ne comprendrait pas pourquoi ces lettres auraient été adressées à Dupanloup par le ministre, dès le mois d'août 1849, ce qui explique la présence de ce fonds dans les archives Dupanloup, recueillies par Saint-Sulpice. Ce dossier est d'autant plus intéressant que les recommandations qu'il contient ne figurent nulle part ailleurs

qu'à deux nominations entre avril et novembre 1849, date de son départ du ministère. L'abbé Pie est en effet nommé à Poitiers en mai et Dreux-Brézé à Moulins en octobre. Tous les deux avaient déjà un dossier de candidature à l'administration des cultes. L'enquête de Falloux permet donc de confirmer leurs qualités, mais elle n'est pas décisive. L'abbé Pie est en effet recommandé par son évêque, Clausel de Montals, et par l'archevêque de Tours, mais déjà Dupanloup avait pensé à lui pour le diocèse de Poitiers, comme le révèle une lettre de l'évêque de Chartres à Falloux : «Je venais de recevoir une lettre de M. Dupanloup qui me demandait si M. Pie était propre à remplacer Mgr l'évêque de Poitiers [1].» Quant à l'abbé de Dreux-Brézé, signalé par les évêques du Mans et de Saint-Flour, il doit surtout sa nomination à ses liens avec le vicomte de Falloux, comme lui originaire d'une famille de l'aristocratie angevine. La nomination de Dreux-Brézé est la seule que Louis Napoléon Bonaparte accepte avec quelque hésitation, raconte Falloux dans ses Mémoires. Le ministre parvient à convaincre le président de la République en mettant en avant l'œuvre sociale du candidat : «Il est très au courant des questions ouvrières, il s'en occupe à Paris, avec un zèle de charité dont j'ai été bien des fois témoin [2].» Le vicomte de Falloux profite de son crédit auprès de Louis Napoléon Bonaparte, après avoir quitté le gouvernement, pour promouvoir un autre Angevin, Mgr Régnier, évêque d'Angoulême, qu'il fait nommer à l'archevêché de Cambrai [3].

Le départ de Falloux ne produit pas un grand changement dans les nominations épiscopales. Il est remplacé par de Parieu, député

dans les papiers de l'administration des cultes. – André LATREILLE a publié une partie des réponses, celles qui ont une portée générale et «éclairent d'une manière intéressante les dispositions et la mentalité de l'épiscopat français au tournant du XIXe siècle», dans «Nominations épiscopales au XIXe siècle. Une enquête de M. de Falloux (1849)», Cahiers d'histoire, t. V, 1960, p. 241-249.

1. B. N., N.A.F. / 24 718, Papiers de Saint-Sulpice, III, Affaires ecclésiastiques, l'évêque de Chartres au ministre, 14 mai 1849, f° 222.

2. COMTE DE FALLOUX, Mémoires d'un royaliste, Paris, Perrin, 1888, t. I, 600 p., p. 585-586.

3. Ibid., p. 581. Cet exemple illustre la persistance de l'influence de Falloux sur les nominations épiscopales, après son départ du ministère. Le président de la République le consulte en effet sur trois candidats possibles pour le siège de Cambrai. Falloux retient Mgr Régnier en écrivant au président : «L'évêque d'Angoulême m'est personnellement connu, et je puis garantir qu'à tous égards il mérite la préférence.» Et il ajoute plus loin : «L'évêque d'Angoulême, qu'en sa qualité d'Angevin, j'étais fier de voir transférer sur le siège de Fénelon, l'a occupé durant plus de trente années et est mort cardinal.»

du Cantal, qui défend les mêmes idées que son prédécesseur. Cette continuité peut être illustrée par un exemple. En août 1851 est nommé coadjuteur de Chartres l'abbé Régnault, à propos duquel on lit sur une fiche de l'administration des cultes : « Février 1849. Une note venue du cabinet du Ministre des cultes, M. de Falloux, porte : "M. Régnault : prêtre rare, très digne de l'épiscopat [1]".» En outre, l'administration des cultes puise dans le réservoir constitué par l'enquête Falloux. Le gouvernement nomme ainsi l'abbé Chalandon coadjuteur de Belley en mai 1850. Chalandon avait été recommandé par les archevêques d'Aix, Albi et Tours et les évêques d'Amiens, Le Mans, Meaux, Metz et Nevers. C'est l'aboutissement de démarches commencées à partir de 1841, mais qui n'avaient pu aboutir sous la monarchie de Juillet, car Chalandon passait alors pour un adepte des idées légitimistes. La politique de nominations épiscopales en 1849-1851 se caractérise ainsi par le recours à des ecclésiastiques légitimistes dont plusieurs avaient été mis de côté sous la monarchie de Juillet pour cette raison. De fait Caverot, Dreux, Dupanloup, Foulquier, Pie, Salinis, Cousseau, Pallu du Parc, Chalandon ou Mabile sont incontestablement à ranger dans le camp légitimiste. On ne peut s'empêcher de constater que sont alors nommés des ecclésiastiques qui ont combattu pour la liberté d'enseignement dans les années 1840, à l'instar de Dupanloup qui incarne cette lutte. Au moment où se prépare et où est votée la loi sur la liberté de l'enseignement secondaire, le gouvernement procure à l'Église de France des évêques qui se sont battus pour l'obtenir.

En même temps ces hommes sont portés par les membres du parti catholique, très influent au gouvernement, et dont Falloux fait lui-même partie. Mais c'est surtout Montalembert qui apparaît comme le mentor de ce groupe. Son influence paraît essentielle dans la politique de nominations épiscopales sous la IIᵉ République [2]. Très proche de Falloux, il est à la confluence du courant mennaisien et du courant catholique libéral. À la fin des années 1820, il est en effet à la fois un disciple de Lamennais et l'hôte d'un antimennaisien convaincu, l'archevêque de Besançon, duc de Rohan, au château de La Roche-Guyon. Or en 1849 sont nommés Salinis, un des

---

1. A. N. F 19 / 2516 (dossier Régnault), Note sur M. Régnault.
2. Cette influence reste occulte ; aucun dossier ne comprend en effet de recommandation émanant de Montalembert. On peut en outre remarquer que ce rôle est passé sous silence par le biographe de Montalembert, Édouard LECANUET (*Montalembert*, 3 tomes, Poussielgue, 1895-1902, IV-510 p., XI-519 p. et XII-492 p.).

principaux sectateurs de Lamennais, mais aussi Dupanloup et Caverot que Montalembert avait connus à La Roche-Guyon. Les liens
entre Montalembert et l'abbé Guerrin ne sont pas connus, mais on
conçoit mal comment le député du Doubs aurait pu ignorer l'existence du vicaire général de Besançon. Il connaît également l'abbé
Pie qui le consulte en février 1848 sur l'opportunité d'une candidature aux élections [1]. Il est enfin très proche de l'abbé Mabile,
avec qui il a noué des liens lorsque Mabile était curé de Villersexel.
L'abbé Mabile, devenu vicaire général de Mgr Doney à Montauban, est l'objet de toutes les attentions de la part de Montalembert
qui cherche à le faire nommer évêque dès 1849. Il écrit ainsi le
2 novembre 1849 : « À Paris, M. de Montalembert m'a mis au courant de tout. Je ne puis vous dire à quel point il désire de me pousser vous savez où... Il m'a proposé pour Moulins. L'affaire a été
vivement débattue. Le ministre a dit qu'il était engagé vis-à-vis de
M. de Brézé et que mon tour (c'est le mot dont il s'est servi) vien-
drait après [2]. » Ce propos confirme pour le moins l'influence considérable de Montalembert sur les nominations épiscopales, mais il
n'est cependant pas le ministre en titre, et le retard apporté à la
nomination de l'abbé Mabile est là pour le lui confirmer, comme le
rapporte le comte de Mérode, écrivant à Mabile pour lui expliquer
les efforts faits par Montalembert pour sa nomination : « M. de
Parieu est un auvergnat très médiocre et très entêté, qui ne veut pas
qu'on dise que Montalembert nomme les évêques [3]. »

Cette toute-puissance de Montalembert atteint un point tel que le
procureur général de Poitiers, consulté par le ministre au sujet de
l'abbé Cousseau, lui répond : « Il est regardé dans le clergé comme
un libéral et un universitaire [...]. On croit qu'il a rapporté d'un
voyage récent à Rome des impressions toutes dans le sens de la
dernière loi sur l'Instruction publique ; et qu'il serait du nombre des
évêques qui reconnaîtraient la bannière de M. de Montalembert
pour le rapprochement entre l'Église et l'État, et qu'il ne refuserait
pas de siéger dans les conseils académiques sous la présidence des
préfets [4]. » Il est donc de notoriété publique sous la IIᵉ République
que le comte de Montalembert joue un rôle particulièrement impor-

1. Mgr BAUNARD, *Histoire du cardinal Pie, évêque de Poitiers,* Poitiers-Paris,
Oudin-Poussielgue, 1886, t. I, xv-682 p., p. 191.
2. Chanoine MABILE, *Mgr Mabile, évêque de Versailles, d'après son livre-journal
et ses œuvres pastorales,* Paris, Tequi, 1926, t. I, 439 p., p. 166.
3. *Ibid.,* p. 171.
4. A. N. F 19 / 2491 (dossier Cousseau), le procureur général près la cour d'appel
de Poitiers au ministre, 30 mai 1850.

tant dans la politique ecclésiastique de la France, ce qui irrite du reste les évêques gallicans, comme le révèle une lettre de Mgr Robiou de La Tréhonnais, adressée à Fortoul en 1852, et dans laquelle il se plaint de ne pouvoir obtenir le successeur de son choix : « Pourquoi en effet l'évêque de Coutances ne pourrait-il intervenir, par voie d'indication respectueuse, dans une affaire qui l'intéresse si évidemment, quand il est public et manifeste pour tous que M. le comte de Montalembert, ancien ami de M. Gallondes [1], a influencé si longtemps, par le passé, la nomination aux sièges vacants en France [2]. » Tous ces indices montrent que l'audience de Montalembert sous la IIᵉ République a été on ne peut plus efficace ; il a été véritablement l'éminence grise des ministres des Cultes au moins en matière de nominations épiscopales. Il y aurait donc bien une école Montalembert en voie de constitution au sein de l'épiscopat français ; elle comprend des évêques de tradition légitimiste et de tendance ultramontaine.

Trois nominations de 1850 ont d'autre part un caractère particulier puisqu'elles concernent les nouveaux évêchés coloniaux. Elles sont en fait négociées avec l'abbé Libermann, supérieur du séminaire du Saint-Esprit à Paris [3], qui désigne directement les abbés Lacarrière et Le Herpeur [4]. Quant à Desprez, il est mis en avant par l'administration des cultes, et plus particulièrement par l'un des chefs de bureau, Hamille, qui est un de ses amis. Mais la nomination passe par le truchement de Libermann : « Conformément à vos ordres, écrit-il au ministre, j'ai proposé à l'abbé Desprez, doyen de Notre-Dame de Roubaix, votre dessein de le nommer évêque de La Réunion [5]. »

---

1. Maître des requêtes au Conseil d'État, conseiller général de la Manche. Mgr Robiou l'accuse d'être à la tête du « parti catholique » dans le département, et de tout faire pour écarter son candidat, à savoir l'abbé Labbé, professeur à la faculté de théologie de Rouen.

2. A. N. 246 AP 24 (papiers Fortoul, correspondance avec les évêques), l'évêque de Coutances à Fortoul, 7 août 1852. L'influence de Montalembert a donc cessé avec le début du IIᵉ Empire, parce que Montalembert s'est éloigné du nouveau régime.

3. Sur Libermann, voir Paul COULON et Paule BRASSEUR (sous la direction de), *Libermann, 1802-1852. Une pensée et une mystique missionnaires*, Paris, Éd. du Cerf, 1988, 938 p. L'ouvrage n'aborde malheureusement pas la question des évêques coloniaux nommés en 1850 : « Il n'y a qu'un sujet d'importance à ne pas être abordé ici, c'est celui de la création des évêchés coloniaux [Guadeloupe, Martinique, île de La Réunion]. Libermann consacra beaucoup d'énergie à cette importante question. Il composa pour les trois évêques finalement nommés grâce à son action deux longs mémoires [27 juin et 5 octobre 1850]» (p. 19).

4. A. N. F 19 / 6207 (évêchés coloniaux).

5. A. N. F 19 / 2587 (dossier Desprez), Libermann au ministre, 5 juillet 1850.

Les promotions effectuées en 1849-1851 répondent donc à une volonté délibérée de satisfaire les intérêts de l'Église. Toutes sont du reste bien accueillies par l'opinion catholique, à l'exception peut-être de celle de l'abbé Lyonnet au siège de Saint-Flour. Ce dernier est désigné à l'initiative du président de la République, Louis Napoléon Bonaparte qui avait rencontré l'abbé Lyonnet lors d'un voyage à Lyon et avait manifesté le désir d'élever à l'épisco- pat le biographe du cardinal Fesch, l'oncle de Napoléon. Déjà l'abbé Lyonnet avait été proposé par le président de la République pour le siège de Cambrai, mais Falloux, consulté, lui avait répondu : « M. l'abbé Lyonnet, ni là, ni ailleurs. Jamais [1]. » Cette nomination, effectuée malgré un avis défavorable du ministre des Cultes, a cependant lieu un mois et demi avant le coup d'État du 2 décem- bre. Cette prise de position du président de la République, resté jusque-là très discret sur le terrain des nominations épiscopales, annonce en quelque sorte l'inflexion de la politique ecclésiastique au début du IIe Empire.

---

1. COMTE DE FALLOUX, p. 582. Voici le jugement que Falloux portait sur Lyonnet : « C'était un prêtre régulier, mais assez peu judicieux pour s'être fait d'enthousiasme l'historien trop complaisant du cardinal Fesch. »

CHAPITRE V

LES ÉVÊQUES DE NAPOLÉON III

La politique ecclésiastique du IIᵉ Empire est particulièrement connue, au moins jusqu'aux années 1869 [1]. Il n'en demeure pas moins intéressant, semble-t-il, de reprendre la question sous l'angle particulier des nominations épiscopales, afin de bien prendre en compte le rôle respectif des personnalités du gouvernement et de l'administration des cultes, et de bien marquer les caractères de cette politique.

Le ministère Fortoul.

À la suite du coup d'État du 2 décembre, Louis Napoléon Bonaparte choisit comme ministre de l'Instruction publique et des Cultes Hippolyte Fortoul, un de ses proches collaborateurs, déjà ministre de la Marine depuis 1851, et qui surtout est membre de l'Université puisqu'il est depuis 1846 professeur et doyen de la faculté des lettres d'Aix. De 1852 à 1856, date de sa mort, Fortoul procède à 17 nominations épiscopales. Il est assisté par Antoine de Contencin, directeur général des cultes de 1852 à 1856, mais également par Adolphe Tardif, membre de son cabinet. L'examen des 17 nominations laisse entrevoir qu'elles n'ont pas été effectuées en fonction d'une doctrine préétablie, comme ce sera le cas dans la seconde moitié du IIᵉ Empire. Le recrutement est relativement disparate, ce qui s'explique en partie par les diverses influences qui s'exercent sans qu'aucune apparaisse déterminante.

---

1. Jean MAURAIN, *La Politique ecclésiastique du IIᵉ Empire de 1852 à 1869*, Paris, Félix Alcan, 1930, 989 p.

Les deux premières nominations sont incontestablement l'œuvre de Fortoul lui-même. Elles concernent l'abbé Daniel et l'abbé Ginoulhiac, nommés à Coutances et à Grenoble le 9 décembre 1852. Il n'avait quasiment jamais été question d'eux auparavant pour l'épiscopat. Daniel est choisi pour ses liens avec l'Université dans laquelle il a fait toute sa carrière. Docteur ès lettres, il a été successivement proviseur du Collège royal de Caen, recteur de l'académie de Caen ; il fut ensuite membre du conseil supérieur de l'Instruction publique de 1850 à 1852 et enfin inspecteur général en mars 1852 [1]. Dans ces derniers postes il a l'occasion de côtoyer Fortoul qui s'empresse de promouvoir un de ses collègues universitaires. Quant à Ginoulhiac, il a connu Fortoul à Aix dont il est vicaire général depuis 1839. Une note de l'administration des cultes est révélatrice de ce que recherche le ministère : « M. Ginoulhiac est un prêtre plein de réserve, pieux et savant. Il vient de publier un livre sur le dogme catholique qui est un chef-d'œuvre. Cet ouvrage, remarquable par l'élégance du style, place son auteur au premier rang comme théologien. M. l'abbé Combalot a combattu la candidature de M. Ginoulhiac par des raisons qui peuvent appeler l'intérêt du gouvernement sur cet ecclésiastique [2]. » C'est donc un éminent théologien que Fortoul entend promouvoir à l'épiscopat.

L'intention du ministre est claire ; il s'agit pour lui de redorer le blason de l'épiscopat français en élevant des ecclésiastiques savants. C'est ce même souci qui le pousse à choisir l'abbé Sergent pour le siège de Quimper en 1855. L'abbé Sergent a en effet été recteur de l'académie de Nevers de 1850 à 1852 [3]. De même, Fortoul désigne pour l'évêché de Nîmes en 1855 l'abbé Plantier, professeur à la faculté de théologie de Lyon. Enfin, c'est également sa science

---

1. A. N. F 19 / 2518 (dossier Daniel), Note du ministère. Il est à noter que ce dossier ne contient aucune pièce antérieure à 1852, signe de la soudaineté de sa candidature.
2. A. N. F 19 / 2531 (dossier Ginoulhiac), Note du ministère. Cette note fait allusion à une lettre de l'abbé Combalot au ministre, datée du 30 décembre 1841 : « Ce choix, monsieur le ministre, serait un malheur pour l'Église de France. M. Ginoulhiac a professé pendant plusieurs années la théologie dans le grand séminaire de Montpellier ; et pendant plusieurs années il a suscité à l'évêque de ce diocèse les plus terribles embarras. »
3. A. N. F 19 / 2564 (dossier Sergent), Une note de la direction des cultes, 8 février 1855, évoquant la démission de Sergent de son poste de recteur, précise : « Le ministre admira la soumission et la modestie de l'abbé, impression confirmée par sa demande d'un canonicat de second ordre à Saint-Denis. "Je n'ai aucun besoin, disait-il, mes livres de théologie et la vie à peu près assurée, voilà tout ce que je demande". »

théologique qui conduit l'abbé Landriot à l'épiscopat, et notamment la lutte qu'il a engagée contre l'abbé Gaume, sur la question des classiques [1]. Ce sont donc cinq «intellectuels» que Fortoul nomme évêques, six si on y ajoute l'abbé Gerbet. Mais son cas est un peu différent, car l'administration des cultes ne lui est guère favorable. Une note émanant de ses services exprime ce sentiment: «Chargé d'une chaire à la Sorbonne, M. l'abbé Gerbet n'a jamais pu s'assujettir à une assiduité qui n'entre pas dans ses habitudes. D'un caractère inconsistant et irrésolu, n'apporterait-il pas sur le siège épiscopal cette regrettable disposition d'esprit qui n'a eu jusqu'à présent d'inconvénients que pour lui-même, mais qui deviendrait un défaut capital dans le prélat aux mains duquel seraient remises la direction d'un nombreux clergé et l'administration de graves intérêts [2].» Avec Gerbet, on aborde un des autres éléments qui ont présidé aux choix épiscopaux sous le ministère Fortoul, à savoir l'influence des prélats ultramontains très en cour auprès de Napoléon III.

La note consacrée à Gerbet commençait en effet par les propos suivants: «Il jouit d'une grande considération dans l'épiscopat et a pour amis particuliers plusieurs éminents prélats. L'évêque d'Amiens et l'évêque de Beauvais lui sont surtout très dévoués. Les évêques ultramontains attachent un prix extraordinaire à la nomination d'un candidat qu'ils croient destiné à grandir leur influence [3].» Parmi ces évêques figurent Mgr de Salinis, Mgr Parisis et le cardinal Gousset. Mais quelle est la réalité de leur influence si souvent évoquée? Outre celle de Gerbet, on peut leur attribuer les nominations de La Bouillerie, Nanquette et Bara. Ces deux derniers, prêtres du diocèse de Reims, sont recommandés essentiellement par le cardinal Gousset [4]. Quatre évêques sur dix sept seulement sont donc issus du clan ultramontain, ce qui est peu. L'impression de mainmise de ce dernier sur l'épiscopat est donc toute relative, car si les deux promotions effectuées par ailleurs par Fortoul concernent des

---

1. A. N. F 19 / 2565 (dossier Landriot), Note remise par l'abbé Devoucoux le 24 juillet 1851: «Il a étudié, par principes et avec un grand succès, non seulement les langues latine et grecque, mais encore l'anglais, l'allemand et l'italien. Il s'est adonné à l'étude de la langue hébraïque. La lecture des Saints Pères et de la *Somme* de saint Thomas lui est familière», sous-entendu elle ne l'est pas à l'ensemble du clergé.
2. A. N. F 19 / 2560 (dossier Gerbet), Note de l'administration des cultes, s. d. [1852].
3. *Ibid.*
4. A. N. F 19 / 2534 (dossier Nanquette) et F 19 / 2514 (dossier Bara).

évêques ultramontains – Salinis, promu archevêque d'Auch en 1856 et Wicart, envoyé à Laval la même année –, on ne peut pas dire que les sièges concernés soient des évêchés puissants. Bien plus, le parti ultramontain subit un certain nombre d'échecs. Mgr de Salinis ne parvient pas à faire nommer l'abbé de Ladoue comme son successeur à Amiens, évêché qui échoit à l'abbé Boudinet, un proche de Fortoul que ce dernier avait connu au sein du conseil de l'Instruction publique et dont il était resté l'ami, lui confiant la tâche délicate d'administrer le diocèse de Pamiers, après la démission d'Alouvry [1]. De plus au moment de choisir un remplaçant à Mgr Baillès, évêque ultramontain de Luçon que le gouvernement a contraint à démissionner, Fortoul se tourne vers l'abbé Delamare, vicaire général de Coutances, recommandé par l'un des premiers promus de son ministère, Mgr Daniel, et qui fait figure de gallican, notamment parce qu'il a secondé pendant vingt ans le très gallican Robiou de La Tréhonnais [2]. Mais c'est surtout la nomination de l'abbé Galtier au siège de Pamiers qui semble dirigée contre le «parti ultramontain». L'abbé Galtier, vicaire général de Perpignan depuis 1842, était également supérieur du grand séminaire. Or, à son arrivée dans le diocèse, Mgr Gerbet lui retire cette direction, ce qui provoque un grave ressentiment chez Galtier [3]. Ce dernier, que Fortoul connaît personnellement, est de plus soutenu par Mgr de Bonnechose. Finalement Mgr Gerbet se rallie à l'idée de promouvoir Galtier à l'épiscopat, mais c'est davantage pour s'en débarrasser que pour gagner à l'épiscopat un évêque ultramontain [4]. Enfin, la nomination de l'abbé Didiot est également éclairante de la volonté d'indépendance de l'administration des cultes à l'égard du «parti ultramontain». Didiot est candidat à l'épiscopat depuis 1835,

---

1. L'importante correspondance entre l'abbé Boudinet et Fortoul révèle les liens qui les unissent (A. N. 246 AP 24, papiers Fortoul, correspondance avec les évêques).
2. A. N. F 19 / 2494 (dossier Delamare), Note de l'administration des cultes : «Il est attaché aux principes de l'Église gallicane.»
3. A. N. F 19 / 2554 (dossier Galtier), l'abbé Galtier au ministre, 15 septembre 1855. Après avoir fourni des renseignements sur le diocèse de Perpignan comme l'y invitait Fortoul – signe que ce dernier se méfiait des initiatives de Mgr Gerbet –, l'abbé Galtier évoque sa disgrâce et conclut: «Si je m'étais laissé guider par l'ambition, je n'aurais pas attendu à ce moment à m'occuper de mon avenir. Mais dans cette circonstance, une nomination honorable pourrait tout couvrir [...]. Un évêché reste encore vacant [Pamiers]; c'est à peu près le même climat que celui de Perpignan. Y aurait-il de la témérité de ma part de vous demander si Votre Excellence m'en jugerait digne?»
4. *Ibid.*, l'évêque de Perpignan au ministre, 22 mars 1856.

mais il en a été écarté à la suite de la disgrâce dont il a été victime de la part de son ordinaire, Mgr Letourneur, évêque de Verdun.

Vingt ans plus tard, Didiot est ardemment soutenu par le nouvel évêque de Verdun, Mgr Rossat, qui tente d'expliquer la disgrâce de son vicaire général par l'existence dans son diocèse d'une coterie, formée dans les années 1820 et dont l'âme était l'abbé Baillès, venu de Toulouse avec l'évêque d'Arbou [1]. Didiot aurait refusé de s'y affilier, d'où ses difficultés. Peu importe le détail de cette affaire, mais ce qu'il faut en retenir c'est l'évocation de la personnalité de Baillès, devenu évêque de Luçon et ardent ultramontain. Or au moment où Mgr Rossat fournit ces explications, Mgr Baillès a été contraint à démissionner sous la pression du gouvernement français.

Il ne faudrait pas en déduire que les évêques nommés sont des gallicans invétérés. La plupart sont en fait également ultramontains, mais à la différence des Gousset, Parisis, ou Salinis, ils n'entendent pas ériger en système leur adhésion aux idées romaines. L'abbé Boudinet exprime parfaitement le sentiment de ces ultramontains modérés lorsqu'il écrit à Fortoul : « Plus que personne j'admire le magnifique talent de Mgr de Poitiers ; la grâce de sa personne me charme, son amour de l'Église me ravit, mais il est bien ardent [2] ! » Et dans une autre lettre, il précise pourquoi il n'est pas accepté comme membre du « parti ultramontain » : « Il est vrai que nos trois évêques français, actuellement à Rome, ne sont pas mes meilleurs amis ; Mgr Baillès parce que j'ai fait partie du Conseil impérial ; Mgr de Poitiers, un peu pour cela, et beaucoup aussi parce qu'il a pressenti que je ne serai pas des siens, et Mgr d'Angoulême qui s'inspire des pensées de celui-ci, a de plus contre moi que les premières familles de son diocèse recherchent notre établissement de préférence à son petit séminaire [3]. » En conséquence, si la majorité des évêques nommés par Fortoul peuvent être rangés dans le camp des ultramontains, ils ne l'ont pas été sous la pression du « parti ultramontain ».

Cette observation conduit à relativiser l'image d'un ministère Fortoul sous influence. Tout montre au contraire qu'il s'est lui-même investi personnellement dans les nominations épiscopales. En plus

1. A. N. F 19 / 2500 (dossier Didiot), l'évêque de Verdun au ministre, 12 mars 1856.
2. A. N. 246 AP 24 (papiers Fortoul, correspondance avec les évêques), l'abbé Boudinet à Fortoul, 14 février 1854.
3. *Ibid.*, l'abbé Boudinet à Fortoul, 10 mars 1856 ; l'abbé Boudinet était supérieur du collège de Pons au diocèse de La Rochelle.

des « intellectuels » évoqués plus haut, il faut en effet mettre à son actif les nominations de Boudinet, Galtier, mais aussi de Jordany, nommé évêque de Fréjus. Jordany, originaire du diocèse de Digne comme Fortoul, est directement choisi par le ministre qui signe une fiche de renseignements sur cet ecclésiastique sans doute à l'intention de Napoléon III [1]. L'influence de Fortoul dans la nomination est on ne peut plus explicite dans une lettre que Jordany adresse au ministre : « Je sens trop le prix de l'honneur qu'a daigné me faire Sa Majesté l'Empereur en me nommant, sur votre bienveillante présentation, au siège de Fréjus, pour n'être pas pénétré de la plus profonde gratitude [...]. Mais permettez-moi de dire à votre vieille amitié si précieuse et si douce à mon cœur; vous avez mis ma conscience à la plus douloureuse épreuve qu'elle pût subir [2]. » C'est là une des constantes de l'administration de Fortoul. Il privilégie dans ces choix les hommes qu'il connaît personnellement, c'est ainsi que sont pressentis des ecclésiastiques qui ont fait partie notamment du conseil supérieur de l'Instruction publique.

Mais il ne faudrait pas oublier que le principe de base qui guide ces nominations, c'est l'attitude des candidats à l'égard du régime. Le gouvernement distingue en premier lieu ceux qui se sont ralliés franchement et rapidement à l'Empire. L'exemple de l'abbé Gerbet est à ce titre éclairant. Sa fiche rappelle « qu'après le 2 décembre, M. l'abbé Gerbet est le premier ecclésiastique qui, par une lettre rendue publique, a provoqué l'adhésion du clergé français en faveur du gouvernement nouveau [3] ». Plus encore que le soutien de l'épiscopat ultramontain, c'est ce ralliement précoce qui lui vaut son siège épiscopal. C'est aussi ce qui explique la nomination à Rodez de l'abbé Delalle, vicaire général de Mgr Menjaud, que Fortoul explique au préfet de l'Aveyron en ces termes : « Sa Majesté l'a choisi en quelque sorte dans sa maison et dans l'intimité d'un de ses grands dignitaires pour qu'en voyant venir le vicaire général du premier aumônier de l'Empereur, on sache bien qu'il ne saurait rien y avoir d'équivoque dans ses sentiments, et que son concours le plus loyal est assuré au gouvernement [4]. » Les candidats à l'épisco-

---

1. A. N. F 19 / 6177 (dossier Jordany, chanoine de Saint-Denis).
2. A. N. 246 AP 24 (papiers Fortoul, correspondance avec les évêques), l'abbé Jordany à Fortoul, 10 novembre 1855.
3. A. N. F 19 / 2560 (dossier Gerbet), Note de l'administration des cultes, s. d. [1852].
4. A. N. 246 AP 24 (papiers Fortoul, correspondance avec les évêques), Fortoul au préfet de l'Aveyron, 2 septembre 1855.

pat sont donc sondés sur leurs sentiments politiques, et certains n'hésitent pas à envoyer de véritables professions de foi bonapartiste, à l'instar de l'abbé Galtier : « Napoléon a en effet enchaîné la révolution, il a été appelé par le suffrage universel, il s'est montré le protecteur de l'Église. J'avais voté et fait voter pour lui, soit comme président, soit comme empereur. C'est moi qui ai engagé Mgr de Saunhac, alors évêque de Perpignan, à aller voter pour Napoléon dans ces deux circonstances, persuadé que son exemple produirait un heureux effet sur le clergé et sur le peuple [1]. » De même que Bonaparte en 1802, Napoléon III ne se contente pas d'évêques conciliants ; il désire qu'ils aient donné une adhésion publique à son régime. C'est là un des traits qui parcourt l'ensemble de la politique ecclésiastique du IIe Empire.

Le ministère Rouland.

Fortoul est remplacé au ministère des Cultes par Rouland, procureur près la cour d'appel de Paris. Rouland choisit comme chef de cabinet Auguste Tardif, sous-chef du cabinet de Fortoul, tandis qu'à la tête de l'administration des cultes Hamille remplace Contencin en qualité de directeur général [2]. Cette équipe procède à 30 nominations (11 de 1857 à 1859, 19 de 1859 à 1863). En arrivant au ministère des Cultes, Rouland draine derrière lui une réputation de catholique gallican, c'est-à-dire qu'il est favorable aux traditions du gallicanisme parlementaire tel qu'il a pu être défini par Portalis sous le Ier Empire. Il prend une part tout à fait active aux nominations épiscopales, puisque à chaque vacance de siège il rédige lui-même une note sur les candidats qu'il propose, un peu à l'image de ce que faisait Portalis justement.

Son arrivée inquiète les milieux ultramontains, et le nonce se fait l'écho de ces inquiétudes lorsqu'il écrit au secrétaire d'État que Rouland a pris fait et cause pour le parti gallican. Sa nomination intervient en effet en pleine querelle entre gallicans et ultramontains. Il est intéressant de constater que le nonce prend comme

---

1. A. N. F 19 / 2554 (dossier Galtier), l'abbé Galtier au ministre, 11 décembre 1855.
2. Hamille est directement à l'origine de la promotion de son ami, Mgr Desprez, du siège de La Réunion à celui de Limoges.

exemple des prises de position gallicanes de Rouland ses premières nominations épiscopales. Ce sont en l'occurrence des promotions à des archevêchés et non des moindres. L'assassinat de Mgr Sibour en janvier 1857 provoque en effet un mouvement dans le corps épiscopal, de même que la mort de Mgr Bernet, archevêque d'Aix. Concrètement, au début de l'année 1857, le gouvernement nomme le cardinal Morlot à Paris, remplacé à Tours par Mgr Guibert, et Mgr Chalandon à Aix. Pour le nonce et donc pour le «parti ultra-montain», leur nomination peut être considérée comme une manifestation d'adhésion du ministre au parti gallican [1]. Mais il s'agit d'un pas discret en faveur du gallicanisme, car les prélats en question ne sont pas des gallicans forcenés; il faut plutôt les ranger dans cette catégorie d'ecclésiastiques hostiles aux excès du «parti ultra-montain». Et finalement toute la politique de Rouland conduit à choisir comme évêques des prêtres modérés, c'est-à-dire qui n'aient pas pris bruyamment parti pour l'un ou l'autre camp.

Rouland définit lui-même le modèle de l'évêque qu'il souhaite voir nommé, par exemple lorsqu'il évoque la candidature de l'abbé Delcusy, curé à Aurillac: «Ici encore, écrit-il, je me suis efforcé de trouver ce que l'Empire désire si justement, un évêque sage, soumis au Saint-Siège, dévoué à l'Empereur, prêtre excellent, ennemi de tout excès et recevant la récompense d'une vie pieuse et honorée [2].» En quelques mots Rouland dresse le portrait de la plupart des évêques qu'il nomme en définitive entre 1857 et 1859: prêtres dévoués au régime et à Rome, mais sans être ardents. Sur le premier point, il rejoint dans l'ensemble le point de vue de Fortoul; il se détache de son prédécesseur en ce qui concerne les qualités intellectuelles des candidats. Pour Rouland, point n'est besoin pour être évêque d'être un brillant théologien. Mais surtout, Rouland exprime le sentiment du gouvernement qui est de ne point former un épiscopat ardent, susceptible de créer des difficultés au régime, sans pour autant heurter la fraction dominante du clergé, ultramontaine, qui apporte son soutien à l'Empire. Il s'ensuit le souci permanent de trouver des prêtres indiscutables pour les deux camps. C'est ainsi qu'à propos de l'abbé de Langalerie, le ministre écrit: «[il] ne peut être suspect à aucun des deux partis qui divisent [le clergé]», et ajoute: «Il convient à la nombreuse majorité de l'épiscopat qui

---

1. A. S. V., S. d. S., Rub 248, anno 1857, fasc. 5, le nonce au secrétaire d'État, 8 février 1857.
2. A. N. F 19 / 2596 (dossier Delcusy), Note de Rouland, 1er février 1857.

veut la modération et la paix dans les affaires religieuses [1].» De même, proposant à l'empereur trois candidats pour Pamiers, Rouland met en avant l'abbé Bélaval dont il rappelle tout d'abord le dévouement à l'Empire avant d'ajouter: «L'abbé Bélaval a l'esprit trop juste et trop serein pour avoir pris part aux folles agitations des ultramontains et des gallicans, mais il est français avec le plus profond respect de l'unité catholique [2].» Quant à l'abbé Fillion, il est, aux dires de Rouland, «recommandé par les deux partis religieux, sans doute parce que sa conduite toujours modérée n'a pu blesser ni les personnes ni les doctrines [3]». Enfin un dernier exemple montrera combien ce thème préoccupe fortement Rouland. Il écrit à propos de l'abbé Martial: «On ne peut dire de lui qu'il est gallican ou ultramontain. La sagesse de ses opinions l'a plutôt porté vers les œuvres que vers les discussions – mais on peut affirmer qu'il connaît les besoins et le caractère du pays et qu'il serait au nombre, heureusement si considérable, des évêques qui préfèrent le repos de leurs diocèses au bruit des disputes théologiques [4].»

Ces jugements, directement sortis de la plume de Rouland, expriment la volonté de réaliser une synthèse, au sein de l'épiscopat, entre l'attachement aux traditions de l'Église de France, pour ne pas employer le terme «gallican» qui recèle des connotations partisanes, et l'attachement au Saint-Siège. Cette synthèse est résumée par Rouland dans la formule citée plus haut à propos de Bélaval, «mais il est français dans le respect de l'unité catholique». C'est celle qui, aux yeux de Rouland, se concilie le mieux avec une adhésion résolue au régime. En effet le gouvernement garde quelques préventions à l'égard des ecclésiastiques trop franchement ultramontains, dans la mesure où ils placent le pape au-dessus de l'empereur et peuvent donc se révéler hostiles au régime en cas de crise entre la France et le Saint-Siège [5].

C'est pourtant au moment même où les ultramontains commencent à formuler des réserves à l'égard de la politique de la France

---

1. A. N. F 19 / 2494 (dossier Langalerie), Note de Rouland sur l'abbé de Langalerie [s. d.].
2. A. N. F 19 / 2554 (dossier Bélaval), le ministre à l'empereur, 18 juillet 1858.
3. A. N. F 19 / 2534 (dossier Fillion), Note de Rouland, 15 juin 1857.
4. A. N. F 19 / 2575 (dossier Martial), Note de Rouland sur l'abbé Martial, candidat à l'évêché de Pamiers, 16 juillet 1858.
5. Le IIe Empire a déjà connu des difficultés avec l'évêque de Luçon, Baillès, et plus récemment avec Mgr de Dreux-Brézé, évêque de Moulins, sanctionné par le Conseil d'État le 6 avril 1857.

en Italie [1] qu'est nommé l'évêque le plus attaché aux idées romaines promu par Rouland, à savoir l'abbé Épivent. En fait cette nomination qui intervient le 30 juillet 1859 est très politique. C'est en effet dans l'Ouest que le clergé s'est montré le plus hostile à la politique italienne de l'empereur. L'installation de Mgr Brossais-Saint-Marc en qualité d'archevêque de Rennes est destinée à calmer ce clergé breton [2]. On peut se demander si la nomination de l'abbé Épivent au siège d'Aire n'est pas une façon de distinguer un ecclésiastique breton, bonapartiste, et en même temps très ultramontain [3]. Ce serait donc un gage donné au « parti ultramontain », dans la mesure où Épivent a été recommandé par Mgr Parisis [4]. Du reste Mgr de Salinis, archevêque d'Auch, s'empresse de remercier le ministre pour cette nomination [5]. Le gouvernement se dédouane de cette façon en envoyant un ultramontain notoire dans un diocèse qui, en outre, n'est pas stratégique. Si on admet cette hypothèse, on doit cependant remarquer que la nomination d'Épivent n'est pas suivie d'initiatives du même style. En effet, entre le 30 juillet et la fin d'août 1859, le gouvernement change totalement de politique en matière de nominations épiscopales, en réaction à l'attitude d'hostilité des ultramontains.

La nomination de l'abbé Darboy à l'évêché de Nancy le 16 août 1859 inaugure une nouvelle phase dans la politique de nominations épiscopales du IIᵉ Empire. Darboy, vicaire général de Paris, est proposé pour l'épiscopat à partir de 1858. En 1859 le cardinal Morlot le demande même comme coadjuteur, mais le Saint-Siège refuse, au début du mois d'août, d'accéder à cette demande [6]. Pourtant,

---

1. La brochure *L'Empereur Napoléon III et l'Italie,* parue en février 1859, a été vivement critiquée par *L'Univers* ; voir Jean MAURAIN, chap. XIII.
2. Voir Jean MAURAIN.
3. A. N. F 19 / 2480 (dossier Épivent), le préfet des Côtes-du-Nord au ministre, 28 avril 1856 : « Il appartient par les idées au jeune clergé, enclin à l'ultramontanisme, qui reçoit les inspirations du journal *L'Univers.*» Le préfet des Côtes-du-Nord au ministre, 1ᵉʳ mars 1858 : « Il est trop homme d'imagination et trop enthousiaste du journal *L'Univer.*» On le constate, Épivent ne correspond pas au modèle type tracé par Rouland, ce qui explique qu'il ait été tenu à l'écart de l'épiscopat jusqu'en 1859. À peine l'administration des cultes lui a-t-elle proposé le siège de la Martinique, où un ultramontanisme aigu ne prête pas à conséquence, mais il refuse cet évêché colonial. Il est vrai que le siège d'Aire qui lui échoit finalement n'est pas des plus attractifs.
4. *Ibid.,* l'évêque d'Arras au ministre, 3 avril 1856.
5. *Ibid.,* l'archevêque d'Auch au ministre, 4 août 1859.
6. A. N. F 19 / 2556 (dossier Guibert), le ministre des Cultes au ministre des Affaires étrangères, 30 juillet 1859. Rouland demande que des négociations soient engagées avec Rome en vue d'obtenir la coadjutorerie de Paris pour Darboy.

malgré ce refus, le gouvernement nomme l'abbé Darboy, évêque de Nancy, sans avoir consulté préalablement le nonce, ce qui représente une entorse à la pratique habituelle de l'entente préalable. Cette nomination doit beaucoup à Rouland lui-même qui parvient ainsi à faire prévaloir, pour la première fois, ses options en matière de nominations épiscopales. Elle symbolise la victoire du camp néo-gallican qui a soutenu la politique italienne de l'Empire, face à la fraction ultramontaine du clergé. Elle inaugure enfin une vague de retour au gallicanisme. En ce sens, la nomination de Darboy marque bien un tournant dans la politique de nominations épiscopales sous le IIe Empire [1].

Désormais le gouvernement entend nommer des ecclésiastiques qui lui soient totalement acquis, ce qui signifie, dans le contexte de l'affaire d'Italie, qu'ils n'aient pas pris position contre la politique française. Il s'ensuit nécessairement que la plupart des promus penchent plutôt vers le gallicanisme, puisque les ultramontains ont eux pris fait et cause pour le pape. Cependant, parmi les dix-neuf évêques nommés d'août 1859 à mai 1863, on compte au moins deux ultramontains notoires. Ce sont les abbés La Tour d'Auvergne et Le Breton. Le premier est nommé coadjuteur de l'archevêque de Bourges, d'une part parce que son attitude politique est jugée réservée, et d'autre part afin de libérer le poste d'auditeur de rote qu'il détient depuis 1851 et dont le gouvernement veut se servir pour compter un ambassadeur ecclésiastique à Rome, en la personne de Lavigerie [2]. Le second, Le Breton, est récompensé pour ses prises de position gouvernementales ; il a en effet pris parti en 1863 contre la candidature de Montalembert à Saint-Brieuc et, comme le rapporte le préfet des Côtes-du-Nord, « au moment où les affaires de Rome étaient les plus brûlantes, il s'efforçait de calmer ses confrères en leur représentant les nombreuses difficultés qui s'opposaient à une manifestation plus complète des bonnes dispositions de l'Empereur à l'égard du Saint-Siège [3] ». L'attitude des candidats à l'épiscopat face à la question romaine devient donc un critère

---

1. Jacques-Olivier BOUDON, « Une promotion épiscopale sous le IIe Empire : l'abbé Darboy à l'assaut de Paris », *Revue d'histoire moderne et contemporaine*, n° 39-3, juillet-septembre 1992, p. 465-482.
2. Voir Xavier DE MONTCLOS, *Lavigerie, le Saint-Siège et l'Église de l'avènement de Pie IX à l'avènement de Léon XIII (1846-1878)*, Paris, De Boccard, 1965, 663 p.
3. A. N. F 19 / 2563 (dossier Le Breton), le préfet des Côtes-du-Nord au ministre, 17 mai 1863.

essentiel pour l'obtention d'un évêché. Le gouvernement accorde un prix d'autant plus grand à l'attachement de ses évêques aux institutions que le clergé dans son ensemble s'est davantage éloigné d'elles.

L'examen des prises de position des candidats à l'épiscopat se renforce. Les préfets sont invités à signaler les écarts de langage ou au contraire les adhésions au régime. C'est ainsi que l'abbé Colet, recommandé depuis 1855, est finalement promu en 1861 après un ultime rapport du préfet de Côte-d'Or qui réitère son avis favorable et ajoute : « Les événements qui se sont accomplis depuis lors n'ont fait que justifier cette opinion. En effet, le diocèse de Dijon est un de ceux où aucun mandement ou lettre pastorale n'a été publié sur les questions soulevées par le pouvoir temporel du pape. Cette abstention dépose de l'esprit de sagesse et de modération du prélat et du prêtre distingué qu'il a associé à son administration [1]. » L'abbé Nogret est signalé pour être « resté silencieux au milieu des colères du clergé » et le préfet d'Indre-et-Loire fait allusion à l'un de ses récents discours où « il proclamait hautement son admiration pour l'Empereur et son attachement à sa personne et à sa dynastie [2] ». En l'absence de prise de position nette en faveur de la politique italienne du gouvernement, les pouvoirs publics se contentent donc d'une adhésion réaffirmée à l'Empire, considérée comme une garantie suffisante.

Mais le débat peut aussi se déplacer sur un terrain plus politique et l'attachement à l'Empire recouvrer une adhésion franche à la politique menée. Le préfet du Jura décrit ainsi l'attitude de l'abbé Peschoud : « Au point de vue politique, M. Peschoud est dévoué à l'Empereur, il reconnaît les immenses services rendus par lui à la religion et me disait confidentiellement, il y a quelques semaines, qu'il attachait une médiocre importance à la conservation de la puissance temporelle du pape, si l'on parvenait à trouver à la question italienne une solution sauvegardant l'indépendance et la dignité du Chef de la catholicité [3]. » Certains ecclésiastiques profitent du reste de la nouvelle conjoncture pour pousser plus avant leur can-

---

1. A. N. F 19/2588 (dossier Colet), le préfet de Côte-d'Or au ministre, 4 décembre 1860.
2. A. N. F 19 / 2576 (dossier Nogret) le préfet d'Indre-et-Loire au ministre, 15 janvier 1862.
3. A. N. F 19 / 2637 (dossier Peschoud, candidat à l'épiscopat), le préfet du Jura au ministre, 12 mars 1861.

didature, par exemple l'abbé Dubreuil, supérieur du petit séminaire de Saint-Pons au diocèse de Montpellier, qui envoie à Rouland le discours qu'il a prononcé lors de la distribution des prix, en insistant sur les «bonnes paroles» qu'il a eues pour l'empereur [1]. À partir de 1859 un soutien sans faille au régime est donc plus que jamais requis des candidats à l'épiscopat.

C'est en partie pour cette raison que la première préoccupation de Rouland a été de concentrer les choix sur le clergé parisien. Tout d'abord le clergé parisien est traditionnellement gallican et compte en son sein une fraction libérale qui derrière Maret non seulement s'est ralliée au régime mais encore approuve la politique italienne de Napoléon III. En outre le diocèse de Paris est gouverné par le cardinal Morlot qui est également sénateur mais surtout grand aumônier, et donc un des principaux dignitaires du régime. Il n'est par conséquent pas étonnant de constater que sept des dix-neuf évêques nommés par Rouland entre 1859 et 1863 sont issus du clergé parisien. Après la nomination de Darboy, vicaire général de Paris, à Nancy en 1859, le gouvernement tente en 1860 de faire nommer à Vannes l'abbé Maret, doyen de la faculté de théologie de Paris, mais le refus du Saint-Siège fait échouer cette nomination. Il récidive alors en désignant deux Parisiens en 1861 : Christophe, desservant de Saint-Denis-de-la-Chapelle, et Ravinet, vicaire général de Paris. Trois autres sont désignés en 1861 : Baudry, professeur de théologie à Saint-Sulpice, Cruice, directeur de l'école des Carmes, et Lecourtier, curé-archiprêtre de Notre-Dame. Enfin en 1863, Lavigerie, auditeur de rote, mais aussi ancien professeur à la faculté de théologie, est nommé à Nancy, où il remplace Mgr Darboy, promu à Paris. Cette promotion est en quelque sorte le couronnement d'une politique de nomination inaugurée par Rouland quatre ans plus tôt et qui vise à renforcer dans l'épiscopat français l'aile néo-gallicane, incarnée par Darboy et Maret.

Dans ces choix, l'influence du cardinal Morlot est essentielle, mais il ne faudrait pas négliger le rôle joué par l'abbé Buquet, vicaire général de Paris, qui est en matière de nominations épiscopales le véritable conseiller du cardinal Morlot; il traite nombre d'affaires directement avec le ministre. De plus, l'influence du cardinal Morlot ne s'arrête pas aux seuls ecclésiastiques parisiens. Il désigne aussi d'autres candidats, par exemple Magnin nommé à

---

1. A. N. F 19 / 2497 (dossier Dubreuil), l'abbé Dubreuil au ministre, 29 juillet 1860.

Annecy en 1860 [1], ou Colet, nommé à Dijon en 1861 [2]. Le cardinal Morlot donne aussi un avis favorable concernant l'abbé Nogret, curé de Loches, qu'il a connu lorsqu'il était archevêque de Tours [3]. Il apporte également sa caution à l'abbé de La Tour d'Auvergne [4]. Ce sont ainsi onze évêques sur dix-neuf qui ont bénéficié du soutien de l'archevêque de Paris entre 1859 et 1863, signe du poids joué par ce prélat dans les nominations effectuées par Rouland. La présence du cardinal Morlot sur le siège parisien correspond du reste parfaitement au passage de Rouland au ministère des Cultes, puisqu'il fut l'un des premiers évêques que Rouland promut en 1857 et qu'avant de quitter le gouvernement en 1863 il nomme le successeur de Morlot, Darboy, nomination dont il est directement responsable.

Le ministère Baroche.

Le remaniement ministériel de juin 1863 fait passer les Cultes de l'Instruction publique à la Justice, confiée à Baroche. L'administration des cultes ne connaît pas de changement, puisque Hamille en demeure le directeur. Ce double constat laisse entrevoir que l'administration acquiert désormais une plus grande autonomie, car le ministre de la Justice est davantage absorbé par des tâches extérieures aux Cultes. Il est certain en tout cas qu'on ne retrouve pas dans les dossiers des candidats le même type de rapports signés du ministre comme c'était le cas sous Rouland, du moins dans la pre-

---

1. A. N. F 19 / 2492 (dossier Magnin), le cardinal archevêque de Paris au ministre, 3 avril 1860.
2. A. N. F 19 / 2588 (dossier Colet), le cardinal archevêque de Paris au ministre, 4 avril 1861.
3. A. N. F 19 / 2576 (dossier Nogret), l'abbé Buquet, vicaire général de Paris, au ministre, 15 janvier 1862 : «Mgr l'archevêque se rappelle parfaitement qu'il avait été question d'un évêché pour M. Nogret sous M. Fortoul, sans se rappeler pourquoi la nomination n'eut pas lieu. Son Éminence regarde M. Nogret comme un très bon prêtre, d'un caractère aimable et dont il a conservé les meilleurs souvenirs.» Sans être enthousiaste, cette recommandation suffit à faire passer Nogret. Son cas montre aussi que le ministère Rouland repêche des candidats jusque-là écartés, comme Nogret, mais aussi Lecourtier, sur les listes d'épiscopables depuis 1841.
4. A. N. F 19 / 2508 (dossier La Tour d'Auvergne), le cardinal archevêque de Paris au ministre, 4 avril 1861 : «Cet ecclésiastique est suffisamment connu. Il n'y a et il ne peut y avoir qu'une voix sur lui. Ses qualités et ses vertus le désignent comme un de ceux à qui on peut confier en toute sûreté le gouvernement d'un diocèse quel qu'il soit.»

mière phase du nouveau ministère. Cela ne signifie pas que Baroche ne s'intéresse pas aux nominations épiscopales, mais il délègue une grande partie de ses pouvoirs à Hamille. Ses premiers actes en matière de nomination révèlent une certaine prudence. À la fin de 1863, il fait en effet nommer Gazailhan, vicaire général de Bordeaux, ecclésiastique qui se caractérise, à l'image du cardinal Donnet, par sa « prudence » et sa « modération [1] ». L'abbé Dours, inspecteur de l'académie de Versailles, doit sa nomination au triple soutien de Boudet, ministre de l'Intérieur, de Duruy, ministre de l'Instruction publique, et de Baroche lui-même, qui l'avait connu en sa qualité de président du conseil général de Seine-et-Oise [2]. Certes l'abbé Dours est un ecclésiastique modéré, mais le seul fait qu'il appartienne à l'Université, et donc qu'il soit fonctionnaire de l'État, représente un défi lancé au Saint-Siège. Cette nomination annonce donc la continuation et même l'accentuation de la politique de combat inaugurée par Rouland.

La continuité se marque aussi par le recours aux ecclésiastiques parisiens : cinq sur dix-sept nommés entre 1863 et 1869, Meignan, Bécel [3], Hugonin, Place et Foulon. À ces ecclésiastiques parisiens viennent s'ajouter Gueulette, Ramadié, Grimardias, Gros, Lequette, Guilbert, Hacquard, Las Cases, Thomas et Callot. Dix d'entre eux sont directement recommandés par la triade Maret-Darboy-Lavigerie qui règne en maître sur les nominations épiscopales du temps de Baroche. Cette question est suffisamment connue pour qu'il soit inutile d'insister [4], mais elle vaut cependant d'être rappelée, d'autant plus que du côté du Saint-Siège ces nominations ont été ressenties comme une véritable provocation. On a du reste la preuve que cette politique était concertée avec le pouvoir politique et correspondait au dessein très nettement affirmé de renforcer le camp gallican au sein de l'épiscopat français. Une note de Mgr Lavigerie est à cet égard éclairante : « Il faut des évêques excellents, écrit l'évêque de Nancy. On peut avoir un concile », et il cite les noms des abbés Hugonin, Grimardias, Place, Las Cases,

---

1. A. N. F 19 / 6177 (dossier Gazailhan, chanoine de Saint-Denis), le préfet de la Gironde au ministre, 23 mars 1861.
2. A. N. F 19 / 6176 (dossier Dours, chanoine de Saint-Denis), Baroche l'a recommandé alors qu'il n'était pas encore ministre, le président du Conseil d'État au ministre, 30 avril 1863.
3. S'il est vrai qu'il est curé de Vannes au moment de sa nomination, c'est à Paris qu'il a construit sa nomination.
4. Voir Xavier DE MONTCLOS.

Foulon, Hyvrier et Sire [1]. Seuls les deux derniers ne sont pas promus à l'épiscopat. Dans la même note, il ajoute également à propos de la succession de Gazailhan à Vannes, diocèse pour lequel il était question de Mgr Épivent : « un Breton à Vannes, c'est de l'huile sur le feu ». Pour le gouvernement il est tout à fait exclu de nommer un ultramontain en Bretagne. De ce fait même Mgr Le Breton, pourtant considéré comme dynastique, est écarté au profit de Bécel. Cette affaire montre cependant que l'ensemble du gouvernement n'est pas pareillement acquis à une politique de combat à l'égard de Rome. Le Breton était ainsi soutenu par Rouher tandis que Bécel avait l'appui de Baroche. Finalement c'est Napoléon III lui-même qui emporte la décision [2]. Mais l'important est de constater que pour l'heure le point de vue gallican l'emporte. La seule entorse à cette politique est le choix de l'ultramontain Lequette, nommé évêque d'Arras en 1866 [3]. Mais à cette seule exception près, c'est bien un épiscopat de combat que bâtit Baroche, afin de peser dans un éventuel concile dont l'imminence apparaît de plus en plus certaine au milieu des années 1860. Incontestablement donc Baroche recherche l'affrontement et, plus encore que son prédécesseur, il sélectionne des évêques qui sont irréprochables sur le plan politique, mais qui en plus se sont nettement prononcés en faveur du gallicanisme. Le choix de l'abbé Gueulette, curé-archiprêtre de la cathédrale de Moulins, nommé évêque de Valence en 1864, illustre parfaitement la politique Baroche.

Signalé en 1855, il est alors mal noté par le préfet de l'Allier qui le décrit comme un légitimiste, lecteur de *L'Univers*, mais surtout comme un prêtre d'une « capacité assez bornée [4] ». Ce jugement, partagé sans nul doute par l'évêque de Moulins, Mgr de Dreux-Brézé, explique que ce dernier n'ait pas choisi Gueulette comme vicaire général, poste que l'archiprêtre espérait obtenir, au dire du préfet [5].

---

1. A. N. F 19 / 2500 (dossier Hugonin), Note de l'évêque de Nancy.
2. Mais sa prise de position est surtout guidée par le souci d'honorer sa cousine, la princesse Bacciochi, qui recommandait Bécel.
3. Voir Yves-Marie HILAIRE, *Une chrétienté au XIXᵉ siècle. La vie religieuse des populations du diocèse d'Arras (1840-1914)*, Lille, Publications de l'université Lille-III, 2 tomes, 1017 p., t. I, p. 286.
4. A. N. F 19 / 2592 (dossier Gueulette), le préfet de l'Allier au ministre, 25 janvier 1855.
5. *Ibid.*: « Je dois dire que j'en ai entendu parler en assez bons termes par Mgr de Dreux-Brézé bien qu'il y ait entre eux une assez grande froideur par suite du refus de celui-ci d'appeler M. l'abbé Gueulette au poste de grand vicaire qu'il ambitionnait auprès de lui. »

Six ans plus tard, les renseignements donnés par le préfet sont tout
à fait élogieux à l'égard de l'abbé Gueulette [1]. Que s'est-il passé
dans ce laps de temps ? Le changement de préfet n'explique pas
seul ce revirement. Celui-ci correspond aux prises de position de
Gueulette qui s'est prononcé contre son évêque dans le conflit qui
l'oppose au gouvernement français, ce qui fait dire au préfet : « Sa
nomination serait un échec pour le parti ultramontain de l'Allier [2]. »
Dès lors le préfet ne se contente pas de répondre aux demandes de
renseignements : il pousse lui-même la candidature de Gueulette.
Il est également relayé par l'ancien procureur impérial de Moulins
qui, devenu président du tribunal de première instance du Puy,
demande Gueulette comme évêque de ce diocèse [3]. Ces deux interventions de hauts fonctionnaires montrent que le retour à certaines
formes du gallicanisme parlementaire rencontre un écho au-delà du
seul ministère des Cultes. Que des préfets et plus encore de hauts
magistrats interviennent dans le débat des nominations épiscopales
révèle la persistance d'un sentiment gallican très fort chez des
hommes nourris de la pensée de Portalis ou de la lecture du manuel
de Dupin.

Le recours à des ecclésiastiques gallicans conduit le gouvernement, entre 1859 et 1869, à recruter ses candidats en premier lieu
dans le clergé parisien et plus particulièrement au sein des institutions d'enseignement parisiennes que sont l'école des Carmes, la
faculté de théologie et les séminaires, autant de hauts lieux du
gallicanisme. En outre deux autres évêques sont passés par la Maison des Chartreux à Lyon, autre lieu de gallicanisme. Enfin plusieurs autres avaient eu maille à partir avec leur hiérarchie, voire
avec le Saint-Siège. Gueulette s'est opposé à son évêque, Callot a
été à la tête de l'opposition des curés lyonnais au rétablissement de
la liturgie romaine, Hacquard est un disciple de l'abbé Bautain dont
les thèses ont été sanctionnées par Rome, Hugonin enfin a vu ses
thèses ontologiques censurées par Rome. On retrouvera tous ces
individus, car sans anticiper sur la suite, on peut déjà annoncer que
leur candidature a été très vivement critiquée par le Saint-Siège.

---

1. *Ibid.*, le préfet de l'Allier au ministre, 20 mars 1861 : « Il y a un prêtre qui, par
ses vertus, ses connaissances, sa prudence, sa modération, la sûreté de son jugement,
son aptitude administrative, son dévouement à la dynastie impériale, à nos institutions et aux intérêts traditionnels du pays, serait digne de l'épiscopat et de la
confiance du gouvernement, c'est l'abbé Gueulette, curé de la cathédrale de Moulins. »
2. *Ibid.*, le préfet de l'Allier au ministre, 8 octobre 1862.
3. *Ibid.*, le président du tribunal de première instance du Puy au ministre, 11 janvier 1863.

Enfin l'acharnement du gouvernement à faire prévaloir ses choix d'ecclésiastiques gallicans pour l'épiscopat explique que, pour la première fois depuis le Iᵉʳ Empire, certains évêques aient été nommés sans être préconisés par Rome. Mouniq à la Martinique et Gérin à Agen se voient refuser la sanction pontificale, sans pour autant que le gouvernement cherche à les remplacer [1]. Cette crise ne bloque pas pour autant le processus des nominations épiscopales.

Le ministère Ollivier.

Baroche quitte le gouvernement en juillet 1869 ; il est remplacé au poste de ministre de la Justice et des Cultes par Duvergier. Hamille conserve ses fonctions à la tête de l'administration des cultes. Cette équipe procède à trois nominations au mois de décembre 1869. Elles sont l'occasion de voir illustrer la façon dont l'administration des cultes travaille dans la continuité tout en se réservant la possibilité d'influer notablement sur les choix envisagés. La continuité s'affirme dans le recours à deux ecclésiastiques parisiens : l'abbé de Cuttoli et l'abbé Freppel. La troisième nomination, celle de Reyne à la Guadeloupe, illustre d'autant plus la continuité à l'intérieur des services de l'administration des cultes qu'elle avait été arrêtée par Baroche en accord avec le ministre de la Marine. Cependant un léger infléchissement commence à être perceptible dans la politique de nominations épiscopales à la fin de 1869. Il apparaît au moment du choix de l'abbé Freppel. Cet ecclésiastique, professeur à la faculté de théologie de Paris, avait le profil type des prêtres recommandés par le clan Maret-Darboy-Lavigerie. Or Freppel n'obtient pas leur soutien, car ces trois évêques connaissent déjà à cette date son passage à l'ultramontanisme. Une note révèle que Mgr Darboy « l'accepte faiblement [2] ». Une autre, signée Hamille, rapporte : « L'archevêque d'Alger n'a pu voir Sa Majesté. Il lui a écrit et a recommandé Bourret. A-t-il donné un coup de bâton à l'abbé Freppel ? Je l'ignore, mais il y a eu des rivalités entre eux quand ils étaient ensemble à la faculté de théologie

---

1. Dans une situation identique, le gouvernement de la monarchie de Juillet avait rapporté la nomination de l'abbé Guillon à Beauvais, en acceptant pour lui un titre d'évêque *in partibus*. Le même type de transaction avait eu lieu à propos de l'abbé Maret, mais aucune transaction n'aboutit avec Mouniq et Gérin.
2. A. N. F 19 / 2489 (dossier Freppel), Note de l'administration des cultes.
3. *Ibid.*, Note de M. Hamille.

de Paris ³.» Hamille du reste prend fait et cause pour Freppel et
«réfute l'archevêque d'Alger ¹». Il profite de l'inexpérience relative du ministre en matière de cultes pour imposer ses vues propres,
mais on peut se demander si elles ne marquent pas une réorienta-
tion de la politique ecclésiastique dans un sens plus favorable à
Rome. Elle correspondrait à une influence grandissante de l'impératrice sur le gouvernement de la France. On ne peut en effet s'empêcher de constater la forte pression qu'exerce en faveur de Freppel
l'abbé Deguerry, curé de la Madeleine et en même temps confesseur de l'impératrice. Ainsi dès 1869 l'influence du clan Maret
apparaît moins décisive que sous le ministère Baroche, et pour la
première fois depuis longtemps est promu un prêtre qui bénéficiait
du soutien de deux évêques ultramontains, Mgr Bataille et Mgr
Raess ². Pour la première fois aussi, une note de l'administration
des cultes stipule que «le nonce accepte», ce qui suppose une
consultation préalable qui était sortie des mœurs depuis 1859. Tous
ces indices laissent donc entrevoir que le départ de Baroche s'est
accompagné d'un changement dans la politique ecclésiastique,
changement qui se confirme après la formation du gouvernement
par Émile Ollivier en janvier 1870.

Déjà une fraction de l'entourage de l'empereur, derrière l'impératrice et Rouher, considérait la politique menée en matière de
nominations épiscopales comme une application trop stricte du
Concordat. L'émergence du tiers parti au lendemain des élections de
1869 et le retour des catholiques sur le devant de la scène politique
s'accompagnent d'une lecture différente de ce Concordat. Pourtant
ce n'est pas à un catholique que l'on doit principalement cette nouvelle lecture, mais à un ancien républicain, Émile Ollivier, dont le
point de vue sur le droit du gouvernement en matière de nomination mérite d'être cité. Évoquant le refus de l'abbé Mouniq par le
Saint-Siège, Ollivier écrit dans *L'Empire libéral* :

> Le gouvernement au lieu de désigner un autre candidat, maintient la
> nomination ; il demandait que tout au moins on lui fît connaître les motifs
> du refus : la nomination des évêques était une prérogative essentielle du
> pouvoir civil qu'il ne pouvait abandonner ; admettre que son choix fût
> annulé par un refus non motivé du Saint-Père, c'était y renoncer.

1. *Ibid.*, Note de l'administration des cultes.
2. Il est vrai qu'il est également soutenu par des gallicans, Mgr Ravinet et l'abbé
Deguerry, curé de la Madeleine, ainsi que par le cardinal Donnet.

Cette thèse régalienne n'est pas admissible. Le pouvoir de nommer aux sièges épiscopaux n'est pas une prérogative inhérente au pouvoir civil, il résulte d'un privilège accordé par le Saint-Siège et ne saurait porter atteinte au droit supérieur du Souverain Pontife de donner ou de refuser l'institution canonique. [...]
La prérogative du pouvoir civil est de nommer; la nomination faite, cette prérogative est épuisée. Il ne reste plus que le droit du pape d'accepter ou de refuser l'institution canonique par les raisons que sa conscience lui dicte et qu'il n'a pas à communiquer, encore moins à justifier. [...]
À moins de reconnaître au pouvoir temporel une autorité au-dessus de celle de l'Église et le droit de réformer les jugements du Souverain Pontife sur des matières principalement ecclésiastiques, il faut admettre qu'en cas de refus de l'institution canonique, le gouvernement n'a qu'à se soumettre, et si ses instances respectueuses ne sont pas accueillies, à proposer un autre candidat [1].

Et Ollivier rappelle que le concordat de 1516 stipulait cette condition. Ce texte est tout à fait important, en ce qu'il se démarque totalement de la pensée des légistes gallicans qui peuplaient l'administration des cultes. Or en janvier 1870, en devenant ministre de la Justice, Ollivier prend également le portefeuille des Cultes. Il s'attache dès lors à rompre avec la politique de son prédécesseur, en renouant le dialogue avec Rome et en nommant des évêques plus acceptables par le Saint-Siège. Son premier geste en ce domaine concerne l'archidiocèse de Lyon, pour lequel le choix du titulaire suscite une attention toute particulière. Dans un premier temps le gouvernement avait songé à y nommer Mgr Dubreuil, archevêque d'Avignon, ce qui aurait constitué la poursuite de la politique Baroche. Le Saint-Siège met en avant un évêque ultramontain, Mgr de La Tour d'Auvergne, archevêque de Bourges, le seul à pouvoir passer en raison de ses liens de parenté avec le ministre. Finalement le comte Daru, catholique libéral et ministre des Affaires étrangères, avance un troisième nom, celui de Mgr Ginoulhiac, évêque de Grenoble. Ce dernier est un libéral,

---

1. Émile OLLIVIER, *L'Empire libéral. Études, récits, souvenirs*, t. V : *L'inauguration de l'Empire libéral. Le roi Guillaume*, Paris, Garnier, 1900, 642 p., p. 279-280. Le sous-titre de cette vaste fresque est important à rappeler, car justement pour la période où il est au pouvoir, c'est bien à ses souvenirs qu'Émile Ollivier fait appel. On pourrait objecter que trente ans plus tard l'écrivain, qui s'est beaucoup rapproché du Vatican, a pu forcer le trait. C'est possible, mais sur le fond sa pensée est alors confirmée par l'attitude qu'il adopte justement en matière de nominations épiscopales, et s'il n'a pas réussi à régler le différend Mouniq, c'est faute de temps et à cause de l'intransigeance de l'intéressé qui s'est refusé à tout compromis, mais la négociation était engagée.

proche de Dupanloup, et ce choix est tout indicatif du nouveau climat qui règne au sommet de l'État, comme le montrent ces propos d'Émile Ollivier au cardinal de Bonnechose : « Il a paru préférable au Conseil et à l'Empereur en ce moment, de choisir Mgr de Grenoble afin de bien marquer que le gouvernement forme des vœux pour que les doctrines libérales modérées qu'il essaie de faire prévaloir dans l'État l'emportent aussi dans l'Église [1]. » La concomitance des politiques est donc bien affirmée ; au moment où s'ouvre le concile, le gouvernement désire qu'y prévale le climat libéral qu'il a introduit dans la vie politique française, mais en même temps, au nom même de ce libéralisme, Ollivier refuse de peser directement sur les décisions du concile, ce qu'aurait sans doute tenté un Baroche.

Ollivier procède aux quatre dernières nominations épiscopales du IIe Empire. En mars 1870 Paulinier remplace Mgr Ginoulhiac à Grenoble et Pichenot est nommé évêque de Tarbes. En mai, Fournier et Grolleau obtiennent les évêchés de Nantes et Évreux. La nomination de Paulinier peut apparaître dans la droite ligne de la politique de Baroche ; il est en effet recommandé par Mgr Darboy, Mgr Maret et Mgr Ramadié, mais il l'est également par Mgr Dupanloup et par Mgr Ginoulhiac. Or ce dernier soutien est particulièrement important puisque Paulinier est désigné comme le successeur de Mgr Ginoulhiac. En outre Paulinier bénéficie paradoxalement de l'opposition de son évêque, Mgr Lecourtier, « irascible prélat », selon une note de l'administration des cultes [2]. Cette nomination démontre donc l'inflexion de la politique ecclésiastique. Elle est confirmée par le choix de l'abbé Pichenot, recommandé par l'archevêque de Sens depuis 1855, mais que Baroche avait exclu de l'épiscopat, le considérant comme trop ultramontain [3]. De fait, le préfet de l'Yonne

---

1. Émile Ollivier au cardinal de Bonnechose, 12 février 1870, archives Troisier de Diaz, lettre citée par Jacques GADILLE, dans « Émile Ollivier et l'Église catholique », *Regards sur Émile Ollivier*, Études réunies par Anne Troisier de Diaz, Paris, Publications de la Sorbonne, 1985, 365 p., p. 283-306 (p. 291).

2. A. N. F 19 / 2504 (dossier Paulinier), Note de l'administration des cultes.

3. Déjà en 1862, Rouland lui avait préféré l'abbé Bravard, autre vicaire général de Sens, pourtant recommandé par Mgr Jolly en second rang, ce qui avait provoqué un certain désappointement chez Pichenot, comme le rapporte le préfet de l'Yonne au ministre, le 11 novembre 1862 : « Il a fait dernièrement le voyage de Rome et on m'a assuré qu'il l'avait un peu regretté, en apprenant la nomination de Mgr Bravard à un siège épiscopal » (A. N. F 19 / 2810 [dossier de nomination au vicariat général de Sens]). Ces regrets peuvent s'entendre dans un double sens, dans la mesure où ce voyage à Rome l'a éloigné de Paris, mais aussi a révélé son attachement au Saint-Siège.

écrit encore en 1870 : « Son caractère et ses opinions me paraissent aussi devoir mériter la confiance du gouvernement ; mais il est toujours d'une réserve si grande que, malgré les excellentes relations que j'ai avec lui, il me serait plus difficile d'émettre à ce sujet une appréciation complète [1]. » Ce genre de propos aurait exclu Pichenot de l'épiscopat sous le ministère Baroche, mais il montre bien la nouvelle orientation suivie par Ollivier qui recherche des candidats de compromis. Il s'en explique dans *L'Empire libéral...* en rappelant comment Mgr Darboy d'une part et l'abbé Combalot d'autre part l'avaient poussé à choisir des évêques, qui dans le camp gallican, qui dans le camp ultramontain. Ollivier s'y refuse :

Je ne m'abandonnais à aucune de ces directions exclusives. Avant de m'enquérir des idées, j'interrogeais sur le caractère. Des opinions extrêmes en un caractère modéré me paraissent moins dangereuses que des opinions modérées en un caractère extrême [...]. Parmi les opinions je m'informais peu ou pas de celles relatives à l'ordre spirituel telles que l'infaillibilité : j'insistais sur celles qui touchent aux relations de l'Église et de l'État. À aucun prix je n'aurais consenti à appeler aux fonctions épiscopales un de ces prêtres, comme il en existe trop, toujours prêts, par ambition ou par absence de lumières, à insister sur les points aigus, à se placer dans les intolérances de la *thèse* plutôt que dans les adoucissements de l'*hypothèse* [2], à susciter ou à envenimer les conflits avec le pouvoir, avec la société ou avec les individus. En maxime, tout est aisé ; dans la pratique c'est autre chose, et je me suis parfois trouvé entre deux jugements contradictoires sur la même personne qui m'embarrassaient fort [3].

Ollivier explique donc que, pourvu que les candidats soient dévoués au régime, peu importe qu'ils soient gallicans ou ultramontains. Il exprime en définitive une idée très prégnante au XIXᵉ siècle qu'il vaut mieux des évêques modérés que des évêques ardents, fussent-ils amis du gouvernement en place. La phrase finale d'Émile Ollivier est une référence directe aux difficultés suscitées par la nomination de l'abbé Fournier à Nantes. Sa fiche conservée à l'administration montre qu'il répond aux attentes du ministre :

---

1. A. N. F 19 / 2515 (dossier Pichenot), le préfet de l'Yonne au ministre, 8 février 1870.
2. Le débat autour du *Syllabus* a remis au goût du jour cette distinction théologique entre la thèse et l'hypothèse, dont Dupanloup s'est servi pour expliquer que le *Syllabus* était indubitable en théorie, mais que dans la pratique il fallait le lire avec quelques accommodements.
3. Émile OLLIVIER, t. XIII, p. 206.

« Esprit éclairé et sagement libéral [1]. » Malgré l'opposition des vicaires généraux de Nantes, les abbés Richard et La Guibourgère, Ollivier maintient cette nomination [2], qui a en outre le soutien du ministre des Beaux-Arts. L'important est de constater que le ministre met en application, dans cette affaire, son souci de ne pas agir par esprit de parti ; pour lui seule compte la personnalité de Fournier, ancien député sous la IIe République et curé d'une des principales paroisses de Nantes [3]. Ollivier ne s'empêche pas non plus de recourir le cas échéant à des hommes recommandés par les évêques du clan Maret, ce qui est le cas de l'abbé Grolleau, recommandé par Mgr de Las Cases, mais Grolleau est loin d'être ardent. Surtout celui-ci doit sa nomination au soutien de M. Louvet, Angevin comme lui, devenu ministre de l'Agriculture et du Commerce en janvier 1870. L'influence des hautes personnalités de l'État est une des autres limites aux « maximes » définies par Ollivier.

La politique de nominations épiscopales suivie tout au long du IIe Empire doit beaucoup à la personnalité de quatre ministres qui ont marqué de leur sceau la formation de l'épiscopat. Par rapport à la monarchie de Juillet, la permanence des hommes à la tête du ministère des Cultes a permis à Fortoul, Rouland, Baroche et, dans une moindre mesure, Ollivier, de jouer un rôle personnel important

---

1. A. N. F 19 / 2546 (dossier Fournier), Note de l'administration des cultes.

2. Émile OLLIVIER : « J'avais arrêté mon choix pour l'évêché de Nantes sur l'abbé Fournier, curé de la principale paroisse de cette ville. L'abbé Richard, depuis archevêque de Paris, et l'abbé de La Guibourgère se présentent à moi et me disent : "Nous savons que vous allez nommer tel prêtre. Or, l'évêque défunt dont nous avons été les vicaires généraux nous a prescrit, si jamais cet ecclésiastique était désigné à l'épiscopat, de venir déclarer en son nom au ministre qu'il en est indigne." Je devins soucieux : "Ce que vous me dîtes m'embarrasse fort. Je ne puis pas frapper un pauvre homme sans savoir pourquoi, et quelque confiance que vous m'inspiriez, je ne puis m'en rapporter à vous. Quel est donc votre grief contre cet ecclésiastique ?" Après quelques instants d'hésitation : "Il entretenait une correspondance suspecte avec une femme mariée. – Quand ? leur dis-je. – Il y a une vingtaine d'années. – Ah ! m'écriai-je, il y a prescription. D'ailleurs votre évêque ne l'avait pas jugé tellement indigne, puisqu'il est encore curé d'une de vos principales paroisses. Je maintiendrai donc sa nomination" » (t. XIII, p. 207). – Cette longue évocation des circonstances qui ont présidé à la nomination de Fournier montre l'importance qu'Émile Ollivier accordait aux nominations épiscopales. En même temps, elle révèle une relative méconnaissance du monde clérical. Mgr Jaquemet aurait eu d'énormes difficultés à écarter Fournier de sa cure, inamovible, s'il l'avait voulu. En outre, Ollivier n'est sans doute pas mécontent de prendre la défense d'un « pauvre homme » qui a été républicain en 1848 et se retrouve isolé face à une coterie de légitimistes.

3. Ollivier ne prend cependant aucune décision avant d'avoir obtenu l'accord de Rome.

dans la désignation des évêques. En même temps, la politique de nomination suit très exactement les variations de la politique ecclésiastique du IIᵉ Empire. En ce sens, une fracture apparaît en août 1859; à une phase marquée par l'entente avec le Saint-Siège succède une phase de heurts. Néanmoins, à partir de la fin de 1869 s'engage une nouvelle période qui correspond à l'ouverture du régime aux libéraux. De ce fait, la politique menée par le gouvernement Ollivier annonce celle que poursuivent les premiers ministères de la IIIᵉ République.

CHAPITRE VI

LA POLITIQUE DE NOMINATION
SOUS LA IIIe RÉPUBLIQUE

La transition entre le IIe Empire et la IIIe République se fait dans des conditions telles que la question des nominations épiscopales n'apparaît pas comme la plus urgente. Néanmoins, elle préoccupe très tôt le gouvernement, avant même les élections de février 1871. On discute donc des choix épiscopaux en pleine guerre. Les républicains ont ainsi accepté d'emblée la reprise du dialogue avec le Saint-Siège et ce dialogue ne cesse pas pendant près de trente ans jusqu'à la veille de la Séparation, ce qui amène évidemment à s'interroger sur le fondement de la politique des gouvernements de la IIIe République en matière de nominations épiscopales [1].

Le ministère Jules Simon.

Au lendemain du 4 septembre 1870, Jules Simon prend le ministère des Cultes; il garde ce portefeuille dans le gouvernement formé par Thiers en février 1871 et le conserve jusqu'en mai 1873. C'est donc lui qui a en charge les premières nominations épiscopales effectuées par la IIIe République, seize au total entre janvier 1871 et mai 1873, sans compter les promotions. La part prise par Jules Simon dans le travail préparatoire aux nominations est décisive, d'autant plus que l'administration des cultes est suspecte de bonapartisme, comme l'atteste une remarque de Simon à Thiers en juin 1871 : « Je vous prie de peser les observations que je vous soumets.

---

1. Voir Jacques GADILLE, *La Pensée et l'Action politiques des évêques français au début de la IIIe République, 1870-1883,* Paris, Hachette, 1967, 2 tomes, 351 et 334 p.

Personne ne sait quelle est, sur cette question, la disposition de mon esprit ; car je m'applique, avec un soin que je vous prie de ne pas méconnaître, à faire en sorte qu'aucun embarras ne nous vienne de moi ni de mon administration. Je pousse le scrupule jusqu'à vous écrire de ma propre main, pour ne pas avoir de confident ; j'ai des raisons, que je vous ferai connaître, de prendre des précautions contre les bureaux du ministère des Cultes [1].» Cette méfiance s'explique par l'influence prise au sein de l'administration par les éléments bonapartistes, au premier rang desquels se trouvait Hamille, directeur des cultes, congédié le 6 septembre 1870. De façon symptomatique, Hamille n'est pas immédiatement remplacé. Tardif, chef de la première division des cultes catholiques, assure la charge qu'il occupait, mais avec des responsabilités moindres. Sans doute est-il directement visé par les propos de Simon. Pendant deux ans donc, Simon cumule les fonctions de directeur des cultes et de ministre, ce qui explique la part très active qu'il prend aux nominations épiscopales.

Il doit cependant compter avec Thiers qui ne se contente pas de signer les décrets de nomination. Le président de la République tranche en dernier ressort ; il est tenu informé des négociations par des rapports circonstanciés que lui envoie son ministre ainsi que par des entrevues avec Simon comme avec le nonce. Thiers et Simon ne partagent du reste pas toujours les mêmes opinions sur les principes à suivre en matière de nominations. Deux idées-forces guident cependant leur action : choisir des ecclésiastiques acceptables par Rome tout en favorisant le catholicisme libéral. Thiers est surtout attaché au premier principe, Jules Simon au second. La succession de Darboy à Paris montre bien la nuance qui existe entre les deux hommes. Simon est favorable à la candidature de Mgr Dupanloup, et s'en explique dans un rapport à Thiers : « Je sais que vous êtes de mon avis sur la convenance de ce choix, et que vous êtes arrêté uniquement par le désir de ne pas contrarier le Pape [2].» Jules Simon s'élève contre l'idée que ce principe ne devrait conduire qu'à la nomination d'évêques ultramontains : « Allons-nous obéir, et choisir pour les trois sièges vacants trois sujets absolument rassurants pour le Pape ? Si nous le faisons, la portion de l'épiscopat français à laquelle se trouve appartenir Mgr Dupanloup se croira

---

1. A. N. 87 AP 10 (papiers Simon) I [2], Jules Simon à Thiers, s. d. [juin 1871] (brouillon).
2. *Ibid.*

avec raison abandonnée, et nous demandera si c'est ainsi que nous lui tenons compte du courage qu'elle a déployé pendant le Concile. Non seulement les évêques, mais beaucoup de catholiques éclairés sont préoccupés de cette question, et redoutent de voir le parti ultramontain l'emporter définitivement sur les évêques gallicans [1].» Jules Simon se situe ici dans la lignée du gallicanisme parlementaire, en refusant que l'État perde en fait sa prérogative dans l'élection des évêques. C'est ce même esprit qui conduit à la crise du *nobis nominavit* [2], mais Jules Simon incarne un gallicanisme sans sectarisme qui le conduit à rencontrer fréquemment le nonce et à tenir compte éventuellement de ses avis. En cela il rompt avec ses prédécesseurs de la seconde moitié du IIe Empire. Il lui faut donc tenir la corde raide entre les deux objectifs, apparemment inconciliables, que s'est fixés le gouvernement.

Trois nominations avaient eu lieu avant les élections du 8 février. Chaulet d'Outremont et Fava sont nommés à Agen et à la Martinique en janvier 1871 ; il s'agissait de régler les deux conflits qui avaient empoisonné les relations entre Paris et Rome à la fin du IIe Empire. Dans une France en guerre, le gouvernement provisoire pare au plus pressé et s'informe auprès des archevêques des villes devenues pour un temps les centres de la vie politique : Mgr Guibert, archevêque de Tours, recommande Chaulet, et Mgr Donnet, archevêque de Bordeaux, Fava. De même, le remplacement de Mgr Doney, évêque de Montauban, est opéré très rapidement en avril 1871, sans véritable enquête. La seule recommandation de Freycinet pousse le gouvernement à nommer, contre tous les usages, un vicaire général du diocèse, neveu qui plus est de l'évêque défunt, et en outre ultramontain prononcé, l'abbé Legain.

Déjà cependant la consultation de Mgr Guibert indique quelle direction prend le gouvernement dans ses choix. Guibert devient le symbole de la politique qu'il cherche à mener. Une fois la solution Dupanloup écartée à la suite du veto pontifical, c'est l'archevêque de Tours qui s'impose pour Paris comme l'homme de la conciliation : «Je ne pense pas qu'il déplaise au Pape, écrit Jules Simon à Thiers, et il ne déplairait pas trop aux gallicans ; ce serait à mon avis un bon choix [3].» Il offre l'avantage d'avoir été absent de Rome

---

1. *Ibid.*
2. Voir Jacques GADILLE.
3. A. N. 87 AP 10 (papiers Simon) I [2], Jules Simon à Thiers, s. d. [juin 1871], (brouillon).

lors du vote final sur le dogme de l'infaillibilité pontificale. Une note de Tardif le qualifie assez bien aux yeux du gouvernement : « le premier évêque qui ait condamné L'Univers. Le chef respecté du parti de la conciliation [1] ». Guibert se présente ainsi comme ennemi de l'ultramontanisme ardent sans être pour autant un gallican [2]. Dès lors il inspire la plupart des premières nominations, car le gouvernement est désireux de constituer au sein de l'épiscopat une fraction intermédiaire entre l'ultramontanisme de L'Univers et le catholicisme libéral de Dupanloup. Outre le choix de Chaulet, Guibert est responsable de ceux de l'abbé Bourret, son ancien secrétaire à Tours devenu professeur à la Sorbonne et pourtant écarté de l'épiscopat par Darboy à la fin du IIᵉ Empire, de l'abbé Robert, son ancien secrétaire à Viviers, de l'abbé de Gaffory qui l'avait remplacé à la tête du petit séminaire d'Ajaccio, des abbés Richard et Sébaux. Il a sans doute aussi suggéré la nomination de l'abbé Duquesnay, curé de Paris, dont les positions sont proches de celles de Bourret. La plupart de ces ecclésiastiques ont été en contact avec le catholicisme libéral avant de se rallier à un ultramontanisme modéré. C'est le cas par exemple de l'abbé Saivet, qui admire tout à la fois le Syllabus et Montalembert, et assiste au congrès de Malines en 1864. A contrario, Simon ne parvient pas à faire nommer de vrais catholiques libéraux, Roche, Besson et Perraud étant provisoirement écartés, mais il récuse lui-même les ultramontains ardents à l'image des abbés de Cabrières [3] ou de Ladoue. Cet épiscopat du ministère Simon est donc à l'image de Guibert, ni gallican ni ultramontain prononcé. Au total ce sont donc sept évêques sur douze qui doivent, peu ou prou, leur nomination à Guibert. Ce dernier a bel et bien marqué de son empreinte le recrutement épiscopal des débuts de la IIIᵉ République [4].

---

1. A. N. 87 AP 10 (papiers Simon) I [2], Note de Tardif sur l'attitude de l'épiscopat français lors du vote du 18 juillet 1870.
2. Il avait été un des premiers archevêques nommés par Rouland en 1857.
3. A. N. 87 AP 10 (papiers Simon) I [2], Jules Simon à Thiers, s. d. [juin 1872] (brouillon). Simon le dépeint comme un « ultramontain déclaré » et ajoute : « Cette exaltation ne peut être niée, il en a donné des traces dans la chaire à plusieurs reprises, en particulier dans l'oraison funèbre du Père Reboul, et dans diverses brochures, dont l'une, dirigée contre Mgr Dupanloup, est violente jusqu'à l'inconvenance. »
4. Guibert est finalement plus influent que le nonce qui fournit à Simon des listes comprenant en tout une trentaine de candidats à l'épiscopat. Simon en retient six, dont trois déjà recommandés par Guibert, et en exclut systématiquement les ultramontains de la tendance Pie.

Les gouvernements d'Ordre moral.

Sept ministres se transmettent le portefeuille des Cultes entre mai 1873 et novembre 1877. Néanmoins Adolphe Tardif, directeur des cultes, assure une certaine continuité entre ces divers titulaires. Le changement de gouvernement à la suite de la chute de Thiers ne bouleverse pas la politique de nominations épiscopales, mais il l'infléchit, pour deux raisons. D'une part le glissement à droite de la majorité qui soutient ce gouvernement modifie l'attention portée aux opinions politiques des candidats. Désormais les légitimistes déclarés ne sont plus repoussés. D'autre part l'arrivée au pouvoir, Albert de Broglie en tête, des catholiques libéraux qui avaient combattu contre la proclamation du dogme de l'infaillibilité pontificale, notamment dans les colonnes du *Correspondant,* suscite des nominations dans ce camp.

Dans la première catégorie de nominations, on peut classer celles des abbés de Ladoue, de Cabrières ou Le Hardy du Marais. L'abbé de Ladoue était récusé depuis 1855 à cause de son ultramontanisme, mais surtout à cause de ses opinions légitimistes. Plus jeune, l'abbé de Cabrières avait également été écarté sous le gouvernement Thiers, pour cette raison. Ladoue comme Cabrières appartiennent à l'aristocratie provinciale, leurs pères ont exercé des fonctions municipales avant 1830. Leur nomination est donc incontestablement un gage donné aux légitimistes, ces deux ecclésiastiques et leurs familles incarnant la fidélité au régime des Bourbons. Ce souci se retrouve aussi dans le choix de l'abbé Le Hardy du Marais, dont le préfet du Nord rappelle les sentiments légitimistes, en précisant : « Son frère, M. Charles Le Hardy du Marais, membre du conseil d'arrondissement de Lille, n'a pas cessé de prêter au gouvernement du Maréchal le concours le plus dévoué. Allié aux meilleures familles des environs de Lille, M. du Marais dont les opinions légitimistes ne sont ignorées de personne, n'a jamais hésité à placer le salut du pays au-dessus de ses préférences personnelles [1]. » En nommant ces prêtres franchement ultramontains le gouvernement se donne les moyens de mettre en avant des ecclésiastiques plus libéraux et donc peu en cour à Rome.

Cinq évêques nommés entre 1873 et 1877 incarnent ce courant du catholicisme libéral. La figure emblématique de ce groupe est

---

1. A. N. F 19 / 2527 (dossier Le Hardy), le préfet du Nord au ministre, 10 février 1876.

Adolphe Perraud, disciple de Gratry, et qui se trouve au confluent de ces deux hauts lieux du libéralisme que sont l'Oratoire et la faculté de théologie dirigée par Maret [1]. L'abbé Besson parvient également à l'épiscopat en ces années, après une sourde lutte. Proche du cardinal Mathieu, il a été l'ami de Montalembert. Sont également promus à l'épiscopat deux vicaires généraux de Paris, Jourdan et Langénieux, collaborateurs de Morlot et de Darboy et, à ce titre, suspects de gallicanisme. L'abbé Thibaudier, vicaire général de Mgr Ginoulhiac à Lyon, appartient à la même école du catholicisme libéral. Écarté en 1873, il parvient à l'épiscopat grâce aux recommandations significatives de Ginoulhiac, de Dupanloup et de Perraud, mais surtout grâce au poids que le gouvernement français met dans la balance. Or le pouvoir ne parvient à obtenir de telles nominations que parce qu'il s'est montré moins intransigeant que ses prédécesseurs sur la question de l'ultramontanisme.

Pour le reste, les gouvernements d'Ordre moral restent attachés aux principes édictés par Jules Simon, en accordant leur préférence aux ecclésiastiques dont l'ultramontanisme est modéré. Fonteneau, Lecoq, Cotton, Marchal, Cortet, Germain, Vigne, Terris ou Bonnet appartiennent à cette tendance. Ainsi Marchal est décrit à la fois comme «infaillibiliste» et comme ayant appartenu à l'école du *Correspondant* [2]. Germain passe pour un libéral [3]. Vigne est certes considéré comme un ultramontain, mais son évêque s'empresse de dire qu'il n'appartient pas à l'école ardente de l'ultramontanisme [4]. Quant à Terris, selon le préfet du Vaucluse, «ses opinions ont été de tout temps favorables à l'infaillibilité [...], mais il s'est toujours tenu préservé des excès de l'école ultramontaine [5]». Plus que la réalité de ces jugements, c'est leur énoncé qui importe. Que préfets et évêques se retrouvent pour insister, dans la présentation qu'ils font des candidats à l'épiscopat, sur leur aversion pour l'ultramontanisme exacerbé, prouve que la politique de l'administration des cultes est conduite dans ce sens. Plusieurs de ces ecclésiastiques sont en outre recommandés par Mgr Guibert : Jourdan, Langénieux,

---

1. Voir Jacques GADILLE (sous la direction de), *Les Catholiques libéraux au XIXe siècle,* Grenoble, Presses universitaires de Grenoble, 1974, 595 p.
2. A. N. F 19 / 2508 (dossier Marchal).
3. A. N. F 19 / 2518 (dossier Germain), Note de l'administration des cultes.
4. A. N. F 19 / 2498 (dossier Vigne), l'évêque de Valence au ministre, 27 janvier 1876.
5. A. N. F 19 / 2523 (dossier Terris), le préfet du Vaucluse au ministre, 12 novembre 1871.

Le Hardy du Marais ou Bonnet. La ligne de conduite tracée par Thiers et Simon est donc bel et bien suivie, à quelques exceptions près, entre 1873 et 1877.

La crise du 16 mai 1877 marque en effet une parenthèse dans cet ensemble. Entre juin et août, alors qu'Albert de Broglie a repris la présidence du Conseil et que Brunet occupe le ministère des Cultes, huit évêques sont nommés. L'administration a procédé, pour ces promotions, à un réexamen des dossiers d'épiscopables, comme l'attestent les notes de synthèse des mois de juin-juillet 1877. Elle ouvre également de nouveaux dossiers ; les noms de Catteau ou Foata apparaissent pour la première fois en 1877, quelques semaines avant leur nomination. Le soin apporté à ces nominations est donc grand ; la volonté de choisir des évêques favorables au gouvernement en place est réelle. Plusieurs de ces nominations sont dès lors essentiellement politiques. L'abbé Baduel par exemple profite du soutien de parlementaires favorables à Mac-Mahon et surtout bénéficie de la candidature de son neveu aux élections de novembre. L'abbé Foata se voit remercié pour le soutien qu'il a apporté au baron Haussmann contre le candidat républicain. L'abbé Caraguel bénéficie de l'appui du baron Reille [1]. Enfin l'abbé Bouange est expressément recommandé par le préfet du Cantal, sinon pour Saint-Flour, du moins pour un autre diocèse [2]. Cette politique a pour conséquence la nomination de candidats plus franchement ultramontains, dont le nonce peut dire qu'ils sont tous «très dévoués au Saint-Siège». Le jugement porté par Mgr Meglia montre en outre qu'il a pris conscience de l'effort consenti par le gouvernement et du rôle personnel joué par Brunet dont, fait rare, il loue l'action [3].

À l'approche des élections décisives de l'automne, le gouvernement de Broglie entend, par ces nominations d'ecclésiastiques ultramontains, obtenir un soutien plein et entier du Saint-Siège et par là même des catholiques français. L'opposition républicaine a en tout

---

1. Élu député du Tarn en 1876, le baron Reille s'inscrit au groupe de l'Appel au peuple. Il est sous-secrétaire d'État à l'Intérieur du 18 mai au 22 novembre 1877.
2. A. N. F 19 / 2526 (dossier Bouange), le préfet du Cantal au ministre, 5 juin 1877.
3. A. S. V., S.d.S., Rub. 248, anno 1877, fasc. 4, le nonce au secrétaire d'État, 21 août 1877 : «Je dois faire connaître à Votre Éminence Révérendissime les bonnes dispositions de M. Brunet qui est vraiment un bon catholique et agit avec conscience.»

cas perçu cette politique comme une volonté manifeste de nommer des évêques à la fois ultramontains et royalistes. Un ancien magistrat écrit ainsi en 1878 à l'administration des cultes pour dénoncer les idées ultramontaines et légitimistes de l'abbé Denéchau qu'il accuse d'être « la créature de M. Brunet, ministre des Cultes du 16 mai [1] ». Au sortir de cette parenthèse, à partir de novembre 1877, l'administration des cultes reprend la politique inaugurée en 1871 et en revient à des nominations d'ultramontains modérés, à l'image des abbés Hasley et Ducellier, ou encore de l'abbé Boyer, connu personnellement du ministre Bardoux qui le nomme coadjuteur à Clermont.

Ainsi, hormis les débuts du gouvernement de Broglie en 1873 et la parenthèse du 16 mai, les divers ministres de 1871 à 1879 ont suivi une même politique visant à la promotion d'ecclésiastiques ultramontains, afin de ne pas heurter le Saint-Siège, mais qui soient en même temps tolérants, de façon à ne pas se créer de difficultés. À cet égard ni Caverot ni Pie ne font véritablement école au lendemain du concile et les abbés Gay, Monnier, de Saint-Exupéry ou d'Alzon demeurent hors de l'épiscopat concordataire. Tous les quatre figuraient pourtant sur les listes fournies par le nonce à Jules Simon. En revanche, le cardinal Guibert incarne la couleur que les gouvernements entendent donner à l'épiscopat français.

Au temps des républicains de gouvernement.

Le changement de politique intervient en effet au début de 1879, c'est-à-dire au moment de la conquête définitive du pouvoir par les républicains. L'administration des cultes est alors réorganisée, puisque le poste de directeur général des cultes est rétabli ; il échoit dans un premier temps à Édouard Laferrière. Mais de 1880 à 1885, c'est Émile Flourens qui fut le plus longuement chargé de ce rôle. L'un et l'autre viennent du Conseil d'État. À partir de 1880 également, il existe un sous-secrétaire d'État aux cultes, en la personne d'Armand Fallières [2]. Tels sont donc les hommes qui ont à s'occuper des nominations épiscopales au temps des opportunistes. Mais

---

1. A. N. F 19 / 2591 (dossier Denéchau), un ancien magistrat au ministre, s. d. [1878].
2. Voir Jean-Michel LENIAUD, *L'Administration des cultes pendant la période concordataire*, Paris, N.E.L., 1988, 428 p., p. 105-107.

il semble que le véritable maître d'œuvre des nominations épiscopales ait alors été Flourens. C'est du moins ce qui ressort d'une note conservée dans les papiers Dumay : « Déjà à cette époque, M. Flourens avait pris une prépondérance considérable qui s'aperçoit surtout dans le choix des nouveaux évêques, choix qu'il n'entendait laisser à aucun ministre. Un seul évêque peut-être put être nommé malgré lui [...], ce fut l'évêque de Poitiers [Bellot] [1]. »

Les deux premières nominations effectuées par les républicains en 1879 concernent d'anciens candidats à l'épiscopat, connus pour leur libéralisme. Isoard et Roche avaient en commun d'avoir fait partie du clergé enseignant de la capitale, dans la mouvance de Maret, et d'avoir été écartés de l'épiscopat par le Saint-Siège, le premier en 1874, le second en 1871. En mai 1879 la direction des cultes rouvre le dossier Roche, et la note qui est alors rédigée pour le ministre est révélatrice du nouvel état d'esprit qui prévaut rue Bellechasse : « Candidature posée en 1871 par plusieurs hommes politiques du parti républicain [...]. M. Roche serait probablement déjà évêque si les recommandations républicaines qui lui ont été données en 1871 n'avaient attiré sur lui les préventions et l'hostilité sourde de l'administration des cultes et notamment de M. Tardif qui lui reprochait de n'avoir pas fait poser sa candidature par un membre de l'épiscopat [2]. »

La direction des cultes règle ses comptes avec ses prédécesseurs, cette note illustrant le souci de rompre avec le passé et de trouver des candidats sinon républicains, du moins soutenus par des républicains plus que par des membres de l'épiscopat, dont le gouvernement se méfie. En l'occurrence l'abbé Roche est décrit par le sénateur Herold comme « aussi républicain qu'un prêtre peut l'être [3] » ; il profite surtout de sa parenté avec Jules Roche, son neveu. Mais les républicains sont embarrassés de trouver des ecclésiastiques républicains. On sait comment pour l'évêché de Saint-Claude, le président Grévy recommanda l'abbé Marpot qu'il connaissait bien, mais dont l'épiscopat montra ensuite qu'il était loin d'être un fervent partisan des nouvelles institutions [4]. De même

1. A. N. F 19 / 2003 (papiers Dumay), Note sur M. Flourens, s.d.
2. A. N. F 19 / 2524 (dossier Roche), Note de la direction des cultes, mai 1879.
3. *Ibid.*, le sénateur Herold au préfet de la Seine, 16 février 1879.
4. Voir, sur l'affaire de Saint-Claude, Yves MARCHASSON, « Une nomination épiscopale sous Léon XIII. L'action du nonce Czacki dans l'affaire de Saint-Claude (octobre 1879-mars 1880) », *R.H.E.F.*, 1977, t. 63, p. 57-78.

le gouvernement choisit pour Oran l'abbé Ardin, ancien aumônier de la chapelle du château de Versailles, particulièrement bien connu des parlementaires et notamment de Grévy, président de la Chambre jusqu'en 1879. L'importante succession du cardinal Pie à Poitiers occupa aussi beaucoup les républicains qui y nommèrent l'abbé Bellot dont le principal titre semble d'avoir été le fils d'un proscrit du 2 Décembre [1]. En 1881 la promotion de l'abbé Coldefy au siège de Saint-Denis de La Réunion s'explique par le soutien que lui apporte Gambetta qui fut son condisciple au petit séminaire de Cahors. Le chef de cabinet de Gambetta écrit à son propos : «Non seulement il accepte, mais il aime le gouvernement républicain auquel il fournit son concours le plus dévoué [2].» À propos de l'abbé Rougerie, le préfet de la Haute-Vienne rappelle que son frère est «l'un des meilleurs appuis de l'opinion républicaine» dans le canton d'Aixe [3] et que lui-même est un prêtre «libéral et de bon sens [4]». Quant à l'abbé Lamazou, un de ses amis, Charles Lecomte, député de la Mayenne, écrit : «Il ne craignit pas de se compromettre gravement, ostensiblement et avec fermeté contre le coup d'État du 2 décembre 1851, pendant la durée de l'Empire, il ne cessa de protester énergiquement contre le régime. Il fut un des premiers qui organisèrent avec Prévost-Paradol l'union libérale [5].» Enfin l'abbé Fiard est poussé à l'épiscopat par Abel Berger, conseiller d'État, qui écrit à son propos : «Son libéralisme serait de vieille date ; il lui aurait même mérité une première disgrâce, dès l'année 1848 [6].» Une note incluse dans son dossier précise : «Ses sentiments politiques sont bien connus. Déjà en 1875 on exploitait contre lui ses opinions républicaines pour l'écarter de l'importante cure de Romans [7].» Il est incontestable qu'au début des années 1880 le gouvernement recherche des ecclésiastiques qui ont fait un pas vers la République, à l'image de l'abbé Gouzot qui illumine les fenêtres

---

1. Voir J. B. WOODALL, «Henri Bellot des Minières, Republican Bishop of Poitiers 1881-1888», *The Catholical American Review,* 1952, p. 257-284.

2. A. N. F 19 / 2577 (dossier Coldefy), le chef de cabinet de Gambetta au directeur, 14 janvier 1881.

3. A. N. F 19 / 2554 (dossier Rougerie), le préfet de la Haute-Vienne au ministre, 10 juin 1879.

4. *Ibid.,* le préfet de la Haute-Vienne au ministre, 3 février 1881.

5. A. N. F 19 / 2529 (dossier Lamazou), Charles Lecomte au ministre, 20 janvier 1881.

6. A. N. F 19 / 2538 (dossier Fiard), Abel Berger au directeur, 2 octobre 1879.

7. *Ibid.,* Note de l'administration des Cultes.

de son presbytère le 14 juillet [1]. S'ils ne sont pas franchement républicains, du moins doivent-ils être libéraux, qualificatif qui sous les plumes républicaines désigne à la fois un comportement politique et religieux, dans la ligne du *Correspondant*. Sont en effet nommés alors Billard, admirateur de Dupanloup et lecteur du *Correspondant*, qui a même été attiré par l'Oratoire [2], Bouché, prêtre aux « idées fort libérales », au dire du préfet des Côtes-du-Nord [3], ou encore Sourrieu [4] ou Billère [5]. Au total, sur vingt et un évêques nommés entre 1879 et 1883 les deux tiers sont considérés comme républicains ou au moins comme libéraux, signe manifeste que les républicains entendent constituer un épiscopat qui leur soit dévoué. Il en est de l'épiscopat comme des grands corps de l'État, renouvelés dans un sens républicain, à la seule différence que les évêques ne subissent pas d'épuration.

Pourtant plusieurs ecclésiastiques appartenant à l'école ultramontaine au sens fort accèdent aussi à l'épiscopat. Trois noms retiennent particulièrement l'attention : l'abbé de Briey, frère de l'évêque de Saint-Dié et proche de Pie, l'abbé Dennel, qui figurait sur la liste de candidats fournie par le nonce en 1871, et l'abbé Jacquenet, proche collaborateur du cardinal Gousset, consulteur au concile du Vatican et ultramontain déclaré. Ce choix de trois ecclésiastiques écartés de l'épiscopat pendant la décennie 1870 pose question, d'autant plus que l'administration des cultes connaît parfaitement leur passé. Un rapport du préfet de la Vienne rappelle ainsi que l'abbé de Briey est de tradition légitimiste, ajoutant, il est vrai, qu'il ne s'est pas mêlé de luttes politiques [6]. Dans le cas de Dennel, l'origine de la nomination est à rechercher chez le préfet du Nord qui recommande cet ecclésiastique en affirmant que le gouvernement n'aura pas à regretter ce choix [7]. La nomination de l'abbé

---

1. A. N. F 19 / 2495 (dossier Gouzot), le préfet de la Dordogne au ministre, 22 décembre 1880.
2. Voir Mgr de Cabrières, *Mgr F. A. Billard,* Montpellier, Imprimerie centrale du Midi, s.d., 57 p., p. 12.
3. A. N. F 19 2575 (dossier Bouché), M. de Sauzé au ministre, 14 août 1882.
4. A. N. F 19 / 2514 (dossier Sourrieu), le préfet du Lot au ministre, 19 février 1881 : « Il appartient au clergé libéral [...] et il pense qu'on peut être à la fois bon Français, bon chrétien et bon républicain. »
5. A. N. F 19 / 2585 (dossier Billère), le préfet des Hautes-Pyrénées au ministre, 28 février 1881, Sourrieu est présenté comme « au moins libéral sinon républicain ».
6. A. N. F 19 / 2536 (dossier Briey), le préfet de la Vienne au ministre, 4 février 1880.
7. A. N. F 19 / 2493 (dossier Dennel), le préfet du Nord au ministre, 19 février 1880.

Jacquenet est encore plus étonnante. Le nonce se demande même si le gouvernement n'a pas oublié qu'il avait été consulteur au concile [1]. En fait deux raisons principales expliquent sa promotion. La première est sa mise à l'écart dans les années 1870, qui le rend plutôt sympathique aux républicains, malgré une note de Tardif qui rappelle que «M. Jacquenet appartient à l'ultramontanisme militant [2]». La seconde raison vient du soutien que l'abbé Jacquenet a su trouver chez les parlementaires républicains de la Marne qui obtiennent une caution de choix en la personne de Leblond, président du groupe de la gauche républicaine au Sénat, lequel va jusqu'à écrire: «On m'a affirmé que M. Jacquenet était un gallican [3]», ce qui révèle bien de quel modèle épiscopal rêvent ces parlementaires encore empreints de gallicanisme, mais montre en même temps leur méconnaissance du monde clérical. L'abbé Jacquenet bénéficie en fait de ses relations tendues avec Mgr Langénieux, archevêque de Reims, avec qui il est en conflit. Il a su en outre se rapprocher des autorités républicaines, mû par une ambition non voilée qu'a fort bien perçue le préfet de la Marne: «M. Jacquenet me paraît avant tout être un ambitieux. Désirant vivement l'épiscopat, il croit politique aujourd'hui de se rapprocher des représentants et des amis du gouvernement républicain [4].» Dans cette affaire le point de vue des parlementaires l'emporte cependant sur celui du préfet, mais en définitive le gouvernement choisit sciemment ce type de personnalités jugées ultramontaines et persiste même dans ces choix puisque rapidement Dennel est promu à Arras et Jacquenet à Amiens. En fait le gouvernement entend donner quelques gages au Saint-Siège, à l'heure où un rapprochement s'opère, avec notamment l'arrivée en France de Mgr Czacki. Par leur personnalité, ces trois évêques frappent l'opinion et masquent une majorité de nominations plus conformes au souhait réel du gouvernement. L'évêque de Rodez, Mgr Bourret, peut ainsi écrire au ministre, le 17 février 1880, au lendemain des nominations de Soubiranne, qu'il recommandait Briey et Dennel: «Je profite de cette occasion pour faire mon compliment à Monsieur le Ministre au sujet des dernières nominations. En choisissant des sujets dignes, indiqués par leurs

---

1. A. S. V., S. d. S., Rub 248, anno 1881, fasc. 1, le nonce au secrétaire d'État, 7 janvier 1881.
2. A. N. F 19 / 2488 (dossier Jacquenet), Note de la direction des cultes [1871].
3. *Ibid.*, Leblond au directeur, 24 juin 1880.
4. *Ibid.*, le préfet de la Marne au ministre, 13 mars 1880.

vertus et leur situation hiérarchique, le gouvernement se donne une force et une considération que lui enlèveraient des hommes risqués, improvisés, sans situation préalablement considérable et considérée, et il n'obtiendrait en définitive aucun avantage de pareils sujets qu'on pût mettre en balance avec les embarras certains qu'ils finiraient par créer [1].» Belle définition de la politique opportuniste appliquée au domaine des nominations épiscopales.

À partir de 1884, après quelques difficultés rencontrées avec le Saint-Siège, la politique opportuniste en matière de nominations épiscopales est en place. Le gouvernement maintient le cap précédemment tracé, mais abandonne ses dernières velléités de nommer des évêques qui soient avant tout républicains. Cet état d'esprit opportuniste est assez bien défini par Bouché-Leclerc, professeur à la Sorbonne, lorsqu'il recommande l'abbé Lecot : «Cette ambition qui lui manque, je l'ai pour lui, estimant que la République gagnerait plus à se faire des alliés dans l'épiscopat, à s'entendre à demi-mot avec les gens d'esprit, qu'à brandir le grand sabre de bois affilé par Paul Bert [2].» Signe des temps, après 1884, le terme «républicain» n'est plus guère employé pour qualifier les candidats à l'épiscopat. Le qualificatif positif est désormais celui de «conciliant», attribué à Gonindard, Labouré, Fleury-Hottot, Castillon, Gouthe-Soulard, Soubrier ou Lecot. Le gouvernement a pris conscience de la difficulté qu'il y avait à trouver des ecclésiastiques républicains. Il fait finalement le même constat que les ministres de la monarchie de Juillet. Les républicains se méfient de ceux qui se disent haut et fort amis des institutions. L'exemple de l'abbé Fuzet est à cet égard significatif [3]. Il cherche à se faire nommer évêque dès 1880, alors qu'il est encore secrétaire général de la faculté catholique de Lille, prenant pour ce faire contact avec plusieurs préfets. Il écrit ainsi au préfet de l'Allier : «Le gouvernement poursuit avec raison l'unité morale du pays ; il l'atteindrait vite s'il donnait une tête aux membres du clergé qui partagent nos idées. Je suis persuadé en effet que, si un évêque se rangeait ouvertement et résolument sous

---

1. A. N. F 19 / 2503 (dossier Soubiranne), l'évêque de Rodez au ministre, 17 février 1880.
2. A. N. F 19 / 2507 (dossier Lecot), A. Bouché-Leclerc à Robert, 21 novembre 1885.
3. Sur Mgr Fuzet, voir Nadine-Josette CHALINE, *Des catholiques normands sous la IIIe République. Crises, combats, renouveaux*, Roanne, Horvath, 1985, 252 p., p. 89 s.

le drapeau républicain, il serait bientôt suivi du plus grand nombre ¹.» Le préfet de l'Allier transmet cette lettre au sous-secrétaire d'État chargé des Cultes, avec cette analyse : « Il me semble qu'il y aurait quelque chose à faire de cet homme, évidemment sans scrupules, mais qui ne manque pas d'esprit, surtout de l'esprit d'intrigue. Peut-être après tout est-il sincère. En tout cas, on le tient par ses lettres et par le mémoire qu'il vous a envoyé. On pourrait à la rigueur lui faire signer sa démission en blanc ².» Le préfet de l'Allier lance une idée qui semble avoir effleuré certains radicaux, mais qui ne fut jamais réellement mise en pratique. Pour l'heure, l'abbé Fuzet poursuit sa quête de l'épiscopat. Il adresse à Fallières, sous-secrétaire d'État aux Cultes, la déclaration de l'imprimeur prouvant que l'ouvrage anonyme *La République et l'Église de France* est de lui et joint également un second ouvrage intitulé *L'Attitude du clergé face à la démocratie* ³. Il met aussi à contribution le préfet du Calvados qui est, lui, beaucoup plus enthousiaste que son collègue de l'Allier ⁴. Mais cet engouement soudain pour la République – Fuzet vient du légitimisme et a participé à la mise en place de la faculté catholique de Lille – demeure suspect à Fallières qui conseille d'éprouver l'abbé Fuzet dans une cure. Dépité, l'abbé Fuzet doit donc se contenter provisoirement de la cure de Genolhac, dans le diocèse de Nîmes. Il n'en poursuit pas moins sa quête, écrivant au préfet du Gard à l'adresse de Fallières : « Rassurez-le, je vous prie, sur la sincérité de mes sentiments et de mes convictions politiques. Une mitre ne me fera pas tourner la tête ⁵.» À la veille de sa nomination, la direction des cultes garde encore une certaine réserve à son endroit. Il est cependant nommé évêque de Saint-Denis de La Réunion en 1887, soit sept années après ses premières ouvertures. La volonté de l'éprouver en l'envoyant dans un diocèse

.

---

1. A. N. F 19 / 2577 (dossier Fuzet), l'abbé Fuzet au préfet de l'Allier, 18 septembre 1880. Il ajoute : « Pour rien au monde je ne voudrais retourner à Lille ; je suis dans nos facultés catholiques et royalistes un véritable hérétique, vilain mot qui n'a plus de sens dans notre société moderne. Cependant la dure nécessité m'y ramènera à la fin octobre. Peut-être d'ici là vous m'aurez tiré de cette galère où je me demande ce que je suis allé faire. »
2. *Ibid.*, le préfet de l'Allier au sous-secrétaire d'État, 23 septembre 1880.
3. *Ibid.*, l'abbé Fuzet au sous-secrétaire d'État aux Cultes, 27 octobre 1880.
4. *Ibid.*, le préfet du Calvados au sous-secrétaire d'État aux Cultes, 8 juin 1881 : « J'ai l'honneur de vous adresser une nouvelle brochure où s'affirment une fois de plus ses sentiments libéraux et démocratiques. »
5. *Ibid.*, l'abbé Fuzet au préfet du Gard, 24 décembre 1882.

colonial est évidente. Mais surtout, le cas Fuzet montre la méfiance de l'administration des cultes à l'égard des ecclésiastiques désireux de profiter du nouvel ordre politique pour s'élever dans la hiérarchie. À ses yeux, il ne suffit pas de se dire républicain pour devenir un bon évêque. Au mieux, ce peut être un atout supplémentaire.

Cette attitude réservée s'explique par la volonté de maintenir l'ordre dans les diocèses. Au moment où le gouvernement met en place une politique de laïcisation, il a besoin d'évêques qui puissent se faire respecter par leur clergé; il ne tient pas à multiplier les nominations du type de celles de Bellot à Poitiers. De plus le gouvernement opportuniste n'a aucune envie de s'attirer les foudres du Saint-Siège. Toutes ces raisons expliquent la formation d'un épiscopat composé d'éléments sinon républicains, du moins qui acceptent les institutions quelles qu'elles soient. En cela le gouvernement anticipe en quelque sorte la politique d'apaisement, contemporaine du ralliement. On peut dès lors se demander si ce dernier a entraîné des modifications dans la politique de nominations épiscopales.

L'encyclique *Au milieu des sollicitudes* n'apporte pas de réels bouleversements dans la pratique des nominations épiscopales. Les républicains progressistes poursuivent la politique des opportunistes, en choisissant avant tout des candidats tolérants à l'égard du régime. Cette continuité par delà le changement de climat dans les relations entre l'Église et l'État s'explique très bien par le fait que, sur le plan des nominations épiscopales, elles étaient toujours demeurées cordiales. Dès lors le ralliement n'a pas eu d'effet majeur dans ce domaine. Au contraire on perçoit un léger gauchissement dans la politique de recrutement en 1892, mais cela tient à la personnalité du ministre des Cultes, le radical Ricard. C'est sous son ministère en effet qu'ont lieu deux promotions importantes et controversées d'évêques républicains, celles de Mgr Fuzet à Beauvais et de Mgr Ardin à Sens. De même la nomination de l'abbé Valleau à Quimper mérite d'être relevée, non pas tant pour la personnalité du candidat que pour la forme, inaccoutumée, de l'enquête préalable. Sa candidature est mise en avant par Chapsal, membre du cabinet de Ricard et ami de Dumay. Chapsal encourage l'abbé Valleau à s'adresser au directeur des cultes, ce qu'il fait. Dans sa lettre à Dumay, Valleau fait habilement allusion à l'encyclique *Au milieu des sollicitudes*, mais surtout il rappelle qu'il a « vécu à Pons en excellents rapports avec M. le sénateur Combes [1] ».

---

1. A. N. F 19 / 2564 (dossier Valleau), l'abbé Valleau au directeur, 20 juin 1892.

Il avait déjà été reçu par le ministre de la Justice et des Cultes qui lui avait fait prendre un certain nombre d'engagements au cas où le gouvernement le nommerait à Quimper : « ne pas être l'agent de M. le député d'Hulst, conserver son entière indépendance d'évêque [1] ». Le diocèse de Quimper est un diocèse sensible pour les républicains puisqu'il a élu tour à tour Freppel et d'Hulst, ce qui peut expliquer le procédé inhabituel utilisé par le ministère des Cultes. Il révèle cependant la tentation des radicaux de prendre davantage en mains et de contrôler mieux l'épiscopat, selon une formule qui rappelle parfaitement la tradition du gallicanisme parlementaire. Mais le bref passage de Ricard au ministère des Cultes ne lui permet pas de modifier profondément les pratiques du recrutement épiscopal. De même Combes, ministre en 1895-1896, tente de faire prévaloir une politique plus ferme à l'égard du Saint-Siège, comme le rapporte Julien de Narfon dans *Le Figaro* : « Au surplus, le gouvernement est bien décidé à ne plus jamais proposer au Pape, pour les évêchés et les archevêchés vacants, que des prêtres ou des évêques d'un dévouement éprouvé à la République [2]. » Combes ne parvient cependant pas à imposer ses vues [3], si bien qu'au total au moins jusqu'en 1899 la politique de nominations épiscopales suit la ligne tracée vingt ans plus tôt.

Le rôle de Dumay.

La continuité d'une telle politique pendant près de vingt ans, de 1879 à 1899, est en effet d'autant plus remarquable que vingt-trois ministres se sont succédé aux Cultes. Cela tendrait à prouver que le rôle de l'administration des cultes a été essentiel. La figure de Dumay apparaît d'emblée en pleine lumière. Depuis 1880 il était chef de bureau à l'administration des cultes ; il en devient le directeur général en 1887. Or la part prise par la direction des cultes dans les nominations épiscopales est incontestable sous la IIIe République, notamment après l'arrivée des républicains au pouvoir ; elle est sûrement beaucoup plus grande que sous les régimes précédents. Un fait l'atteste avec force : la correspondance est désormais adres-

---

1. A. N. F 19 / 2564 (dossier Valleau), note du 22 février 1892.
2. *Le Figaro,* 14 novembre 1895.
3. Il échoue en particulier dans sa proposition de transférer Mgr Fonteneau, archevêque d'Albi, à Toulouse.

sée de plus en plus, non pas au ministre, mais au directeur des cultes. C'est avec le directeur que les nonces ont les rapports les plus fréquents [1]. De multiples indices attestent aussi le poids de Dumay dans les nominations. Ainsi lorsque Poincaré, qui a été ministre des Cultes et qui connaît donc bien les habitudes de ces bureaux, recommande l'abbé Énard, c'est à Dumay qu'il s'adresse, sur un ton qui révèle la toute-puissance du directeur : « Je vous serais reconnaissant, lui écrit-il, de réserver bon accueil à M. l'abbé Énard, comme vous avez bien voulu me le promettre l'autre jour. Je n'ai pas besoin, je pense, de vous le recommander de nouveau et je ne doute pas que vous ne fassiez le possible en sa faveur [2]. » Dumay n'obtempère pas, si bien que Poincaré repart en campagne en 1896, parvenant cette fois à faire nommer Énard évêque de Carcassonne. Cette fois-ci, il a choisi, semble-t-il, de contourner l'obstacle Dumay, c'est du moins l'avis d'Albert Sarraut qui rappelle dans *La Dépêche* que l'abbé Énard était mal noté à la direction des cultes et qui pense que cette nomination s'est faite par-dessus Dumay [3]. Cet article, indépendamment de son aspect polémique, montre donc à la fois la puissance de Dumay en ce qui concerne les nominations d'évêques, et en même temps ses limites dès lors qu'un haut personnage de l'État intervient vigoureusement.

Dans l'ensemble cependant, il est clair que, à partir des principes très généraux tracés dès le début des années 1880, la direction des cultes a joué un grand rôle dans le choix des évêques. La continuité politique explique aussi l'allongement des périodes de candidature, entre le moment où un ecclésiastique est pressenti et celui où il est effectivement nommé. La direction des cultes est mieux à même de gérer son stock d'épiscopables [4]. Elle dispose ainsi d'une arme importante, car en faisant miroiter l'épiscopat à une fraction notable du haut clergé des diocèses, elle suscite la modération chez bon nombre de vicaires généraux, curés ou supérieurs de séminaires [5]. Ainsi l'administration des cultes a tendance à se comporter avec le

---

1. Voir cardinal Dominique FERRATA, *Mémoires,* Rome, Tipografia Cuggiani, 1920, 3 tomes, t. III.
2. A. N. F 19 / 2510 (dossier Énard), Poincaré au directeur, 4 janvier 1894.
3. *Ibid.*
4. Cette catégorie d'ecclésiastiques n'est pas nouvelle, mais le nombre de « candidats à l'épiscopat » semble augmenter sous la IIIe République.
5. Voir Anatole FRANCE, *Histoire contemporaine. L'Orme du mail,* Paris, Gallimard, « Bibl. de la Pléiade », 1988, t. II.

clergé comme toute administration avec ses fonctionnaires, en uti-
lisant la promotion comme moyen de contrôle.

Le rôle de l'administration des cultes s'accentue encore au
moment du gouvernement de Défense républicaine, ne serait-ce que
parce que le ministre qui a en charge les Cultes n'est autre que
Waldeck-Rousseau lui-même. L'influence de Dumay s'affirme avec
d'autant plus de force qu'il est particulièrement soutenu par
les radicaux. Il n'est pas douteux qu'il ait alors désiré revenir à
l'essence même du Concordat en ce qui concerne les nominations
épiscopales. On retrouve par exemple dans ses papiers la copie
d'une circulaire ministérielle aux évêques du 26 janvier 1824, dont
plusieurs passages ont été soulignés (ils sont ici en italique): «Je
crois important de vous rappeler que M. le nonce *remplit les fonctions d'ambassadeur,* qu'il doit en conséquence se conformer aux
usages du royaume, et *comme les autres ambassadeurs, adresser
au ministre des Affaires étrangères les communications qu'il aurait
à faire,* et ne communiquer qu'avec le gouvernement lui-même;
excepté en tout ce qui tient au procès d'information qu'il est obligé
de suivre et qui précède le sacre des évêques [1].» Dumay entend
donc rappeler que le nonce n'a aucunement le droit de correspondre
avec les membres de l'épiscopat ou avec tout autre ecclésiastique,
notamment avant une nomination d'évêque. Par là même, il remet
en cause la pratique inhérente à l'entente préalable qui permettait au
nonce de s'informer sur les candidats proposés avant de les accepter ou de les refuser. La pratique de l'entente préalable telle qu'elle
s'est mise en place depuis la monarchie de Juillet est également
contestée par Dumay et les radicaux qui y voient une atteinte au
principe selon lequel les choix épiscopaux reviennent au gouvernement. Pourtant jusqu'en 1902, le ministère des Cultes reste en relations avec la nonciature et maintient malgré tout cette pratique de
l'entente préalable.

La politique du gouvernement de Défense républicaine.

La politique de nominations épiscopales sous le gouvernement
Waldeck-Rousseau répond à plusieurs impératifs. Le souhait de

---

1. A. N. F 19 / 2004 (papiers Dumay).

l'administration des cultes est d'abord de nommer des prêtres qui soient conciliants. Mais en même temps, le gouvernement est soumis à des impératifs diplomatiques. Delcassé, ministre des Affaires étrangères, se refuse à envisager une rupture avec Rome. On retrouve donc en quelque sorte deux partis au sein du gouvernement. Le résultat de cet état des forces est qu'il rend encore plus difficile la réalisation des choix épiscopaux. L'administration des cultes a maintenu le principe des nominations groupées, afin de garder un moyen de pression sur le Saint-Siège. Cela signifie malgré tout que l'entente préalable est préservée, mais elle prend un tour nouveau. Désormais, plutôt que d'obtenir un ensemble homogène de candidats, acceptables par les deux parties, le gouvernement français préfère constituer une petite phalange d'évêques qui lui soient dévoués. Mais il ne pousse pas cette politique jusqu'à imposer ses choix à Rome, comme l'avait fait le gouvernement impérial à partir de 1859. Dès lors, il lui faut tenir compte des contre-propositions du Saint-Siège. Bien plus, les différends à l'intérieur même du gouvernement ont pour effet de minimiser l'influence de l'administration des cultes sur les choix épiscopaux.

L'affaire de la nomination de l'abbé Lacroix au siège de Tarentaise est particulièrement caractéristique des difficultés que rencontre le gouvernement pour faire prévaloir ses vues. En le nommant, l'administration entend récompenser un « prêtre démocrate », ami de Naudet et Lemire. Lacroix reste cependant sur la sellette, dans la mesure où le nonce écarte tout d'abord sa candidature. Les bruits faits autour de son refus inquiètent l'abbé Lacroix, alors aumônier du lycée Michelet à Vanves ; ils sont révélateurs du climat qui entoure les nominations :

Le Gaulois de vendredi dernier, 15 mars [1901], et après lui La Patrie et La Libre Parole ayant publié une information d'après laquelle quatre candidats seraient écartés et refusés par le pape, Gazaniol, Fiard, Chrestia et moi, je suis allé voir M. Dumay pour savoir ce qu'il y avait de vrai dans ce potin. M. Dumay, toujours très aimable pour moi m'a répondu : « L'article du Gaulois est de Narfon. Il tire à la ligne. Il lui faut chaque mois une somme fixe. Il fait de l'argent comme il peut. »
Mais dans le cas présent, il n'a fait que colporter un potin qui se colporte dans les presbytères parisiens et ce potin vient de la nonciature. C'est le nonce lui-même qui s'est vanté devant plusieurs curés d'avoir fait écarter cinq candidats, inter quos ego. Il dit partout qu'il se moque du ministère, qu'il négocie avec Delcassé et qu'avec celui-ci il est sûr d'obtenir tout ce qu'il voudra. C'est ainsi qu'il a promis de faire nommer l'abbé Thomas à ma place pour complaire au cardinal Richard. D'ailleurs, dit-il, ces cinq

candidats du ministre sont des «canailles» (textuel). Le Pape ne saurait donc les accepter [1].

Lacroix confirme le poids de Delcassé au sein du ministère : « Toute la question, écrit-il, est de savoir si M. Delcassé a plein pouvoir pour conclure ou s'il doit en référer à M. Waldeck-Rousseau. S'il est muni de plein pouvoir, il y a beaucoup de chances pour que certains candidats soient sacrifiés dans le but d'éviter une rupture avec Rome. Car M. Delcassé se sert de cette perspective d'une brouille avec le pape comme de l'épouvantail [2].» Lacroix est donc le candidat gouvernemental type ; à peine nommé évêque, il est du reste reçu chez Waldeck-Rousseau. Mais les lenteurs de sa nomination, de même que l'échec de certaines autres, montrent les limites dans lesquelles doit se contenir tout gouvernement s'il veut maintenir de bonnes relations avec Rome.

Au total en effet sur les vingt et un évêques nommés entre juillet 1899 et mai 1902, six seulement ont été véritablement imposés par le gouvernement français. Ce sont : Arnaud, Henry, Herscher, Mando, Lacroix et Le Camus. Tous offrent la particularité d'être en marge de l'autorité ecclésiastique. Plusieurs ont été longtemps de simples aumôniers par exemple. Henry, Le Camus et Mando sont même en conflit direct avec leur évêque. Ils ont longtemps également attendu l'épiscopat ; Le Camus par exemple y est candidat depuis 1881. L'abbé Arnaud est candidat depuis 1891, mais il a surtout été question de lui sous le ministère Bourgeois, c'est-à-dire au moment où le portefeuille des Cultes est entre les mains de Combes. Une note de l'administration des cultes remarque qu'on a voulu empêcher Arnaud d'arriver et conclut : «C'est un défi au gouvernement [3].» Arnaud est cependant écarté par le nonce [4]. Que son nom soit de nouveau mis en avant en 1899 montre bien la filiation entre la politique menée par Combes en 1895 et celle qu'entend poursuivre Waldeck-Rousseau en 1899. Le soutien actif que lui apporte Mgr Ardin, prélat républicain par excellence, et les

1. B.N., N. A. Fr, 24 406 (papiers Lacroix), Candidature épiscopale, 18 mars 1901, f° 56.
2. *Ibid.*, f° 57.
3. A. N. F 19 / 2523 (dossier Arnaud), Note de l'administration des cultes, 21 novembre 1895.
4. Cardinal FERRATA, p. 229. Le cardinal Ferrata ne nomme pas Arnaud, mais celui-ci est bien un des deux ecclésiastiques dont il refuse la nomination et que Combes finit par retirer.

notes favorables du préfet des Bouches-du-Rhône, qui le dit rallié à la République [1], confortent le gouvernement dans sa décision de promouvoir à l'épiscopat cet ecclésiastique de soixante-cinq ans. La candidature de Mando est plus récente ; elle est appuyée par plusieurs députés de l'Ouest, mais aussi par le préfet des Côtes-du-Nord qui écrit à son propos : « Il fit preuve de réelles aptitudes administratives et manifesta toujours des tendances libérales qui lui valurent la sympathie du parti républicain et l'hostilité sourde de quelques prêtres fanatiques, notamment de ceux qui dirigent, avec tant d'animosité contre nos institutions et nos lois républicaines, le journal La Croix [2]. » Que l'abbé Mando, frère d'un député républicain élu en 1898, soit promu évêque par le gouvernement Waldeck-Rousseau au moment même où il envisage la dissolution de la congrégation des Assomptionnistes montre bien dans quel camp le pouvoir entend recruter l'épiscopat. La tentation de choisir des évêques acquis au régime républicain est donc manifeste, mais elle se heurte aux exclusives du Saint-Siège qui parvient à écarter les prêtres qui lui paraissent les plus indésirables, notamment en s'appuyant sur Delcassé et sur le président Loubet.

Pourtant les relations se tendent encore davantage après l'arrivée au pouvoir de Combes. Au-delà de 1902, les nominations épiscopales s'arrêtent, Paris et Rome ne parvenant plus à se mettre d'accord sur la modalité des choix. Le gouvernement de Combes, désireux de revenir à la lettre du Concordat, récuse en effet l'idée d'entente préalable. Mais il ne pousse pas sa logique jusqu'à imposer ses choix au Saint-Siège. Dès lors la période concordataire s'achève sans qu'il soit procédé à aucune nouvelle nomination. L'absence de recrutement épiscopal à partir de 1902 participe de cette période de « discordat », évoquée par Clemenceau. Elle prélude à la rupture des relations diplomatiques avec le Saint-Siège et à la Séparation.

---

1. A. N. F 19 / 2523 (dossier Arnaud), le préfet des Bouches-du-Rhône au ministre, 30 octobre 1899 : « M. Arnaud doit être considéré comme rallié au gouvernement de la République. Il ne cache pas son désir de vivre en bonne intelligence avec la République. »
2. A. N. F 19 / 2491 (dossier Mando), le préfet des Côtes-du-Nord au ministre, 18 novembre 1897.

Conclusion.

Au terme d'un siècle de pratique concordataire, la nomination des évêques apparaît comme une des priorités des divers régimes. L'évêque est en effet un des rouages essentiels dans le fonctionnement de l'Église de France. Chaque gouvernement a donc pris conscience de l'importance que revêtait leur désignation. Cette remarque signifie que les nominations épiscopales relèvent essentiellement d'une décision politique. Les changements de régime, voire de gouvernement, peuvent donc se lire très clairement dans les inflexions subies par la politique de nomination.

Quelques traits constants se dessinent pourtant. En premier lieu, tous les gouvernements ont pour principe de préserver le droit de nomination de l'État. Certes, celui-ci est respecté de façon plus stricte au début du siècle, selon une tradition héritée de l'Ancien Régime, mais même sous la IIe République, les débuts du IIe Empire ou de la IIIe République, ce principe est observé. À l'inverse, à partir de 1832, le gouvernement français admet le bien-fondé d'une concertation préalable avec le Saint-Siège. Cette pratique de l'entente préalable guide dès lors les choix épiscopaux, sauf pendant la seconde moitié du IIe Empire. En outre, par-delà la diversité des régimes, certaines pratiques demeurent : la consultation de l'épiscopat en place, l'enquête auprès des préfets, du moins depuis 1830. Il s'ensuit que l'épiscopat qui se constitue au fil des ans garde une certaine homogénéité, car les critères de recrutement varient assez peu. Fondamentalement le pouvoir exige des prêtres qu'il promeut à l'épiscopat qu'ils ne combattent pas les institutions, autrement dit qu'ils soient des hommes d'Église et non des hommes politiques. Ce respect du pouvoir établi explique que certains évêques aient pu paraître changer d'opinion à certain changement de régime ; il ne s'agit pas d'opportunisme, mais de la poursuite d'une attitude de conciliation inaugurée avant l'épiscopat. Certes, la tentation de constituer un épiscopat gouvernemental existe, mais elle n'est jamais réellement mise en pratique, sauf sous le Ier Empire et en partie dans les années 1860.

En outre, au-delà de la question fondamentale du respect des institutions, les critères de recrutement sont essentiellement les mêmes de 1802 à 1902. Pour le pouvoir politique, soucieux du respect de l'ordre social, l'évêque doit être un modèle. Les qualités que l'on recherche en lui sont donc une vie exempte de tout soupçon sur le plan des mœurs, un zèle accompli. Aux yeux de l'État, l'évêque est avant tout un administrateur ; il doit donc avoir suffisamment d'expérience, soit de l'administration diocésaine, soit de l'administration paroissiale. Mais il n'est pas nécessaire qu'il se distingue particulièrement du reste du clergé. L'évêque est avant tout considéré comme un *primus inter pares*. Le caractère constant de ces traits explique au total la constitution d'un épiscopat relativement homogène, surtout dans les deux derniers tiers du siècle. Mais un fait demeure. C'est, en dernier lieu, au pouvoir politique et à lui seul que revient la décision du choix de l'évêque, même si entre la sélection et le choix interviennent plusieurs intermédiaires qui jouent eux aussi un rôle important dans la désignation des évêques.

CHAPITRE VII

LA COOPTATION ÉPISCOPALE

Tout au long du XIXe siècle, les évêques furent invités à présenter au gouvernement des ecclésiastiques susceptibles d'être promus à l'épiscopat. Mais c'est surtout à partir de la monarchie de Juillet, et principalement depuis 1835, que ce phénomène est aisément perceptible. C'est donc sur les 334 évêques nommés entre 1835 et 1902 que portera cette étude.

Globalement, 68 sur 334 n'ont bénéficié d'aucun soutien épiscopal, du moins apparent. 94 n'ont été patronnés que par un seul évêque ; 68 l'ont été par 2 ; 37 par 3 ; 31 par 4 ; 9 par 5 ; 21 candidats ont enfin reçu entre 6 et 17 recommandations d'évêques. Par période, le bilan s'établit comme suit :

*Tableau du nombre de recommandations
par évêque nommé et par période :*

	MdJ	*IIe Rép.*	*IIe Emp.*	*IIIe Rép.*
0	18	1	19	30
1	22	5	17	50
2	9	5	18	38
3	9	3	7	18
4	4	1	9	17
5	1	2	2	4
>5	2	2	0	9
Total	65	19	72	166

Ce sont donc près de 80 % des évêques qui ont été cooptés par leurs pairs. Le cas le plus fréquemment rencontré est celui d'un évêque recommandant un prêtre éminent de son diocèse, qu'il soit vicaire général, chanoine, curé ou supérieur de séminaire. Un deuxième type de recommandations provient des liens tissés entre deux ecclésiastiques, soit au séminaire, soit en début de carrière, au sein d'un conseil épiscopal ou dans une paroisse. Il n'est pas rare que le premier des deux à parvenir à l'épiscopat recommande son ancien condisciple ou collègue. Mais dans quelle proportion l'épiscopat participe-t-il à cette cooptation ? 211 noms d'évêques ont pu être relevés sur un potentiel de 430 environ. La moitié de l'épiscopat a donc été associée au recrutement des siens, ce qui signifie que le pouvoir a largement écouté ses conseils, mais en même temps une autre moitié de l'épiscopat n'a jamais été entendue ou ne s'est jamais prononcée sur les candidats à promouvoir, qu'il s'agisse d'évêques tôt décédés, de ceux qui ont été nommés à la fin du siècle ou encore de titulaires de diocèses pauvres en épiscopables.

Si l'on procède à un examen de la cooptation par régime, on s'aperçoit que celle-ci ne cesse de progresser, pour atteindre finalement 50 % sous la IIIe République. Ce n'est pas là l'un des moindres paradoxes que de constater que la IIIe République est le régime qui a le plus fait appel à l'avis des évêques en place. On est loin d'une prétendue méfiance des républicains à l'égard des évêques, même si l'on peut aussi penser qu'en diversifiant les demandes d'avis, le régime républicain entend rompre avec la mainmise de certains clans sur l'épiscopat.

Tableau du nombre d'évêques cooptants, par régime,
par rapport aux évêques ayant vécu ces divers régimes [1]

MdJ	61 / 145	(42 %)
IIe Rép.	43 / 99	(43,4 %)
IIe Emp.	68 / 154	(44,1 %)
IIIe Rép.	128 / 256	(50 %)

Parmi ces évêques cooptants, certains ont plus de pouvoirs que d'autres et donc sont responsables d'un plus grand nombre de promotions. 211 évêques ont fait 656 recommandations, soit une moyenne de 3 recommandations par évêque cooptant.

---

1. Le total est nécessairement supérieur à 211 puisque certains évêques traversent les différents régimes.

Nombre d'évêques ayant fait :		
1 recommandation	78	(37 %)
2 recommandations	47	(22,3 %)
3 recommandations	33	(15,6 %)
4 recommandations	16	(7,6 %)
5 recommandations	11	(5,2 %)
6 recommandations	5	(2,4 %)
7 recommandations	6	(2,8 %)
8 recommandations	4	(1,9 %)
> 9 recommandations	11	(5,2 %)

Ainsi la masse des évêques ne procède qu'occasionnellement à une recommandation, et au total près de 75 % des évêques n'en font qu'entre une et trois. Il reste un quart de l'épiscopat cooptant qui a véritablement un pouvoir de décision, et parmi eux une toute petite fraction, ceux qui recommandent plus de 5 évêques, font figure de véritables patrons au sein de l'épiscopat. Ils sont au nombre de 26, soit 12,3 % des cooptants mais 6 % de l'ensemble de l'épiscopat en fonction entre 1835 et 1902.

Voici le palmarès des 26 premiers par le nombre de recommandations ayant abouti : 1er Donnet, 24 ; 2e Marguerye et Lavigerie, 18 ; 4e Guibert, 17 ; 5e Mathieu, 16 ; 6e Morlot, 15 ; 7e Meignan, 14 ; 8e Gallard et Bourret , 11 ; 10e Lyonnet, 10 ; 11e Desprez, 9 ; 12e Gousset, Bonnechose, Thomas et Ardin, 8 ; 16e Blanquart de Bailleul, Bouvier, Colet, Dupanloup, Ramadié et Bernadou, 7 ; 22e Giraud, Boudinet, Guilbert, Hugonin, Place, 6.

Deux de ces évêques ont été nommés à la fin de la Restauration, neuf sous la monarchie de Juillet, trois sous la IIe République, dix sous le IIe Empire et deux sous la IIIe République. Cette répartition n'a rien qui doive surprendre ; il est logique que les évêques promus de part et d'autre de l'année 1850 soient ceux qui aient eu le plus l'occasion de faire prévaloir leurs choix, et ce d'autant plus qu'ils ont été nommés plus jeunes que la moyenne des évêques de la Restauration. Bon nombre de ces derniers ont en outre vu leur crédit mis à mal par leurs prises de position politiques au début du régime de Juillet. Le pouvoir pris par ce groupe de vingt-six évêques s'explique en partie par sa longévité : la durée moyenne de leur épiscopat s'élève à vingt-neuf ans, elle monte à un peu plus de trente et un ans pour les dix premiers. Cette pérennité leur a permis de se forger une stature de patrons au sein de l'épiscopat. Elle explique aussi leur ascension dans la hiérarchie. Or c'est en fonction de sa position dans l'Église qu'un évêque a en général plus ou moins d'influence. Parmi ce groupe de 26, 20 étaient archevêques et 15 cardinaux, et 14 ont été à la fois archevêques et cardinaux [1]. C'est donc bien l'élite de l'épiscopat français qui a la haute main sur les choix épiscopaux. Mais tous les hauts dignitaires de l'Église n'ont pas la même influence. Hormis Gousset, ce palmarès ne mentionne pas les grands noms de l'ultramontanisme que sont ceux des cardinaux Pie ou Caverot, ou de Mgr de Salinis. Les deux premiers notamment, avec pourtant des épiscopats de trente et un et trente-huit ans, n'ont vu aboutir respectivement que trois et une de leurs recommandations. De plus, sur ce groupe de 26, 19 évêques ont participé au concile Vatican I; 14 ont appartenu à la minorité et 11 ont refusé de prendre part au vote sur l'infaillibilité pontificale. Cette indication révèle, pour faire vite, l'attention particulière portée par les divers gouvernements à la tendance gallicane de l'épiscopat français, ce qui ne signifie pas cependant que tous les candidats signalés par ces évêques aient été gallicans. Qui sont donc les grands électeurs de l'épiscopat français du XIXe siècle et comment s'explique leur influence?

Dans les coulisses du pouvoir : l'influence de Mgr Gallard.

La proximité du pouvoir a toujours été un facteur propice à la recommandation. Le cas le plus connu en ce domaine est celui de Mgr Gallard, nommé évêque de Meaux en 1830, à la veille de la révolution de Juillet, et qui se retrouve dans une position centrale après 1830 en sa qualité de proche de la famille royale; il est en effet l'aumônier de la reine. Après 1835, Gallard est responsable de 10 nominations épiscopales (Affre, Allou, Darcimoles, Jolly, Le Tourneur, Mioland, Morlot, Olivier, Paysant et Villecourt), mais on peut aussi lui attribuer les 4 nominations de 1832, celles de Blanquart de Bailleul, Lemercier, Mathieu et Valayer. Enfin parvient à l'épiscopat sous le IIe Empire un ecclésiastique qu'il avait recommandé en vain vingt ans plus tôt, l'abbé Lecourtier. Ce sont donc

---

1. Les six demeurés simples évêques sont Marguerye, Bourret, Bouvier, Dupanloup, Boudinet et Hugonin.

15 évêques qui doivent peu ou prou leur promotion à Mgr Gallard [1]. Or celui-ci a eu un épiscopat bref, de neuf ans. En effet, il meurt en 1839 quelques mois après avoir été choisi comme coadjuteur de l'archevêque de Reims. Cette promotion dans la ville symbole de Reims montre bien en quelle estime le tenait la famille royale.

Gallard qui a fait toute sa carrière dans le diocèse de Paris, d'abord au sein de la Grande Aumônerie, puis comme vicaire général et enfin comme curé de la Madeleine, recommande en premier lieu des ecclésiastiques issus du clergé parisien. C'est le cas des quatre promus de 1832, mais aussi de l'abbé Olivier, curé de Saint-Roch, ou de l'abbé Lecourtier, curé des Missions étrangères, puis archiprêtre de Notre-Dame. Ses fréquents séjours à Paris et ses relations privilégiées avec Mgr de Quelen lui permettent aussi de distinguer les brillants ecclésiastiques que l'archevêque de Paris a fait venir dans la capitale, comme l'abbé Le Tourneur ou l'abbé Affre, nommés chanoines de Paris en 1834 et en 1835.

L'autre axe de ses recommandations concerne ses proches collaborateurs : Jolly en premier lieu qui l'a suivi de la paroisse de la Madeleine à Paris jusqu'à l'évêché de Meaux, Villecourt qui a été supérieur du grand séminaire de Meaux, Darcimoles qu'il a connu à ses débuts à Meaux, avant qu'il ne rejoigne son parent, Mgr de Cosnac, promu archevêque de Sens. Enfin Mgr Gallard obtient de choisir son successeur pour Meaux en la personne de son principal collaborateur, l'abbé Allou, son vicaire général depuis 1832. Il sait aussi se souvenir de ses anciens condisciples du séminaire Saint-Sulpice, en particulier Affre et Mioland.

Mais Gallard n'est pas le seul grand électeur sous la monarchie de Juillet. On peut en effet signaler l'influence exercée par Mgr Mathieu ou Mgr Donnet. Gallard est cependant l'évêque le plus écouté, alors même qu'il meurt en 1839.

---

1. Un exemple illustrera l'influence prépondérante de Mgr Gallard. À la circulaire envoyée par le ministre Persil aux évêques en 1835, Mgr Gallard répond en signalant 5 ecclésiastiques : les 4 premiers deviennent évêques dans les 4 ans qui suivent, ce sont : Jolly, Allou, Villecourt et Le Tourneur. A. N. F 19 / 2582 (dossier Jolly), l'évêque de Meaux au ministre, 2 février 1835.

Le foyer bisontin.

L'influence de Mgr Mathieu sur les nominations épiscopales commence véritablement après son arrivée sur le siège de Besançon. Il recommande alors deux ecclésiastiques qui ont été les principaux collaborateurs du cardinal de Rohan, les abbés Gousset et de Marguerye, devenu depuis chanoine de Soissons. Il ne fait en fait que reprendre des recommandations déjà données par son prédécesseur, Mgr Dubourg, particulièrement bien en cour à cause de ses anciennes relations d'amitié avec Louis-Philippe. Mgr Dubourg aurait fourni au roi une liste d'épiscopables comprenant Gousset, Cart, Doney et Marguerye [1]. Bientôt sont également promus à l'épiscopat Caverot, Mabile et Guerrin, qui tous les trois avaient gravité dans l'entourage du cardinal de Rohan. Mgr Mathieu recommande la plupart de ces ecclésiastiques, mais ce noyau s'est véritablement formé sous l'épiscopat du cardinal de Rohan. Plusieurs ont fréquenté le château de La Roche-Guyon, résidence du cardinal de Rohan, également visitée par Dupanloup et Montalembert, et plus d'un a applaudi aux idées mennaisiennes. Or on ne peut s'empêcher de constater la vigueur du foyer bisontin sous la monarchie de Juillet, grâce à l'influence posthume de Mgr Dubourg et à celle de Mgr Mathieu, mais aussi sous la IIe République, au moment où Montalembert prend une part très active aux nominations épiscopales. C'est alors que sont promus Caverot, Guerrin et Mabile. En revanche, ce foyer bisontin s'étiole sous le IIe Empire. Malgré sa position importante – il est cardinal et donc sénateur – l'archevêque de Besançon ne parvient à faire nommer aucun évêque. Le ministre Fortoul va même jusqu'à se gausser, dans son journal, de ses prétentions en ce domaine : « Reçu le cardinal Mathieu [...]. Il me signale la nécessité de nommer de vieux candidats à l'épiscopat afin que les traditions de l'Église de France se maintienne [sic] [2]. » Il faut sûrement voir dans cet ostracisme à l'égard du cardinal Mathieu un contrecoup de la disgrâce de Montalembert. Mathieu qui avait participé à la nomination de 9 évêques sous la monarchie de Juillet et de 5 sous la IIe République échoue dans toutes ses ten-

---

1. CHANOINE GOUSSET, *Le Cardinal Gousset. Sa vie, ses œuvres, son influence,* Besançon, Henri Bossane, 1903, 603 p., p. 84. Cette liste n'a pu être retrouvée, mais cette quadruple recommandation est tout à fait plausible.
2. Geneviève MASSA-GILLE (publié par), *Journal d'Hippolyte Fortoul,* t. I, Genève, Droz, 1979, 245 p., p. 97, 13 février 1855.

tatives sous le IIe Empire. Il lui faut attendre les débuts de la
IIIe République pour voir promus deux de ses protégés, dont l'abbé
Besson, lié à Montalembert et à Mgr Guerrin.

Mais pour bien percevoir l'importance du foyer bisontin, il faut
aussi prendre en compte les recommandations effectuées par deux
évêques qui avaient fait une partie de leur carrière à Besançon :
Gousset et Marguerye, qui, il est vrai, ne recommandent pas que
des Francs-Comtois. À elle seule la triade Mathieu-Marguerye-
Gousset a procédé à 42 recommandations et est responsable de
la nomination de 36 évêques, c'est dire que si certaines recommandations se sont croisées (Doney, Manglard, Caverot, Foulquier,
Jaquemet, Salinis), la plupart ont été faites de façon indépendante.
Cela correspond à une émancipation par rapport au foyer bisontin
initial. Gousset par exemple soutient, sous la monarchie de Juillet,
plusieurs anciens disciples de Lamennais (outre Doney, Berteaud et
Gignoux), puis sous le IIe Empire il concentre ses choix sur son
diocèse et sur des ecclésiastiques ultramontains (Bara, Nanquette).
Marguerye prend quant à lui une orientation différente puisqu'il en
vient à patronner des candidatures de prêtres libéraux (Landriot,
Devoucoux, membres de son conseil à Autun) voire gallicans
(Cruice, David).

La famille Donnet.

Le cardinal Donnet est le plus important « patron » de l'épiscopat français au XIXe siècle. La première raison en est son extrême
longévité. Nommé coadjuteur de Nancy en 1835, il devient archevêque de Bordeaux en 1836 et le demeure jusqu'à sa mort en 1883.
Il fut en outre fait cardinal en 1852, et devint à ce titre sénateur sous
le IIe Empire, ce qui le rapprocha des coulisses du pouvoir. Mais
son influence s'affirme préalablement, puisque ses protégés parviennent à l'épiscopat dès la monarchie de Juillet (5), puis sous la
IIe République (3), le IIe Empire (7) et enfin la IIIe République (7).
L'influence du cardinal Donnet est donc constante et semble indépendante de la nature du régime. En définitive, il incarne le type
même de l'évêque modéré qui se rallie à tous les régimes, sans pour
autant se compromettre au point d'être tenu à l'écart par le suivant.
Surtout Donnet offre l'exemple d'un évêque qui a tout fait pour
constituer une famille de disciples au sein de l'épiscopat français.

À peine nommé coadjuteur à Nancy, Donnet s'affirme comme un
personnage de tout premier plan dans les questions de nominations

épiscopales ; il est en relation directe avec le chargé d'affaires Garibaldi [1] et avec l'archevêque de Besançon, Mathieu. Le premier ecclésiastique qu'il recommande est du reste l'abbé Gousset, vicaire général de Besançon [2]. En outre la première série de recommandations effectuées par Donnet porte sur des ecclésiastiques qui ont fait leurs premières armes avec lui. C'est ainsi qu'émerge un pôle lyonnais, Donnet recommandant tour à tour Dufêtre, Villecourt, Mioland et Debelay, puis Lyonnet, Plantier, et Callot, et enfin Langénieux. Donnet et Dufêtre ont été ensemble membres de la Maison des Chartreux que dirigeait l'abbé Mioland ; Plantier et Callot en furent également membres. C'est à cette époque que l'abbé Donnet eut comme élève Debelay au grand séminaire de Lyon. Après avoir quitté les Chartreux, Donnet et Dufêtre se retrouvent dans une société de missionnaires du diocèse de Tours. En 1824 Donnet est nommé chanoine de Blois et supérieur du grand séminaire, c'est alors qu'il rencontre l'abbé Fabre des Essarts, vicaire général de Blois. Peu après il fait venir comme professeur à Blois l'abbé Lyonnet, un de ses anciens élèves au séminaire lyonnais. Tous ces ecclésiastiques rencontrés au début de sa carrière sont recommandés par Donnet. Mais au fur et à mesure que son épiscopat se déroule, Donnet privilégie de plus en plus les ecclésiastiques de son propre diocèse. Cependant, à la fin du IIe Empire, il sait se souvenir de ses origines lyonnaises pour appuyer la candidature de l'abbé Callot [3]. Au début de la IIIe République, il évoque aussi ses racines lyonnaises pour pousser l'abbé Langénieux à l'épiscopat : « Sa famille est de Villefranche-du-Rhône où j'ai été curé avant de devenir évêque de Nancy il y a plus de quarante ans. J'ai pu apprécier les talents et les mérites de l'abbé Langénieux dont j'ai poursuivi avec une sollicitude toute paternelle l'éducation et la carrière [4]. » Enfin il

---

1. A. N. 160 AP 1 (papiers Donnet), dossier 1, Mgr Garibaldi à Mgr Donnet, 20 janvier 1836, le chargé d'affaires évoque avec Donnet l'affaire de la coadjutorerie de Strasbourg, la démission de l'évêque de Verdun et son possible remplacement par l'abbé Menjaud : « Je vous remercie, écrit-il, toutefois de m'avoir instruit de ce projet et de m'avoir fourni des renseignements sur M. Menjaud. »
2. A. N. F 19 / 2518 (dossier Robiou), Donnet au ministre, s. d. [1835].
3. A. N. F 19 / 2551 (dossier Callot), le cardinal Donnet au ministre, 12 juillet 1867 : « Il en a été autrement pour M. Callot, mon compatriote dont j'ai pris la défense chaudement et en toute connaissance de cause. »
4. A. N. F 19 / 2566 (dossier Langénieux), le cardinal Donnet au ministre, 12 février 1873.

se souvient de son court passage à Nancy au moment de recommander l'abbé Delalle qui en fut vicaire général.

Souvent cependant la recommandation de Donnet est accompagnée d'autres soutiens qui permettent de tracer les fils qui relient entre eux divers membres de l'épiscopat. Pour s'en tenir au pôle lyonnais, on remarque que Lyonnet est également recommandé par Mgr Dufêtre, que Plantier est soutenu par Mioland et Lyonnet, qui recommande aussi l'abbé Callot. Les relations tissées au début de la vie ecclésiastique, au séminaire ou dans les premières fonctions, se révèlent donc précieuses au moment de la nomination à l'épiscopat. On voit alors se croiser les fils des divers réseaux ainsi constitués. Il est d'autre part naturel que s'affirment aussi les viviers de vocations ecclésiastiques, comme ceux qu'offre le diocèse de Lyon par exemple. Mais l'émergence d'un chef de file est indispensable pour entraîner le mouvement et la cascade de cooptations qui s'ensuit.

Le pôle bordelais est également important (7); il s'affirme plus tardivement et relève d'un autre type de rapports entre l'évêque et les candidats, ce sont des rapports de maître à disciple. Appartiennent à cette catégorie les recommandations des abbés Levezou de Vesins, Salinis, Geraud de Langalerie, Martial, Gazailhan, Fonteneau et Bellot des Minières. Tous ont appartenu au conseil épiscopal en qualité de vicaires généraux titulaires ou honoraires comme ce fut le cas de l'abbé de Salinis, par ailleurs professeur à la faculté de théologie de Bordeaux. Trois ont été désignés pour un évêché appartenant à la province de Bordeaux : Levezou et Fonteneau à Agen, Bellot à Poitiers. Cela correspond à une volonté affichée par le cardinal Donnet d'y promouvoir des ecclésiastiques qui lui soient fidèles, et cette volonté s'affirme avec d'autant plus d'acuité après la tenue des conciles provinciaux. Ainsi, en 1863, Mgr Donnet écrit directement à Napoléon III pour obtenir la nomination à Périgueux de l'abbé Gazailhan : « J'ai l'honneur de conjurer Votre Majesté de remplacer Mgr Baudry que la mort vient d'enlever au diocèse de Périgueux par M. l'abbé Gazailhan [...]. Périgueux se trouvant dans mon ressort métropolitain, je serai heureux de devoir à Votre Majesté un aussi bon voisin que M. l'abbé Gazailhan [1]. » Il est finalement nommé évêque de Vannes. De même l'abbé Fonteneau est tout d'abord candidat au siège d'Agen à la fin du IIe Empire, puis

1. A. N. F 19 / 6177 (dossier Gazailhan, chanoine de Saint-Denis), le cardinal Donnet à l'empereur, 27 mars 1863.

il est recommandé par Donnet pour le siège d'Angoulême, et il obtient finalement Agen [1]. Enfin l'abbé Bellot des Minières est directement mis en avant par le cardinal Donnet pour remplacer le cardinal Pie à Poitiers, avec le souci d'occuper un siège particulièrement important de la province de Bordeaux : « Il pourrait succéder avantageusement à celui de nos évêques qui serait nommé à l'archevêché de Chambéry, ou être désigné pour le siège de Poitiers qui se trouve dans mon ressort métropolitain, s'il est encore vacant [2]. »

Le cardinal Donnet attache aussi une particulière importance à contrôler le choix des évêques coloniaux, dans la mesure où ces évêchés sont rattachés à la province de Bordeaux. Déjà il avait recommandé l'abbé Martial pour la Martinique [3]. Dans ce cas précis, il finit par retirer son candidat devant « l'unanimité » que rencontre le nom de Porchez [4]. Il appuie ensuite pour le même siège de la Martinique la candidature de l'abbé Mouniq, récusé par Rome. En 1870 Donnet recommande l'abbé Fava pour la Guadeloupe [5]. Il soutient également la candidature de l'abbé Trégaro pour le siège de La Réunion en 1871 [6].

Enfin l'archevêque de Bordeaux ne refuse pas d'apporter sa voix à l'élection d'ecclésiastiques brillants, par exemple les abbés Chalandon et Freppel.

Le quadrige Morlot-Maret-Darboy-Lavigerie.

Le tournant pris par la politique ecclésiastique du IIe Empire à partir de 1859 a eu pour conséquence de donner à un groupe de grands électeurs une influence quasi exclusive sur les choix épiscopaux. Ce groupe, centré sur Paris, comprend principalement

---

1. A. N. F 19 / 2485 (dossier Fonteneau).
2. A. N. F 19 / 2562 (dossier Bellot), le cardinal Donnet au ministre, 17 novembre 1880. La promotion de Bellot est d'autant plus rapide qu'il s'agit de la première recommandation dont il ait fait l'objet. De plus il n'est vicaire général titulaire de Bordeaux que depuis le mois de juin 1880.
3. A. N. F 19 / 2575 (dossier Martial), le cardinal Donnet au ministre, 26 mai 1858.
4. A. N. F 19 / 2581 (dossier Porchez), l'archevêque de Bordeaux au ministre, 27 juillet 1858.
5. A. N. F 19 / 2525 (dossier Fava), le cardinal Donnet au ministre, 26 décembre 1870.
6. A. N. F 19 / 2582 (dossier Trégaro), le cardinal Donnet au ministre, 8 novembre 1871. L'abbé Trégaro refuse l'évêché de Saint-Denis de La Réunion.

quatre évêques : Morlot, archevêque de Paris depuis 1857, cardinal et grand aumônier, Maret, doyen de la faculté de théologie de Paris, Darboy, qui remplace Morlot à Paris en 1863, et Lavigerie, ancien professeur à la faculté de théologie de Paris, auditeur de rote puis évêque de Nancy. À eux quatre, ils font nommer dix-sept évêques sur les quarante-trois promus entre 1859 et 1870. Un tableau par ordre chronologique des nominations éclairera la part respective de chacun.

Morlot	Maret	Darboy	Lavigerie	
Darboy				1859
Maret				1860
Magnin				
Baudry				1861
Colet				
Cruice	Cruice			
Lecourtier				
	Meignan	Meignan	Meignan	1864
	Ramadié			
			Hugonin	1865
	Grimardias		Grimardias	1865
		Place	Place	1866
			Foulon	1867
	Las Cases	Las Cases	Las Cases	
			Thomas	
			Callot	
	Paulinier	Paulinier		1870
		Pichenot		

Ce tableau montre bien les deux périodes qui se dessinent dans la formation d'un épiscopat gallican voulu par le pouvoir. De 1859 à 1863 le cardinal Morlot est quasiment tout-puissant ; il fait figure de bras ecclésiastique du ministre des Cultes, même s'il s'en défend. Ainsi lorsqu'il est question de nommer l'abbé Cruice, Mgr Maret écrit au ministre : « Mgr l'archevêque de Paris a déclaré aussi qu'il ne prendrait pas d'initiative pour cette nomination auprès de Votre Excellence, mais que s'il était consulté par elle, il serait très favorable à la promotion de M. Cruice [1].» On peut s'étonner en outre de ne pas voir figurer dans la liste des ecclésiastiques recommandés par Morlot deux prêtres du diocèse de Paris qui deviennent évêques en 1860, Ravinet et Christophe. En fait le premier est recommandé par l'abbé Buquet, vicaire général de Paris et bras droit de Morlot depuis le départ de Darboy pour Nancy. Quant à Christophe, le cardinal ne pouvait le recommander expressément, au risque de mécontenter les autres curés de la capitale. Le ministre se contente visiblement des propos tenus par le cardinal Morlot après la réception par l'abbé Christophe de la croix d'officier de la Légion d'honneur: «Je pense que ce témoignage d'une si haute bienveillance est très bien placé, l'ecclésiastique qui en est l'objet a rendu de grands services dans des circonstances fort graves, et il est à la tête d'une paroisse très populaire où il exerce ses fonctions pastorales avec beaucoup de zèle et de dévouement [2].» Quoi qu'il en soit un veto du cardinal Morlot est rédhibitoire. Il laisse ainsi passer des ecclésiastiques qu'il n'a pas recommandés, mais à propos desquels il est consulté. Dès 1855 par exemple il avait été interrogé sur l'abbé Colet, vicaire général de Dijon, où Morlot lui-même a commencé sa carrière, il répondait alors: «Quant à moi, je ne saurai rien affirmer ni pour ni contre cette candidature [3].» De nouveau consulté en 1861, l'archevêque de Paris déclare: «M. l'abbé Colet, proposé depuis longtemps, digne, capable et ayant acquis une longue pratique de l'administration et des affaires, une aptitude qui n'est pas douteuse aux devoirs de l'épiscopat [4].» On lui demande également son avis sur l'abbé Nogret, curé de Loches, qu'il a connu lorsqu'il était archevêque de Tours. Il se prononce favorablement à son égard [5]. Ainsi ce sont les deux tiers des nominations de 1859 à 1863 (10 sur 15) qui se sont faites avec l'aval explicite du cardinal

---

1. A. N. F 19 / 6176 (dossier Cruice, chanoine de Saint-Denis), Mgr Maret au ministre 24 mars 1861.
2. A. N. F 19 / 2584 (dossier Christophe), le cardinal Morlot au ministre, 30 mai 1860.
3. A. N. F 19 / 2588 (dossier Colet), le cardinal Morlot au ministre, 21 août 1855.
4. *Ibid.*, le cardinal Morlot au ministre, 4 avril 1861.
5. A. N. F 19 / 2576 (dossier Nogret), l'abbé Buquet, vicaire général de Paris, au ministre, 15 janvier 1862: «Son Éminence regarde M. Nogret comme bon prêtre, instruit, d'un caractère aimable et dont il a conservé les meilleurs souvenirs. Je m'empresse de communiquer à Votre Excellence ces appréciations sur M. Nogret. Elles me paraissent confirmer l'opinion que vous vous étiez déjà formée sur cet ecclésiastique.»

Morlot, véritable maître d'œuvre donc des promotions épiscopales dans la deuxième phase du ministère Rouland.

L'année 1863 marque une nouvelle étape. Elle se caractérise par la mort du cardinal Morlot et son remplacement à Paris par Mgr Darboy, tandis que Lavigerie rentre, à sa demande, de Rome pour aller prendre la succession de Darboy à Nancy. Ainsi se met en place une nouvelle équipe qui comprend également Maret. Elle ne peut cependant d'emblée peser sur les choix épiscopaux [1]. Comme le montre le tableau p. 407, c'est à partir de 1864 que se fait sentir son influence. La triade Maret-Darboy-Lavigerie est responsable de dix nominations au moins. Le rôle de Darboy semble en effet minoré dans les dossiers de l'administration des cultes. On sait par exemple que l'abbé Bécel doit en partie sa nomination à l'archevêque de Paris [2], mais de même l'abbé de Cuttoli, proche collaborateur de Darboy, n'aurait sans doute pu être nommé sans l'aval de son supérieur. En revanche il se montre beaucoup moins favorable à la nomination de l'abbé Freppel à Angers : « l'archevêque de Paris accepte faiblement », précise une note de l'administration des cultes [3]. Mais qui sont ces ecclésiastiques que recommande le quadrige Morlot-Maret-Darboy-Lavigerie ?

Étant donné les origines de ces quatre prélats, on ne sera guère surpris de voir mis en avant, tout d'abord, des prêtres du diocèse de Paris. Ils sont quinze à avoir appartenu à ce diocèse, mais on peut aisément leur adjoindre l'abbé de Las Cases qui, venu tard au sacerdoce, a fait ses études à Saint-Sulpice à la fin des années 1850, et, de par son âge, s'est agrégé au groupe libéral formé autour de Baudry. Ces clercs parisiens viennent de trois horizons différents, sans que pour autant il existe de passerelles entre eux : l'administration diocésaine, l'enseignement et l'administration paroissiale. Au premier groupe appartiennent Darboy, Ravinet, Meignan et Cuttoli. Le deuxième groupe rassemble Baudry, Cruice, Lavigerie, Meignan, Hugonin, Place, Foulon et Freppel. Le troisième regroupe Christophe, Lecourtier et Bécel.

---

1. Lavigerie s'en plaint du reste, trouvant les choix d'octobre 1863 « déplorables », voir Xavier DE MONTCLOS, *Lavigerie, le Saint-Siège et l'Église de l'avènement de Pie IX à l'avènement de Léon XIII (1846-1878)*, Paris, De Boccard, 1965, 663 p., p. 290, lettre de Lavigerie à Hugonin, 20 octobre 1863, arch. Hugonin.

2. L'abbé Bécel a été intégré au diocèse de Paris par le cardinal Morlot, il était de plus très proche de l'abbé Foulon, ayant un temps séjourné au petit séminaire de Notre-Dame-des-Champs.

3. A. N. F 19 / 2489 (dossier Freppel).

On s'attardera sur le deuxième groupe. Les ecclésiastiques qui le composent représentent les principales institutions scolaires ecclésiastiques de la capitale : Saint-Sulpice (Baudry), le petit séminaire de Notre-Dame-des-Champs (Place et Foulon), l'école des Carmes (Cruice, Hugonin, mais Lavigerie, Freppel et Darboy y ont également enseigné), la faculté de théologie enfin (Maret, Lavigerie, Meignan et Freppel).

Mais les recommandations ne portent pas uniquement sur des ecclésiastiques parisiens. Mgr Maret notamment pousse à l'épiscopat deux Montpelliérains avec qui il est depuis longtemps en relations, les abbés Ramadié et Paulinier [1], également soutenus par Darboy. Il appuie aussi la candidature de Grimardias, curé-archiprêtre de Clermont, « la lumière du conseil de Mgr Féron, même gallican à notre façon [2] ». Ce propos confirme s'il en était besoin le soin jaloux pris à ne faire nommer que des ecclésiastiques gallicans. Lavigerie recommande quant à lui Callot, curé gallican de Lyon, hostile au rétablissement de la liturgie romaine dans son diocèse, et Thomas, vicaire général d'Autun. Ce dernier exemple est l'occasion de préciser que les quatre grands électeurs évoqués ont été soutenus dans leur action par d'autres prélats, en particulier Mgr de Marguerye, Mgr Landriot, Mgr Lyonnet ou Mgr Jolly. L'évêque d'Autun pousse à l'épiscopat David et Cruice et ne s'oppose pas à la promotion de son vicaire général Thomas, recommandé par un autre de ses anciens vicaires généraux, Landriot, évêque de La Rochelle. Le diocèse d'Autun voit ainsi émerger en quelques années plusieurs évêques libéraux, sous l'égide de Mgr de Marguerye.

L'école Dupanloup.

On pourrait s'étonner de la faible part apparente prise par Dupanloup dans les recommandations épiscopales, puisqu'on n'a pu en recenser que sept. Plusieurs raisons expliquent ce bilan. Tout d'abord, Dupanloup nommé évêque en 1849 devient très vite *per-*

---

1. Voir Gérard CHOLVY, « Un aspect du catholicisme libéral sous le Second Empire : les milieux néo-gallicans du diocèse de Montpellier », dans Jacques GADILLE (dir), *Les Catholiques libéraux au XIXᵉ siècle*, Grenoble, Presses universitaires de Grenoble, 1974, 595 p., p. 281-298.
2. A. N. F 19 / 2510 (dossier Grimardias), Mgr Maret au ministre, 5 septembre 1854.

sona non grata auprès des gouvernements impériaux, et donc pendant près de dix-huit ans son influence, du moins directement, est quasiment nulle. Le IIe Empire est encadré par deux régimes dominés par les amis de Dupanloup et son rôle est alors réel, mais il n'est pas toujours perceptible car les conseillers les plus proches des gouvernants ne laissent pas toujours de traces. De plus, la IIe République fut brève et sous la IIIe République, jusqu'à sa mort en 1878, Dupanloup est en butte à l'hostilité pontificale à cause de ses prises de position inopportunistes au moment du concile.

L'examen des sept ecclésiastiques recommandés par Dupanloup montre que son poids ne se fait sentir qu'à partir de 1870. Il appuie en effet l'abbé Paulinier, seul ecclésiastique recommandé par l'évêque d'Orléans à être nommé évêque sous le IIe Empire, mais dans un contexte particulier il est vrai. La formation du ministère Ollivier favorise les catholiques libéraux tandis que la préparation du concile range Dupanloup dans le même camp que les néo-gallicans proches du pouvoir. Les six autres prêtres sont donc nommés sous la IIIe République, mais à partir de 1876 seulement. Dupanloup obtient alors, à la suite d'une négociation directe avec le maréchal de Mac-Mahon et avec le pape, un coadjuteur en la personne de l'abbé Coullié. La même année, il fait nommer évêque de Soissons Mgr Thibaudier, évêque auxiliaire de Lyon. Ce sont les deux seuls prêtres recommandés par Dupanloup dont Pie IX a accepté la promotion à l'épiscopat. Les quatre dernières recommandations prennent donc effet sous le pontificat de Léon XIII, dont trois après la mort de Dupanloup, comme si son influence avait grandi de sa disparition.

C'est surtout au cœur de la crise du 16 mai que Dupanloup se révèle être le conseiller particulier de Mac-Mahon en matière de nominations épiscopales. En juin 1877 par exemple, il recommande les abbés Lamazou et Sourrieu [1], puis en juillet il fournit une liste de candidats qui contient entre autres les noms des abbés Boyer et Servonnet [2]. Les protégés de Dupanloup appartiennent pour trois d'entre eux au diocèse de Paris, deux autres étant originaires du diocèse de Lyon, deux diocèses réputés pour leur gallicanisme.

---

1. A. N. F 19 / 2529 (dossier Lamazou) et 2514 (dossier Sourrieu), Mgr Dupanloup au ministre, 27 juin 1877 (extraits).

2. A. N. F 19 / 2509 (dossier Servonnet), Mgr Dupanloup au ministre, 2 juillet 1877. Il recommande en outre l'abbé Manec, vicaire général d'Agen, pour Perpignan, l'abbé Cognat curé de Paris, le père Chocarne provincial des Dominicains et l'abbé Chevalard membre de la Maison des Chartreux à Lyon.

Mais un seul de ces ecclésiastiques est véritablement un disciple de Dupanloup, à savoir l'abbé Coullié qui a été son élève à Saint-Nicolas-du-Chardonnet, et qu'il a suivi depuis lors. Il est à remarquer qu'il ne recommande aucun de ses proches à Orléans, sans doute par souci de ne pas perdre de précieux collaborateurs. Ce n'est qu'ensuite que certains parviennent à l'épiscopat, contribuant par là même à prolonger l'influence de Mgr Dupanloup par-delà la mort ; ce sont : Lagrange, Bougaud et enfin Chapon.

Ces trois ecclésiastiques ne sont pas en effet recommandés directement par Dupanloup, mais ils sont soutenus par des évêques dont la sensibilité est proche de celle de Dupanloup, en particulier par des libéraux. Bougaud est ainsi recommandé par Place, Thomas et Meignan, trois évêques de la minorité au concile, mais aussi par Devoucoux, Gouthe-Soulard et Besson, liés au monde du catholicisme libéral. Lagrange est quant à lui poussé à l'épiscopat par Guilbert et Lavigerie. Enfin Chapon est recommandé par Meignan, mais aussi par Lagrange, devenu évêque de Chartres, et par Laroche, ancien vicaire général d'Orléans. L'entourage de Dupanloup bénéficie donc *a posteriori* de l'aura du maître.

Les grands électeurs sous la IIIᵉ République.

Le premier grand électeur sous la IIIᵉ République est incontestablement le cardinal Guibert, archevêque de Paris. Il doit cette influence au contexte politique des premières années, mais aussi au fait qu'il incarne un juste milieu entre le camp gallican et le camp ultramontain. Il est donc à l'origine des premières nominations du régime. Au total, il provoque la nomination de seize évêques ; quinze sont choisis entre 1871 et 1877, ce qui confirme son influence au temps de l'Ordre moral. Les personnalités des prêtres qu'il recommande sont assez diverses. On relève en premier lieu un groupe d'anciens collaborateurs, ceux du diocèse d'Ajaccio où Guibert avait été supérieur du petit séminaire (Balaïn et Gaffory), ceux du diocèse de Viviers, premier siège épiscopal de Guibert (Robert), ceux enfin du diocèse de Tours (Bourret, Chaulet d'Outremont), auxquels il faut ajouter les ecclésiastiques de diocèses voisins de celui de Tours, connus au cours de cet épiscopat (Richard de Nantes, Sebaux de Laval et Cortet de La Rochelle). Un deuxième groupe rassemble des ecclésiastiques du diocèse de Paris : deux vicaires généraux (Langénieux et Jourdan), un curé (Lamazou), le vice-président de l'Œuvre des Alsaciens-Lorrains (Le Hardy du

Marais). Un troisième groupe est plus disparate avec des prêtres venus d'horizons divers : Bonnet, vicaire général de Périgueux, Fava, vicaire général de Saint-Denis de La Réunion, Goux, curé de Toulouse, et Vigne, vicaire général de Valence. Par le recours à des ecclésiastiques originaires de toute la France, Guibert marque donc de son empreinte l'épiscopat du début de la IIIᵉ République. En outre, à la même époque, l'un des premiers évêques recommandés par Guibert, Mgr Bourret, s'applique lui aussi à compléter l'œuvre de son maître.

Mgr Bourret, promu à l'épiscopat en 1871 et qui est lui aussi devenu cardinal, a à son actif onze nominations [1]. Huit d'entre elles interviennent entre 1872 et 1880. C'est donc au temps de l'Ordre moral que son influence est la plus grande. Ensuite, certaines de ses prises de position jugées hostiles au régime républicain le déconsidèrent quelque peu. L'influence de Bourret dans cette décennie est à mettre en relation avec celle du cardinal Guibert, dont il fut le secrétaire à Tours et qui l'avait fait nommer à Rodez. Les deux hommes partagent des vues assez voisines. Mais la particularité de Bourret est sa propension à s'intéresser plus particulièrement aux diocèses de sa région, bien qu'il ne soit pas lui-même métropolitain [2]. Sur onze prêtres recommandés, huit étaient originaires de diocèses voisins, formant un croissant autour du Massif central, de Périgueux au Puy. Cinq sont en outre nommés évêques de diocèses de la même région. Bourret envoie son vicaire général Costes à Mende en 1873, et Baduel, curé de Villefranche-de-Rouergue, à Saint-Flour en 1877. En 1873 il avait fait nommer l'abbé Bonnet, vicaire général de Périgueux, à Mende, et en 1874 l'abbé Gilly, vicaire général de Nîmes, dans ce même diocèse. Enfin en 1892 il appuie la candidature de l'abbé Lamouroux pour Saint-Flour, dont il était le vicaire général. Le résultat de cette politique est la constitution d'un réseau de clients au sud du Massif central, qui entraîne des heurts avec Mgr Fonteneau, archevêque d'Albi. L'un des buts de Bourret était incontestablement d'obtenir l'archevêché de Toulouse, afin de coiffer l'édifice ainsi échafaudé, mais il échoue face

---

1. Baduel, Bonnet, Costes, Gilly, Goux, Lamouroux, Le Camus, Pelacot, Perraud, Soubiranne et Terris.

2. Voir Jacques GADILLE, *La Pensée et l'Action politiques des évêques français au début de la IIIᵉ République, 1870-1883*, Paris, Hachette, 1967, 2 tomes, 351 et 334 p., t. I, p. 42.

à l'intransigeance du gouvernement français qui, à plusieurs reprises, s'oppose à sa promotion à un archevêché.

Si Guibert et Bourret ont marqué le recrutement épiscopal de la décennie 1870, celui des années suivantes est surtout dû à un petit groupe issu du néo-gallicanisme. Sur l'ensemble des 176 évêques nommés sous la IIIe République, 45 ont en effet été recommandés par 1 des 8 évêques qui composent le groupe des néo-gallicans promus à l'épiscopat dans la seconde moitié du IIe Empire. Ces huit évêques sont : Lavigerie, Meignan, Thomas, Ramadié, Bernadou, Guilbert, Hugonin et Place. On peut donc dire d'emblée que ce groupe est le plus influent jusqu'à la fin du siècle. La continuité est donc beaucoup plus nette qu'on pourrait le penser entre IIe Empire et IIIe République. L'influence de ce groupe est somme toute logique ; ses membres parviennent sous la IIIe République aux postes les plus élevés dans l'Église : sept achèvent leur carrière comme archevêques et six deviennent même cardinaux. Malgré tout la cohésion de ce groupe, constitué à la fin de l'Empire, a pour effet de renforcer encore l'homogénéité de l'épiscopat, comme le confirment les réseaux de recommandations croisées qui partent de ces évêques.

	Meignan	Lavigerie	Guilbert	Thomas	Place	Bernadou	Ramadié	Hugonin
Berthet			*			*		
Bougaud	*			*	*			
Bourret	*		*					*
Boyer			*		*			
Chapon	*							
Combes		*						
Cortet				*				
Deramecourt	*							
Dizien						*		
Duquesnay						*		
Dusserre		*						
Fallières		*	*		*			
Gaussail		*					*	
Geay					*			
Germain		*						*
Gonindard		*						*
Goutthe-S							*	

	Meignan	Lavigerie	Guilbert	Thomas	Place	Bernadou	Ramadié	Hugonin
Isoard		*					*	
Jourdan						*		
Julien				*				
Juteau	*			*				
Laborde				*				
Labouré	*							
Lagrange		*	*					
Larue		*						
Latty				*				
Le Camus	*				*			
Lecoq			*					*
Le Hardy						*		
Lelong				*				
Le Nordez	*							
Maréchal	*							
Mollien	*							
Renou	*							
Renouard			*					
Robert		*						
Servonnet			*					
Soubiranne		*						
Soubrier		*						
Soulé		*						
Sourrieu					*		*	
Sueur	*							
Terris						*		
Touchet			*					*
Williez	*							

Parmi ces évêques cooptants, le plus influent est Meignan. Il devient un des prélats les plus écoutés dans les années 1880, parvenant à faire nommer trois prêtres du diocèse d'Arras (Deramecourt, Labouré et Sueur) et trois prêtres du diocèse de Tours (Juteau, Renou et Williez). À ses côtés, Lavigerie maintient les positions acquises sous le IIe Empire, mais ses recommandations sont d'un autre ordre ; elles concernent pour la plupart son domaine réservé que constituent les trois diocèses algériens. Mais Lavigerie soutient aussi d'anciens condisciples passés par le catholicisme libéral : Isoard, Lagrange, Larue et Soubiranne. Globalement ces huit évêques recommandent des prêtres de leur diocèse, mais les croisements que l'on peut observer montrent aussi qu'il existe une concertation pour faire aboutir telle ou telle candidature, surtout lorsque l'une d'entre elles rencontre des difficultés, soit auprès du gouvernement, soit surtout auprès de la nonciature. On constate du reste que les prêtres dont les noms sont le plus souvent cités attendent assez longtemps l'épiscopat, à l'image de l'abbé Bougaud ou de l'abbé Fallières. Cette concomitance de recommandations peut être fortuite, mais elle est souvent le fruit d'une stratégie. En ce sens la cooptation épiscopale n'est pas seulement le fait d'individus isolés, mais celui de groupes d'individus. Sur ce plan au moins, il existe donc bel et bien une concertation épiscopale.

À partir des années 1880, l'un des électeurs les plus influents dans l'épiscopat devient Mgr Ardin, le premier évêque républicain, nommé à Oran en 1880, promu ensuite à La Rochelle en 1884, puis à Sens en 1892. Sa réputation de républicain donne du poids à ses avis, si bien qu'il est à l'origine de huit nominations : Fiard, Fleury-Hottot, Petit, Valleau, Dizien, Énard, Arnaud et Beuvain de Beauséjour. Trois sont qualifiés de prêtres républicains (Fiard, Valleau et Arnaud). Quatre proviennent de diocèses administrés par Mgr Ardin : Fiard était vicaire général d'Oran, Petit vicaire général de La Rochelle, Valleau curé de Saintes et Dizien vicaire général de Sens [1]. Mais le cas de Mgr Ardin reste relativement isolé. Finalement les pouvoirs publics préfèrent s'en remettre aux évêques déjà bien établis, donc nommés antérieurement à la IIIᵉ République, surtout s'ils se sont ralliés au régime.

Ainsi, sous la IIIᵉ République, les grands électeurs de l'épiscopat sont soit des évêques libéraux, venus du néo-gallicanisme, soit des évêques modérés comme Guibert ou Bourret, soit plus tard des évêques républicains, à l'image de Mgr Ardin.

---

1. Ces trois derniers exemples montrent comment l'influence d'un évêque peut susciter plusieurs nominations dans des diocèses réputés peu fervents, en l'occurrence La Rochelle et Sens.

Conclusion.

En définitive, si l'ensemble de l'épiscopat est amplement consulté, tout au long du siècle, sur les choix à effectuer au sein du clergé, il est vrai aussi que ces mêmes choix restent contrôlés par un petit nombre de prélats, parvenus en général eux-mêmes au faîte des honneurs. Il serait donc plus juste de dire que la cooptation est le fait d'un petit groupe de cardinaux et d'archevêques. Leur prestige leur permet en effet d'être entendus aussi bien à Paris qu'à Rome, condition indispensable à l'avancée d'une candidature. Certains ont pu perdre une partie de leur crédit lors d'un changement de régime, mais les plus influents sont précisément ceux qui sont parvenus à traverser plusieurs régimes. À cet égard, la figure du cardinal Donnet est emblématique : il parvient en effet à faire entendre ses avis pendant près de cinquante ans, sans connaître de disgrâce. Ainsi, par le biais de la cooptation, l'épiscopat se perpétue sans véritable bouleversement. Les changements de régime peuvent infléchir le recrutement, mais la cooptation, réservée à un petit nombre, a contribué à maintenir une certaine cohésion au sein de l'épiscopat français.

CHAPITRE VIII

PARRAINAGES POLITIQUES
ET FAMILIAUX

La nomination d'un évêque demeure tout au long du XIXᵉ siècle le résultat d'un processus complexe. Elle est avant tout le fruit d'une décision politique, qui revient en dernier ressort au gouvernement. Dès lors il n'est pas étonnant de voir se profiler, à l'arrière-plan des nominations, les principaux acteurs de la vie politique.

La constitution de dossiers de candidatures à partir de la monarchie de Juillet permet d'appréhender avec une certaine justesse les diverses interventions qui entourent une nomination, mais on peut s'interroger sur leur importance et leur poids réel.

L'essor du parrainage politique.

Les recommandations de candidats à l'épiscopat par des personnalités politiques sont perceptibles dès la monarchie de Juillet. Mais nul doute qu'elles ont existé auparavant, sous une forme cependant quelque peu différente, dans la mesure où recommandations politiques et recommandations familiales devaient bien souvent se croiser. La démocratisation de l'épiscopat à partir de 1830 enlève à bon nombre de candidats les traditionnels appuis familiaux dont bénéficiaient leurs prédécesseurs, mais en même temps modifie le jeu des recommandations politiques.

Les parrainages politiques restent malgré tout limités entre 1830 et 1870. 37 % des évêques nommés entre ces deux dates ont été recommandés par une personnalité politique. Ils sont plus nombreux sous la monarchie de Juillet (42 %) que sous le IIᵉ Empire (32 %). En revanche, à partir de 1870, les recommandations politiques concernent 63 % des évêques nommés. Peut-on en déduire pour autant que le poids des personnalités politiques ait été plus grand qu'auparavant? Ce n'est pas certain, dans la mesure où, la plupart des candidats disposant de tels soutiens, ceux-ci peuvent avoir tendance à s'annihiler. En revanche, il est clair que la nomination d'un évêque est devenue une affaire importante pour les parlementaires. On le constate aussi par la multiplication des recommandations portées sur chaque candidat : sous la IIIe République se multiplient les recommandations entrecroisées de parlementaires d'un même département, désireux d'affirmer par leurs interventions le poids de leurs régions, alors qu'auparavant, sauf exception, un même candidat ne bénéficie pas de plus de deux recommandations.

Les réseaux qui se tissent reposent en effet essentiellement sur des liens régionaux. Ils font apparaître le monde des notabilités départementales. Le type même de ces recommandations est le soutien d'un parlementaire à un ecclésiastique de son département. L'abbé Sergent est ainsi l'objet de recommandations entrecroisées de la part des notables politiques de la Nièvre. Sous la monarchie de Juillet, il est soutenu par Dupin mais aussi par Benoist d'Azy, députés de la Nièvre et surtout personnalités très en vue du régime [1]. Cette coalition quelque peu exceptionnelle pour l'époque s'explique en fait par le vœu des notables en question de se débarrasser de leur évêque, Mgr Naudo, et de le remplacer par un homme du terroir. Ils y parviennent en obtenant la promotion de Mgr Naudo à Avignon [2]. Sergent n'est du reste pas le seul nom mis en avant ; les mêmes personnalités désignent également l'abbé Gaume, vicaire général de Nevers. Mais ni Sergent ni Gaume n'obtiennent le siège de Nevers, car Mgr Naudo s'y oppose formellement et gagne l'internonce à sa cause. Pour Mgr Garibaldi, l'abbé Sergent est un « intrigant [3] ». Puis, face à l'insistance des frères Dupin, il se plaint de leur volonté d'imposer au roi la nomination de l'évêque de Nevers [4]. Peut-être le pouvoir royal n'est-il pas mécontent en l'occasion de limiter la puissance d'un clan régional. Quoi qu'il en soit, le complot est attesté, l'abbé Sergent le confirme quelques années plus tard : « En 1843 j'ai, bien malgré moi, servi de dra-

---

1. A. N. F 19 / 2643 (dossier Sergent, candidat à l'épiscopat), lettre commune de Dupin et Benoist d'Azy au ministre, 2 mars 1842.
2. Le dossier de Mgr Naudo aux Archives nationales s'est malheureusement perdu.
3. A.S.V., S.d.S., Rub 248, Busta 422, anno 1842, l'internonce au secrétaire d'État, 18 août 1842.
4. *Ibid.*, l'internonce au secrétaire d'État, 24 septembre 1842.

peau à ceux qui attaquaient l'autorité de Mgr Naudo [1].» Cette affaire laisse des traces à Nevers ; elle place Sergent dans une situation difficile à l'égard du successeur de Mgr Naudo, Mgr Dufêtre. En outre, il lui faut attendre dix ans pour être à nouveau recommandé par des notables de son département, le sénateur Manuel et surtout le comte Le Peletier d'Aunay, dont la famille avait soutenu les études du jeune Sergent après la mort de son père [2]. C'est ainsi tout un département qui se retrouve pour soutenir l'un des siens, avec cependant des succès variables. Néanmoins, dans le cas de Sergent, qu'aucun évêque n'a soutenu, mais qui au contraire a pâti de la défaveur de deux prélats, Naudo et Dufêtre, l'appui réitéré de personnalités politiques a été décisif.

Étant donné la multiplicité de ce type de recommandations politiques, elles n'ont véritablement de poids que lorsqu'elles proviennent de personnages haut placés. Les familles régnantes jouent un rôle non négligeable. Sous la monarchie de Juillet, on peut attribuer à l'intervention directe du roi ou de la reine Marie-Amélie une demi-douzaine de nominations : celles d'Alouvry, Bonnechose, Fayet, Féron, Olivier et Parisis. Sous le IIe Empire, Bécel et Cruice doivent leur promotion, le premier à l'intervention d'une cousine de Napoléon III, la princesse Bacciochi, le second à celle du prince Jérôme. En République, l'intervention directe du président peut également être décisive : Louis Napoléon pousse l'abbé Lyonnet à la fin de la IIe République. Il est aussi bien connu que Jules Grévy recommande l'abbé Marpot pour Saint-Claude en 1880. L'abbé Gilbert bénéficie de ses liens avec le président Carnot. Fallières est à l'origine de la nomination de l'abbé Bouquet, ecclésiastique qu'aucun évêque n'avait du reste recommandé.

Les ministres ou anciens ministres viennent au second rang. Dès 1831, le président du Conseil, Casimir Périer, pousse à l'épiscopat l'abbé d'Humières. Dans ce type de relations, les liens de clientèle régionale sont alors aussi très forts. L'abbé Bardou doit sans conteste sa promotion au siège de Cahors en 1842 à l'intervention du maréchal Soult, président du Conseil. Issu d'une famille de cultivateurs aisés du Tarn, l'abbé Bardou est devenu curé de Saint-Amans-la-Bastide, la paroisse du maréchal Soult. L'abbé Sibour,

---

1. A.S.V., S.d.S., Rub 248, fasc. 2, anno 1855, l'abbé Sergent au comte Le Peletier, 18 novembre 1852.
2. A. N. F 19 / 2564 (dossier Sergent), le comte Le Peletier d'Aunay au ministre, 19 avril 1854.

chanoine de Nîmes, devient évêque grâce à l'appui de Teste, ministre de la Justice et des Cultes, et ami de sa famille. L'abbé Debelay, curé de Nantua, recueille quant à lui au début des années 1840 le soutien de la famille Girod de l'Ain, et en particulier celui du vice-président du Conseil d'État et ancien ministre de la Justice et des Cultes. L'abbé Manglard, curé de Saint-Eustache à Paris, est lui aussi proposé pour le siège de Saint-Dié par le ministre de la Justice et des Cultes, Martin du Nord, qui le connaissait personnellement ; il reçoit en outre le soutien de Dupin et de Portalis, alors premier président de la Cour de cassation [1]. Martin du Nord recommande également, quand il est aux Affaires, un prêtre de sa région, l'abbé Wicart. Enfin l'abbé Mascarou-Laurence, vicaire général de Tarbes, est recommandé par Achille Fould, député du département des Hautes-Pyrénées, mais aussi par Laffitte, et enfin par Lacave-Laplagne, ministre des Finances depuis 1842 [2]. Ce sont ainsi une douzaine d'évêques de la monarchie de Juillet qui ont dû leur promotion au soutien de la famille royale ou d'une haute personnalité politique.

La proportion est un peu inférieure sous le IIᵉ Empire. Quatre candidats sont directement appuyés par des ministres. L'abbé Jordany, curé dans les Basses-Alpes, doit à ses liens avec Fortoul d'être nommé évêque de Digne. L'abbé Grimardias est quant à lui soutenu par Rouher. Dours, inspecteur de l'académie de Paris, reçoit le double patronage du ministre de l'Intérieur, Boudet, et du ministre de l'Instruction publique, Duruy. La candidature de l'abbé Grolleau, curé dans le diocèse d'Angers, est orchestrée par Louvet, entré comme ministre de l'Agriculture dans le gouvernement Ollivier. Ministre des Beaux-Arts dans le même gouvernement, Maurice Richard pousse quant à lui la candidature de l'abbé Fournier, curé à Nantes.

Sous la IIIᵉ République, ministres ou anciens ministres jouent également un rôle non négligeable, sans qu'aucun n'apparaisse comme un spécialiste de la recommandation épiscopale. On relève dix-huit noms de ministres, mais ils n'ont recommandé que vingt-trois évêques, certains du reste alors qu'ils n'étaient plus ministres. Par rapport à l'ensemble des parrainages politiques opérés alors, la part des ministres peut paraître faible. Néanmoins elle est souvent

---

1. A. N. F 19 / 2578. Fiche.
2. A. N. F 19 / 2585 (dossier Mascarou-Laurence), le ministre des Finances au ministre des Cultes, 23 avril 1844.

décisive. Les interventions d'un ministre ou d'un ministrable ont donc du poids, et ce d'autant mieux qu'elles sont relativement rares. À l'époque de la crise du 16 mai, le baron Reille pousse à l'épiscopat l'abbé Caraguel [1]. Pendant son passage au ministère des Cultes entre 1877 et 1879, Bardoux fait nommer à Clermont, son diocèse d'origine, l'abbé Boyer. En 1881, Gambetta se souvient de son ancien condisciple au petit séminaire de Cahors, l'abbé Coldefy. Brisson pousse à l'épiscopat l'abbé Blanchet alors qu'il est président de la Chambre des députés [2]. Quelques années plus tard, Paul Deschanel désigne l'abbé Foucault, originaire de sa circonscription. À la même époque, le ministre de l'Instruction publique, Rambaud, signale l'abbé Mathieu, qu'il avait connu pour avoir fait partie de son jury de thèse. Enfin, Poincaré apporte son soutien à l'abbé Énard, Lorrain comme lui et, qui plus est, confesseur de sa femme. Le patriotisme joue aussi dans la recommandation de Scheurer-Kestner, vice-président du Sénat, en faveur de l'abbé Schœpfer, comme lui Alsacien ayant opté pour la France en 1871. La recommandation de Scheurer prend du reste tout son poids au lendemain de la formation du gouvernement Waldeck-Rousseau. Il l'avait en effet recommandé depuis 1896, sans véritablement le connaître, au nom d'un groupe d'Alsaciens : « Vous savez que je ne connais pas le monde de l'Église, que je le fréquente encore moins et que je suis absolument dégagé de tout esprit chrétien. Néanmoins je n'ai pu me refuser à me rendre au désir qui m'a été exprimé par mes compatriotes [3]. » Sa recommandation n'est donc entendue qu'au lendemain de l'affaire Dreyfus, puisque l'abbé Schœpfer est nommé évêque de Tarbes le 7 décembre 1899.

---

1. A. N. F 19 / 2560 (dossier Caraguel), recommandé par le baron Reille depuis 1876, l'abbé Caraguel, curé-archiprêtre, bénéficie de son passage au ministère pour obtenir l'épiscopat en 1877.
2. A. N. F 19 / 2524 (dossier Blanchet), Note de Floureus à Dumay : « Prière de faire un dossier. M. Blanchet m'a été très vivement recommandé par M. Brisson, président de la Chambre des députés. »
3. A. N. F 19 / 2585 (dossier Schœpfer), Scheurer-Kestner au ministre, 21 juillet 1896. Une note du 23 juillet 1896 insiste sur le fait que le clergé alsacien n'est plus représenté dans l'épiscopat, alors qu'on compte d'éminentes personnalités alsaciennes dans le monde protestant et juif. À la même époque, le préfet de police fait connaître au ministre que l'abbé Schœpfer est bien de nationalité française (A. N. F 19 / 3126 [dossiers prêtres étrangers, enquête de 1897], le préfet de police au ministre, 19 août 1897 : « J'ai l'honneur de vous faire connaître que M. l'abbé Schœpfer, Xavier-François, né le 23 avril 1843 à Wettolsheim [Haut-Rhin], curé de l'église Saint-Georges, est français. Son nom est inscrit aux listes électorales de la Seine »).

Ces patronages politiques de la part de hautes personnalités du régime apparaissent donc décisifs dans le processus conduisant à la nomination. Très souvent le délai entre la première recommandation et la nomination est très bref, indice d'une décision rapide. On constate en outre que bon nombre des candidats n'avaient reçu aucun soutien épiscopal. La plupart étaient curés ou occupaient une fonction indépendante à l'égard du pouvoir épiscopal. Le patronage politique permet ainsi de suppléer l'absence de recommandations d'évêques. Mais son influence est plus difficile à apprécier lorsqu'il s'agit de simples parlementaires.

Les recommandations de candidats à l'épiscopat de la part des parlementaires ne cessent de se développer, jusqu'à devenir omniprésentes sous la IIIᵉ République. Elles prennent une telle importance que le nonce s'en plaint très souvent. Il faut mettre ces recommandations en relation avec le rôle du parlementaire sous la IIIᵉ République. Dans un régime caractérisé par une relative instabilité ministérielle, toute voix compte et l'intervention d'un parlementaire en faveur d'un candidat à l'épiscopat ne peut être négligée. C'est ce qui explique notamment le souci constant des gouvernements d'achever les négociations avec la nonciature avant l'ouverture des sessions parlementaires. Les recommandations de députés ou de sénateurs servent en outre de moyens de pression à l'égard du Saint-Siège, leur poids se révélant incontestablement plus fort en période préélectorale ou au moment de tensions entre Paris et Rome, par exemple au moment du gouvernement de Défense républicaine.

Le parrainage de candidats à l'épiscopat par des parlementaires de la IIIᵉ République est d'autant plus étonnant que beaucoup se proclament adversaires du cléricalisme. Plus d'un député aurait pu reprendre à son compte les paroles de Scheurer-Kestner. La plupart de ces députés sont en effet républicains. En fait le soutien d'un candidat à l'épiscopat fait désormais partie du travail parlementaire ; il est un moyen de se constituer une clientèle locale, voire peut-être de conquérir une partie de l'opinion catholique. La stratégie électorale, fondée sur des intérêts essentiellement locaux, est en effet décisive pour comprendre ces nombreuses interventions. Certes, on retrouve parmi ces parlementaires principalement des républicains opportunistes ou progressistes, mais aussi quelques députés venus du radicalisme. Le plus bel exemple en est sans doute Frédéric Desmons, ancien pasteur et l'un des principaux dirigeants de la franc-maçonnerie, radical de surcroît, qui recommande deux ecclésiastiques du diocèse de Nîmes, l'abbé Fuzet et l'abbé

Gilly. Dans le cas de Fuzet, il se contente de suivre l'avis du préfet et des députés du Gard. En revanche, en ce qui concerne Gilly, dont il fut le condisciple au lycée de Nîmes, son insistance est beaucoup plus grande [1]. Grâce à ce soutien d'une des principales notabilités protestantes du Gard, qui est en outre alors président du conseil de l'Ordre, l'abbé Gilly parvient à faire l'unanimité sur son nom et devient évêque de Nîmes, contrairement à l'usage [2]. Ainsi des intérêts locaux peuvent par moments redonner tout leur poids aux personnalités politiques. Dans l'ensemble cependant, c'est le plus souvent au terme de processus complexes que sont prises les décisions conduisant au choix d'un évêque. Aux recommandations épiscopales viennent en effet s'ajouter les intérêts politiques, voire parfois les intérêts familiaux.

Les réseaux familiaux.

Dans la France d'Ancien Régime, la famille jouait un très grand rôle dans la recherche d'un diocèse [3]. Au début du XIXe siècle, la part prise par les familles de l'entourage de Bonaparte est également importante [4]. Il est vraisemblable aussi qu'avec la Restauration les procédés d'Ancien Régime ont été de nouveau employés. Pour fonctionner, de telles stratégies familiales doivent s'appuyer sur un réseau de personnalités alliées, proches du pouvoir. Le retour en force de la noblesse à partir de 1815, à tous les niveaux

---

1. A. N. F 19 / 2550 (dossier Gilly), Note de l'administration des cultes : « M. Desmons, député, condisciple de M. Gilly, le recommande très vivement, 6 février 1889. » Sur Frédéric Desmons, voir Daniel LIGOU, *Frédéric Desmons et la franc-maçonnerie sous la IIIe République*, Paris, Gedalge, 1966, 277 p.
2. *Ibid.*: « L'important était d'écarter les manœuvres de Montpellier [Mgr de Cabrières]. La nomination du vicaire capitulaire [Gilly] bien qu'en opposition avec la règle d'après laquelle on évite de prendre dans le diocèse paraît désirée par tout le monde et même par le chapitre. Ce prêtre est signalé comme ayant une attitude correcte tout en professant des idées opposées à la république. / Demandé par MM. Desmons, Bousquet, députés. / Recommandé par M. Thomson, député, au nom du consistoire israélite. Demande de M. Bonhoure, chef du cabinet du Président du Conseil. Avis favorable du préfet, sous réserve qu'il serait partisan de retarder la nomination. »
3. Cette quête d'un diocèse a été particulièrement bien analysée par Bernard DE BRYE, *Un évêque d'Ancien Régime à l'épreuve de la Révolution. Le cardinal A.-L.-H. de La Fare (1752-1829)*, Paris, Publications de la Sorbonne, 1985, 319 p.
4. Voir p. 301-303.

de l'État, laisse supposer que de telles stratégies ont été élaborées. Malheureusement les renseignements sont trop épars pour le confirmer de façon absolue. Plusieurs exemples peuvent cependant illustrer l'existence de tels réseaux [1].

Au moment de la préparation des premières nominations épiscopales, au début de 1817, les grandes manœuvres ont été certainement très importantes, bien que peu de traces en aient été conservées. Il est clair cependant que l'abbé Le Groing de La Romagère a été l'objet de plusieurs recommandations de la part de parents proches ou alliés. Mme de Montagu, qui appartient par sa naissance à la famille de Noailles, et dont la fille a épousé le neveu de l'abbé Le Groing, le recommande au grand aumônier dès avril 1817 [2]. Il est parallèlement l'objet d'une recommandation de la part du duc de Richelieu, à la famille duquel Le Groing est allié. Cette intervention du duc de Richelieu, qui est alors à la tête du ministère, est décisive pour l'attribution du siège de Saint-Brieuc à Le Groing, et ce d'autant mieux que cet ecclésiastique avait été oublié lors de la distribution d'août [3]. À la même époque, la nomination de l'abbé de Villèle doit certainement beaucoup à ses liens de famille avec le futur ministre, même si celui-ci est alors dans l'opposition. De même, le choix de l'abbé de Bonald pour le siège du Puy en 1823 s'explique par les liens de son père avec le régime.

D'autres réseaux familiaux se font également jour. On peut ainsi reconstituer ceux qui lient entre elles trois familles provençales, celles de Mgr de Villeneuve-Esclapon, de Mgr de Mandolx et de Mgr de Richery. Le frère de l'abbé de Villeneuve, Jean-Baptiste, enseigne de vaisseau, héritier de la coseigneurie de Ramatuelle et

---

1. Sur l'importance des relations familiales dans la conquête du pouvoir, voir Françoise THÉLAMON (textes réunis par), *Aux sources de la puissance : sociabilité et parenté*, actes du colloque de Rouen, 12-13 novembre 1987, Rouen, Publications de l'université de Rouen, 1989.
2. A. N. F 19 / 2575 (dossier Le Groing de La Romagère), Mme de Montagu au grand aumônier, 20 avril 1817.
3. *Ibid.,* la lettre du duc de Richelieu n'est pas au dossier, mais on dispose de la réponse du grand aumônier au duc de Richelieu, 13 septembre 1817 : «Je me trouve heureux, M. le Duc, en distinguant le mérite de cet excellent ecclésiastique, de vous témoigner mon empressement à faire une chose qui vous est agréable. Si donc le diocèse de Saint-Brieuc qui d'ailleurs est tout formé et qui n'offre par conséquent pas autant de peine et de travaux que les autres qui sont à former en entier, peut convenir à M. de La Romagère, je voue prie de me le faire connaître et je le présenterai de suite à la nomination du Roi, en même temps.»

d'Esclapon, a épousé la sœur de l'abbé de Mandolx, Angélique de Mandolx-La Palud. Les familles de Villeneuve et de Mandolx sont ainsi alliées. Mais les liens entre l'abbé de Villeneuve et l'abbé de Richery sont encore plus forts. Le neveu de l'abbé de Villeneuve, Désiré de Sauteron de Séranon, a épousé en 1807 la nièce de l'abbé de Richery, Caroline de Champourcin de Saint-Sylvestre [1]. Cette alliance familiale conduit Mgr de Richery, devenu évêque de Fréjus, à choisir l'abbé de Villeneuve comme chanoine de sa cathédrale et membre de son conseil. Il est sans doute à l'origine de sa nomination à l'évêché de Verdun en 1826. Cet exemple montre quoi qu'il en soit les liens familiaux étroits existant entre certains évêques, mais aussi entre ces évêques et de hautes personnalités du royaume. Le modèle d'Ancien Régime se retrouve donc en partie au début du XIXe siècle.

Il est certain cependant qu'au-delà de la révolution de Juillet la démocratisation de l'épiscopat a tendance à rendre inopérantes de telles stratégies familiales. On en perçoit néanmoins quelques exemples qui révèlent précisément les pratiques usitées jusque-là. En 1833 le baron de Jerphanion recommande auprès du ministre de l'Intérieur qu'il connaît personnellement l'abbé de Jerphanion, son frère : « J'ai un frère, vicaire général de Bourges : ses connaissances et talents administratifs sont bien connus au ministère des Affaires ecclésiastiques [2]. » Les stratégies familiales sont parfois plus complexes. Ainsi l'abbé de Levezou de Vesins, vicaire général de Bordeaux, mais surtout ancien sous-préfet de Millau, est poussé vers l'épiscopat par les beaux-parents de son fils aîné. Ce dernier avait en effet épousé la fille aînée du duc de Reggio, maréchal d'Oudinot. L'abbé de Levezou, récemment ordonné prêtre avait même béni le mariage, ce qui avait alors frappé l'opinion. Désireux de compter un évêque dans leur famille, le maréchal d'Oudinot et sa femme recommandent tour à tour l'abbé de Levezou, en 1839-1840 [3]. En outre, cette candidature est relayée par l'archevêque de Bordeaux, Mgr Donnet, mais aussi par Mgr de Gualy, archevêque

1. Voir Louis BERGERON et Guy CHAUSSINAND-NOGARET (sous la direction de), *Grands notables du Ier Empire*, t. 18 : *Var* (sous la direction de Frédéric D'AGAY), Paris, Éd. de l'E.H.E.S.S., 1988, notice Villeneuve-Esclapon, p. 281-282.
2. A. N. F 19 / 2484 (dossier Jerphanion), le baron de Jerphanion au ministre de l'Intérieur, 12 février 1833.
3. A. N. F 19 / 2789 (dossier Levezou), le duc de Reggio au garde des Sceaux, 26 octobre 1839 ; la duchesse de Reggio au garde des Sceaux, 17 septembre 1841 ; le duc de Reggio au garde des Sceaux, 12 décembre 1840.

d'Albi, parent de l'abbé de Levezou, avec lequel il a fait une partie de ses études [1]. C'est un des derniers exemples dans l'épiscopat du XIXᵉ siècle d'une mobilisation de familles nobles au service de l'un des siens. À la même époque en effet une autre tentative échoue, du moins provisoirement. Les interventions de la famille de Dreux-Brézé pour obtenir un évêché à son fils sont évidentes. Dans un premier temps la mère de l'abbé de Dreux-Brézé, née Adélaïde de Custine, convainc l'archevêque de Tours, Mgr de Montblanc, de demander son fils comme coadjuteur. Elle intervient elle-même directement auprès du secrétaire d'État pour que le Saint-Siège accepte cette solution : « Comme mère, il m'est permis de vous dire, Monseigneur, qu'aucun poste ne peut lui convenir autant. C'est en quelque sorte son air natal puisque Tours n'est qu'à dix-huit lieues de Brézé, quoiqu'il ne soit pas notre diocèse [...]. Tours est le seul diocèse qui convienne à mon fils [2]. » Le gouvernement refuse cette combinaison, d'autant mieux que le frère de l'abbé, le marquis de Brézé, est un ardent adversaire du régime. L'offensive reprend quelques années plus tard, vraisemblablement encore à l'initiative de la marquise douairière qui a circonvenu le nouvel archevêque de Tours, Mgr Morlot. Ce dernier écrit en effet au ministre en 1846 : « Je me demande pourquoi M. de Dreux-Brézé ne deviendrait pas évêque. » Le légitimisme de sa famille ferme au fils encore une fois les portes de l'épiscopat [3]. Il lui faut donc attendre la IIᵉ République. La famille de Dreux-Brézé se retourne alors vers l'Anjou et profite de ses relations avec le vicomte de Falloux pour obtenir pour son fils le diocèse de Moulins [4]. À partir du IIᵉ Empire, la noblesse cesse de jouer ce rôle, mais d'autres groupes sociaux tentent malgré tout de prendre le relais.

Sans atteindre jamais une proportion très importante, le parrainage familial se maintient au XIXᵉ siècle. Mais l'évolution de la société a provoqué un glissement de la noblesse vers la bourgeoi-

---

1. A. N. F 19 / 2789 (dossier Levezou), l'archevêque d'Albi au garde des Sceaux, 14 décembre 1840.
2. A. S. V., S.d.S., Rub 248, Busta 422, anno 1841, la marquise de Dreux-Brézé au secrétaire d'État, 22 août 1841.
3. A. N. F 19 / 2541 (dossier Dreux-Brézé).
4. *Ibid.* Sa mère semble être restée très proche de lui, si l'on en croit ce propos du préfet de l'Allier en 1857, après la sanction infligée par le Conseil d'État à l'évêque de Moulins : « À propos de la censure prononcée récemment par le Conseil d'État, Madame de Dreux-Brézé disait : "C'est la première peine que mon fils ait éprouvée." »

sie. Sous le IIe Empire par exemple, l'abbé Bernadou est soutenu par son frère, maire de Castres, conseiller général du Tarn et ancien député, qui s'appuie sur l'autorité de son père : « Mon vieux père, écrit-il, après avoir rempli nombre de fonctions toujours gratuites, dirige encore, malgré son grand âge, une des plus considérables maisons de commerce de la France. » Ce type de recommandations marque l'avènement des grandes familles de négociants et d'entrepreneurs dans la France du XIXe siècle, désireuses également de conquérir les plus hautes places dans l'Église. On retrouve aussi, dans cet exemple comme dans d'autres l'interaction entre les appuis familiaux et politiques. La nomination de l'abbé Roche au siège de Gap en 1879 doit beaucoup à sa parenté avec le député Roche, son neveu. L'abbé Gilbert, déjà mentionné, bénéficie de ses liens de parenté avec le président Sadi Carnot. L'abbé Mando, curé de la cathédrale de Saint-Brieuc, est quant à lui soutenu par son frère, élu en 1898 député républicain de Loudéac, dans les Côtes-du-Nord. Il parvient à faire signer une pétition en faveur de son frère, par douze parlementaires de l'Ouest [1]. Enfin l'abbé Hazera, curé à Bordeaux, devient évêque grâce à l'entrée au gouvernement de son cousin, Darlan, qui prend précisément le portefeuille des Cultes [2]. Dans ce cas précis, le cheminement qui conduit à l'épiscopat est simple : il s'agit purement et simplement d'un acte de népotisme [3]. En revanche, bien souvent, les stratégies familiales sont plus complexes, mettant en œuvre des réseaux plus divers.

Les démarches entreprises pour faire nommer l'abbé Baduel au siège de Saint-Flour montrent la complexité de certaines nominations épiscopales. Curé de Villefranche-de-Rouergue, l'abbé Baduel

---

1. A. N. F 19 / 2491 (dossier Mando), Pétition de députés au Président du Conseil, 1er juin 1899.
2. L'abbé Hazera n'avait même pas de dossier ouvert à l'administration des cultes, ce qui prouve qu'il n'avait jamais été l'objet d'aucune recommandation.
3. En revanche, Armand Fallières ne profite pas de son passage au ministère des Cultes pour promouvoir son cousin, l'abbé Fallières, vicaire général d'Amiens puis de Bordeaux. Une note de l'administration des cultes précise en effet : « Très recommandé par l'épiscopat, mais réunissant contre lui l'avis de plusieurs préfets. "Autoritaire, hostile à toute idée libérale", dit M. Spuller en 1879. M. Fallières ne paraît pas avoir renouvelé ses essais de candidature pendant le passage de son cousin au ministère. Ce serait un adversaire. On propose de rejeter. » Mgr Guilbert, archevêque de Bordeaux, écrivant au directeur le 22 janvier 1888, confirme implicitement les réserves d'Armand Fallières : « Je ne comprendrai pas que Monsieur le ministre Fallières, son cousin, et Monsieur le ministre des cultes son compatriote s'opposassent à cette promotion » (A. N. F 19 / 2575 [dossier Fallières]).

était depuis 1872 signalé par son évêque, Mgr Bourret; il était en outre soutenu par l'évêque de Mende, Mgr Costes, qui avait été son collègue comme vicaire général de Rodez au début des années 1870. Il s'agit alors d'une forme classique de cooptation épiscopale. Pourtant, malgré un avis favorable donné par le préfet de l'Aveyron, les choses demeurent en l'état jusqu'en 1877. Elles se précipitent à l'occasion de la crise du 16 mai. Une double offensive est alors menée de la part des évêques de la région, Bourret, Costes, ainsi que Foulquier, ancien évêque de Mende, dont Baduel avait été le secrétaire particulier en début de carrière, mais aussi de la part des parlementaires conservateurs de l'Aveyron. Ces derniers sont dirigés par le sénateur Mayran [1], « l'homme le plus actif et le plus influent du parti conservateur dans l'Aveyron [2] ». L'intérêt porté par Mayran à l'abbé Baduel est d'autant plus vif qu'une de ses filles a épousé un neveu de l'abbé. Ces deux familles, qui comptent parmi les plus notables de l'Aveyron, sont ainsi alliées. En outre, ce même neveu est candidat du parti conservateur aux élections de 1877. Dans ce contexte politique particulier, la nomination de l'abbé Baduel doit intervenir rapidement afin de servir, aux yeux des conservateurs, les intérêts de leur parti. Le sénateur Mayran entre donc en contact à Paris avec deux des évêques les plus influents du moment, le cardinal Guibert auquel s'adresse Mgr Bourret, son ancien secrétaire, et Mgr Dupanloup, joint par le sénateur Delsol [3]. Enfin il est probable que Mayran est intervenu auprès du ministre des Cultes, Brunet, sénateur de la Corrèze, département dont était originaire sa femme, née Marbeau. Cette nomination de l'abbé Baduel met donc à jour de multiples ramifications. Transparaissent tout d'abord des réseaux régionaux qui tressent leur trame à travers tout le sud du Massif central [4], puis des réseaux familiaux et enfin

---

1. A. N. F 19 / 2579 (dossier Baduel), le sénateur Mayran au ministre, 7 et 8 juin 1877.
2. Georges MANZE-SENCIER, *Souvenirs sur M. Casimir Mayran, sénateur de l'Aveyron (1818-1892)*, s. l., 1892, 115 p., p. 47.
3. Voir Patrice LESUEUR, *Mgr Benjamin Baduel d'Oustrac, évêque de Saint-Flour, ou histoire et couronnement d'une carrière de prêtre social au XIXe siècle*, Villefranche, Société des amis de Villefranche et du bas Rouergue, 1986, 173 p., p. 70.
4. On peut noter qu'une autre fille de Mayran a épousé le comte Emmanuel de Las Cases, lui-même neveu de l'ancien évêque de Constantine, ce qui renforce ses liens avec la Lozère. Mayran lui-même est très lié avec l'évêque de Mende, Mgr Costes, qui fut son condisciple au collège d'Espalion.

des réseaux politico-religieux ; Baduel est l'homme du parti conservateur, soutenu à la fois par les parlementaires et les évêques de la région favorables à Mac-Mahon. Indépendamment du contexte politique, cette nomination révèle la persistance de stratégies familiales dans la conquête du pouvoir, y compris ecclésiastique, que l'on retrouve surtout avec force dans les régions encore très rurales du sud du Massif central, aux notabilités très affirmées [1].

Tout autre est le contexte de la nomination de l'abbé Larue. Pourtant elle aussi met en jeu des réseaux multiples, tout en étant guidée à l'origine par une stratégie familiale bien définie. L'abbé Larue est poussé à l'épiscopat au début des années 1880 par ses deux neveux, les frères Cambon, l'un préfet du Nord, l'autre secrétaire général de la préfecture de police. Tous les deux font alors intervenir dans un premier temps plusieurs personnalités, notamment le préfet de la Seine et le préfet de police, mais aussi Calmon, vice-président du Sénat [2]. L'offensive échoue alors, en particulier à cause de l'archevêque de Paris, Mgr Guibert, peu enclin à reconnaître un épiscopable dans l'abbé Larue. Une deuxième offensive se produit deux ans plus tard. Entre-temps, la Tunisie est devenue un protectorat français et Paul Cambon a été nommé résident à Tunis. Il s'entremet dès lors auprès du cardinal Lavigerie, ancien condisciple de Larue à Saint-Sulpice, et le convainc d'appuyer la candidature de son oncle. Le cardinal Lavigerie entre alors en campagne comme il l'écrit lui-même au directeur des cultes : « Je vais me mettre immédiatement en campagne, mais je crois, pour la réussite, le voyage de Rome indispensable [3]. » À cette date l'administration des cultes est donc acquise à l'idée de promouvoir Larue à l'épiscopat ; il reste à conquérir le Saint-Siège. Lavigerie écrit directement au secrétaire d'État en mai 1884, avant de lui rendre visite en juin. La teneur de leurs entretiens n'est pas exactement connue, mais sans doute l'a-t-il convaincu en mettant en avant les intérêts de l'Église dans les missions d'Afrique du Nord [4]. Il reste qu'au

---

1. Voir Yves POURCHER, *Les Maîtres de granit. Les notables de Lozère du XVIIIᵉ siècle à nos jours,* Paris, Olivier Orban, 1987, 419 p.
2. A. N. F 19 / 2526 (dossier Larue), le préfet du Nord le recommande dès 1879 ; une nouvelle offensive, appuyée par Calmon, le préfet de police et le préfet de la Seine, se déroule entre juin et décembre 1880.
3. *Ibid.,* le cardinal Lavigerie au directeur, 15 mai 1884.
4. A. S. V., S.d.S., Rub 248, anno 1885, fasc. 4, le cardinal Lavigerie au secrétaire d'État, 16 mai 1884. Sur le contexte de cette nomination, voir p. 493.

milieu des années 1880 un candidat jugé peu apte à l'épiscopat par l'ensemble des autorités ecclésiastiques consultées, y compris Lavigerie lui-même, a pu devenir évêque grâce à l'intervention efficace de ses neveux qui surent habilement manœuvrer pour parvenir à leurs fins. Cette affaire montre aussi le pouvoir de certains hauts fonctionnaires [1]. Cette force apparaît d'autant mieux que, quinze ans plus tard, les mêmes réseaux sont réactivés pour faire nommer à l'épiscopat l'abbé Herscher, vicaire général de Mgr Larue à Langres. L'abbé Herscher, originaire du Haut-Rhin, avait opté pour la France en 1871 et était devenu vicaire de la paroisse Notre-Dame-de-Bercy à Paris, dont le curé était l'abbé Larue. Lorsque ce dernier est promu à Langres, il emmène avec lui l'abbé Herscher comme secrétaire particulier, puis il le nomme chanoine en 1888 et enfin vicaire général en 1890. À partir de 1893 Mgr Larue recommande l'abbé Herscher pour l'épiscopat, mais sans succès. Il faut attendre le gouvernement de Waldeck-Rousseau pour que son nom réapparaisse. Cette fois, Mgr Larue a mis en action ses deux neveux. Paul Cambon s'entremet notamment auprès du secrétaire d'État [2]; il intéresse également le ministre des Affaires étrangères à sa cause [3], si bien qu'il finit par obtenir le siège de Langres pour l'abbé Herscher.

En définitive, sans être aussi répandues que dans d'autres secteurs de la vie publique, les relations familiales ont joué un rôle non négligeable dans certaines promotions épiscopales, mais la plupart du temps les stratégies familiales mettent en jeu des réseaux complexes dans lesquels s'entrecroisent recommandations familiales, politiques et épiscopales. Au total cependant, la part du népotisme dans la désignation des évêques reste marginale, y compris celle du népotisme épiscopal.

1. À la même époque, l'abbé de Bonfils est également très fortement recommandé par son frère, receveur général des Finances, dont l'influence est cependant difficile à mesurer, A. N. F 19 / 2534 (dossier Bonfils), M. de Bonfils au directeur, 20 mai et 2 juillet 1886, 27 janvier 1887, et 9 novembre 1888.

2. A. S. V., S. d. S., Rub 248, anno 1902, fasc. 5, Paul Cambon au secrétaire d'État, 10 juillet et 3 octobre 1899.

3. A. N. F 19 / 2526 (dossier Herscher), le ministre des Affaires étrangères au président du Conseil, 8 novembre 1899. Or Delcassé joue un rôle non négligeable dans les nominations épiscopales entre 1899 et 1902.

La persistance du népotisme épiscopal.

Le népotisme épiscopal était relativement répandu au XVIIIe siècle [1]. On en trouve encore quelques cas au XIXe siècle, ce qui s'explique notamment par la place prise par un oncle prêtre dans la vocation de nombre d'aspirants au sacerdoce. Dès le Ier Empire, l'abbé de Bausset-Roquefort bénéficie de sa parenté avec l'évêque d'Alais, le cardinal de Bausset, son oncle. Sous la Restauration, les liens entre l'abbé Besson et son oncle, Mgr Paget, ancien évêque de Genève dont il avait été le vicaire général avant la Révolution, sont également mis en avant. C'est la voie traditionnelle par laquelle un évêque pousse son neveu à l'épiscopat ; il commence à le former lui-même à l'administration, en le choisissant comme vicaire général, avant de le proposer pour un évêché. Tous les couples oncle-neveu au XIXe siècle répondent à ce schéma. On peut en dénombrer douze dont les deux membres ont été évêques au XIXe siècle : Saint-Rome-Gualy (Carcassonne, 1824) et Gualy (Saint-Flour, 1829) ; Mazenod (Marseille, 1823) et Mazenod (Marseille, 1837) ; Cosnac (Meaux, 1823) et Darcimoles (Le Puy, 1840) ; Cheverus (Montauban, 1823) et Georges (Périgueux, 1841) ; Morlhon (Auch, 1823) et Morlhon (Le Puy, 1846) ; La Tour d'Auvergne (Arras, 1802) et La Tour d'Auvergne (Bourges, 1860) ; Doney (Montauban, 1843) et Legain (Montauban 1871) ; Turinaz (Tarentaise, 1827) et Turinaz (Tarentaise 1873) ; Porchez (la Martinique, 1858) et Blanger (la Guadeloupe, 1873) ; Fruchaud (Limoges, 1859) et Denéchau (Tulle, 1878) ; Pompignac (Saint-Flour, 1857) et Lamouroux [1] (Saint-Flour, 1893) ; Ducellier (Bayonne, 1878) et Touchet (Orléans, 1894).

Tous les neveux concernés ont été vicaires généraux de leur oncle, à l'exception de Turinaz. Ils accèdent à cette fonction beaucoup plus jeunes que la moyenne des vicaires généraux, ce qui incontestablement facilite leur carrière. Sur les douze couples relevés, cinq appartiennent à la noblesse, cinq à la bourgeoisie et deux au monde de l'artisanat. En outre, six oncles étaient parvenus à l'épiscopat avant 1830, ce qui les rendait plus aptes à reproduire un

---

1. Pour s'en tenir aux évêques d'Ancien Régime reconduits dans l'épiscopat concordataire, Mgr Pierre de Bernis était apparenté au cardinal de Bernis qui en avait fait son coadjuteur, Mgr de Barral est le neveu de l'évêque de Grenoble, Mgr de Faudoas a repris le siège de Comminges tenu par son oncle.
2. Il s'agit en l'occurrence d'une parenté plus éloignée.

modèle de sélection hérité de l'Ancien Régime. Enfin les diocèses
de destination de ces évêques sont en général de petits diocèses, et
souvent des diocèses de montagne, moins attrayants que les autres
et où la connaissance du terrain se révèle parfois plus nécessaire
qu'ailleurs. Quatre neveux sont ainsi nommés dans le même diocèse que leur oncle, et trois dans des diocèses voisins.

Pour autant, l'intervention directe de l'oncle en faveur de son
neveu n'est pas automatique, mais les liens de parenté ont malgré
tout joué dans la promotion du neveu. L'intervention de Mgr de
Saint-Rome-Gualy en faveur de son neveu, associé à son administration depuis 1824, est indéniable ; elle est en outre relayée par
Mgr Frayssinous, compatriote des Gualy. Dans le cas des Mazenod,
la recommandation est également avérée. Mgr de Mazenod, évêque
de Marseille depuis 1823, nomme son neveu, Eugène, vicaire général. Il le recommande pour le siège de Fréjus dès 1829 [1]. Puis il le
demande comme coadjuteur à partir de 1836 [2]. Finalement il propose de démissionner à condition que son neveu soit nommé à sa
place. C'est un cas exceptionnel au XIXᵉ siècle, que cette passation
directe d'oncle à neveu, qui plus est dans la région d'origine des
Mazenod. Enfin l'abbé Darcimoles est recommandé par son oncle,
archevêque de Sens [3]. Fils d'un ancien membre de la Constituante,
l'abbé Darcimoles est devenu secrétaire particulier de son oncle à
Meaux ; il le suit à Sens où il devient chanoine en 1830, puis
vicaire général en 1835 [4].

Le patronage familial est en général plus discret, mais sans doute
tout aussi efficace. L'abbé Georges-Massonnais n'est pas directement recommandé par son oncle, Mgr de Cheverus. Mais son successeur à Bordeaux, Mgr Donnet, relaie le patronage familial, en
recommandant l'abbé Georges. Le lien avec l'ancien archevêque de
Bordeaux est systématiquement rappelé, notamment parce que le
cardinal de Cheverus s'est acquis une réputation de saint. Le préfet
de la Gironde écrit ainsi : « Habitant la même maison que le vénérable prélat, recevant chaque jour ses conseils, il n'a pu manquer de
puiser dans de si bons exemples la piété, la charité et en même
temps la modération, la tolérance qui caractérisent M. l'archevêque

---

1. A. N. F 19 / 2535 (dossier Mazenod), l'évêque de Marseille au ministre, 3 mai
1829.
2. *Ibid.*, l'évêque de Marseille au ministre, 8 août et 28 décembre 1836.
3. A. N. F 19 / 2481 (dossier Darcimoles).
4. A. D. de l'Yonne, V 1.

de Bordeaux [1].» Ce type de témoignage explique que l'abbé Georges ait pu être nommé évêque de Périgueux en 1841, c'est-à-dire plusieurs années après la mort de son oncle.

Le souvenir de l'oncle joue également un rôle important dans la promotion de l'abbé de Morlhon au siège du Puy. Tout d'abord le jeune Morlhon a fait ses premières armes sous la direction de son oncle qui, dès son ordination, l'a nommé chanoine d'Auch, accélérant par là même sa carrière. Par la suite, les recommandations le concernant mettent toutes en avant ses liens avec l'ancien archevêque d'Auch. De même, l'évêque d'Arras, Mgr de La Tour d'Auvergne, fait entrer son jeune neveu dans son conseil, dès son ordination. Mgr Parisis le nomme ensuite vicaire général. Ces exemples, de par la personnalité des familles concernées, rappellent incontestablement les pratiques d'Ancien Régime.

Il est sans doute plus surprenant de constater que le népotisme épiscopal demeure une réalité sous la IIIe République. Ce régime s'ouvre par la nomination à Montauban du neveu de l'évêque défunt, puisque Legain, vicaire général de son oncle, remplace Mgr Doney. Le cas du couple Turinaz est un peu particulier, à cause de la situation de la Savoie où le gouvernement, dans les premiers temps de l'annexion, ne nomme que des Savoyards. L'abbé Turinaz est choisi par Mgr Gros comme son successeur : « M. le chanoine Turinaz, neveu de mon vénéré prédécesseur, est âgé de trente-quatre ans [...] Je dois ajouter que M. Turinaz connaît les mœurs, les habitudes et le caractère des habitants de la Tarentaise, parce que du vivant de son oncle il venait y passer toutes les années quelque temps [2].» L'abbé Blanger a rejoint son oncle, nommé évêque de la Martinique, en 1859. Mgr Porchez le nomme vicaire général et songe à le demander comme coadjuteur. Pendant la vacance du siège de la Martinique, due au refus du Saint-Siège d'agréer l'abbé Mouniq, Blanger est choisi comme administrateur du diocèse [3]. C'est donc l'expérience acquise dans le gouvernement d'un diocèse colonial et l'appui du nouvel évêque de la Martinique, Mgr Fava, plus que le patronage de son oncle, qui explique sa nomination à la Guadeloupe, mais Mgr Porchez l'avait pourtant

---

1. A. N. F 19 / 2795 (dossier Georges, vicaire général de Bordeaux), le préfet de la Gironde au ministre, 24 juillet 1834.
2. A. N. F 19 / 2544 (dossier Turinaz), l'évêque de la Tarentaise au ministre, 1er octobre 1872.
3. A. N. F 19 / 2529 (dossier Blanger).

indirectement mis en avant en le faisant sortir du diocèse d'Amiens. Dans le cas de l'abbé Denéchau, c'est encore le successeur de son oncle, Mgr Colet, archevêque de Tours, qui le pousse à l'épiscopat: «J'ignore si Votre Excellence est dans l'intention de promouvoir M. l'abbé Denéchau, mon vicaire général, à un évêché. Dans le cas de l'affirmative, je le proposerais pour celui de Tulle [...]. Il est avantageusement connu de cette contrée pour avoir été pendant un certain nombre d'années vicaire général de Limoges [1].» L'abbé Lamouroux avait été choisi comme secrétaire particulier, puis comme vicaire général par Mgr Pompignac de Lamouroux. Il demeure vicaire général de Saint-Flour après la mort de son parent, avant d'être recommandé par Mgr Baduel, successeur de Pompignac [2]. Dans la plupart des cas donc, l'intervention de l'oncle n'est pas directe, elle est en général relayée par un autre prélat, mais le lien de parenté a incontestablement joué un rôle favorable, même si on ne peut pas toujours parler de stratégie familiale pour placer un neveu dans l'épiscopat.

Il est vrai que la méfiance des gouvernements face au népotisme épiscopal se développe au cours du siècle. Déjà la monarchie de Juillet marque quelques réticences à accepter la combinaison proposée par Mgr de Mazenod. Sous la IIIe République, le gouvernement refuse de nommer l'abbé Touchet, à Bayonne, à la place de Mgr Fleury-Hottot. L'abbé Touchet avait, il est vrai, été vicaire général de son oncle, Mgr Ducellier, qui avait occupé le siège de Bayonne avant d'être promu à Besançon. En 1889, Touchet est donc recommandé pour Bayonne par plusieurs parlementaires des Basses-Pyrénées, mais cette demande n'aboutit pas [3]. Trois ans plus tard, une nouvelle offensive est orchestrée par Mgr Sonnois, évêque de Saint-Dié promu à Cambrai, qui demande Touchet comme son successeur, alléguant la proximité entre Besançon et Saint-Dié, et évoquant le désir de Mgr Ducellier de ne pas voir son neveu trop s'éloigner de lui. Sans doute exprime-t-il, en sous-main, le désir de Mgr Ducellier de voir son neveu parvenir à l'épiscopat. Mais le gouvernement se refuse à une telle combinaison, sans doute parce qu'il est peu désireux de constituer des noyaux familiaux au sein de l'épiscopat. Si l'abbé Touchet finit par être promu évêque, ce n'est

---

1. A. N. F 19 / 2591 (dossier Denéchau), l'archevêque de Tours au ministre, 12 septembre 1878.
2. A. N. F 19 / 2579 (dossier Lamouroux).
3. A. N. F 19 / 2552 (dossier Touchet).

ni à Bayonne ni à Besançon, comme l'y invitaient plusieurs personnalités politiques, mais à Orléans, loin de son champ d'action. En outre, cette nomination intervient après la mort de son oncle. C'est une constante dans l'épiscopat depuis 1830 : aucun neveu n'est promu à l'épiscopat tant que son oncle est en exercice.

Les gouvernements au XIXᵉ siècle restent donc très prudents face au phénomène du népotisme épiscopal. Celui-ci demeure marginal, surtout si l'on tient compte du nombre des couples oncle-neveu membres du clergé.

Les patronages politiques, voire familiaux, ont joué un rôle important dans le processus de désignation à l'épiscopat tout au long du XIXᵉ siècle. Mais surtout un trait ressort avec force : ces parrainages ne sont véritablement efficaces que lorsque les candidats à l'épiscopat sont soutenus par de hautes personnalités du régime, ministres ou hauts fonctionnaires. En revanche, le poids des recommandations de parlementaires est plus difficile à mesurer. Il semble toutefois que les parrainages politiques aient moins de force que la cooptation épiscopale, l'épiscopat bénéficiant de la pérennité face à un corps politique en constante mutation. Mais en définitive, la plupart des nominations font intervenir des réseaux complexes dans lesquels s'entrecroisent bien souvent relations politiques, épiscopales et familiales.

CHAPITRE IX

LE SAINT-SIÈGE
FACE AUX NOMINATIONS ÉPISCOPALES

Le Concordat de 1801 donnait au gouvernement français le droit de nommer aux évêchés, mais stipulait aussi que les évêques devaient recevoir l'agrément du Saint-Siège, ce qui explique que tout au long du XIXe siècle, les nominations épiscopales aient donné lieu à d'âpres discussions entre Paris et Rome. Pour l'étude du corps épiscopal, l'important est avant tout de connaître la façon dont les futurs évêques ont été reçus par le Saint-Siège. Pour ce faire, on dispose de la correspondance échangée entre le représentant du pape en France et la secrétairerie d'État, à partir de 1820, époque de l'arrivée du nonce Macchi à Paris [1]. Auparavant, la période du Ier Empire pose des problèmes spécifiques qui rendent impossible toute analyse précise de la réception des candidats. Les évêques sont nommés sans concertation préalable avec Rome, obligée d'accepter une douzaine de constitutionnels. Le caractère particulier de cette période se retrouve dans la forme même de l'institution canonique : le légat du pape, Mgr Caprara, procède en personne aux informations canoniques et donne l'agrément au nom du pape.

Ce n'est donc qu'à partir de la Restauration qu'un examen de la réception des candidats à l'épiscopat par le Saint-Siège apparaît possible. Cette réception peut être appréhendée à partir des rapports transmis à Rome par les nonces et par les réponses du secrétaire d'État. Mais il est certain que cette correspondance n'offre que des jugements qualitatifs sur les candidats, ce qui rend difficile les comparaisons, d'autant plus qu'il s'écoule plus de quatre-vingts ans

1. Sur cette source, voir Jacques-Olivier BOUDON, « Le Saint-Siège et les nominations épiscopales en France au XIXe siècle à partir des sources romaines », *Mélanges de l'École française de Rome, Italie et Méditerranée*, t. 102, 1990, 1, p. 111-161.

entre les premiers et les derniers rapports. La comparaison entre les divers épiscopats du XIXe siècle était malgré tout tentante. Elle supposait la mise en séries des données recueillies. Cinq niveaux ont été retenus qui correspondent aux jugements suivants : excellent candidat (I), bon candidat (II), candidat passable (III), candidat que le Saint-Siège préférerait éviter (IV), candidat dont le Saint-Siège a tout d'abord refusé l'agrément (V).

	I	II	III	IV	V	VI [1]
Rest.	97		1	1		
MdJ	40	20	8	3	4	3
IIe Rép.	14	0	1	1	0	3
IIe Emp.	15	22	13	11	4	4
IIIe Rép.	86	47	17	7	5	8

Ce bilan global permet d'observer que dans l'ensemble le Saint-Siège a plutôt bien accueilli les candidats que lui proposait le gouvernement français puisque 76 % appartiennent aux deux premières catégories, celles qui regroupent ceux qu'on peut qualifier de bons évêques aux yeux de Rome. Ce bilan confirme aussi que selon les régimes le gouvernement français s'est montré plus ou moins favorable aux vues du Saint-Siège, mais seule une analyse plus détaillée peut en donner la mesure.

La relative passivité de la nonciature sous la Restauration.

La Restauration se montre très favorable à l'Église, en ne nommant en apparence que des candidats acceptables par Rome. Cela ne signifie pas pour autant qu'il y ait alors concertation entre le gouvernement français et le Saint-Siège ; bien au contraire, conformément aux traditions d'Ancien Régime, le roi nomme et le pape donne ou non son agrément. Sous la Restauration il ne le refuse jamais, approuvant en général les choix faits par le monarque, mais le caractère stéréotypé des rapports du nonce et leur indigence mon-

1. *VI :* Sans information.

trent bien que l'enquête préalable compte peu alors, rendant plus délicate l'analyse proposée. Le nonce n'est donc pas consulté avant la publication des nominations.

À deux reprises cependant Rome émet des réserves sur des évêques nommés par le gouvernement français. Le premier est l'abbé Dancel, curé de Valognes, nommé à Bayeux en 1827. Le nonce lui reproche son attitude au début de la Révolution – il a publié une apologie du serment constitutionnel [1]. Mais Mgr Lambruschini note également qu'il s'est amendé depuis. Il se propose néanmoins de poursuivre son enquête. Celle-ci se révèle favorable à Dancel qui est agréé pour Bayeux [2]. On le voit, à travers cet exemple, le Saint-Siège a simplement le droit d'accepter ou de refuser le candidat nommé ; il n'est absolument pas consulté au préalable, si bien que seul un motif canonique peut justifier un refus.

L'affaire soulevée par la nomination de l'abbé Raillon à Dijon est plus grave. Elle intervient dans un contexte particulier, il est vrai, quelque temps après les ordonnances Martignac. Conformément à son habitude, le nonce transmet l'avis de nomination de l'abbé Raillon, en rappelant sa carrière, mais sans émettre un avis défavorable à sa nomination [3]. Dix jours plus tard cependant, il s'avise que l'abbé Raillon, qui avait été nommé évêque d'Orléans à la fin de l'Empire sans avoir reçu alors l'agrément du Saint-Siège, s'était maintenu jusqu'en 1815 à la tête de l'administration capitulaire. Pour la première fois donc, le nonce fait part au ministre des difficultés que risque de susciter cette nomination et propose que l'abbé Raillon se prête à un acte réparateur par lequel il marquerait sa soumission au pape [4]. La combinaison est acceptée. Mais l'affaire rebondit en août lorsque le secrétaire de la Sacrée Congrégation consistoriale suggère au secrétaire d'État de refuser l'abbé Raillon. Il ne croit pas en sa bonne foi. Il entend donc profiter du changement de ministère et notamment du départ de Mgr Feutrier, pour obtenir le retrait de l'abbé Raillon. Cette demande n'aboutit pas, car le Saint-Siège était déjà très engagé, mais elle montre les traces laissées par le souvenir du Ier Empire dans la curie romaine, hostile à tout ce qui rappelle ce régime. En définitive, cette affaire révèle

1. A. S. V., S. d. S., Rub 248, anno 1827, le nonce au secrétaire d'État, 4 juin 1827.
2. *Ibid.*, le nonce au secrétaire d'État, 5 juillet 1827.
3. *Ibid.*, anno 1829, le nonce au secrétaire d'État, 8 juin 1829.
4. *Ibid.*, le nonce au secrétaire d'État, 19 juin 1829.

que, même sous la Restauration, Rome n'a pas abandonné toute idée d'orienter les choix épiscopaux. Ses moyens sont néanmoins limités puisque le nonce n'est pas consulté sur les nominations effectuées. En outre, le Saint-Siège n'a pas eu, face à des choix jugés bons dans l'ensemble, à user de l'arme du refus.

La difficile mise en place de l'entente préalable sous la monarchie de Juillet.

La monarchie de Juillet, réputée d'ordinaire comme un régime peu favorable à l'Église, se révèle très conciliante dans le domaine des nominations épiscopales, puisque 60 évêques ont été bien accueillis par Rome (groupes I et II), tandis que 7 seulement, soit 10 % environ (groupes IV et V), ont déplu au Saint-Siège, ce qui est finalement peu eu égard aux débuts difficiles des relations entre Paris et Rome au lendemain de la révolution de 1830.

Le premier groupe (40) rassemble des ecclésiastiques qui sont déjà connus, ou s'apprêtent à s'illustrer, comme de fidèles ultra-montains. D'un certain point de vue, le Saint-Siège ne s'est donc point trompé en les agréant sans difficulté. Parmi ces hommes, citons : Parisis, Jerphanion, Villecourt, Gousset, Cart, Georges, Gignoux, Ræss, Doney, Wicart, Baillès ou Garsignies. Le représentant du Saint-Siège, Mgr Garibaldi, n'omet pas de préciser le rôle qu'ils ont joué dans le renouveau spirituel du clergé. Il note ainsi à propos de l'abbé Gousset : « Il est sans doute un des ecclésiastiques les plus instruits de France [1]. » Il rappelle aussi que l'abbé Villecourt est très connu pour les exercices spirituels qu'il a faits dans plusieurs diocèses [2]. C'est dans ce groupe que l'on remarque la plupart des évêques qui illustrent par la suite l'épiscopat français ; un quart ont été promus à un archevêché ou au cardinalat, parmi lesquels Blanquart, Mioland, Mathieu, Donnet, Guibert, Morlot ou Régnier.

Le deuxième groupe réunit des ecclésiastiques tout aussi acceptables par Rome, mais en général moins en vue. Tel est le cas de l'abbé Rossat ; Garibaldi le présente ainsi : « M. Rossat est un ecclé-

---

1. A. S. V., S. d. S., Rub 248, anno 1835, Mgr Garibaldi au secrétaire d'État, 7 octobre 1835.
2. *Ibid.*

siastique irréprochable sous le rapport des mœurs, mais son instruction ecclésiastique et ses talents sont ordinaires [1].» Du reste, deux évêques de ce groupe seulement accèdent à un archevêché (Naudo et Jolly, promu en outre cardinal). À l'inverse, on retrouve dans cette catégorie des ecclésiastiques nommés à des sièges de faible importance et qui n'en bougent pas, comme Lanneluc à Aire, Lacroix à Bayonne, Buissas à Limoges, Chaudru à Montauban, Bardou à Cahors ou Rossat à Gap. D'autres pâtissent, au moment de leur nomination, d'une réputation d'ecclésiastiques ardents qui fait naître quelques méfiances à Rome, c'est le cas des abbés Dufêtre et Mazenod.

Avec le troisième groupe commence la sphère des candidatures discutées par le Saint-Siège, qui les laisse cependant passer, pour des raisons diverses du reste. Huit ecclésiastiques appartiennent à cette catégorie. Deux sont d'anciens mennaisiens: Berteaud et Sibour. Garibaldi suggère cependant d'agréer leur nomination, dans le cas de Berteaud parce qu'«il n'a pas épousé les doctrines mennaisiennes les plus dangereuses» et s'est soumis depuis, dans le cas de Sibour parce qu'il est lié au ministre Teste [2]. Trois autres sont à l'inverse des gallicans notoires: Thibault, Cottret et surtout Affre, à propos duquel Garibaldi écrit en 1836 qu'il serait «difficile de lui interdire l'épiscopat étant donné son crédit auprès du clergé et de l'épiscopat français [3]». Affre doit cependant patienter quatre ans avant de devenir évêque, Rome acceptant sa nomination comme coadjuteur de l'évêque de Strasbourg. En revanche, sa promotion à Paris quelques semaines plus tard est perçue comme un véritable camouflet par le représentant du Saint-Siège qui avait tout fait pour l'éviter. Trois ecclésiastiques enfin ont des qualités très moyennes pour accéder à l'épiscopat. À propos de l'abbé Double, Garibaldi cite cette phrase d'un évêque qu'il a consulté: «Il lui manque bien des choses sous le rapport du talent nécessaire à la place qu'on lui destine [4].» Garibaldi décrit de même l'abbé Cadalen comme un ecclésiastique qui est «loin d'avoir les qualités pour être évêque [5]».

Le quatrième groupe rassemble trois ecclésiastiques que le Saint-Siège aurait préféré ne pas voir nommés évêques; ce sont: Brossais,

---

1. *Ibid.*, anno 1840, Mgr Garibaldi au secrétaire d'État, 28 juin 1840.
2. *Ibid.*, anno 1836, Mgr Garibaldi au secrétaire d'État, 23 mars 1836.
3. *Ibid.*, anno 1836, Mgr Garibaldi au secrétaire d'État, 8 et 23 mars 1836.
4. *Ibid.*, anno 1833, Mgr Garibaldi au secrétaire d'État, 10 mai 1833.
5. *Ibid.*, anno 1833, Mgr Garibaldi au secrétaire d'État, 5 avril 1833.

Fayet et Alouvry. Brossais est jugé trop jeune et inadapté à la conduite du diocèse de Rennes auquel il appartient. Fayet se voit reprocher une conduite peu ecclésiastique et son ancienne appartenance à l'Université. Alouvry enfin est, selon un rapport de 1840, «indigne de l'épiscopat [1]»; il a surtout le tort d'être l'ancien collaborateur de Mgr Feutrier à qui reste attaché le souvenir des ordonnances de 1828. Néanmoins ces trois ecclésiastiques finissent par être agréés, car Rome n'a rien à leur opposer.

En revanche, en ce qui concerne les quatre ecclésiastiques du cinquième groupe, l'opposition du Saint-Siège à leur nomination a été très vive. Ce sont les abbés Rey, d'Humières, Olivier et Le Mée. Rey et d'Humières sont les premiers évêques nommés par la monarchie de Juillet. Choisis dans un contexte de lutte religieuse, ils font figure de parias au sein du clergé français. Le nonce à Paris, Mgr Lambruschini, refuse tout net de les agréer, ce qui provoque une vive tension entre Paris et Rome, laquelle ne s'apaise qu'après le départ de France du nonce. Mais l'abbé Garibaldi qui le remplace ne leur est guère plus favorable: «Tous les deux sont des sujets de peu de mérite, des têtes singulières qui n'ont pas l'estime du clergé. Il ne semble pas par ailleurs qu'on puisse rien leur reprocher sous le rapport de la doctrine ni sous celui des mœurs. Le gouvernement, au lieu de faire choix d'ecclésiastiques qui aient la confiance générale, semble aller chercher à dessein tous ceux qui sont privés des qualités nécessaires pour la mériter [2].» Le chargé d'affaires reproche surtout à ces deux hommes d'être des intrigants et de profiter de leur ralliement au régime pour obtenir l'épiscopat. Or l'ambition est un des motifs susceptibles d'empêcher l'accès à l'épiscopat. Le refus de l'abbé d'Humières tient aussi à son âge élevé: il a en effet soixante-dix-huit ans. En approuvant un régime détesté par la majeure partie du clergé, Rey et d'Humières ont mécontenté ce dernier qui voit par exemple dans la promotion de l'abbé Rey à l'épiscopat une provocation. L'Avenir, sous la plume de Lamennais, se fait l'écho de l'hostilité du clergé à cette nomi-

---

1. A. S. V., S. d. S., Rub 248, anno 1846, le nonce au secrétaire d'État, 9 février 1846.
2. Ibid., anno 1831, Mgr Garibaldi au secrétaire d'État, 20 août 1831. Traduit par Jacques MARTIN, La Nonciature de Paris et les affaires ecclésiastiques de France sous le règne de Louis-Philippe (1830-1848). Contribution à l'histoire de la diplomatie pontificale au XIXe siècle, d'après les correspondances diplomatiques et divers documents inédits des Archives secrètes vaticanes, Paris, Beauchesne, 1949, 351 p., p. 123.

nation; ce journal accuse notamment l'abbé Rey de gallicanisme et de compromission avec les régimes successifs [1]. Ce tumulte, provoqué par le choix de Rey, finit par agacer le chargé d'affaires. Le Saint-Siège a en effet admis ce choix pour des raisons diplomatiques et Garibaldi accepte mal que cette décision romaine soit contestée, ce qui lui fait écrire à propos de l'article de *L'Avenir* : « Quant à moi [...], je crois qu'en général on ne doit pas faire aussi grand cas de ce que disent les journaux » [2], et il rappelle que le pape l'a autorisé à procéder aux informations canoniques de l'abbé Rey, ce qui signifie que, à moins de présenter des défauts canoniques, le candidat est accepté.

Dans l'affaire des premières nominations de la monarchie de Juillet, le paradoxe veut que le clergé français se soit montré plus romain que le Saint-Siège, en martelant son refus de voir nommés Rey et d'Humières. Cette attitude rappelle la position d'une fraction de l'Église de France au lendemain du Concordat. En 1831 l'hostilité unanime face à la nomination de Rey et de d'Humières s'est clairement affichée lors du sacre des deux élus. Aucun évêque français en effet n'accepte d'y participer, pas même Mgr La Rivoire La Tourette qui pourtant avait appelé l'abbé d'Humières à Valence. C'est finalement le Saint-Siège qui doit s'entremettre pour que les deux évêques soient sacrés par l'évêque de Carthagène, mais le préfet du Vaucluse exprime bien le sentiment d'échec ressenti par les pouvoirs publics face à cette fronde épiscopale : « Généralement on a vu avec peine dans le public que le Gouvernement n'ait pas pu décider trois évêques français à sacrer leurs collègues [3]. » Dans cette occasion, l'épiscopat gallican réagit aussi contre le Saint-Siège qui a accepté les deux promus et semble par là même se plier aux désirs de Louis-Philippe. En fait, Rome a agi avec diplomatie : en acceptant deux ecclésiastiques peu conformes à ses vues, le Saint-Siège préserve ses relations avec le gouvernement français et sauve les nominations suivantes. Dès lors l'abbé Garibaldi tente de minimiser les griefs adressés aux candidats, en écrivant que le seul reproche que l'on puisse faire à l'abbé Rey, c'est d'être « favorable à l'ordre actuel des choses », ce qui n'est pas un motif canonique

---

1. *L'Avenir*, 21 août 1831, « De la nomination de M. Rey à l'évêché de Dijon. »
2. A. S. V., S. d. S., Rub 248, anno 1831, Mgr Garibaldi au secrétaire d'État, 21 décembre 1831.
3. A. N. F 19 / 2497 (dossier d'Humières), le préfet du Vaucluse au ministre, 1er octobre 1832.

pour l'exclure de l'épiscopat [1]. Mais le chargé d'affaires omet de reprendre l'autre grief adressé naguère à l'évêque nommé de Dijon, à savoir son ambition. Cet exemple montre ainsi comment Rome a dû parfois transiger et accepter finalement des candidats qu'elle avait tout d'abord repoussés.

Dix ans plus tard le Saint-Siège se retrouve confronté aux mêmes difficultés lorsque coup sur coup sont nommés l'abbé Olivier à Évreux et l'abbé Le Mée à Saint-Brieuc. Le cas de l'abbé Olivier est difficile à traiter pour Rome, car cet ecclésiastique bénéficie, comme le rappelle l'internonce Garibaldi, du soutien du couple royal. L'internonce avait pu écarter sa candidature une première fois, mais en 1841 l'insistance du couple royal est telle qu'un nouveau refus lui paraît difficile, bien que les motifs d'exclusion demeurent. Olivier a pourtant un cursus flatteur. Issu d'une famille de la bourgeoisie parisienne, il a fait ses études à Saint-Sulpice, avant d'exercer son ministère dans plusieurs paroisses de la capitale, d'abord comme vicaire, puis comme curé de Saint-Étienne-du-Mont et enfin de Saint-Roch, paroisse de la cour. L'internonce lui reconnaît du reste des talents de prédicateur et d'organisateur. Mais les défauts l'emportent. Tout d'abord Olivier est gallican, à une époque où le Saint-Siège commence à se méfier des ecclésiastiques trop marqués dans cette direction. Ensuite il a, écrit Garibaldi, « un caractère trop vif, léger et inconsidéré, impétueux et despotique, prompt à tout changer ». « Il serait trop l'homme lige du gouvernement [2] », ajoute l'internonce. Mais surtout, et c'est le défaut majeur, sa réputation sur le plan des mœurs n'est pas sans tache. Pour quatre raisons au moins, Olivier ne peut satisfaire les vues romaines. Mais le plus grave, aux yeux du Saint-Siège, c'est la réunion de ces défauts. Rome se méfie tout particulièrement d'un homme qui a la réputation d'être tout à la fois gallican, autoritaire et favorable au gouvernement ; elle y voit en effet un adversaire potentiel, susceptible de choisir le camp du gouvernement en cas de crise entre l'Église et l'État. Dès lors, le quatrième grief, celui touchant aux mœurs, sert de prétexte pour repousser Olivier, dans la mesure où il offre un motif canonique pour l'empêcher d'accéder à l'episco-

---

1. A. S. V., S. d. S., Rub 248, anno 1831, Mgr Garibaldi au secrétaire d'État, 21 décembre 1831, et anno 1832, Garibaldi au secrétaire d'État, 9 janvier 1832 : « Contre l'abbé Rey, il n'y a aucun fait grave, incontestable et public, comme c'était le cas contre l'abbé Guillon. »

2. *Ibid.*, anno 1841, Mgr Garibaldi au secrétaire d'État, 18 mars 1841.

pat. Comme souvent en pareil cas, les renseignements recueillis par l'internonce sont flous. Il évoque simplement une «affaire» que le curé de Saint-Roch aurait eue avec une jeune fille au début de sa carrière [1]. En l'absence d'informations sûres, il ne tranche pas, mais incontestablement le doute ne plaide pas en faveur de l'abbé Olivier. On peut dès lors s'étonner que le Saint-Siège ait fini par l'accepter. Tout d'abord Olivier bénéficie du soutien de Mgr Affre [2], mais cet appui n'est pas prépondérant du côté de Rome, d'une part parce que Mgr Garibaldi qui n'a admis qu'avec réserve la promotion de Mgr Affre à Paris ne le met pas en valeur, et d'autre part parce que l'abbé Olivier lui-même a favorisé cette promotion auprès du roi, si bien que le soutien de Mgr Affre peut apparaître comme une récompense pour service rendu. En fin de compte, la nomination d'Olivier s'explique par l'intervention directe de la famille royale. Le dossier Olivier n'emprunte pas la voie habituelle ; la reine adresse en effet une lettre de recommandation au secrétaire d'État par l'intermédiaire de l'ambassadeur de France à Rome [3]. L'affaire se traite donc par-dessus Garibaldi qui n'est dès lors plus consulté, le Saint-Siège acceptant Olivier à la suite de l'intervention royale [4]. L'ambassadeur de France en avertit le roi avant même que Garibaldi soit prévenu de cette volte-face, dont il ne peut que s'étonner [5]. Ainsi le Saint-Siège a négligé les avis de son représentant à Paris, pour des raisons diplomatiques évidentes [6]. Cette nomination qui intervient quelques mois après la promotion de

---

1. *Ibid.*

2. *Ibid.*, anno 1841, Mgr Garibaldi au secrétaire d'État, 13 mars 1841.

3. *Ibid.*, anno 1841, copie d'une lettre de la reine Marie-Amélie au comte de La Tour-Maubourg, 13 mars 1841, transmise par l'ambassadeur de France à la suite d'un entretien avec le secrétaire d'État du 27 mars 1841. On peut lire le texte de cette lettre dans Paul POUPARD, *Correspondance inédite entre Mgr Antonio Garibaldi, internonce à Paris et Mgr Césaire Mathieu, archevêque de Besançon. Contribution à l'histoire de l'administration ecclésiastique sous la monarchie de Juillet*, Rome-Paris, Presses de l'Université grégorienne-De Boccard, 1961, XXIII-426 p., p. 327.

4. Paul POUPARD, p. 327, Mgr Garibaldi à Mgr Mathieu, 19 avril 1841 : «Le roi et la reine surtout faisaient de cette nomination une affaire personnelle.»

5. A. S. V., S. d. S., Rub 248, anno 1841, Mgr Garibaldi au secrétaire d'État, 14 avril 1841.

6. Paul POUPARD : «Le Saint-Père [...] croit devoir accepter cette nomination, d'autant plus qu'un refus non suffisamment justifié pourrait amener des perturbations graves et nuisibles à la religion dans les rapports du Saint-Siège et du gouvernement français» (p. 328).

Mgr Affre à Paris montre aussi la fragilité de la position de Mgr Garibaldi et vient rappeler que le droit de nomination relève du seul pouvoir royal.

Ce rappel est d'autant plus net qu'à la même époque deux autres nominations inquiètent l'internonce, celle de Brossais-Saint-Marc à Rennes et surtout celle de Le Mée à Saint-Brieuc. Si l'on examine pourtant le rapport adressé par Garibaldi au secrétaire d'État, on s'aperçoit que les reproches adressés à Le Mée sont minimes. Le premier touche à sa naissance : « Il appartient à une famille de la classe la plus basse [1] », écrit l'internonce. En fait, il est comme plusieurs autres évêques de la monarchie de Juillet, issu d'une famille d'agriculteurs. Le second grief est relatif à ses opinions politiques : l'abbé Le Mée soutient le gouvernement. Mais ces accusations n'offrent pas des motifs propres à écarter un candidat à l'épiscopat. Elles prennent cependant un caractère particulier dans le contexte breton. Mgr Garibaldi insiste sur les difficultés qui risqueraient de surgir après la nomination de l'abbé Le Mée dans son diocèse d'origine. Il demande donc qu'il soit nommé dans un autre diocèse, mais se heurte à la volonté du gouvernement de placer dans ce diocèse breton un homme qui lui soit favorable.

On touche là une des clefs principales de l'opposition pontificale à plusieurs candidatures. Rome se méfie des ecclésiastiques trop ouvertement ralliés au régime de Juillet, dont elle ne peut oublier qu'il est né dans une vague d'anticléricalisme. C'était le cas des abbés d'Humières et Rey, c'est encore vrai des abbés Olivier, Le Mée, mais aussi de Brossais, Fayet ou Alouvry. D'une certaine façon également la promotion de Mgr Affre à Paris s'explique par le fait que le gouvernement pensait trouver en lui un « homme bien disposé à son égard [2] ». On ne peut s'empêcher de constater que ces dernières nominations sont relativement concentrées dans le temps : une en 1840, trois en 1841, une en 1842. La promotion de Mgr Affre a en quelque sorte interrompu une phase de bonne entente entre le Saint-Siège et le gouvernement français, inaugurée en 1832. Trop impliqué dans l'affaire de la succession de Mgr de Quelen, Mgr Garibaldi a perdu quelques-uns des atouts qui lui avaient permis d'imposer ses points de vue entre 1833 et 1840. Les nominations d'Affre, Olivier, Le Mée, Brossais puis Fayet sont

---

1. A. S. V., S. d. S., Rub 248, anno 1841, Mgr Garibaldi au secrétaire d'État, 19 mars 1841.
2. *Ibid.*, anno 1840, Mgr Garibaldi au secrétaire d'État, 3 juin 1840.

autant d'échecs pour l'internonce. Trois d'entre eux sont du reste liés. L'abbé Olivier a conseillé au roi de choisir Affre pour Paris, lequel recommande à son tour l'abbé Olivier pour Évreux. L'archevêque de Paris accepte aussi de faire venir Fayet à Paris, où il remplace Olivier à Saint-Roch, avant de le pousser à l'épiscopat dix-huit mois plus tard. Cette nomination à l'épiscopat du successeur de l'abbé Olivier apparaît deux ans après, comme une répétition de celle d'Olivier, et Garibaldi s'en désole, mais avec moins de vigueur. On lui reproche cependant d'avoir été inspecteur d'académie sous la Restauration et d'avoir été à ce titre « très répandu dans la société [1]». Mais l'internonce reconnaît qu'il s'est assagi depuis 1830. On notera enfin que Mgr Garibaldi parvient à retarder la promotion à l'épiscopat d'un autre protégé de Mgr Affre, l'abbé Manglard, candidat à Nevers en 1841, et qui n'est nommé à Saint-Dié qu'en 1844. L'internonce l'avait décrit comme un ecclésiastique aux « moyens intellectuels très limités et au caractère très faible [2]». Mais à partir de 1842 l'influence de Mgr Affre s'estompe, ses relations avec le pouvoir s'étant tendues. Ainsi, au-delà du désir réel de la monarchie de Juillet d'asseoir son autorité sur le pays au début des années 1840, se profile un conflit latent entre l'archevêché de Paris et le Saint-Siège. Certes il fut bref, mais il est révélateur d'une réaction de rejet d'une fraction de l'Église de France face à la montée de l'ultramontanisme. Au travers des quelques cas mentionnés, on perçoit un affrontement qui dépasse le cadre purement politique. Les ecclésiastiques mis en question sont certes tous favorables au régime, mais ils sont aussi gallicans. Ainsi s'annonce le combat qu'engage le successeur de Mgr Garibaldi, Mgr Fornari.

Sous la nonciature de Mgr Fornari, un seul ecclésiastique sur seize nommés est considéré comme peu digne de l'épiscopat. Il s'agit de l'abbé Alouvry, chanoine de Beauvais. Il est vrai que son existence était jalonnée d'événements prompts à attirer la défiance du Saint-Siège. Sous la Restauration, il fut le collaborateur de Mgr Feutrier. Nommé vicaire capitulaire de Beauvais, à la mort de ce dernier, il avait soutenu la nomination à ce siège de l'abbé Guillon, aumônier de la reine. Or le Saint-Siège s'est opposé

---

1. *Ibid.*, anno 1842, Mgr Garibaldi au secrétaire d'État, 11 octobre 1842.
2. *Ibid.*, anno 1842, Mgr Garibaldi au secrétaire d'État, 18 août 1842. Nommé en 1844, dans un contexte très différent, l'abbé Manglard est gratifié d'un rapport moins défavorable du nonce qui lui attribue certes une faiblesse de caractère, mais qui pense aussi qu'il réussira dans le petit diocèse de Saint-Dié (anno 1844, le nonce au secrétaire d'État, 14 avril 1844).

à cette nomination, avec d'autant plus de force que l'abbé Guillon avait accepté d'enterrer religieusement l'abbé Grégoire. En outre, Alouvry a accepté que le mariage de la fille de Louis-Philippe avec le roi des Belges ait lieu dans la chapelle du château de Compiègne. Enfin l'abbé Alouvry a été déclaré inapte à l'épiscopat en 1840 et il a la réputation d'être gallican [1]. Ne pouvant le repousser à nouveau en 1846, le Saint-Siège finit par obtenir qu'il soit envoyé dans un petit diocèse, celui de Pamiers.

Tout au long de la monarchie de Juillet, il apparaît donc que le principal grief de Rome à l'encontre des candidats à l'épiscopat est leur gallicanisme, joint à un attachement trop fervent au régime. Sur les quinze ecclésiastiques des catégories III, IV et V, onze sont qualifiés de gallicans au moment de leur promotion. Mais surtout, tous se sont ralliés rapidement à la monarchie de Juillet et se révèlent être de fervents partisans de ce régime, ce qui déplaît manifestement au Saint-Siège, malgré les bons rapports entretenus par ailleurs entre Rome et Paris. C'est l'indice d'une crainte de voir resurgir une vague d'anticléricalisme comparable à celle des années 1830-1831. Dans cette perspective, le Saint-Siège préférerait pouvoir disposer en France d'un épiscopat relativement autonome par rapport aux pouvoirs établis, capable donc de résister le cas échéant à des mesures jugées contraires aux intérêts de l'Église.

L'embellie sous la IIe République.

Sur le plan des nominations épiscopales, la IIe République a incontestablement été, si l'on excepte la Restauration, le régime le plus favorable à l'Église. En effet sur dix-neuf nominations, quatorze sont jugées excellentes par Rome, une est considérée comme passable et une comme devant être évitée. Trois autres nominations se sont faites directement entre le gouvernement français et la Sacrée Congrégation de la Propagande, ce sont celles des évêques coloniaux, dont on peut dire sans conteste qu'elles n'ont soulevé aucune difficulté à Rome, d'autant mieux qu'elles étaient patronnées par le très romain séminaire parisien du Saint-Esprit. Ainsi, ce sont dix-sept nominations qui ont reçu un agrément total de la part du Saint-Siège.

---

1. A. S. V., S. d. S., Rub 248, anno 1846, le nonce au secrétaire d'État, 9 février 1846.

Pourtant Rome eut d'abord quelque prévention à l'égard de la IIᵉ République, régime issu d'un mouvement révolutionnaire dont Pie IX ressentait au même moment les effets. Cette appréhension semble du reste se confirmer lorsque le gouvernement du général Cavaignac propose en remplacement de Mgr Affre l'évêque de Digne, Sibour. Accepté pour ce petit siège en 1839, parce que protégé par le ministre Teste, Mgr Sibour n'était pas destiné, aux yeux de Rome, à une promotion aussi rapide. Mais le Saint-Siège ne s'y oppose pas, sans doute par crainte d'entrer en conflit avec un régime naissant, bâti sur les principes de 1789. Le pape accepte donc la translation de Sibour, mais le nonce est chargé de montrer à Cavaignac qu'il s'agit là d'un signe de bonne volonté [1]. Mgr Fornari suggère en échange au ministre des Cultes de faire un geste en direction du Saint-Siège, en abolissant par exemple les Articles organiques [2]. Le gouvernement ne peut aller aussi loin sans un vote de l'Assemblée nationale, mais en revanche il se montre très attentif à choisir des évêques agréables à Rome. C'est en tout cas le sentiment qu'en a le nonce lorsqu'il écrit au secrétaire d'État : « Et je dois en outre rendre justice aux intentions du Président du Conseil, lequel s'occupe avec une attention scrupuleuse de la recherche des sujets à proposer à Sa Sainteté [3]. »

L'important pour Rome réside dans le fait que le gouvernement consulte le nonce avant de procéder aux nominations et semble même tenir compte de ses avis. Ainsi en août 1848, Mgr Fornari annonce au secrétaire d'État que le gouvernement lui a proposé de nommer Mgr Mioland à Avignon, l'abbé Jaquemet à Amiens et l'abbé Meirieu à Digne. En fait seule cette dernière promotion a lieu, signe que le nonce est tenu au courant du travail du ministère des Cultes au fur et à mesure que celui-ci se déroule. Bien plus, le nonce parvient sans difficulté à écarter l'abbé Gerbet [4]. Pendant la période du gouvernement provisoire, Mgr Fornari est en relations, tantôt avec le ministre des Affaires étrangères tantôt avec le ministre des Cultes, mais il traite le plus souvent avec le général Cavaignac lui-même. Il n'eut qu'à se louer de ses relations avec ce dernier [5],

1. *Ibid.*, anno 1848, fasc. 1, le nonce au secrétaire d'État, 22 juillet 1848.
2. *Ibid.*, anno 1848, fasc. 1, le nonce au secrétaire d'État, 1ᵉʳ août 1848.
3. *Ibid.*, anno 1848, fasc. 1, le nonce au secrétaire d'État, 26 août 1848.
4. *Ibid.*, anno 1848, fasc. 1, le nonce au secrétaire d'État, 1ᵉʳ août 1848 : « M. le Ministre a convenu que les observations de Votre Excellence étaient très justes. »
5. *Ibid.*, anno 1848, fasc. 1, le nonce au secrétaire d'État, 25 octobre 1848 : « Nous devons remercier le Seigneur d'avoir illuminé le Président du Conseil et de lui avoir

mais adresse également des louanges au ministre des Cultes, Fres-
lon, lorsque celui-ci lui propose Jaquemet comme coadjuteur de
Mgr de Hercé à Nantes [1]. Finalement le souci premier du Saint-
Siège, en cette année 1848, ne vient pas tant de l'attitude du gouvernement que de la réaction de certains ecclésiastiques qui, devant
un régime politique nouveau, refusent de s'engager dans la voie de
l'épiscopat. Le nonce rapporte ainsi l'embarras du gouvernement
après le refus de l'abbé Boulay. De même Mgr Guitton, évêque de
Poitiers, a refusé une promotion à Avignon. Le choix de bons sujets
est donc d'autant plus important pour le Saint-Siège qu'il veut éviter la répétition des « erreurs » des débuts de la monarchie de Juillet.
En fin de compte, le gouvernement de Cavaignac eut à procéder à
trois nominations (Meirieu, Cœur et Jaquemet) et à deux promotions (Sibour à Paris et Debelay à Avignon). La dernière nomination s'effectue très rapidement, Mgr Fornari demande en effet au
secrétaire d'État d'accepter promptement la nomination de Jaquemet à Nantes, car, outre que le sujet lui paraît excellent, il veut profiter des bonnes dispositions du gouvernement, lequel peut être
amené à changer d'un moment à l'autre, les élections présidentielles
approchant [2]. Mais les craintes du nonce ne se confirment pas
puisque les premiers gouvernements de Louis Napoléon Bonaparte
poursuivent la politique de celui de Cavaignac.

Bien plus, au cœur de la IIe République, l'année 1849 marque le
zénith des relations entre Paris et Rome, sur le plan des nominations épiscopales. Le choix, le 20 décembre 1848, du vicomte de
Falloux comme ministre de l'Instruction publique et des Cultes n'y
est pas étranger. Falloux pratique en effet une politique systématique d'entente préalable, en demandant son avis au nonce sur les
choix qu'il entend proposer au président de la République. Dès lors,
dans chacun de ses rapports, c'est tout autant le ministre que les
candidats proposés qui bénéficient des bonnes appréciations formu-
lées par le nonce. Le 25 mai 1849, Mgr Fornari écrit par exemple
au secrétaire d'État : « M. le Ministre des Cultes n'a rien tant à cœur
que le choix de bons et dignes sujets pour les Églises vacantes [3]. » En
juin, il évoque le « soin que met M. le vicomte de Falloux dans le

suggéré trois sujets respectables sous tous les rapports, et du choix desquels on peut
espérer beaucoup pour le bien de l'Église. »
1. A. S. V., S. d. S., Rub 248, anno 1848, fasc. 1, le nonce au secrétaire d'État,
7 novembre 1848.
2. *Ibid.*
3. *Ibid.*, anno 1849, fasc. 2, le nonce au secrétaire d'État, 25 mai 1849.

choix des sujets qu'il propose pour les Églises vacantes [1]». Enfin, à propos de la nomination de l'abbé de Dreux-Brézé à Moulins, le nonce s'exclame : « Il est certain que M. le vicomte de Falloux ne pouvait mieux clore son ministère des Cultes [2]. »

En un an, Falloux a procédé à six nominations. Toutes sont jugées excellentes par le nonce, qu'il s'agisse de celle de l'abbé Foulquier à Mende, ou de celles de l'abbé de Salinis à Amiens, de l'abbé Caverot à Saint-Dié, de l'abbé Dupanloup à Orléans, de l'abbé Pie à Poitiers et de l'abbé de Dreux-Brézé à Moulins. Pour le nonce, ces ecclésiastiques se caractérisent par leur attachement au Saint-Siège, y compris l'abbé Dupanloup qui en 1849 est avant tout connu à Rome par sa défense de la liberté de l'enseignement et par sa thèse sur l'infaillibilité pontificale [3]. Les autres ecclésiastiques nommés sont également connus pour leur ultramontanisme : l'ancien mennaisien Salinis, mais aussi l'abbé Caverot, désigné comme « très étranger aux principes de l'école gallicane », « professant des doctrines pleinement romaines et qui a toujours montré un très sincère attachement au Saint-Siège [4]». Le nonce décrit de même, en parlant de Pie, « la justesse de ses principes et de ses doctrines romaines [5]». C'est véritablement la première fois que le nonce marque avec tant de netteté les tendances religieuses des ecclésiastiques candidats à l'épiscopat. Incontestablement Mgr Fornari, ardent défenseur en France de l'école ultramontaine, voit ses efforts couronnés de succès sur le plan des nominations épiscopales. En effet, à la veille de quitter Paris, il n'installe sur les évêchés vacants que des ecclésiastiques réputés pour leur attachement au Saint-Siège. Certes, le choix d'évêques ultramontains ne relève pas de sa seule compétence. L'évolution générale du clergé vers l'ultramontanisme a contraint le gouvernement à puiser pour nommer aux évêchés parmi les prêtres romains. Mais l'influence du nonce est néanmoins indéniable.

Le changement de ministre des Cultes à la fin de 1849 et l'arrivée d'un nouveau nonce à Paris, en la personne de Mgr Garibaldi, ne modifient pas, dans l'immédiat du moins, la tendance observée

1. *Ibid.,* anno 1849, fasc. 2, le nonce au secrétaire d'État, 15 juin 1849.
2. *Ibid.,* anno 1849, fasc. 2, le nonce au secrétaire d'État, 1er novembre 1849.
3. *Ibid.,* anno 1849, fasc. 2, le nonce au secrétaire d'État, 9 avril 1849 : « Les vertus, les mérites et les talents de cet ecclésiastique sont bien connus du Saint-Père, et spécialement son attachement à la cathédrale de Saint-Pierre et à l'auguste personne du Saint-Père. »
4. *Ibid.,* anno 1849, fasc. 2, le nonce au secrétaire d'État, 16 mai 1849.
5. *Ibid.,* anno 1849, fasc. 2, le nonce au secrétaire d'État, 25 mai 1849.

depuis le début du régime. C'est en 1850 qu'aboutit la négociation sur l'érection de trois évêchés coloniaux, confiés à trois ecclésiastiques particulièrement en cour à Rome. Mgr Garibaldi se dit également très satisfait du choix de l'abbé Cousseau pour Angoulême, qu'il dépeint comme un « des ecclésiastiques les plus respectables de France [1] », et « intimement uni à la cathédrale de Saint-Pierre [2] ». Il en est de même de la nomination de l'abbé Chalandon comme coadjuteur de Belley. L'abbé Pallu du Parc jouit également d'une excellente réputation et le nonce le dit « très recommandable sous tous les rapports [3] ». Quant à l'abbé Guerrin, nommé à Langres, le nonce ne le connaît guère, mais précise qu'il est recommandé par son archevêque, Mgr Mathieu, et par Mgr Gousset, son ancien collègue à Besançon ; Garibaldi conclut que c'est l'assurance d'un bon choix [4]. L'abbé Mabile enfin, lui aussi originaire du diocèse de Besançon, avant de devenir vicaire général de Doney à Nîmes, est également considéré comme « très attaché au Saint-Siège [5] ». Le recrutement d'ecclésiastiques marqués par leur ultramontanisme se poursuit donc. Cette politique particulièrement favorable à Rome est complétée par deux promotions agréables au Saint-Siège, celle de Mgr de Marguerye à Autun et surtout celle de Mgr Parisis à Arras. Mgr Garibaldi rappelle que ce dernier est bien connu à Rome et qu'il a toujours fait preuve d'une « très sincère dévotion à l'égard du Saint-Siège [6] ». Mgr de Marguerye est aussi considéré alors comme « attaché au Saint-Siège ». C'est donc un épiscopat très romain qui continue à se mettre en place. On peut même considérer que la IIe République marque un tournant dans la politique pontificale, Rome se montrant dès lors très soucieuse de constituer en France un épiscopat ultramontain [7].

Néanmoins deux ombres à ce tableau apparaissent à la fin de la IIe République. Il s'agit tout d'abord de la nomination de l'abbé Régnault comme coadjuteur de Mgr Clausel de Montals à Chartres.

---

1. A. S. V., S. d. S., Rub 248, anno 1850, fasc. 1, le nonce au secrétaire d'État, 18 juin 1850.

2. *Ibid.*, anno 1850, fasc. 1, le nonce au secrétaire d'État, 26 juin 1850.

3. *Ibid.*, anno 1851, fasc. 2, le nonce au secrétaire d'État, 11 janvier 1851.

4. *Ibid.*, anno 1851, fasc. 2, le nonce au secrétaire d'État, 17 octobre 1851.

5. *Ibid.*, anno 1851, fasc. 2, le nonce au secrétaire d'État, 16 juin 1851

6. *Ibid.*, anno 1851, fasc. 2, le nonce au secrétaire d'État, 6 août 1851.

7. Cette politique s'inscrit dans un contexte plus général de lutte entre ultramontains et gallicans au milieu du siècle, voir Austin GOUGH, *Paris and Rome. The Gallican Church and the Ultramontane Campaign, 1848-1853*, Oxford, Clarendon Press, 1986, XVI-276 p.

Le nonce se plaint de n'avoir pas été consulté avant sa nomination. En outre les renseignements donnés à son sujet par son évêque, Mgr Gousset, ne sont guère favorables, ce dernier le considérant comme peu apte à gouverner un diocèse. D'autres évêques, il est vrai, apportent sur le compte de Régnault de bons témoignages. Mais Régnault pâtit surtout d'avoir été demandé par l'un des plus ardents gallicans de l'épiscopat français [1]. Mgr Clausel a choisi lui-même son successeur, sans en référer à Rome, faisant preuve par là même de son gallicanisme. Le Saint-Siège redoute donc que Régnault ne poursuive l'action de son prédécesseur. Plus que les capacités administratives du candidat, c'est bien sa doctrine qui est en cause, Mgr Garibaldi écrivant qu'il est « un peu gallican [2] ». La configuration des deux camps qui se dessinent au moment de sa candidature est révélatrice du combat entre gallicans et ultramontains qui se joue alors. D'un côté on trouve l'évêque de Chartres, appuyé par l'archevêque de Tours Morlot, l'évêque d'Orléans Dupanloup qui, depuis sa nomination s'est engagé dans le combat contre *L'Univers*, et le supérieur de Saint-Sulpice, considéré alors comme un des bastions du gallicanisme. De l'autre côté, parmi les adversaires de la candidature Régnault, se retrouvent le nonce et surtout l'archevêque de Reims, le très romain Gousset. Dans cette lutte qui reste malgré tout feutrée, le Saint-Siège tente de montrer que la nomination d'un coadjuteur lui revient puisque c'est le pape qui institue les évêques *in partibus*. Il dénie donc à un évêque, en l'occurrence Mgr Clausel, le droit de demander un coadjuteur directement au gouvernement, sans s'adresser au préalable à Rome. Finalement le litige est tranché et Clausel adresse une demande en forme au pape, laquelle est acceptée. Régnault est donc nommé coadjuteur de Chartres. L'acceptation de ce candidat s'explique assez simplement : ses qualités sont dans l'ensemble correctes et il est soutenu par plusieurs évêques. Mais surtout le nonce, très au courant de la vie politique française, sait que des changements politiques risquent d'intervenir au début de 1852, le mandat de Louis Napoléon Bonaparte s'achevant. Il considère que si l'évêque de Chartres venait à disparaître, mieux vaut un évêque tel que Régnault qu'un siège vacant [3]. Encore une fois donc, le contexte

---

1. Voir Ernest SEVRIN, *Mgr Clausel de Montals, évêque de Chartres (1769-1867). Un évêque militant au XIXe siècle,* Paris, Vrin, 2 tomes, 756 p., p. 615-617.
2. A. S. V., S. d. S., Rub 248, anno 1851, fasc. 2, le nonce au secrétaire d'État, 6 août 1851.
3. *Ibid.,* anno 1851, fasc. 2, le nonce au secrétaire d'État, 16 novembre 1851.

politique français explique en grande partie le refus du Saint-Siège d'engager un conflit à propos d'un ecclésiastique soupçonné de gallicanisme.

C'est pour les mêmes raisons que le Saint-Siège finit par accepter l'abbé Lyonnet, candidat jugé peu apte à l'épiscopat. La mise en avant de Lyonnet est contemporaine de celle de Régnault. Tout de suite, le nonce met en garde le secrétaire d'État sur les défauts de Lyonnet, chanoine de Lyon. Il lui reconnaît de l'instruction et un certain esprit, mais ajoute qu'il a tout fait pour parvenir à l'épiscopat, ce qui est contraire aux qualités requises pour devenir évêque. Néanmoins Mgr Garibaldi sait qu'il sera difficile d'écarter le chanoine Lyonnet, car il est protégé par Louis Napoléon qui appuie en lui le biographe du cardinal Fesch [1]. En outre, l'abbé Lyonnet a la réputation d'être quelque peu gallican, comme beaucoup d'ecclésiastiques du diocèse de Lyon, ajoute le nonce [2]. Il est également évident qu'écrire l'histoire du cardinal Fesch revenait à mettre en valeur la politique ecclésiastique de Napoléon Ier, adversaire de Pie VII. Le Saint-Siège l'a ainsi ressenti puisque le pape a refusé de recevoir Lyonnet lors d'une visite à Rome. La candidature de cet ecclésiastique déplaît donc fortement à Pie IX, en ce qu'elle symbolise la convergence du gallicanisme et de l'attachement dynastique. En ce sens cette nomination rappelle celle d'Olivier sous la monarchie de Juillet. Le Saint-Siège accepte cependant la nomination de Lyonnet pour ne pas mécontenter le chef de l'État, mais obtient qu'il soit nommé à un petit évêché, en l'occurrence Saint-Flour. Le nonce reconnaît pourtant que rien n'empêche ensuite de le promouvoir à un siège plus important, ce qui ne manque pas d'arriver, puisque Lyonnet devient ensuite évêque de Valence puis archevêque d'Albi [3]. Cette nomination est en tout cas la première à être réclamée directement par le président de la République qui, en la circonstance, ne cache pas son souhait de récompenser un serviteur de la cause bonapartiste. Cette promotion, deux mois avant le coup d'État du 2 décembre, est donc en quelque sorte le signe, sur le plan des nominations épiscopales, de la marche vers l'Empire. En somme, les deux seules nominations sur lesquelles le Saint-Siège a émis des

---

1. A. S. V., S. d. S., Rub 248, anno 1851, fasc. 2, le nonce au secrétaire d'État, 6 octobre 1851.
2. *Ibid.*, anno 1851, fasc. 2, le nonce au secrétaire d'État, 16 novembre 1851.
3. *Ibid.*, anno 1851, fasc. 2, le nonce au secrétaire d'État, 17 octobre 1851.

réserves interviennent à l'extrême fin de la IIe République. Elles marquent un coup d'arrêt à la vague ultramontaine qui a submergé l'épiscopat pendant trois ans, mais ce coup d'arrêt n'est que provisoire.

De l'entente à la crise sous le IIe Empire.

Une entente fragile.

Le classement des ecclésiastiques nommés évêques sous le IIe Empire, d'après les rapports envoyés par le nonce, révèle que ce régime est depuis 1815 le régime le moins favorable aux droits du Saint-Siège. Les deux premières catégories restent largement majoritaires avec 37 ecclésiastiques, mais les trois dernières, qui regroupent somme toute les évêques que Rome n'aurait pas choisis si le droit de nomination lui incombait, rassemblent 28 ecclésiastiques. Sur ces 28 évêques, 8 ont été nommés avant 1859 et 20 à partir de 1859. À l'inverse, parmi les 37 évêques des deux premières catégories, 20 sont nommés avant 1859 et 17 après. Ces proportions permettent d'emblée de nuancer l'idée que les années 1850, époque de l'Empire autoritaire pendant laquelle l'État se montre plutôt favorable à l'Église, auraient donné naissance à un épiscopat entièrement ultramontain, tandis que la décennie 1860, celle de l'Empire libéral et des heurts entre les catholiques et l'État, aurait vu la résurgence du gallicanisme dans l'épiscopat. Certes, cette appréciation n'est pas dénuée de tout fondement, mais elle souffre de nombreuses exceptions.

Tout d'abord le régime impérial naissant se distingue en promouvant trois ecclésiastiques jugés plus ou moins indésirables par Rome. Ce sont les abbés Daniel, Ginoulhiac et Forcade que le nonce aurait préféré voir écartés. Il reproche à l'abbé Daniel ses liens avec l'Université et son manque d'expérience du ministère paroissial ou de l'administration diocésaine [1]. Mais le nonce se montre encore plus hostile aux deux autres nominations. Il accuse l'abbé Ginoulhiac d'être gallican, mais ne parvient cependant pas à obtenir son retrait. Cette nomination est l'occasion pour le nonce de rappeler à Fortoul les principes du Saint-Siège en matière de nominations épiscopales ; pour lui, l'évêque doit se caractériser par sa

---

1. *Ibid.,* anno 1853, fasc. 2, le nonce au secrétaire d'État, 18 décembre 1852.

piété, son abnégation, son humilité, et par son attachement et sa dévotion au Saint-Siège ¹. Ce dernier point est très important, car il marque le prix que Rome attache désormais à l'ultramontanisme des candidats. Les premières relations entre Rome et le régime impérial sont donc tendues. Elles tournent même au conflit lorsque le gouvernement nomme à la Guadeloupe Mgr Forcade. Rome récuse cet évêque missionnaire qui a abandonné son poste en Asie et se trouve en conflit depuis avec la Congrégation de la Propagande ². C'est dire que les premières nominations suscitent une certaine désapprobation de Rome. La quatrième promotion du régime impérial, celle de Gerbet, à laquelle le Saint-Siège est très favorable, peut dès lors apparaître comme une volonté du gouvernement d'effacer l'effet désastreux des premières nominations épiscopales sur les relations entre Paris et Rome.

De fait, la période 1855-1859 se caractérise par l'entente cordiale ; elle marque incontestablement le temps fort du recrutement ultramontain dans l'épiscopat français sous l'Empire. Cette politique avait été inaugurée en décembre 1853 par la promotion d'un ecclésiastique longtemps écarté de l'épiscopat à cause de son manque d'expérience administrative, l'abbé Gerbet. Mais en 1853 ce défaut de pratique administrative n'est plus mis en avant – il est vrai que depuis trois ans Gerbet est vicaire général d'Amiens. Au contraire le nonce précise que le Saint-Siège ne pouvait être plus satisfait ³. En 1854 aucune nouvelle nomination n'est effectuée. On procède cependant à la translation à Évreux de Mgr de Bonnechose, présenté comme « dévoué et attaché au Saint-Siège⁴ » ; cette promotion est importante car l'évêque de Carcassonne se voit confier la mission de remplacer Mgr Olivier. À partir de 1855 la politique de recrutement épiscopal au sein du clergé ultramontain est définitivement mise en place. Après une courte interruption, c'est la reprise de la tendance engagée sous la IIᵉ République. Comme à cette époque, le nonce est consulté par le ministre des Cultes, Fortoul, et les nominations se font en général à la suite d'un accord préalable, afin d'éviter toute crise.

De ce fait, au cours de la période 1855-1859, aucun évêque n'a été l'objet d'un refus préalable de Rome. Certes, cinq sont jugés

---

1. A. S. V., S. d. S., Rub 248, anno 1853, fasc. 2, le nonce au secrétaire d'État, 25 octobre 1852.
2. *Ibid.*, anno 1853, fasc. 2, le nonce au secrétaire d'État, 16 avril 1853.
3. *Ibid.*, anno 1854, fasc. 1, le nonce au secrétaire d'État, 20 décembre 1853.
4. *Ibid.*, anno 1854, fasc. 1, le nonce au secrétaire d'État, 3 novembre 1854.

passables, mais leur promotion ne donne lieu à aucun différend entre Paris et Rome. Parmi ces cinq ecclésiastiques qui n'ont pas pleinement les qualités requises par le Saint-Siège, le premier, l'abbé Sergent, offre un cas un peu particulier. Déjà proposé sous la monarchie de Juillet pour le siège de Nevers, il avait été alors repoussé avec virulence par Rome comme ambitieux et intrigant [1]. Mais l'abbé Sergent est désormais recommandé par Napoléon III lui-même. Le nonce fait cependant état des notes défavorables le concernant et demande au ministre de différer cette nomination [2], signe que l'accord préalable est bien une réalité. Le ministre des Cultes a gardé dans son journal un souvenir de cette entrevue, très révélatrice des rapports qu'entretiennent les deux hommes : « Après déjeuner, le Nonce fait demander à me voir. Je vais chez lui ; il me lit une dépêche télégraphique qui le prie de faire suspendre la nomination de l'abbé Sergent et qui annonce des renseignements pour demain [3]. » Cette dépêche émane en fait, non pas de Rome, mais de l'évêque de Nevers, Mgr Dufêtre, selon lequel l'abbé Sergent est inapte à diriger un diocèse [4]. Certes, Mgr Dufêtre passe alors pour un évêque ombrageux, mais il est l'ordinaire de l'abbé Sergent, ce qui oblige le nonce à poursuivre son enquête. Parmi les avis très favorables à Sergent, on trouve celui de Mgr Daniel, collègue de Sergent au Conseil supérieur de l'Instruction publique, mais aussi et surtout un bon témoignage oral de l'ancien collègue de Sergent à Nevers, l'abbé Gaume [5]. Auteur du *Ver rongeur*, et à ce titre engagé dans la lutte contre les gallicans au début des années 1850, il est une évidente caution de l'ultramontanisme de l'abbé Sergent ; tous deux sont en outre d'anciens mennaisiens. Finalement l'affaire se dénoue par un coup de force de Fortoul qui fait publier le décret de nomination sans en avertir le nonce, mais le Saint-Siège ne met aucun obstacle à la promotion de l'abbé Sergent au siège de Quimper, le nonce ayant conclu que tous les témoignages recueillis faisaient état de l'excellent esprit dont était animé l'abbé Sergent et de ses bonnes dispositions à l'égard du pape [6].

---

1. *Ibid.*, anno 1842, l'internonce au secrétaire d'État, 18 août 1842.
2. *Ibid.*, anno 1855, fasc. 1, le nonce au secrétaire d'État, 8 février 1855.
3. Geneviève MASSA-GILLES, *Journal d'Hippolyte Fortoul*, Genève, Droz, 2 tomes, t. I, 1979, 245 p. et t. II, 1989, 441 p., t. I, 9 février 1855.
4. A. S. V., S. d. S., Rub 248, anno 1855, fasc. 1, le nonce au secrétaire d'État, 20 février 1855, le nonce joint la lettre de Mgr Dufêtre à son rapport.
5. *Ibid.*, anno 1855, fasc. 1, le nonce au secrétaire d'État, 8 février 1855.
6. *Ibid.*, anno 1855, fasc. 1, le nonce au secrétaire d'État, 1er mars 1855.

Désormais la moindre trace de gallicanisme chez un candidat à l'épiscopat est relevée. Apprenant que le gouvernement entend nommer l'abbé Plantier à Nîmes, Mgr Sacconi se dit inquiet de ses principes gallicans. Il faut que l'abbé Plantier lève cette suspicion en venant lui-même à Paris rencontrer le nonce. Nommé évêque, il annonce en outre qu'il choisit comme vicaire général, l'abbé d'Alzon, ce qui satisfait pleinement le nonce [1]. Landriot et Delamare doivent également lever les soupçons de gallicanisme dont ils sont l'objet. Ces promotions montrent malgré tout que le ministère garde son autonomie en matière de nominations épiscopales. Si Fortoul propose principalement des sujets venus de l'ultramontanisme comme La Bouillerie, Delalle, Nanquette et Jordany en 1855, Boudinet et Hiraboure en 1856, il ne s'interdit pas de choisir des ecclésiastiques plutôt gallicans comme Plantier, Delamare, Didiot, Landriot ou Galtier. Mais aucun de ces ecclésiastiques n'a fait preuve d'esprit de combat, si bien que le nonce ne fait pas de difficultés pour faire agréer leur nomination par Rome. Néanmoins il faut noter que le IIe Empire se montre plus attaché au gallicanisme que la IIe République. Comme le Ier Empire, il entend garder la haute main sur les choix épiscopaux, ce qui suppose de mener une politique indépendante des pressions de la nonciature.

Malgré tout, Mgr Sacconi éprouve quelques craintes à la mort de Fortoul, car il pense que son successeur, Rouland, veut favoriser le camp gallican. Il s'en ouvre du reste à l'empereur en février 1857, se plaignant que Rouland ait pris parti pour les gallicans. Il en prend pour preuve les récentes promotions effectuées : Guibert à Tours et Chalandon à Aix. Le nonce reproche au premier de s'être prononcé ouvertement contre L'Univers et au second d'avoir plaidé contre le retour de la liturgie romaine, et il conclut : « L'un et l'autre étant considérés comme de coloration gallicane, leur nomination à ces archevêchés pourrait être vue [...] comme une manifestation dans le sens de ce parti [2]. » En outre, les trois premiers candidats proposés par Rouland sont jugés défavorablement par le nonce. Bélaval, vicaire général de Toulouse, et Delcusy, curé d'Aurillac, sont qualifiés de gallicans [3]. Le second surtout déplaît au nonce qui

---

1. A. S. V., S. d. S., Rub 248, anno 1855, fasc. 1, le nonce au secrétaire d'État, 9 octobre 1855.
2. *Ibid.*, anno 1857, fasc. 4, le nonce au secrétaire d'État, 8 février 1857.
3. *Ibid.*, anno 1857, fasc. 4, le nonce au secrétaire d'État, 12 février 1857.

lui trouve «un savoir un peu limité et un caractère faible [1]». Il ne peut cependant empêcher la nomination de Delcusy, mais parvient dans le même temps à différer celle de Bélaval et à éviter la nomination de l'abbé Borie, curé de Saint-Étienne-du-Mont à Paris, recommandé par l'empereur et par Dupanloup [2]. Ces propositions d'ecclésiastiques gallicans, venant s'ajouter aux promotions de Guibert et Chalandon, confirment le sentiment du Saint-Siège qu'une offensive feutrée a été lancée par Rouland pour rééquilibrer les choix épiscopaux en faveur des gallicans modérés. Il n'y parvient qu'en partie dans la mesure où le rappel à l'ordre de Rome a pour effet, non pas d'empêcher toutes les nominations déjà prévues, mais d'éviter que le ministre ne procède à l'avenir à des choix comparables. En fin de compte un *modus vivendi* est trouvé entre les deux parties. Le gouvernement fait choix d'ecclésiastiques ultramontains, tels que Langalerie, Maupoint, Pompignac, Fillion, Martial, Porchez, Devoucoux, Fruchaud ou Épivent. À l'exception de ce dernier, plus ardent, tous sont des modérés et certains ont rejoint tardivement le camp romain : Pompignac a été membre de la Compagnie de Saint-Sulpice, Devoucoux s'est longtemps montré opposé au rétablissement de la liturgie romaine en France avant de s'y rallier. En outre, un seul des dix évêques promus entre février 1857 et juillet 1859 est gallican ; il s'agit de l'abbé Bélaval, écarté au début de 1857 et nommé au petit siège de Pamiers en juillet 1858. Finalement, après une tentative de retour à la tradition du gallicanisme parlementaire, la politique suivie dans la première moitié du ministère Rouland vise à nommer des ecclésiastiques acceptables par le Saint-Siège, donc ultramontains, mais qui ne soient pas en même temps trop ardents. L'épiscopat alors formé se caractérise par une certaine médiocrité intellectuelle ; aucun théologien ne s'en dégage, aucun n'est ensuite promu archevêque ou cardinal.

La première moitié du IIe Empire est donc globalement favorable à la cause ultramontaine, même si tous les candidats proposés n'ont pas le plein aval de Rome. Surtout cette période se caractérise par une bonne entente entre le gouvernement français et la nonciature. Les choix sont en général discutés avant la publication des décrets de nomination. Mais le gouvernement s'attache toujours à

---

1. *Ibid.*, anno 1857, fasc. 4, le nonce au secrétaire d'État, 15 février 1857.
2. *Ibid.*, anno 1857, fasc. 4, le nonce au secrétaire d'État, 8 février 1857.

faire sentir au Saint-Siège que la décision finale lui appartient. On peut cependant déceler un premier changement d'attitude à la mort de Fortoul. À partir de 1857 en effet, après des débuts tendus, les relations entre le nonce et le ministre ne retrouvent pas le caractère de cordialité qu'elles avaient sous le ministère Fortoul. D'une certaine façon, le changement de politique en matière de nominations épiscopales, suggéré par Rouland à Napoléon III en 1859, était en germe dès 1857 et avait été perçu par le nonce. Mis en sommeil pendant deux ans, le gallicanisme parlementaire amorce un retour en force à l'occasion de la crise italienne.

La crise ouverte entre Paris et Rome.

La nomination de l'abbé Darboy à Nancy marque un tournant dans la politique de nomination du IIᵉ Empire. Elle bouleverse aussi les relations entre Paris et Rome, en ce qui concerne les nominations épiscopales. Pour la première fois depuis longtemps en effet, le nonce n'est pas tenu informé de la décision prise par le gouvernement. Bien plus, alors que Rome avait refusé d'agréer Darboy comme coadjuteur de l'archevêque de Paris, celui-ci est nommé évêque de Nancy quinze jours plus tard, ce qui représente un véritable défi pour le Saint-Siège. Le nonce qui n'a pas été consulté apprend la nouvelle de la bouche de Mgr Menjaud que Darboy doit remplacer à Nancy. Il ne peut que réitérer ses griefs à l'encontre du vicaire général de Paris, en particulier son attachement aux idées gallicanes, mais il doit reconnaître qu'il n'existe aucun motif canonique pour le récuser [1]. Le Saint-Siège accepte Darboy, car il perçoit alors qu'il lui est impossible d'engager un conflit avec le gouvernement français sur le terrain des nominations épiscopales. Le choix du très gallican Darboy marque donc la fin de l'entente cordiale entre Rome et Paris et inaugure une décennie de conflit.

La nomination de Darboy est isolée dans le temps puisque aucune promotion n'intervient entre août 1859 et décembre 1860. Dans l'intervalle néanmoins, Rome a refusé la nomination de l'abbé Maret à Vannes. Le gouvernement a confirmé à cette occasion la pratique inaugurée avec Darboy, qui consiste à nommer les évêques

---

1. A. S. V., S. d. S., Rub 248, anno 1859, fasc. 2, le nonce au secrétaire d'État, 19 août 1859.

sans consultation préalable de la nonciature. Dans le cas de Maret, le Saint-Siège dut avoir recours à un motif d'empêchement canonique, en l'occurrence la surdité, pour l'écarter [1]. Mais ce refus ne fait qu'envenimer les relations déjà difficiles entre Paris et Rome. On le constate en décembre 1860 lorsque sont pourvus les trois évêchés vacants. La nomination de l'abbé Magnin, supérieur du séminaire d'Annecy, sur ce siège, ne pose pas de difficulté, mais le contexte en est particulier puisque la Savoie vient d'être rattachée à la France, aucune des deux parties ne voulant déclencher une crise sur ce terrain. Le gouvernement français, désireux de maintenir la spécificité de cette région, maintient les quatre évêchés savoyards et inaugure une politique particulière à cette région, en choisissant des ecclésiastiques qui en sont originaires. En revanche les deux autres nominations de décembre 1860, celles de Ravinet à Troyes et de Christophe à Soissons, sont ressenties par Rome comme des provocations. L'abbé Ravinet est chanoine de Paris et membre du conseil archiépiscopal ; il est surtout très gallican. Mais le nonce n'a rien à lui reprocher, sinon ses doctrines religieuses [2]. En revanche, le nonce repousse tout à fait l'idée de voir nommer Christophe qui n'est que desservant d'une paroisse de la périphérie de Paris. Pour Mgr Meglia, l'abbé Christophe a « peu de science, peu de pratique des affaires et de l'administration [3] ». Le nonce se plaint surtout que l'épiscopat français lui-même ne soit plus consulté. L'abbé Christophe est cependant accepté, car le Saint-Siège n'est pas en mesure de refuser de nouveau un candidat proposé par le gouvernement français. Mgr de Bonnechose le fait bien sentir au nonce en lui déclarant qu'un tel refus « irriterait particulièrement l'empereur qui s'était personnellement intéressé à cette nomination [4] ».

Le Saint-Siège n'est pas alors au bout de ses peines, car après Darboy, Ravinet et Christophe, le pouvoir choisit encore en 1861 trois ecclésiastiques issus du clergé parisien, sans compter l'abbé Deguerry qui refuse l'évêché de Marseille. Le gouvernement nomme tout d'abord l'abbé Baudry, professeur à Saint-Sulpice, à l'évêché de Périgueux. Le nonce ne peut que reconnaître à cet ecclésiastique

---

1. *Ibid.*, anno 1861, fasc. 2. Cette liasse est presque exclusivement consacrée à l'affaire Maret.
2. *Ibid.*, anno 1860, le nonce au secrétaire d'État, 15 décembre 1860.
3. *Ibid.*
4. *Ibid.*, anno 1861, le nonce au secrétaire d'État, 2 février 1861.

«un savoir peu commun, une solide piété et une grande modestie», mais c'est aussitôt pour ajouter : «Malheureusement il passe pour professer des doctrines gallicanes [1].» Pourtant le nonce ne tente rien pour empêcher sa nomination, bien que deux prélats français, très ultramontains, lui aient affirmé que le choix de Baudry, comme celui de Ravinet, était pire que celui de Christophe [2]. Deux mois plus tard, il doit à nouveau faire face à la nomination d'un ecclésiastique parisien, l'abbé Lecourtier, curé de Notre-Dame de Paris. Cette fois-ci le nonce est averti du projet du gouvernement, car Lecourtier a déjà été repoussé par la nonciature, à cause de soupçons portant sur ses mœurs, dans les années 1830. Cette accusation est mise de côté en 1861, en revanche on n'omet pas de préciser que Lecourtier est «un partisan fort obstiné et fort subtil des plus pures doctrines gallicanes [3]». En outre, l'abbé Lecourtier bénéficie du soutien de son archevêque, le cardinal Morlot. Le Saint-Siège l'accepte pourtant lorsqu'il est nommé évêque de Montpellier le 5 juin 1861. En revanche il se montre beaucoup plus réservé à l'encontre du troisième ecclésiastique parisien promu à l'épiscopat en 1861, l'abbé Cruice, directeur de l'école des Carmes. Le nonce l'accuse d'être ambitieux et de se servir des Carmes comme d'un tremplin vers l'épiscopat [4]. Mais le grief principal reste d'ordre théologique. L'école des Carmes a la réputation d'être un centre du gallicanisme parisien ; le nonce rappelle, à cet égard, que son prédécesseur avait en 1857 donné un avis défavorable à l'approbation de cette école par le Saint-Siège [5]. Une fois encore Rome se refuse cependant à engager un conflit avec le gouvernement français à propos de cette nomination. Il est vrai que l'abbé Cruice bénéficie, outre les recommandations du cardinal Morlot, du soutien du cardinal Villecourt, cardinal de curie particulièrement ultramontain.

À côté de ces trois nominations d'ecclésiastiques parisiens gallicans, les deux autres promotions de l'année 1861, celle de l'abbé Dubreuil à Vannes et celle de Colet à Dijon passent quelque peu inaperçues à Rome, bien que tous deux soient également de tendance gallicane, mais leurs opinions sont incontestablement plus

1. *Ibid.*, anno 1861, le nonce au secrétaire d'État, 3 février 1861.
2. *Ibid.*, anno 1861, le nonce au secrétaire d'État, 3 février 1861.
3. *Ibid.*, anno 1861, le nonce au secrétaire d'État, 2 février 1861.
4. *Ibid.*, anno 1861, le nonce au secrétaire d'État, 20 mars 1861, le nonce joint une note sur l'abbé Lecourtier.
5. *Ibid.*, anno 1861, le nonce au secrétaire d'État, 22 juin 1861.

modérées que celles des précédents. Enfin La Tour d'Auvergne est nommé sans difficulté à Bourges, car ultramontain, mais cette nomination permet de laisser vacant le poste d'auditeur de rote à Rome qu'il occupait et qui échoit à Lavigerie, autre ecclésiastique gallican de Paris, ami de Maret et de Cruice. En fait, sur les neuf ecclésiastiques promus à l'épiscopat en 1860-1861, cinq ont vu leur nomination contestée, mais sans que jamais Mgr Meglia recommande à Rome de les repousser. Peut-être a-t-il voulu éviter une nouvelle crise du type de celle créée par le refus de Maret ? Néanmoins il ne ménage pas ses critiques à l'égard de ces nominations, mais sans grand effet. C'est sans doute une des raisons qui pousse le Saint-Siège à le remplacer à la tête de la nonciature de Paris. Après deux ans seulement passés à Paris, Mgr Meglia cède en effet sa place à Mgr Chigi qui lui demeure à Paris jusqu'en 1873, ce qui tendrait à prouver à l'inverse que Rome a davantage apprécié sa façon d'aborder la crise des relations entre Paris et le Saint-Siège à la fin du IIᵉ Empire.

À peine arrivé en France, Mgr Chigi doit faire face à trois nominations : Nogret est envoyé à Saint-Claude, Bernadou à Gap et David à Saint-Brieuc. Encore peu informé de la situation française, il omet de donner des renseignements sur le premier, si bien que le secrétaire d'État en déduit qu'il n'existe rien de défavorable contre lui [1]. Le deuxième est jugé acceptable. En revanche le nonce met en garde le secrétaire d'État contre la nomination de l'abbé David, « gallican et peu dévoué à Rome », malgré les recommandations dont il est l'objet de la part de l'archevêque de Lyon, de l'évêque d'Alger et de l'évêque de Valence. Ensuite, deux autres gallicans sont promus à l'épiscopat, Boutonnet à la Guadeloupe, qui ne soulève pas de difficultés, et Bravard à Coutances, sur lequel le nonce émet quelques réserves. On le voit, l'émotion suscitée par la nomination de cinq ecclésiastiques du diocèse de Paris entre 1859 et 1861 a entraîné un recrutement plus provincial en 1862, mais la tendance demeure la même. Bien plus, le choix de David est caractéristique du transfert de Paris à l'autre métropole gallicane, à savoir Lyon. L'abbé David est un ancien membre de la Maison des Chartreux, réputée pour son gallicanisme. Il est devenu vicaire général de Mgr Lyonnet, évêque de Valence. Ses parrains sont également d'origine lyonnaise, en la personne du cardinal de Bonald,

---

1. *Ibid.*, anno 1861, fasc. 1, le secrétaire d'État au nonce, 1ᵉʳ février 1862.

de Mgr Pavy, ancien professeur à la faculté de théologie de Lyon, et de Mgr Lyonnet, ancien chanoine de Lyon.

L'offensive du gouvernement français à l'égard de Rome s'appuie donc sur le clergé de tradition gallicane, mais en même temps sur des ecclésiastiques qui lui sont dévoués. C'est là aussi un des griefs majeurs adressés par le Saint-Siège aux candidats à l'épiscopat. Le nonce déclare ainsi que l'abbé David ou l'abbé Bravard sont très liés au gouvernement. Cette orientation correspond aux conseils donnés par Rouland dans son Mémoire de 1860 : « choisir résolument les évêques parmi les ecclésiastiques pieux et honorables, mais connus pour leur attachement sincère à l'empereur et aux institutions de la France [1] ». Autrement dit ces ecclésiastiques ne doivent pas avoir pris position en faveur du pouvoir temporel du pape dans la question romaine. Le Saint-Siège s'inquiète de cette offensive antiromaine ; il est soutenu par la fraction ultramontaine de l'épiscopat qui cherche à faire échouer les candidatures qu'elle juge trop désastreuses. C'est ainsi que l'abbé Juste, recteur de Poitiers, est repoussé avec succès par Rome au début de 1862. Une note anonyme du 8 février 1862, sans doute due à Mgr Pie, adressée au nonce, révèle le mécontentement des évêques ultramontains : « Mais ce qui paraît évident, c'est que le gouvernement français voudrait rompre l'unité de l'épiscopat. Son attitude ferme et son union le déconcertent et l'on voudrait introduire des sujets non pas indignes, mais peu capables, plus faciles envers le gouvernement. Voilà pourquoi on prend des hommes qui n'ont pas été formés par les évêques actuels, qui ne connaissent aucunement les manières d'administrer les diocèses, tels que M. Christophe nommé à Soissons, M. Nogret nommé et présenté pour Saint-Claude. Si l'on continue à suivre cette marche, avant dix ans, on aura renouvelé et changé l'épiscopat français [2]. »

Jusque-là le Saint-Siège n'avait peut-être pas pris conscience d'une politique délibérée de la part du gouvernement français pour constituer un nouvel épiscopat. Somme toute, Rome avait réussi à récuser deux ecclésiastiques, et bon nombre d'autres promus, sans être notés très favorablement, avaient été considérés comme passables. Pour ceux que le Saint-Siège aurait voulu éviter, celui-ci

---

1. Jean MAURAIN, *La Politique ecclésiastique du IIe Empire de 1852 à 1869*, Paris, Alcan, 1930, 989 p., chap. 16.
2. A. S. V., S. d. S., Rub 248, anno 1862, fasc. 1, Notes sur certains sujets pour l'épiscopat, 8 février 1862.

pouvait penser qu'il s'agissait de nominations conjoncturelles, et que le gouvernement français reviendrait à sa politique traditionnelle, une fois dissipés les premiers effets de la crise née de la question italienne.

Or, à partir de 1863, Rome se rend à l'évidence et constate que les nominations épiscopales procèdent bien d'une volonté délibérée de renouveler l'épiscopat français. C'est encore une fois Darboy qui est au centre du conflit. Le nonce croyait en effet avoir écarté la candidature de Darboy pour Paris, mais ce dernier est malgré tout choisi par le gouvernement pour succéder au cardinal Morlot. Mgr Chigi s'empresse de demander à Rouland de différer la parution du décret au *Moniteur universel*, mais sa requête n'aboutit pas, le ministre se contentant de lui répondre que les nominations sont du seul ressort de l'empereur [1]. Cette promotion que le Saint-Siège ne parvient pas à empêcher, malgré plusieurs tentatives [2], marque une nouvelle étape dans la politique de nominations épiscopales. Rome doit faire face à une offensive gallicane encore plus prononcée que la précédente. Quelques jours après la promotion de Darboy est en effet connue la nomination à Nancy de Lavigerie, auditeur de rote, mais surtout ancien membre du clergé parisien. Le nonce met alors en cause le «parti de la Sorbonne et de l'École des Carmes», deux institutions auxquelles Lavigerie a appartenu [3]. Il renouvelle ses critiques en envoyant le procès canonique de Darboy: «On pense que l'idée du ministre est de faire nommer aux sièges épiscopaux des ecclésiastiques universitaires, et de l'École des Carmes, comme étant, croit-on, les plus imbus des doctrines gallicanes. De telles nominations ne peuvent plaire à l'épiscopat [4].» Le Saint-Siège engage alors le gouvernement français, par l'intermédiaire de l'ambassadeur de France à Rome, à modérer ses élans en faveur des gallicans. Cette demande provoque en effet un apaisement passager des relations entre Paris et Rome en avril-mai 1863; le nonce déclare au secrétaire d'État qu'il a «trouvé Rouland d'une grande amabilité et tout disposé à se mettre en accord avec lui [5]». Bien plus, il parvient à écarter l'abbé Fournier, curé de Nantes. En outre

1. *Ibid.*, anno 1863, fasc. 1, le nonce au secrétaire d'État, 13 janvier 1863.
2. *Ibid.*, anno 1863, fasc. 1, le secrétaire d'État au nonce, télégramme chiffré du 12 janvier 1863: «Tout autre choix serait certainement préférable. Il ne reste plus qu'à essayer de faire comprendre confidentiellement au candidat de ne pas accepter.»
3. *Ibid.*, anno 1863, fasc. 1, le nonce au secrétaire d'État, 28 février 1863.
4. *Ibid.*, anno 1863, fasc. 1, le nonce au secrétaire d'État, 21 février 1863.
5. *Ibid.*, anno 1863, fasc. 1, le nonce au secrétaire d'État, 11 avril 1863.

les trois nominations de mai 1863 obtiennent l'agrément du Saint-Siège sans difficulté; elles concernent Le Breton, Peschoud et Dabert, trois ecclésiastiques modérés [1]. Cet apaisement s'explique d'une part par le départ de Thouvenel de Rome, remplacé par Drouyn de Lhuys, et l'ajournement de la question romaine, et d'autre part par l'approche des élections législatives; le gouvernement veut éviter une crise pour ne pas mécontenter encore davantage l'opinion catholique. Mais ces trois nominations ne révèlent pas un changement profond dans la politique de nominations épiscopales.

Le remplacement de Rouland par Baroche en juin 1863 ne modifie pas en effet l'orientation des choix gouvernementaux, ni par conséquent les critiques du Saint-Siège. Si Rome accepte l'abbé Gazailhan, vicaire général de Bordeaux, recommandé par son archevêque, elle proteste contre la promotion à Avignon de Mgr Dubreuil, et la nomination à Soissons de l'abbé Dours. Le nonce cherche donc à empêcher la translation de l'évêque de Vannes à Avignon; le gallican Mgr Dubreuil doit signer une lettre de soumission au pape pour que son transfert soit accepté [2]. Quant à Dours, le nonce lui reproche surtout d'être membre de l'Université – il est inspecteur de l'académie de Paris – et d'être « très servile envers le gouvernement [3] ». Mais il finit par l'accepter après avoir reçu un avis favorable à son sujet de la part de l'évêque de Versailles. Ainsi dans l'ensemble, les choix épiscopaux restent très liés à l'état des relations entre la France et le Saint-Siège; en 1863 celles-ci connaissent un certain apaisement, si bien que les nominations se révèlent un peu plus favorables à Rome.

Il en est tout autrement l'année suivante. La date même choisie pour les diverses promotions épiscopales indique bien en quoi elles sont directement liées à l'état des relations entre Paris et Rome. Elles interviennent en effet au lendemain de la convention du 15 septembre signée entre le gouvernement français et le gouvernement italien, qui prévoyait le retrait des troupes françaises de Rome et qui fut considérée comme un abandon du pape. Le 17 septembre donc sont nommés deux ecclésiastiques particulièrement réputés pour leur gallicanisme: Meignan à Châlons et Ramadié à Perpignan. Il s'agit bien d'un coup de force de la part du gouver-

---

1. A. S. V., S. d. S., Rub 248, anno 1863, fasc. 1, le nonce au secrétaire d'État, 13 juin 1863.
2. *Ibid.*, anno 1863, fasc. 1, Mgr Dubreuil au pape, 1er octobre 1863.
3. *Ibid.*, anno 1863, fasc. 1, le nonce au secrétaire d'État, 24 octobre 1863.

nement français, dans la mesure où, comme s'en plaint le nonce, le ministre lui avait parlé préalablement de deux autres candidats pour ces évêchés [1]. L'abbé Meignan est professeur d'Écriture Sainte à la Sorbonne ; il appartient donc à l'Université et qui plus est fait partie du monde du gallicanisme parisien si souvent dénoncé par le nonce. C'est un proche de Maret, Darboy et Lavigerie. En outre, c'est un collaborateur du *Correspondant*, journal dont le libéralisme est peu prisé à Rome [2]. Meignan est gallican, mais en plus il s'est souvent montré, rapporte le nonce, « sévère à l'encontre du Saint-Siège ». « Il serait donc assez désirable, écrit-il au secrétaire d'État, que cet ecclésiastique ne soit pas élevé à la dignité épiscopale [3]. » À propos de Ramadié, le nonce est encore plus catégorique à demander qu'il ne soit pas nommé à Perpignan, après l'avoir décrit comme « adepte des préceptes de Mgr Maret [4] ». Le secrétaire d'État suit les avis de son représentant en France et, après avoir pris de plus amples renseignements, il demande au nonce de transmettre à Meignan et à Ramadié une lettre du pape qui leur demande de refuser l'épiscopat. Ramadié préfère se rendre à Rome pour dissiper les préventions persistant à son égard, et finalement, après avoir reçu le soutien de l'archevêque d'Avignon, des évêques de Valence et de Viviers, il est agréé par le Saint-Siège. La nomination de Meignan finit également par être acceptée. Mais ces deux nominations ont marqué l'une des crises les plus graves en ce domaine entre Paris et Rome. C'est en effet la première fois depuis l'affaire Maret que Rome va aussi loin pour s'opposer à une promotion déjà signée. Mais alors qu'il avait réussi à obtenir satisfaction en 1860, le Saint-Siège recule en 1864. Il est certain que, dans le contexte particulier qui suit la convention du 15 septembre, Rome a voulu à tout prix éviter d'approfondir le fossé qui le sépare de Paris, afin aussi d'empêcher l'éventuelle constitution d'une Église nationale qui reste la hantise du Saint-Siège.

---

1. Ce trait montre que l'on en était revenu à une certaine forme de concertation préalable dans les mois précédents, pratique de nouveau abandonnée à la fin de 1864.
2. A. S. V., S. d. S., Rub 248, anno 1864, fasc. 2, le nonce au secrétaire d'État, 18 septembre 1864.
3. *Ibid.*, anno 1864, fasc. 2, le nonce au secrétaire d'État, 8 octobre 1864.
4. *Ibid.*, anno 1864, fasc. 2, le nonce au secrétaire d'État, 8 octobre 1864. Voir aussi Gérard CHOLVY, « Gallicans et ultramontains. Mgr Ramadié successeur de Mgr Gerbet à Perpignan (1864) », *Mélanges offerts à Jacques Gadille*, Paris, Beauchesne, 1992, p. 301-316.

Les relations entre Paris et Rome se tendent encore après la publication de l'encyclique *Quanta cura* et du *Syllabus*. C'est précisément le 9 décembre 1864 qu'est signé le décret de promotion à Albi de l'évêque de Valence, Lyonnet, et le 10 décembre le décret de nomination à ce siège de l'abbé Gueulette, archiprêtre de Moulins. Cette nomination est particulièrement symbolique du combat que le gouvernement entend mener contre le parti ultramontain. L'abbé Gueulette a en effet pris position contre son évêque, Mgr de Dreux-Brézé, dans le conflit qui l'oppose au gouvernement français. Sa promotion ne pouvait donc qu'être désagréable à l'évêque de Moulins qui s'empresse de s'y opposer en alléguant le gallicanisme de Gueulette, ses liens avec des libres penseurs et avec les « amis du gouvernement », pour finalement conclure : « Il a certainement tout ce qu'il faut pour être la doublure ecclésiastique d'un préfet dans une Église nationale [1]. » L'évêque de Moulins agite là un argument qui hante le Saint-Siège. Ce dernier consulte le métropolitain de Gueulette, Mgr de La Tour d'Auvergne, moins engagé dans le conflit de Moulins. L'archevêque de Bourges confirme les griefs contre Gueulette : « On m'a assuré également, écrit-il, qu'il n'avait pas été étranger à la sentence d'abus rendue par le Conseil d'État, en 1857, contre l'évêque de Moulins [2]. » Outre son gallicanisme, le reproche principal contre l'abbé Gueulette est d'avoir manqué au devoir d'obéissance à l'égard du pouvoir épiscopal. Mais ce n'est pas un motif canonique d'empêchement, si bien que le Saint-Siège ne peut qu'agréer ce choix [3]. Rome se trouve en effet confrontée à la difficulté, pour récuser un ecclésiastique qui lui déplaît, de devoir prouver son incapacité, ce qui montre les limites de son droit de regard et suscite un profond mécontentement au sein de la fraction ultramontaine de l'épiscopat, qu'exprime bien Mgr de Dreux-Brézé : « Mais si l'indignité canonique doit seule désormais fermer, en France, l'accès à l'Épiscopat, sa condition déclinera rapidement, et le temps viendra où elle ne comptera plus. Il sera toujours facile d'éviter dans les sujets présentés des inconvénients grossiers, qui les écarteraient nécessairement, et au lieu d'un ou deux évêques scandaleux dont l'influence serait nulle, on

---

1. A. S. V., S. d. S., Rub 248, anno 1865, fasc. 1, l'évêque de Moulins au nonce, 6 février 1865.
2. *Ibid.,* anno 1865, fasc. 1, l'archevêque de Bourges au nonce, 14 décembre 1864.
3. *Ibid.,* anno 1865, le secrétaire d'État au nonce, 21 février 1865.

aura des ambitieux habiles et cachés qui affligeront l'Église, et embarrasseront le Saint-Siège [1].»

Les nominations effectuées en 1865-1866 suivent la même ligne, mais toutes ne sont pas également récusées par Rome. Le nonce ne s'oppose pas par exemple aux choix de Grimardias pour Cahors et de Place pour Marseille, bien que tous deux soient connus pour leur libéralisme [2]. En revanche la nomination de l'abbé Bécel à Vannes suscite sa réprobation. Bécel, archiprêtre de la cathédrale de Vannes, mais surtout ancien vicaire de la Trinité à Paris, est recommandé par Mgr Darboy et par l'empereur lui-même. Bécel n'est pas à proprement parler un gallican ; le nonce note même qu'il s'est montré dévoué au Saint-Siège, mais il est très attaché au gouvernement et surtout il passe pour avoir peu de mérites [3]. Fort de ces précisions, le secrétaire d'État demande que le gouvernement renonce à la nomination de Bécel, ou au moins le nomme ailleurs qu'à Vannes [4]. Mais une nouvelle fois, le Saint-Siège doit s'incliner face à l'intransigeance française ; Baroche, pourtant peu favorable à l'abbé Bécel au départ, le soutient avec force dès lors qu'il est critiqué par Rome. L'exemple de Bécel illustre l'importance des opinions politiques des candidats à l'épiscopat dans les années 1860, mais aussi la force du clan Darboy. Il semble cependant certain que l'effet déplorable produit par la nomination de l'abbé Bécel, encore vicaire dix-huit mois plus tôt, a contribué au choix d'un prélat plus modéré pour le siège d'Arras [5]. L'abbé Lequette qui succède à Parisis est incontestablement le seul ecclésiastique à être pleinement approuvé par le nonce entre 1860 et 1870. Lequette est ultramontain, et le nonce rappelle qu'il est bien connu à Rome pour y avoir fait la visite *ad limina* à la place de son évêque, dont il était, précise-t-il, «le collaborateur le plus zélé et le plus diligent [6]». En apprenant la nomination de l'abbé Lequette, le nonce s'exclame : «le choix ne pouvait être meilleur [7]». Mais la nomination de

---

1. *Ibid.*, anno 1865, fasc. 1, l'évêque de Moulins au nonce, 6 février 1865.
2. *Ibid.*, anno 1865, fasc. 2, le nonce au secrétaire d'État, 12 décembre 1865.
3. *Ibid.*, anno 1866, fasc. 1, le nonce au secrétaire d'État, 5 janvier 1866.
4. *Ibid.*, anno 1866, fasc. 1, le secrétaire d'État au nonce, 29 janvier 1866.
5. Voir Yves-Marie HILAIRE, *Une chrétienté au XIXe siècle. La vie religieuse des populations du diocèse d'Arras (1840-1914)*, Lille, Publications de l'université Lille-III, 2 tomes, 1017 p., p. 286 s.
6. A. S. V., S. d. S., Rub 248, anno 1866, fasc. 1, le nonce au secrétaire d'État, 24 mars 1866.
7. *Ibid.*, anno 1866, fasc. 1, le nonce au secrétaire d'État, 7 avril 1866.

l'ultramontain Lequette n'est qu'une parenthèse dans la liste des ecclésiastiques promus alors à l'épiscopat.

Une nouvelle promotion se révèle en effet très difficile, celle de l'abbé Hugonin à Bayeux en juillet 1866. Dans un premier temps, le nonce évoque ce choix en précisant : « Si le Saint-Siège a justement refusé d'accepter la nomination de Mgr Maret, aujourd'hui évêque *in partibus*, à plus forte raison il ne peut admettre celle d'Hugonin [1]. » L'abbé Hugonin, professeur à la faculté de théologie de Paris, est en effet connu à Rome pour ses écrits ontologiques, en partie censurés. Le secrétaire d'État fait donc savoir au nonce que le pape refuse d'agréer cette nomination [2]. Ce type de refus, intervenant après la signature du décret de nomination, est extrêmement rare ; il illustre la profondeur du conflit entre Paris et Rome. En même temps, le fait que le Saint-Siège revienne sur sa décision et finisse par accepter Hugonin est un signe de sa faiblesse dans le contexte de la question romaine. Cette faiblesse apparaît d'autant plus grande que le Saint-Siège n'est pas, dans l'affaire Hugonin, soutenu par l'ensemble de l'épiscopat français. En effet deux forces se conjuguent pour faire aboutir la candidature Hugonin. D'un côté le ministre des Affaires étrangères, averti du refus pontifical, précise au nonce que si les erreurs reprochées à Hugonin ont trait à son gallicanisme, elles ne sont pas recevables, car le gouvernement ne réprouve pas cette doctrine [3]. On est loin des propos de Napoléon III, affirmant au nonce en 1857 que le gouvernement ne soutenait pas les gallicans. Au milieu des années 1860, non seulement le gouvernement les soutient, mais il l'affirme haut et fort. De plus il ne craint visiblement pas un conflit et se révèle prêt à laisser vacant un siège épiscopal, en cas de refus prolongé de Rome. D'un autre côté Hugonin bénéficie d'un large soutien au sein de l'épiscopat français. Le ministre des Cultes a en effet suscité une sorte de pétition en faveur d'Hugonin au sein de l'épiscopat. Le nonce et la secrétairerie d'État reçoivent ainsi des lettres de recommandations de la part des évêques d'Orléans, d'Évreux, de Nancy, Troyes, Valence, Perpignan, Saint-Brieuc, Châlons, Dijon et Nantes, ainsi que des archevêques d'Albi et de Bourges. Lavigerie, Ravinet, Ramadié, David, Meignan, Gueulette et Lyonnet appartiennent au camp gallican ; on peut leur ajouter Dupanloup, Devoucoux et Jaquemet. Le seul évêque véritablement ultramontain à soutenir

---

1. A. S. V., S. d. S., Rub 248, anno 1866, fasc. 1, le nonce au secrétaire d'État, 14 juillet 1866.
2. *Ibid.*, anno 1866, fasc. 1, le secrétaire d'État au nonce, 28 juillet 1866.
3. *Ibid.*, anno 1866, fasc. 1, le nonce au secrétaire d'État, 29 juillet 1866.

Hugonin est Mgr de La Tour d'Auvergne, son ancien condisciple. Au total c'est bel et bien l'épiscopat gallican qui pousse l'abbé Hugonin. On peut cependant remarquer que les deux principaux instigateurs de sa candidature, Darboy et Maret, n'ont pas jugé utile de s'adresser au Saint-Siège ; se sachant suspects à Rome, ils ont préféré laisser agir les prélats de leur tendance. Le nonce ne s'y trompe pas. Pour lui, le gouvernement a en vue la recomposition de l'épiscopat. Il s'appuie pour cela, précise-t-il, sur une nouvelle école, menée par Darboy, que Mgr Chigi qualifie de tendance plus extrémiste que le gallicanisme ; elle se caractérise par « un esprit d'indépendance à l'égard de Rome et le Saint-Siège et par une dépendance servile à l'égard du gouvernement [1] ». Pour le nonce, cette école fait du prosélytisme afin de pousser ses adeptes à l'épiscopat. Il explique son insistance à faire nommer Hugonin par son dépit d'avoir vu Lequette promu à Arras. Le gallicanisme avait toujours été suspect à Rome. Ses principales institutions avaient déjà été critiquées, en particulier la Sorbonne et l'école des Carmes, mais c'est la première fois que le nonce met ainsi en cause une fraction de l'épiscopat français, en l'accusant quasiment de vouloir mettre la main sur l'Église de France. Selon Mgr Chigi en effet, cette tendance néo-gallicane, après avoir contribué à la nomination de plusieurs des siens à l'épiscopat, veut désormais s'emparer des archevêchés qui assurent incontestablement un pouvoir plus grand à leurs titulaires. « Ils ont déjà en vue, écrit-il, les importants sièges de Lyon, Bordeaux et Reims auxquels sont désignés sans mystère les évêques de Nancy, la Rochelle et Châlons [2]. » Il est vrai que deux des évêques cités, Lavigerie et Landriot, sont promus à un archevêché l'année suivante, le premier à Alger, le second à Reims. Quant aux sièges de Lyon et surtout de Bordeaux, ils ne devaient pas vaquer dans l'immédiat. Mais ce qu'il importe de noter ici, c'est la prise de conscience romaine d'une vaste offensive concertée entre le gouvernement français et la fraction néo-gallicane de l'épiscopat. Rome ne peut cependant que constater, car dans le cas d'Hugonin par exemple, le Saint-Siège, en face de la pression française, doit reculer et accepter sa nomination à l'évêché de Bayeux [3]. À peine le Saint-Siège a-t-il exigé une lettre de soumission de l'abbé Hugonin.

---

1. *Ibid.,* anno 1866,fasc. 1, le nonce au secrétaire d'État, 23 juillet 1866.
2. *Ibid.*
3. *Ibid.,* anno 1866, fasc. 1, le nonce au secrétaire d'État, 4 septembre 1866. Après avoir une nouvelle fois déploré ce choix, le nonce conclut néanmoins qu'en cas de refus, le gouvernement « inflexible » risquerait de nommer un ecclésiastique encore pire.

L'année 1867 voit toutes les nominations d'évêques critiquées par Rome [1]. Tout d'abord le Saint-Siège doit accepter la translation de Landriot à Reims et de Lavigerie à Alger. Il est ensuite confronté à la nomination aux nouveaux sièges algériens de deux ecclésiastiques réputés pour leur gallicanisme, Las Cases et Callot. Rome admet le premier, malgré ses liens passés avec Baudry et son dévouement à l'Empire, mais le nonce espère cependant que ce sera un bon évêque [2]. En revanche la candidature de Callot est repoussée avec véhémence. Le nonce lui reproche principalement d'avoir animé la résistance gallicane contre le rétablissement de la liturgie romaine dans le diocèse de Lyon [3]. C'est «un des pires choix que l'on pouvait faire», précise-t-il, en s'appuyant sur une lettre de l'archevêque de Lyon qui ajoute que l'abbé Callot «a tenu sur l'encyclique et le *Syllabus* des propos déplacés et contraires à l'autorité du Saint-Siège [4]». Malgré ces accusations, l'abbé Callot est agréé par Rome, mais au bout de sept mois seulement; le Saint-Siège n'a

---

1. À l'exception de la nomination de l'abbé Gros en Tarentaise, mais la particularité des diocèses savoyards explique cette nomination atypique.

2. A. S. V., S. d. S., Rub 248, anno 1867, fasc. 2, le nonce au secrétaire d'État, 14 janvier 1867.

3. *Ibid.,* anno 1867, fasc. 2, le nonce au secrétaire d'État, 14 janvier 1867.

4. *Ibid.,* anno 1867, fasc. 2, l'archevêque de Lyon au nonce, 18 janvier 1867. Ce n'est donc pas grâce à l'appui de l'archevêque de Lyon, comme le dit Xavier DE MONTCLOS (*Lavigerie, le Saint-Siège et l'Église de l'avènement de Pie IX à l'avènement de Léon XIII [1846-1878]*, Paris, De Boccard, 1965, 663 p., p. 297) et comme pourrait le laisser croire en effet le seul examen du dossier des Archives nationales, que Callot a été nommé évêque. Le cardinal de Bonald s'explique du reste, dans sa lettre au nonce, sur les raisons qui l'ont poussé à donner de bons renseignements sur Callot au ministre: «On a dit peut-être à Votre Excellence que j'avais fortement appuyé le choix de M. Callot pour le diocèse d'Oran: on s'est trompé. Le Ministre m'a écrit pour me demander des renseignements. Je lui répondis que M. Callot était curé du Bon-Pasteur à Lyon, qu'il était zélé, actif, instruit et que sa paroisse l'aimait. Au ministre je ne pouvais pas dire autre chose. À vous, Excellence, je dirai que M. Callot ne s'est pas montré favorable au changement de liturgie dans mon diocèse. Il a tenu sur l'Encyclique et sur le *Syllabus* des propos déplacés et contraires à l'autorité du Saint-Siège. Je n'ai point entendu ces propos, mais des personnes dignes de foi les ont rapportés et les ont entendus. Je n'ai point dit ceci au Ministre qui ne m'aurait point compris. Quant aux mœurs, la conduite de M. Callot est irréprochable. Voilà, Monseigneur, tout ce que je crois devoir vous dire. Je ne veux pas prendre la responsabilité de cette nomination quoique je pense que *comme missionnaire* il peut être utile à Oran.» De même la lettre de Callot au pape annonçant sa démission est un faux, comme le précise l'abbé Callot lui-même dans une lettre au nonce du 6 juin 1867: «Un télégramme a dû vous apprendre que ma prétendue lettre, donnant démission de ma désignation par l'Empereur des Français, pour l'évêché d'Oran, était l'œuvre d'un faussaire. Votre Éminence a dû apprécier comme ils le méritent, les procédés employés contre moi.»

pas voulu, en engageant un conflit avec Paris, compromettre l'érection des nouveaux sièges algériens. Les trois autres nominations effectuées le même jour que celle de Callot sont acceptées avec plus de facilité; elles concernent Hacquard, Foulon et Thomas. La nomination de Thomas à La Rochelle est considérée comme la meilleure des trois par le nonce. En revanche celui-ci émet quelques réserves sur les deux autres, Hacquard parce qu'il est un ancien adepte des idées de Bautain et qu'il a la réputation d'être hostile au Saint-Siège, et Foulon en tant qu'ami de Lavigerie et membre du clergé parisien. Cependant Mgr Chigi considère que Foulon est plus modéré que Lavigerie; il le rapproche davantage de Mgr Landriot. En revanche, la promotion suivante, du 16 mai 1867, provoque un nouveau heurt entre Paris et Rome. Si le Saint-Siège accepte avec réticence la promotion à Sens de Mgr Bernadou et la nomination à Gap de l'abbé Guilbert, il se refuse à accepter le choix de l'abbé Gérin pour Agen. Le conflit au sujet de Gérin se poursuit jusqu'à la fin de l'Empire, le gouvernement maintenant cette nomination que Rome persiste à refuser. C'est la première fois depuis la fin du Ier Empire qu'un évêché se trouve vacant en France par suite du refus du pape de préconiser le candidat proposé par le gouvernement français. Du reste la nomination de Gérin est la dernière dont soit véritablement responsable Baroche [1].

Le ministère Baroche s'achève donc par un échec sur le plan des nominations épiscopales, puisqu'il ne parvient pas à faire agréer Gérin. Mais son passage au ministère de la Justice et des Cultes reste marqué par la volonté de modifier l'épiscopat français, dans le sens du gallicanisme, poursuivant par là même la politique inaugurée par Rouland en 1859. Dès lors on peut se demander quel a été le comportement au concile du Vatican des trente-six évêques nommés entre 1859 et 1869. Vingt-trois ont fait partie de la minorité au concile, et dix-sept se sont abstenus lors du vote sur l'infaillibilité pontificale. Qui plus est, ces évêques forment le groupe le plus important des abstentionnistes avec dix-sept évêques sur vingt cinq [2]. La politique du IIe Empire visant à promouvoir un épiscopat gallican a donc été efficace, mais elle n'a pas été exclusive, comme l'atteste la permanence d'une forte minorité d'évêques

---

1. La nomination de l'abbé Reyne à la Guadeloupe, bien reçue par le Saint-Siège, est en fait due au ministre de la Marine.
2. Voir Jean MAURAIN, p. 801, et Jacques GADILLE, « L'épiscopat français au concile Vatican », *Revue d'histoire de l'Église de France*, 1970, t. 56, p. 327-346.

infaillibilistes parmi les promus de 1859-1867. Si l'on examine les votes dans le détail, on constate que quatorze des dix-sept abstentionnistes avaient été jugés défavorablement par le Saint-Siège au moment de leur nomination. À l'inverse, aucun de ceux qui avaient été critiqués par le Saint-Siège ne vote le dogme de l'infaillibilité ; trois cependant étaient absents de Rome : Lavigerie, Lecourtier et Bécel. On peut donc dire que dans l'ensemble le nonce avait porté un jugement conforme aux intérêts romains, puisque trois seulement des évêques jugés favorablement par lui se sont révélés être des inopportunistes. Peut-on enfin discerner, au travers du prisme conciliaire, des différences entre la politique menée par Rouland à partir de 1859 et celle menée par Baroche ? Sur vingt-sept évêques nommés dans cette période et présents lors du vote du 18 juillet, douze ont été nommés par Rouland et quinze par Baroche. Or le premier groupe compte quatre inopportunistes et le second treize. Il est donc clair que Baroche a plus volontiers choisi des ecclésiastiques gallicans que son prédécesseur, puisque presque tous ceux qu'il a nommés se révèlent hostiles à la proclamation du dogme. C'est aussi le groupe des évêques nommés par Baroche qui compte le plus de candidats jugés défavorablement par Rome au moment de leur nomination : douze dont dix présents à Rome, contre huit dont deux seulement présents au concile dans le groupe Rouland. La politique d'hostilité à Rome, inaugurée par Rouland, a donc été notablement accentuée sous le ministère Baroche.

La reprise du dialogue à la fin de l'Empire.

Les élections de 1869 entraînent une modification du gouvernement, rendue nécessaire notamment par l'émergence du tiers parti dans lequel les catholiques jouent un rôle non négligeable. De ce fait le très gallican Baroche est remplacé par Duvergier de Hauranne. Immédiatement l'attitude du Saint-Siège change. Le nonce juge favorablement la nomination de l'abbé de Cuttoli à Ajaccio et de l'abbé Freppel à Angers, bien qu'ils appartiennent tous deux au diocèse de Paris et que leur nomination semble perpétuer la politique de Baroche. Mgr Chigi remarque que l'abbé de Cuttoli, bien que proche de Darboy, n'a jamais marqué d'hostilité à Rome [1].

---

1. A. S. V., S. d. S., Rub 248, anno 1869, fasc. 1, le nonce au secrétaire d'État, 31 décembre 1869. L'abbé de Cuttoli écrit du reste au secrétaire d'État, le 4 janvier 1870, pour exprimer son respect à l'égard du pape et se mettre à ses ordres.

Néanmoins Cuttoli se range aux côtés de Darboy au concile. L'attitude du Saint-Siège face à ce candidat peut s'expliquer par la volonté de laisser agir le nouveau ministre des Cultes avant en quelque sorte de le censurer. Il est vrai aussi qu'il ne peut être que satisfait de la nomination de l'abbé Freppel, consulteur au concile, ecclésiastique venu du gallicanisme et qui s'est rallié au camp ultramontain à Rome.

Perceptible à la fin de 1869, le changement dans les relations entre Paris et Rome est encore plus sensible après la formation du ministère Ollivier en janvier 1870. Parmi les quatre nominations auxquelles Ollivier procède, deux sont jugées bonnes par le nonce, celles de Paulinier et Pichenot, deux sont jugées médiocres, celles de Fournier et Grolleau. On peut s'étonner des jugements concernant Paulinier, curé de Saint-Roch à Montpellier. Le nonce ne cache pas ses liens avec Maret et Ramadié qui l'a du reste choisi comme théologien au concile, mais il ajoute aussitôt que cette amitié est purement personnelle et n'implique pas une communauté d'idées. Selon Mgr Chigi, l'abbé Paulinier « non seulement en paroles, mais encore dans les faits a toujours professé un attachement non équivoque à la cause du Saint-Siège » ; le nonce évoque notamment l'organisation par Paulinier dans sa paroisse de Pézenas de l'œuvre du denier de Saint-Pierre [1]. Le nonce est également très favorable à la promotion de l'abbé Pichenot à Tarbes ; il relève en particulier que Baroche l'avait écarté de l'épiscopat parce qu'il le jugeait « trop romain », et confirme son plein attachement au Saint-Siège [2]. En revanche le nonce est plus réservé quant à la nomination à Évreux de l'abbé Grolleau, curé de Saumur. Il considère qu'il n'a pas l'instruction nécessaire au gouvernement d'un diocèse et le soupçonne de partager les idées gallicanes de Mgr de Las Cases dont il est un ami proche [3]. Le Saint-Siège accepte cependant cette nomination, notamment parce que Grolleau bénéficie du soutien du ministre du commerce, Louvet.

Enfin la dernière promotion épiscopale du IIᵉ Empire, celle de l'abbé Fournier à Nantes, a posé au Saint-Siège un problème particulier. Ce curé de Nantes avait en effet été déjà plusieurs fois repoussé par le Saint-Siège, à cause de soupçons portant sur ses

---

1. *Ibid.*, anno 1870, fasc. 2, le nonce au secrétaire d'État, 11 et 22 mars 1870.
2. *Ibid.*, anno 1870, fasc. 2, le nonce au secrétaire d'État, 15 mars 1870.
3. *Ibid.*, anno 1870, fasc. 3, le nonce au secrétaire d'État, avril 1870.

mœurs [1]. On peut cependant se demander comment Rome a pu accepter un ecclésiastique sur lequel elle disposait d'accusations claires provenant de l'évêque même dudit ecclésiastique [2]. Après la mort de Mgr Jaquemet disparaît le principal obstacle à la nomination de l'abbé Fournier. Pourtant ses principaux collaborateurs, notamment son vicaire général Richard, s'empressent de reprendre le flambeau de leur évêque et font tout pour empêcher la promotion, à Nantes qui plus est, de l'abbé Fournier. Un élément nouveau intervient alors, à savoir la prise de position de Dom Guéranger qui soutient Fournier en le présentant comme un ecclésiastique ultramontain, évoquant « son profond attachement au Saint-Siège et aux doctrines romaines [3] ». Cette intervention est décisive, car elle déplace la question de la nomination du terrain canonique vers le terrain idéologique. L'affaire Fournier devient une des nombreuses étapes de la lutte entre gallicans et ultramontains. Le nonce remarque en effet que Fournier a contre lui des prêtres de l'école Saint-Sulpice, membres de l'ancienne administration, et il s'appuie sur les propos de Dom Guéranger qui a dénoncé une cabale du parti gallican contre Fournier. Après la longue série de nominations d'évêques gallicans, Rome préfère laisser tomber un voile sur les accusations pesant sur Fournier et accepter cet ecclésiastique ultramontain.

Quoi qu'il en soit, l'affaire Fournier révèle le changement des rapports entre Paris et Rome depuis le départ de Baroche. Le nonce est consulté avant les dernières nominations. Il rencontre même

---

1. Il est inutile de rappeler les faits concernant cette affaire qui a été analysée par Marcel LAUNAY, *Le Diocèse de Nantes sous le IIe Empire*, Nantes, C.I.D., 1982, 2 tomes, 980 p., 810-823.
2. A. S. V., S. d. S., Rub 248, anno 1870, fasc. 3, l'évêque de Nantes au nonce, 14 avril 1863 : « mais il [Fournier] a commis, non seulement depuis qu'il est prêtre, mais depuis qu'il est revêtu de la charge pastorale dans la plus grande paroisse de Nantes, de telles fautes contre la moralité qu'il est impossible de penser à le promouvoir à l'épiscopat. J'ai reçu de sa complice, femme mariée, avec laquelle il a vécu un temps notable en adultère, des dépositions qu'après un examen approfondi je n'ai pu révoquer en doute. J'ai eu entre les mains une assez volumineuse correspondance avec la même personne de la main de M. Fournier, et qui ne concorde que trop avec les dépositions que j'ai reçues. J'ai dû rendre cette correspondance, mais j'ai été autorisé à en garder une petite partie qui serait au besoin entre vos mains, Monseigneur, un moyen d'opposition canonique. Cette femme assure qu'un de ses enfants est le fruit de ce commerce criminel ; je dois dire qu'un mot de la correspondance peut confirmer cette triste assertion [...]. »
3. A. S. V., S. d. S., Rub 248, anno 1870, fasc. 3, Dom Guéranger au nonce, 26 mars 1870.

l'empereur en janvier et en discute avec lui. Dans un premier temps, le gouvernement est prêt à abandonner la candidature Fournier et on voit bien qu'il ne forcerait pas la main au Saint-Siège en cas de refus de sa part [1]. En fait Fournier est agréé plus sous la pression des milieux ultramontains que sous celle du gouvernement. C'est le signe d'un changement indéniable dans l'attitude du régime à l'égard de Rome. Le nonce évoque dans une lettre à Dom Guéranger «les bonnes dispositions envers le Saint-Siège d'Émile Ollivier [2]». L'affaire Fournier n'en est qu'une illustration. La nomination de l'ultramontain Pichenot en avait été un autre signe. Enfin les négociations autour du remplacement du cardinal de Bonald à Lyon en ont été le principal révélateur. Le gouvernement, fidèle à la politique ecclésiastique des années 1860, voulait nommer à Lyon l'archevêque d'Avignon, Mgr Dubreuil, ou à défaut Mgr Landriot, Mgr Dupanloup ou Mgr Place [3]. Le Saint-Siège met son veto sur ces candidats et propose Mgr de La Tour d'Auvergne, ou éventuellement Guibert, Sergent ou Pallu du Parc [4]. Il faut noter qu'en ce début de 1870, en plein concile, le gouvernement n'impose pas son choix à Rome mais en discute. C'est finalement au terme d'une longue négociation que l'archevêque de Lyon est désigné. Sur le conseil du ministre des Affaires intérieures, le catholique libéral Daru, chaque partie abandonne son favori pour se retrouver sur un troisième nom, en l'occurrence Mgr Ginoulhiac, évêque de Grenoble [5]. Il s'agit certes d'un libéral, mais il n'est pas aussi marqué que les évêques de l'école Maret-Darboy et est donc acceptable par Rome. Le nonce fait du reste remarquer que Daru cherche à pousser à l'épiscopat des prêtres du parti catholique libéral dont il est proche. Le Saint-Siège ne peut à la fin du IIᵉ Empire se permettre de critiquer un tel choix, car il a bien conscience que la présence de catholiques comme Daru au gouvernement servait déjà sa cause. En outre Rome prend acte des efforts d'Ollivier pour régler les questions en suspens d'Agen et de la Martinique. Ollivier a en

---

1. *Ibid.*, anno 1870, fasc. 3, le nonce au secrétaire d'État, avril 1870: «M. Émile Ollivier m'a demandé si une telle nomination serait irrémédiablement rejetée par le Saint Père.»

2. Archives Saint-Pierre de Solesme, le nonce à Dom Guéranger, 29 mars 1870, cité par Marcel LAUNAY, p. 817.

3. Ces trois derniers noms sont révélateurs de l'orientation nouvelle du néo-gallicanisme vers le catholicisme libéral.

4. A. S. V., S. d. S., Rub 248, anno 1870, fasc. 1, le secrétaire d'État au nonce, 29 janvier 1870.

5. *Ibid.*, anno 1870, fasc. 1, le nonce au secrétaire d'État, 21 janvier 1870.

effet proposé à l'abbé Gérin un canonicat de Saint-Denis en échange de sa démission. Par conséquent le IIe Empire s'achève par une esquisse de réconciliation entre le gouvernement français et le Saint-Siège ; celle-ci se manifeste très nettement au travers des nominations épiscopales, avec la nomination de deux évêques ultramontains. L'année Ollivier est donc un prélude à l'embellie des débuts de la IIIe République.

La politique du Saint-Siège au temps de la IIIe République.

L'arrivée au pouvoir des républicains en 1870 confirme et amplifie la nouvelle orientation qui s'était dessinée au temps du ministère Ollivier. Mais s'il n'est pas surprenant que le régime qui s'installe véritablement en France à partir de février 1871 soit globalement plus favorable aux intérêts du Saint-Siège, on peut en revanche s'interroger sur l'attitude adoptée par Rome à l'égard des candidats proposés par le gouvernement français. Il a semblé utile de dresser un tableau des avis formulés par le nonce, en tenant compte des changements d'orientation politique en France et des infléchissements de l'attitude vaticane. Quatre périodes ont été retenues. La première, 1871-1878, correspond aux deux présidences de Thiers et Mac-Mahon et à la fin du pontificat de Pie IX. La deuxième, 1879-1890, marque l'avènement définitif des républicains de gouvernement et les débuts du pontificat de Léon XIII ; la politique anticléricale des opportunistes se retrouve-t-elle dans les nominations épiscopales ? La troisième période, 1891-1898, se caractérise par le ralliement prôné par Léon XIII et par la politique dite d'apaisement ; quel a été l'effet de cette politique sur les nominations d'évêques ? La quatrième période enfin, 1899-1902, est marquée par la reprise du combat anticlérical, sous la direction de Waldeck-Rousseau ; quelle est son incidence sur les choix épiscopaux ?

	I	II	III	IV	V	VI
1871-1878	26	16	6	2	0	4
1879-1890	26	15	8	3	0	4
1891-1898	22	18	4	1	0	0
1899-1902	10	5	1	0	5	0

La distorsion des effectifs entre les diverses périodes est suffisamment faible pour permettre des comparaisons entre elles. Globalement le Saint-Siège accepte plutôt favorablement les deux tiers, voire les trois quarts des candidats proposés par les divers gouvernements républicains. L'absence d'ecclésiastiques repoussés par Rome jusqu'en 1899 peut surprendre. En fait, jusqu'au gouvernement de Défense républicaine, tous les candidats que Rome avait jugés inaptes à l'épiscopat avaient été retirés par le gouvernement français. C'est là le fruit de l'entente préalable, mise en place en 1871 et pratiquée tout au long des trente dernières années du régime concordataire.

La fin du pontificat de Pie IX.

Les débuts de la IIIe République apparaissent aux yeux de Rome comme une période d'embellie. En effet dès le mois de janvier 1871, le gouvernement provisoire procède à la nomination de deux évêques aux sièges de la Martinique et d'Agen, qui avaient été pourvus sous le IIe Empire, mais dont les titulaires n'avaient pas été agréés par le pape. Cette double promotion est incontestablement un test dans les relations entre Paris et Rome ; elle ouvre une période de bons rapports quelques semaines à peine après le départ des troupes françaises de Rome. Le choix des deux promus est également significatif. À Agen est nommé l'abbé Chaulet d'Outremont, choix que Mgr Chigi considère comme excellent, en rappelant que Chaulet a fait ses études à Rome et qu'il a conservé « une dévotion complète à l'égard du Saint-Siège [1] ». L'abbé Chaulet est le premier élève du Séminaire français de Rome promu à l'épiscopat [2]. À la Martinique est nommé l'abbé Fava, que le nonce juge également très favorablement [3]. Ces choix révèlent les bonnes relations qui règnent entre le nonce et le ministre des Cultes, Jules Simon. Le premier a

---

1. A. S. V., S. d. S., Rub 248, anno 1876, fasc. 3, *Corrispondenza di Mgr Chigi nunzio in Francia col card. Antonelli,* décembre 1870-janvier 1874, le nonce au secrétaire d'État, 5 décembre 1870.
2. L'abbé Chaulet d'Outremont a été un des premiers élèves du Séminaire français de Rome en 1853. Sa nomination en 1871 est par là même le symbole du retour en force du parti ultramontain dans l'épiscopat.
3. A. S. V., S.d.S., Rub 248, anno 1876, fasc. 3, *Corrispondenza di Mgr Chigi nunzio in Francia col card. Antonelli,* décembre 1870-janvier 1874, le nonce au secrétaire d'État, 11 janvier 1871.

l'avantage de bien connaître le clergé français puisqu'il est en France depuis plusieurs années. Certes, Jules Simon pourrait s'appuyer sur l'administration des cultes, mais il se méfie des fonctionnaires qui ont servi l'Empire, c'est ce qui explique qu'il demande directement au nonce des avis sur les candidatures envisagées.

Le nonce ne se fait pas prier pour engager avec le ministre une correspondance sur les choix épiscopaux. La première lettre qu'il lui adresse à ce sujet est très significative des priorités romaines au lendemain du concile du Vatican ; le nonce entend mettre fin définitivement à la querelle entre gallicans et ultramontains :

> Vous m'avez fait l'honneur, il y a quelques jours, de me communiquer une liste de plusieurs noms d'ecclésiastiques, qui vous sont recommandés pour un évêché. Encouragé par cette communication toute confidentielle et réservée de la part de Votre Excellence, je prends la liberté de lui soumettre, tout aussi confidentiellement, une petite liste de candidats que je voudrais, à un moment donné, recommander à l'attention du gouvernement pour des nominations à faire à des sièges vacants dans l'épiscopat français.
>
> Vous trouverez, Monsieur le Ministre, ci-jointe la petite liste, et en vous la présentant, je vous demande la permission de vous exposer, en peu de mots, les considérations suivantes. 1° Certainement les noms que je mets en avant pour le moment sont portés par des ecclésiastiques qui, d'après certaines appréciations, passent pour ce qu'on appelle des ultramontains. Mais à cette objection, si jamais on voulait la soulever, je réponds que si de tout temps cette distinction entre ultramontains et gallicans parmi les membres du clergé français était absurde, elle devient impossible après les définitions solennelles du Concile du Vatican, auxquelles chaque catholique est obligé de se soumettre. Cela est si vrai que, dernièrement encore, j'ai été chargé de notifier à Mgr Maret, évêque de Sura, que son dernier ouvrage sur le Concile allait être mis à l'index, s'il n'en rétractait pas la doctrine. Aussi Votre Excellence voit bien qu'une fois établie la doctrine sur les prérogatives du Souverain Pontife, sur lequel point théologique quelque différence d'opinions pouvait jusqu'à ce jour se produire, elle doit être et elle est devenue unique et identique, et en conséquence toute divergence d'opinion doit disparaître. Il n'y a donc plus pour le choix des évêques qu'à s'occuper de la science suffisante et des autres qualités nécessaires à celui qui doit être élevé à l'épiscopat. Et quant à cela je ne puis que donner à Votre Excellence l'assurance que les ecclésiastiques dont j'ai l'honneur de lui transcrire les noms possèdent toutes les qualités requises pour la dignité épiscopale. J'ai placé les noms de ces Messieurs par ordre, d'après le désir que j'ai de les voir promus.
>
> 2° Ne serait-il pas à désirer qu'une liste de noms d'ecclésiastiques à élever à l'épiscopat fût rédigée en temps utile, et, si Votre Excellence n'y voyait pas d'objection, fût arrêtée d'un commun accord entre elle et moi, de manière à ce que, au moment où un diocèse se rendrait vacant, Mon-

sieur le Ministre n'aurait qu'à prendre un nom parmi ceux qui se trouvent inscrits, étant sûr d'avance que le Saint-Père l'accepterait [...] [1].

Le nonce propose donc au ministre d'institutionnaliser la pratique de «l'entente préalable», en suggérant notamment que les deux parties se mettent d'accord sur une liste de candidats dans laquelle il n'y aurait qu'à puiser à chaque vacance de siège. Jules Simon prend acte de cette proposition mais garde une certaine réserve, fidèle en cela aux droits de prérogatives du gouvernement français dans les nominations [2]. Mgr Chigi se voit en tout cas encouragé à proposer ses propres candidats. Il adresse une nouvelle liste de candidats le 11 août 1871. Puis, le 1er septembre 1871, il propose un ensemble de noms pour chacun des évêchés à pourvoir, avec cette mention : «La petite note ci-jointe ne représente que mon idée personnelle, mais j'ai la confiance que si les nominations se faisaient à peu près de la manière que je me suis permis d'indiquer, elles rencontreraient la haute approbation du Souverain Pontife et Sa Sainteté en serait reconnaissante [3].» L'autonomie de Mgr Chigi par rapport à Rome semble donc réelle.

Reste à connaître l'influence effective du nonce sur les choix épiscopaux. Il a recommandé au total trente-deux ecclésiastiques. Sept seulement sont nommés à un évêché sous la présidence Thiers ; encore l'un d'entre eux, l'abbé Trégaro, refuse-t-il l'évêché qu'on lui offre. L'action du nonce n'a donc pas été déterminante, même si elle n'est pas négligeable. On remarque ainsi que les deux noms, mis en tête des listes de la nonciature en mai et en août (Bourret et Saivet), ont été retenus par Simon. Mais le gouvernement, s'il se montre conciliant, ne tient pas à se mettre sous la tutelle du Saint-Siège. Pour ce faire, il tente d'écarter les éléments ultramontains les plus marqués figurant sur les listes du nonce. Sont ainsi provisoirement écartés ou définitivement repoussés les abbés de Ladoue, ancien vicaire général de Mgr de Salinis, de Briey et Gay, vicaires généraux de Poitiers, de Saint-Exupéry, vicaire général de Périgueux, ou de Serres, chanoine de Lyon. Ce sont tous d'ardents ultramontains, particulièrement recommandés par le

---

1. A. N. 87 AP 10 / I [2] (papiers Simon), le nonce à Jules Simon, 8 mai 1871.
2. *Ibid.*, Jules Simon au nonce, 9 mai 1871 : «J'ai lu attentivement votre lettre et votre liste ; je me la rappellerai.»
3. *Ibid.*, le nonce à Jules Simon, 1er septembre 1871.

nonce, mais aussi par l'évêque de Poitiers, Mgr Pie [1]. Sont également écartés l'abbé Jacquenet, consulteur au concile, l'abbé Monnier, futur évêque auxiliaire de Cambrai, ou encore l'abbé Lucciardi, secrétaire du nonce. Le gouvernement français sélectionne donc, parmi les candidats du nonce, ceux qui lui paraissent les plus modérés. C'est notamment le cas de l'abbé Bourret. C'est vrai aussi de l'abbé Richard qui s'était signalé par son opposition à l'élection à Nantes de Mgr Fournier. Le nonce ne le signale qu'en quatorzième position sur sa liste du 8 mai 1871, après avoir porté sur lui un jugement défavorable en décembre 1870, insistant sur sa fronde et rappelant qu'il est imbu des doctrines sulpiciennes [2]. Enfin le gouvernement ne veut pas laisser le champ libre aux seuls ultramontains, il tente donc d'imposer quelques ecclésiastiques libéraux, ce qui entraîne une certaine résistance de Rome.

Le symbole de cette lutte est incontestablement Mgr Dupanloup, l'un des chefs de la minorité au concile. Jules Simon voudrait le voir nommé à Paris, en remplacement de Mgr Darboy. Or il reçoit une lettre de Mgr Forcade qui se fait le porte-parole de Pie IX pour signifier que le pape refusera de préconiser l'évêque d'Orléans s'il est nommé à Paris : « Qu'il me suffise de vous dire que si l'archevêque de Paris est choisi parmi les évêques qui ont dit *non placet* ou, ce qui revient au même, se sont abstenus à la dernière session du concile, il ne sera point préconisé, et vous ferez bien, pour prévenir un regrettable conflit, d'aviser à ce que le ministre en soit informé [3]. »

Le nonce lui tient des propos similaires : « Prenez pour certain que le pape ne préconisera aucun ecclésiastique dont le passé ne soit pas absolument rassurant [4]. » Le retrait de la candidature Dupanloup est donc une victoire pour le Saint-Siège. Le gouvernement français a cédé devant le risque d'une crise avec Rome, crise que le Saint-Siège craint d'autant moins qu'il n'est plus sous la protection française. C'est finalement un candidat de compromis qui

---

1. A. S. V., S.d.S., Rub 248, anno 1871, fasc. 1, Mgr Pie au nonce, 5 février 1871.
2. *Ibid.*, anno 1876, fasc. 3, *Corrispondenza di Mgr Chigi nunzio in Francia col card. Antonelli*, décembre 1870-janvier 1874, le nonce au secrétaire d'État, 5 décembre 1870.
3. A. N. 87 AP 10 / I [2] (papiers Simon), extrait d'une lettre de Mgr Forcade au directeur, 21 juin 1871.
4. *Ibid.*, propos du nonce à Jules Simon, rapportés par ce dernier dans une lettre à Thiers, s. d. [1871].

est trouvé, en la personne de Mgr Guibert. Mais le gouvernement tente à d'autres reprises de nommer des prélats d'origine gallicane. L'un d'entre eux est l'abbé Besson, supérieur du collège Saint-François-Xavier de Besançon. Ce proche du cardinal Mathieu et de Montalembert est repoussé en 1872 pour son attitude au moment du concile [1] et il lui faut attendre 1875 pour obtenir le siège de Nîmes, le nonce continuant malgré tout à le présenter comme un «ancien gallican [2]». Un autre ecclésiastique parvient quant à lui à se disculper des accusations de libéralisme qui pèsent sur lui. Il s'agit de l'abbé Turinaz, supérieur du grand séminaire de Chambéry, nommé en Tarentaise. Accusé d'être le «chef du parti libéral à Chambéry» et d'être abonné au *Correspondant* [3], l'abbé Turinaz se défend en déclarant avoir reçu gracieusement cette revue; il joint une lettre envoyée à Douniol, par laquelle il se désolidarise des positions tenues par le *Correspondant* au moment du concile [4]. Mais cette même lettre révèle qu'il a épousé jusque-là les idées libérales de cette revue; il ne cache pas en outre ses liens avec Dupanloup. Parallèlement il adresse au pape une protestation d'adhésion aux décrets du concile du Vatican:

Je soussigné déclare sur mon honneur et ma conscience que j'accepte, comme j'ai toujours accepté, sans exception, sans restriction et sans réserve, tous les décrets des Conciles généraux et entre autres les décrets du Concile du Vatican, toutes les décisions du Souverain Pontife et entre autres le *Syllabus* publié par N. S. P. le Pape Pie IX, selon le sens dans lequel le Concile et le Souverain Pontife ont entendu ces décrets et ces décisions, selon le sens qu'ils leur ont donné ou qu'ils leur donneront à l'avenir par de nouvelles décisions ou de nouvelle interprétation.

Je soussigné déclare sur mon honneur et ma conscience que depuis bientôt dix ans que j'enseigne la théologie et le droit canon, je n'ai pas exprimé une seule opinion opposée aux doctrines romaines; que j'ai au contraire enseigné et défendu ces doctrines comme professeur et comme prédicateur, avec toute l'ardeur dont je suis capable. J'affirme que j'ai toujours enseigné et défendu l'infaillibilité pontificale [5].

---

1. A. S. V., S.d.S., Rub 248, anno 1875, fasc. 3, le nonce au secrétaire d'État, 28 mai 1872.
2. *Ibid.*, anno 1875, fasc. 3, le nonce au secrétaire d'État, 10 juin 1875.
3. *Ibid.*, anno 1873, fasc. 2, lettre anonyme au nonce, s. d.
4. *Ibid.*, anno 1873, fasc. 2, Turinaz à Douniol, 14 mars 1870.
5. *Ibid.*, anno 1873, fasc. 2, l'abbé Turinaz au pape, 1er décembre 1872.

Cette lettre de soumission, qui marque avec force ce que Rome entend obtenir des nouveaux évêques, suffit à faire rentrer l'abbé Turinaz dans les bonnes grâces du Saint-Siège qui finit par agréer sa nomination à Moûtiers [1]. Le procédé employé est cependant significatif. Il rappelle très précisément la formule d'approbation de la bulle *Unigenitus* et surtout la profession de foi antimoderniste réclamée aux ecclésiastiques.

Mais plus encore que sous le ministère Simon, c'est sous la présidence Mac-Mahon que le gouvernement français tente de nommer plusieurs libéraux. En juin 1873 est ainsi nommé l'abbé Langénieux, vicaire général de Paris. Le nonce se montre peu favorable à cette nomination ; il évoque notamment le rôle joué par Langénieux dans l'affaire de l'abbé Roy, curé de Neuilly [2]. Roy était défendu par Rome dans le conflit l'opposant à Darboy. Mgr Chigi sous-entend donc que Langénieux ne peut être accepté car il s'est montré hostile au Saint-Siège en cette occasion [3]. L'affaire s'arrange après que Batbie eut promis de donner à l'abbé Roy un canonicat de second ordre au chapitre de Saint-Denis. Mais plus encore c'est la nomination de l'abbé Perraud à Autun qui suscite les réticences du Saint-Siège. Le nonce avait déjà demandé à Jules Simon de l'écarter en mars 1873 : « On m'a dit que Votre Excellence aurait prononcé les noms de M. l'abbé Bougot *[sic]* [4] ou du Père Perrot *[sic]* de l'Oratoire. Si c'était vrai, j'ose prier Votre Excellence de proposer d'autres noms au choix du Président. Les doctrines de ces deux ecclésiastiques, du second surtout, sont très douteuses [5]. » Pourtant Perraud est nommé évêque d'Autun en janvier 1874, sans que le nonce ait véritablement changé d'opinion. Certes, il évoque les recommandations dont il fait l'objet de la part de Bourret et Guibert, et conclut qu'à tout prendre son choix serait meilleur que celui de l'abbé Besson [6]. Mais, somme toute, il en préférerait un autre, ce qui explique sa surprise de voir Perraud accepté par le pape ; il

---

1. A. S. V., S.d.S., Rub 248, anno 1873, fasc. 2, le secrétaire d'État au nonce, 1er février 1873.

2. Voir Jean MAURAIN.

3. A. S. V., S.d.S., Rub 248, anno 1876, fasc. 3, *Corrispondenza di Mgr Chigi nunzio in Francia col card. Antonelli,* décembre 1870-janvier 1874, le nonce au secrétaire d'État, 9 juin 1873.

4. Il s'agit de l'abbé Bougault, vicaire général de Dupanloup, plus tard évêque de Laval.

5. A. N. 87 AP 10 / I [2] (papiers Simon), le nonce à Jules Simon, 9 mars 1873.

6. A. S. V., S.d.S., Rub 248, anno 1875, fasc. 3, le nonce au secrétaire d'État, 11 janvier 1874.

s'étonne de cette nomination «quelque peu précipitée [1]». Il est conscient qu'en l'occasion le pape a fait une concession ; Perraud a été accepté en échange de l'abbé de Cabrières que le Saint-Siège avait du mal à faire nommer évêque. Surtout le Saint-Siège s'est fondé sur le double témoignage de Bourret et Guibert, adressé directement au secrétaire d'État ; chacun notait le ralliement rapide de Perraud aux décrets du concile, ce qui a sans doute contribué à rassurer le pape. Malgré tout la nomination à l'épiscopat du principal disciple de Gratry est un échec pour Rome qui du reste par la suite fait tout pour éviter qu'il ne parvienne à un archevêché.

De même le Saint-Siège hésite avant d'accepter la nomination de l'abbé Jourdan, vicaire général de Paris, au siège de Tarbes. Le fait que Jourdan ait collaboré avec Darboy joue en sa défaveur, mais la recommandation de Guibert emporte la décision. Le secrétaire d'État demande à Jourdan de venir à Rome afin d'exprimer son adhésion au pape [2]. Le passage par la ville sainte est donc considéré comme un gage d'adhésion au Saint-Siège. Langénieux, Perraud et Jourdan appartenaient au diocèse de Paris et étaient particulièrement suspects aux autorités romaines pour leurs liens réels ou supposés avec les milieux gallicans de la capitale. C'est également de Paris que vient l'abbé Coullié dont Dupanloup négocie directement avec le pape et Mac-Mahon l'attribution comme coadjuteur.

Le Saint-Siège a donc organisé une véritable chasse à l'encontre des ecclésiastiques soupçonnés de libéralisme, c'est-à-dire suspectés d'avoir émis des doutes sur l'opportunité de déclarer l'infaillibilité pontificale. Or il faut bien constater que ce sont les gouvernements d'Ordre moral qui promeuvent à l'épiscopat ces libéraux ; ils sont six en trois ans. Mais le Saint-Siège continue à refuser la promotion de Dupanloup. Le pape est sur ce point intransigeant comme l'exprime au nonce le secrétaire d'État : « Vous n'ignorez pas l'attitude de Mgr l'évêque d'Orléans avant comme pendant le Concile. Cette attitude a laissé une pénible impression non seulement sur l'esprit du Saint Père, mais encore sur celui de tous les bons catholiques. S'ajoute à cela que Mgr Dupanloup s'est montré plus homme politique qu'homme d'Église, demeurant presque toujours absent de son diocèse. Vous devez bien comprendre que le Saint Père ne peut être enclin à accepter la nomination, si elle avait lieu,

---

1. *Ibid.,* anno 1876, fasc. 3, *Corrispondenza di Mgr Chigi nunzio in Francia col card. Antonelli,* décembre 1870-janvier 1874, le nonce au secrétaire d'État, 14 janvier 1874.
2. *Ibid.,* anno 1874, fasc. 3, le secrétaire d'État au nonce, 27 novembre 1874.

de cet évêque à l'archevêché de Reims [1].» De même le Saint-Siège s'oppose à la nomination à un évêché de Mgr Isoard, auditeur de rote, auparavant membre du clan Maret-Darboy. Pour éviter un nouveau refus, le gouvernement procède à la nomination à Albi, en 1876, de Mgr Ramadié, évêque de Perpignan, sans en informer le nonce qui s'émeut de cette entorse à la pratique de l'entente préalable. Cette nomination d'un ami de Maret, membre de la minorité au concile, manque de provoquer une crise. Le pape écrit à Ramadié pour l'engager à démissionner, mais celui-ci s'y refuse et finit par être agréé.

Cependant l'attitude du Saint-Siège montre son souci constant de rompre avec le passé en s'opposant à tout candidat soupçonné de libéralisme ou de gallicanisme. Il s'appuie du reste sur une fraction de plus en plus grande de l'épiscopat français, au sein duquel trois prélats se détachent particulièrement : Mgr Pie, informateur régulier du nonce, Mgr Forcade et le cardinal Caverot. Mgr Forcade par exemple se désole de la promotion de Ramadié à Albi : «Je ne saurais vous dissimuler que cette nomination me cause une vraie tristesse, par ce motif surtout qu'elle me démontre la persistance regrettable du ministère des cultes à nommer dans les métropoles des évêques qui ont été, à l'époque du Concile, dans l'opposition. Cette pensée m'a été manifestée à moi-même par M. Batbie qui la considérait comme le seul moyen de maintenir l'harmonie de l'épiscopat [2].» Le jugement porté par l'archevêque de Lyon sur les nominations effectuées par les gouvernements d'Ordre moral est encore plus suggestif : « malgré la vigilance et la fermeté de Pie IX, plus d'un personnage douteux a passé. Il faut que l'on sache bien que les opposants du Concile sont au fond demeurés les mêmes, que depuis le 24 mai 1873, le catholicisme libéral a tenu le portefeuille des cultes et n'a rien épargné pour faire parvenir ses adeptes ; et qu'aujourd'hui encore, sous un ministère libre-penseur et franc-maçon, ce sont eux que l'on consulte et dont on suit les conseils pour les choix épiscopaux [3].»

Au total cependant, le combat du Saint-Siège contre le catholicisme libéral a tourné largement à son avantage, puisque sur cinquante trois évêques nommés entre 1871 et 1878, sept seulement

---

1. A. S. V., S.d.S., Rub 248, anno 1874, fasc. 3, le secrétaire d'État au nonce, 1er août 1874.
2. *Ibid.*, anno 1876, fasc. 3, Mgr Forcade au nonce, 4 février 1876.
3. *Ibid.*, anno 1878, fasc. 2, Le cardinal Caverot au secrétaire d'État, 19 mars 1878.

font figure de «libéraux» aux yeux de Rome [1]. Ce sont dans l'ordre de leur nomination : Turinaz, Langénieux, Perraud, Jourdan, Besson, Coullié et Thibaudier. Ce dernier, originaire de Lyon, avait d'abord été proposé pour Luçon en 1874, mais le nonce le jugeant gallican, il avait été repoussé [2]. Rome avait cependant accepté qu'il devienne évêque auxiliaire de Mgr Ginoulhiac. À la mort de ce dernier, le Saint-Siège reste hostile à sa promotion sur un siège épiscopal, mais le cardinal Caverot, pourtant ardent ultramontain, préfère le voir quitter la scène lyonnaise et demande au Saint-Siège d'agréer sa nomination à Soissons [3]. En revanche, l'opposition romaine demeure absolue à l'égard d'un autre Lyonnais, l'abbé Gouthe-Soulard, qualifié de «vieux gallican [4]», et qui ne devient évêque qu'en 1884. La lutte entre gallicans et ultramontains est donc encore bien vivante à la fin du pontificat de Pie IX.

Les débuts du pontificat de Léon XIII.

Sur le plan des nominations épiscopales, l'année 1879 marque un tournant décisif. L'attitude du Saint-Siège à l'égard des nouveaux promus mérite donc une attention particulière. Trois évêques sont nommés cette année-là. Le Saint-Siège accepte la promotion de Mgr Isoard, auditeur de rote, au siège d'Annecy. En revanche il se montre plus réservé face à celle de l'abbé Roche, professeur d'Écriture Sainte à la Sorbonne, à qui est reproché son manque d'expérience administrative. Le nonce parvient à le faire nommer dans un petit diocèse, celui de Gap en l'occurrence [5]. Mais Rome exige, sous la pression du cardinal Caverot, que le gouvernement français renonce à la promotion, pourtant annoncée, de l'abbé Gouthe-Soulard à Amiens [6]. L'intransigeance romaine dans cette affaire doit être notée, car elle aboutit à faire céder le gouvernement républicain. En définitive, la solution du conflit est trouvée par le

---

1. Deux évêques libéraux ont en outre été promus archevêques, Langénieux et Ramadié.
2. A. S. V., S.d.S., Rub 248, anno 1874, fasc. 3, le nonce au secrétaire d'État, 11 octobre 1874.
3. *Ibid.*, anno 1876, fasc. 4, le secrétaire d'État au nonce, 15 avril 1876 : «Si le refus de Mgr Thibaudier rencontre des difficultés, le Saint Père n'a pas l'intention d'insister, notamment afin de libérer Mgr Caverot d'un auxiliaire incommode.»
4. *Ibid.*, anno 1879, fasc. 1, le nonce au secrétaire d'État, 11 avril 1877. Gouthe-Soulard est en outre poussé par Dupanloup, Perraud et Thibaudier.
5. *Ibid.*, anno 1879, fasc. 1, le nonce au secrétaire d'État, 10 juillet 1879.
6. *Ibid.*, anno 1879, fasc. 1, le secrétaire d'État au nonce, 15 et 28 juillet 1879.

nouvel auditeur de rote, Mgr Mourey, qui indique au gouvernement
où se trouve son intérêt ; il est, écrit-il, d'éviter un « conflit dont
une déplorable conséquence serait de mêler le pape qui s'est tu jusqu'à ce jour, à nos querelles religieuses et cela au moment où malgré les clameurs des catholiques, l'accord entre les deux pouvoirs va
se manifester à nouveau par la remise des mains du chef de l'État
des insignes cardinalices au nonce qui s'en va, et par l'arrivée du
nouveau nonce, homme de cœur et de la droite de Léon XIII [1] ».
Cette note est tout à fait précieuse, car elle marque parfaitement
comment le gouvernement français est conduit à bien distinguer les
affaires religieuses intérieures et les relations diplomatiques avec le
Saint-Siège, dans lesquelles les nominations d'évêques entrent au
premier chef. Mgr Mourey conseille donc de repousser à plus tard
la promotion de Gouthe-Soulard et propose de transférer à Amiens
un évêque d'un autre diocèse. C'est la solution adoptée, puisque
l'évêque de Gap est transféré à Amiens tandis que l'abbé Roche
est nommé à Gap, ce qui satisfait une autre revendication de
Mgr Meglia [2]. Ainsi, après quelques tâtonnements, le processus des
nominations épiscopales reprend son cours normal, avant même
l'arrivée de Mgr Czacki à Paris.

Il est vrai cependant que l'action de Mgr Czacki a été décisive.
Envoyé à Paris avec une mission bien spéciale [3], Mgr Czacki est un
des rares nonces à avoir tenté au XIXe siècle d'élaborer un véritable
système destiné à régler la question des nominations épiscopales.
Il en trace les principales orientations dans un long rapport adressé
au secrétaire d'État en février 1880 [4]. Ce rapport propose une
remise en ordre des manières d'agir en matière de nominations
d'évêques. Le nonce s'en prend principalement à la publicité faite
aux projets de nominations qui conduisent à d'innombrables calomnies et à de multiples intrigues pour abattre certains candidats ou en
faire passer d'autres. Il met en cause les parlementaires, ce qui est
un *leitmotiv* tout au long du XIXe siècle, mais la critique de leur
intrusion dans le domaine des nominations épiscopales s'accentue
sous la IIIe République. Il est surtout sévère à l'égard des évêques

---

1. A. N. F 19 / 2482 (dossier Gouthe-Soulard), Note sur l'affaire d'Amiens de
Charles Mourey, auditeur de rote, s. d. Le nonce dont Mourey annonce l'arrivée est
bien sûr Mgr Czacki.
2. A. S. V., S.d.S., Rub 248, anno 1879, fasc. 1, le nonce au secrétaire d'État,
3 septembre 1879.
3. Voir Yves MARCHASSON, *La Diplomatie romaine et la République française. À la
recherche d'une conciliation, 1879-1880*, Paris, Beauchesne, 1974, 524 p.
4. A. S. V., S.d.S., Rub 248, anno 1880, le nonce au secrétaire d'État, 5 février
1880.

eux-mêmes, principalement les évêques libéraux qu'il accuse de tout tenter pour faire prévaloir leurs candidats, même médiocres [1]. Mgr Czacki veut donc contrebalancer l'influence de l'épiscopat français qui lui semble avoir tout pouvoir dans le processus des nominations ; il sous-entend que cet épiscopat serait davantage écouté à Rome que le nonce lui-même. Or Czacki revendique un rôle primordial dans la désignation des évêques. Pour ce faire, il propose un nouveau système de sélection, fondé sur le secret, et par lequel le Saint-Siège déléguerait véritablement ses pouvoirs à la nonciature, le nonce devenant le seul interlocuteur du gouvernement et ayant en quelque sorte carte blanche pour la négociation des candidatures [2]. Mgr Czacki y voit plusieurs avantages : écarter les candidats ambitieux et s'assurer que les informations recueillies sur les candidats sont exactes. Le but de cette remise en ordre est clair : il s'agit pour le nonce de « voir l'épiscopat rénové conformément à nos intérêts, malgré la perversité des temps ». Ce rapport montre que le nonce ne s'est pas converti au républicanisme, mais qu'il entend tout faire pour éviter une crise avec le gouvernement français.

L'entente préalable continue donc à être pratiquée par le nonce et le gouvernement français ; elle conduit à deux sortes de nominations. La première comprend trois évêques républicains : Marpot, Ardin et Bellot, sur lesquels le nonce donne un avis favorable tout en émettant quelques réserves. La seconde rassemble des ecclésiastiques particulièrement agréables au Saint-Siège : Soubiranne, Dennel et de Briey. Mgr Czacki est satisfait de la nomination de ces ecclésiastiques, d'autant plus qu'ils sont originaires de « bons diocèses [3] ». À ce second groupe appartiennent aussi les abbés Jacquenet, Billard, Fiard [4], Trégaro [5] et Pagis [6]. Trégaro et Jacquenet figuraient

1. *Ibid.*: « Cette manie est telle qu'un cardinal me racontait il y a quelques jours qu'il connaissait des évêques qui, pour le plaisir futile de faire une consécration et d'avoir nommé des évêques, ne feraient pas de difficultés pour recommander des sujets indignes. »

2. Déjà Mgr Chigi en 1871 avait esquissé un projet de ce type.

3. A. S. V., S.d.S., Rub 248, anno 1880, fasc. 1, le nonce au secrétaire d'État, 5 février 1880. Il note par exemple que Dennel est considéré par l'archevêque de Cambrai « comme la perle de son diocèse bien connu du Saint-Siège pour être un des meilleurs de France ».

4. *Ibid.*, anno 1881, fasc. 1, le nonce au secrétaire d'État, 24 août 1881 : « On ne pourrait trouver un meilleur pasteur pour le diocèse de Montauban. » De Briey, le nonce écrit qu'il est « un des meilleurs prêtres du florissant diocèse de Poitiers ».

5. *Ibid.*, anno 1881, fasc. 1, le nonce au secrétaire d'État, 14 septembre 1881 : « Un des plus distingués et un des prêtres exemplaires du clergé de France. »

6. *Ibid.*, anno 1881, fasc. 1, le nonce au secrétaire d'État : « Un tel choix peut être considéré comme providentiel pour la malheureuse Église de France, dans les temps dans lesquels nous vivons. »

sur les listes de Mgr Chigi en 1871. L'étonnement de Mgr Czacki face à la nomination de Mgr Jacquenet, qui fut consulteur au concile, est tel qu'il se demande si le gouvernement ne l'a pas oublié [1]. Le nonce ne cesse de se féliciter de l'excellence des choix opérés [2]. Le bilan des deux années de la nonciature Czacki en France apparaît donc tout à fait positif pour Rome, la grande majorité des évêques nommés étant considérés comme bons ou excellents [3]. Le nonce a donc su mener à bien la mission que lui avait confiée Léon XIII.

Les choix épiscopaux se révèlent plus délicats en 1883-1884, sans qu'on puisse cependant en conclure que le remplacement de Mgr Czacki par Mgr di Rende en soit responsable. Certes, l'abbé Gouzot, nommé à Gap, est dépeint par le nonce comme un bon candidat, malgré les réserves faites par son évêque [4]. Mais les principales difficultés du Saint-Siège proviennent de son incapacité à faire prévaloir ses propres choix. Le pape aurait en effet désiré voir Mgr Perraud nommé à Bordeaux [5]. Il lui faut se contenter, après avoir réussi à éviter Mgr Bellot, le candidat ministériel, de Mgr Guilbert. Des heurts se produisent même à propos du projet de nomination de l'abbé Vandrival à Amiens ; le Saint-Siège refuse cette promotion [6]. À l'inverse le gouvernement repousse la promotion épiscopale de l'abbé Fallières, recommandé par le nonce. Il est vrai qu'aux dires de Mgr di Rende lui-même, cet ecclésiastique a «beaucoup œuvré et combattu pour l'enseignement religieux, ce qui n'a guère plu au gouvernement [7]». Enfin le Saint-Siège se montre réservé face à la promotion de Mgr Meignan à Tours [8]. Après Guilbert et Thomas, Meignan est le troisième évêque de l'ère Baroche à être promu à un archevêché en 1883. Même si le Saint-Siège est moins enclin à combattre les libéraux, cette coïncidence ne peut que l'inquiéter, car elle indique un retour en force du gallicanisme par-

.

1. A. S. V., S.d.S., Rub 248, anno 1881, fasc. 1, le nonce au secrétaire d'État, 7 janvier 1881.
2. *Ibid.,* anno 1881, fasc. 1, le nonce au secrétaire d'État, 13 février 1881.
3. Surtout si on y ajoute les trois nominations de septembre 1882, de Billère, Bouché et Sourrieu, jugées excellentes par l'auditeur de nonciature.
4. A. S. V., S.d.S., Rub 248, anno 1884, fasc. 1, le nonce au secrétaire d'État, 27 octobre 1883.
5. *Ibid.,* anno 1884, fasc. 1, le nonce au secrétaire d'État, 10 janvier 1883.
6. Voir Yves-Marie HILAIRE, p. 672.
7. A. S. V., S.d.S., Rub 248, anno 1884, fasc. 1, le nonce au secrétaire d'État, 10 novembre 1883.
8. *Ibid.,* anno 1884, fasc. 1, le nonce au secrétaire d'État, 3 décembre 1883.

lementaire. Ce n'est pas un hasard si, à la même époque, le nonce se plaint de nouveau de l'emprise des députés et des sénateurs sur les choix épiscopaux [1]. En outre, les discussions sont très vives à propos du siège de la Guadeloupe, Jules Ferry tenant absolument à faire passer son candidat, l'abbé Hannion. Mais c'est incontestablement l'affaire Larue qui marque le mieux les limites de l'influence romaine sur les choix épiscopaux dès lors qu'est réactivé le gallicanisme parlementaire. L'abbé Larue, poussé par les frères Cambon, est jugé peu digne de l'épiscopat par le nonce [2]. Il doit en l'occurrence sa promotion à l'intervention directe de Mgr Lavigerie auprès du secrétaire d'État. L'archevêque d'Alger suggère en effet au Saint-Siège d'agréer ce choix afin de permettre de lever les difficultés provenant des autres nominations épiscopales [3]. Le geste de Rome montre les limites du pouvoir de la nonciature face aux pressions des grands électeurs de l'épiscopat français et révèle aussi que les nominations épiscopales sont un des éléments des rapports diplomatiques entre Paris et Rome.

Le second gouvernement Ferry se caractérise donc par plusieurs nominations controversées. L'année 1884 en particulier révèle le climat de tension qui règne entre la France et le Saint-Siège. Après Larue en juin, la papauté doit accepter une nouvelle promotion critiquée par le nonce, celle de l'abbé Cœuret-Varin à Agen. L'abbé Cœuret-Varin, vicaire général d'Agen, venu de Bordeaux avec Mgr Fonteneau, est proposé par le gouvernement pour remplacer ce dernier promu à Albi. Le nonce émet quelques réserves en suggérant qu'il n'a pas la science ecclésiastique suffisante pour gouverner un diocèse [4]. Le secrétaire d'État demande donc au nonce de retarder cette nomination pour un supplément d'enquête. Mais ce retard a pour effet de bloquer le processus des nominations épiscopales, le gouvernement subordonnant à l'acceptation de Cœuret la nomination si longue à négocier de Hasley à Cambrai, de Gonindard à Verdun, d'Oury à la Guadeloupe et de Labouré au Mans. C'est

---

1. *Ibid.*, anno 1884, fasc. 1, le nonce au secrétaire d'État, 29 juin 1883.
2. *Ibid.*, anno 1885, fasc. 4, le nonce au secrétaire d'État, 12 mai 1884. Le nonce reconnaît qu'il a toutes les qualités d'un bon curé, mais remarque qu'il « n'est pas muni de la science requise pour être promu à une si haute dignité ».
3. *Ibid.*, anno 1885, fasc. 4, l'archevêque d'Alger au secrétaire d'État, 16 mai 1884 : « tout au contraire, je pense que Sa Sainteté pourrait faire servir l'acceptation de M. l'abbé Larue à obtenir une combinaison acceptable pour les sièges d'Arras et de la Guadeloupe. »
4. *Ibid.*, anno 1885, fasc. 4, le nonce au secrétaire d'État, 14 octobre 1884.

donc pour permettre de débloquer la situation que le pape se résigne à agréer l'abbé Cœuret-Varin [1]. Ainsi l'année 1884 marque bien une période de crise entre Paris et Rome.

Du reste, deux autres nominations sont acceptées par Rome, sans que le nonce ait poussé très avant son enquête, comme s'il craignait de trouver quelque motif pour les récuser. Elles concernent l'abbé Péronne, candidat à l'épiscopat depuis une vingtaine d'années, le type même de l'ecclésiastique ambitieux dénoncé quatre ans plus tôt par Mgr Czacki, et l'abbé Gonindard, membre de la Maison des Chartreux, dont le nonce nie cependant qu'il soit gallican. Mais Gonindard est bel et bien recommandé par l'aile libérale de l'épiscopat, Lavigerie, Ramadié et Isoard [2], alors qu'à l'inverse le cardinal Caverot a toujours marqué son hostilité à l'égard de la Maison des Chartreux, haut lieu à ses yeux du gallicanisme lyonnais. On comprend dès lors mieux l'inquiétude du nonce face à l'attitude de l'abbé Labouré, qui refuse l'épiscopat, alors qu'il le considérait comme un excellent candidat, appréciation qui n'est pas si fréquente sous sa plume. En effet, de 1883 à 1885, trois nominations sur dix seulement sont considérées comme excellentes par le nonce, contre dix sur dix-huit pendant la nonciature Czacki. À l'inverse deux sont jugées comme médiocres contre aucune entre 1880 et 1882. Il semble donc certain que l'effet Czacki a fait long feu ou plus exactement que son successeur n'a pas su ou pu établir d'emblée les meilleures relations avec le gouvernement français. Il faut noter aussi que la période 1883-1885 correspond exactement au second gouvernement Ferry, caractérisé par plusieurs mesures anticléricales. Nul doute que l'approche des élections et la pression constante des milieux politiques, à laquelle Mgr di Rende n'a peut-être pas su résister aussi fort que son prédécesseur, expliquent le bilan plutôt négatif de son début de nonciature [3]. En revanche, les sept dernières nominations qu'il négocie sont qualifiées par le nonce d'excellentes (5) ou de bonnes (2), et il parvient à faire écar-

---

1. A. S. V., S.d.S., Rub 248, anno 1885, fasc. 4, le secrétaire d'État au nonce, 22 décembre 1884. Le secrétaire d'État précise que, si le gouvernement persiste dans son intention de nommer Cœuret à Agen, le pape ne s'y opposera pas.
2. A. N. F 19 / 2568 (dossier Gonindard).
3. A. S. V., S.d.S., Rub 248, anno 1885, fasc. 4, le nonce au secrétaire d'État, 5 janvier 1885. Le nonce avoue l'existence de telles difficultés, même s'il tire un bilan plutôt positif de son action : «Je crois que, si l'on considère les difficultés passées, on peut être content de telles nominations, lesquelles sont généralement louées par l'opinion publique.»

ter les candidatures de l'abbé Salmon et surtout de Mgr Mourey, auditeur de rote. Mais il ne parvient pas à empêcher la translation à Auch de Mgr Gouzot [1]. Pour le reste, il semble que Mgr di Rende ait pu davantage faire entendre sa voix auprès de Goblet ou de Spuller qu'il ne l'avait pu auprès de Martin-Feuillée.

Mgr Rotelli négocie pendant son séjour en France dix-neuf nominations d'évêques. Neuf sont considérées par lui comme excellentes [2] et quatre comme bonnes [3]. Cinq autres candidatures sont jugées médiocres [4] et une lui semble devoir être évitée, celle de l'abbé Duval qu'il trouve peu apte à l'épiscopat à cause de son âge avancé. Deux nominations retiennent particulièrement l'attention, celles de Fuzet et de Juteau. Le premier est en 1887 déjà bien connu à Rome, notamment par ses prises de position favorables au régime républicain. Sa nomination n'enthousiasme pas le représentant du Saint-Siège, mais il propose cependant que le pape l'agrée en détaillant les qualités de Fuzet : vie sacerdotale exemplaire, science ecclésiastique réputée – le nonce rappelle notamment qu'il est l'auteur d'un ouvrage sur le jansénisme pour lequel la *Civiltà Cattolica* l'a félicité. Mais le véritable motif de son acceptation tient au processus même de négociations. Si le pape refuse Fuzet, le gouvernement remettra en cause la désignation de l'abbé Lamarche pour Quimper, choix jugé excellent par le nonce. De plus la nomination doit avoir lieu avant l'ouverture de la session parlementaire ; le nonce craint en effet une possible suppression budgétaire du siège de La Réunion comme ce fut le cas pour celui de la Guadeloupe [5]. En fin de compte, l'abbé Fuzet n'est pas récusé afin d'assurer la présence d'un évêque sur le siège de Saint-Denis [6]. Ce sentiment est partagé par les ultramontains en France, *L'Univers* accueillant assez bien cette nomination [7].

---

1. *Ibid.*, anno 1887, le secrétaire d'État au nonce, 29 janvier 1887 : « le pape refuse d'agréer le choix de Mgr Gouzot à cause de ses insuffisances. »
2. Bouvier, Lamarche, Luçon, Mignot, Cléret, Jauffret, Sonnois, Gilly et Fallières.
3. Hautin, Lagrange, Baptifolier et Servonnet.
4. Fuzet, Bougaud, Renouard, Juteau et Berthet.
5. A. S. V., S.d.S., Rub 248, anno 1888, fasc. 2, le nonce au secrétaire d'État, 10 octobre 1888.
6. *Ibid.*, anno 1888, fasc. 2, le secrétaire d'État au nonce, 14 octobre 1887 : « Il a plu au pape de tenir compte de vos avis qui l'ont conduit à ne pas repousser la proposition de l'abbé Fuzet. »
7. *Ibid.*, anno 1888, fasc. 2, le nonce au secrétaire d'État, 15 octobre 1887. Le nonce cite ce passage de *L'Univers* : « Cette nomination sera d'autant mieux accueillie qu'elle rassurera les catholiques de La Réunion qui craignaient pour leur évêché, menacé par les radicaux sous prétexte qu'il n'était pas concordataire. »

La pression de l'opinion catholique n'est en effet pas indifférente dans les analyses du nonce concernant les candidats à l'épiscopat. L'un des critères souvent retenus dans ses rapports est l'estime publique dont jouit le candidat. L'affaire Juteau vient prouver, après d'autres, mais incontestablement de façon exemplaire, l'importance de cette opinion catholique, on y reviendra plus loin. En 1888, le gouvernement propose de nommer à Poitiers l'abbé Juteau, curé du diocèse de Tours, recommandé par son archevêque, Mgr Meignan. Dans un premier rapport, le nonce note qu'il ne «jouit pas de la meilleure réputation [1] ». Puis il envoie plusieurs témoignages de personnalités ecclésiastiques sur Juteau : témoignages favorables de la part de Mgr Meignan et de l'abbé de Fontgombault, défavorable de la part de l'archiprêtre de Tours [2]. Le nonce ne prend pas position, mais il est clair qu'il ne juge pas cette nomination excellente, sans pour autant prôner son refus. Le secrétaire d'État lui répond que le pape agrée cette nomination, les accusations contre Juteau du curé-archiprêtre de Tours étant insuffisantes. En revanche le pape s'est fondé sur le témoignage de l'abbé de Fontgombault, plus précieux en l'occurrence que celui de Mgr Meignan [3]. Mais l'affaire rebondit à la fin de juin : une véritable campagne se déclenche en effet contre l'abbé Juteau [4].

Le tollé soulevé par la nomination de Juteau embarrasse le Saint-Siège. Le nonce se retrouve sur la sellette, pour ne pas avoir suffisamment instruit la candidature Juteau. Du reste, pour justifier son choix, le nonce adopte le parti de défendre sans faille Juteau. Dès le 30 juin 1888, il écrit au secrétaire d'État en évoquant quatre nouveaux témoignages en sa faveur, ceux de l'archevêque de Rennes, Mgr Place, de l'archevêque de Paris, Mgr Richard, de l'évêque de La Rochelle, Mgr Ardin, et, plus surprenant, de l'évêque d'Angers, Mgr Freppel, pourtant adversaire de Mgr Meignan, et qui aurait préféré voir promu à Poitiers l'évêque d'Agen, Mgr Cœuret-Varin. Le nonce écrit à propos de Freppel : « Il m'a dit aujourd'hui que l'opposition faite à l'encontre de l'abbé Juteau était une chose vraiment scandaleuse, d'autant plus que quand le pape a accepté le sujet proposé par le gouvernement, toute discussion doit s'achever [5]. » Ce

---

1. A. S. V., S.d.S., Rub 248, anno 1890, fasc. 2, le nonce au secrétaire d'État, 4 mai 1888.
2. *Ibid.*, anno 1890, fasc. 2, le nonce au secrétaire d'État, 28 mai 1888.
3. *Ibid.*, anno 1890, fasc. 2, le secrétaire d'État au nonce, 2 juin 1888.
4. Voir ici, chap. x.
5. A. S. V., S.d.S., Rub 248, anno 1890, fasc. 2, le nonce au secrétaire d'État, 30 juin 1888.

témoignage est essentiel, car il apporte au nonce tout autant qu'à Juteau le soutien de la fraction ultramontaine de l'épiscopat français. Le Saint-Siège n'est pourtant pas totalement rassuré et, fait exceptionnel dans l'histoire des nominations épiscopales au XIXe siècle, il confie à deux cardinaux, Place et Lavigerie, le soin de procéder à une contre-enquête au sujet de l'abbé Juteau. Ce dernier l'a du reste demandée expressément au pape, comme il s'en explique dans une lettre au directeur des cultes: «Je crains de n'être perdu [...]. J'ai su que j'ai été indignement calomnié à Rome et que Mgr le nonce ne parvenait plus à me défendre, que mon honneur était absolument compromis. Comme je n'ai rien à me reprocher, j'ai demandé des juges [1].» Cette décision du Saint-Siège représente un désaveu du nonce, comme l'atteste la conclusion du rapport adressé au pape par Lavigerie et Place, et qui légitime tout à la fois le choix de Juteau et l'action du nonce, un temps sur la sellette: «En conséquence et devant Dieu, la conclusion des cardinaux soussignée est que l'information canonique sur Mgr Juteau avait été faite par Mgr le nonce apostolique selon les règles, avec autant de prudence que de discernement; qu'en conséquence, c'est avec raison que Mgr le nonce avait présenté M. Juteau au Saint-Siège, comme pouvant être promu à l'épiscopat, que les accusations survenues postérieurement ont été, après l'examen le plus attentif, reconnues téméraires, fausses et calomnieuses [2].» L'affaire n'est cependant pas close, puisqu'en décembre 1888 le secrétaire d'État doit rappeler au nonce que le Saint-Siège considère la nomination de Juteau à Poitiers comme définitive.

Elle est un des éléments qui montrent que depuis la décennie 1870, la lutte entre ultramontains et libéraux s'est poursuivie. Mais l'attitude du Saint-Siège, dans ce combat, a changé. Naguère très hostile à la promotion d'évêques réputés libéraux, Rome est devenue plus conciliante au fur et à mesure que s'éloignait le concile et qu'apparaissait comme une évidence l'attachement de tous les candidats proposés au dogme de l'infaillibilité pontificale. Il n'est donc pas surprenant de constater que, dans la décennie 1880, sont promus à l'épiscopat des ecclésiastiques qui ont été proches de Dupanloup, comme Soubiranne, Bougaud, Lagrange ou Hautin, sans que

---

1. A. N. F 19 / 2562 (dossier Juteau), l'abbé Juteau au directeur, 10 août 1888.
2. A. S. V., S.d.S., Rub 248, anno 1890, fasc. 2, Rapport des cardinaux Place et Lavigerie au sujet de l'abbé Juteau, 15 septembre 1888, 11 pages. Quel paradoxe de voir le nonce ainsi défendu par deux cardinaux qui avaient appartenu à la minorité au concile, contre une fronde menée au nom de la cause ultramontaine!

le nonce émette de véritables réserves. De même sont nommés d'anciens gallicans comme Gonindard et Gouthe-Soulard. De plus le pape lui-même se montre désireux de voir promus à un archevêché Mgr Perraud et Mgr Besson dont on sait les difficultés qu'ils rencontrèrent pour accéder à l'épiscopat.

Au total, la politique opportuniste a reçu un *satisfecit* romain, puisque la grande majorité des candidats à l'épiscopat ont été agréés sans difficulté par le Saint-Siège. On peut dès lors se demander si le ralliement et l'arrivée en France de Mgr Ferrata a pu modifier véritablement les pratiques établies en ce domaine.

La politique du Saint-Siège au temps du ralliement.

L'année 1891 n'enregistre aucune nomination épiscopale, ce qui laisse au nonce Ferrata le temps de s'installer à Paris et de prendre connaissance de la situation religieuse de la France qu'il connaît déjà pour avoir accompagné le nonce Czacki en 1880. Sa nomination correspond à la mise en place de la politique de ralliement inaugurée par Léon XIII en 1890. Comment celle-ci s'est-elle traduite dans les faits ?

Outre les rapports adressés périodiquement par le nonce et qui sont particulièrement fournis pour la période, on dispose, fait exceptionnel, des *Mémoires* du cardinal Ferrata qui a consacré à la question des nominations épiscopales un chapitre d'une centaine de pages, signe de l'importance de cette question dans le travail du nonce [1]. Entre 1892 et 1896 Mgr Ferrata négocie la nomination de vingt-sept nouveaux évêques. Seize sont jugées excellentes, sept bonnes, quatre médiocres, et deux sont considérées comme devant être évitées. Ces deux dernières nominations concernent les abbés Laferrière et Sueur, nommés le 29 janvier 1894. Le premier n'apparaît pas particulièrement apte à l'épiscopat, parce qu'il n'exerce aucune charge importante, le second est considéré comme trop impétueux et pâtit d'un soutien appuyé du cardinal Meignan [2]. Les

---

1. Cardinal FERRATA, *Mémoires,* Rome, Tipografia Cuggiani, 1920, 3 tomes, t. III, chapitre XX : « Nominations épiscopales », p. 157-255. Ce chapitre n'a pas été repris dans l'édition française, abrégée, parue sous le titre *Ma nonciature en France* (Paris, Action populaire, 1922) malgré l'avertissement. Cette lacune est-elle due à la crainte de lasser le public, ou ne s'explique-t-il pas plutôt par le fait que certains évêques nommés dans les années 1890 sont encore en vie dans les années 1920 ?

2. A. S. V., S.d.S., Rub 248, anno 1898, fasc. 4, le nonce au secrétaire d'État, 22 janvier 1894.

interventions répétées de l'archevêque de Tours lassent le secrétaire d'État qui écrit au nonce que le « Saint Père veut que toute liberté d'action en ce qui concerne les choix épiscopaux soit laissée à son représentant [1]». On retrouve le conflit entre la nonciature et une fraction de l'épiscopat, déjà rencontré sous la nonciature Czacki et qui est en fait constant. Dans le cas présent, Mgr Ferrata parvient à empêcher la nomination de l'abbé Sueur à Orléans, diocèse trop proche de Tours. Sueur est finalement nommé à Évreux [2]. Cet exemple montre l'importance du diocèse de destination tout autant que la personnalité du promu. C'est ainsi que le nonce ne proteste guère contre la nomination de Laferrière à Constantine, «diocèse missionnaire [3]». Finalement ces deux nominations, critiquées au début des négociations, ne soulèvent aucune tension entre Paris et Rome.

Il en est autrement en mai 1896 lorsque sont nommés les abbés Geay et Mollien. Le premier avait déjà été écarté par Mgr Ferrata en 1892 [4]. Il traîne derrière lui une réputation morale douteuse qui repose sur des calomnies comme l'a établi le nonce après enquête, mais le Saint-Siège n'apprécie guère ce type de réputation, même infondée. De plus l'abbé Geay est considéré comme un ecclésiastique ambitieux [5]. Quant à l'abbé Mollien, le nonce reprend l'appréciation d'un religieux du diocèse d'Amiens selon lequel «il ne paraît pas jouir d'une grande estime dans le public [6]». Pour autant, ces ecclésiastiques ne sont pas exclus de l'épiscopat, ce qui s'explique en partie par le contexte politique français. Le portefeuille des Cultes est détenu en 1896 par Émile Combes. À son arrivée au gouvernement, Mgr Ferrata note : «Je compris que la nomination des évêques rencontrerait cette fois de plus grandes difficultés [7].» Les deux nominations de Geay et Mollien s'intègrent dans un

---

1. *Ibid.*, anno 1898, fasc. 4, le secrétaire d'État au nonce, 28 décembre 1893. Le secrétaire d'État lui rapporte les propos qu'il a tenus au cardinal Meignan. On retrouve une des grandes difficultés qu'ont les nonces tout au long du siècle à imposer leur autorité face au poids écrasant de certaines personnalités de l'épiscopat français.
2. Cardinal FERRATA, p. 214-220.
3. A. S. V., S.d.S., Rub 248, anno 1898, fasc. 4, le nonce au secrétaire d'État, 22 janvier 1894.
4. *Ibid.*, anno 1893, fasc. 1, le nonce au secrétaire d'État, 22 décembre 1892.
5. *Ibid.*, anno 1896, fasc. 4, le nonce au secrétaire d'État, 29 janvier 1896. Dans ses *Mémoires* (p. 242), le nonce gomme cet aspect de la question et rappelle que Geay et Mollien étaient de «dignes prêtres».
6. *Ibid.*, anno 1896, fasc. 4, le nonce au secrétaire d'État, 29 janvier 1896.
7. Cardinal FERRATA, p. 231.

ensemble plus vaste qui comprend entre autres le projet de promotion de Mgr Fonteneau à Toulouse, contre l'avis du Saint-Siège. Ferrata doit s'opposer à plusieurs nominations qu'il juge mauvaises. Dans ce contexte, il accepte Geay et Mollien qui auraient peut-être été écartés dans d'autres circonstances. De même il ne peut empêcher l'octroi à l'abbé Le Nordez d'un évêché *in partibus*, après avoir refusé sa promotion à Nice, sous le prétexte qu'il manquait d'expérience administrative pour diriger un diocèse [1]. On le voit donc, le Saint-Siège se retrouve en position difficile dès lors que le ministère des Cultes échoit à un ministre radical, cet épisode marquant ainsi les limites du ralliement et préfigurant la politique du gouvernement de Défense républicaine [2].

Mais entre-temps la politique de Ferrata a été poursuivie par son successeur, Mgr Clari, qui procède à dix-huit nominations. Six sont jugées par le nonce excellentes, onze bonnes; il préconise en revanche de ne pas promouvoir Mgr Le Nordez sur un siège résidentiel, tout en remarquant qu'il serait difficile de le repousser puisqu'il est déjà revêtu de la dignité épiscopale [3]. Malgré cette nomination, le bilan reste très positif pour le Saint-Siège, ce qui ne signifie pas pour autant que les deux parties n'aient eu aucun différend. Les négociations sont au contraire longues et le nonce dit à plusieurs reprises repousser des candidats insatisfaisants, par exemple en 1898 les abbés Creton, Teton, Arnaud, Pujol et Mando. Mais le seul fait que le gouvernement accepte ces refus montre que l'entente préalable fonctionne toujours, et dans un sens relativement favorable à Rome.

Ainsi les quarante-cinq évêques du ralliement ont, dans une grande majorité, reçu un agrément non voilé de la part du Saint-Siège. Le nonce n'a émis de réserves sérieuses que sur cinq d'entre eux. On est donc loin de l'image d'un épiscopat «fin de siècle» imposée à Rome par des gouvernements anticléricaux. Mais cette image n'est-elle pas plutôt née des choix effectués par le gouvernement Waldeck-Rousseau?

---

1. A. S. V., S.d.S., Rub 248, anno 1896, fasc. 4, le nonce au secrétaire d'État, 31 janvier 1896.
2. On notera que c'est sous le ministère Combes que parviennent à l'épiscopat les deux évêques à l'origine de la crise diplomatique entre la France et le Saint-Siège, Geay et Le Nordez.
3. A. S. V., S.d.S., Rub 248, anno 1902, fasc. 3, le nonce au secrétaire d'État, 13 mars 1898.

Le Saint-Siège face au gouvernement Waldeck-Rousseau.

L'arrivée en France d'un nouveau nonce, Mgr Lorenzelli, correspond à la formation par Waldeck-Rousseau du gouvernement de Défense républicaine. Waldeck-Rousseau a lui-même le portefeuille des Cultes, mais la réalité du pouvoir en matière de nominations épiscopales appartient plus que jamais au directeur des cultes, Dumay. Le gouvernement Waldeck-Rousseau procède à vingt et une nominations en trois vagues : onze nominations le 7 décembre 1899, huit le 5 avril 1901 et deux le 13 mai 1902. Dix nominations sont jugées excellentes : six dans la première promotion, quatre dans la deuxième. Cinq sont considérées comme bonnes : une dans la première promotion, deux dans la deuxième et les deux de la troisième. Une nomination est médiocre, dans la première promotion. Cinq enfin rencontrent une opposition préalable du nonce, trois dans la première promotion, deux dans la deuxième. Mais, dans l'ensemble, les bonnes nominations sont largement majoritaires (15 sur 21). C'est par exemple à cette époque que sont nommés à l'épiscopat Andrieu, Amette ou Dubois.

Mais il est vrai aussi que certains ecclésiastiques sont nommés sans avoir véritablement le soutien du Saint-Siège. Le gouvernement Waldeck-Rousseau marque d'une certaine façon le retour des recalés des périodes précédentes. Ainsi l'abbé Arnaud avait été repoussé en juin 1898 [1], l'abbé Mando en mars 1898 [2], l'abbé Le Camus en 1889 [3] et l'abbé Herscher, nommé en 1901, avait été récusé une première fois en juin 1899 [4]. Comment peut-on dès lors expliquer leur nomination ? Tous les quatre bénéficient en fait de la période de tension qui s'ouvre en 1899. Le nonce les accepte pour ne pas se voir imposer des choix pires encore et surtout pour placer ses propres candidats. Voici par exemple ce que le nonce écrit à propos de l'abbé Mando : « Quant à l'abbé Mando, j'ai laissé entrevoir, pour ce qui me concerne, la possibilité d'une transaction, laquelle donnerait d'une part un argument de défen e au gouvernement contre ceux des radicaux qui lui reprocheraiei une souplesse excessive à l'égard de la Curie romaine, et d'autre p t me fournirait

---

1. *Ibid.,* anno 1902, fasc. 4, le nonce au secrétaire d'État, 19 : in 1898.
2. *Ibid.,* anno 1902, fasc. 3, le nonce au secrétaire d'État, 13 : ars 1898.
3. *Ibid.,* anno 1890, fasc. 8, le nonce au secrétaire d'État, 2 fé rier 1889.
4. *Ibid.,* anno 1902, fasc. 3, le nonce au secrétaire d'État, ‹ juillet 1899 : «Le dossier de l'abbé Herscher existant dans cette nonciature, écr t le nonce, est peu favorable au candidat.»

le moyen opportun d'exiger quelques nominations meilleures [1].» La nonciature est donc consciente qu'il lui faut faire des concessions, dans le but d'éviter une crise ouverte avec le gouvernement. Le nonce a bien analysé la résurgence de l'anticléricalisme en France au lendemain de l'affaire Dreyfus, et il réagit de la même manière que Mgr Garibaldi au début de la monarchie de Juillet. Cette obligation de faire des concessions explique l'acceptation de l'abbé Herscher, recommandé par Cambon et surtout par Dumay [2]. Mais le nonce exige toujours une contrepartie à l'acceptation pontificale ; ainsi la nomination de l'abbé Henry, auquel il est peu favorable, est une « condition *sine qua non* pour l'acceptation de l'abbé Douais » qu'il a proposé, les deux hommes appartenant au même diocèse [3]. On peut donc parler de véritables transactions entre le gouvernement et la nonciature pour que chacun fasse passer ses propres candidats.

Cette politique est la seule raison qui explique la promotion à Rouen de Mgr Fuzet ; le ministre en a fait un préalable à toute autre nomination, si bien que le Saint-Siège l'accepte pour ne pas bloquer le processus de recrutement épiscopal [4]. Cette promotion permet à l'inverse la persistance d'excellents choix aux yeux du nonce, puisque beaucoup sont appuyés par lui. En acceptant un petit tiers d'ecclésiastiques très médiocres, le Saint-Siège maintient dans l'ensemble à un haut niveau le recrutement épiscopal. Son but est clair : il est d'éviter un affrontement avec le gouvernement français. Du reste le nonce pose clairement le problème quand il présente son rapport sur les nominations de la fin de 1899 : « Si l'on met à part le jugement porté sur Fuzet, toutes les autres candidatures sont bonnes, comme celles d'Olivieri, de Mando, Henry, Arnaud, Mignot, et on peut considérer comme excellentes celles de Douais, Dubillard, Schœpfer, Francqueville, Carsalade du Pont, et Germain, de sorte que je regarderai finalement comme une grâce spéciale du Seigneur l'ensemble de cette liste, convaincu qu'en ce moment on pourrait obtenir le contraire [5]. » Et le nonce rappelle qu'un seul refus sur cette liste aggraverait la situation de l'Église et qu'un

---

1. A. S. V., S.d.S., Rub 248, anno 1902, fasc. 5, le nonce au secrétaire d'État, 5 novembre 1899.
2. *Ibid.,* anno 1902, fasc. 5, le nonce au secrétaire d'État, 2 juillet 1899 : « L'abbé Herscher est particulièrement cher à M. Dumay. »
3. *Ibid.,* anno 1902, fasc. 5, le nonce au secrétaire d'État, 20 novembre 1899.
4. *Ibid.*
5. *Ibid.*

conflit raviverait la « fureur anticléricale » en France. La conclusion du rapport est donc beaucoup plus optimiste que les jugements portés en particulier sur tel ou tel candidat, notamment Mando, Henry et Arnaud. Il est certain qu'une fois accepté, tout choix doit être défendu par la nonciature devant le secrétaire d'État. Du reste le Saint-Siège suit les avis de son représentant, puisque le pape approuve la liste proposée sans demander aucune modification [1].

La deuxième promotion du gouvernement Waldeck-Rousseau nécessite tout autant de pourparlers que la première puisqu'une soixantaine de noms sont passés en revue [2], sans que la nonciature parvienne à un accord avec le gouvernement. En effet le nonce considère la liste qui lui est proposée au début de décembre 1900 « non comme une liste de concorde, mais comme une liste de conflit [3] ». Face à cette impossibilité à trouver un terrain d'entente, Mgr Lorenzelli s'adresse directement au président de la République Loubet à qui, en théorie, revient en dernier lieu la nomination des évêques. Il se dit satisfait de l'accueil de Loubet qui a accepté sa liste, en lui déclarant vouloir « la concorde et la paix [4] ». Le nonce est aussi en relations avec le ministre des Affaires étrangères, Delcassé, réputé favorable au Saint-Siège [5]; il l'incite à accélérer le règlement des nominations épiscopales. Le représentant du Saint-Siège, face à l'intransigeance de Waldeck-Rousseau, est donc contraint de multiplier les contacts. Et finalement cet effort diplomatique aboutit puisqu'il obtient la mise à l'écart de plusieurs candidats proposés avec insistance par le gouvernement [6]. S'il en accepte deux, jugés indésirables, Le Camus et Lacroix [7], il fait en revanche passer Andrieu, particulièrement peu prisé du gouvernement. Le nonce considère finalement que la liste à laquelle sont parvenus la nonciature et le gouvernement est réussie, même s'il émet des réserves sur deux candidats. Il ne faut cependant pas en conclure que les six autres sont hostiles au gouvernement; le nonce n'a en effet patronné la candidature que d'ecclésiastiques favorables au régime, sachant fort bien que tout autre serait écarté. La difficulté

---

1. *Ibid.*, anno 1902, fasc. 5, le secrétaire d'État au nonce, 25 novembre 1899.
2. *Ibid.*, anno 1902, fasc. 6, le nonce au secrétaire d'État, 13 et 20 novembre 1900.
3. *Ibid.*
4. *Ibid.*
5. Voir p. 391.
6. Notamment les abbés Tibéri, Téton, Rédier et Chrestia.
7. Ce dernier est présenté par Waldeck-Rousseau comme un « territoire interdit ».

qu'il rencontre à faire approuver le choix d'Andrieu, considéré comme un ennemi du gouvernement, le lui démontre.

La troisième promotion est peu significative puisqu'elle ne comprend que deux nominations. Ces choix sont jugés bons par le nonce [1]. Le seul accroc à cette double nomination est l'inversion, au dernier moment, des sièges attribués aux deux promus. Or tout autant qu'à la personnalité des ecclésiastiques présentés, le Saint-Siège attache de l'importance à la spécificité du diocèse où ils sont envoyés. Le nonce proteste donc contre ce coup de force du gouvernement, tout en acceptant le changement [2]. Ces deux nominations sont les dernières effectuées sous le régime du Concordat, avant la Séparation. La crise des relations entre la France et le Saint-Siège s'ouvre en effet par le refus du Conseil d'État d'enregistrer les bulles d'institution canonique de Beuvain de Beauséjour et de Campistron, retardant de deux ans leur entrée dans leur diocèse. Parallèlement le ministère Combes s'active pour faire disparaître la pratique de l'entente préalable et reconquérir tous ses droits dans le processus de désignation des évêques. Les nominations sont donc bloquées à partir de 1902, mais le gouvernement du bloc des gauches ne va pas jusqu'à nommer des évêques contre l'avis de Rome.

Conclusion.

Les relations entre la France et le Saint-Siège ont donc été souvent tendues tout au long du XIXe siècle, même si au total les périodes de crise véritable ont été brèves : la fin du Ier Empire, les débuts de la monarchie de Juillet, la seconde moitié du IIe Empire et la fin du Concordat. Elles ont eu des conséquences directes sur les nominations épiscopales puisque c'est alors que Rome se voit imposer les candidats les plus indésirables. Mais le fait majeur de l'histoire des nominations épiscopales au XIXe siècle demeure que la grande majorité des évêques ont reçu un agrément sans faille de Rome. 83 % des nominations ont été jugées excellentes ou bonnes entre 1820 et 1902, la proportion étant de 79 % pour les évêques

---

1. A. S. V., S.d.S., Rub 248, anno 1902, fasc. 6, le nonce au secrétaire d'État, 6 avril 1902.
2. *Ibid.*, anno 1902, fasc. 6, le nonce au secrétaire d'État, 25 mai 1902.

nommés à partir de 1830. Il reste qu'un cinquième environ des évêques ont été considérés comme de médiocres candidats à l'épiscopat, voire comme des candidats indésirables. Parmi eux, on retrouve principalement des ecclésiastiques relativement indépendants vis-à-vis du pouvoir épiscopal, qu'ils soient curés, chanoines ou aumôniers. Les motifs avancés par Rome pour les repousser sont divers, mais le plus important concerne leurs options religieuses. Surtout à partir des années 1830, Rome fait la chasse aux gallicans, puis bientôt aux libéraux, au moins jusqu'à la fin des années 1870. Un autre motif souvent mis en avant est le défaut canonique, le premier d'entre eux concernant la moralité des candidats. C'est en général l'argument le plus souvent utilisé pour tenter de faire échouer une candidature.

L'histoire des nominations épiscopales montre enfin le rôle important que jouent les nonces, surtout à partir de la monarchie de Juillet, dans la désignation des évêques. Certes, le droit de nomination demeure une prérogative du gouvernement français, mais ils ont souvent pu, sauf aux périodes de crise, influencer tel ou tel choix. La pratique de l'entente préalable inaugurée à partir de 1832 a ainsi permis au Saint-Siège d'obtenir un droit de regard plus important sur les choix d'évêques que ne le prévoyait le Concordat.

CHAPITRE X

L'INFLUENCE DE L'OPINION PUBLIQUE

L'annonce d'une nomination épiscopale est un événement au XIXe siècle, dans les milieux catholiques, sinon dans l'ensemble de la population. L'arrivée prévue d'un nouvel évêque est en général bien accueillie et les chroniques mettent l'accent sur le concours de populations accourues pour assister à la première entrée de l'évêque dans sa ville épiscopale, qui s'apparente, toute proportion gardée, aux entrées royales. Mais l'unanimité n'est cependant pas totale. Le choix d'un nouvel évêque peut être l'objet de critiques. Or entre la nomination officielle et le sacre interviennent les informations canoniques nécessaires à la préconisation de l'évêque. Cette période peut précisément être utilisée pour faire échouer une nomination. Un ultime acteur intervient donc dans le processus des nominations épiscopales, l'opinion publique. Celle-ci s'exprime principalement de deux façons : soit ouvertement par le biais de la presse ou de brochures, soit plus discrètement par l'intermédiaire d'adresses au gouvernement ou au Saint-Siège. Ces modes d'intervention ne sont du reste pas exclusifs les uns des autres. Il n'est pas question ici de retracer l'histoire complète de la perception des nominations d'évêques par l'opinion publique, mais d'esquisser quelques remarques, à partir d'exemples précis, afin de dégager une typologie de ces interventions et de tenter d'en dégager les modalités.

La critique mennaisienne.

On peut tout d'abord repérer tout au long du XIXe siècle un courant d'opposition qui correspond à un refus de la pratique concordataire des nominations épiscopales dont l'initiative revient au gouvernement. Cette tendance est déjà affirmée par Lamennais qui dès 1817 critique fortement les nouvelles promotions, sans

cependant aller jusqu'à la dénonciation des pratiques concordataires. Mais si les interventions de Lamennais restent feutrées
en 1817, elles prennent en revanche un tour beaucoup plus polémique au début de la monarchie de Juillet, lorsque le gouvernement
cherche à imposer des évêques qui lui soient favorables. *L'Avenir*
mène alors contre les promus une véritable campagne qui n'est certainement pas étrangère au retard de leur préconisation et révèle la
forte hostilité d'une partie du clergé français face à ce coup de force
gouvernemental. Lamennais publie ainsi deux articles les 19 et
21 août 1831 pour dénoncer le choix de l'abbé Rey, mais le journal s'en prend plus généralement aux trois premiers évêques nommés par le régime de Juillet [1]. Or cette dénonciation s'accompagne
d'une revendication ferme de la séparation de l'Église et de l'État,
prônée par *L'Avenir* et dont l'abbé Gerbet tire nettement les conséquences à propos des nominations d'évêques : « Il est temps que le
gouvernement accomplisse enfin, en renonçant à nommer les
évêques, la séparation de l'ordre religieux et de l'ordre politique,
consacrée par la loi fondamentale [la Charte] [2]. » Autrement dit, la
séparation doit commencer par la renonciation de l'État à son droit
d'initiative dans la désignation des évêques. Certes, dans sa revendication ultime, la séparation, la campagne de *L'Avenir* n'a pas été
suivie, par-delà la condamnation du mennaisianisme, mais de façon
plus ou moins sous-jacente, la critique des prérogatives gouvernementales sur les nominations demeure un des fondements de la pensée des catholiques ultramontains. Elle ne s'exprime évidemment
pas à chaque promotion, mais on la voit poindre dès lors qu'un candidat semble douteux, ce qui conduit l'opinion catholique à observer une extrême vigilance à l'égard des mœurs des candidats à
l'épiscopat.

Les mœurs ecclésiastiques au crible.

Pour faire échouer une nomination, tous les moyens sont bons et
plus d'une promotion s'est accompagnée de véritables cabales, à la
tête desquelles on retrouve très souvent des prêtres qui cherchent à
faire apparaître un défaut susceptible de permettre au Saint-Siège

---

1. *L'Avenir*, 21 août 1831, «De la nomination de M. Rey à l'évêché de Dijon».
2. Abbé GERBET, «De la nomination des évêques par le gouvernement», *L'Avenir*,
29 mars 1831.

d'user du motif d'empêchement canonique. Au premier rang de ces défauts figure bien évidemment le défaut de mœurs. Le Saint-Siège en effet traque d'une façon particulièrement virulente les ecclésiastiques dont la conduite n'est pas irréprochable. Le gouvernement français lui-même s'attache à ne pas proposer ce type de candidats. On peut évaluer à une dizaine le nombre d'évêques ainsi mis en cause au moment de leur nomination : trois sont promus sous la monarchie de Juillet, trois sous le IIe Empire et cinq sous la IIIe République. Mais tous les reproches qui leur sont adressés n'ont pas atteint le même degré de gravité.

Une première critique que l'on rencontre, surtout au début du XIXe siècle, c'est le non-respect du costume ecclésiastique ; il est vrai que le port de la soutane n'est pas encore complètement entré dans les mœurs ecclésiastiques dans le premier tiers du XIXe siècle [1]. Deux ecclésiastiques sont ainsi accusés d'avoir enfreint les nouvelles règles ecclésiastiques : l'abbé d'Humières et l'abbé Fayet. Mais ce défaut du port de la soutane est souvent associé à des soupçons sur leurs mœurs. Le premier draine derrière lui une réputation de prêtre mondain ; il est qualifié de « polisson » en 1801 [2]. La mise en cause de l'abbé Fayet est contemporaine de son passage dans les rangs des Missionnaires de France [3] ; elle est encore accentuée par son mode de vie en qualité d'inspecteur général [4]. Plusieurs témoignages le confirment, sans que les faits soient toujours clairement attestés. Ainsi le ministre écrit au préfet de la Lozère le 20 avril 1830 : « L'on m'assure que la conduite de M. l'abbé Fayet, inspecteur général des études, en congé à Mende depuis plus d'un an, est de nature à donner lieu à de graves reproches, et à porter atteinte à sa réputation comme ecclésiastique et comme fonctionnaire de l'Université [5]. » L'évêque de Mende, Mgr Brulley de la Brunière, est quant à lui à peine plus précis : « En arrivant ici vers la fin

---

1. Voir Louis TRICHET, Le Costume du clergé. Ses origines et son évolution en France d'après les règlements de l'Église, Paris, Éd. du Cerf, 1986, 245 p.
2. A. N. F 19 /1902.
3. Voir Ernest SEVRIN, Les Missions religieuses en France sous la Restauration, 2 tomes, t. I, Saint-Mandé, chez l'auteur, 1948, xxx-367 p. et t. II, Paris, Vrin, 1959, 532 p.
4. Sur cette période de sa vie, voir Isabelle HAVELANGE, Françoise HUGUET et Bernadette LEBEDEFF, Les Inspecteurs généraux de l'Instruction publique. Dictionnaire biographique, 1802-1914, Paris, I.N.R.P., Éd. du CNRS, 1986, 700 p., p. 344-345.
5. A. N. F 19 / 2552 (dossier Fayet), le ministre au préfet de la Lozère, 20 avril 1830.

d'août 1828, il annonça que les médecins lui avaient prescrit la chasse pour sa santé. Il s'y est en conséquence livré pendant tout l'automne d'une manière bien affligeante pour la religion. Le Printemps, le Carême même et l'automne de 1829 l'ont souvent vu en costume et dans l'exercice de la chasse, mais avec moins d'éclat et plus de modération. Pendant son séjour actuel, et le précédent, des bruits trop publics sur un article tout autrement délicat sont venus m'affliger. Sans chercher des lumières superflues pour la direction de ma conduite, j'ai acquis la déplorable certitude qu'il s'en fallait de beaucoup que M. l'abbé Fayet fût toujours calomnié. Étranger à tous nos offices, dans les jours mêmes les plus saints et les plus solennels, il ne remplit d'autre devoir extérieur de religion que de célébrer depuis huit mois, une messe basse dans une chapelle des Pénitents. En m'y opposant, j'aurais soulevé contre mon administration sa nombreuse famille et la portion la moins religieuse de la ville [1].» L'évêque poursuit en écrivant qu'il a voulu éviter le scandale, mais a dû le priver de toute fonction ecclésiastique, en souhaitant qu'«il sorte honorablement d'une oisiveté dans laquelle s'enfouit avec sa réputation, et menace de se rouiller à jamais, un des plus beaux talents que je connaisse [2]».

À travers le portrait de l'abbé Fayet, l'évêque de Mende met l'accent sur une des exigences essentielles de l'Église à l'égard de son clergé, à savoir la conformité avec l'état ecclésiastique. Dans le cas présent, il est surtout reproché à l'abbé Fayet de ne pas se comporter en prêtre, ce que confirme le préfet de la Lozère : « S'il n'était pas revêtu du caractère ecclésiastique, on n'aurait eu rien à lui reprocher, mais je dois dire qu'il ne mène pas un genre de vie conforme à ce caractère sacré, surtout dans un pays où dominent les idées religieuses [3].» Au-delà du non-respect du port de l'habit ecclésiastique, et de la pratique de la chasse, c'est la marginalité du prêtre qui est mise en cause : membre de l'Université, il échappe au cadre concordataire. En outre, venu tard au sacerdoce, après des débuts comme avocat, il est perçu comme plus rétif vis-à-vis de l'autorité épiscopale, comme le montrent ses contacts avec les pénitents de Mende [4]. De là à mettre en cause les mœurs, il n'y a qu'un

---

1. A. N. F 19 / 2552 (dossier Fayet), l'évêque de Mende au ministre, 27 avril 1830.
2. *Ibid.*
3. A. N. F 19 / 2552 (dossier Fayet), le préfet de la Lozère au ministre, 19 mai 1830.
4. Mais aussi de Montpellier, A. N. F 19 / 908B (dossier Fayet, chanoine de Rouen), l'évêque de Montpellier au ministre, 23 novembre 1829 : «M. l'abbé Fayet, inspecteur général de l'Université réside depuis trois ans à Mende, en vertu d'un congé. Il a contracté à mon insu avec une confrérie de pénitents établie dans Montpellier

pas, même si l'implicite prévaut dans la majeure partie des cas. Pour l'abbé Fayet, la réputation acquise dans les années 1820 le poursuit jusqu'à son accès à l'épiscopat, bien qu'entre-temps il soit pleinement entré dans les cadres concordataires, en devenant vicaire général de Rouen, puis curé de Saint-Roch à Paris. En fait, pour la hiérarchie épiscopale, un prêtre qui sort du cadre ecclésiastique est nécessairement un prêtre dévoyé.

Tout prêtre, *a fortiori* s'il est destiné à l'épiscopat, se doit donc de présenter un aspect extérieur parfaitement en conformité avec son état. Or six ecclésiastiques sont mis en cause au XIXᵉ siècle pour atteinte à la morale sexuelle, à des degrés divers, puisque les accusations vont de la simple avance faite à une pénitente jusqu'à la paternité. En général les faits ne sont pas établis de façon claire, sans quoi les prêtres en question ne seraient jamais parvenus à l'épiscopat. Le premier à être ainsi mis en cause est l'abbé Olivier à propos duquel l'évêque d'Orléans, Mgr Brumauld de Beauregard, écrivait au nonce en 1836 qu'il lui manquait « la qualité d'irrépréhensible dans les mœurs que recommande l'apôtre [1] ». L'archevêque de Paris, Mgr Affre, confirme en partie le soupçon tout en en réduisant la portée : « Quelques prêtres étrangers à l'administration me semblaient fort prévenus contre lui. Un seul précisa un fait, sans en donner la preuve. Ce fait vous le connaissez. J'ai pu heureusement en savoir la nature et le degré de gravité. M. Olivier n'y est pas sans avoir à se faire quelques reproches, mais les circonstances atténuent sa faute. Un autre fait m'a été dénoncé, mais sans qu'il me soit possible d'en obtenir les preuves [2]. » C'est du reste sur le terrain de sa vie privée que la reine Marie-Amélie choisit de défendre l'abbé Olivier : « Mgr l'archevêque de Paris a fait des enquêtes les plus approfondies, écrit-elle, et leur résultat a été tel que nous le pensions ; il a ajouté lui-même que M. le curé, entouré constamment du nombreux clergé de Saint-Roch qui le vénère et le chérit comme un père, accessible à toutes les heures du jour et de la nuit,

l'engagement de prêcher la station du prochain carême dans leur église qui est aussi paroissiale. » Les différends entre évêques et pénitents sont alors nombreux ; ils trouveront leur pleine extension, dans le diocèse d'Évreux, sous l'épiscopat de Mgr Olivier ; voir Michel BEE, « La révolte des confréries de charité de l'Eure en 1842-1843 », *Annales de Normandie*, mars 1974, p. 89-115, et plus généralement Martine SEGALEN, *Les Confréries dans la France contemporaine*, Paris, Flammarion, 1975, 257 p.

1. A.S.V., S. d. S., Rub 248, anno 1841, l'internonce au secrétaire d'État, 18 mars 1841.
2. *Ibid.*, anno 1841, Mgr Affre à l'internonce, 13 mars 1841.

vivait comme dans une chambre de verre; il est peut-être le seul prêtre de Paris qui n'ait jamais quitté l'habit ecclésiastique [1].» En fait l'accusation concernait la jeunesse d'Olivier, ce qui peut expliquer les divergences de points de vue entre l'archevêque et la reine. Pour l'internonce, le soupçon sur les mœurs d'Olivier est en tout cas fondé; il est le principal motif qui le conduit à repousser cette candidature, mais l'absence de preuves l'empêche visiblement d'utiliser l'argument pour soulever une objection canonique.

Il est difficile de faire la part de la calomnie dans les affaires mettant en cause la moralité des ecclésiastiques candidats à l'épiscopat. Il est certain en effet que pour leurs adversaires, c'est un moyen efficace pour faire échouer une candidature. Dès lors tout fait suspect peut se transformer en accusation péremptoire. Ainsi en est-il lors de la nomination à Soissons de l'abbé Christophe, accusé de vivre avec une femme dont il aurait eu un fils. Le nonce n'a pas de difficulté à lever le doute en interrogeant le cardinal Morlot, l'abbé Véron, promoteur du diocèse, et l'intéressé lui-même, qui n'a aucun mal à prouver qu'il vit en fait avec sa sœur et son neveu. Le doute est en revanche persistant en ce qui concerne l'abbé Fournier nommé à Nantes en 1870. Accusé avec précision par son évêque, Mgr Jaquemet, d'avoir eu un enfant, il parvient cependant à l'épiscopat dans un contexte particulier de lutte entre libéraux et ultramontains, mais sans que, apparemment, le Saint-Siège ait procédé à une quelconque enquête [2]. Il serait utile de savoir combien d'autres prêtres ont ainsi vu leur carrière entravée par de telles accusations. Dans le cas de l'abbé Rumeau, les critiques portées contre ses mœurs lui ont valu d'attendre dix ans l'épiscopat.

L'abbé Rumeau, vicaire général d'Agen, était sur le point d'être nommé à l'évêché de Saint-Dié, le pape ayant accepté ce choix, lorsque sa nomination fut suspendue [3]. Cette suspension s'explique par une lettre adressée par l'abbé Daguerre au secrétaire d'État, dans laquelle Rumeau est accusé d'avoir séduit une jeune fille, et par une note anonyme envoyée au nonce [4]. En fait, l'accusation lan-

---

1. A. S. V., S.d.S., Rub 248, anno 1841, la reine à l'ambassadeur de France, 13 mars 1841. La reine ne parle que du présent, alors que le soupçon qui pèse sur Olivier remonte au début de sa carrière.
2. Cette affaire a été éclairée par Marcel LAUNAY, *Le Diocèse de Nantes sous le IIe Empire,* Nantes, C.I.D., 1982, 2 tomes, 980 p., p. 810-823.
3. A. N. F 19 / 2490 (dossier Rumeau). Le décret de nomination avait été préparé (pièce 15).
4. A. S. V., S. d. S., Rub 248, anno 1890, fasc. 6. Deux lettres de l'évêque de Rosea au nonce sont jointes au rapport que ce dernier envoie au secrétaire d'État, le 18 avril 1890.

cée par un petit groupe de prêtres d'Agen repose sur une simple confession. La jeune fille en question, embarrassée devant l'abbé Rumeau, aurait exprimé sa gêne à un autre prêtre qui en aurait conclu à une tentative de séduction. L'affaire pourrait être banale, mais elle prend du relief du fait de l'intervention de l'évêque *in partibus* de Rosea, Mgr Jourdan de La Passardière, qui appuie les accusations contre Rumeau. Le secrétaire d'État est incontestablement impressionné par cette intervention et recommande de repousser le candidat [1]. Le résultat des enquêtes ordonnées par l'évêque d'Agen qui montrent le caractère calomnieux des accusations n'y fait rien, car, comme le dit le nonce, la réputation du candidat est de toute façon atteinte. Il parvient du reste à convaincre le ministre des Cultes qui retire la nomination de Rumeau. Ce dernier doit attendre que le temps efface le souvenir de cette affaire ; il est en effet nommé évêque d'Angers en 1898.

Le cas Rumeau est exemplaire de l'utilisation que l'on peut faire du soupçon, sinon de la calomnie pour faire échouer une candidature. Il vient rappeler la place ambiguë qu'occupe le secret dans la vie de l'Église qui cherche à conserver un voile d'opacité sur ses affaires intérieures, d'où l'embarras d'une administration des cultes sur ces questions de mœurs, et en même temps se trouve prise au piège de sa volonté de dissimulation, au point de ne plus toujours départager la vérité de l'erreur. Plus qu'en tout autre milieu, l'utilisation d'un vocabulaire employé à mots couverts, la divulgation mesurée d'informations confidentielles, parfois provoquée par la transgression du secret de la confession, l'interprétation du moindre geste ou de la moindre parole, font vivre le doute. Mais les secrets à demi dévoilés ou les silences rompus sont aussi une clef d'interprétation de la pratique ecclésiale. De ce point de vue, la nomination épiscopale est un des moments privilégiés d'ouverture de l'Église vers l'extérieur. C'est le temps de l'enquête, au sens policier d'investigation, c'est donc aussi le temps du soupçon. L'Église a certes voulu codifier cette enquête, en confiant le soin au nonce de choisir deux prêtres appelés à témoigner sur la personnalité du candidat, en vue des informations canoniques. Mais en fait, la recherche d'indices se développe avant même ce stade ultime, ce qui devait nécessairement conduire à la multiplication des dénonciations, surtout en période de crise entre l'Église et l'État.

---

1. *Ibid.*, anno 1890, fasc. 6, le secrétaire d'État au nonce, 8 mai 1890.

L'offensive catholique contre les nominations républicaines.

La relative entente entre le gouvernement français et le Saint-Siège n'empêche en effet pas la manifestation d'une opposition catholique aux nominations épiscopales, après l'arrivée des républicains au pouvoir. Elle provient d'abord des milieux intransigeants et légitimistes qui tentent en 1880 de faire échouer la candidature de l'abbé Bellot des Minières à Poitiers [1]. L'installation de la République et l'effacement des légitimistes sur le plan politique conduisent à la disparition de ce type de campagnes. Mais celles-ci réapparaissent dès lors que la République semble menacée, comme le montre excellemment l'affaire Juteau.

La nomination de l'abbé Juteau à Poitiers est en effet un bon révélateur des mécanismes d'intervention de l'opinion catholique face à l'annonce d'une promotion épiscopale. À l'origine de la campagne contre Juteau figurent les chefs du parti ultramontain de Poitiers, Mgr Gay, l'évêque auxiliaire qu'avait obtenu Pie, et le marquis de La Rochejacquelin. Ils agissent de façon classique en écrivant au pape pour accuser Juteau d'avoir été « un aumônier sans zèle et sans foi », de bien vivre, d'avoir des relations avec des préfets francs-maçons, d'être l'ami des parlementaires républicains d'Indre-et-Loire. On met aussi en cause sa conduite privée, en lui reprochant notamment de s'être fait photographié la pipe à la bouche [2]. Ces attaques sont d'autant plus virulentes que le diocèse de Poitiers est un symbole : diocèse occupé naguère par Pie, il fait figure de bastion de l'ultramontanisme. Le parti ultramontain de Poitiers entend une nouvelle fois empêcher la venue d'un adversaire présumé. Mais cette fronde locale prend une autre dimension lorsqu'elle est relayée à Tours, diocèse d'origine de Juteau, par les adversaires du cardinal Meignan, notamment un prêtre défroqué et marié, l'abbé Bernard [3] et le journaliste Delahaye, directeur du *Journal d'Indre-et-Loire* qui publie plusieurs articles contre Juteau [4]. Dans les deux cas, l'accent est mis sur les liens politiques de Juteau avec

---

1. Voir J. B. Woodwall, « Henri Bellot des Minières, Republican Bishop of Poitiers, 1881-1888 », *The Catholical American Review,* octobre 1952, p. 257-284.
2. Ces lettres suscitent une vive réplique de Juteau et un complément d'enquête de la part du nonce, voir p. 496-497.
3. Il publie une brochure très polémique hostile à la nomination de Juteau à Poitiers, afin, écrit-il, d'éclairer les Poitevins, sous le titre : *Une page d'histoire. Biographie de M. l'abbé Juteau, nommé évêque de Poitiers,* Tours, Imp. Bertrand, 1888, 29 p.
4. Notamment le 22 novembre un article intitulé « Nouveaux évêques, nouveaux diocèses ».

les parlementaires et le préfet. Le contexte de cette affaire est important à rappeler. La nomination de Juteau intervient en pleine crise politique, puisque la France vit l'avènement du boulangisme. Or Juteau incarne, aux yeux des catholiques intransigeants, l'homme lige des opportunistes. Le fait que Wilson, le gendre compromis de Grévy, ait été député d'Indre-et-Loire agrémente le mythe de l'ecclésiastique parvenu à l'épiscopat grâce à ses attaches politiques. Pourtant Juteau a déclaré aux cardinaux Place et Lavigerie ne pas connaître Wilson ; son dossier aux Archives nationales ne porte pas non plus de traces de recommandations de Wilson [1]. On comprend mal du reste comment sa candidature, instruite à partir d'octobre 1887 seulement, pourrait s'appuyer sur une telle recommandation, plutôt compromettante à cette date. Mais l'accusation de wilsonisme s'explique mieux lorsque l'on sait qu'elle est véhiculée par les agents du boulangisme d'Indre-et-Loire, en particulier par Jules Delahaye, dont la prise de position vaut à son journal une interdiction de la part de l'archevêché de Tours.

De ce fait la campagne contre Juteau rapproche catholiques intransigeants et boulangistes dans une commune dénonciation de la politique opportuniste de nominations épiscopales. On voit poindre une même réprobation à l'égard d'évêques soupçonnés d'être à la solde du gouvernement. Mais en même temps l'affaire Juteau révèle l'inquiétude de certains milieux intransigeants face à ce qu'ils considèrent comme une politique laxiste du Saint-Siège. Ils ne supportent pas en effet de voir les nominations épiscopales s'effectuer sans véritables heurts et le nonce s'entendre avec des ministres républicains et anticléricaux. Certes, l'affaire Juteau éclate dans un contexte bien particulier et dans une région bien précise. Elle est aussi un des éléments du conflit qui oppose depuis sa nomination à Tours Mgr Meignan à Mgr Freppel, son suffragant. L'archevêque de Tours, en recommandant Juteau, écrivait ainsi au directeur des cultes : « Malgré tout cela, il aura, si le bruit se répand, tous mes ennemis contre lui. Il faut emporter vite l'affaire. Le nonce y a intérêt et nous aussi. On ne peut plus aujourd'hui faire de nominations sans la protection de MM. Veuillot qui y tiennent absolument [2]. » Le lendemain Meignan récidive, en demandant qu'on ne nomme aux environs d'Angers aucun candidat de Mgr Freppel [3].

---

1. A. N. F 19 / 2562 (dossier Juteau), le seul parlementaire à recommander Juteau est le sénateur Guinot.
2. *Ibid.*, l'archevêque de Tours au directeur, 21 octobre 1887.
3. *Ibid.*, l'archevêque de Tours au directeur, 22 octobre 1887.

Mais Freppel qui avait son candidat pour Poitiers refuse d'entrer plus avant dans la lutte, une fois que le pape a parlé. Ainsi une fracture apparaît dans le camp ultramontain, hostile au clan Meignan, avec d'un côté ceux qui font leur le slogan « catholiques d'abord » et s'effacent après l'approbation du candidat par le pape, et de l'autre côté ceux qui restent attachés au « politique d'abord ». Ces derniers sont les plus virulents à vilipender un épiscopat à la solde des républicains. Ils sont à l'origine de la dénonciation d'un épiscopat « fin de siècle » qui connaît son apogée au milieu des années 1890

Un épiscopat « fin de siècle ».

Les critiques à l'égard de la hiérarchie épiscopale ont toujours eu cours [1], mais les années 1890 voient se dérouler une véritable offensive contre l'épiscopat français. En 1892 paraît ainsi *Le Clergé français dans le passé et dans le présent*, de l'abbé Des Fontenelles [2] qui se place d'emblée dans le sillage de Drumont et de son *Testament d'un antisémite*. Surtout, en 1894 Daniel Autschinski publie sous le pseudonyme de Guy de Pierrefeu *L'Épiscopat sous le joug* [3]... Il récidive deux ans plus tard avec *Les Martyrs de l'épiscopat* [4]. La même année, l'abbé Féret publie, sous le pseudonyme de baron de La Heunière, *Pas d'épiscopat, à peine des évêques* [5]. Tous ces ouvrages reposent sur une même dénonciation d'un épiscopat trop modéré, à la solde du gouvernement républicain, mais peu soucieux des intérêts du clergé. La Heunière s'en prend à « l'état de faiblesse et d'abaissement de nos chefs spirituels » et dénonce les ambitions épiscopales des prélats. C'est aussi le thème central de la pièce de Pierrefeu, *L'Épiscopat sous le joug*..., où un député juif et franc-maçon promet l'archevêché de Lyon à un évêque s'il lui apporte

---

1. Les volumes publiés sous le titre *Biographie du clergé contemporain,* par un Solitaire, dans les années 1840, sont souvent sévères pour les évêques. La campagne en faveur de l'inamovibilité des desservants accentuent alors les critiques à l'égard de l'épiscopat.
2. Paris, E. Dentu, 1892, 315 p.
3. Guy DE PIERREFEU, *L'Épiscopat sous le joug. Scènes de la vie ecclésiastique et documents secrets sur tous les archevêques, évêques et candidats à l'épiscopat,* Paris, E. Dentu, 1894, XII-364 p.
4. Paris, Flammarion, 1897, VIII-307 p.
5. Paris, E. Dentu, 1896, XII-378 p.

son aide pour obtenir la main de la nièce d'un curé de son diocèse. L'ouvrage de Pierrefeu, qui regroupe aussi des notes provenant de l'administration des cultes, suscite de vives réprobations dans le monde catholique, notamment à *L'Univers* et à *La Croix*, qui prisent peu cette attaque frontale contre les deux tiers de l'épiscopat et implicitement contre le Saint-Siège. Il est vrai que ces deux journaux ont suivi les directives pontificales invitant les catholiques à accepter les institutions républicaines, ce qui n'est pas le cas des instigateurs de la campagne contre l'épiscopat «fin de siècle».

Derrière des nominations épiscopales relativement bien accueillies par Rome, c'est la politique de ralliement qui est visée. Les auteurs cités plus haut refusent l'apaisement qui conduit, selon eux, à un affaiblissement du combat contre les mesures anticléricales. La dénonciation de l'épiscopat «fin de siècle» provient en effet des milieux nationalistes. Le patronage de Drumont dans un cas, celui de Barrès ou du député boulangiste Turquet dans l'autre, un fonds antisémite partout présent montrent bien l'origine nationaliste de cette campagne, appuyée par la même maison d'édition et relayée par les organes de presse nationaliste. *La Libre Parole* publie de larges extraits de *L'Épiscopat sous le joug...*, tandis que *La Cocarde* de Barrès reproduit un entretien avec son auteur [1]. La mise en cause de cet épiscopat et celle des modes de désignation des évêques, qui ravissent tant Anatole France qu'il en fait le sujet de son livre *L'Orme du mail*, s'expliquent en grande partie par les bonnes relations qu'entretiennent le gouvernement et le Saint-Siège. Elles marquent un refus du compromis qui conduit au choix d'évêques modérés, dont la combativité n'est pas suffisante, aux yeux des adversaires du régime. Mais en fin de compte, cette agitation autour des nominations épiscopales semble avoir eu peu d'effet.

En définitive, il ne faut pas négliger, dans les nominations épiscopales, le rôle négatif qu'a pu jouer l'opinion catholique. Certes, il peut paraître minime, parce qu'évoquant la population des candidats devenus évêques, on ne prend en compte que ceux qui ont surmonté l'obstacle dressé sur leur route. Mais combien de candidats malheureux à l'épiscopat ont-ils dû leur échec à des interventions plus ou moins fortes de l'opinion publique? Il apparaît en effet clairement que les pressions pour faire échouer certaines nominations épiscopales ne sont pas rares; elles ne sont pas non plus le fait de personnages isolés, mais bien plutôt de groupes d'individus. De

---

1. Reproduit en annexe du livre, p. 360.

véritables contre-réseaux se mettent en action, surtout en période de
crise, c'est-à-dire essentiellement à partir des années 1880. La plupart des interventions mettent en jeu, contre des candidats réputés
favorables au gouvernement, des représentants du courant intransigeant, voire intégraliste. Or, si l'efficacité de ces contre-réseaux
n'est pas certaine avant 1905, elle se révèle en revanche décisive
après la Séparation [1].

---

1. Voir Jacques-Olivier BOUDON, « Le Saint-Siège et le recrutement des évêques
français au lendemain de la Séparation : une enquête de 1908 sur les candidats à
l'épiscopat », Revue d'histoire ecclésiastique, 1995, vol. 90, nᵒˢ 3-4, p. 443-470.

CONCLUSION DE LA TROISIÈME PARTIE

Les modalités d'accès à l'épiscopat, dans le système concordataire, permettent de repérer deux époques bien contrastées. Jusqu'en 1830, la désignation des évêques ressortit au seul pouvoir politique, conformément à la volonté de Bonaparte et à une vieille tradition d'Ancien Régime. Les choix sont effectués par le gouvernement, en général après concertation de l'épiscopat en place, notamment à partir de la Restauration qui voit le retour en force des évêques dans les sphères gouvernementales.

À partir de 1830, les partenaires sont au nombre de trois : le gouvernement français, l'épiscopat et le Saint-Siège qui prend une part de plus en plus active dans le processus de désignation. Le pouvoir politique a perçu l'intérêt qu'il avait à négocier ainsi, d'une part avec l'Église de France et d'autre part avec la papauté. Dans une perspective toute gallicane, il entend bien distinguer ces deux instances du pouvoir ecclésiastique. La nomination épiscopale revient donc en premier lieu au gouvernement, mais elle s'appuie sur une consultation constante de l'épiscopat et ne prend effet qu'après un accord préalable du Saint-Siège, sauf aux périodes de crise. La papauté elle-même s'appuie sur les avis des évêques français avant de donner son accord. Cette pratique a donc eu pour effet de privilégier l'épiscopat en place dans la désignation de ses pairs, puisqu'il se trouve au confluent de deux faisceaux d'influence qui partent l'un vers Paris, l'autre vers Rome, ce qui accentue encore le poids de la cooptation épiscopale. De plus, comme le pouvoir ne s'appuie que sur l'avis d'un petit nombre de prélats, le plus souvent de tradition gallicane, cette cooptation maintient un recrutement relativement homogène de l'épiscopat. En même temps, cette première consultation des évêques de France a eu pour conséquence de désarmer les éventuelles critiques de Rome, ce qui explique que le Saint-Siège ait globalement bien accueilli les candidats proposés par Paris. Ainsi les nominations épiscopales se sont effectuées, au moins depuis 1830, au terme d'un échange triangulaire, dont le point de départ demeure malgré tout le gouvernement français.

Mais cette relation triangulaire peut être perturbée, ce n'est cependant pas le cas le plus fréquent, lorsque intervient en dernier ressort une fraction de l'opinion catholique, la plus intransigeante, qui entend servir de véritable aiguillon et obtenir des nominations plus conformes à son idéal d'épiscopat ardent et combatif.

CONCLUSION GÉNÉRALE

La loi de Séparation de 1905 met fin au Concordat et transforme par là même les relations entre l'Église et l'État. Son premier effet est de bouleverser les modalités du recrutement de l'épiscopat français, fixées en 1801, mais qui prenaient en fait leur source dans le Concordat de 1516. La Séparation n'entraîne cependant pas une totale recomposition de l'épiscopat français. Ce dernier, reconstitué *ex nihilo* en 1802, se perpétue après 1905 et seuls quelques évêques font les frais d'une trop grande compromission, aux yeux de Rome, avec le régime républicain [1]. Mais dans l'ensemble, l'épiscopat du premier XXe siècle reste marqué par la présence nombreuse d'évêques concordataires, dont certains du reste accèdent aux plus hautes charges de l'Église [2].

Cet épiscopat de la fin du XIXe siècle n'a certes pas le même visage que celui des débuts de la période concordataire. Mais les évolutions se sont produites par touches successives, sans véritable rupture. C'est une constante de l'Ancien Régime au XXe siècle : l'épiscopat se renouvelle par l'apport de générations successives, mais sans bouleversement. Que ce soit en 1802, à partir de 1817 ou après 1830, chaque régime imprime de son sceau le recrutement épiscopal, mais sans jamais rompre avec les traditions antérieures. Dès lors, cet épiscopat du XIXe siècle se caractérise par son homogénéité.

Globalement, les évêques du XIXe siècle sont d'origine urbaine et se recrutent de façon privilégiée au sein des classes notables de la

---

1. Le Saint-Siège obtient cependant les démissions de Geay, Le Nordez, Herscher et Lacroix.
2. Voir Marc MINIER, *L'Épiscopat français du Ralliement à Vatican II*, Padoue, C.E.D.A.M., 1982, XII-232 p.

société, la noblesse, puis, de plus en plus, la bourgeoisie. Certes le corps épiscopal se démocratise au XIXᵉ siècle, mais davantage au profit de la petite bourgeoisie que de la paysannerie, dont la part reste somme toute modeste. Incontestablement donc l'épiscopat se compose de prêtres dont les origines sociales sont supérieures à celles de la moyenne du clergé français. Cette première constatation explique que ces mêmes évêques aient suivi un cursus scolaire plus rapide et souvent plus complet que la majorité des ecclésiastiques. Certes, l'école presbytérale et le petit séminaire apparaissent comme la filière privilégiée vers le sacerdoce, mais elle est concurrencée par les filières classiques. En outre, les futurs évêques se présentent relativement plus tôt au séminaire et sont ordonnés plus rapidement que l'ensemble des prêtres. L'acquis initial a donc contribué à les placer en position de force à la sortie du séminaire. Mais les futurs évêques n'en reçoivent pas pour autant une formation très différente. Ils ont majoritairement reçu un enseignement sulpicien, tant à Paris qu'en province. Par-delà la coupure révolutionnaire s'affirme la force du séminaire parisien de Saint-Sulpice. Cette continuité dans la forme de l'enseignement reçu contribue encore à l'homogénéité du corps épiscopal. Mais, à l'inverse de la formation d'Ancien Régime qui dissociait l'enseignement destiné aux élites cléricales – passant par la fréquentation des facultés de théologie et l'obtention de la licence –, de celui offert à la masse du clergé, le XIXᵉ siècle propose à l'ensemble des aspirants au sacerdoce un moule de formation commun, le grand séminaire. De ce fait, les évêques ont suivi les mêmes enseignements que les autres prêtres. Cette rupture avec l'organisation des études pratiquée sous l'Ancien Régime est sans doute une des raisons majeures de la faiblesse intellectuelle de l'épiscopat français formé au XIXᵉ siècle, faiblesse que vient rappeler sa piètre production bibliographique consacrée aux questions théologiques. Pourtant, à partir du milieu du siècle, les évêques participent notablement au renouveau intellectuel qui caractérise l'ensemble du clergé, notamment par la fréquentation des facultés de théologie, mais ils font davantage figure de prêtres érudits que de véritables intellectuels, comme le révèle leur penchant pour les diverses formes d'histoire plus que pour la théologie pure.

Formé plus rapidement que l'ensemble du clergé, l'épiscopat emprunte aussi des filières professionnelles privilégiées. D'emblée, les futurs évêques se sont vu confier des postes enviés de professeur dans un séminaire ou de vicaire d'une grosse paroisse urbaine, plus rarement de secrétaire d'un évêque. Les itinéraires sont ensuite divers, mais dans l'ensemble les évêques ont connu au moins deux des trois types de carrière sacerdotale : l'enseignement, l'administration paroissiale et l'administration diocésaine. Cette dernière était prédominante sous l'Ancien Régime ; elle tient encore une place importante au XIXe siècle, mais le poste de vicaire général, s'il reste un des modes privilégiés de préparation à l'épiscopat, tend à régresser. De plus en plus en effet l'épiscopat se recrute, à partir du milieu du siècle, parmi les curés. Les carrières de l'administration diocésaine ne sont donc pas les seules voies d'accès à l'épiscopat, comme elles l'étaient sous l'Ancien Régime. Par la diversité de ces carrières sacerdotales, l'épiscopat s'est préparé, de l'intérieur, à affronter les principales difficultés de l'administration épiscopale. Mais quelles que soient les diverses carrières poursuivies par les évêques, force est de constater qu'elles ont été accomplies quasi exclusivement en milieu urbain, voire dans les principales villes des départements français. C'est bien évidemment le cas des fonctions exercées dans l'administration diocésaine et, pour une bonne part, dans l'enseignement, ce l'est aussi pour les fonctions paroissiales. Que ce soit au temps de leur jeunesse comme vicaires, ou plus tard comme curés, très rares sont les évêques à avoir exercé en milieu rural. L'épiscopat du XIXe siècle est donc un épiscopat urbain, très peu au fait des problèmes ruraux.

Les modes de recrutement fixés par le Concordat de 1801 et qui demeurent les mêmes tout au long du siècle, même s'ils ont été quelque peu amendés, tendent encore à renforcer l'homogénéité de cet épiscopat, sans pour autant entraver toute évolution. Ainsi, sur le plan doctrinal prédomine largement, au sein de l'épiscopat, le courant favorable à une relative indépendance à l'égard du Saint-Siège, incarné par le gallicanisme dans la première moitié du XIXe siècle, puis, à partir des années 1850, par le libéralisme. Néanmoins, l'ultramontanisme gagne des positions à partir de la monarchie de Juillet, mais il ne parvient pas à submerger l'épiscopat. Même après le concile du Vatican, qui marque la victoire de l'ultramontanisme, les évêques les plus intransigeants sont rares. Au total l'épiscopat se caractérise donc, sur le plan doctrinal, par ses positions modérées, voire libérales. Surtout après 1830, il ne compte que très peu de gallicans prononcés ou d'ultramontains intransigeants. Cette modération se retrouve dans les prises de position politiques de ces futurs évêques. Ils sont dans l'ensemble de tradition légitimiste, et ont été particulièrement marqués par l'expérience révolutionnaire, les deux tiers émigrant. Mais, à partir du Concordat, ils se montrent respectueux des pouvoirs en place, si bien que du Ier Empire à la IIIe République, ils ont finalement apporté leur concours à l'Église concordataire, ce qui ne signifie pas qu'ils se rallient de façon pleine et entière à la monarchie de Juillet, à la République, voire à l'Empire. À l'exception de quelques opportunistes et de quelques intransigeants, les évêques ont adopté une attitude de prudent attentisme, qui les conduit ensuite vers la conciliation. En ce sens, l'épiscopat se compose de prêtres beaucoup plus modérés que l'ensemble du clergé français.

Ce caractère particulier de l'épiscopat tient à son mode de sélection. La formation de l'épiscopat est avant tout l'œuvre du gouvernement français, ce qui est certes une tradition en France, mais une tradition qui n'est pas immuable. L'épiscopat du XXe siècle est en effet nommé par le pape. Ce rôle premier du gouvernement français explique que, par-delà les changements politiques, chaque régime ait tenté de constituer un épiscopat qui ne lui soit pas hostile. La politique de nomination épiscopale au XIXe siècle se caractérise donc par certains traits communs qui sont encore renforcés par la mise en place d'une structure, l'administration des cultes, chargée de faire appliquer cette politique. Son rôle est rarement décisif, sauf peut-être à la fin du siècle, mais elle insuffle un esprit gallican à l'ensemble de la politique ecclésiastique, par l'entremise de ses fonctionnaires. Pour le pouvoir politique, il est impératif que l'évêque soit un élément de stabilité au sein de la société française. Ainsi perdure au XIXe siècle l'image d'un préfet violet, chargé de contrôler le clergé, voire l'ensemble des catholiques. L'évêque, homme d'Église, est donc aussi un des rouages essentiels de la société civile, d'où l'importance de recruter des ecclésiastiques qui ne soient pas des hommes de parti, mais des ecclésiastiques conciliants. Il est en même temps nécessaire qu'ils soient bien acceptés par leur diocèse – les quelques évêques imposés par un régime désireux d'affirmer sa tutelle sur l'épiscopat ont généralement rencontré des difficultés dans les diocèses d'accueil [1]. Le recrutement épiscopal doit donc être le fruit d'une certaine concorde entre l'Église et l'État.

Cette concorde est d'abord recherchée auprès de l'épiscopat en place. Les évêques sont en effet considérés comme les meilleurs garants du recrutement de leurs collègues. La cooptation devient donc dès la Restauration un des phénomènes majeurs pour expliquer la constitution du corps épiscopal. Les évêques sont non seu-

---

1. Par exemple Olivier à Évreux ou Alouvry à Pamiers.

lement consultés, mais encore sont écoutés par le pouvoir politique. Tous n'ont cependant pas la même influence. Un petit groupe de grands électeurs, composé d'une vingtaine de cardinaux et d'archevêques, a eu, tout au long du siècle, la haute main sur la désignation de leurs pairs. Gallicans dans la première moitié du siècle, libéraux ensuite, ils ont contribué à former un épiscopat à leur image. La cooptation a ainsi été l'une des principales raisons de la relative homogénéité du corps épiscopal. Elle a aussi permis la constitution de réseaux. Certes, l'épiscopat concordataire ne forme pas un ensemble structuré ; les Articles organiques ont interdit la concertation épiscopale. Pourtant les contacts existent entre évêques au XIXᵉ siècle. Ceux-ci se nouent très souvent entre les divers membres de ces réseaux qui apparaissent lors des nominations. Ces réseaux peuvent être transversaux et relier entre eux d'anciens condisciples, d'anciens collègues dans la cléricature ou encore des ecclésiastiques d'une même région, mais aussi des évêques qui partagent les mêmes opinions sur le plan politique ou religieux. Ils peuvent aussi se croiser avec des réseaux politiques ou familiaux, tant il est vrai que la nomination épiscopale est souvent le fruit de multiples sources d'influence, dont la plus importante reste cependant l'épiscopat lui-même.

La concorde entre l'Église et l'État se traduit également par le *modus vivendi* que finissent par établir entre eux le gouvernement français et le Saint-Siège. Il faut attendre la révolution de Juillet, et donc une crise particulièrement aiguë entre Paris et Rome, pour que soit modifiée, dans un sens plus favorable à Rome, la lecture du Concordat. L'entente préalable qui naît dans les années 1830 permet en effet au Saint-Siège d'apporter un avis sur les nominations avant leur publication. Respectée de façon plus ou moins systématique jusqu'à la fin du siècle, sauf dans la seconde moitié du IIᵉ Empire, cette pratique de l'entente préalable a permis d'éviter le retour incessant de graves crises entre Paris et Rome. Certes les avis du Saint-Siège ne sont pas toujours suivis, mais les candidats à l'épiscopat ont été majoritairement bien accueillis par Rome, puisqu'on peut estimer à une soixantaine seulement le nombre de ceux que le pape aurait évité de nommer s'il avait eu la prérogative des choix épiscopaux.

En somme, si l'on tentait de dresser le portrait type de l'évêque concordataire, on verrait apparaître l'image d'un prélat né dans les premières années du XIXᵉ siècle, dans une famille urbaine de la bonne ou de la petite bourgeoisie. Après avoir reçu les premiers rudiments au sein de sa famille, il entre dans un collège ou un petit séminaire, avant de fréquenter un établissement tenu par les Sulpiciens. Nommé professeur avant son ordination, il devient ensuite vicaire dans la paroisse cathédrale de son diocèse. Après cinq à six années passées dans ce poste, il est nommé curé d'une paroisse de la deuxième ville du département. Entre trente-cinq et quarante ans, l'évêque qui a su apprécier ses talents d'administrateur lors d'une visite pastorale l'appelle à ses côtés et le nomme vicaire général. Ce prêtre s'initie alors à l'administration diocésaine, avant d'être recommandé dix ans plus tard pour l'épiscopat. Gallican modéré, il a réprouvé les excès anticléricaux de la révolution de Juillet, avant d'accepter de collaborer au régime qui en est issu. Il est finalement nommé évêque vers cinquante-trois ans. Ce portrait médian est évidemment une reconstruction qui masque, derrière les traits communs, la diversité des personnalités qui composent l'épiscopat français. Cette diversité s'explique en premier lieu par le fait que l'épiscopat est malgré tout le résultat de l'adjonction de générations successives qui certes se chevauchent les unes les autres, mais qui qui entraînent des changements au sein de l'épiscopat. Sur l'ensemble du siècle, cinq grandes générations se détachent ; elles correspondent à une tranche d'âge d'une vingtaine d'années.

La première génération est la génération des Lumières ; elle se compose d'ecclésiastiques, en général d'origine noble, formés sous l'Ancien Régime, à Saint-Sulpice et à la faculté de théologie, et qui ont pour la plupart assumé avant 1789 la charge de vicaire général. Quelques-uns de ses membres ont été tentés par l'expérience révolutionnaire, mais dans l'ensemble, ils ont refusé de prêter le serment constitutionnel et sont partis en émigration ou sont entrés dans la clandestinité pour animer l'Église réfractaire. Un grand nombre accepte de se rallier à l'Empire, une petite minorité reste en exil. Les ecclésiastiques de cette génération, tous gallicans, parviennent à l'épiscopat dans le premier quart du XIXe siècle.

La fracture révolutionnaire provoque un saut de génération, si bien que l'on passe directement à la génération romantique. Elle se compose de prêtres qui ont pris le chemin des séminaires sous l'Empire et au début de la Restauration. Ils reçoivent donc une formation hâtive et sont ordonnés rapidement afin d'aller combler les vides au sein du clergé. Ils participent donc activement à la reconstruction de l'Église et s'enthousiasment pour les œuvres de Lamennais ou du vicomte de Bonald. Certains s'affilient à la Congrégation. D'autres se lancent dans l'œuvre des Missions ou sont enrôlés pour encadrer les aspirants au sacerdoce qui se pressent aux portes des séminaires dans les années 1820. Ils accèdent très vite aux postes de responsabilité, devenant vicaires généraux avant trente ans. Ils commencent à être influencés par les idées ultramontaines. Ils sont enfin promus à l'épiscopat, vers quarante ans, dans les années 1825-1845.

La troisième génération est plus diverse dans ses origines comme dans sa formation. Elle correspond au pic des vocations sacerdotales des années 1820-1830. Cette génération est particulièrement marquée par la pensée mennaisienne, mais aussi par la crise qui suit la condamnation de Lamennais. La concurrence rend l'entrée dans la carrière sacerdotale plus difficile. Ces ecclésiastiques doivent attendre un peu plus longtemps pour accéder aux postes de responsabilité. Mais, en même temps, ils continuent à exercer de façon privilégiée des fonctions dans l'administration diocésaine. Formés dans la pensée de Lamennais, ils sont de plus en plus nombreux à se ranger dans le camp ultramontain. Sur le plan politique, ils vivent la lutte pour la liberté de l'enseignement dans les années 1840 et acquiescent à la révolution de 1848, avant de se rallier massivement à Louis Napoléon Bonaparte. Leur promotion à l'épiscopat intervient entre 1845 et 1865.

La quatrième génération parvient au sacerdoce au moment où le clergé est pléthorique. Elle peut donc parfaire sa formation théologique, car les postes vacants deviennent rares. C'est avec elle que se dessine le renouveau intellectuel du clergé français. Les ecclésiastiques de cette génération fréquentent donc plus volontiers les facultés de théologie françaises ou les universités romaines. Ils s'adonnent également davantage aux travaux d'érudition, en entrant dans des sociétés savantes et en publiant des ouvrages. Plus nombreux, ce clergé a plus de loisirs, mais les carrières s'en trouvent rendues plus longues. Ces ecclésiastiques doivent patienter plus longtemps pour sortir du vicariat ou du professorat. Ils accèdent de moins en moins au poste de vicaire général, mais ont des itinéraires plus divers, parmi lesquels l'administration d'une paroisse prend une place de plus en plus grande. Ils parviennent à l'épiscopat dans les années 1860-1870. Cette génération se compose donc de deux groupes bien délimités : un groupe à dominante gallicane ou libérale hostile à la proclamation du dogme de l'infaillibilité pontificale, dans lequel les intellectuels issus des diocèses parisien ou lyonnais sont nombreux ; ils sont nommés principalement dans les années 1860, et pour quelques-uns dans la décennie suivante. Le second groupe est à dominante ultramontaine, certains de ses membres ont fait leurs études à Rome. Hostiles à la politique italienne de Napoléon III, les prêtres de ce groupe parviennent à l'épiscopat au lendemain du concile du Vatican.

Enfin la dernière génération est formée dans une France submergée, à partir du milieu du siècle, par la vague ultramontaine. Elle accède au sacerdoce au moment ou au lendemain du concile, c'est dire que son adhésion aux décrets qui y ont été promulgués est pleine et entière. Néanmoins une partie de ses membres reste fidèle à un certain libéralisme hérité de l'école Dupanloup. Sur le plan professionnel prédomine la même diversité qui caractérisait la génération précédente. Enfin cette génération n'a connu quasiment que le régime républicain, qu'elle accepte sans véritablement toujours s'y rallier. Composée d'ecclésiastiques promus à l'épiscopat sous le pontificat de Léon XIII, elle est en définitive fidèle au message de ce pape qui appelle à la conciliation avec le régime républicain.

Outre les différences de générations, il pouvait être instructif de savoir si au sein de l'épiscopat ne se dégageaient pas des groupes particuliers. L'élite de l'épiscopat que constitue le corps des cardinaux est-elle conforme dans ses origines comme dans sa formation à l'ensemble des évêques ? Les évêques concordataires devenus cardinaux sont au nombre de 51, soit 10 % à peu près de l'ensemble. Leurs origines sociales et géographiques ne les distinguent pas de l'ensemble de l'épiscopat [1]. En revanche, ils ont majoritairement, dès leur formation, subi l'attraction parisienne, puisque 57 % ont été élèves du séminaire Saint-Sulpice. La proportion est identique pour les 14 cardinaux formés avant 1789 et pour les 37 cardinaux formés après la Révolution [2]. Ce passage par Saint-Sulpice s'est accompagné d'une formation supérieure plus poussée, puisque 53 % des cardinaux étaient titulaires d'un diplôme universitaire. Leur carrière est moins nettement distincte que celle de l'ensemble des évêques. On retrouve dans ce groupe de cardinaux la même proportion d'anciens vicaires généraux [3]. En somme, le corps des cardinaux ne se distingue de l'ensemble de l'épiscopat que par sa

---

1. 29 % sont d'origine noble, 27,5 % d'origine bourgeoise, 23,5 % proviennent de la petite bourgeoisie et 13,7 % de la paysannerie. Pour l'épiscopat, les proportions sont respectivement : 22,9 %, 30,3 %, 23,7 % et 12,4 %.

2. Cette proportion est donc supérieure à celle des évêques passés par Saint-Sulpice au XVIIIe siècle (53 %) et surtout à celle des évêques formés au XIXe siècle (30,8 %).

3. 53,5 % pour les cardinaux ayant effectué leur carrière au XIXe siècle. La proportion passe à 58,8 % si on leur adjoint ceux qui ont fait l'essentiel de leur carrière sous l'Ancien Régime.

formation. Il fait figure d'élite intellectuelle par rapport au corps épiscopal. Incontestablement ont été sélectionnés les évêques les plus notables par leurs écrits ou leur science théologique. Mais pour le reste se confirme une relative homogénéité du recrutement épiscopal au XIXᵉ siècle.

Parvenus au seuil de l'épiscopat, les 515 évêques de l'époque concordataire commencent une nouvelle carrière qui pour certains sera extrêmement longue. Le cardinal Donnet, nommé coadjuteur de Nancy en 1835, meurt en 1883 ; il a donc été évêque pendant près d'un demi-siècle. Il est vrai à l'inverse que certains évêques meurent au bout de quelques mois d'épiscopat. Mais dans l'ensemble, leur longévité est assez exceptionnelle et leur carrière d'autant plus longue que leurs fonctions cessent en général avec la mort [1]. L'étude de la carrière épiscopale de ces évêques serait donc particulièrement utile pour bien comprendre leur rôle au sein de l'Église de France.

---

1. Le chapitre de Saint-Denis accueille un certain nombre d'évêques démissionnaires, mais les places y sont trop peu nombreuses pour qu'il puisse servir efficacement de maison de retraite épiscopale. En fait, les membres de ce chapitre ne sont pas tenus de résider et se contentent donc de toucher la pension qui leur est due.

SOURCES
ET
BIBLIOGRAPHIE

Sources

Fonds publics.

Archives nationales.

Série AB : AB XIX 511-520, papiers Dupanloup.

Série AP : papiers Jules Simon, 87 AP 10 dossier 1, questions religieuses 1871-1873 ; papiers Donnet, 160 AP 1, correspondance passive ; papiers La Fare, 198 AP 10, affaires ecclésiastiques sous la Restauration ; papiers Fortoul, 246 AP 24, correspondance avec les évêques ; papiers Bernier, 290 AP 1, pièces concernant le Concordat.

Série AF : AF IV 1044-1046, rapports des ministres des Cultes (an X-1808) ; AF IV 1889, papiers Caprara ; AF IV 1890 A, procès d'institution canonique des évêques nommés en 1802.

Série AJ : Faculté de théologie de Paris : AJ 16 / 2495, inscriptions décembre 1812-janvier 1872 ; AJ 16 / 2496, procès-verbaux d'examens ; AJ 16 / 2498, diplômes 1835-1856.

Série F 17 : Facultés de théologie : 4404, personnel 1810-1859, Lanneluc ; 4405, personnel 1810-1859, Duquesnay, Fayet, Freppel, Langalerie, Pavy ; 4709, diplômes en théologie catholique 1813-1854 ; 4710, baccalauréat en théologie catholique 1855-1871 ; 4711, licence et doctorat en théologie catholique 1854-1872.

Série F 19 : 821-832, état des élèves ecclésiastiques par diocèse 1808-1817 ; 834-854, bourses et demi-bourses 1808-1830 par diocèse ; 1424*-1434*, bourses et demi-bourses 1823-1876 par diocèse, 865-866, état des ecclésiastiques par département an IX-X ; 905-909 ; dossiers des vicaires généraux et chanoines 1810-1830 (d'un médiocre intérêt) ; 1902-1903, préparation des nominations épiscopales 1801-1802 ; 2002-2005, papiers Dumay (extrêmement décevants pour ce qui concerne les nominations épiscopales).

2611-2646, candidats à l'épiscopat [1] : 2611 (Aragonès, Ardin), 2612 (Baduel, Baron), 2613 (Colet), 2614 (Bernadou), 2621 (Dancel, Delcusy), 2636 (Nogret), 2637 (Peschoud), 2638 (Pins), 2639 (Pompignac), 2640 (Maupoint).

2475, dossiers des évêques coadjuteurs: dossier 1 (Hercé, Raess, Salinis, Chalandon, Regnault), dossier 3 (Régnier), dossier 4 (La Porte, Des Essarts, Garnier, La Tour d'Auvergne, Richard).

2476-2478, dossiers des évêques *in partibus* : 2476 (Bardel, Du Pont, Salamon, Soulé), 2477 (Cottret, Gilbert, Le Nordez), 2478 (Mazenod, Pins, Soubiranne).

2479-2596, dossiers des évêques: 2479 (Agen: Jacoupy, Levezou de Vesins, Cœuret-Varin), 2480 (Aire: Le Pappe de Trévern, Savy, Lanneluc, Hiraboure, Épivent, Delannoy), 2481 (Aix: Bausset-Roquefort, Raillon, La Motte* [2], Bernet, Darcimoles, Chalandon, Forcade), 2482 (Aix: Gouthe-Soulard, Bonnefoy), 2483 (Ajaccio: Casanelli d'Istria, Cuttoli, Gaffory, La Foata, Olivieri), 2484 (Albi: Brault, Gualy, Jerphanion, Lyonnet, Ramadié), 2485 (Albi: Mignot, Fonteneau), 2486 (Alger: Dupuch, Pavy, Dusserre, Oury), 2487 (Alger: Lavigerie), 2488 (Amiens: Mandolx, Bombelles, Chabons, Mioland, Salinis, Boudinet, Bataille, Jacquenet, Dizien), 2489 (Angers: Paysant, Angebault, Freppel), 2490 (Angers: Mathieu, Baron, Rumeau), 2491 (Angoulême: Lacombe, Guigou, Cousseau, Sébaux, Frérot, Mando, Ricard), 2492 (Annecy: Magnin, Isoard, Campistron), 2493 (Arras: Parisis, Lequette, Dennel, Williez), 2494 (Auch: Morlhon, Isoard, La Croix d'Azolette, Salinis, Delamare, Langalerie), 2495 (Auch: Gouzot, Balaïn), 2496 (Autun: Trousset d'Héricourt, Marguerye, Perraud), 2497 (Avignon: d'Humières, Debelay, Dubreuil), 2498 (Avignon: Vigne), 2499 (Basse-Terre: Boutonnet, Reyne, Blanger, Avon, Canappe), 2500 (Bayeux: Duperrier-Dumourier, Robin, Didiot, Hugonin, Amette), 2501 (Bayonne: Loison, Astros, Arbou, Lacroix, Ducellier, Fleury-Hottot, Jauffret), 2502 (Beauvais: Feutrier*, Guillon*, Lemercier*, Cottret, Gignoux, Peronne, Douais), 2503 (Belley: Devie, Soubiranne, Luçon), 2504 (Besançon: Le Coz*, Dubourg, Mathieu, Paulinier, Petit), 2505 (Blois: Sausin*, Fabre des Essarts, Pallu du Parc, Laborde), 2506 (Bordeaux: Cheverus, Donnet, La Bouillerie, Guilbert), 2507 (Bordeaux: Lecot), 2508 (Bourges: Mercy, Galois de la Tour, Du Pont, Menjaud, La Tour d'Auvergne, Marchal), 2509 (Bourges: Boyer, Servonnet), 2510 (Cahors: Bardou, Peschoud, Grimardias, Énard), 2511 (Cambrai: Giraud, Régnier, Duquesnay), 2512 (Cambrai: Hasley, Thibaudier, Sonnois), 2513 (Carcassonne: La Porte, Saint-Rome-Gualy, Billard, Beuvain de Beau-

---

1. Ont été pris en compte uniquement les candidats à l'épiscopat effectivement devenus évêques.

2. L'astérisque indique que les dossiers sont dépourvus d'intérêt pour le sujet; en général, ils ne comprennent que très peu de pièces.

séjour), 2514 (Châlons: Prilly, Bara, Sourrieu, Latty), 2515 (Chambéry: Dessoles, Billiet, Pichenot, Leuillieux, Hautin), 2516 (Chartres: Clausel de Montals, Régnault, Lagrange, Mollien), 2517 (Clermont: Duvalk de Dampierre*, Féron, Belmont et Constantine: Las Cases, Combes, Julien-Laferrière), 2518 (Coutances: Dupont de Poursat, Robiou, Daniel, Germain, Guérard), 2519 (Digne: Sibour, Meirieu, Vigne, Hazera), 2520 (Dijon: Raillon, Rivet, Castillon), 2521 (Dijon: Oury*, Le Nordez), 2522 (Évreux: Salmon du Châtelier, Olivier, Devoucoux, Grolleau, Sueur, Colomb, Meunier), 2523 (Fréjus: Richery*, Michel, Terris, Oury*, Arnaud), 2524 (Gap: Arbaud, La Croix, Depéry, Roche, Blanchet, Berthet), 2525 (Grenoble: Bruillard*, Paulinier, Fava, Henry), 2526 (Langres: Poulpiquet*, Aragonès d'Orcet*, Mathieu*, Guerrin, Bouange, Larue, Herscher), 2527 (Laval: Wicart, Le Hardy du Marais, Maréchal, Bougaud, Cléret), 2528 (Laval: Geay), 2529 (Limoges: Dubourg*, Pins*, Buissas, Fruchaud, Duquesnay, Lamazou, Blanger, Renouard), 2530 (Luçon: Soyer, Baillès, Catteau), 2531 (Lyon: Pins*, Isoard*, Bonald, Ginoulhiac), 2532 (Lyon: Caverot, Foulon), 2533 (Lyon: Coullié), 2534 (Le Mans: Bouvier, Nanquette, Fillion, Chaulet d'Outremont, Bonfils), 2535 (Marseille: Mazenod, Mazenod, Cruice, Robert, Andrieu), 2536 (Meaux: Cosnac*, Gallard, Allou, Briey), 2537 (Mende: Brulley de la Brunière, Foulquier, Costes, Baptifolier, Bouquet et Metz: Besson, Dupont des Loges), 2538 (Montauban: Cheverus, Chaudru de Trélissac, Doney, Legain, Fiard), 2539 (Montpellier: Fournier de la Contamine, Thibault), 2540 (Montpellier: Cabrières), 2541 (Moulins: Pons de la Grange, Dreux-Brézé), 2542 (Moulins: Dreux-Brézé, Dubourg), 2543 (Nancy: Osmond*, Forbin-Janson, Menjaud), 2544 (Nancy: Turinaz 1873-1893), 2545 (Nancy: Turinaz 1893-1905), 2546 (Nantes: Hercé, Jaquemet, Fournier, Lecoq, Laroche, Rouard), 2547 (Nevers: Millaux*, Dufêtre, Ladoue, Lelong), 2548 (Nice: Sola, Balaïn*, Chapon), 2549 (Nîmes: Petit Benoît de Chaffoy*, Cart, Plantier), 2550 (Nîmes: Besson, Gilly, Béguinot), 2551 (Oran: Callot, Ardin, Soubrier, Cantel), 2552 (Orléans: Rousseau*, Raillon*, Brumauld de Beauregard*, Fayet, Coullié, Touchet), 2553 (Orléans: Dupanloup), 2554 (Pamiers: La Tour-Landorte, Ortric, Alouvry, Galtier, Bélaval, Rougerie), 2555 (Paris: Quelen*, Affre, Sibour, Morlot, Darboy), 2556 (Paris: Guibert), 2557 (Paris: Richard 1873-1894), 2558 (Paris: Richard 1894-1905), 2559 (Périgueux: Gousset*, George-Massonnais, Baudry, Dabert, Delamaire), 2560 (Perpignan: Saunhac-Belcastel*, Gerbet, Saivet, Caraguel, Gaussail, Carsalade du Pont), 2561 (Poitiers: Soyer, Bouillé*, Guitton, Pie), 2562 (Poitiers: Bellot des Minières, Juteau, Pelgé), 2563 (Le Puy: Bonald*, Morlhon, Le Breton, Petit, Guillois), 2564 (Quimper: Poulpiquet, Graveran, Sergent, Nouvel, Lamarche, Valleau, Dubillard), 2565 (Reims: Latil*, Gallard*, Gousset*, Landriot), 2566 (Reims: Langénieux), 2567 (Rennes: Lesquen*, Brossais-Saint-Marc), 2568 (Rennes: Place, Gonindard, Labouré), 2569 (La Rochelle: Bernet*, Villecourt*, Thomas, Ardin, Le Camus), 2570 (Rodez:

Ramond-Lalande*, Giraud, Croizier, Delalle, Franqueville), 2571
(Rodez: Bourret), 2572 (Rouen: Croÿ, Blanquart de Bailleul, Bonne-
chose), 2573 (Rouen: Thomas, Sourrieu*), 2574 (Rouen: Fuzet), 2575
(Saint-Brieuc: Le Groing de La Romagère, Le Mée, Martial, David,
Bouché, Fallières), 2576 (Saint-Claude: Chamon, Nogret, Marpot,
Maillet), 2577 (Saint-Dié: Jacquemin, Du Pont, Manglard, Briey,
Foucault), 2578 (Saint-Dié), 2579 (Saint-Flour: Salamon, Cadalen,
Pompignac, Baduel, Lamouroux de Pompignac), 2580 A (Saint-Jean-de-
Maurienne: Vibert), 2580 B (Saint-Jean-de-Maurienne: Rosset), 2581
(Saint-Pierre: Le Herpeur, Porchez, Carmené, Tanoux, Cormont), 2582
(Séez: Saussol, Jolly, Rousselet, Trégaro, Bardel), 2583 (Sens: La Fare*,
Cosnac, Jolly, Bernadou, Ardin), 2584 (Soissons: Villèle*, Cardon de
Garsignies, Christophe, Thibaudier, Duval, Deramecourt et Strasbourg:
Tharin*, Le Pappe de Trévern*, Raess), 2585 (Tarbes: Neirac*, Double,
Laurence, Jourdan, Billère, Schœpfer), 2586 (Tarentaise), 2587 (Tou-
louse: Astros, Mioland, Desprez, Mathieu*, Germain), 2588 (Tours:
Du Chilleau*, Montblanc, Fruchaud, Colet), 2589 (Tours: Meignan,
Renou), 2590 (Troyes: Boulogne*, Seguin des Hons, Cœur, Ravinet,
Cortet, Pélacot), 2591 (Tulle: Sagey*, Mailhet de Vachères*, Berteaud,
Denéchau), 2592 (Valence: La Rivoire de La Tourette, Chatrousse,
Gueulette, Cotton), 2593 (Vannes: Bausset-Roquefort, La Motte de
Broons et de Vauvert, Gazailhan*, Bécel, Latieule), 2594 (Verdun:
Valayer, Letourneur, Rossat, Hacquard, Pagis, Dubois), 2595 (Versailles:
Borderies*, Blanquart de Bailleul*, Gros, Mabile, Goux), 2596 (Viviers:
Bonnel, Delcusy, Bonnet). 2647, vicaires généraux. Enquête de 1832.
2790-2813, dossiers des vicaires généraux 1830-1905: 2790: Cœuret-
Varin, Rumeau (Agen), Soulé (Aire), Rey, Ginoulhiac (Aix), Gaffory
(Ajaccio), 2791: Cadalen (Albi), Dusserre, Combes (Alger), Affre,
Fallières, Renouard, Francqueville (Amiens), 2792: Régnier (Angers),
Fruchaud, Guitton (Angoulême), Lequette, Catteau, Labouré (Arras),
2793: Morlhon, Ladoue (Auch), Rousselet, Devoucoux, Bouange, Tho-
mas, Lelong (Autun), 2794: Paysant (Bayeux), Hiraboure (Bayonne),
Alouvry, Gignoux (Beauvais), 2795: Gousset, Cart, Guerrin, Caverot,
Touchet, Dubillard (Besançon), Fabre des Essarts (Blois), George-
Massonnais, Levezou de Vesins, Martial, Geraud de Langalerie,
Gazailhan, Fonteneau, Bellot des Minières (Bordeaux), 2796: Blanchet
(Bourges), Wicart, Mortier (Cambrai), 2797: Gros (Chambéry), Pie
(Chartres), 2798: Delamare (Coutances), Meirieu, Jordany (Digne),
2799: Morlot, Colet, Maillet (Dijon), Guibert, Amette (Évreux), 2800:
Chatrousse (Grenoble), Bouvier (Laval), Denéchau, Gilbert (Limoges),
2801: Thibaudier, Gouthe-Soulard (Lyon), Fillion (Le Mans), 2802:
Jolly, Allou (Meaux), Chalandon (Metz), Mabile, Legain (Montauban),
2803: Delalle (Nancy), Richard (Nantes), 2804: Sergent, Cortet
(Nevers), Fiard (Oran), 2805: Dupont des Loges, Soubiranne, Bougaud,
Hautin (Orléans), Gros, Jaquemet, La Bouillerie, Darboy, Meignan,
Langénieux, Pelgé (Paris), 2806: Bonnet (Périgueux), Naudo, Galtier

(Perpignan), Pélacot (Le Puy), 2807: Gros, Bara (Reims), Brossais-Saint-Marc, Nouvel, Guillois (Rennes), 2808: Petit, Cortet (La Rochelle), Costes (Rodez), Fayet, Billard (Rouen), Le Mée (Saint-Brieuc), 2809: Peschoud (Saint-Claude), Carmené (Saint-Denis de La Réunion), Blanger (Saint-Pierre de la Martinique), 2810: Villecourt, Darcimoles, Bravard, Pichenot (Sens), Cardon de Garsignies, Mignot (Soissons), Mascarou-Laurence (Tarbes), 2811: Ortric, Lanneluc, Baillès, Bélaval (Toulouse), Dufêtre, Denéchau (Tours), 2812: d'Humières, Vigne (Valence), 2813: Didiot (Verdun), Blanquart de Bailleul, Hacquard (Versailles), Robert, Dabert (Viviers).

2814-2856, dossiers des chanoines 1830-1905: 2814: Soulé (Aire), Cœuret-Varin (Agen), 2815: Guigou (Aix), 2816: Caraguel (Albi), Bernadou, Soubrier, Combes (Alger), 2817: Renouard (Amiens), 2818: Saivet (Angoulême), 2819: Carsalade du Pont (Auch), Devoucoux, Landriot, Lelong (Autun), 2820: Le Herpeur, Lecoq, Germain (Bayeux), 2821: Baillès (Bayonne), 2822: Besson (Besançon), 2823: Bellot des Minières, Gazailhan (Bordeaux), 2824: Saunhac-Belcastel, Neirac (Cahors), 2827: Grimardias (Clermont), 2828: Jordany (Digne), 2833: Lyonnet, Geay (Lyon), 2834: Fillion (Le Mans), Jauffret (Marseille), 2835: Gerbet (Meaux), 2836: Chalandon (Metz), Dubreuil (Montpellier), 2839: Cabrières (Nîmes), 2841: Cœur, Ravinet, Cuttoli, Jourdan, Lagrange (Paris), 2842: Galtier (Perpignan), 2844: Leséleuc de Kerouara (Quimper), Bara (Reims), 2845: Millaux (Rennes), Jaquemet, Pallu du Parc, Petit, Julien-Laferrière (La Rochelle), 2846: Foulquier (Rodez), Hasley, Billard (Rouen), 2847: Le Breton (Saint-Brieuc), Peschoud (Saint-Claude), 2848: Lamouroux de Pompignac (Saint-Flour), 2850: Cardon de Garsignies, Péronne (Soissons), 2851: Billère (Tarbes), 2852: Belaval, Castillon (Toulouse), 2853: Denéchau, Chaulet d'Outremont (Tours), 2855: Didiot, Le Nordez (Verdun), 2856: Ardin (Versailles).

2861-3064, dossiers des curés 1830-1905: 2867: La Foata (Ajaccio), 2869: Olivieri (Ajaccio), 2871: Caraguel, Bardou (Albi), 2874: Bernadou (Alger), 2875: Renouard (Amiens), 2893: Lecoq (Bayeux), 2898: Lecot (Beauvais), 2902: Caverot, Mabile, Beuvain de Beauséjour (Besançon), 2908: Langalerie, Martial, Gazailhan (Bordeaux), 2916: Desprez (Cambrai), 2925: Foucault (Chartres), 2932: Jordany (Digne), 2943: Cotton (Grenoble), 2948: Sébaux (Laval), 2950: Rougerie (Limoges), 2957: Geay (Lyon), 2962: Jolly (Meaux), 2970: Paulinier, Ramadié (Montpellier), 2973: Gueulette (Moulins), 2975: Delalle (Nancy), 2977: Fournier (Nantes), 2978: Laborde (Nantes), 2980: Cortet, Sergent (Nevers), 2985: Avon, Fuzet (Nîmes), 2991: Lecourtier, Valayer, Olivier, Manglard, Fayet, Mathieu, Duquesnay (Paris), 2992: Lamarche, Larue (Paris), 2993: Fabre (Paris), 2994: Coldefy, Gouzot (Périgueux), 3007: Nanquette (Reims), 3008: Jacquenet (Reims), 3010: Nouvel (Rennes), 3017: Baduel (Rodez), 3020: Duval, Hasley (Rouen), 3022: Épivent (Saint-Brieuc), 3023: Mando (Saint-Brieuc), 3025: Marpot (Saint-Claude), 3029: Delcusy, Bouange (Saint-Flour), 3037:

Péronne (Soissons), 3046 : Goux (Toulouse), 3054 : Fiard (Valence), 3060 : Rivet, Hacquard (Versailles), 3061 : Fleury-Hottot (Versailles).

3065-3085, personnats : 3065 (La Foata), 3066 (Bardou, Renouard), 3068 (Debelay), 3069 (Langalerie), 3074 (Rougerie, Gilbert), 3084 (Nogret), 3085 (Rivet).

3111-3112, supérieurs des petits séminaires de la monarchie de Juillet : 3112 : Dubreuil, Sergent.

6176-6179, dossiers des chanoines de Saint-Denis : 6176 (Bravard, Bruillard, Cousseau, La Croix d'Azolette, Cruice, Dours), 6177 (Gazailhan, Gueulette, Jordany, Lacarrière, Las Cases), 6178 (Lecourtier, Marguerye, Ravinet), 6179 (Rey, Sola).

6207, évêchés coloniaux : dossier 5, Desprez, Lacarrière, Le Herpeur, Porchez, Forcade, Maupoint.

Série H : H 3* 2621, registre des comptes de la faculté de théologie de Paris, 1757-1768 ; H 3* 2622, registre des comptes de la faculté de théologie de Paris, 1769-1780 ; H* 5 3270, registre des recettes du séminaire Saint-Sulpice, 1756-1789 ; H 5* 3271, registre des recettes du séminaire Saint-Sulpice, 1789-1791 ; H 5* 3279, registre des pensions du séminaire Saint-Sulpice, 1778-1790 ; H 5* 3281, registre des élèves du petit séminaire Saint-Sulpice, 1778-1791 ; H 5* 3307, registre des pensions du séminaire des Trente-Trois, 1781-1790.

Série MM : MM 479*, registre d'entrées au séminaire Saint-Nicolas-du-Chardonnet, 1710-1789 ; MM 494 *, registre des pensionnaires du séminaire Saint-Firmin, 1732-1776.

Série O³ : 65, personnel de la Grande Aumônerie.

Minutier central : étude LXXXII / 634 (mai-juin 1789), étude LXXXII / 635 (juillet-août 1789), étude LXXXII / 636 (septembre-octobre 1789).

Bibliothèque nationale.

Département des manuscrits, fonds latin : **9160,** registre des maîtres ès arts de l'université de Paris, (1754-1767) ; **9161,** registre des maîtres ès arts de l'université de Paris, (1768-1790) ; **15440,** registre des licenciés de la faculté de théologie de Paris, (1773-1788). **Nouvelles acquisitions françaises : 10950,** registre de la congrégation des Saints-Anges au petit séminaire Saint-Nicolas-du-Chardonnet (1834-1839) ; **11911,** correspondance de Mgr Landriot, évêque de La Rochelle, puis archevêque de Reims ; **22312,** papiers de Gaspard-Jean-André-Joseph Jauffret, évêque de Metz (1759-1823) et pièces concernant sa famille ; **23120,** « Mémoires pour servir à l'histoire des évêques d'Évreux depuis saint Thaurin jusqu'à M. Salmon du Châtellier », par le chanoine Delanoë, vicaire général de Mgr de Salmon ; **24401-24406,** papiers de Mgr Lacroix, évêque de la Tarentaise ; (**24401,** lettres reçues et minutes de ses réponses [1884-1904] ; **24404,** notes et documents rassemblés par Mgr Lacroix en vue d'une biographie de Mgr Mignot ; **24406,** documents réunis par Mgr Lacroix pour servir à sa biographie).

Archives départementales.

Des recherches dans l'état civil, mais aussi sur le personnel ecclésiastique dans la série V, ont été effectuées dans les départements suivants : Cantal, Charente-Maritime, Côte-d'Or, Côtes-d'Armor, Finistère, Gironde, Landes, Loire-Atlantique, Lot, Lot-et-Garonne, Morbihan, Puy-de-Dôme, Pyrénées-Atlantiques, Seine, Seine-Maritime, Yonne.

Pour les autres départements, une enquête par correspondance a été conduite auprès des mairies des lieux de naissance des évêques pour connaître leur état civil.

Fonds privés.

Archives secrètes vaticanes.

Fonds de la Secrétairerie d'État : rubrique 248, correspondance entre le nonce en France et le secrétaire d'État [1] ; rubrique 283, correspondance entre les évêques français et le Saint-Siège (classement par année).

Fonds de la nonciature de Paris : papiers rapatriés en 1905, classés jusqu'en 1850. Utilisés en complément du fonds de la Secrétairerie d'État.

Archives de la Sacrée Congrégation consistoriale : procès canoniques des évêques.

Archives diocésaines.

Amiens : carton 74, pièces sur les prêtres du diocèse devenus évêques : Blanger, Mollien, Fallières, Renouard, Francqueville ; carton 128, papiers Villaret ; carton 129, papiers de Chabons ; carton 156, papiers de Bombelles ; carton 157, papiers Mioland ; carton 161, papiers de Mandolx.

Angers : 1 D 6, papiers de Mgr Montault (nomination) ; 1 D 7, papiers de Mgr Angebault (lettres) ; 1 D 10, papiers de Mgr Rumeau (quelques papiers officiels) ; 3 Z 1-7, papiers de Mgr Freppel (3 Z 1, lettres à sa famille, documents concernant son frère, Jules Freppel, notes et cahiers de cours ; 3 Z 2-3, analyse de l'Écriture Sainte ; 3 Z 4, correspondance reçue ; 3 Z 5-7, brouillons de ses cours à la Sorbonne et de l'oraison funèbre du cardinal Morlot) ; 9 H 1-8, registres des élèves ecclésiastiques du diocèse d'Angers au XIXᵉ siècle ; 9 H 15, liasses concernant les élèves des petits et grand séminaires d'Angers ; 2 D 22-25, registres d'ordinations.

---

1. Voir l'inventaire des dossiers de candidatures dans Jacques-Olivier BOUDON, « Le Saint-Siège et les nominations épiscopales en France au XIXᵉ siècle à partir des sources romaines », *Mélanges de l'École française de Rome, Italie et Méditerranée*, t. 102, 1990, 1, p. 111-161.

Bordeaux : registres d'ordination 1802-1864 ; palmarès du petit séminaire de Bazas ; 1 D 1, papiers d'Aviau (5 cartons) ; 1 D 2, papiers Cheverus (2 cartons) ; 1 D 3, papiers Donnet (10 cartons) [1-4, correspondance passive ; 5, nomination de vicaires généraux] ; 1 D 4, papiers Guilbert (1 carton) ; 1 D 5, papiers Lecot (7 cartons) ; 1 D 6, papiers Andrieu (2 cartons).

Dijon : 2 D, papiers des évêques originaires du diocèse.

Paris : 2 H 3, séminaire Saint-Sulpice ; 4° r D 3 IV-IX, registres d'ordinations 1791-1877 ; 4° r D 17 I-II, registres des boursiers du grand séminaire 1831-1849 ; 1 D II 1, pièces concernant le cardinal de Belloy ; 1 D III 1, pièces concernant le cardinal de Talleyrand-Périgord ; 1 D IV, papiers Quelen ; 1 D V, papiers Affre ; 1 D VI, papiers Sibour ; 1 D VII, papier Morlot ; 1 D VIII , papiers Darboy ; 1 D IX, papiers Guibert ; 1 D X, papiers Richard ; 1 D XI, papiers Amette ; 1 D XII, papiers Dubois ; 2 D II, papiers concernant les vicaires généraux de Paris.

Archives de séminaires.

Séminaire Saint-Sulpice : liste des anciens élèves du séminaire Saint-Sulpice 1642-1766 ; manuscrits 1441 à 1446, entrées au séminaire 1801-1873.

Bibliographie

I. – INSTRUMENTS DE RECHERCHE

1. Instruments bibliographiques.

GADILLE (Jacques), *Guide des archives diocésaines françaises*, Lyon, Centre d'histoire du catholicisme, 1971, 166 p.

LANGLOIS (Claude) et MAYEUR (Jean-Marie), « Sur l'histoire religieuse de l'époque contemporaine », *Revue historique*, 1974, p. 433-444.

LANGLOIS (Claude), « Des études d'histoire ecclésiastique locale à la sociologie religieuse historique. Réflexions sur un siècle de production historiographique », *Revue d'histoire de l'Église de France*, t. 62, 1976,
p. 329-347.

PLONGERON (Bernard) et GODEL (Jean), « 1945-1970. Un quart de siècle
d'histoire religieuse. À propos de la génération des "Secondes Lumières",
1770-1820 », *Annales historiques de la Révolution française*, avril-juin
1972, p. 181-203 et juillet-septembre 1972, p. 352-389.

PLONGERON (Bernard), « Débats et combats autour de l'historiographie religieuse de la Révolution : XIX-XXᵉ siècle », *Revue d'histoire de l'Église
de France*, t. 76, 1990, p. 257-302.

POULAT (Émile), *Les « Semaines religieuses »*. Approche socio-historique et
bibliographique des bulletins diocésains français, Lyon, Centre d'histoire du catholicisme, 1973, 109 p.

WEILL (Georges), « Le Catholicisme français au XIXᵉ siècle », *Revue de synthèse historique*, t. 15, 1907, p. 319-356, et t. 41, 1925, p. 58-71.

ZIMMERMANN (Marie), *Church and State in France. Église et État en
France. Book Index 1801-1979. Répertoire d'ouvrages 1801-1979*,
Strasbourg, CERDIC Publications, Ric Supplément 45-46, 1980, 94 p.

2. Dictionnaires.

Catholicisme, hier, aujourd'hui, demain (sous la direction de G. JACQUEMET),
Paris, Letouzey et Ané, 1953-1991, 11 volumes (jusqu'à la lettre P).

Dictionnaire de Biographie Française (sous la direction de MM. PREVOST,
ROMAN D'AMAT et TRIBOUT DE MOREMBERT), 17 volumes parus (jusqu'à
la lettre H).

Dictionnaire d'histoire et de géographie ecclésiastiques (sous la direction
de R. AUBERT), Paris, Letouzey et Ané, 1909-1988, 22 volumes parus
(jusqu'à la lettre H).

Dictionnaire de spiritualité (sous la direction de M. VILLER, A. EAYEZ,
Ch. BAUMGARTNER), Paris, Beauchesne, 1937-1990, 14 volumes parus
(jusqu'à la lettre S).

Dictionnaire de théologie catholique (sous la direction de M. VACANT et
MANGENOT), Paris, 1903-1950, 15 volumes.

Dictionnaire du monde religieux dans la France contemporaine (sous la
direction de J.-M. MAYEUR et Y.-M. HILAIRE), Paris, Beauchesne,
5 tomes parus : t. I, *Les Jésuites,* sous la direction de Paul DUCLOS,
1985, 269 p. ; t. II, *L'Alsace,* sous la direction de Bernard VOGLER,
1987, 485 p. ; t. III, *La Bretagne,* sous la direction de Michel LAGRÉE,
1990, 426 p. ; t. IV, *Lille-Flandres,* sous la direction d'André CAUDRON,
1990, 498 p. ; t. V, *Lyon. Le Lyonnais, le Beaujolais,* sous la direction
de Xavier DE MONTCLOS, 1994.

Dictionnaire Napoléon (sous la direction de Jean TULARD), Paris, Fayard,
1987, 1767 p.

Dictionnaire du Second Empire (sous la direction de J. TULARD), Paris,
Fayard, 1995, 1 370 p.

Paroisses et communes de France (sous la direction de J.-P. BARDET et J. DUPÂQUIER), Paris, Éd. du C.N.R.S., 1975-1991, 30 volumes parus.

3. Atlas.

BONIN (Serge) et LANGLOIS (Claude) (sous la direction de), *Atlas de la Révolution française*, Paris, Éd. de l'E.H.E.S.S., 1987-1991, 6 volumes parus.

BOULARD (Fernand) (sous la direction de), *Matériaux pour l'histoire du peuple français xixᵉ-xxᵉ siècle*, 3 tomes parus, Paris, Éd. de l'E.H.E.S.S., Presses de la F.N.S.P. et Éd. du C.N.R.S., 1982-1992.

RÉMOND (René) (sous la direction de), *Atlas historique de la France contemporaine. 1800-1965*, Paris, A. Colin, 1966, 294 p.

II. – SOUVENIRS, MÉMOIRES ET CORRESPONDANCES

LOTH (Julien) et VERGER (Ch.), *Mémoires de l'abbé Baston, chanoine de Rouen, d'après le manuscrit original*, Paris, Picard, 1897, 3 tomes, t. I, xxix-438 p.

BERTIER (Ferdinand de), *Souvenirs inédits d'un conspirateur, Révolution, Empire et Iʳᵉ Restauration*, présentés et annotés par Guillaume de BERTIER DE SAUVIGNY, Paris, Tallandier, 1990, 455 p.

BOMBELLES (marquis de), *Journal*, t. I: *1780-1784*, t. II: *1784-1789*, Genève, Droz, 1978-1982, 401 et 413 p.

CRÉTINEAU-JOLY (J.), *Mémoires du cardinal Consalvi*, Paris, Plon, 1864, 2 tomes.

FALLOUX (Armand de), *Mémoires d'un royaliste*, Paris, Perrin et Cie, 1888, 2 tomes, 600 et 594 p.

FERRATA (cardinal Dominique), *Mémoires*, Rome, Tipografia Cuggiani, 1920, 3 tomes, 439, 535 et 427 p.

MASSA-GILLES (Geneviève), *Journal d'Hippolyte Fortoul*, Genève, Droz, 2 tomes, t. I, 1979, 245 p. et t. II, 1989, 441 p.

JAUFFRET (Joseph), *Mémoires historiques sur les affaires ecclésiastiques de France pendant les premières années du xixᵉ siècle*, Paris, Le Clère, 1819-1823, 3 tomes, 432, 559 et 587 p.

LAMBRUSCHINI (cardinal), *La mia nunziatura in Francia*, Rome, 1934.

LE GUILLOU (Louis) [éd.], *Lacordaire-Montalembert. Correspondance 1830-1861*, Paris, Éd. du Cerf, 1989, 695 p.

LAMENNAIS (Félicité de), *Correspondance générale*, éditée par Louis Le Guillou, Paris, Armand Colin, 9 tomes, 1971-1981.

VERUCCI (Guido) [Introduzione e note di], *« L'Avenir » 1830-1831. Antologia degli articoli di Félicité-Robert Lamennais e degli altri collaboratori*, Rome, Edizioni di Storia e Letteratura, 1967, lxiv-771 p.

OLLIVIER (Émile), *L'Empire libéral. Études, récits, souvenirs,* t. XIII, Paris, Garnier-Frères, 1908, 670 p.

CELIER (Léonce), DUROSELLE (Jean-Baptiste) et OZANAM (Didier), *Lettres de Frédéric Ozanam,* Paris, Bloud et Gay, t. I, *Lettres de jeunesse (1819-1840),* 461 p.

RENAN (Ernest), *Souvenirs d'enfance et de jeunesse,* Paris, Garnier-Flammarion, 1973, 312 p.

III. – OUVRAGES GÉNÉRAUX

1. Histoire religieuse.

AUBERT (Roger), *Le pontificat de Pie IX (1846-1878), Histoire de l'Église depuis les origines jusqu'à nos jours,* fondée par Augustin Fliche et Victor Martin, Paris, Bloud et Gay, 1962 (2e éd. augm.), 592 p.

AUBERT (Roger) [sous la direction de], *L'Église dans le monde moderne (1848 à nos jours), Nouvelle Histoire de l'Église,* t. V, Paris, Éd. du Seuil, 1975, 926 p.

BAUNARD (Louis), *Un siècle de l'Église de France,* Paris, Poussielgue, 1901, 514 p.

CHOLVY (Gérard) et HILAIRE (Yves-Marie), *Histoire religieuse de la France contemporaine,* Toulouse, Privat, t. I: *1800-1880,* 1985, 352 p. et t. II: *1880-1930,* 1986, 457 p.

DANSETTE (Adrien), *Histoire religieuse de la France contemporaine, 1789-1930,* Paris, Flammarion, 1965, 892 p.

GIBSON (Ralph), *A Social History of French Catholicism. 1789-1914,* Londres et New York, Routledge, 1989, 322 p.

LATREILLE (André), *L'Église catholique et la Révolution française,* Paris, Éd. du Cerf, rééd. 1970, 2 tomes, 297 et 290 p.

LATREILLE (André) et RÉMOND (René), *Histoire du catholicisme en France,* t. III: *La Période contemporaine,* Paris, Spes, 1962, 693 p.

LEBRUN (François) [sous la direction de], *Histoire des catholiques en France du XVe siècle à nos jours,* Toulouse, Privat, 1980, 530 p.

LEFLON (Jean), *La Crise révolutionnaire, 1749-1846, Histoire de l'Église depuis les origines jusqu'à nos jours,* fondée par Augustin Fliche et Victor Martin, Paris, Bloud et Gay, t. XX, 1949, 524 p.

LEGOFF (Jacques) et RÉMOND (René) [sous la direction de], *Histoire de la France religieuse,* t. III: *XVIII-XIXe siècle,* Paris, Éd. du Seuil, 1991, 558 p.

MAYEUR (Jean-Marie) [sous la direction de], *L'Histoire religieuse de la France, XIX-XXe siècle. Problèmes et méthodes,* Paris, Beauchesne, 1975, 290 p.

MAYEUR (Jean-Marie) et GADILLE (Jacques) [sous la responsabilité de],

Histoire du christianisme, t. XI; *Libéralisme, industrialisation, expansion européenne (1830-1914)*, Paris, Desclée, 1995, 1172 p.
POUTHAS (Charles), *L'Église et les Questions religieuses sous la monarchie constitutionnelle, 1814-1848*, Paris, C.D.U., «Les Cours de Sorbonne», s. d., [1942], 298 p.
ROGIER (L.-J.), BERTIER DE SAUVIGNY (G.) et HAJJAR (J.), *Siècle des Lumières, Révolutions, Restaurations, Nouvelle histoire de l'Église*, t. IV Paris, Éd. du Seuil, 1966, 587 p.

2. Histoire politique et sociale de la France.

Nouvelle histoire de la France contemporaine, t. I à X, Paris, Éd. du Seuil, 1971-1973.
BERTIER DE SAUVIGNY (Guillaume DE), *La Restauration*, Paris, Flammarion, 1990 (rééd.).
CARON (François), *La France des patriotes (1851-1918)*, *Histoire de France* (sous la direction de Jean FAVIER), t. V, Paris, Fayard, 1985.
CHARLE (Christophe), *Histoire sociale de la France au XIXe siècle*, Paris, Éd. du Seuil, coll. «Points-Histoire», 1991.
DUBY (Georges) et WALLON (Armand) [sous la direction de], *Histoire de la France rurale*, t. III, Paris, Éd. du Seuil, 1976.
DUBY (Georges), *Histoire de la France urbaine*, t. IV: *La Ville de l'âge industriel*, Paris, Éd. du Seuil, 1983.
DUPÂQUIER (Jacques) [sous la direction de], *Histoire de la population française*, t. III: *1789-1914*, Paris, P.U.F., 1988.
DUPEUX (Georges), *La Société française (1789-1960)*, Paris, Armand Colin, 1972.
FURET (François) et RICHET (Denis), *La Révolution française*, Paris, Hachette, 1965.
FURET (François), *Les Révolutions. 1770-1880*, Paris, Hachette, 1988.
LABROUSSE (Ernest) et BRAUDEL (Fernand), *Histoire économique et sociale de la France*, Paris, P.U.F., t. III, vol. 1 et 2, *1789-1880*, 1976, t. IV, vol. 1, *1880-1914*, 1980.
LEQUIN (Yves) [sous la direction de], *Histoire des Français (XIXe et XXe siècles)*, 3 tomes, Paris, Armand Colin, 1983.
MAYEUR (Jean-Marie), *La Vie politique sous la IIIe République*, Paris, Éd. du Seuil, coll. «Points-Histoire», 1984.
RÉMOND (René), *La Vie politique en France depuis 1789*, 2 tomes, Paris, Armand Colin, 1969.
SORLIN (Pierre), *La Société française*, t. I: *1840-1914*, Paris, Arthaud, 1969.
TAINE (Hippolyte), *Les Origines de la France contemporaine*, *Le régime moderne*, Paris, 1873-1891, Laffont, coll. «Bouquins», 1986 (rééd.), t. II.
TULARD (Jean), *Les Révolutions (de 1789 à 1851)*, *Histoire de France* [sous la direction de Jean FAVIER], t. IV, Paris, Fayard, 1984.
WEBER (Eugen), *La Fin des terroirs*, Paris, Fayard, 1983.

3. Histoire des élites françaises au XIXᵉ siècle.

AGULHON (Maurice), GIRARD (Louis), ROBERT (Jean-Louis), SERMAN (William) et collaborateurs, *Les Maires en France du Consulat à nos jours*, Paris, Publications de la Sorbonne, 1986, 462 p.

BARBIER (Frédéric), *Le Patronat du Nord sous le IIᵉ Empire : une approche prosopographique*, Genève, Droz, 1989.

BERGERON (Louis) et CHAUSSINAND-NOGARET (Guy), *Les « masses de granit », cent mille notables du Iᵉʳ Empire*, Paris, Éd. de l'E.H.E.S.S., 1979, 123 p.

BERGERON (Louis) et CHAUSSINAND-NOGARET (Guy), *Grands notables du Iᵉʳ Empire, notices de biographie sociale*, Paris, Éd. du C.N.R.S., 1978-1988, 18 volumes parus.

BERGERON (Louis), *Banquiers, négociants et manufacturiers parisiens du Directoire à l'Empire*, Paris-La Haye, Éd. de l'E.H.E.S.S.-Mouton, 1978.

CHALINE (Jean-Pierre), *Les Bourgeois de Rouen : une élite urbaine au XIXᵉ siècle*, Paris, Presses de la F.N.S.P., 1982, 509 p.

CHARLE (Christophe), *Les Hauts Fonctionnaires en France au XIXᵉ siècle*, Paris, Gallimard-Julliard, coll. « Archives », 1980, 269 p.

CHARLE (Christophe), NAGLE (Jean), PERRICHET (Marc), RICHARD (Michel) et WORONOFF (Denis), *Prosopographie des élites françaises. Guide de recherche XVI-XXᵉ siècle*, Paris, C.N.R.S., 1980, 177 p.

CHARLE (Christophe), *Les Élites de la République. 1880-1900*, Paris, Fayard, 1987, 556 p.

–, *Naissance des « intellectuels » (1880-1900)*, Paris, Éd. de Minuit, 1990, 272 p.

CHAUSSINAND-NOGARET (Guy), *Une histoire des élites (1700-1848)*, Paris-La Haye, Mouton, 1975.

DAUMARD (Adeline), *La Bourgeoisie parisienne de 1815 à 1848*, Paris, S.E.V.P.E.N., 1963.

–, *Les Bourgeois et la Bourgeoisie en France depuis 1815*, Paris, Aubier, 1987, 430 p.

ESTÈBE (Jean), *Les Ministres de la République, 1871-1914*, Paris, Presses de la F.N.S.P., 1982, 255 p.

GIRARD (Louis), PROST (Antoine) et GOSSEZ (René), *Les Conseillers généraux en 1870. Étude statistique d'un personnel politique*, Paris, P.U.F., 1967, 211 p.

LE CLÈRE (Bernard) et WRIGHT (Vincent), *Les Préfets du IIᵉ Empire*, Paris, Armand Colin, Cahiers de la F.N.S.P., 1973, 411 p.

MAYEUR (Jean-Marie), « Une enquête sur le personnel parlementaire sous la IIIᵉ République », *Vingtième siècle*, n° 11, juillet-septembre 1986, p. 121-123.

NICOLET (Claude), « Prosopographie et histoire sociale : Rome et l'Italie à l'époque républicaine », *A.E.S.C.*, septembre-octobre 1970, n° 5, p. 1209-1228.

PLESSIS (Alain), *Régents et gouverneurs de la Banque de France sous le IIe Empire*, Genève, Droz, 1985.
POURCHER (Yves), *Les Maîtres de granit. Les notables de Lozère du XVIIIe siècle à nos jours*, Paris, Olivier Orban, 1987, 419 p.
SERMAN (William), *Les Origines des officiers français 1848-1870*, Paris, Publications de la Sorbonne, 1979, 406 p.
–, *Les Officiers français dans la nation 1848-1914*, Paris, Aubier, «Collection historique», 1982, 283 p.
TUDESQ (André-Jean), *Les Grands Notables en France 1840-1849. Étude historique d'une psychologie sociale*, Paris, P.U.F., 1964, 2 tomes, 1277 p.
Les Noblesses européennes au XIXe siècle, Milan-Rome, Università di Milano-École française de Rome, 1988.

IV. – ÉTUDES PARTICULIÈRES

1. L'Église et l'État.

BASDEVANT-GAUDEMET (Brigitte), *Le Jeu concordataire dans la France du XIXe siècle*, Paris, P.U.F., 1988, 298 p.
DEBIDOUR (Antonin), *Histoire des rapports de l'Église et de l'État en France de 1789 à 1870*, Paris, 1898; Genève, Slatkine, 1977 rééd., 740 p.
–, *L'Église catholique et l'État sous la IIIe République (1870-1906)*, Paris, Alcan, 1906, 2 tomes, 468 et 634 p.
DELACROIX (Simon), *La Réorganisation de l'Église de France après la Révolution 1801-1809*, t. I : *Les Nominations d'évêques et la liquidation du passé*, Paris, Éd. du Vitrail, 1962, 487 p.
GADILLE (Jacques), «Les Influences protestantes dans l'administration des cultes», *Les Protestants dans les débuts de la IIIe République*, Actes du colloque réunis par André ENCREVÉ et Michel RICHARD, Paris, Société d'Histoire du protestantisme français, 1979, 751 p., p. 253-262.
GAUDEMET (Jean) et alii, *Administration et Église du Concordat à la séparation de l'Église et de l'État*, Genève, Droz, 1985, 165 p.
LAFON (Jacques), *Les Prêtres, les Fidèles et l'État*, Paris, Beauchesne, 1987, 372 p.
LANGLOIS (Claude), «Religion et politique dans la France napoléonienne : un essai de réévaluation», *Christianisme et pouvoirs politiques de Napoléon à Adenauer*, Paris-Lille, Université Lille III-Éditions universitaires, 1974, 178 p., p. 13-37.
–, «Philosophe sans impiété et religieux sans fanatisme. Portalis et l'idéologie du système concordataire», *Ricerche di Storia Sociale e Religiosa*, 15-16, 1979, p. 37-57.

LATREILLE (André), *Le Catéchisme impérial de 1806. Études et documents pour servir à l'histoire des rapports de Napoléon et du clergé concordataire*, Paris, Les Belles Lettres, 1935, XVI-219 p.

LECANUET (R. P.), *L'Église de France sous la IIIe République*, Paris, Alcan, 4 tomes, t. I : *Les Dernières Années du pontificat de Pie IX 1870-1878*, 1931 (2e éd.), 579 p., t. II : *Les Premières Années du pontificat de Léon XIII, 1878-1894*, 1931 (2e éd.), 630 p., t. III : *Les Signes avant-coureurs de la Séparation : les dernières années de Léon XIII et l'avènement de Pie IX, 1894-1910*, 1931 (2e éd.), 734 p., t. IV : *La Vie de l'Église sous Léon XIII*, 1930, 735 p.

LENIAUD (Jean-Michel), *L'Administration des cultes pendant la période concordataire*, Paris, N.E.L., 1988, 428 p.

MAURAIN (Jean), *La Politique ecclésiastique du IIe Empire de 1852 à 1869*, Paris, Alcan, 1930, 989 p.

MAYEUR (Jean-Marie), *La Séparation des Églises et de l'État*, Paris, Éditions ouvrières, 1991 (rééd.), 189 p.

PINAUD (Pierre-François), « L'Administration des cultes de 1800 à 1815 », *Revue de l'institut Napoléon*, n° 132, 1976, p. 31-39.

2. Le Saint-Siège et la France.

AUBERT (Roger), *Le Concile Vatican I*, Paris, Éd. de l'Orante, 1964, 341 p.

BOUDON (Jacques-Olivier), « Le Saint-Siège et les nominations épiscopales en France au XIXe siècle, d'après les sources romaines », *Mélanges de l'École française de Rome, Italie-Méditerranée*, t. 102, 1990, 1, p. 111-161.

CHOLVY (Gérard), « Les Sources de l'histoire religieuse des diocèses du Midi au XIXe siècle : les archives du Vatican », *Annales du Midi*, 1969, p. 216-229.

GADILLE (Jacques), *Albert du Boÿs. Ses souvenirs du concile du Vatican. L'intervention du gouvernement impérial à Vatican I*, Louvain, Bibliothèque de l'Université-Publications de l'université de Louvain, 1968, XX-254 p.

GOUGH (Austin), *Paris and Rome. The Gallican Church and the Ultramontane Campaign. 1848-1853*, Oxford, Clarendon Press, 1986, XVI-276 p.

LATREILLE (André), *Napoléon et le Saint-Siège (1801-1808). L'ambassade du cardinal Fesch à Rome*, Paris, Alcan, 1935, XXXVIII-626 p.

MARCHASSON (Yves), *La Diplomatie romaine et la République française. À la recherche de la conciliation, 1879-1880*, Paris, Beauchesne, 1974, 524 p.

MARTIN (Jacques-Paul), *La Nonciature de Paris et les affaires ecclésiastiques de France sous le règne de Louis-Philippe (1830-1848). Contribution à l'histoire de la diplomatie pontificale au XIXe siècle, d'après les correspondances diplomatiques et divers documents inédits des Archives secrètes vaticanes*, Paris, Beauchesne, 1949, 351 p.

Maurain (Jean), *Le Saint-Siège et la France de décembre 1851 à avril 1853. Documents inédits,* Paris, Alcan, 1930, 257 p.

POUPARD (Paul), *Correspondance inédite entre Mgr Antonio Garibaldi, internonce à Paris et Mgr Césaire Mathieu, archevêque de Besançon. Contribution à l'histoire de l'administration ecclésiastique sous la monarchie de Juillet,* Rome-Paris, Presses de l'Université grégorienne-De Boccard, 1961, XXIII-426 p.

Les Fondations nationales dans la Rome pontificale, Rome, École française de Rome-Villa Médicis, 1981, 852 p.

3. La vie religieuse sous l'Ancien Régime et sous la Révolution.

AIMOND (Ch.), *Histoire religieuse de la Révolution dans le département de la Meuse et le diocèse de Verdun (1789-1802),* Roanne, Horvath, 1949, XVIII-507 p.

BARGES (J.-L.-L.), *Documents sur l'histoire de l'Église d'Auriol et de son clergé pendant la Révolution française de 1789 à 1804,* Paris, Goupy et Jourdan, 1888, 246 p.

BELLENGER (Dominic-Aidan), *The French Exiled Clergy in the British Isles After 1789. An Historical Introduction and Working List,* Downside Abbey, Bath, 1986, 301 p.

BERTHELOT DU CHESNAY (C.), « Le Clergé diocésain français au XVIIIᵉ siècle et les registres des insinuations ecclésiastiques », *Revue d'histoire moderne et contemporaine,* 1963, p. 241-269.

BOURLOTON (Edgar), *Le Clergé de la Vendée pendant la Révolution. 1789-1802,* Vannes, Imp. Lafolye Frères, 1908, t. I, 466 p.

COUSIN (Bernard), CUBELLS (Monique) et MOULINAS (René), *La Pique et la Croix. Histoire religieuse de la Révolution française,* Paris, Éd. du Centurion, 1989, 317 p.

DURAND (Albert), *Histoire religieuse du Gard pendant la Révolution,* t. I : *1788-1792,* Nîmes, Imprimerie générale, 1918, 468 p.

FRIJHOFF (Willem) et JULIA (Dominique), « Les Oratoriens de France sous l'Ancien Régime. Premiers résultats d'une enquête », *Revue d'histoire de l'Église de France,* 1979, p. 225-265.

JULIA (Dominique), « Le Clergé paroissial dans le diocèse de Reims à la fin du XVIIIᵉ siècle, *Revue d'histoire moderne et contemporaine,* 1966, t. XIII, p. 195-216.

LABAU (Denis), *Lescar. Histoire d'une cité épiscopale du Béarn,* t. II, *De la Réforme au Concordat,* Pau, Marrimpouey, 1975, 288 p.

LANGLOIS (Claude) et TACKETT (Timothy), « Ecclesiastical Structures and Clerical Geography on the Eve of the French Revolution », *French Historical Studies,* t. XI, 1980, 3, p. 352-370.

LEMONNIER (P.), *Le Clergé de la Charente-Inférieure pendant la Révolution,* La Rochelle, Imp. nouvelle Noël Texier, 1905, 117 p.

LOUPES (Philippe), *Chapitres et chanoines de Guyenne aux XVIIe et XVIIIe siècles*, Paris, Éd. de l'E.H.E.S.S., 1985, 590 p.

MACMANNERS (John), *French Ecclesiastical Society under the Ancien Régime. A Study of Angers in the Eighteenth Century*, Manchester, Manchester University Press, 1960, 416 p.

MEYER (Jean-Claude), *La Vie religieuse en Haute-Garonne sous la Révolution (1789-1801)*, Toulouse, Association des Publications de l'université Toulouse-Le Mirail, 1982, 621 p.

PEROUAS (Louis) et D'HOLLANDER (Paul), *La Révolution : une rupture dans le christianisme ? Le cas du Limousin (1775-1822)*, Treignac, Éd. des Monédières, 1988, 430 p.

PICHELOUP (René), *Les Ecclésiastiques français émigrés ou déportés dans l'État pontifical 1792-1800*, Toulouse, Association des Publications de l'université Toulouse-Le Mirail, 1972, 302 p.

PLONGERON (Bernard), *Les Réguliers de Paris devant le serment constitutionnel. Sens et conséquences d'une option, 1789-1801*, Paris, 1964.

–, *Conscience religieuse et Révolution. Regards sur l'historiographie religieuse de la Révolution française*, Paris, 1969, 352 p.

–, *Théologie et politique au siècle des Lumières, 1770-1820*, Genève, Droz, 1973, 405 p.

–, *La vie quotidienne du clergé français au XVIIIe siècle*, Paris, Hachette, 1974, 284 p., 1986 (rééd.).

PLONGERON (Bernard) [sous la direction de], *Pratiques religieuses dans l'Europe révolutionnaire (1770-1820)*, Actes du colloque de Chantilly, 27-29 novembre 1986, Paris, Brepols, 1988, 777 p.

QUENIART (Jean), *Les Hommes, l'Église et Dieu dans la France du XVIIIe siècle*, Paris, Hachette, 1978, 358 p.

TACKETT (Timothy), *Priest and Parish in Eighteenth Century France. A Social and Political Study of the Curés in a Diocese of Dauphiné 1750-1791*, Princeton, Princeton University Press, 1977, 350 p.

–, « L'Histoire sociale du clergé diocésain dans la France du XVIIIe siècle », *Revue d'histoire moderne et contemporaine*, t. 27, avril-juin 1979, p. 198-234.

–, *La Révolution, l'Église, la France*, Paris, Éd. du Cerf, 1986.

VALLERY-RADOT (Maurice), *Un administrateur ecclésiastique à la fin de l'Ancien Régime. Le cardinal de Luynes (1753-1788)*, Meaux, Société d'histoire et d'art du diocèse de Meaux, 1966, 288 p.

VIGUERIE (Jean DE), *Une œuvre d'éducation sous l'Ancien Régime. Les pères de la doctrine chrétienne en France et en Italie 1592-1792*, Paris, Publications de la Sorbonne-Éd. de la Nouvelle Aurore, 1976, 702 p.

VOVELLE (Michel), « Le Chapitre cathédral de Chartres », *Actes du 85e Congrès national des sociétés savantes, 1960, Section d'histoire moderne*, Paris, Imprimerie nationale, 1961, 625 p., p. 235-277.

–, *Religion et Révolution. La déchristianisation de l'an II*, Paris, Hachette, 1976, 316 p.

–, *La Révolution contre l'Église. De la raison à l'Être suprême,* Bruxelles, Éd. Complexe, 1988.

4. Le clergé au XIXe siècle.

BARRAL (Pierre), « Le Vicaire général Dieulin », *Revue d'histoire de l'Église de France,* 1981, p. 33-54.

BOUDON (Jacques-Olivier), « Le Clergé dans la société française au XIXe siècle », *Historiens et géographes,* octobre 1993, n° 341, p. 235-254.

–, « Les élites ecclésiastiques à la fin du Premier Empire : les vicaires généraux de 1813 », *Revue historique,* avril-juin 1994, t. CCXCI, 2, p. 265-297.

BRUGERETTE (J.), *Le Prêtre français et la société contemporaine,* t. I, *la Restauration (1815-1871),* t. II : *Vers la Séparation (1871-1908),* Paris, Lethielleux, 1933-1935, 312 et 637 p.

CHALINE (Nadine-Josette), « Le Recrutement du clergé dans le diocèse de Rouen au XIXe siècle », *Revue d'histoire économique et sociale,* t. 49, n° 3, p. 385-405.

COULON (Paul), BRASSEUR (Paule) et collaborateurs, *Libermann 1802-1852. Une pensée et une mystique missionnaires,* Paris, Éd. du Cerf, 1988, 938 p.

FOUCAULT (Pierre), « L'Origine socioprofessionnelle du clergé sarthois durant la période concordataire (1801-1905) », *Cahiers des Annales de Normandie,* n° 8, 1976, p. 149-170.

HUOT-PLEUROUX (Paul), *Le Recrutement sacerdotal dans le diocèse de Besançon de 1801 à 1960,* Besançon, 1966, 516 p.

LADOUS (Régis), *Monsieur Portal et les siens (1855-1926),* Paris, Éd. du Cerf, 1985, 521 p.

LANGLOIS (Claude), *Le Catholicisme au féminin. Les congrégations françaises à supérieure générale au XIXe siècle,* Paris, Éd. du Cerf, 1984, 776 p.

LAUNAY (Marcel), *Le Bon Prêtre. Le clergé rural au XIXe siècle,* Paris, Aubier, « Collection historique », 1986, 326 p.

MAYEUR (Jean-Marie), *Un prêtre démocrate : l'abbé Lemire (1853-1928),* Paris, Casterman, 1968, 698 p.

PIERRARD (Pierre), *La Vie quotidienne du prêtre français au XIXe siècle,* Paris, Hachette, 1986, 488 p.

POULAT (Émile) et RÉMOND (René) [sous la direction de], *Emmanuel d'Alzon dans la société et l'Église du XIXe siècle,* Paris, Éd. du Centurion, 1982, 334 p.

POUTHAS (Charles), « Le Clergé sous la monarchie constitutionnelle, 1814-1848 », *Revue d'histoire de l'Église de France,* 1943, t. 29, p. 19-53.

RÉMOND (René), *Les Deux Congrès ecclésiastiques de Reims et de Bourges, 1896-1900,* Paris, Sirey, 1964, 242 p.

ROGÉ (Joseph), *Le Simple Prêtre*, Paris, Casterman, 1965, 338 p.

SUAUD (Charles), *La Vocation*, Paris, Éd. de Minuit, 1978, 280 p.

TRICHET (Louis), *Le Costume du clergé. Ses origines et son évolution en France d'après les règlements de l'Église*, Paris, Éd. du Cerf, 1986, 245 p.

5. La vie des diocèses.

Histoire des diocèses de France, dirigée par PALANQUE (Jean-René) et PLONGERON (Bernard), puis PLONGERON (Bernard) et VAUCHEZ (André), Paris, Beauchesne.

BILLAUD (A.), *La Petite Église dans la Vendée et dans les Deux-Sèvres (1800-1830)*, Paris, Nouvelles éditions latines, 1962, 565 p.

BOUTRY (Philippe), *Prêtres et paroisses au pays du curé d'Ars*, Paris, Éd. du Cerf, 1986, 706 p.

CHALINE (Nadine-Josette), *Des catholiques normands sous la IIIe République. Crises, combats, renouveaux*, Roanne-Le Coteau, Horvath, 1985, 252 p.

CHALINE (Nadine-Josette) et FOURÉ (André), *Hier une chrétienté? Les archevêques de Rouen visitent leur diocèse*, Rouen, 1978.

CHANSOU (Jean), *Une Église change de siècle. Histoire du diocèse de Toulouse sous l'épiscopat de Mgr Germain 1899-1929*, Toulouse, Privat, 1975, 317 p.

CHOLVY (Gérard), *Religion et société au XIXe siècle, le diocèse de Montpellier*, Lille, Service de reproduction des thèses de l'université Lille-III, 1973, 2 tomes, 1671-XII p.

CLÉMENT (Joseph), *L'Évêché de Moulins, projeté sous l'Ancien Régime (1788-1790), réalisé sous la Restauration (1822). Son premier évêque*, Moulins, Librairie historique du Bourbonnais, 1923, 306 p.

CORBIN (Alain), *Archaïsme et modernité en Limousin au XIXe siècle, 1845-1880*, Paris, Marcel Rivière, 1975, 2 tomes.

DANIEL (Yvan), *L'Équipement paroissial d'un diocèse urbain: Paris (1802-1956)*, Paris, Éditions ouvrières, 1957, 198 p.

DELPAL (Bernard), *Entre paroisse et commune. Les catholiques de la Drôme au milieu du XIXe siècle*, Valence, Éd. du Peuple libre-Centre André-Latreille, 1989, 299 p.

DENIS (Michel), *L'Église et la République en Mayenne 1896-1906*, Paris, Klincksieck, 1967, 289 p.

–, *Les Royalistes de la Mayenne et le monde moderne, XIXe-XXe siècle*, Paris, Klincksieck, 1977.

EPP (René), *Le Mouvement ultramontain dans l'Église catholique en Alsace au XIXe siècle (1802-1870)*, Lille, Atelier de reproduction des thèses de l'université Lille-III, 1975, 2 tomes, 845 f^os^.

FAUGERAS (Marius), *Le Diocèse de Nantes sous la monarchie censitaire (1813-1822-1849)*, Fontenay-le-Comte, Lussaud, 1964, 2 tomes, XXXIV-527 et 467 p.

FAURY (Jean), *Cléricalisme et anticléricalisme dans le Tarn (1848-1900)*, Toulouse, Association des Publications de l'université Toulouse-Le Mirail, 1980, 532 p.

GENEVRAY (Pierre), *L'Administration et la vie ecclésiastique dans le grand diocèse de Toulouse pendant les dernières années de l'Empire et sous la Restauration*, Toulouse, 1941, 723 p.

GODEL (Jean), *La Reconstruction concordataire dans le diocèse de Grenoble après la Révolution (1802-1809)*, Grenoble, 1968, 410 p.

GONNOT (Jean-Pierre), « Vocations et carrières sacerdotales dans le diocèse de Belley de 1823 à 1904 », thèse de 3ᵉ cycle, Lyon-II, dactyl., 1984.

GUILLAUME (Paul), *Essai sur la vie religieuse en Orléanais de 1801 à 1878*, dactyl., s.l.n.d., 245-208 p.

HILAIRE (Yves-Marie), *Une chrétienté au xixᵉ siècle. La vie religieuse des populations du diocèse d'Arras (1840-1914)*, Lille, Publications de l'université Lille-III, 2 tomes, 1017 p.

HUOT-PLEUROUX (Paul), *La Vie chrétienne dans le Doubs et la Haute-Saône de 1860 à 1900 d'après les comptes rendus des Missions paroissiales*, Besançon, 1966, 379 p.

LAGRÉE (Michel), *Mentalités, religion et histoire en haute Bretagne. Le diocèse de Rennes, 1815-1848*, Paris, Klincksieck, 1977, 492 p.

LANGLOIS (Claude), *Le Diocèse de Vannes au xixᵉ siècle, 1800-1830*, Paris, Klincksieck, 1974, 629 p.

LAUNAY (Marcel), *Le Diocèse de Nantes sous le IIᵉ Empire*, Nantes, C.I.D., 1982, 2 tomes, 980 p.

MARCILHACY (Christiane), *Le Diocèse d'Orléans sous l'épiscopat de Mgr Dupanloup (1849-1878). Sociologie religieuse et mentalités collectives*, Paris, Plon, 1962, 593 p.

–, *Le Diocèse d'Orléans au milieu du xixᵉ siècle. Les hommes et leur mentalité*, Paris, Sirey, 1964, xvi-501 p.

MARTIN (Jean-Clément), *La Vendée de la mémoire (1800-1980)*, Paris, Éd. du Seuil, 1989, 303 p.

MULLER (Claude), *Dieu est catholique et alsacien. La vitalité du diocèse de Strasbourg au xixᵉ siècle (1802-1914)*, Lille, Atelier de reproduction des thèses de l'université Lille-III et Société d'histoire de l'Église d'Alsace, s.d., 2 tomes, 1126-LXXXIV p.

PEROUAS (Louis), *Refus d'une religion, religion d'un refus en Limousin rural, 1880-1940*, Paris, Éd. de l'E.H.E.S.S., 1985, 245 p.

6. L'histoire de l'éducation.

BOISARD (Pierre), *La Compagnie de Saint-Sulpice. Trois siècles d'histoire*, s.l.n.d., 2 tomes, 801 p.

BURNICHON (Joseph), *La Compagnie de Jésus en France. Histoire d'un siècle (1814-1914)*, Paris, Beauchesne, 1914-1922, 4 tomes, 568 p., 735 p., 639 et 706 p.

CARON (Jean-Claude), *Générations romantiques. Les étudiants de Paris et le Quartier latin (1814-1851)*, Paris, Armand Colin, 1991, 435 p.

CHARTIER (Roger), COMPÈRE (Marie-Madeleine) et JULIA (Dominique), *L'Éducation en France du XVIᵉ au XVIIIᵉ siècle*, Paris, CDU et SEDES, 1976.

CHOTARD (Jean-René), *Séminaristes... une espèce disparue? Histoire et structure d'un petit séminaire, Guérande (1822-1966)*, Québec, Naaman, 1977, 270 p.

COMPÈRE (Marie-Madeleine), *Du collège au lycée*, Paris, Gallimard, coll. «Archives», 1985.

COMPÈRE (Marie-Madeleine) et JULIA (Dominique), *Répertoire des collèges français, XVIᵉ-XVIIIᵉ siècle*, Paris, C.N.R.S., Service des Publications de l'I.N.R.P., t. I: *France du Midi*, 1984, t. II: *France du Nord et de l'Ouest*, 1988.

DEGERT (A.), *Histoire des séminaires français jusqu'à la Révolution*, Paris, Beauchesne, 1912, 2 tomes, XV-440 et 543 p.

DELATTRE (Pierre) [sous la direction de], *Les Établissements des Jésuites en France depuis quatre siècles. Répertoire topo-bibliographique*, Enghien, Wet Terren, Institut supérieur de théologie-Imp. De Meester Frères, 1949, 4 tomes.

DUMOULIN (Christian), *Un séminaire français au XIXᵉ siècle. Le recrutement, la formation, la vie des clercs à Bourges*, Paris, Tequi, 1978, 443 p.

FRIJHOFF (Willem) et JULIA (Dominique), *École et société dans la France d'Ancien Régime*, Paris, «Cahiers des Annales», 1975, 120 p.

FURET (François) et OZOUF (Jacques), *Lire et écrire. L'alphabétisation des Français de Calvin à Jules Ferry*, Paris, Éd. de Minuit, 1980, t. I, 390 p.

GERBOD (Paul), *La Condition universitaire en France au XIXᵉ siècle*, Paris, P.U.F., 1965, 726 p.

HILAIRE (Yves-Marie), «Note sur le recrutement des élèves du Séminaire français de Rome (1853-1914)», *Archives de sociologie des religions*, n° 23, janvier-juin 1967, p. 135-140.

JULIA (Dominique) [sous la direction de], *L'Enseignement 1760-1815, Atlas de la Révolution française*, dirigé par Serge BONIN et Claude LANGLOIS, Paris, Éd. de l'E.H.E.S.S., 1987, t. II, 105 p.

LEFLON (Jean), *Monsieur Émery*, Paris, Bonne Presse, 1944-1947, 2 tomes.

MAYEUR (Françoise), *Histoire générale de l'enseignement et de l'éducation en France* (sous la direction de L.-H. PARIAS), t. III: *De la Révolution à l'école républicaine*, Paris, Nouvelle librairie de France, 1981.

MENSIAU-RIGAUD (Éric), *L'Enfance au château. L'éducation familiale des élites françaises au XXᵉ siècle*, Paris, Rivages, 1990, 320 p.

PROST (Antoine), *L'Enseignement en France 1800-1967*, Paris, Armand Colin, 1968.

SECONDY (Louis), «Place et rôle des petits séminaires dans l'enseignement secondaire en France au XIXᵉ siècle», *Revue d'histoire de l'Église de France*, t. 66, juillet-décembre 1980, p. 243-259.

VERGER (Jacques) [sous la direction de], *Histoire des universités en France*, Toulouse, Privat, 1986, 432 p.

Problèmes d'histoire de l'éducation, Actes des séminaires de l'École française de Rome et de l'università di Roma-La Sapienza, Rome, Collection de l'École française de Rome n° 104, 1988, 318 p.

7. Le mouvement intellectuel.

BRESSOLETTE (Claude), *L'Abbé Maret. Le combat d'un théologien pour une démocratie chrétienne 1830-1851*, Paris, Beauchesne, 1977, 563 p.

–, *L'Église et l'État. Cours de Sorbonne inédit, 1850-1851*, Paris, Beauchesne, 1979, VIII-321 p.

CHOLVY (Gérard), «Clercs érudits et prêtres régionalistes», *Revue d'histoire de l'Église de France*, 1985, t. LXXI, p. 5-12.

DERRÉ (Jean-René), *Le Renouvellement de la pensée religieuse en France de 1824 à 1834. Essai sur les origines et la signification du mennaisianisme*, Paris, Klincksieck, 1962, 765 p.

DUROSELLE (Jean-Baptiste), *Les Débuts du catholicisme social en France (1822-1871)*, Paris, PUF, 1951, 787 p.

GADILLE (Jacques) [sous la direction de], *Les Catholiques libéraux au XIXᵉ siècle*, Grenoble, Presses universitaires de Grenoble, 1974, 595 p.

GAZIER (Augustin), *Histoire générale du mouvement janséniste depuis ses origines jusqu'à nos jours*, Paris, Librairie Honoré Champion, 1924, t. II, 376 p.

GUERBER (Jean), *Le Ralliement du clergé français à la morale liguorienne*, Rome, Université grégorienne, 1973, 378 p.

LE ROUX (Benoît), *Louis Veuillot, un homme, un combat*, Paris, Tequi, 297 p.

Maire (Catherine) [actes du colloque de Versailles réunis par], *Jansénisme et Révolution*, Paris, Chroniques de Port-Royal, 1990, 290 p.

MAYEUR (Jean-Marie), *Catholicisme social et démocratie chrétienne. Principes romains, expériences françaises*, Paris, Éd. du Cerf, 1986, 287 p.

MOULINET (Daniel), *Les Classiques païens dans les collèges catholiques? Le combat de Mgr Gaume*, Paris, Éd. du Cerf, coll. «Histoire religieuse de la France», 1995, 485 p.

PALANQUE (Jean-Rémy), *Catholiques libéraux et gallicans en France face au concile du Vatican, 1867-1870*, Aix-en-Provence, Publication des Annales de la faculté des lettres, 1962, 207 p.

PRECLIN (Edmond), *Les Jansénistes du XVIIIᵉ siècle et la Constitution civile du clergé. Le développement du richérisme, sa propagation dans le bas-clergé*, Paris, J. Gamber, 1929, XXXII-578 p.

PRELOT (Marcel) et GALLOUEDEC-GENUYS (Françoise), *Le Libéralisme catholique*, Paris, Armand Colin, 1969, 480 p.

SAVART (Claude), *L'Abbé Jean-Hippolyte Michon 1806-1881. Contribution à l'étude du libéralisme catholique au XIXᵉ siècle*, Paris, Les Belles Lettres, 1971, 290 p.

–, *Les Catholiques en France. Le témoignage du livre religieux*, Paris, Beauchesne, 1985, 718 p.

SECHE (Léon), *Les Derniers Jansénistes, depuis la ruine de Port-Royal jusqu'à nos jours (1710-1870)*, Paris, 3 tomes, 1891-1893.

SEVRIN (Ernest), *Dom Guéranger et Lamennais, Essai de critique historique sur la jeunesse de Dom Guéranger*, Paris, Vrin, 1933, 354 p.

–, *Les missions religieuses en France sous la Restauration*, 2 tomes, t. I, Saint-Mandé, chez l'auteur, 1948, XXX-367 p. et t. II, Paris, Vrin, 1959, 532 p.

WEILL (Georges), *Histoire du catholicisme libéral*, Paris-Genève, Slatkine, 1979 (rééd.), 312 p.

V. – BIBLIOGRAPHIE ÉPISCOPALE

1. L'épiscopat d'hier et d'aujourd'hui.

BATELLI (Giuseppe), «I vescovi italiani tra Leone XIII e Pio X. Contributi recenti», *Cristianesimo nelle storia*, 1985, vol. 6, p. 93-143.

BAUNARD (Louis) [introduction de], *L'Épiscopat français depuis le Concordat jusqu'à la Séparation*, Paris, Librairie des Saints-Pères, 1907, XVI-720 p.

BOUDON (Jacques-Olivier), «Le Rôle de la formation dans le recrutement des évêques du XIXe siècle», *Paedagogica Historica. International Journal of the History of Education*, t. 30, 1994, 1, p. 83-98.

–, «L'Influence de la Congrégation sur les nominations épiscopales dans la première moitié du XIXe siècle», *Revue d'histoire de l'Église de France*, t. 78, 1992, p. 21-34.

–, «Le Saint-Siège et le recrutement des évêques français au lendemain de la Séparation: une enquête de 1908 sur les candidats à l'épiscopat», *Revue d'histoire ecclésiastique*, 1995, vol. 90, nos 3-4, p. 443-470.

BOURDIEU (Pierre) et SAINT-MARTIN (Monique DE), «La Sainte Famille. L'épiscopat français dans le champ du pouvoir», *Actes de la recherche en sciences sociales*, Paris, novembre 1982, n° 44-45, p. 1-53.

CHAPEAU (A.) et COMBALUZIER (F.): «L'Épiscopat français de Clément VIII à Paul VI», article «France», *Dictionnaire d'histoire et de géographie ecclésiastiques*, t. XVIII, col. 157-544.

–, *Épiscologe français des Temps modernes 1592-1793, Tables*, Paris, Letouzey et Ané, 1977, 52 p.

CUENCA (José Manuel), *Sociologia del episcopado espanol e hispanoamericano (1789-1985)*, Madrid, Ediciones Pegaso, 1986, 616 p.

GADILLE (Jacques), *La Pensée et l'Action politiques des évêques français au début de la IIIe République. 1870-1883*, Paris, Hachette, 1967, 2 tomes, 351 et 334 p.

GATZ (Erwin) [sous la direction de], *Die Bischöfe der deutschsprachigen Länder. 1785-1803 bis 1945. Ein biographisches Lexicon*, Berlin, Duncker et Humblot, 1983, 910 p.

GRÉMION (Catherine), «Le Saint-Siège et l'épiscopat français: origine et formation des évêques de France sous Paul VI», *Paul VI et la modernité*, Rome, Collection de l'École française de Rome, 1984, 875 p., p. 673-716.

GRÉMION (Catherine) et LEVILLAIN (Philippe), *Les Lieutenants de Dieu, les évêques de France et la politique*, Paris, Fayard, coll. «L'espace du politique», 1986, 414 p.

HOUTIN (Albert), *Évêques et diocèses*, Paris, Librairie Nourry, 1re série, 1980 (3e éd. augm.), 183 p. et 2e série, Paris, chez l'auteur, 1909, 183 p.

LATREILLE (André), «Nominations épiscopales au XIXe siècle: une enquête de M. Falloux (1849)», *Cahiers d'histoire*, t. V, 1960, p. 241-249.

MAYEUR (Jean-Marie) et ZIMMERMANN (Marie), *Lettres de carême des évêques de France. Répertoire 1861-1959*, Strasbourg, C.E.R.D.I.C. Publications, 1981, 378 p.

MINIER (Marc), «Originale sociale, formazione morale e mentalità dell' episcopato francese tra le due guerre», *Storia Contemporanea*, n° 45, octobre 1981, p. 575-622.

–, *L'Épiscopat français du Ralliement à Vatican II*, Padoue, C.E.D.A.M., 1982, XII-232 p. (préface de Francesco Margiotta Broglio).

PÉRONNET (Michel), *Les Évêques de l'ancienne France*, Lille, Atelier de reproduction des thèses de l'université Lille-III, 1977, 2 tomes, 1486 fos.

PISANI (Paul), *Répertoire biographique de l'épiscopat constitutionnel. 1791-1802*, Paris, Picard, 1907, 476 p.

POEY (P.), *Évêques de France. Biographies et portraits de tous les cardinaux, archevêques et évêques de France et des colonies*, Paris, Lethielleux, 1908, 188 p.

POULAT (Émile), «Le Catholicisme français et son personnel dirigeant», *Archives de sociologie des religions*, t. 19, janvier-juin 1965, p. 117-123, repris dans *Une Église ébranlée*, Paris, Casterman, 1980.

RAVITCH (Norman), *Sword and Mitre. Government and Episcopate in France and England in the Age of Aristocracy*, La Hague-Paris, Mouton, 1966, 246 p.

RITZLER (R.) et SEFRIN (P.), *Hierarchia catholica medii et recentioris ævi*, Padoue, Basilique Saint-Antoine, vol. 7, 1800-1846, 1968, vol. 8, 1846-1878 et vol. 9, 1878-1903.

SICARD (abbé), *L'Ancien Clergé de France*, Paris, Lecoffre, 3 tomes, t. I: *Les Évêques avant la Révolution*, 1893, 523 p., t. II: *Les Évêques pendant la Révolution*, 1894, 513 p., t. III: *Les Évêques pendant la Révolution. De l'exil au Concordat*, 1903, 570 p.

TAUPIN D'AUGE, *Armorial de l'épiscopat français, ou Recueil des armoiries des archevêques et évêques de France, accompagné de notices biographiques sur chacun de ces prélats*, Paris, Librairie archéologique et héraldique de J.-B. Dumoulin, 1865 (contient 53 notices d'évêques concordataires).

VASSORT-ROUSSET (Brigitte), *Les Évêques de France en politique*, Paris, Éd. du Cerf-Presses de la F.N.S.P., 1986, 311 p.

L'Évêque dans l'histoire de l'Église, actes de la 7ᵉ rencontre d'histoire religieuse de Fontevraud, 14-15 octobre 1983, Angers, Presses de l'université, 1984, 234 p.

2. Biographies d'évêques.

AFFRE : Limouzin-Lamothe (Roger) et Leflon (Jean), *Mgr Denis-Auguste Affre, archevêque de Paris (1793-1848)*, Paris, Vrin, 1971, 380 p.

AMETTE : Cordonnier (chanoine Charles), *Le Cardinal Amette, archevêque de Paris*, Mortain, Éd. du Mortainais, 1949, 2 tomes, 329 et 322 p.

ANGEBAULT : Gillet (abbé L.), *Vie de Mgr Angebault, évêque d'Angers*, Angers, Germain et Grassin, 1899, 522 p.

ARBOU : Mercier des Rochettes (J.), *Mgr d'Arbou, évêque de Bayonne (1831-1838)*, Bayonne, Imp. du Courrier, 1934, 32 p.

ASTROS : Caussette (R. P. J.-B. d'), *Vie du cardinal d'Astros, archevêque de Toulouse, suivie de pièces justificatives et de documents inédits*, Paris, 1853, XXIV-666-XC p. ; Droulers (Paul), *Action pastorale et problèmes sociaux sous la monarchie de Juillet chez Mgr d'Astros, archevêque de Toulouse, censeur de La Mennais*, Paris, Vrin, 1954, 445 p.

AVIAU DU BOIS DE SANZAY (d') : Lyonnet (abbé Jean-Paul), *Histoire de Mgr d'Aviau du Bois de Sançay, successivement archevêque de Vienne et de Bordeaux*, Lyon, J.-B. Pélagaud, 1847, 2 tomes ; Dissard (Jean, s.j.), *Mgr Charles-François d'Aviau (1736-1826)*, Bordeaux, Delmas, 1953, 237 p.

BADUEL : Lesmarie (abbé), *La Vie et l'Épiscopat de Mgr Baduel, évêque de Saint-Flour. Notice historique*, Saint-Flour, F. Boudounelle, 1892, IV-198 p. ; Lesueur (Patrice), *Mgr Benjamin Baduel d'Oustrac évêque de Saint-Flour, ou Histoire et couronnement d'une carrière de prêtre social au XIXᵉ siècle*, Villefranche, Société des Amis de Villefranche et du bas Rouergue, 1986, 173 p.

BARA : Bailly (abbé), *Notice biographique sur Mgr Jean-Honoré Bara, évêque de Châlons*, Châlons, Laurent, 1864, 12 p.

BATAILLE : Houllier (abbé A.), *Biographie de Mgr Bataille, évêque d'Amiens*, Amiens, Delattre-Lenoël, 1879, II-152 p.

BAUDRY : Perreyve (abbé Henri), *Mgr Baudry, évêque de Périgueux et de Sarlat*, Paris, Douniol, 1863, 34 p. ; [Las Cases (abbé de)], *Quelques mots sur l'épiscopat de Mgr Baudry, évêque de Périgueux et de Sarlat*, Périgueux, J. Bounet, 1863, 11 p.

BAUSSET-ROQUEFORT : Laugier (abbé F.), *Pierre-Ferdinand de Bausset-Roquefort, archevêque d'Aix. Ses rapports spéciaux et personnels avec le diocèse de Fréjus*, Fréjus, Justin Cisson, 1897, 37 p.

BÉCEL : Nicol (abbé Max), *Mgr Bécel, évêque de Vannes*, Vannes, Lafolye Frères, 1903, 349 p.

BÉCHEREL : Bindet (Jean), *François Bécherel 1732-1815. Député à la Constituante, évêque constitutionnel de la Manche, évêque concordataire de Valence*, Coutances, Études et documents d'histoire de Basse-Normandie, 1971 (2ᵉ éd. augm.), 239 p.

BELLOT DES MINIÈRES : Woodwall (J.-B.), «Henri Bellot des Minières, Republican Bishop of Poitiers, 1881-1888», *The Catholical American Review*, octobre 1952, p. 257-284.

BELLOY : Achard (M.), *Notice biographique sur M. de Belloy*, Mémoires publiées par l'Académie de Marseille, t. VII, Marseille, Imp. Achard, 1810, p. 301-307

BELMAS : Mathieu (chanoine Léon), *Le Saint-Siège et les anciens constitutionnels: Mgr Louis Belmas, ancien évêque constitutionnel de l'Aude, évêque de Cambrai (1757-1841). Sa vie, son épiscopat, le mouvement religieux dans le Nord durant cette période*, Paris, Picard, 1934, 2 tomes, XL-461 et 556 p.

BERNET : Doisy (abbé Henri), *Un grand curé de Paris sous la Restauration. Mgr Joseph Bernet, curé de Saint-Vincent-de-Paul, chanoine honoraire de Saint-Denis, évêque de La Rochelle, archevêque d'Aix et cardinal (1770-1827)*, Paris, Pasquier, 1949, 241 p.

BERNIER : Leflon (Jean), *Étienne-Alexandre Bernier, évêque d'Orléans et l'application du Concordat*, Paris, Plon, 1938, 2 tomes, 320 et 410 p.

BERTEAUD : Breton (abbé G.), *Un évêque d'autrefois: Mgr Berteaud, évêque de Tulle*, Paris, Bloud et Barral, 1898, 405 p.; Vinatier (Jean), «Les lumières et les ombres d'un grand évêque de Tulle. Images de Mgr Berteaud (1798-1842-1879)», *Bulletin de la société des lettres, sciences et arts de la Corrèze*, t. 83, 1980, p. 109-184.

BESSON : *Notice sur Mgr Besson, évêque de Metz*, Metz, Collignon, 1842, 8 p.

BESSON : Bascoul (abbé Louis), *Vie de Mgr Besson, évêque de Nîmes, Uzès et Alais (1821-1888)*, Arras-Paris, Sueur-Charruey, 1903, 2 tomes, 402 et 472 p.

BILLARD : Cabrières (Mgr de), *Mgr F.-A. Billard. Lettre à MM. les vicaires généraux capitulaires de Carcassonne*, Montpellier, Imp. centrale du Midi, s.d., 57 p.

BLANQUART DE BAILLEUL : Loth (abbé Julien), *Mgr Blanquart de Bailleul, 97ᵉ archevêque de Rouen. Sa vie, sa mort, son oraison funèbre et ses funérailles*, Rouen, Fleury, 1869, 228 p.

BOISGELIN DE CICÉ : Lavacquery (E.), *Le Cardinal de Boisgelin (1732-1804)*, Paris, 1921, 2 tomes, 410 et 440 p.

BONALD : Blanchon (J.), *Le Cardinal de Bonald, archevêque de Lyon. Sa vie, ses œuvres*, Lyon-Paris, Bacher et Cie-Vaton Frères, 1870, 116 p.; Givre (C.), *Notables lyonnais et foréziens. Documents historiques sur Louis d'Arnal de Serres, directeur de la Schola Cantorum et sa famille et le cardinal Maurice de Bonald, archevêque de Lyon, grand oncle de Louis de Serres*, Regny, Imp. des ateliers de l'abbaye de Pradines, 1980, 125 p.; Rivet (Auguste), «Maurice de Bonald, évêque du Puy, et la politique (1823-1840)», *Mélanges offerts à M. le doyen André Latreille*, Lyon, Audin, 1972, 624 p., p. 547-555.

BONNECHOSE : Besson (Mgr Louis), *Vie du cardinal de Bonnechose, archevêque de Rouen*, Paris, Retaux-Bray, 1887, 2 tomes, 516 et 680 p.

BORDERIES : Dupanloup (Mgr), *La Vie de Mgr Borderies, évêque de Versailles*, Paris, Duniol-Tequi, 1905, XII-440 p.

BOUANGE : Delmas (abbé Guillaume), *Vie de Mgr Bouange, évêque de Langres*, Paris-Aurillac, Suau-Picut, 1885, 2 tomes, XXII-409 et 331 p.

BOUGAUD : Lagrange (abbé François), *Discours de Mgr Bougaud, évêque de Laval, publiés par son frère et précédés d'une notice historique par l'abbé Lagrange*, Paris, Poussielgue, 1889 (2ᵉ éd.), LXX-412 p.

BOULOGNE : Delacroix (abbé A.), *Monsieur de Boulogne, archevêque, évêque de Troyes, pair de France*, Paris, Retaux-Bray, 1886, 420 p.

BOURRET : Ricard (abbé Ernest), *Le Cardinal Bourret. Souvenirs intimes*, Paris, Bloud et Barral, 1897, 359 p.

BOUVIER : Sebaux (Mg Alexandre-Léopold), *Vie de Mgr Jean-Baptiste Bouvier, évêque du Mans*, Angoulême, Roussaud, 1886, 344 p.

BOYER : Guillibert (abbé F.), *Le Cardinal Boyer*, Paris, Lecoffre, 1898, XXIV-355 p.

BRAVARD : Toussaint (abbé Joseph), *Mgr Bravard, le sauveur du Mont-Saint-Michel*, Avranches, Éd. de l'Avranchin, 1978, 332 p.

BRUILLARD : Bassette (Louis), *Les Origines familiales de Mgr Philibert de Bruillard, évêque de Grenoble de 1826 à 1853*, Grenoble, Imp. Eymond, 1957, 75 p.

BRULLEY DE LA BRUNIÈRE : Commandre (abbé), *Mandements, circulaires et ordonnances de Mgr Claude-Jean-Joseph Brulley de La Brunière, évêque de Mende, précédés d'une notice sur la vie du prélat*, Toulouse, L. Chapelle, 1849, XIII-494 p.

BRUMAULD DE BEAUREGARD : *Mémoires de Mgr Jean Brumauld de Beauregard, évêque d'Orléans, chanoine du premier ordre au chapitre royal de Saint-Denis, précédés de sa vie, écrite sur des notes et des documents authentiques*, Poitiers, Imp. Saurin Frères, 1842, 2 tomes, t. I, 485 p.

CABRIÈRES : Bruyère (chanoine Marcel), *Le Cardinal de Cabrières*, Paris, Éd. du Cèdre, 1956, 482 p. ; Cholvy (Gérard), «Religion et politique en bas Languedoc au XIXᵉ siècle : Mgr de Cabrières, évêque de Montpellier, et la République (1874-1894)», *Christianisme et pouvoirs politiques de Napoléon à Adenauer*, Paris-Lille, université Lille-III-Éditions universitaires, 1974, 178 p., p. 95-120.

CAFFARELLI : Le Douarec (chanoine F.), *Le Concordat dans un diocèse de l'Ouest. Mgr Caffarelli et le préfet Bouillé*, Paris, Éd. Alsatia, 1958, 181 p.

CAMBACÉRÈS : Ledré (Charles), *Le Cardinal Cambacérès, archevêque de Rouen. 1802-1818*, Paris, Plon, 1943, XXXI-536 p.

CANAPPE : *Mgr Emmanuel Canappe, évêque de la Basse-Terre (1849-1907)*, Amiens, s.d. [1911], 35 p.

CARRON : Sifflet (chanoine), *Les Évêques concordataires du Mans*, t. III : *Mgr Carron, 1820-1833*, Le Mans, Imp. Monnoyer, 1917, 205 p.

CART : Azais (abbé), *Vie de Mgr Jean-François-Marie Cart, évêque de Nîmes*, Nîmes-Paris, Giraud, 1857, VIII-428 p.

CASANELLI D'ISTRIA : Ortolan (Père Th.), *Diplomate et soldat : Mgr Casanelli d'Istria, évêque d'Ajaccio, 1794-1869*, Paris, Bloud et Barral, 2 tomes, 1900, 438 et 481 p.

CAVEROT : Blachier (Charles), *Biographie de Mgr Caverot, archevêque de Lyon*, Lyon, Imp. d'Aimé Vingtrinier, 1876, 33 p. ; Dechelette (abbé Jean), *Vie du cardinal Caverot, archevêque de Lyon*, Lyon, Vitte, 1890, 428 p.

CHALANDON : Boyer (abbé), *Éloge funèbre de Mgr Georges-Claude-Louis-Pie Chalandon, archevêque d'Aix, d'Arles et d'Embrun*, Aix, Achille Makaire, 1873, 47 p.

CHAMPION DE CICÉ : Lévy-Schneider (L.), *L'Application du Concordat par un prélat d'Ancien Régime : Mgr Champion de Cicé, archevêque d'Aix et d'Arles (1802-1810)*, Paris, Rieder, 1921, 604 p.

CHAULET D'OUTREMONT : Bellune (chanoine de), *Mgr d'Outremont, sa vie et sa doctrine spirituelle*, Tours, Mame, 1900, 528 p.

CLAUSEL DE MONTALS : Sevrin (abbé Ernest), *Un évêque militant et gallican au XIXᵉ siècle : Mgr Clausel de Montals, évêque de Chartres (1769-1857)*, Paris, Vrin, 1955, 2 tomes, 756 p.

CLERMONT-TONNERRE : Tournier (Cl.), *Le Cardinal de Clermont-Tonnerre et le drame de la Petite Église*, Toulouse, 1935, 197 p.

CŒUR : *Notice biographique sur Mgr Pierre-Louis Cœur, évêque de Troyes*, Troyes, Anner-André, s.d. [1861], 7 p.

COLOMB : Reynaud (abbé Hector), *Mgr Colomb. Notice biographique*, Grenoble, Librairie dauphinoise, 1899, 25 p.

COLONNA D'ISTRIA : Chapusot (P. R.), *Mgr Jean-Baptiste Colonna d'Istria, premier évêque de Nice 1758-1835*, Paris, Lethielleux, 1970, 173 p.

CORTOIS DE PRESSIGNY : Tharin (abbé), *Discours prononcé au service de Mgr Cortois de Pressigny, archevêque de Besançon, comte et pair de France, dans l'église métropolitaine de Besançon, le 27 mai 1823*, Besançon, J. Petit, 1823, 22 p.

COTTON : Ragnau (Mgr Edmond-Hugues de), *Mgr Charles-Pierre-François Cotton, évêque de Valence. Sa vie (1825-1905). Ses trente années d'épiscopat (1875-1905)*, Grenoble-Valence, Pons-Vercelin, 1907, 592 p.

COTTRET : *Notice sur Mgr Pierre-Marie Cottret, évêque de Beauvais*, extrait du « *Journal des villes et des campagnes* », Paris, 1841, 15 p.

COUCY : Chevreau (Guy), *Mgr de Coucy, évêque de La Rochelle, archevêque de Reims, 1745-1824*, La Rochelle, Carmel, dactyl., 1977, 109-9-17-21 p.

COUET DU VIVIER DE LORRY : Tribout de Morembert (H.), « Un évêque de l'Ancien Régime : Michel-François de Couet du Vivier de Lorry », *Actes du 76ᵉ Congrès des Sociétés savantes, Rennes, 1951*, Paris, Imprimerie nationale, 1951, p. 210-217.

COUSIN DE GRAINVILLE : Sol (Eugène), « Mgr Guillaume-Balthazar Cousin de Grainville, premier évêque concordataire de Cahors », *Bulletin de la société des études littéraires, scientifiques et artistiques du Lot*, 1933, t. 54, p. 380-395, t. 55, p. 124-139, 192-207, 311-325 et 389-397, t. 56, p. 209-220.

DANIEL : Pouthas (M. Charles), « Le Collège royal de Caen sous l'administration de M. l'abbé Daniel 1827-1839 », *Mémoires de l'Académie nationale de Caen*, 1905, t. 59, p. 147-219.

DARBOY : Guillermin (abbé J.), *Vie de Mgr Darboy, archevêque de Paris*, Paris, Bloud et Barral, 1888, XII-374 p. ; Foulon (Mgr J.-A.), *Histoire de la vie et des œuvres de Mgr Darboy, archevêque de Paris*, Paris, Poussielgue, 1889, 644 p. ; « Mgr Darboy. L'homme intime. Lettres inédites », *Le Correspondant*, 10 juin 1898, p. 813-837, et 25 juin 1898, p. 1016-1048 ; Gadille (Jacques), « Georges Darboy, archevêque de Paris », *Mélanges offerts à M. le doyen André Latreille*, Lyon, Audin, 1972, 624 p., p. 187-197 ; Didier (J.-C.), « Un journal inédit (1854-1862) de Mgr Darboy, avec introduction et notes », *Mélanges de sciences religieuses*, juin 1973, p. 65-143 ; Boudon (Jacques-Olivier), « Une promotion épiscopale sous le IIe Empire : l'abbé Darboy à l'assaut de Paris », *Revue d'histoire moderne et contemporaine*, n° 39-3, juillet-septembre 1992, p. 465-482.

DELAMAIRE : Thauvin (Suzanne), *Mes souvenirs sur S. G. Mgr Delamaire*, Paris, 1960, 211 p.

DELAMARE : Paris (abbé Alphonse), *Vie de Mgr Delamare, évêque de Luçon, archevêque d'Auch*, Balarin, 1873, 360 p.

DEPÉRY : Jacquot (Mgr Georges), *Un grand évêque de Gap : Mgr Depéry (1796-1861)*, Gap, Imp. Ribaud, 1962, 18 p. (extrait du *Bulletin de la Société d'études des Hautes-Alpes*, 1962, n° 54)

DESPREZ : Lacointa (Jules), *Vie de Son Éminence le cardinal Desprez, archevêque de Toulouse*, Paris, Desclée de Brouwer, 1897, 365 p.

DEVIE : Cognat (abbé J.), *Vie de Mgr Alexandre-Raymond Devie, évêque de Belley*, Paris-Lyon, Pélagaud, 1865, 2 tomes, t. I, XXVII-418 p.

DIZIEN : Calippe (abbé Charles), *Mgr Dizien, évêque d'Amiens (5 avril 1846-27 mars 1915)*, Amiens, A. Grau, 1915, 198 p.

DOMBIDAU DE CROUSEILHES : Pilven (J.-M.), *Mgr Dombidau de Crouseilhes et la restauration du culte dans le diocèse de Quimper et de Léon 1805-1823*, extrait du *Bulletin diocésain d'histoire et d'archéologie de Quimper et de Léon*, Quimper, 1915, 247 p. ; Ancely (René), « Correspondance du baron Jean Dombidau de Crouseilhes (1768-1774) et de son fils, Pierre-Vincent, évêque de Quimper (1805-1823) », *Bulletin de la société des sciences, lettres et arts de Pau*, t. VII, 1947, p. 1-28, t. 8, 1948, p. 23-71.

DONNET : Combes (François), *Histoire du cardinal Donnet, archevêque de Bordeaux. Sa vie et ses œuvres, son influence sous Louis-Philippe, sous l'Empire et sous les deux Républiques, d'après sa correspondance et son journal (1834-1882)*, Paris-Bordeaux, Périsse Frères-Cadorcet, 1888,

402 p.; Pougeois (abbé), *Vie, apostolat et épiscopat de Son Éminence le cardinal Donnet*, 1888, 2 tomes.

DOUHET D'AUZERS : Serres (abbé J.-B.), *Vie de Mgr Charles de Douhet d'Auzers, évêque de Nevers*, Toulouse, Privat, 1893, 264 p.

DREUX-BRÉZÉ : Pelletier (Chanoine Paul), *Pierre-Simon de Dreux-Brézé, évêque de Moulins (1850-1893)*, édité par Daniel Moulinet, Charroux, Éd. des Cahiers du Bourbonnais, 1994, 485 p.

DUBOIS : Florisoone (Michel), *Le Cardinal Dubois*, Paris, Bloud et Gay, 1929, 64 p.

DUBOURG : Dubourg (Dom), *La Vie religieuse en France sous la Révolution, l'Empire et la Restauration. Mgr Du Bourg, évêque de Limoges, 1751-1822*, Paris, Lib. acad. Perrin, 1907, 472 p.

DUBOURG : *Notice nécrologique sur Mgr Louis-Guillaume-Valentin Dubourg, archevêque de Besançon*, Besançon, Imp. de Ch. Deis, s. d. [1835], 7 p.

DUBREUIL : Besson (Mgr Louis), *Oraison funèbre de Mgr Louis-Anne Dubreil, archevêque d'Avignon, prononcée le 9 mars 1880 dans l'église métropolitaine de Notre-Dame-des-Doms*, Avignon, Aubanel Frères, 1880.

DUCELLIER : Germain (Mgr), *Oraison funèbre de Mgr Arthur-Xavier Ducellier, archevêque de Besançon*, Besançon, Outhenin-Chalandre, 1893.

DUFÊTRE : Crosnier (Mgr), *Vie de Mgr Dufêtre, évêque de Nevers*, Paris, Tolra et Haton, 1868, 400 p.

DUFOUR DE PRADT : Dousset (Émile), *L'Abbé de Pradt, grand aumônier de Napoléon*, Paris, N.E.L., 1959, 223 p.; *Cahiers d'histoire*, numéro spécial, 1962.

DUPANLOUP : Lagrange (chanoine François), *Vie de Mgr Dupanloup, évêque d'Orléans, membre de l'Académie française*, Paris, Poussielgue, 1883-1884, 3 tomes, 580, 528 et 540 p.; «Mgr Dupanloup et les problèmes politiques de son temps», *Bulletin de la société archéologique et historique de l'Orléanais*, 1980.

DUPONT DES LOGES : Klein (abbé Félix), *L'Évêque de Metz. Vie de Mgr Dupont des Loges 1804-1886*, Paris, Bloud et Gay, 1925 (2e éd. refondue), VIII-368 p.

DUPONT-POURSAT : Courivault de la Villate (abbé), *Un prélat charentais : notice sur Mgr Pierre Dupont-Poursat, évêque de Coutances (1808-1835)*, Angoulême, Fernand Vincent, 1923, 75 p.

DUQUESNAY : Pataux (chanoine), *Vie de Mgr Alfred Duquesnay, archevêque de Cambrai*, Limoges, 1889, 514 p.; Gadille (Jacques), «Mgr Duquesnay et la République (1872-1884)», *Revue du Nord*, t. 45, avril-juin 1963, p. 187-207.

DUVOISIN : Gabory (Émile), *Un grand évêque oublié : Mgr Duvoisin, évêque de Nantes, aumônier de l'impératrice Marie-Louise*, Nantes, Aux Portes du Large, 1947, 185 p.

DUWALK DE DAMPIERRE : Crégut (abbé Régis), *Mgr Duwalk de Dampierre et l'organisation concordataire du diocèse de Clermont (1802-1804)*,

Clermont-Ferrand, *Mémoires de l'académie des sciences, lettres et arts de Clermont-Ferrand,* 2ᵉ série, fasc. 23, 1910, 463 p.

FABRE DES ESSARTS : *Notice biographique sur Mgr des Essarts, évêque de Blois,* extrait de *La France centrale* du 25 octobre 1850, Blois, Imp. Morard, s.d., 8 p.

FESCH : Lyonnet (abbé Jean-Paul), *Le Cardinal Fesch, archevêque de Lyon. Fragments biographiques, politiques et religieux pour servir à l'histoire ecclésiastique contemporaine,* Lyon, Paris, Périsse, 1841, 2 tomes; Latreille (André), *Napoléon et le Saint-Siège (1801-1808). L'ambassade du cardinal Fesch à Rome,* Paris, Alcan, 1935, XXXVIII-626 p. ; Colombani (Hélène), *Le Cardinal Fesch,* Paris, Éd. de l'Albatros, 1979, 219 p.

FORBIN-JANSON : Lesourd (Paul), *Un grand cœur missionnaire : Mgr de Forbin-Janson, 1785-1844, fondateur de l'Œuvre de la Sainte-Enfance,* Paris, Flammarion, 1944, 283 p.

FOUCAULT : *Biographie de Mgr Alphonse-Gabriel Foucault, évêque de Saint-Dié,* Bonnétable, Imp. Prévost-Guillemin, 1893, 14 p.

FOURNIER DE LA CONTAMINE : Saurel (chanoine Ferdinand), *Marie-Nicolas Fournier, évêque de Montpellier, baron de la Contamine, surnommé « le Père des pauvres »,* Montpellier, Charles Bœhm, 1892, XII-454-XLIV p.

FREPPEL : Terrien (abbé Eugène), *Mgr Freppel. Sa vie, ses œuvres, son influence et son temps, d'après des documents inconnus et inédits. 1827-1891,* Angers, chez l'auteur, 2 tomes, 659 et 785 p. *Catholiques entre monarchie et république. Mgr Freppel en son temps,* Paris, Letouzey et Ané, 1995, 238 p.

FUZET : Cordonnier (chanoine Ch.), *Mgr Fuzet, archevêque de Rouen,* Paris, Beauchesne, 2 tomes, 1948-1950, 382 et 387 p.

GERBET : Ladoue (abbé Casimir de), *Mgr Gerbet, sa vie, ses œuvres et l'école mennaisienne,* Paris, Tolra et Haton, 1870, 3 tomes, XX-488, 455 et 437 p.

GERMAIN : Vie (chanoine L.), *Sa Grandeur Mgr J.-A. Germain, archevêque de Toulouse,* Toulouse, Privat-Semaine catholique, 1928, 115 p.

GINOULHIAC : Appolis (Émile), « Un jeune admirateur de Lamennais : l'abbé Ginoulhiac, futur évêque de Grenoble », *Actes du 77ᵉ congrès des Sociétés savantes, section d'histoire moderne et contemporaine, Grenoble 1952,* Paris, Imprimerie nationale, 1952, 603 p., p. 151-154.

GIRAUD : Capelle (abbé), *Vie du cardinal P. Giraud, archevêque de Cambrai,* Lille, Lefort, 1852, XIV-371 p.

GOUSSET : Gousset (Chanoine J.), *Le Cardinal Gousset. Sa vie, ses œuvres, son influence,* Besançon, Henri Bossanne, 1903, 603 p.

GRAVERAN : Téphany (abbé Joseph-Marie), *Vie et œuvres de Mgr Joseph-Marie Graveran, évêque de Quimper et de Léon,* Paris, Éd. Vivès, 1870, 4 tomes, t. I et II, 546 et 525 p.

GROS : *Notice sur la vie, la mort et les funérailles de Mgr Jean-Nicaise Gros, évêque de Versailles,* Versailles, Dagneau/Beau, 1857, 15 p.

GUIBERT : Paguelle de Follenay (chanoine J.), *Vie du cardinal Guibert, archevêque de Paris,* Paris, Poussielgue, 1896, 2 tomes, 564 et 731 p.

GUIGOU : Michon (abbé Jean-Hippolyte), *Vie de Jean-Pierre Guigou, évêque d'Angoulême, précédée de la « Chronique des évêques d'Angoulême »*, Angoulême, F. Soulié, 1844, xx-176-182-176 p.

GUITTON : Degreteau (abbé A.), *Vie de Mgr Joseph-André Guitton, évêque de Poitiers*, Angoulême, Imp. Hubert, 1850, 157 p.

HAUTIN : Barbier (abbé Paul), *Mgr Hautin, évêque d'Évreux*, Orléans, H. Herluison, 1890, 24 p.

HIRABOURE : Puchulu (Pierre), « Un Bayonnais évêque d'Aire et de Dax : Mgr Hiraboure 1805-1859 », *Bulletin trimestriel de la société des sciences, lettres et arts de Bayonne*, avril-juin 1937, p. 124-131.

ISOARD : Bouzoud (abbé A.), *Mgr Isoard, évêque d'Annecy. Sa vie, ses écrits, son action*, Paris, Lethielleux, 1914, xxviii-636 p.

JACOUPY : Delrieu (abbé J.-B.), *Notice historique sur la vie et l'épiscopat de Mgr Jean Jacoupy, évêque d'Agen*, Agen, Imp. Prosper Noubel, 1874, 330 p.

JAQUEMET : Martin (abbé Victor), *Vie de Mgr Jaquemet, évêque de Nantes*, Paris, Poussielgue, 1889, xx-595 p.

JUTEAU : Bertrand (A.-C.), *Une page d'histoire : Biographie de M. l'abbé Juteau, nommé évêque de Poitiers*, Tours, Imp. A.-C. Bertrand, 1888, 29 p.

LABORDE : Boullieau (F.), *Mgr Laborde, évêque de Blois 1826-1907*, Blois, Imp. C. Migault, s.d., 23 p.

LACOMBE : Mayjonade (chanoine J.-B.), *Notes inédites sur Mgr Lacombe*, extrait de la *Revue des sciences ecclésiastiques*, mai-juin 1902, Lille, H. Morel, 1902, 8 p. ; Gérard (Jean), « Dominique Lacombe, curé constitutionnel et évêque métropolitain de Bordeaux (1788-1802) », *Revue d'histoire de l'Église de France*, 1977, p. 87-102.

LADOUE : Tolra de Bordas (Mgr J.), *Mgr de Ladoue, évêque de Nevers. Esquisse biographique*, Paris, Tolra, 1878, 187 p.

LA FARE : Brye (Bernard de), *Un évêque d'Ancien Régime à l'épreuve de la Révolution. Le cardinal A.-L.-H. de La Fare (1752-1829)*, Paris, Publications de la Sorbonne, 1985, 319 p.

LAMAZOU : *Notice biographique sur Mgr Pierre-Henri Lamazou, évêque de Limoges, ancien curé de Notre-Dame d'Auteuil*, Paris, Jules Gervais, E. de Soyer, 1884, 129 p.

LA MOTTE DE BROONS ET DE VAUVERT : Le Joubioux (Mgr), *Notice biographique sur Mgr de La Motte de Broons et de Vauvert, évêque de Vannes*, Vannes, Galles, 1861, 47 p.

LAMOUROUX DE POMPIGNAC : Pompignac (chanoine F. de), *Mgr de Pompignac*, Aurillac, Imp. moderne, 1918, xv-294 p.

LA MYRE-MORY : Sifflet (chanoine), *Les Évêques concordataires du Mans*, t. II : *Mgr de La Myre-Mory*, Le Mans, Imp. Monnoyer, 1915, 135 p.

LANDRIOT : Arsac (Henri), *Mgr Landriot, archevêque de Reims. Sa vie, ses œuvres, ses funérailles*, Reims, Imp. coopérative de Reims, 1874, 31 p.

LANGÉNIEUX : Largent (chanoine A.), *Le Cardinal B.-M. Langénieux, archevêque de Reims. Sa vie et ses œuvres*, Paris, Lecoffre, 1911, 376 p.

Las Cases : Barthes (Henri), *Mgr de Las Cases, évêque de Constantine (1819-1880). Sa vie et son œuvre*, Montpellier, Éditas, 1980, 168 p.

Latil : *Le Cardinal de Latil*, Aix, Imp. Makaire, 1920, 87 p.

La Tour d'Auvergne : Lacroix (Georges), *Un cardinal de l'Église d'Arras : Charles de La Tour d'Auvergne. Quarante neuf ans d'épiscopat concordataire*, Lens, 1960, 398 p.

Lavigerie : Montclos (Xavier de), *Lavigerie, le Saint-Siège et l'Église de l'avènement de Pie IX à l'avènement de Léon XIII (1846-1878)*, Paris, De Boccard, 1965, 663 p. ; Renault (François), *Le Cardinal Lavigerie 1825-1892. L'Église, l'Afrique et la France*, Paris, Fayard, 1992, 698 p. ; «Le cardinal Lavigerie», *Bulletin de littérature ecclésiastique*, t. 95, janvier-juin 1994.

Lecoq : Germain (Mgr), *Mgr Jules-François Lecoq, évêque de Nantes*, Coutances, Daireaux, 1893, 39 p.

Lecot : Agostino (Marc), «Le Cardinal Lecot (1831-1908). Un évêque face au monde moderne», thèse de 3ᵉ cycle, université Bordeaux-III, dactyl., 1974, 276-lvi p.

Le Coz : Roussel (abbé A.), *Un évêque assermenté (1790-1802) : Le Coz, évêque d'Ille-et-Vilaine, métropolitain du Nord-Ouest*, Paris, Lethielleux, 1898, xx-565 p.

Lefebvre de Cheverus : Huen-Dubourg (abbé J.), *Vie du cardinal de Cheverus, archevêque de Bordeaux*, Paris-Lyon, Périsse Frères, 1837, iv-415 p.

Le Groing de La Romagère : Garaby (chanoine de), *Vie de Mgr Le Groing de La Romagère, évêque du diocèse de Saint-Brieuc, suivie d'une Notice sur M. Le Mée, son successeur*, Saint-Brieuc, Imp. de Ch. Le Maout, 1841, 48 p.

Le Mée : Garaby (chanoine de), *Vie de Mgr Le Groing de La Romagère, évêque du diocèse de Saint-Brieuc, suivie d'une Notice sur M. Le Mée, son successeur*, Saint-Brieuc, Imp. de Ch. Le Maout, 1841, 48 p.

Le Nordez : Toussaint (Joseph), *Mgr Le Nordez et la rupture des relations entre la France et l'Église*, Coutances, 1976, 341 p.

Leséleuc de Kerouara : Le Roy (chanoine Alfred), *Un évêque breton : Mgr Léopold Leséleuc de Kerouara, évêque d'Autun, Chalon et Mâcon (1814-1873)*, Quimper, Imp. Cornouaillaise, 1932, 343 p.

Le Tourneur : Vincent-Dube (Melle E.), *Mgr Le Tourneur, évêque de Verdun, 1775-1844*, Paris, Bar-le-Duc, Librairie Saint-Paul-Imprimerie Saint-Paul, 1926, viii-176 p.

Leuillieux : Carrier (H.), *Vie de Mgr Leuillieux*, Châlons, 1938, 188 p.

Levezou de Vesins : Donnet (cardinal), *Éloge funèbre de Mgr Aimé de Levezou de Vesins, évêque d'Agen*, Paris-Bordeaux, E. Repos, 1867, 23 p.

Luçon : Lyautey (Pierre), *Le Cardinal Luçon, archevêque de Reims (1842-1930)*, Paris, Plon, 1934, 255 p.

Lyonnet : Denys (abbé A.), *Mgr Lyonnet (Jean-Paul-François-Félix-*

Marie), archevêque d'Albi, extrait de l'*Armorial de l'épiscopat français,* Paris, s.d., 55 p.

MABILE : Mabile (chanoine), *Mgr Mabile, évêque de Versailles, d'après son livre-journal et ses œuvres pastorales,* Paris, Tequi, 1926, 2 tomes, 439 et 418 p.

MARPOT : Marchasson (Yves), «Une nomination épiscopale sous Léon XIII. L'action du nonce Czacki dans l'affaire de Saint-Claude (octobre 1879-mars 1880)», *Revue d'histoire de l'Église de France,* 1977, p. 57-78.

MATHIEU : Besson (Mgr François), *Vie de Son Éminence Mgr le cardinal Mathieu, archevêque de Besançon,* Paris, Bray et Retaux, 1882, 2 tomes, 492 et 513 p.

MATHIEU : Renard (Edmond), *Le Cardinal Mathieu 1839-1908. Angers, Toulouse, Rome. La dernière crise de l'Église concordataire,* Paris, De Gigord, 1925, 611 p.

MAZENOD : Leflon (Jean), *Eugène de Mazenod, évêque de Marseille, fondateur des Missionnaires Oblats de Marie-Immaculée 1782-1861,* Paris, Plon, 3 tomes, t. I, 1957, 491p.; t. II, 1960, 667 p. et t. III, 1965, 861 p.

MEIGNAN : Boissonnot (abbé Henri), *Le Cardinal Meignan,* Paris, Lecoffre, 1899, 558 p.

MEIRIEU : Richaud (abbé A.), *Mgr Meirieu, évêque de Digne. Sa vie et son œuvre,* Avignon, Aubanel Frères, 1914, LXII-290 p.

MENJAUD : Blanc (abbé), *Vie de Mgr Alexis-Basile Menjaud, ancien proviseur du Collège royal, ancien évêque de Nancy et de Toul, premier aumônier de Sa Majesté Napoléon III, archevêque de Bourges,* Nancy-Paris, Bray, 1862, x-334 p.

MIGNOT : Lagger (Louis de), *Mgr Mignot et M. Loisy,* s.l.n.d.

MIOLAND : Desgeorges (abbé), *Vie de Mgr Mioland, archevêque de Toulouse, évêque d'Amiens et premier supérieur des missionnaires de Lyon,* Lyon, Josserand, 1871, XIV-520 p.

MONTAULT DES ISLES : Maupoint (abbé), *Vie de Mgr Charles Montault des Isles, évêque d'Angers,* Angers-Paris, Barrasé Frères-Poussielgue-Rusand, 1844, 430 p.

MONYER DE PRILLY : Puiseux (abbé), *Vie et lettres de Mgr de Prilly, évêque de Châlons,* Châlons-sur-Marne, Imp. Martin Frères, 1897, 2 tomes, XVI-533 et XV-517 p.

MOREAU : Lex (L.), «Gabriel-François Moreau, évêque de Mâcon, ami des arts et collectionneur, protecteur de Prud'hon (1763-1790)», *Réunion des sociétés des beaux-arts des départements, 12-18 avril 1898,* Paris, Plon et Nourrit, 1898, 1000 p., p. 606-639.

MORLHON : Calemard de Lafayette (Ch.), *Vie de Mgr J.-A.-V. de Morlhon, évêque du Puy,* Le Puy, Imp. Marchessou, 1863, 392 p.

MORLOT : Bonafé (Félix) et Scum (André), *Le Cardinal Morlot. Une vie, une époque,* Orbec, Imp. Rozé, 1983, 511 p.

NOÉ : Humbert (M.), *Éloge de Marc-Antoine de Noé, évêque de Troyes,* Auxerre, Laurent Fournier, 1804, 32 p.

OLIVIER : Bouclon (abbé Adolphe de), *Histoire de Mgr Olivier, évêque d'Évreux*, Évreux, Damame, 1855, X-718 p.

OSMOND : Guillaume (chanoine), *Vie épiscopale de Mgr Antoine-Eustache d'Osmond, évêque de Nancy (1802-1823)*, Nancy, Vagner, 1862, 695 p.

PARISIS : Guillemant (abbé Charles), *Pierre-Louis Parisis*, Marconne-lès-Hesdin-Paris, Brunet-Lecoffre, 3 tomes, t. I, 1916, XXIII-456 p.; t. II, 1917, 490 p.; et t. III, 1924, XV-777 p.

PAULINIER : Besson (Mgr François), *Vie de Mgr Paulinier, évêque de Grenoble, archevêque de Besançon*, Paris, Retaux-Bray, 1885, 416 p.

PAVY : Pages (abbé), *Les Gloires sacerdotales contemporaines. Mgr Pavy, sa vie, ses œuvres, sa doctrine*, Paris-Lyon, Delhomme et Briguet, 1896, 288 p.

PÉRIER : Durand (abbé Albert), *Un prélat constitutionnel: Jean-François Périer (1740-1824), oratorien, évêque assermenté du Puy-de-Dôme, évêque concordataire d'Avignon*, Paris, Bloud et Cie, 1902, XX-677 p.

PETIT-BENOÎT DE CHAFFOY : Couderc de Latour-Lisside (chanoine Félix-Adrien), *Vie de Mgr de Chaffoy, ancien évêque de Nîmes*, Nîmes, Lib. Bedot, 1856, 2 tomes, 414 et 498 p.

PIDOLL : Sifflet (chanoine), *Les Évêques concordataires du Mans*, t. I: *Mgr de Pidoll, 1802-1819*, Le Mans, Imp. Monnoyer, 1914, 164 p.

PIE : Baunard (Mgr Louis), *Histoire du cardinal Pie, évêque de Poitiers*, Poitiers-Paris, Oudin-Poussielgue, 1886, 2 tomes, XV-682 et 729 p.; Catta (chanoine Étienne), *La Doctrine politique et sociale du cardinal Pie*, Paris, Nouvelles éditions latines, 1959, 374 p.

QUELEN : Henrion (baron), *Vie et travaux apostoliques de Mgr Hyacinthe-Louis de Quelen, archevêque de Paris*, Paris, Le Clère, 1840 (2ᵉ éd. augm.), 577 p.; Limouzin-Lamothe (Roger), *Mgr de Quelen, archevêque de Paris. Son rôle dans l'Église de France de 1815 à 1839 d'après ses archives privées*, Paris, Vrin, 1955, 358 et 334 p.

RAESS : Epp (René), *Mgr André Raess, évêque de Strasbourg*, Griesheim-sur-Souffel, L'Alsatique de poche n° 16, 1979, 183 p.

RAVINET : Robin (Mgr), *Oraison funèbre de Mgr Emmanuel-Jules Ravinet, ancien évêque de Troyes*, Troyes, Pierre Pélot, s.d., 16 p.

RENOUARD : Salmon (Charles), *Mgr Renouard, évêque de Limoges*, Amiens, Rousseau-Leroy, 1888, 43 p.

RICHARD : Clément (Mgr Maurice), *Vie du cardinal Richard, archevêque de Paris*, Paris, De Gigord, 1924, 546 p.; Odelin (Mgr Henri-Louis), *Le Cardinal Richard, 1819-1908*, Paris, De Gigord, s.d., III-152 p.

RIVET : Perraud (Mgr), *Oraison funèbre de François-Victor Rivet, évêque de Dijon*, Paris, Oudin, 1884, 47 p.; Chevallier (abbé G.), *Mgr Rivet, évêque de Dijon*, Dijon, Imp. de l'Union typographique, 1902, XVIII-348 p.

ROHAN-CHABOT : Baille (Charles), *Un prélat d'Ancien régime au XIXᵉ siècle, sa famille et son groupe: le cardinal de Rohan-Chabot, archevêque de Besançon (1788-1833)*, Paris, Perrin, 1904, 489 p.

ROULLET DE LA BOUILLERIE : Ricard (Mgr A.), *Vie de Mgr de La Bouillerie, évêque de Carcassonne, archevêque de Perga, coadjuteur de Bordeaux*

(1810-1882), Paris, Société générale de librairie catholique, 1887, xxiv-438p.

ROUPH DE VARICOURT : Boscheron-Desportes (M.), *Notice historique et biographique, ou Éloge de Mgr Pierre-Marin Rouph de Varicourt*, Paris-Orléans, Pillet et Colnet-Monceau, 1823, 46 p.

ROUSSELET : Rombault (chanoine J.), *Vie de Mgr Rousselet, évêque de Séez*, Le Mans, Typographie Edmond Monnoyer, 1882, 376 p. ; Laguerenne (Henri de), *Le Premier Évêque originaire de Saint-Amand, Mgr Rousselet, 1795-1881*, Saint-Amand, Jacques Pivoteau, 1936, 44 p.

SAIVET : Rous (abbé Émile), *Mgr Saivet, évêque de Mende (1872-1876) et de Perpignan (1876-1877) d'après sa correspondance et ses écrits*, Paris-Lille, Desclée de Brouwer, 1900, 2 tomes, xxxv-512 et 485 p.

SALAMON : Ledré (Charles), *L'Abbé de Salamon correspondant et agent du Saint-Siège pendant la Révolution*, Paris, Vrin, 1965, 292 p.

SALINIS : Ladoue (abbé Casimir de), *Vie de Mgr de Salinis, évêque d'Amiens, archevêque d'Auch*, Paris, Tolra, 1864, 532 p.

SAUSIN : Pescheux de Vendôme (H.-H.), *Vie de M. de Sausin, évêque de Blois*, Romorantin, chez Cros, 1844, 149 p.

SAUSSOL : *Souvenirs de Mgr Alexis Saussol, évêque de Séez*, Séez, chez Jules Valin, 1836, 51 p.

SERGENT : Téphany (chanoine Joseph-Marie), *Vie de Mgr René-Nicolas Sergent, évêque de Quimper et de Léon*, Quimper, A. de Kerangal, 1872, 349 p.

SIBOUR : Poujoulat (M.), *Vie de Mgr Sibour, archevêque de Paris. Ses œuvres, sa mort*, Paris, E. Repos, 1857, xvi-408 p. ; Manceau (abbé Jean), *Mgr Marie-Dominique-Auguste Sibour, archevêque de Paris (1848-1857)*, Paris, Beauchesne, 1987, 388 p.

SIMONY : Péronne (abbé J.-M.), *Vie de Mgr de Simony, évêque de Soissons et de Laon*, Paris, Vivès, 1861 (2ᵉ éd. augm.), xx-464 p.

SONNOIS : Chevallier (chanoine Gustave), *Mgr Sonnois, archevêque de Cambrai. Sa vie, son œuvre*, Cambrai, Oscar Masson, 1920, 372 p.

TALLEYRAND-PÉRIGORD : *Notice historique sur S. E. Mgr Alexandre-Angélique de Talleyrand, cardinal de Périgord, archevêque de Paris*, Versailles-Paris, Lebel-Leclère, 1821, 114 p.

TERRIS : Raymond (abbé H.), *Mgr Terris, évêque de Fréjus et Toulon*, Avignon, Aubanel Frères, 1885, 48 p.

TOURNEFORT : Le Gras (Charles), *Mgr de Tournefort, évêque comtadin*, Avignon, *Mémoires de l'Académie du Vaucluse*, t. II, 1937, p. 45-58.

TRÉGARO : *Mgr Trégaro, évêque de Séez. Sa vie, ses funérailles*, extrait de *L'Indépendant de l'Orne*, du 14 janvier 1897, Alençon, E. Renault-de-Broise, 1897, 55 p.

TURINAZ : Hogard (chanoine R.), *Quarante-cinq ans d'épiscopat. Mgr Turinaz, évêque de Nancy et de Toul, 1838-1918*, Nancy, Vagner, 1938, xv-399 p.

VICHY : La Roque (chanoine A. de), *Notice biographique sur Mgr Roch-Étienne de Vichy, ancien évêque d'Autun*, Paris, Plon, 1869, 16 p.

VILLARET : Tacel (Max), *Un prélat napoléonien: Mgr de Villaret, évêque d'Amiens et de Casal, chancelier de l'Université (1739-1824)*, Rodez, P. Carrère, 1955, 61 p.

WICART : Couanier de Launay (chanoine M.-E.-L.), *Vie de Mgr C. Wicart, premier évêque de Laval et histoire de l'érection de cet évêché*, Laval-Paris, Chailland-Retaux et Bray, 1888, XI-652 p.

Index des noms

(Les noms des évêques concordataires sont en *italique*)

Table des matières

DEUXIÈME PARTIE

LA VIE SACERDOTALE

TROISIÈME PARTIE

LES MODALITÉS D'ACCÈS À L'ÉPISCOPAT

HISTOIRE RELIGIEUSE DE LA FRANCE

Collection publiée sous la direction de
Michel MOLLAT DU JOURDIN
Membre de l'Institut
Professeur émérite à l'université de Paris-Sorbonne

À paraître :

Petits Cerf-Histoire

Henry CHADWICK, *Augustin*. Préface de Jacques Fontaine, membre de l'Institut. Traduit de l'anglais par Alain Spiess.

Michel DESPLAND, *Christianisme, dossier corps*.

Jean BERNARDI, *Les Premiers Siècles de l'Église*.

Jean-René BOUCHET, *Saint Dominique*.

Owen CHADWICK, *Newman*.

Louis PEROUAS, *Grignion de Montfort et la Vendée*.

William A. HINNEBUSCH, *Brève histoire de l'Ordre dominicain*. Adapté de l'américain par Guy Bedouelle.

Louis TRICHET, *La Tonsure, Vie et mort d'une pratique ecclésiastique*.

Lucien LAZARE, *L'Abbé Glasberg*.

Dominique POIROT, *Jean de la Croix, Ami et guide pour la vie*.

Paul VERDEYEN, *Ruusbroec l'Admirable*.

Henry KRAUS, *À prix d'or, Le Financement des cathédrales*.

Simon DOUBNOV, *Précis d'histoire juive*.

Matthieu DE DURAND, *Précis d'histoire grecque*.

René BOUREAU, *L'Oratoire en France*.

Janine DRIANCOURT-GIROD, *Ainsi priaient les luthériens*. Préface de Jean Delumeau.

Bernard MONTAGNES, *Le Père Lagrange (1855-1938)*.

Charles GILLEN, *Bartolomé de Las Casas, une esquisse biographique*.

Cerf-Histoire

GROUPE DE LA BUSSIÈRE, *Pratiques de la confession, Des Pères du désert à Vatican II*. Quinze études d'histoire.

François BOESPFLUG, *Dieu dans l'art. «Sollicitudini Nostrae» de Benoît XIV (1745) et l'affaire Cescence de Kaufbeuren*. Préface d'André Chastel. Postface de Leonid Ouspensky.

Alain BOUREAU, *La Légende dorée, Le système narratif de Jacques de Voragine († 1298)*. Préface de Jacques Le Goff.

Peter BROWN, *Le Culte des saints, Son essor et sa fonction dans la chrétienté latine*. Traduit de l'américain par Aline Rousselle.

CENTRE D'HISTOIRE RELIGIEUSE DE LILLE, *Benoît Labre, Errance et sainteté, Histoire d'un culte, 1783-1983*. Sous la direction de Yves-Marie Hilaire.

Claude LANGLOIS, *Le Catholicisme au féminin, Les Congrégations françaises à supérieure générale au XIXᵉ siècle*. Préface de René Rémond.

Frédéric DELFORGE, *Les Petites Écoles de Port-Royal, 1636-1660*. Préface de Philippe Sellier.

Pierre MARAVAL, *Lieux saints et pèlerinages d'Orient. Histoire et géographie, des origines à la conquête arabe*. Préface de Gilbert Dagron.

Hervé MARTIN, *Le métier de prédicateur en France septentrionale à la fin du Moyen Âge*.

Gérard CHOLVY, *Mouvements de jeunesse, Chrétiens et juifs : sociabilité juvénile dans un cadre européen, 1799-1968.*

Philippe LANEYRIE, *Les Scouts de France. L'évolution du mouvement, des origines aux années quatre-vingt.*

Régis LADOUS, *Monsieur Portal et les siens (1855-1926).* Préface d'Émile Poulat.

Pierre-André SIGAL, *L'Homme et le miracle dans la France médiévale (XIᵉ-XIIᵉ siècle).* Préface de Pierre Toubert.

Jacques DALARUN, *L'Impossible Sainteté, La vie retrouvée de Robert d'Arbrissel (v. 1045-1116), fondateur de Fontevraud.* Préface de Pierre Toubert.

Jean-Marie MAYEUR, *Catholicisme social et démocratie chrétienne, Principes romains, expériences françaises.*

Philippe BOUTRY, *Prêtres et paroisses au pays du Curé d'Ars.*

Alain FLEURY, *«La Croix» et l'Allemagne, 1930-1940.* Préface de René Rémond.

Louis TRICHET, *Le Costume du clergé, Ses origines et son évolution en France d'après les règlements de l'Église.* Préface de Jean Gaudemet. Postface de Jean Chelini.

Joseph DEBÈS-Émile POULAT, *L'Appel de la JOC (1926-1928).*

Timothy TACKETT, *La Révolution, l'Église, la France.* Préface de Michel Vovelle. Postface de Claude Langlois.

Vittorio COLETTI, *L'Éloquence de la chaire, Victoires et défaites du latin entre Moyen Âge et Renaissance.*

Jean GAUDEMET, *Le Mariage en Occident, Les mœurs et le droit.*

François BOESPFLUG, *Nicolas Lossky, Nicée II, 787-1987, Douze siècles d'images religieuses.*

Martine SONNET, *L'Éducation des filles au temps des Lumières.* Préface de Daniel Roche.

André VAUCHEZ, *Les Laïcs au Moyen Âge, Pratiques et expériences religieuses.*

Bernard HOURS, *Madame Louise, princesse au Carmel.* Préface de Dominique Ponnau.

Paul COULON et Paul BRASSEUR (éd.), *Libermann, 1802-1852 : Une pensée et une mystique missionnaires.* Préface de Léopold Sédar Senghor.

Nicole LEMAITRE, *Le Rouergue flamboyant, Clergé et paroisses du diocèse de Rodez (1417-1563).* Préface de Jean Delumeau.

Anne SAUVY, *Le Miroir du cœur, Quatre siècles d'images savantes et populaires.*

Rosa ROSSI, *Thérèse d'Avila.*

Sylvie Anne GOLDBERG, *Les Deux Rives du Yabbok, La Maladie et la Mort dans le judaïsme ashkénaze.*

Daniel LE BLÉVEC, Alain GIRARD, *Les Chartreux et l'Art, XIVᵉ - XVIIIᵉ siècle.*

Odette PONTAL, *Histoire des conciles mérovingiens.*

Bernard BONVIN, *Lacordaire-Jandel, La Restauration de l'Ordre dominicain en France après la Révolution.*

Dominique RIGAUX, *À la table du Seigneur, L'Eucharistie chez les Primitifs italiens (1250-1495).*

Jacques FONTANA, *Les Catholiques français pendant la Grande Guerre.*

Alain TALLON, *La Compagnie du Saint-Sacrement, 1629-1667, Spiritualité et société*. Préface de Marc Venard.

Jean-François GILMONT, *La Réforme et le Livre*.

Hélène TOUBERT, *Un art dirigé. Réforme grégorienne et iconographique*.

Danièle ALEXANDRE-BIDON, *Le Pressoir mystique*.

Coll. éd. par Guy BEDOUELLE, *Lacordaire, son pays, ses amis et la liberté des ordres religieux*.

Carla CASAGRANDE, Silvana VECCHIO, *Les Péchés de la langue*. Préface de Jacques Le Goff.

Sophie HOUDARD, *Les Sciences du diable, Quatre discours sur la sorcellerie (XVe-XVIIe siècle)*. Préface d'Alain Boureau.

Claude LANGLOIS, François LAPLANCHE et Claude BÉNICHOU, *La Science catholique*.

Klaus SCHATZ, *La Primauté du pape*.

Alexandre FAIVRE, *Ordonner la fraternité*.

Coll. sous la direction de J. DELUMEAU, *La Religion de ma mère*.

Emmanuel BURY et Bernard MEUNIER (éd.), *Les Pères de l'Église au XVIIe siècle*.

James A. WEISHEIPL, *Frère Thomas d'Aquin. Sa vie, sa pensée, ses œuvres*.

Madeleine SINGER, *Le SGEN de 1937 à mai 1986*.

Esther BENBASSA, *Une diaspora sépharade en transition*.

Asher COHEN, *Persécutions et sauvetages. Juifs et français sous l'Occupation et sous Vichy*. Préface de René Rémond.

Caroline BYNUM, *Jeûnes et festins sacrés*.

Régis LADOUS, *Des Nobel au Vatican. La fondation de l'Académie pontificale des sciences*.

Jean LESTAVEL, *« La Vie nouvelle ». Histoire d'un mouvement inclassable*.

Marie-Christine SEPIÈRE, *L'Image d'un Dieu souffrant (IXe-Xe siècle). Aux origines du crucifix*. Préface de Carol Heitz.

Paul MOMMAERS, *Hadewijch d'Anvers*. Adapté du néerlandais par Camille Jordens.

Gottfried HAMMANN, *L'Amour retrouvé, La Diaconie chrétienne et le Ministère de diacre*.

Marie-Hélène FROESCHLÉ-CHOPARD, *Espace et sacré en Provence (XVIe-XXe siècle). Cultes, images, confréries*.

Stéphane-Marie MORGAIN, *Pierre de Bérulle et les Carmélites de France*. Préface de Guy Bedouelle.

Odette PONTAL, *Les Conciles de la France capétienne jusqu'en 1215*.

Raymond LE COZ, *L'Église d'Orient. Chrétiens d'Irak, d'Iran et de Turquie*.

Éric BARATAY, *L'Église et l'animal (France, XVIIe-XXe siècle)*.

Françoise JACQUIN, *Jules Monchanin prêtre, 1895-1957*.

Perle BUGNION-SECRETAN, *Mère Agnès, abbesse de Port-Royal*.

Denis PELLETIER, *Économie et Humanisme*.

Cet ouvrage a été achevé d'imprimer
sur système Variquik
en juillet 1996
par l'Imprimerie Sagim à Courtry

Imprimé en France
N° d'édition : 10141
N° d'impression : 1762
Dépôt légal : septembre 1996